근본설일체유부비나야잡사(하)
根本說一切有部毘奈耶雜事(下)

근본설일체유부비나야잡사(하)
根本說一切有部毘奈耶雜事(下)

三藏法師 義淨 漢譯 | 釋 普雲 國譯

혜안

추천의 글
대한불교조계종교육원 교육원장 현응

 종단의 교육아사리이자 중앙승가대학교 교수인 보운 스님께서 이번에 근본설일체유부의 율장의 일부분으로서 현재 종단의 청규의 근간을 이루는 여러 내용을 포함하는 『근본설일체유부비나야잡사』를 번역하여 출간하게 되었습니다. 기존의 오부(五部)의 광율(廣律) 등에서는 잡사의 내용들이 자세하게 전해지지 않았고, 신라의 자장율사가 중국 남산율종을 표방한 역사적인 흐름에 따라서 『사분율(四分律)』을 의지한 한국불교의 전통에서 청규의 근간을 이루는 율장의 주석에 여러 관점이 존재하고 있습니다.

 『사분율』은 인도의 상좌부 계통의 법장부의 율장이고 중국의 도선율사에 의하여 중국의 여건에 맞추어 재해석되고 본격적으로 유통되었으며, 잡사에 대한 내용이 매우 적은 분량으로 전해지는 것은 매우 아쉬운 점입니다. 그렇지만 한국불교의 승가 위상과 역할은 과거 왕조시대를 거치면서 매우 큰 역할을 수행하여 왔고, 또한 현대사회에서 불교의 가치를 훌륭하게 실현해야하는 시대적 책무를 요구받고 있습니다. 동시에 현대사회의 승단 역시 율장에 의지해 수행과 교화를 펼쳐야 합니다.

 한국불교는 현대에 이르러 교단의 운영체제인 종헌과 종법을 제정하여 시행하고 있습니다. <종헌>과 수많은 <종법>들은 율장과 조화를 이루는 것으로, 이것들은 근본율장을 보완하여 현대의 승단과 종단을 운영하기 위한 역할입니다. 역사적으로도 율장의 여러 부분에 대한 연구와 해석은 많은 연구자들의 노력에 의하여 지속적으로 이루어져야 왔으나, 많은 부분에서 바라제목차와 건도부에 대하여 번역과 주석이 이루지고 있습니다.

또한 잡사의 내용이 여러 광율에서는 적은 분량으로 전하였던 현실적인 한계에 의하여 상대적으로 연구와 번역은 비교적 소홀하게 이루어져 왔습니다. 다행스럽게도 설일체유부의 율장에서는 많은 분량으로 전하고 있어 다른 광율에 비교하여 상세하게 살펴볼 수 있는 특징이 있습니다. 보운 스님은 그동안의 노력으로 『근본설일체유부필추니비나야』, 『근본설일체유부백일갈마』, 『근본설일체유부비나야』 등을 번역하였고, 다시 『근본설일체유부비나야잡사』를 상재(上梓) 하였으니 그 수고에 대해 치하를 드리지 않을 수 없습니다.

이 책의 출간을 계기로 한국불교계에서 율장의 잡사에 대한 연구가 더욱 풍부하게 이루어지기를 기대합니다.

불기(佛紀) 2561년(2017년) 12월

추천의 글

중앙승가대학교 동문회장 범해

    중앙승가대학교는 사문들을 현대 사회에 알맞은 신지식을 양성하기 위한 전문적인 교육기관으로서 최고의 과정을 갖춘 현대적인 교육기관이며 승가의 구성원에 의하여 설립된 특수성을 지니고 있습니다. 승가를 구성하는 개개인의 화합과 열정에 기초하여 세존의 적극적으로 실천하려는 보살행과 학문적 성취의 목표를 위하여 여러 현실적인 고난을 극복하면서 현재에 이르고 있습니다.

    또한 종단의 대표적인 기본교육기관의 교육에 충실한 관계로 종합대학의 성격을 지니고 있으나 기능적으로는 단과대학의 역할을 수행하고 있는 현실적인 한계점도 있습니다. 이러한 현실에서도 학문적으로는 많은 발전을 이루어 왔고 현재도 종단에서 요구하는 인재를 양성하는 것에 많이 공헌하고 있습니다. 현재 다른 대학에서도 불교교학의 학문적 접근은 여러 분야에서 활발하게 연구되고 있고 많은 성과물이 생산되고 있으나, 각 대학은 독자적인 특성을 갖추고 발전되고 있고 학문의 기초 영역도 다르게 발전되는 것입니다.

    율장은 경장과 함께 빠른 시대부터 한국에 수용되었고 실천되고 있습니다. 이러한 변화의 흐름을 선도하고 있는 중앙승가대학교는 활성화된 교육을 지향하고 있고 학문적 다양화를 실천하고 있으며 현대사회가 요구하는 인문학적 양식을 갖추고자 노력하고 있습니다. 따라서 대한불교조계종의 근본율장인『사분율』이외의 다른 여러 광율들의 학습기회도 부여하고 있습니다.

    현대사회는 점차 학문의 영역이 좁아지고 있는데 일례로 대만전자불전

협회에서는 세계의 여러 대장경과 불전(佛典) 등을 데이터베이스를 통하여 온라인상에서 보급하고 있어 세계에서 쉽게 접근하도록 허용하고 있습니다. 이러한 경향의 증가는 학문적인 벽을 허무는 동시에 우리에게 더욱 많은 개방적 혁신을 요구하고 있습니다.

또한 승가는 세상을 인도하여 나아가야 하는 의무를 지니고 있습니다. 세상의 근원은 진리에 위치하고 있고 진리는 세존의 설법에 내재되어 있습니다. 세존의 가르침을 이해하고 실천하는 첫걸음은 삼장의 정확한 해석과 이해에 있습니다. 이러한 노력은 주춧돌인 승가교육에 있으며 그 중추기관은 중앙승가대학교가 맡게 될 것입니다.

여러 소임의 고된 과정 속에서도 번역에 수고하신 본교 동문인 보운 스님의 그 동안의 열정에 찬사를 보냅니다.

불기(佛紀) 2561년(2017년) 12월

역자의 말
보운

    율장에서 부정될 수 없는 수범수제(隨犯隨制)의 근본적인 종지는 세존의 법을 실천하는 진리의 등불이나 시대의 변화에 따른 바라제목차의 실천에서는 간극(間隙)도 발생되고 있다. 또한 율장의 개정은 오직 세존께서 살피시고 다시 여실 수 있는 까닭이나, 차나와 같은 시공간의 세간적인 변화를 어찌 인지하지 못하였겠는가?
    중생들이 자기도취에 빠져 사유가 한계에 부딪힌다면 관념에 갇혀서 광대한 진리의 바다를 인식하지 못하고 아만(我慢)에 염착하며 눈앞을 응시할 뿐이다. 여러 해를 오부광율의 연구를 진행하면서 쌓여졌던 의문의 부호들이 주마등이 되어 나의 귓가를 때린다. '그대는 어찌 본 율장을 먼저 살펴보지 않았는가?' 수행과 정진이 뒤바뀐 것과 같아서 번역 후에 오랫동안을 번민하였다.
    본 율장의 번역과정에서 현재의 청규의 근간을 이루는 월법(越法)의 섭송들을 차례로 마주하면서 문장의 수려함에 매료되었고 나아가 당시에 철저한 계율과 중도를 실천하였던 수행자들의 모습들을 전하는 한편의 대서사시가 인간세상의 어떠한 역사적 장면보다도 선명하게 눈앞에 펼쳐지는 모습에 승가의 일원으로서 머리숙여 예경드린다.
    세존께서 승가를 위하여 고뇌하시는 인간적인 모습, 진리를 향한 이러한 들의 열정, 재가와 승가의 관계 정립, 세존과 주변 국가의 정치역학 관계, 석가족의 출가와 국가의 멸망 등의 여러 인연사들은 율장의 다른 부분에서는 살펴볼 수 없는 내용들이다. 따라서 본 번역서를 통하여 다른 율장과 경장에서는 자세하게 살펴볼 수 없는 당시의 정치와 사회 및 경제제도의 개략적인 상황을 이해할 수 있는 기회가 마련되었으면 하는 바람이다.

번역을 마치며 느끼는 점은 마음의 번민이 늘어나는 것이다. 수행의 길이 올바르게 실천되고 있는가? 나는 계율에 어느 부분이 부합되는가?

끝으로 이러한 연구와 번역을 위한 학문적 연구와 번역에 항상 관심과 격려를 보내주시는 교육원장 스님과 중앙승가대학교 동문회장 스님 및 동문 스님, 항상 수행자의 여법한 모습을 지도하여 주시는 본교의 교수이신 법상 스님과 능인대학교의 신대현 교수님께도 깊이 감사드린다.

아울러 항상 상좌의 학문적 연구를 뒷받침하여 주시는 은사이신 세영 스님께 깊은 감사를 드리며, 저의 건강을 항상 염려하시고 응원을 아끼지 않는 용주사의 신도님들께도 깊은 감사를 드린다.

불기(佛紀) 2561년(2017년) 12월
중앙승가대학교 정진관에서 삼가적다.

차 례

추천의 글 | 현응 5
추천의 글 | 범해 7
역자의 말 9
일러두기 16

근본설일체유부비나야잡사 제21권 17

　　안의 섭송 ③ 17

근본설일체유부비나야잡사 제22권 50

　　안의 섭송 ④ 50

근본설일체유부비나야잡사 제23권 85

　　안의 섭송 ⑤ 85

근본설일체유부비나야잡사 제24권 117

　　안의 섭송 ⑤ 나머지 117
　　안의 총섭송 135
　　　제1의 안의 자섭송 ① 135
　　　제2의 안의 자섭송 ① 139

제3의 안의 자섭송 ① 144
제4의 안의 자섭송 ① 146
제5의 안의 자섭송 ① 150
제6의 안의 자섭송 ① 154
제7의 안의 자섭송 ① 158

근본설일체유부비나야잡사 제25권 166
제6문 제3자섭송 ① 166
제6문 제4자섭송 ① 188

근본설일체유부비나야잡사 제26권 191
제6문 제4자섭송 ② 191

근본설일체유부비나야잡사 제27권 218
제6문 제4자섭송 ③ 218

근본설일체유부비나야잡사 제28권 249
제6문 제4자섭송 ④ 249

근본설일체유부비나야잡사 제29권 295
제6문 제4자섭송 ⑤ 불종천하등사(佛從天下等事) 295
제6문 제5자섭송 ① 323

근본설일체유부비나야잡사 제30권 328
안의 섭송 ① 328
제6문 제6자섭송 ① 334

근본설일체유부비나야잡사 제31권　366

　　제6문 제7자섭송 ①　366
　　제6문 제8자섭송 ①　371
　　제6문 제9자섭송 ①　375
　　제6문 제10자섭송 ①　378
　　제7문 총자섭송　382
　　제7문 제1자섭송 ①　383

근본설일체유부비나야잡사 제32권　398

　　제7문 제2자섭송 ①　398
　　제7문 제3자섭송 ①　401
　　제7문 제4자섭송 ①　403
　　제7문 제5자섭송 ①　405
　　제7문 제6자섭송 ①　408
　　제7문 제7자섭송 ①　410
　　제7문 제8자섭송 ①　417

근본설일체유부비나야잡사 제33권　435

　　제7문 제9자섭송 ①　435
　　제7문 제10자섭송 ①　439
　　제8문 총자섭송　439
　　제8문 제1자섭송 ①　440
　　제8문 제2자섭송 ①　445
　　제8문 제3자섭송 ①　449
　　제8문 제4자섭송 ①　451
　　제8문 제5자섭송 ①　458

근본설일체유부비나야잡사 제34권 467

    제8문 제6자섭송 ① 467
    제8문 제7자섭송 ① 470
    제8문 제8자섭송 ① 478
    제8문 제9자섭송 ① 485

근본설일체유부비나야잡사 제35권 499

    제8문 제9자섭송 ② 499
    제8문 제10자섭송 ① 507
    안의 섭송 ① 512

근본설일체유부비나야잡사 제36권 525

    제8문 제10자섭송 ② 525
    안의 섭송 ① 525
    안의 섭송 ② 542

근본설일체유부비나야잡사 제37권 551

    제8문 제10자섭송 ③ 551
    안의 섭송 ① 558

근본설일체유부비나야잡사 제38권 586

    제8문 제10자섭송 ④ 586

근본설일체유부비나야잡사 제39권 618

    제8문 제10자섭송 ⑤ 618
    오백결집사 ① 620

근본설일체유부비나야잡사 제40권 649

제8문 제10자섭송 ⑥ 649

일러두기

1. 이 책의 저본(底本)은 고려대장경(高麗大藏經) 22권 『근본설일체유부비나야잡사』이다.
2. 원문은 40권으로 구성되어 있으나 이 책에서는 각 권수를 표시하되 한 책으로 번역하였다.
3. 번역의 정밀함을 기하기 위해 여러 시대와 왕조에서 각각 결집된 북전대장경과 남전대장경을 대조 비교하며 번역하였다.
4. 원문 속 의정 스님의 주석은 [ ]으로 표시하였다. 또 원문에는 없으나 독자의 이해를 위해 번역자의 주석이 필요한 경우 본문에서 ( ) 안에 표시했다.
5. 원문에 나오는 '필추', '필추니'는 각각 현재 보편적으로 '비구', '비구니'라고 부르지만, 이 책에서는 원의를 최대한 살리는 뜻에서 원문 그대로 '필추', '필추니'로 썼다.
6. 원문에서의 '속가(俗家)'는 '재가(在家)'로, '속인(俗人)'은 '재가인(在家人)'으로 번역하였다.
7. 원문의 한자 음(音)과 현재 불교용어로 사용되는 음이 다른 경우 현재 용어의 발음으로 번역하였다.
   예) 파일저가법(波逸底迦法) → 바일저가법
8. 원문에서 사용한 용어 중에 현재는 뜻이 통하지 않는 것이 상당수 있다. 원문의 뜻을 최대한 살려 번역하였으나 현저하게 의미가 달라진 용어의 경우 현재 사용하는 단어 및 용어로 바꾸어 번역하였다.

근본설일체유부비나야잡사 제21권

삼장법사 의정 한역
석보운 번역

안의 섭송 ③

안의 섭송으로 말하겠노라.

맹광왕과 시박가(侍縛迦)와
금광(金光)과 의라발(醫羅鉢)과
나라타(羅剌陀)가 과위를 얻은 것과
묘발(妙髮)과 발우에 기름을 지니는 것이 있다.

이때 맹광왕은 묵연히 스스로가 생각하였다.
'나는 지금 이러한 잠을 못자는 병이 날마다 증가되는 것을 알 수 있는데 무슨 처방을 베풀어야 나을 수 있겠는가? 마땅히 국내의 모든 의사들을 불러들여서 나의 이 병을 치료해야겠구나.'
이렇게 생각을 짓고서 소유한 의사들을 모두 불러서 모아놓고 왕이 곧 알려 말하였다.
"나에게 이러한 병이 있어 잠을 못자고 있으니 함께 치료하시오."
모든 의사들이 알려 말하였다.
"이 병은 평범하지 않습니다. 우리들 여러 사람들은 능히 치료할 수가 없습니다. 그러나 왕사성의 빈비사라(頻毘娑羅)왕에게 아들이 있고 시박가라고 이름합니다. 대의왕으로 여러 처소의 지식이고 큰 지혜를 갖추었으므로 능히 이러한 병을 치료할 수 있을 것입니다."

이때 맹광왕이 사자에게 서신을 보내어 빈비사라왕의 처소로 가도록 하였고 서신에서 말하였다.

"영승왕께 아룁니다. 시박가의 대의왕에게 잠시 와서 서로를 보게 하십시오. 소유한 치료가 있으니 바라건대 보는 것이 어긋남이 없도록 하십시오. 만약 오지 않는다면 마땅히 필요한 초곡(草穀)을 많이 저축하고 병사들이 서로를 맞이할 것입니다."

이때 빈비사라왕이 서신을 읽고 큰 걱정이 생겨나서 손으로 뺨을 괴고서 이와 같이 생각을 지었다.

'만약 내 아들을 보낸다면 뒤에 다시 반드시 오라는 것이 두렵고, 곧 그의 말을 따른다면 우리의 경계가 곧 그 나라에 예속될 것이다. 만약 보내주지 않는다면 그 나라의 병사가 두 배나 강하므로 서로가 소란스러울 것이다.'

이때 시박가는 왕의 근심스러운 얼굴빛을 보고 꿇어앉아서 아뢰었다.

"무슨 까닭으로 걱정스러운 얼굴이십니까?"

왕이 말하였다.

"그대가 능히 이해하는 것과 기술(伎術)이 많은 까닭으로 나에게 번민하고 걱정을 알게 하였는데 다시 무슨 말을 하겠는가?"

또한 왕에게 아뢰어 말하였다.

"그 일을 말씀하시기를 청하옵니다."

이때 부왕이 서신의 뜻을 갖추어 자세히 말하였다. 이때 시박가가 듣고 왕에게 아뢰었다.

"바라건대 교명(敎命)을 내리시면 교지를 받들어 마땅히 가겠습니다."

왕이 알려 말하였다.

"아들아. 그 맹광왕은 성품이 매우 포악하여 옳고 그름을 논하지 않고 다만 진심을 일으키면 곧 모두를 죽이느니라. 무도(無道)한 행동으로 그대의 몸을 해칠까 두렵구나."

시박가가 말하였다.

"만약 능히 스스로가 몸도 지키지 못한다면 어찌 의사라고 이름하겠습니까? 오직 원하건대 부왕께서는 걱정하지 마십시오. 제가 그의 요청에 따르겠습니다."

왕이 말하였다.

"그대의 뜻에 따라서 행하라. 마땅히 잘 방호하여 나와 백성들과 중궁이 조금이라도 모두 근심이 생겨나지 않게 하게."

거듭 아뢰어 말하였다.

"원하건대 걱정하지 마십시오. 반드시 그런 일은 없을 것입니다. 제가 병세를 관찰하고 방편으로 치료하여 그가 성내지 않게 하겠습니다."

왕이 곧 묵연하였다. 이때 시박가가 사신에게 물어 말하였다.

"지금 그 맹광왕은 무슨 병을 앓고 있고 무엇을 마땅히 먹고 무엇을 마땅히 먹지 않습니까?"

이때 사신은 병의 상황을 갖추어 자세히 말하였다. 대의왕은 듣고서 소로서 지방(膏)을 화합하였는데 빛깔은 술빛과 같았고 맛도 술맛과 같았으며 향기도 술향기와 같았다. 이미 화합하고서 좋은 새벽을 선택하여 성대한 잔치를 베풀었으며 그의 친척들과 작별하고 사신과 함께 동행하여 올서니국으로 갔으며, 도로에서 다음으로 곡녀성(曲女城)에서 머물렀다. 그 성의 가운데에는 한 의동(醫童)이 있었는데 대의왕이 올서니국으로 가고자 한다는 말을 듣고 하나의 하리륵과(訶梨勒果)를 가지고 와서 의왕에게 받들었다. 이미 말로 교류하여서 함께 막역하게 되었다. 동자에게 물어 말하였다.

"그 맹광왕에게 이와 같은 병이 있는데 그대들은 무슨 까닭으로 치료하지 않는가?"

동자가 대답하여 말하였다.

"왕의 병은 불면증이고 마땅히 소로서 치료해야 마땅하나 왕의 성품이 소를 싫어하고 오직 술을 사랑합니다. 또한 성품이 포악하여 만약 어느 사람이 왕의 앞에서 소를 말하면 곧 그의 머리를 자릅니다. 이렇게 하였으므로 의사들이 왕의 악한 성품을 알고서 모두 도망치고 흩어졌으므로 감히 치료할 자가 없습니다."

이때 의왕이 동자에게 알려 말하였다.

"법의 아우는 마땅히 알게. 내가 그 왕을 위하여 소와 기름을 섞었는데 술과 다름이 없네. 그대는 나와 함께 그에게 가서 만약 내가 방편으로 가리키는 모습을 나타내면 그대가 양을 짐작하여 그에게 약을 주고 그대는 머무르며 살펴보게. 나는 마땅히 떠나가겠네. 왕은 병이 나은 뒤에 내가 마땅히 그대에게 상을 줄 것이고, 역시 그 왕이 많은 물건을 그대에게 주도록 하겠네."

동자가 말하였다.

"좋습니다."

드디어 함께 출발하여 점차 왕성에 이르렀다. 이때 맹광왕은 의왕이 이르렀다는 것을 듣고 곧 이렇게 생각을 지었다.

'그 시박가는 왕자이면서 다시 의왕이니 마땅히 성대한 예로 맞이하고 성안에 들어오도록 해야겠다.'

이때 왕은 곧 성곽을 장엄하고 거리를 수리하였으며 의장(儀仗)[1]을 펼쳐 놓도록 명하였다. 왕과 태자 및 여러 각료와 백성들이 모두 나와서 맞이하였다. 이때 의왕은 곧 무량한 백천의 대중에게 앞뒤로 둘러싸여 함께 성안으로 들어왔다. 이때 맹광왕이 그 의왕의 휴식을 기다린 뒤에 기쁜 얼굴로 위로하고 의왕에게 물어 말하였다.

"나에게 경각병(警覺病)이 있어 잠을 자지 못하는데 지금의 때에 매우 심해졌으니 마땅히 치료하여 주시오."

의왕이 대답하여 말하였다.

"내가 마땅히 치료하겠습니다. 그러나 약물이 필요합니다. 그 약은 여러 나라와 다른 성에 많이 있습니다. 오직 내가 알 수 있고 다른 사람은 알지 못하거나, 혹은 다른 사람이 아는 것을 나는 알지 못하며, 혹은

---

[1] 왕이나 사신 등을 모실 때 위엄을 보이기 위하여 격식을 갖추어 세우는 무기·일산·깃발 등의 물건을 가리킨다.

함께 아는 것도 있고, 혹은 가까운 곳에 있으며, 혹은 먼 곳에 있습니다. 오직 바라건대 대왕께서는 현선의 어미 코끼리를 주시고 뜻을 따라서 타도록 하여 주십시오."

왕이 대답하여 말하였다.

"좋소. 뜻을 따르시오."

왕은 곧 코끼리의 조련사에게 명하여 말하였다.

"만약 대의왕이 현선의 코끼리가 필요하면 마음대로 취하여 타게 할 것이고 그대들은 마땅히 막지 말라."

여러 대신들과 아울러 수문장(守門者)에게 알려 말하였다.

"의왕이 혹은 아침에 나갔다가 낮에 돌아오고 낮에 나갔다가 밤에 돌아오면서 현선의 코끼리를 타고 뜻에 따라서 출입하여도 막지 말라."

여러 신하들과 수문장들은 왕의 가르침을 받들어 감히 멈추게 하거나 막지 못하였다. 이때 의왕은 코끼리를 취하여 타고 혹은 대낮에 혹은 깊은 밤에 오고 가더라도 항상 괴이하게 생각하는 사람이 없었다. 이때 맹광왕이 의왕에게 말하였다.

"어찌 치료하지 않으시오?"

대답하여 말하였다.

"왕이시여. 우선 목욕하십시오."

목욕이 끝나자 왕에게 음식을 먹게 하였다. 이때 왕은 음식을 모두 먹었으므로 시박가가 왕에게 말하였다.

"내가 지금 마가타국(摩伽陀國)에서 가져온 상묘한 술을 드리겠으니 왕께서는 지금 드십시오."

이때 맹광왕은 크게 기뻐하면서 말하였다.

"가져오시오."

이때 의왕은 동반(同伴)인 동자에게 지시하는 모습을 나타내었고 적당히 취하여 가져오도록 하였다. 왕은 이미 약을 얻어서 곧 그것을 복용하였고, 이미 약을 복용하고서 왕은 곧 잠이 들었다. 이때 의왕은 왕이 잠든 것을 알고 드디어 코끼리를 타고 달아났다. 그 깊은 밤에 이르러 왕은 잠에서 깨어났고 곧 즉시 트림하다가 드디어 소의 냄새를 느꼈다. 왕은 나아가 대노하여 여러 좌우 시위에게 말하였다.

"빨리 시박가를 잡아오라. 마땅히 그의 머리를 베겠다."

이때 여러 사람들이 곧 모두 잡으러 갔으나, 이미 도망간 것을 알고서 곧 왕에게 아뢰어 말하였다.

"지금 찾아도 보이지 않으므로 멀리 도망갔습니다."

왕이 다시 대노하여 비오(飛烏)를 불렀다.

"위산(葦山)의 큰 코끼리를 타고 빨리 의사를 쫓아가서 목을 묶어 와라. 마땅히 그 머리를 베겠노라. 마땅히 만약 그를 보는 때에 그의 환술을 이해하고 그대에게 약물을 주더라도 모두 받지 말라."

이때 비오는 왕명을 받들어 제1의 코끼리를 타고 급하게 가서 추적하였다. 그 코끼리의 발자국을 찾아서 마침내 암마라(菴摩羅) 숲에 이르렀다. 비오가 나아가서 부르며 말하였다.

"대의(大醫)여. 왕께서 부르시므로 빨리 갑시다."

대답하여 말하였다.

"그대는 무엇이 급한가? 와서 암마라과를 드시게."

비오가 대답하여 말하였다.

"나는 그가 환술을 이해하고 있으므로 주는 물건을 반드시 취하여 받지 말라는 왕의 명령을 받들고 있습니다."

알려 말하였다.

"그대는 반드시 겁내지 말게. 지금 이미 굶주리고 목마른데 내가 한 개의 암마라과를 따왔으니 각자 반쪽을 먹도록 하세."

비오가 곧 생각하였다.

'한 개를 함께 먹는데 어찌 환술이 있겠는가?'

의왕이 한 개의 암마라과를 취하여 먼저 그 반쪽만 먹고서 나머지 반쪽에는 손톱 속에 이전에 감춰두었던 독약을 쪼개면서 반쪽 속에 약을 넣어서 비오에게 주었다. 비오는 과일을 받아서 곧 먹었다. 이때 비오는 이전부터 나병(癩病)을 앓고 있었는데 과일을 먹자 약이 병에 서로가 작용하여 곧 위로 어지럽고 아래로 설사하여 능히 스스로를 가누지 못하였다. 의왕은 마을에 들어가서 마을사람에게 알려 말하였다.

"이것은 맹광왕의 제1의 큰 코끼리인 현선모 코끼리와 사자인 비오입니다. 그대들이 잘 보살펴서 손실이 없게 하십시오. 만약 어긋남이 있다면 반드시 중죄를 얻을 것입니다."

이렇게 말로 부탁하고 길을 찾아서 떠나갔다. 여러 사람들은 명을 받들어 비오를 잘 간병(看養)하여 병을 낫게 하였다. 이때 의사인 동자는 맹광왕을 치료하였고 왕은 이미 병이 나았다. 이때 비오가 왕의 처소에 곧 나아가니 왕이 보고 물어 말하였다.

"의사는 어디에 있는가?"

비오가 대답하여 말하였다.

"대왕께서는 의사로 무엇을 지으시고자 하십니까?"

"내가 잡는 때에는 마땅히 그의 머리를 베겠노라."

대답하여 말하였다.

"대왕께서는 지금 병이 나으셨고 저도 나병이 다시 제거되었으므로 마땅히 상을 주는 것이 합당합니다. 무슨 인연으로 머리를 베고자 하십니까?"

왕이 이 말을 듣고 말하였다.

"옳구나. 옳구나. 그대의 뜻을 따라서 큰 상을 주어서 그의 은혜에 보답해야겠다."

비오에게 곧 칙서를 지어주면서 의왕에게 알려 말하였다.

"당신은 의왕으로서 마땅히 큰 상을 받는 것이 합당한데 무슨 까닭으로 도주하였소? 믿고 와서 왕의 상을 받으시오."

시박가가 서신으로 알려 회답하였다.

"내가 왕의 은혜를 받아서 진귀한 재물이 부족함이 없습니다. 만약 왕께서 나에게 환희가 생겨나셨다면 청하건대 하사하실 물건을 아울러 되돌려서 그 모시는 의사인 동자에게 주십시오."

이때 대왕은 많은 재화로서 의동에게 상을 주었다. 왕은 또한 사람을 보내어 백천 양금(兩金)인 하나의 대첩(大疊)을 의왕에게 보내주었다. 시박가는 옷을 얻고서 곧 이렇게 생각하였다.
'이것은 왕이 입어야 합당한 것이다. 누가 받아야 감당하겠는가?'
다시 이렇게 생각하였다.
'세존께서는 나아가 무상의 대사이시고 우리들의 아버지이시므로 마땅히 가져다가 봉헌(奉憲)해야겠다.'
곧 세존의 처소에 나아가서 그 대첩을 받들어 바쳤으므로 세존께서 보시고 아난타에게 알려 말씀하셨다.
"마땅히 이 옷을 가지고 지벌라(支伐羅)를 짓도록 하게."
이때 아난타는 곧 할절하여 세존의 삼의를 지었고, 나머지가 있었으므로 세존께 아뢰니 세존께서 말씀하셨다.
"그대와 라호라가 마땅함을 따라서 착용하도록 하게."
이때 존자 아난타는 상하의 두 옷을 지었고 다시 라호라에게 주어서 승각기의 옷을 짓게 하였다.
다시 다음으로 의라발용(醫羅鉢龍)의 인연의 일을 마땅히 알라. 옛날부터 도사다천의 궁전 위에서 세존께서 말씀으로 묻고 대답하신 사송(詞訟)이 글로 있으므로 말하겠노라.

어느 곳의 왕이 위(上)가 되는가?
물드는 것에 염착(染着)한다면
물듦이 없는 곳에 물듦이 있네.
어떤 자가 우부(愚夫)인가?

어떤 것에 어리석은 자가 근심하고
어떤 것에 지혜로운 자가 기뻐하는가?
누구와의 화합에서 이별야
안락하다고 말하고 이름하는가?

만약 세존께서 세상에 출현하지 않으셨다면 이 게송의 뜻을 능히 받을 사람이 없었고 역시 이해하는 자도 없었으리라. 만약 세존께서 출현하신다면 능히 수지하고 나아가 뜻을 이해할 수 있을 것이다. 이때 북방의 다문약차천왕(多聞藥叉天王)이 인연이 있어 도사천궁에 이르러 이렇게 묻는 게송을 보고 희유한 마음이 생겨나서 곧 그 문장을 기록하였으나 능히 뜻을 이해하지 못하였으므로 가지고 본궁에 이르러 판자의 위에 적어두었다.

이때 득차라시국(得叉尸羅國)에 오래 머물던 용왕이 있었고 의라발(醫羅鉢)이라고 이름하였는데, 장야(長夜)에 '어느 때에 세존께서 세상에 출현하시는 것을 볼 수 있을까?'라고 희망하였다. 이때 그 용왕에게 친우인 한 약차가 있었고 금광(金光)이라고 이름하였다. 인연으로 북방 다문천의 처소에 이르러 그 판자 위에 적혀있는 이런 게송을 보고 곧 기억하였으나 능히 뜻을 이해하지 못하였다. 이때 이 약차가 이것을 가지고 득차시라국으로 가서 의라발 용왕에게 주면서 그에게 알려 말하였다.

"친우여. 이것은 세존께서 말씀하신 것인데 깊은 뜻을 이해하는 사람이 없다네. 그대가 이 법의 게송을 기록하고 아울러 금상자(金篋)에 금을 가득히 채워서 두루 여러 나라의 취락과 성읍을 다니면서 이렇게 말하면서 외치도록 하게. '만약 능히 이 게송의 뜻을 이해하는 자가 있다면 내가 이 금상자를 주어서 공양하겠소.' 만약 그곳에 능히 이 게송을 이해하는 사람이 없다면 이렇게 알려 말하게. '이곳에는 사람이 없으니 나라의 읍이 아니구나.' 이렇게 외치고 다시 다른 곳으로 가도록 하게."

용왕이 듣고 경건하게 경의 게송을 받고서 곧 스스로가 마납파의 모습으로 변화하였고 아울러 금상자를 가지고 두루 여러 나라의 성읍과 취락에 유행하였다. 점차 다니면서 바라니사국에 이르러 그 성안의 네거리의 길 가운데에서 이와 같이 외치면서 말하였다.

"현재 성안에 있는 모든 사람들과 외부에서 오신 사방의 상객(商客)들은 마땅히 나의 말을 들으시오."

곧 게송을 설하였다.

"이것은 이 게송을 묻고자 내가 가져온 것입니다. 만약 능히 이해하는 자에게는 곧 금상자를 주어 공양하겠습니다."

나아가 무량한 백천의 대중들이 모두 구름처럼 모여들었다. 그중에는 총명하고 박식한 자도 있어 마음에서 교만(貢高)이 일어났고, 역시 듣고 마음에서 희유함과 사모함이 생겨났으나 능히 해석하는 자가 없었다. 용이 외치면서 말하였다.

"바라니사에는 지혜로운 사람이 없으니 이곳은 성읍이 아니구나."

이때 여러 바라문과 거사 등이 함께 알려 말하였다.

"마납파여. 이곳이 성읍이 아니라고 외치지 말라. 우리 이 성안에는 아주 지혜로는 사람이 아란야에 머무르고 있으니 또한 기다려라. 그는 마땅히 이 뜻을 이해할 것이다."

물어 말하였다.

"그의 이름은 무엇인가?"

대답하여 말하였다.

"나라타라고 이름한다."

"만약 이와 같다면 내가 지금 잠시 기다리겠소."

이때 나라타가 고요한 숲속에서 소식을 듣고 와서 이르렀다. 이때 그 변화한 용이 마땅히 앞에 머무르면서 알려 말하였다.

"대선이여. 내가 지금 이러한 게송의 문구를 가지고 와서 이르렀습니다. 만약 이해하는 사람이 있으면 이 금상자를 주어 공양하겠습니다."

이때 나라타가 듣고 기억하고서 마납파에게 알려 말하였다.

"마땅히 그대를 위하여 해석하겠네."

물어 말하였다.

"어느 때입니까?"

대답하여 말하였다.

"12년 뒤에 하겠소."

알려 말하였다.

"대선이여. 시간이 너무 오래입니다."

다시 말하였다.

"6년으로 하겠소."

대답하여 말하였다.

"너무 오래입니다."

3년으로 1년으로 6개월로 3개월로 1개월로 보름으로 나아가 7일에 이르렀으므로 알려 말하였다.

"대선이여. 내가 7일을 기다리겠습니다."

변화한 용이 알려 말하였다.

"대선이여. 뜻에 따르겠습니다. 나도 또한 경건하게 정성스럽습니다."

이때 나라타는 5필추와 이전부터 친우였으므로 그들에게 가서 알려 말하였다.

"한 마납파가 있었고 이러한 게송의 문구와 금상자를 가지고 나의 처소에 이르러 이와 같이 말하였소. '능히 이 문구를 이해하는 자에게는 마땅히 금상자를 주어 공양하겠습니다.' 그러나 그 문구의 게송은 문장이 작고 뜻이 많으며 매우 깊어서 이해하는 것이 어려우니 지금 어떻게 하여야 하는가?"

필추가 알려 말하였다.

"나라타여. 마땅히 세존의 처소에 가서 자세히 묻도록 하시오."

나라타가 말하였다.

"인자(仁者)여. 세존께서 세상에 출현하셨는가?"

대답하여 말하였다.

"이미 세상에 출현하셨소."

물어 말하였다.

"어느 곳에 머무시는가?"

대답하여 말하였다.

"신선이 떨어진 곳인 시록림 가운데에 머무르시오."

이때 그는 듣고서 마음에서 크게 환희하면서 달려서 곧 박가범의 처소로 나아가서 보았는데 32상이 그 몸에서 빛났고, 80종호 장엄이 혁혁(赫赫)하였으며, 원광(圓光)이 1심으로서 빛나며 둘러싸여 있고 밝기가 천(千)의 햇빛보다 밝았다. 색상이 보배산과 같아서 수승하고 묘하였으며 마음이 신처럼 적멸하고 담백하였으므로 12년이 지나도록 선정을 닦은 것과 같았다. 이미 친견하고 희유한 마음이 생겨났으므로 아들이 없는 사람이 갑자기 아들을 얻은 것과 같았고, 가난하고 궁벽한 사람이 큰 보배창고를 얻은 것과 같았으며, 오히려 태자가 왕위를 계승한 것과 같았고, 오래 선근을 쌓은 유정이 처음으로 세존을 친견한 것과 같았다. 이때 나라타의 마음의 깊은 환희는 역시 다시 이와 같았다.

점차 세존의 처소에 이르러 세존의 두 발에 예경하고 물러나 한쪽에 앉았다. 세존께서는 그의 의요(意樂)[2]와 수면(隨眠)[3]과 근성의 차별을 따라서 마땅히 근기에 맞게 사성제법을 설하시어 그에게 깨닫고 이해하게 하셨다. 이미 법요를 들으며 금강지저(金剛智杵)로써 20살가야견(薩迦耶見)[4]의 산을 부수고 예류과를 증득하여 실제를 보고 세존의 발에 정례하고 아뢰어 말하였다.

"세존이시여. 바라건대 세존의 선법과 율의 가운데에 출가하여 필추성을 이루고 범행을 굳게 닦겠습니다."

세존께서 말씀하셨다.

"그대는 먼저 마납파를 위하여 게송의 뜻을 해석하기로 허락하였으므로 먼저 마땅히 그곳에 가서 그를 위하여 설명하고서 그 뒤에 출가하라."

세존께 아뢰어 말하였다.

"제가 비록 이와 같은 지견(智見)을 얻었사오나, 게송의 뜻을 이해하지 못하여 자세히 말할 수 없습니다. 이미 변재가 없는데 설령 가더라도

---

2) 어떤 목적을 향하여 나아가려는 욕망을 뜻한다.
3) 산스크리트어 anuśaya의 한역으로 아뢰야식에 내재하고 있는 번뇌를 일으키는 원동력을 가리킨다.
4) 살가야(薩迦耶)는 산스크리트어 sat-kāya의 음사이고 견(見)은 산스크리트어 dṛṣṭi의 한역으로 유신견(有身見)이라 번역된다. 오온(五蘊)의 일시적 화합에 지나지 않는 신체에 불변하는 자아가 있고, 또 오온은 자아의 소유라는 그릇된 견해를 가리킨다.

무슨 이익이 있겠습니까?"

세존께서 말씀하셨다.

"그대는 그에게 가서 이와 같이 말하여라. '그대는 나를 위하여 그 묻는 게송을 설하게.' 그가 만약 설한다면 마땅히 이와 같이 대답하라.

제6왕은 위(上)이고
물드는 곳에서 곧 집착이 생겨나며
물듦이 없으나 물듦을 일으키는
이런 사람을 우부라고 말하느니라.

어리석은 자는 이것에 근심하고
슬기로운 자는 이것에 기뻐하나니
사랑하는 곳을 능히 떠난다면
이것을 곧 안락이라고 이름하느니라.

그가 만약 나는 능히 이해하지 못한다고 알려 말한다면 다시 게송을 설하라.

만약 사람이 묘한 말을 듣고
알았다면 수승한 선정을 닦으나
만약 듣고 뜻을 모른다면
그 사람은 방일한 까닭이라네.

그가 만약 이 게송을 들었다면 다시 이와 같이 말하라

그대가 지금 세존의 말씀을 설하더라도
나는 그 뜻에 분명하지 않으며
미혹한 마음으로 능히 명료하지 않으니

빠르게 의혹을 제거하라.

이렇게 말을 설하는 때에 그대는 그를 마주하고 손톱으로 나뭇잎을 끊어라. 만약 다시 '세존께서 세상에 출현하셨소?'라고 묻는다면 '이미 출현하셨네.'라고 알려 말하게. 만약 '어느 곳이오?'라고 묻는다면 '시록림 가운데에 계시네.'라고 대답하게."

나라타가 세존의 가르침을 받들어 마납파의 처소에 이르러 이와 같이 말하였다.

"그대가 게송을 설한다면 곧 게송으로 대답하겠네."

갖추어 그 일을 알렸고 나아가 세존께서 시록림 가운데에 계신다고 알렸다. 이때 의라발이 곧 이렇게 생각을 지었다.

'내가 만약 나라타의 앞에서 용의 본래의 몸을 나타내면 그가 곧 나를 경멸할 것이고, 만약 바라문의 몸으로 세존의 처소에 간다면 이 바라니사에 대바라문이 있어 삼명서(三明書)5)와 사명론(四明論)6)을 이해하는데, 그는 만약 내가 마납파의 모습을 한 것을 본다면 함께 비방하면서 의논할 것이다.

＜모든 바라문은 고귀한 종족으로 태어났는데 무슨 까닭으로 스스로가 낮추고 교답마의 처소로 향하는가?＞'

다시 이렇게 생각을 지었다.

'본래 용의 몸으로 세존의 처소에 가야 하는가? 용은 원한이 많아 장애되는 것이 두려우니 내가 지금 마땅히 전륜왕이 되어 세존의 처소에 가야겠다.'

곧 전륜성왕으로 변화를 지어 칠보로 앞을 인도하였고, 아울러 99구지(俱胝)7)의 병기(兵旗)가 호종(扈從)8)하였으며, 1천의 아들이 반달처럼 둘러

---

5) 인도교(印度教)의 경전(經典)인 이구(梨俱), 사마(娑磨), 야유(夜柔)의 세 페타(吠陀)를 말한다.
6) 4베다(veda), 곧 리그베다(rg-veda)·사마베다(sāma-veda)·야주르베다(yajur-veda)·아타르바베다(atharva-veda)를 말한다.
7) 산스크리트어 koṭi의 음사로 10^7을 가리킨다.

쌓았는데 각자 여러 종류의 보물로 장엄하였고, 다시 무량한 여러 부류의 외도의 사문과 바라문 및 범지의 백천의 사람들이 보익(輔翼)9)하였으며, 왕의 머리 위에는 100개의 일산을 받들었으므로 위광이 혁혁하여 오히려 해와 달과 같았으며 세존의 처소로 갔다. 이때 세존께서는 무량한 백천의 대중들 앞에서 설법하고 계셨다. 이때 모든 대중들이 멀리서 전륜왕이 무량한 백천의 군중에게 둘러싸인 것을 보고 희유한 마음이 생겨나서 함께 서로에게 말하였다.

"이 전륜왕은 어느 곳에서 오는 것인가? 세상에서는 아직 보지 못하였으니 어찌 범천왕 등이 와서 공양하려는 것이 아니겠는가?"

이때 모든 사람들은 혹은 사랑하고 좋아하는 마음이 있었고 탐착을 바라는 것도 생겨났으며, 이 왕의 몸을 보고 각자 다르게 생각하였다. 왕이 세존의 처소에 이르러 두 발에 정례하고 곧 한쪽에 앉았다. 이때 세존께서 알려 말씀하셨다.

"그대 어리석은 사람이여. 가섭파불(迦葉波佛) 때에 세존의 금계를 받고 능히 호지(護持)하지 못하였고 마침내 곧 파계하여 이 하열하고 장수하는 용의 몸을 받았는데 지금 무슨 까닭으로 도리어 거짓된 마음을 일으켜서 나의 대중들을 속이는가? 그대는 지금 도리어 그 본래의 형체를 회복해야 하느니라."

용왕이 아뢰어 말하였다.

"세존이시여. 저의 이 용의 몸에는 많은 원한과 악함이 있어 중생들이 서로를 손해시키는 것이 두렵습니다."

이때 세존께서 금강수(金剛手)10)에게 알려 말하였다.

"그대가 이 용왕을 지키어 손뇌(損惱)가 없게 하라."

이때 금강수는 세존의 말씀을 받고서 곧 수호하면서 뒤를 따라서 갔다.

---

8) 임금이 탄 수레를 호위하여 따르던 사람을 가리킨다.
9) 잘 도와서 인도하는 행위를 뜻한다.
10) 산스크리트어 vajra-pāṇi의 음역이다. 손에 금강저(金剛杵)를 지니고 있는 불교의 수호신으로 금강살타(金剛薩埵)와 같은 존재이다.

이때 용왕은 자리에서 일어나 별도의 한 곳에 이르러 본래의 형태를 회복하였는데 몸에는 7개의 머리가 있었고 넓고 긴 것이 무량하였는데 머리는 바라니사성에 있었고 꼬리는 득차시라국에 있었다. [서로를 떠나가면 200역(驛)이 있다.]

선세의 악업을 까닭으로 머리의 하나하나에 각자 의라대수(醫羅大樹)가 생겨났는데 바람을 맞아서 흔들리면 피와 고름이 온몸에 흘러서 젖었고 더러워졌다. 몸과 뼈는 냄새나고 더러워서 추악하였고 항상 많은 벌레와 파리와 구더기의 부류들이 두루 그의 몸 위에서 밤낮으로 뜯어먹었으므로 다른 사람들이 싫어하고 부끄러워하면서 보는 것을 즐거워하지 않았다.

이때 용왕이 곧 그 본래의 몸으로 세존께 나아가서 두 발에 정례하고 한쪽에 머물렀다. 이때 여러 대중들이 이 용의 몸을 보고 싫어하고 두려워하였으며 탐욕을 벗어난 사람도 오히려 공포가 생겨났다. 오히려 벗어나지 못한 사람이 이 용의 몸을 보았는데 거친 비늘은 모두 갈라졌고 상처가 있었으며 문드러져서 고름이 흘러서 여러 가지로 빛깔이 달랐고 몸은 요철(凹凸)로 위아래가 고르지 않았는데 그 형체가 광대하여 능히 놀라고 두려워하지 않을 수 없었다. 모두가 세존께 아뢰어 말하였다.

"이것은 무슨 물건인데 세존의 앞에 왔습니까?"

이때 세존께서는 모든 대중에게 알려 말씀하셨다.

"이것은 이전에 왔던 전륜왕의 몸이니라. 그대들은 그의 생사와 영화에 사랑하고 즐거워하는 마음이 생겨났으나 이것이 그의 본래의 모습이고 이전의 것은 변화를 지은 것이며 선세의 악업을 까닭으로 이러한 고통을 받는 것이니라."

그 여러 사람들이 세존의 말씀을 듣고 각자 근심과 걱정을 품고서 묵연히 머물렀다. 용왕이 알려 말하였다.

"오직 바라건대 세존이시여. 저에게 수기를 주십시오. 마땅히 어느 날에 이 용의 몸을 버릴 수 있습니까?"

세존께서 용왕에게 알리셨다.

"마땅히 사람의 수명이 8만세일 때에 세존께서 출세하실 것이고, 자씨

(慈氏)라고 명호할 것이며, 십호를 구족할 것인데, 그대를 위하여 수기한다면 마땅히 용의 몸을 벗어나리라."

이때 용왕이 곧 세존의 앞에서 슬프게 울었고 여러 머리의 눈 가운데에서 눈물이 일시에 흘러나왔는데 14개의 하천이 되어 세차게 흘러갔다. 세존께서 다시 알려 말씀하셨다.

"그대는 또한 진정하고 크게 울지 말라. 흐르는 눈물이 그치지 않는다면 나라가 파괴되고 망하겠구나."

용이 세존께 아뢰어 말하였다.

"저의 본심은 작은 목숨도 해치지 않는 것인데 어찌 오히려 나라를 손괴하겠습니까?"

이와 같이 말하고서 세존의 발에 정례하고 갑자기 사라졌다. 이때 대중이 함께 모두가 의심이 있어 세존께 아뢰어 말하였다.

"이 용은 지나간 세상에서 무슨 악업을 지어 머리 위에 나무가 자라나고 몸에서 피와 고름이 흐르고," [자세한 설명은 앞에서와 같다.]

세존께서 여러 대중들에게 알리셨다.

"이 용이 지나간 세상의 인연으로 고통스런 몸의 과보를 얻은 것을 알고자 하는가? 스스로가 지은 것을 스스로가 마땅히 받는 것이고, 다른 사람이 대신 받을 수 없으며," [자세한 설명은 앞에서와 같다.]

가령 백겁이 지나더라도
지은 업은 없어지지 않으며
인연이 모여서 만나는 때에
과보가 돌아와서 스스로 받는다네.

그대들 필추들은 마땅히 일심으로 내가 설하는 것을 들을지니라. 나아가 지나간 과거의 현겁의 가운데에서 사람의 수명이 2만세일 때에 세존께서 출세하셨고 명호는 가섭파불이셨으며 십호를 구족하셨느니라. 바라니사의 시록림에 의지하여 머무르셨다. 이 용은 그때에 불법의 가운데에 출가하여 수행하였고 삼장을 익혔으며 함께 선정(定門)을 수습하면서 적정한 처소인 의라수 아래에서 경행을 지으면서 스스로를 책려하였다. 그때 의라수의 나뭇잎이 그의 이마를 때렸으나 곧바로 참고서 받아들였다. 뒤에 다른 한 때에 마음이 얽매여서 피로하여 정에서 일어나서 마음을 책려하며 경행하였는데 나뭇잎이 다시 이마를 때렸고 극심한 고통이 생겨났다. 곧 진노한 마음이 생겨나서 곧 두 손으로 그 나뭇잎을 꺾어서 땅에 던지면서 이와 같이 말하였다.

"가섭파불이 무정물(無情物)에게 무슨 허물을 보였기에 학처를 제정하시어 이러한 고통을 받게 하는가?"

그는 맹독스러운 진심(瞋心)을 까닭으로 파계하였고 목숨을 마친 뒤에 이 용의 가운데에 떨어졌으며 의라대수가 머리 위에 자라났고 고름과 피가 흐르고 많은 여러 벌레와 파리와 구더기들이 뜯어 먹어서 악취와 더러움이 평소와 다른 것이니라.

그대들 여러 필추들의 뜻은 어떠한가? 삼장을 익혔고 함께 정을 익혔던 필추로서 의라수의 나뭇잎을 파괴한 자가 어찌 다른 사람이겠는가? 지금의 용이었느니라. 필추들이여. 마땅히 알라. 흑업은 흑보를 받고, 백업은 백보를 받으며, 잡업은 잡보를 받느니라. 이러한 까닭으로 그대들은 마땅히 흑업과 잡업을 버리고 순수한 백업을 닦을지니라." [나아가 앞에서와 같이 게송을 설하셨다.]

이때 나라타 선인이 세존의 처소에 나아가서 세존의 발에 정례하고 물러나 한쪽에 앉아서 세존께 아뢰어 말하였다.

"세존께서 이전에 승낙하신 것을 제가 이미 마쳤으므로 여래의 선한 법과 율의 가운데에 출가하여 수학하고자 합니다."

세존께서 말씀하셨다.

"잘 왔느니라. 필추여. 그대에게 출가를 허락하나니 범행을 닦을지니라."

이 말씀을 들으니 그의 머리카락과 수염이 저절로 떨어져서 일찍이 머리카락을 깎은 것이 7일이 지난 것과 같았다. 법의가 몸에 입혀졌고 물병과 발우가 손에 쥐어졌으며 위의가 정숙(整肅)하여 백세의 필추와 같았다. 게송으로 말하였다.

　　세존께서 잘 왔다고 명하시니
　　머리카락이 제거되고 법의가 입혀졌으며
　　곧 여러 근(根)이 적정하고
　　세존을 따르는 뜻이 모두 이루어졌네.

　이때 여러 필추들은 나라타가 이미 출가한 것을 보았다. 여러 범행자들이 그의 이름을 어떻게 불러야 하는가를 알지 못하였다. 인연으로써 세존께 아뢰니 세존께서 말씀하셨다.
　"이 필추의 성이 가다연나(迦多演那)이니 마땅히 이 성을 가지고 곧 이름으로 삼아라."
　이때 모든 필추들이 곧 이것을 의지하여 불렀다. 이때 세존께서 가다연나에게 알려 말씀하셨다.
　"그러나 세간에는 두 가지의 의지가 있어서 유견(有見)과 무견(無見)을 말하느니라. 다시 번뇌를 까닭으로 얽매임을 지으면 이 두 견해를 항상 고집하여 번뇌가 제거되지 않고, 항상 아만(我慢)을 품나니, 고통과 함께 모두 따라서 생겨난 고통을 함께 없애라. 그대 가다연나여. 의혹이 없는 까닭으로 스스로에게 지혜가 생겨나는 것이니 정견이 현전하면 세존의 견해와 같으니라. 왜 그러한가? 세간에서 생겨나는 법을 바른 지혜로 본다면 세간에 집착하는 무견이 곧 다시 생겨나지 않고, 세간에서 없어지는 법을 바른 지혜로 보면 세간에 집착하는 유견이 곧 다시 생겨나지 않느니라.
　가다연나여. 이 두 변견(邊見)에 집착하지 말라. 여래는 항상 중도에 의지하여 설법하나니 이를테면, 이것이 있는 까닭으로 저것이 있고, 이것이 생겨나는 까닭으로 저것이 생겨나느니라. 곧 이것은 무명(無明)은 행(行)을 인연하고, 행은 식(識)을 인연하며, 식은 명색(名色)을 인연하고, 명색은 육처(六處)를 인연하며, 육처는 촉(觸)을 인연하고, 촉은 수(受)를 인연하며, 수는 애(愛)를 인연하고, 애는 취(取)를 인연하며, 취는 유(有)를 인연하고, 유는 생(生)을 인연하며, 생은 노사(老死)와 우비고뇌(憂悲苦惱)를 인연하여 이와 같이 매우 큰 고온(苦蘊) 상속(相續)하며 생겨나는 것이다.

이것이 없는 까닭으로 저것이 없고, 이것이 없는 까닭으로 저것이 없어지는 것이며, 곧 이 무명이 없어지면 행이 없어지고. 행이 없어지면 식이 없어지며, 식이 없어지면 명색이 없어지고, 명색이 없어지면 육처가 없어지며, 육처가 없어지면 촉이 없어지고, 촉이 없어지면 수가 없어지며, 수가 없어지면 애가 없어지고, 애가 없어지면 취가 없어지며, 취가 없어지면 유가 없어지고, 유가 없어지면 생이 없어지며, 생이 없어지면 노사와 우비고뇌가 없어져서 이같이 매우 큰 고온이 모두 흩어져 없어지는 것이다."

이때 가다연나는 세존께서 설하시는 것을 듣고 곧 그 자리 위에서 태어나고 죽는 오취의 윤회와 유위·무상·고공(苦空)·무아를 관찰하여 마음이 열렸고 뜻을 깨달아서 여러 번뇌를 끊고 아라한과를 증득하여 삼명과 육통과 팔해탈을 갖추어 여실지(如實知)를 얻었다. 스스로가 태어남을 이미 끝냈고 범행은 이미 섰으며 지을 것은 이미 마쳤고 후유를 받지 않았으며 마음에 걸림이 없었다. 손으로 허공을 만지는 것과 같아서 칼로 베이거나 향을 발랐어도 사랑과 미움이 일어나지 않았고 금을 보아도 흙 등과 다름이 없었으며 여러 명예와 이익을 버리지 않는 것이 없었으므로 제석과 범천과 여러 천인이 모두 공경하였다. 이러한 인연으로 세존께서 가다연나라고 이름을 주었고 이후로는 대가다연나라고 이름하였다.

그때 올서니국에서는 전염병으로 많은 사람들이 죽어서 상여(喪輿)가 차례로 늘어섰고 시체와 뼈가 들판에 즐비하였다. 왕과 백성들이 모두 근심하였는데 신하들이 왕에게 아뢰어 말하였다.

"왕께서는 지금 마땅히 모든 여러 복업을 닦으십시오."

혹은 사문과 바라문에게 공양하라고 말하였고, 혹은 주술이나 약법(藥法)을 지으라고 말하였다. 왕이 의논을 듣고서 재앙을 막는 기도를 청하고 모두 준비하고 지으면서 역려(疫癘)[11]가 제거되고 백성이 안녕(安寧)하기를 바랐다. 수문장에게 알려 말하였다.

"그대들은 반드시 알라. 만약 사문이나 바라문 등이 성안에 들어와서 능히 전염병을 제거하는 자가 있다면 곧 마땅히 나에게 알리도록 하라."

이때 여래이신 대사께서는 이 나라의 백성들이 많은 전염병을 만나서 죽은 사람이 무수(無數)함을 아시고 애민으로 구제하시고자 하셨다. 무상한 세존의 법은 이와 같다.

"세간을 관찰하면서 듣지 못하고 보지 못함이 없으셨고, 항상 대자비심을 일으키시어 일체를 이익되게 하시므로 구하고 보호하는 가운데에서 최고로 제일이시며, 최고로 용맹하시며 두 말씀이 없으시다. 정혜(定慧)에 의지하여 머무르셨고, 삼명(三明)[12]을 나타내셨으며, 삼학(三學)을 잘 닦아서 삼업(三業)을 잘 조복하셨고, 사폭류(四瀑流)[13]를 건너서 사신족(四神足)[14]에 안주하셨으며, 장야(長夜)에 사섭행(四攝行)[15]을 닦으셨고, 오개(五蓋)[16]를 없애셨으며, 오지(五支)[17]를 멀리 벗어나 오도(五道)[18]를 초월하셨고, 육근(六根)을 구족하셨으며, 육도(六度)[19]가 원만하셨고, 칠재(七財)[20]

---

11) 유행을 일으키는 전염성 질병을 통틀어서 일컫는 말이다.
12) 세존과 아라한이 갖추고 있는 세 가지의 자유자재한 지혜를 가리킨다. 첫째는 숙명지증명(宿命智證明)이고, 둘째는 생사지증명(生死智證明)이며, 셋째는 누진지증명(漏盡智證明)이다.
13) 폭류는 홍수가 나무와 가옥 따위를 떠내려 보내는 것과 같이 선(善)을 떠내려 보내는 뜻으로 번뇌를 말한다. 첫째는 욕폭류(欲暴流)이고, 둘째는 유폭류(有暴流)이며, 셋째는 견폭류(見暴流)이고, 넷째는 무명폭류(無明暴流)이다.
14) 신통(神通)을 얻기 위한 뛰어난 선정에 들어가는 네 가지의 기초로써 첫째는 욕신족(欲神足)이고, 둘째는 정진신족(精進神足)이며, 셋째는 심신족(心神足)이고, 넷째는 사유신족(思惟神足)이다.
15) 사섭행(四攝行)을 다르게 말하는 것으로 보시(布施)·애어(愛語)·이행(利行)·동사(同事)를 가리킨다.
16) 청정한 마음을 덮는 다섯 가지의 번뇌로서 첫째는 탐욕개(貪欲蓋)이고, 둘째는 진에개(瞋恚蓋)이며, 셋째는 수면개(睡眠蓋)이고, 넷째는 도회개(掉悔蓋)이며, 다섯째는 의개(疑蓋)이다.
17) 집제(集諦)의 무명(無明)·행(行)·애(愛)·취(取)·유(有)의 다섯 가지를 가리킨다.
18) 천상(天上)·인간·지옥·축생(畜生)·아귀(餓鬼)의 다섯 세계를 가리킨다.

를 널리 베푸셨으며, 칠각화(七覺花)21)를 피우셨고, 세속의 팔법(八法)22)을 벗어나셨으며, 팔정도(八正道)를 보이셨고, 영원히 구결(九結)23)을 끊으셨으며, 구정(九定)을 명철하게 익히셨고, 십력(十力)24)이 충만하여 시방에 명성이 들리므로 모든 자재의 가운데에서도 가장 수승하시다.

두려움이 없는 법을 얻어 마원(魔怨)25)을 항복받으셨고, 큰 우뢰의 소리로 사자후를 지으셨으며, 밤낮의 육시(六時)26)를 항상 불안으로서 세간을 관찰하시어 누가 증장되었고 누가 감소하였으며, 누가 고액을 만났고 누가 악취로 향하였으며, 누가 애욕의 수렁에 빠졌고 누가 교화를 감당할 수 있으며, 어떤 방편을 지어 구제하여서 벗어나게 하셨고, 성재(聖財)가 없는 자는 성재를 얻게 하셨으며, 지혜의 안선나(安膳那)27)로 무명인 눈꺼풀(眼膜)을 깨트리셨고, 선근이 없는 자에게 선근을 심게 하셨으며,

---

19) 육바라밀(六波羅蜜)을 다르게 부르는 말이다.
20) 불도(佛道)를 이루는 데 필요한 신(信)·계(戒)·참(慚)·괴(愧)·문(聞)·시(施)·혜(慧)의 일곱 가지를 재물에 비유한 말이다.
21) 산스크리트어 sapta-bodhy-aṅga의 번역으로 칠각지를 가리킨다. 첫째는 염각지(念覺支)이고, 둘째는 택법각지(擇法覺支)이며, 셋째는 정진각지(精進覺支)이고, 넷째는 희각지(喜覺支)이며, 다섯째는 경안각지(輕安覺支)이고, 여섯째는 정각지(定覺支)이며, 일곱째는 사각지(捨覺支)이다.
22) 사람의 마음을 부추겨 산란하게 하는 여덟 가지 현상으로 이익·손해·칭찬·비난·훼방·명예·즐거움·괴로움 등이다.
23) 유정을 결박하여 해탈하지 못하게 하는 아홉 가지 번뇌로서 애결(愛結)·에결(恚結)·만결(慢結)·무명결(無明結)·견결(見結)·취결(取結)·의결(疑結)·질결(嫉結)·간결(慳結) 등이다.
24) 세존께서 갖추고 있는 열 가지 능력으로서 첫째는 처비처지력(處非處智力)이고, 둘째는 업이숙지력(業異熟智力)이며, 셋째는 정려해탈등지등지력(靜慮解脫等持等至智力)이고, 넷째는 근상하지력(根上下智力)이며, 다섯째는 종종승해지력(種種勝解智力)이고, 여섯째는 종종계지력(種種界智力)이며, 일곱째는 변취행지력(遍趣行智力)이고, 여덟째는 숙주수념지력(宿住隨念智力)이며, 아홉째는 사생지력(死生智力)이고, 열째는 누진지력(漏盡智力)이다.
25) 악마는 사람들에게 원수가 되는 원적(怨敵)이므로 마원(魔怨)이라고 불린다.
26) 하루를 6등분한 것으로 신조(晨朝, 아침)·일중(日中, 한낮)·일몰(日沒, 해질 녘)·초야(初夜, 초저녁)·중야(中夜, 한밤중)·후야(後夜, 한밤중에서 아침까지의 동안) 등으로 구분된다..
27) 산스크리트어 añjana의 음사로서 눈병에 쓰는 약이다.

선근이 있는 자에게는 다시 증장하게 하셨고, 인간과 천상의 길에서 안온하고 무애하게 하셨으며, 열반의 성으로 나아가게 하신다."
 어느 게송에서 말씀하신 것과 같다.

 가령 대해(大海)의 조수는
 혹은 기한(期限)을 잃더라도
 세존께서는 교화하는 것과
 제도하는 것에는 때를 넘기지 않으신다네.

 어머니에게 외아들이 있는 것과 같아서
 항상 그의 몸과 목숨을 보호하듯이
 세존께서는 교화하면서
 애민하게 생각함은 그보다도 넘치신다네.

 세존께서는 모든 유정들에게
 자비로운 생각을 버리지 않으시고
 그들의 고난을 구제하시려는 생각이
 어미소가 송아지를 따르는 것과 같다네.

 세존께서는 이렇게 생각을 지으셨다.
 '누가 능히 올서니국의 맹광대왕과 아울러 후궁과 채녀(婇女) 및 여러 백성들을 조복할 수 있을까?'
 세존께서는 관찰하시어 대가다연나 필추가 능히 그들을 조복할 수 있음을 아셨고, 곧바로 알려 말씀하셨다.
 "대가다연나여. 그대는 올서니성의 맹광대왕과 궁전 안의 채녀와 아울러 여러 백성들이 안락을 얻도록 하게."
 존자가 세존께 아뢰었다.
 "세존의 가르침을 따르겠습니다."

그때 존자는 다음 날 아침에 옷과 발우를 집지하고 바라니사에 들어가 차례로 걸식하였다. 음식을 먹고서 옷과 발우를 집지하고 500의 필추와 함께 올서니국으로 갔다. 다음 길에 건나국사국(建拏國社國)에 이르렀다. 이때 이 성에 한 바라문이 있었는데 이 바라문은 존자의 옛날의 지식이었다. 집안에 한 딸이 있었는데 위의와 용모가 단정하고 미색이 초절하였으며 머리카락이 빛나고 윤기가 있어 비교할 자가 없었다. 이것을 인연하여 묘발(妙髮)이라고 이름하였는데, 어느 음악인(音樂人)이 남방에서 왔다가 소녀인 묘발의 머리카락이 기이하고 좋은 것을 보고 바라문의 처소에 나아가서 알려 말하였다.

"대바라문이여. 이 따님의 머리카락은 나에게 필요한 것입니다. 나에게 파신다면 1천금전을 값으로 드리겠습니다."

바라문이 대답하여 말하였다.

"바라문의 법에 머리카락을 팔지 않는 것이오. 무슨 까닭으로 그대는 지금 비법의 말은 짓는가?"

그는 마침내 뜻을 이루지 못하고 묵연히 떠나갔다. 뒤의 다른 때에 아버지는 곧 목숨을 마쳤는데, 어머니는 성자 대가다연나가 500명을 데리고 이 나라에 이르러 멀지 않은 곳에 머문다는 것을 들었다. 남편이 근래에 죽어서 마음에 근심과 애석함을 품고 있었는데 존자가 왔다는 것을 듣고 다시 사념이 두 배나 되어 손으로 턱을 괴고서 머물렀다. 그의 딸인 묘발은 어머니가 근심하는 것을 보고 그 까닭을 물었다.

"어머니는 지금 무슨 까닭으로 손으로 턱을 괴고서 근심하고 계세요?"

어머니가 말하였다.

"성자 대가다연나는 그대의 돌아가신 아버지의 옛 지식인 까닭이니라. 지금 이곳에 이르셨는데 그대의 아버지는 돌아가신 까닭으로 집안이 다시 가난하여 능히 한때의 공양도 준비할 수 없는 까닭으로 내가 근심하는 것이다."

딸이 말하였다.

"만약 그렇다면 음악인이 머리카락을 팔면 1천금전을 주겠다고 하였으니 그 값을 취하여 공양에 충당하세요. 내 머리카락은 뒤의 때에 다시 자라날 것이니 어머님은 걱정하지 마세요."

어머니는 말을 듣고 청정한 신심이 있는 것을 알았으며 음악인이 있는 곳에 나아가서 알려 말하였다.

"인자여. 내 딸의 머리카락을 당신이 이전에 1천금전의 값으로 사는 것을 구하였으니 반드시 그것이 필요하다면 이전의 값으로 사세요."

대답하여 말하였다.

"노모(老母)여. 그때에는 우리들이 이 머리카락이 반드시 필요하였으나 지금은 소용이 없습니다. 만약 그것을 팔겠다면 반값으로 사겠습니다."

대답하여 말하였다.

"뜻을 따르겠습니다."

곧 그 값을 주고 머리카락을 취하여 떠나갔다. 그때 존자가 이 성에 이르렀고 한 고요한 곳에서 편안한 마음으로 머물렀다. 바라문의 아내가 존자의 처소에 나아가서 발에 정례하고는 아뢰어 말하였다.

"성자여. 유행의 길은 평안하셨습니까? 내 남편이 살아있던 때에 존자와 함께 서로 지식이었으므로 자비롭고 애민하게 보시고 내일 오시(午時)에는 나의 작은 청을 받아주십시오."

존자가 말하였다.

"나의 대중이 매우 많은데 어찌 갑자기 능히 구제하겠습니까?"

물어 말하였다.

"성자여. 대중이 모두 몇 분이십니까?"

대답하였다.

"500명입니다."

대답하여 말하였다.

"감당할 수 있습니다."

존자는 묵연하였다. 그때 노모는 청을 받아들인 것을 알고서 발에 예배하고 떠나갔다. 곧 집안에서 여러 공양을 준비하였고 다음 날의 아침에 이르러 평상과 자리를 펼쳐놓고 항아리에 맑은 물을 저장하였으며 가서 아뢰었다.

"음식이 준비되었습니다. 원하건대 때가 되었음을 아십시오."

이때 존자는 소식시에 옷과 발우를 집지하고 500명과 함께 여인의 집에 이르러 자리에 앉으셨다. 앉는 것을 보고 노모는 곧 즉시 스스로의 손으로 여러 종류의 상묘한 음식을 행익하였다. 음식을 먹고서 치목을 씹고 양치를 마치고 발우를 거두었으므로 하나의 작은 자리를 취하여 앉아서 설법을 청하였다. 존자가 설법하고자 하면서 물어 말하였다.

"그대의 딸인 묘발은 지금 어느 곳에 있습니까?"

대답하여 말하였다.

"용모와 위의가 단정하지 못하여서 감히 나오지 못합니다."

비록 아라한이라도 관찰하지 않는다면 알지 못하는 것이다. 존자가 곧 생각을 거두어 그 딸의 마음을 관찰하여 지극히 순수하고 착한 것을 알았다. 알려 말하였다.

"그대 딸의 마음이 착합니다. 불러오도록 하십시오."

곧 나오라고 명하였고 방에서 나와 존자의 처소에 이르러 은근하고 정중한 마음으로 존자의 발에 예배하고 물러나서 한쪽에 앉았다. 어머니가 말하였다.

"이 아이가 묘발입니다. 비록 경솔하게 청하는 것을 알지만 존자의 딸로 삼아주십시오."

어머니가 거듭 알려 말하였다.

"이미 서로가 얽힌 것은 반드시 인연의 일이 있습니다. 반드시 묻고자 합니다. 이 아이를 어느 집안에 주어야 합니까?"

존자가 말하였다.

"나는 출가한 사람입니다. 마땅히 그러한 재가의 일을 묻지 마십시오. 그러나 이 아이는 반드시 마땅히 안팎으로 장엄하는 영락의 장신구를 얻는데 그 숫자가 각각 500일 것이고, 5개의 큰 취락이 봉읍(封邑)으로 충당될 것입니다."

어머니가 말하였다.

"우리집은 이렇게 가난합니다. 누가 마땅히 이와 같은 수승한 일을 해주겠습니까?"

존자가 말하였다.

"이러한 말을 짓지 마십시오. 이 아이는 복덕이 크고 많습니다. 은근하고 청정한 마음으로 수승한 복전에 크게 공양하였으므로 반드시 마땅하게 이런 수승한 과보를 얻을 것입니다. 걱정하지 마십시오."

어머니는 곧 묵연하였다. 존자가 그 모녀를 위하여 보여주셨고 가르치셨으며 이익되고 기쁘게 하시고서 자리에서 일어나 떠나갔다. 점차 유행하면서 올서니국에 이르러 겨우 성안에 들어갔는데 소유한 재난과 우환이 절반은 모두가 제거되었다. 이때 수문인이 가서 왕에게 아뢰어 말하였다.

"대왕께서는 아십니까? 500의 용모와 위의가 수승하고 특이한 사람들이 겨우 성에 들어왔으나 재난과 우환이 절반은 제거되었습니다."

왕이 말하였다.

"이것은 진실로 좋은 일이다. 마땅히 공양하겠노라."

이때 여러 바라문이 와서 왕에게 아뢰어 말하였다.

"우리들이 밤낮으로 이 재난과 우환을 제거하고자 매우 큰 고통이 있었습니다. 우리들의 위력으로 재난과 우환이 절반이나 없어졌으므로 오래지 않는 사이에 모두가 마땅히 없어질 것입니다. 무슨 인연으로 지금 그 필추들의 까닭이라고 말씀하십니까?"

여러 필추들은 그 왕의 무병과 장수를 축원하고 왕에게 하직하고 나와서 떠나갔다. 왕은 신하들에게 알려 말하였다.

"수문인은 나에게 500의 용모와 위의가 수승하고 특이한 사람들이 겨우 성에 들어왔으나 재난과 우환이 절반은 제거되었다고 말하였소. 바라문들은 우리들이 밤낮으로 이 재난과 우환을 제거하고자 매우 큰 고통이 있었고 이것은 우리들의 위력으로 재난과 우환이 절반이나 없어졌으므로 오래지 않아서 모두가 마땅히 없어질 것이고 외부인의 까닭이 아니라고 말하였소. 나는 지금 이것이 누구의 공력인가를 알지 못하겠소. 경들은 마땅히 여러 필추들과 바라문들을 데려다가 코끼리 외양간의 가운데에 부정한 땅에서 거친 쌀떡(米餠)을 식초물에 담가서 그들에게 함께 먹게 하고 음식을 먹고서 떠나갈 때에 두 무리에게 모두 물어보시오. '대왕께서 오늘 베푸신 음식이 어떻습니까?'"

여러 신하들이 왕에게 아뢰었다.

"이와 같이 짓겠습니다."

곧 코끼리 외양간에 가르침과 같이 음식을 차렸고 먹고서 나가는 때에 수문인이 먼저 바라문에게 물었다.

"당신들은 오늘 왕의 공양을 받았는데 그 음식이 어떻습니까?"

그들이 곧 대노하여 큰소리로 외쳐 말하였다.

"우리들이 살펴보니 이것은 비법이다. 가난한 왕이 다만 거친 떡과 나쁜 죽을 식초의 물에 담가서 바라문에게 베풀었으니 무슨 복이 있겠는가?"

수문인은 듣고 묵연히 머물렀다. 그들이 떠나간 뒤에 필추들이 다음으로 왔으므로 물어 말하였다.

"성자여. 왕께서 베푸신 공양이 맛이 어떻습니까?"

대답하여 말하였다.

"현수여. 시주가 베푸는 것을 받은 자는 마땅히 먹는 것이고, 몸을 충족하고 만족하면서 하루를 지내는 것입니다."

이때 수문인이 곧 들어가서 왕을 알현하고 두 일을 자세히 말하였다. 왕이 듣고는 다시 신하에게 알려 말하였다.

"경들은 지금 다시 코끼리 외양간의 깨끗한 곳에 좋은 음식을 베풀고서 도리어 이전과 같이 물어보시오."

곧 깨끗한 곳에 좋은 자리를 펴고 공손히 좋은 음식을 받들었다. 나갈 때에 이전과 같이 물으니 바라문이 말하였다.

"경들의 찰리관정대왕이 베푼 것이 정밀하고 기특하였으니 무량한 복을 얻을 것이오."

수문인이 알려 말하였다.

"왕궁 주선(廚膳)28)의 한결같은 일은 어렵습니다. 무슨 인연으로 오늘은 비웃고 싫어하는 것을 보지 못하겠습니다."

그들은 곧 묵연히 떠나갔다. 다음에 오는 필추들에게 물었는데 이전과 같이 대답하였다. 수문인이 들어가서 알현하고 일로써 왕에게 아뢰었다. 왕이 다시 가르침을 내려서 코끼리의 외양간에서 한 것과 같이 마구간에서도 역시 그와 같이 하였다. 깨끗하고 더럽거나 정밀하고 거칠어도 묻고 대답하는 것을 서로가 같았다. 왕이 듣고서 이렇게 생각을 지었다.

'여러 필추들이 진정한 복전이고 바라문은 아니구나.'

곧 깊은 신심을 일으켜 곧 대가다연나의 처소로 가서 발에 예경하고 앉았다. 이때 존자는 왕을 위하여 법을 설하여 보여주셨고 가르치셨으며 이익되고 기쁘게 하시고서 묵연히 머물렀다. 왕이 다시 발에 예경하고 아뢰어 말하였다.

"존자여. 원하건대 자비하시니 여러 성중들과 내일 나의 궁전에 오시어 거친 음식이라도 받아주십시오."

존자가 묵연히 허락하였다. 왕은 받아들인 것을 보고 예경하고 하직하고서 떠나갔다. 곧 그 밤에 상묘한 음식을 준비하여 아침 일찍 일어나서 부구와 자리를 펼쳐놓고 깨끗한 물을 준비하여 놓았다. 드디어 사자(使人)를 시켜 존자에게 가서 아뢰었다.

"음식이 준비되었습니다. 원하건대 성자께서는 때가 되었음을 아십시오."

이때 존자는 하루의 초분의 때에 옷과 발우를 집지하고 필추들을 데리고 음식이 베풀어진 곳으로 나아가서 자리에 앉으셨다. 왕은 창기(倡妓)[29]들에게 여러 음악을 연주하고 가무를 같이 하도록 하였다. 존자와 승가 대중은 위의(容端)을 단정히 하고 앉아서 모든 근을 거두어 섭수하였다. 기악의 소리가 끝났으므로 왕이 존자에게 물어 말하였다.

"음악이 어떻습니까? 살 늘으셨습니까?"

존자가 대답하여 말하였다.

---

28) 주방에서 조리한 음식을 가리킨다.
29) 노래와 춤을 업으로 하는 기생을 가리키는 말이다.

"대왕이시여. 그것을 보고 듣는 자는 곧 좋고 나쁨을 아는 것입니다."
왕이 말하였다.
"여러 근의 안이 어둡다면 알 수 없을 것입니다. 경계를 마주하고 마음이 치달리는데 어찌 듣고 보지 않겠습니까?"
존자가 몸으로 그 일을 알게 하고자 좋은 방편을 지었고 왕에게 알려 말하였다.
"왕이시여. 지금 곧 어느 사람을 죽여도 합당합니까?"
왕이 말하였다.
"무엇을 수용하시면서 필요하십니까?"
대답하여 말하였다.
"왕께서 발우에 기름을 가득히 채워서 그의 손에 들려주고 칼을 잡은 사람에게 뒤를 따르도록 하여 놀라게 하시면서 마땅히 손해가 없게 하고 알려 말하십시오. '만약 한 방울의 기름이라도 땅에 떨어진다면 마땅히 그대 목을 베겠노라.' 그가 마음대로 돌아다니도록 하시고 다시 앞에는 많은 기녀들이 여러 음악을 연주하게 하십시오. 돌아서 이곳에 이르면 기름을 지닌 사람에게 물어보십시오. '미녀들의 용모와 위의와 음악이 좋았는가?' 그런 뒤에 나에게 비로소 진실한 신심이 생겨날 것입니다."
왕이 듣고 모두 이와 같이 알려 말하고서 차례로 지었으며 그 사람이 와서 이르니 물어 말하였다.
"미녀들의 용모와 위의와 음악이 좋았는가?"
대답하여 말하였다.
"대왕이시여. 그것을 보고 들은 자는 곧 좋고 나쁨을 알 것입니다."
왕이 말하였다.
"그대에게 눈과 귀가 있는데 어찌 보고 듣지 않았는가?"
대답하여 말하였다.
"대왕이시여. 만약 제가 발우의 기름을 한 방울이라도 땅에 떨어트렸다면 그 칼을 잡은 사람이 마땅히 저의 머리를 베어서 시체가 땅에 누워있을 것입니다. 저는 그때에 발우가 기울어지는 것이 두려웠고 머리가 땅에 떨어지는 것이 무서워서 한마음으로 발우를 지니고 매우 고통스럽게 돌아왔습니다. 어느 겨를에 능히 미녀들의 용모와 위의와 음악이 좋았는가를 알았겠습니까?"

왕은 마침내 묵연히 머물렀다.

존자가 물어 말하였다.

"대왕께서는 보셨습니까?"

왕이 말하였다.

"보았습니다."

"대왕이시여. 이 사람은 다만 한 생의 목숨을 위하여 큰 괴로움을 만나서 은근하고 소중한 정념으로 방일하지 않으면서 자신의 몸을 잘 보호하였습니다. 하물며 우리 필추들이 여러 가무를 모두 버리지 않았겠습니까? 이것은 많은 생에 고통의 인연인 까닭인데 어찌 곧 다시 보고 듣는 것을 받아들이겠습니까?"

왕이 기름의 발우를 관찰하고서 마음에서 존자에게 두 배나 존경이 생겨났다. 이때 태자와 여러 왕의 내궁과 채녀 및 여러 선생과 백성들이 모두 왔고 따라서 기뻐하면서 여러 종류의 음식을 필추들에게 공양하였다. 이때 대중들은 음식을 먹고서 치목을 씹고 양치를 마치고 발우를 거두었는데, 존자의 앞에 왕이 낮은 자리에서 존자에게 물어 말하였다.

"다른 곳에서도 이러한 묘한 음식으로 500의 성중에게 나와 같이 대접하였습니까?"

존자가 말하였다.

"대왕께서는 이 나라의 주인이므로 1백성(百城)을 통치하십니다. 생각에 따라서 모든 것이 오고 부족한 것이 없으므로 상묘한 음식으로 500의 승가를 공양하는 것이 어찌 희유하겠습니까? 내가 어제 오늘 때에 한 취락의 집에서 어느 소녀가 자기의 가난을 한탄하였고, 마침내 자신의 머리카락을 잘라 팔아서 500금전을 얻었고 우리들에게 공경스럽게 상묘한 공양을 베풀었으니 이것은 희유함이 성취된 것입니다."

왕이 이 말을 듣고 이렇게 생각을 지었다.

'그 소녀의 머리카락의 값이 500금전이라면 하늘의 채녀라도 비교하는 것이 어렵겠구나. 마땅하게 반드시 찾아서 그가 어떠한 사람인가를 관찰하여 내가 마땅히 그녀를 취해야겠다.'

존자는 덕이 높아서 묻는 것이 이치에 어려웠으므로 마침내 사자에게 명하여 말하였다.

"그대는 지금 존자가 오신 곳을 따라가면서 어느 촌읍에 있는 여인이 머리카락을 500금전에 팔아서 존자 대가다연나를 위하여 공양을 베풀었는가를 알아보라. 누구의 딸인지 내가 보아야 할 필요가 있느니라."

사자는 왕의 마음을 알고서 곧 다니면서 찾으며 물었다. 전전하여 드디어 건나국사성에 이르렀고 이미 성안에 이르러 두루 살펴보고서 그곳이 본래 마음에서 구하는 곳인 것을 알았다. 잠시 쉬고서 그 바라문의 집으로 나아가서 문 앞에 서있었다. 그녀의 어머니가 나오는 것을 보고 안은한가를 물었다. 그녀의 어머니가 곧 물어 말하였다.

"당신은 지금 어디에서 왔고 무엇을 구하고자 합니까?"

대답하여 말하였다.

"묘발에게 혼사를 구하고자 왔습니다."

물어 말하였다.

"누구를 말하는 것입니까?"

대답하여 말하였다.

"맹광왕께서 왕후를 삼으시고자 합니다."

어머니가 말하였다.

"매우 좋습니다. 그러나 딸에게 재물이 적어 일이 성사되지 않을까 두렵습니다."

사자가 말하였다.

"그 재물은 무엇입니까?"

어머니가 말하였다.

"안의 장신구의 숫자가 500이고 바깥의 여러 영락의 숫자도 역시 그와 같으며 5개의 큰 취락을 봉읍으로 충족해야 합니다. 이러한 물건을 얻는다면 내가 마땅히 딸을 주겠습니다."

사자가 듣고 달려 돌아가서 왕에게 알려 말하였다.

"대왕이시여. 제가 그 여인을 찾았습니다."

왕이 말하였다.

"그대와 함께 어떤 말을 하였는가?"

대답하여 말하였다.

"제가 그 어머니에게 대왕께서 황후로 맞이하시겠다고 말하였습니다."

왕이 말하였다.

"그 집에서 예물을 찾던가?"

사자가 곧 갖추어 말하니 왕이 듣고서 알려 말하였다

"그녀가 찾는 것을 많거나 적더라도 모두 주도록 하라."

사자가 왕명을 받들고 그녀의 집으로 갔으며 함께 서로 허락하였고 길일을 점치고 선택하여 널리 예의를 갖추었다. 앞뒤에서 행군하여 깃발과 북으로 성대하고 장엄하였고 건나국사성을 따라서 올서니국에 이르렀는데 이미 성에 들어오면서 곧 그 날에 전염병이 아울러 모두가 없어지고 나라의 경계가 안녕(休寧)하고 백성들이 안락하였다. 이러한 아름다운 인연으로 마땅하게 마침내 모두가 안락부인(安樂夫人)이라는 명호로 이름하였다.

근본설일체유부비나야잡사 제22권

삼장법사 의정 한역
석보운 번역

안의 섭송 ④

안의 섭송으로 말하겠노라.

누각 위와 증장(增長)을 만난 것과
음녀와 밤에 별을 관찰한 것과
말의 울음소리를 인연으로 지은 것과
상인(商人)이 마른 해골을 감싼 것이 있다.

이때 맹광왕은 올서니성에 머물렀다.
  이곳의 어느 장자가 아내를 얻고 오래지 않았으나 아내를 본래의 집에 머물러 있게 하고서 스스로는 무역을 위하여 화물을 가지고 다른 지방으로 갔다. 그 남편이 떠나간 뒤에 아내가 옷과 음식이 방종하였으므로 번뇌가 치성하게 증가되었다. 마침내 누각에 올라서 두루 남자들을 관찰하면서 날마다 낮에 바라보는 것을 멈추지 않았다. 뒤의 다른 때에 맹광왕이 묘향 코끼리를 타고 집의 주변을 지나가는데 여인이 보고 염욕심이 생겨나서 곧 꽃다발로서 멀리 왕에게 던졌고 왕의 어깨 위에 떨어졌다. 왕이 곧 고개를 들어 관찰하여 보니 어느 여인의 얼굴과 용모가 단정하고 광채가 초절하였으므로 좌우를 돌아보면서 스스로가 알려 말하였다.

"비교할 수 없구나."
왕이 보고 이미 그녀에게 염오의 뜻이 있음을 알고서 알려 말하였다.
"소녀여. 만약 사랑의 마음이 있으면서 어찌 잠시 나오지 않는가?"
대답하여 말하였다.
"첩은 젊은 아내이므로 인연이 없으면 나갈 수 없습니다. 대왕께서 만약 돌아보실 생각이 있으시다면 문에서 만나기를 바라옵니다."
왕은 마음이 미혹되었으므로 능히 앞으로 나아가지 못하고 곧 코끼리에서 내려서 그녀의 집으로 걸어서 들어갔다. 환희를 품었고 이미 통하였으므로 곧바로 임신하였다. 지혜로운 여인에게는 그 다섯의 일이 있는 것이다. 첫째는 남자에게 욕심이 있는가? 욕심이 없는가를 아는 것이고, 둘째는 절후(節候)[1]를 아는 것이며, 셋째는 수태(受胎)하는 때를 알고 그 사람의 태를 아는 것이고, 넷째는 아들인 것을 아는 것이며, 다섯째는 딸인 것을 아는 것이다. 마침내 왕에게 아뢰어 말하였다.
"대왕께서는 지금 아십니까? 저는 이미 임신하였습니다."
이때 왕은 곧 좋은 진주 영락으로 부촉하면서 알려 말하였다.
"반드시 딸을 낳는다면 그대가 스스로 거둘 것이고, 그가 아들이라면 이 영락을 주어서 마땅히 나의 처소에 보내도록 하라."
여인이 공경스럽게 허락하자 왕은 곧 버리고 떠나갔다. 뒤에 여러 달이 지나고 임신한 모습이 밖으로 드러났다. 이때 그녀의 옛 남편에게서 편지가 왔는데 알려 말하였다.
"그대는 안은하오? 나는 오래지 않아 마땅히 본래의 고향으로 돌아가는 것을 바라고 있소."
여인이 듣고서 큰 근심이 생겨나서 곧 사람을 보내어 왕에게 아뢰었다.
"저는 이미 임신을 하였는데 옛 남편이 곧 온다고 합니다 지금 어떻게 하여야 합니까?"
왕이 서신으로 말하였다.

---

1) 절기(節氣)의 다른 표현이다.

"그대는 걱정하지 말라. 나에게 방편이 있으므로 그가 오지 못하도록 하겠노라."

여인은 곧 묵연하였다. 왕은 그에게 서신을 주었다.

"내가 지금 이와 같은 물건이 필요하므로 그대는 멀리 있는 어느 곳에 가서 구하여 오라."

이미 걸어서 먼 길을 거쳤으므로 오랜 시간(時歲)이 지났다. 여인은 달이 차서 곧 한 아들을 낳았는데 용모를 보니 당대에 희유하였다. 날이 장차 밝았으므로 곧 소와 꿀로서 입안을 가득히 채우고 상자 안에 부드러운 솜으로 아기를 덮어서 안에 넣고 그 위를 백첩으로 덮었으며 주영(珠瓔)으로 얽혀진 그 상자를 단단하게 닫고서 붉은 실로 단단히 묶었으며 자광(紫鑛)으로 위에 도장(印)을 찍었다. 여노비에게 알려 말하였다.

"이 상자를 가지고 왕궁의 문 앞으로 가서 하나의 단(壇)을 깨끗하게 닦고 그 위에 상자를 놓아두고 아울러 등불을 펴놓고 한쪽에 머물면서 사람이 있어서 가지고 떠나가면 그대는 돌아오너라."

노비는 가르침에 의지하여 지었다. 이때 여러 소들이 길을 따라서 나왔는데 그 상자가 있는 곳에 이르러 주위를 돌면서 나아가지 않았다. 이때 맹광왕이 안락부인과 함께 높은 누각 위에 올랐는데 여러 소들이 상자를 돌면서 머무는 것을 보고 사자에게 명하여 말하였다.

"그대는 문 밖에 가서 무슨 뜻으로 여러 소들이 모여서 머무는가를 살펴보라."

사자가 말하였다.

"문에 한 상자가 있는데 붉은 끈으로 묶여있고 자광으로 봉인하였습니다."

왕이 말하였다.

"그대는 급히 가져오라."

부인이 왕에게 아뢰었다.

"상자의 물건을 왕께서는 마땅히 저에게 주십시오."

왕이 말하였다.

"뜻을 따르시오."

사자가 상자를 가지고 이미 왕에게 이르렀고 곧 즉시 봉인을 열었고 나아가 주영과 아기를 보았다. 왕이 주영을 알아보고 알려 말하였다.

"이 아기는 우리의 아기요."

안아서 부인에게 부촉하면서 말하였다.

"당신의 아기요."

부인이 받아 안고서 곧 축원하여 말하였다.

"원하건대 지금 이 아기는 장수하여라. 무엇이라고 이름을 지어주어야 하나요?"

왕이 말하였다.

"복이 있는 아기이고 소들에게 보호받았으니 마땅히 우호(牛護)라고 이름하겠소. 또한 안락부인이 직접 안고서 기를 것이니 어머니도 역시 우호모(牛護母)라고 이름을 고쳐야겠소."

이때 북방의 득차시라국의 왕은 원승(圓勝)이라고 이름하였다. 나라를 다스리고 교화하여 안은하고 풍족하며 즐거웠고 백성들이 치성하였으며, [자세한 설명은 다른 곳에서와 같다.] 여러 동산에는 나무와 꽃과 과일이 항상 있었고 비가 때를 맞춰서 내렸으므로 걸식하여 얻는 것이 쉬웠다. 뒤의 다른 때에 왕이 여러 신하들을 함께 높은 누각에 올라서 뜻에 따라서 즐겁게 오락하였는데, 여러 신하에게 알려 말하였다.

"모든 다른 나라도 우리나라와 같이 풍요롭고 즐거우며 안은함이 서로 같은가?"

대신이 아뢰어 말하였다.

"올서니국의 왕이 맹광이라고 이름하는데 그 나라도 역시 풍요롭고 즐거우며 안은하며 꽃과 과일이 끊이지 않아서 이곳과 다르지 않습니다"

그 나라에서 어느 상인이 이곳에 와서 이르렀으므로 왕이 불렀고 이미 이르자 자세히 물어보았다. 그 나라가 부유하고 치성함을 듣고 왕은 질투심이 생겨나서 여러 신하들에게 알려 말하였다.

"그대들은 엄숙히 병사를 정비하시오. 내가 그 나라를 정벌하고자 하오."
 그 왕은 곧 스스로가 직접 사병(四兵)을 정비하여 올서니국으로 향하여 점차 그 성에 이르면서 침략(侵掠)하였는데 법도가 없고 잔인하며 포악하고 이치가 아니었으므로 사람들이 곧 살아갈 수 없었다. 맹광대왕은 적이 이른 것을 이미 듣고서 역시 엄숙히 사병을 정비하여 출정하여 서로가 대항하며 싸웠으나, 맹광왕이 감당하지 못하여 병사들이 흩어졌다. 마침내 한 말을 타고 도망하여 다른 곳으로 향하였다. 황야에 이르러 밖에서 경작하는 한 농부를 보았는데 증장(增長)이라고 이름하였으며 스스로의 몸으로 쟁기질을 하고 있었다. 왕은 얼굴빛이 다른 사람들과 다른 것을 보고 곧 물어 말하였다.
 "그대는 용맹하고 건장한 사나이구려. 일찍이 원승왕과 맹광왕이 전쟁을 하여 맹광왕이 크게 패전한 이러한 일을 들어서 알고 있는가?"
 대답하여 말하였다.
 "나도 이러한 일을 들었으나 진실과 거짓을 알지 못합니다."
 대답하여 말하였다.
 "거짓이 아니오."
 농부 역시 이 사람이 맹광왕인 것을 몰랐으므로 곧 그것을 알려 말하였다.
 "맹광왕은 본국에 있는 분이고 그 왕은 객으로 왔는데 마침내 속임과 능멸을 당하고 이리저리 도망을 다니는구나. 모신(謀臣)과 맹장이 무슨 소용이 있는가? 왕이 만약 여기에 와서 나를 조아(爪牙)[2]로 삼는다면 곧 긴 끈으로 원승의 목을 묶어서 성안으로 끌어들일 것입니다."
 말과 이야기가 끝나지 않았으나 그 아내가 밥을 가지고 왔고 잎을 꿰매어서 그릇을 만들었다. 남편이 곧 손을 씻고 곧 음식을 먹으려고 가면서 왕을 돌아보고 말하였다.
 "용맹하신 장부여. 대략 형세를 살펴보니 굶주린 얼굴빛이구려. 나는

---

[2] 손톱과 어금니라는 뜻으로, 왕을 호위하는 무사를 말한다.

가난하여 이렇게 거칩니다. 반드시 서로를 싫어하지 않으시면 마땅히 함께 맛을 보십시오."

이때 맹광왕이 곧 이렇게 생각을 지었다.

'내가 만약 먹지 않는다면 굶주려서 목숨을 마칠 것이다.'

곧바로 내렸고 말안장을 취하여 앉았고 손발을 씻고 한 자리에서 함께 먹었다. 그의 아내가 곧 깨어진 질그릇 술잔에 술을 따라주면서 마시라고 하였다. 왕은 이렇게 생각을 지었다.

'비록 잔이 깨어진 것을 알지만 깨어지지 않은 곳으로 내가 마땅히 마셔야겠다.'

왕은 지혜와 계책에 밝아서 때에 알맞게 처신하였으므로 다시 거듭 생각하며 말하였다.

"깨어지지 않은 곳으로 내가 만약 마신다면 혹은 그 사람이 서로를 기만한다고 말할 것이니 내가 마땅히 깨어진 곳으로 마셔서 그가 나에게 깊이 사랑하는 마음이 생겨나게 해야겠다."

이때 농부가 스스로 깨어진 곳으로 먼저 마셨고 소독하고서 다음에 왕에게 건네주었다. 왕은 이미 받고서 깨어진 곳으로 마셨다. 농부가 생각하면서 말하였다.

"이 대장부는 마음에 간격이 없구나. 내가 깨어진 곳으로 마셨는데 같은 곳으로 마시는구나. 내가 지금 마땅히 깊은 공경과 존중이 생겨났으니 그와 도를 교류하여 오래 잃지 않아야겠다."

이와 같이 생각하고서 그의 아내에게 알려 말하였다.

"현수여. 이 대장부는 나의 뜻을 얻은 친하고 좋은 지우이니 그대는 곧 본래의 가난한 집에 이르면 기름으로서 몸을 바르고 뜨거운 물로 목욕하고 음식을 차릴 것이며 말이 실컷 먹을 수 있도록 그 수초(水草)를 주시오."

아내는 마침내 곧 돌아가서 말한 바와 같이 모두를 지었다. 정회(情懷)[3]

---

3) 생각하는 마음 또는 회포를 아울러 이르는 말이다.

가 막역하여 필요한 것을 제공하였다. 이때 원승왕은 나머지의 작은 갈사(潟沙)라고 이름하는 나라에 와서 노략질로 백성을 침탈(侵漁)하였다. 이때 여러 대신들이 문서를 지어서 왕에게 알렸다.

"그 일을 함께 논의하였습니다. 바라건대 왕께서는 스스로가 잘 사량하십시오."

그 글의 끝에 게송을 덧붙였다.

왕께서 다른 나라에서 그들을
항복받고자 노력하시는 것과 같이
자기의 국토도 역시
역시 마땅히 부지런히 수호하십시오.

이때 원승왕은 그 문서를 읽고 이렇게 생각을 지었다.

'내가 만약 병사를 거느리고 본국으로 돌아간다면 여러 사람들이 모두 내가 다른 나라에 항복하고 도주하여 본국으로 돌아왔다고 말할 것이다. 나는 지금 마땅히 그와 함께 화해(和好)하고 본국으로 돌아가야겠다.'

마침내 서신을 넣어서 맹광왕에게 알려 말하였다.

"지식이여. 이미 지나간 일은 다시 추론하지 않겠으니 마땅히 잠깐 나와서 서로가 보기를 바라오. 스스로에게 남은 승부는 아울러 논하지 않겠소. 바라건대 무릎과 가슴을 맞대고 옷깃을 교류하며 함께 거스르지 말고 평소(平昔)와 같이 지냅시다. 나는 곧 성안으로 돌아가려는 까닭이오."

여러 신하들이 그 서신을 받고는 함께 이렇게 의논하였다.

"만약 왕이 없다고 알린다면 그 왕이 분명히 우리를 기만할 것입니다. 마땅히 방편을 베풀어 또한 시정(時情)으로 대답합시다."

문서를 지어서 알려 말하였다.

"지식이 이미 와서 돈독하고 좋은 마음을 깊이 쌓고자 하는 것을 알고 있소. 일이 비록 사실일지라도 능히 유예가 없다면 두 나라가 함께 모여도 각자 호의(狐疑)⁴⁾에 이를 것이오. 비록 본래의 마음을 거역하더라도 나는 한가하게 나갈 수가 없습니다. 그러나 이 태자는 우호라고 이름하고 나의 소생이므로 나가서 서로를 보게 하겠소. 함께 뜻으로 기뻐하고 뜻을 따라서 떠나가거나 머무르시오."

이때 곧 우호에게 나가서 원숭을 보게 하였다. 환희(歡懷)를 함께 끝내고 드디어 군사로 포위한 것을 풀고 본국으로 돌아갔다. 이때 맹광왕의 여러 대신들이 함께 서로 의논하여 말하였다.

"다른 지방의 원적(怨敵)들이 이미 구름처럼 흩어졌으니 스스로가 국왕을 급하게 마땅히 구하고 찾아야 합니다. 사방의 멀고 가까운 곳에서 말과 사람으로 쫓아서 찾읍시다."

이때 맹광왕은 원숭이 병사를 되돌려 떠나갔다는 소문을 듣고 곧 농부인 증장에게 알려 말하였다.

"나에게 지금 두려움이 제거되었으므로 그대에게 하직하여 말하고 돌아가겠소. 그대가 만약 성에 들어온다면 마땅히 나의 집에 들르시오."

대답하여 말하였다.

"대장부여. 당신의 이름과 휘(諱)5)를 내가 역시 모르는데 어떻게 뒤의 때에 서로가 집을 들르고 방문하겠습니까?"

왕이 말하였다.

"누가 다시 내가 머무르는 집을 모르겠소. 그대가 성에 들어올 때에 마땅히 이와 같이 물으시오. '말이 많은 사람의 집은 지금 어디에 있습니까?'"

이렇게 알리고서 달려서 떠나갔다. 본 성문에 이르러 수문인(守門人)에게 알려 말하였다.

"그대는 마땅히 알라. 만약 어느 사람이 와서 말이 많은 집을 묻는다면 내가 곧 볼 수 있게 궁중으로 들여보내도록 하라."

---

4) 여우가 의심이 많다는 뜻으로, 매사에 지나치게 의심함을 이르는 말이다.
5) 한국이나 중국 등에서 왕이나 제후 등이 살아있을 때에 사용하던 이름이다. 처음에는 죽은 사람의 생전의 이름을 삼가하며 부르지 않는 것에서 유래되었으나, 이후에는 생전의 이름 그 자체를 휘라 일컫게 되었다.

뒤의 다른 때에 올서니성에 대절회(大節會)가 있어서 멀고 가까운 곳에서 여러 사람들이 모두 성읍으로 모여들었다. 이때 농부의 아내가 그 남편에게 알려 말하였다.

"오늘 성안에 대절회가 있으니 나도 지금 역시 가서 대중들이 모인 것을 보고 아울러 다시 인연하여 곧 말이 많은 집도 물을까 합니다."

남편이 말하였다.

"현수여. 일반적으로 여러 호탕한 선비의 말이 어찌 모두 진실이겠소? 마땅히 세 곳에서 능히 그 사람을 볼 수 있소 첫째는 다른 사람과 싸우다가 패배한 것을 말하는 것이고, 둘째는 다른 사람에게 기만과 능멸을 당한 것을 말하는 것이며, 셋째는 사람들의 주인이 되어 몸으로 나라를 망친 것이오. 나머지에서는 어찌 능히 보겠소?"

아내가 말하였다.

"그를 비록 보는 것이 어렵더라도 마땅히 대중들이 모이는 것을 보겠습니다."

부부는 곧 그 성안으로 들어갔다. 농부는 시험삼아 그것을 물어보겠다고 생각하고 수문인에게 알려 말하였다.

"흠흠. 남자여. 말을 많이 가진 사람의 집이 어디에 있습니까?"

이때 그 수문인이 그가 알리는 것을 듣고서 마침내 그 부부를 잡아서 왕의 처소로 보내었다. 왕이 곧 멀리서 바라고 찾은 것을 곧 경탄하고 기뻐하면서 외쳤다.

"잘 왔소."

다시 거듭 알려 말하였다.

"증장이여. 그대가 어떻게 왔는가?"

대답하여 말하였다.

"왔던 까닭으로 찾아뵈었습니다."

증장이 왕을 보니 사자좌에 앉았는데 여러 신하들이 보필하고 있었다. 이미 잘 알지 못하였으므로 생각하여도 기억하지 못하였다.

'무슨 죄가 있어 잡혔고 이곳에 이르렀는가?'

왕은 의심이 있는 것을 알았고 기억하게 하려는 까닭으로 하여 곧 자리에서 벗어나서 천관(天冠)을 벗었다. 왕은 이전부터 이마가 훤하였으므로 증장이 보고서 그의 얼굴을 기억하였다. 부부가 일시에 일어나서 함께 왕의 발에 절하였다. 이때 왕은 곧 즉시 의식(儀式)을 성대하게 베풀고 후궁으로 인도하여 향탕에 목욕시키고 묘한 의복을 입히고서 방장(方丈)[6]에 백천 종류와 감로의 음식으로 대접하였으며 왕 스스로가 직접 다가가서 그 음식을 먹는 것을 보았다. 음식을 먹고서 상묘한 궁궐(宮闕)로 나아가니 비단휘장이 분방(芬芳)[7]하였는데 때에 알맞게 편안하였다. 왕이 내궁에게 칙명하여 말하였다.

"이들은 나의 부모와 같으니 일반적으로 소유하고 있는 음식과 의복 및 와구와 노비와 사인(使人)을 모두 제공하도록 하시오."

이때 맹광왕이 그들을 공경하였으므로 모든 사람들도 함께 공경하였다. 왕자와 대신과 내외의 사서(士庶)[8]도 공경하고 존중하지 않는 자가 없었다. 농부인 증장은 본분을 벗어난 공경과 공양이 7일에 이르자 마음이 부끄러움을 품고서 왕의 앞에서 아뢰었다.

"저는 지금 받들어 하직하고 오두막집으로 돌아가고자 합니다."

왕이 말하였다.

"그대는 지금부터 이곳에 머물면서 나와 함께 나라를 다스리시오."

증장이 대답하여 말하였다.

"저는 농부이온데 어찌 나랏일을 알겠습니까?"

왕이 말하였다.

"그대는 어찌 나에게 말하지 않았던가? '내가 만약 나라의 대신이 된다면 곧 긴 밧줄로 원숭의 목을 묶어서 올서니성으로 끌고 들어오겠다.' 지금에 이르러 나는 농부이므로 나랏일을 감당하지 못한다고 말하는가?

---

6) 네 변이 '1丈(장)'인 정사각형을 가리키며 1방장(方丈)은 11 1/9 제곱센티미터에 해당한다.
7) 꽃다운 향내를 말한다.
8) 무사와 서민이라는 뜻으로 일반 백성을 가리킨다.

마땅히 또한 머물고 집으로 돌아갈 생각을 말라."
 그가 곧 묵연하였다. 왕이 드디어 강제로 나라의 대상(大相)으로 삼아서 세웠는데 재상(宰輔)이 되었으나 음식이 오히려 거칠었다. 뒤의 다른 때에 왕이 인연하여 물어 말하였다.
 "그대는 지금 좋으시오?"
 대답하여 말하였다.
 "아침밥도 오히려 부족한데 좋은 일이 어찌 있겠습니까?"
 왕이 말하였다.
 "걱정하지 마시오. 곧 마땅히 그대에게 의식을 풍족하도록 하겠소."
 이때 왕이 곧 500대신에게 알려 말하였다.
 "경들은 마땅히 증장에게 제공하시오."
 이때 모든 사람들이 함께 옷과 음식을 거두어서 증장에게 주어 살게 하였다. 이것을 인연하여 그때의 사람들은 증양(增養)이라고 이름하였다. [이것을 따라서 이후부터는 증양(增養)으로 이름한 까닭이다.] 이때 왕이 물었다.
 "그대는 좋으시오?"
 대답하여 말하였다.
 "의식은 비록 정밀하나 조관(朝官)9)의 대신들과 재상이 경천(輕賤)하는데 어찌 좋을 수 있겠습니까?"
 왕이 말하였다.
 "만약 이와 같다면 재상과 신하들이 모여서 평론(評論)할 때에 그대가 그 가운데에 가서 감히 가벼운 자가 없게 하시오."
 대답하여 말하였다.
 "대왕이시여. 저는 농부이온데 감히 조정의 귀한 분들을 제압할 수 있겠습니까?"
 왕이 말하였다.

---

 9) 조정에 출사(出仕)하여 정무를 담당하는 관원을 가리킨다.

"그대는 다만 모임에 나가시오. 내가 그들이 공경하게 하겠소."

그가 곧 묵연하였다. 뒤의 다른 때에 조회(朝會)의 인연이 있어 왕이 뜻에서 재상과 귀한 사람들에게 증양을 공경하려는 까닭으로 방편으로 물었다.

"지금 나라 안에서 현재에 이와 같은 안은하지 않은 일이 있는데 경들은 어떻게 하여야 그 일을 없앨 수 있겠소?"

이때 어느 대신이 이와 같이 평론을 지었다.

"만약 이러한 계책을 짓는다면 곧 능히 제거할 수 있습니다."

왕이 말하였다.

"옳지 않소."

다음에 모든 신하들에게 각자 다른 견해를 들었으나 왕이 모두 옳지 않다고 말하였고 증양에게 물어 말하였다.

"이 일을 어떻게 하여야 하는가?"

대답하여 말하였다.

"만약 이와 같은 계책을 짓는다면 곧 능히 소멸될 것입니다."

왕이 모든 신하들을 마주하고 마침내 그의 계책이라면 장차 이치에 마땅하다고 하였다. 모든 신하들이 보고 각자 이렇게 생각을 지었다.

'증양이 말한 것을 왕이 모두 신용하니 이것은 역시 마땅히 함께 업신여기지 말라는 것이다.'

뒤의 다른 때에 왕이 또한 증양에게 물었다.

"좋으시오?"

대답하여 말하였다.

"주처도 오히려 없는데 나머지의 무엇이 좋겠습니까?"

왕이 여러 신하에게 알려 말하였다.

"경들은 마땅히 증양에게 집을 찾아 주시오."

신하가 말하였다.

"어느 대신이 지금 죽었는데 소유한 처첩과 노복의 부류가 그 집안에 머무르고 있습니다."

왕이 말하였다.

"이 집과 그 처자들과 아울러 나머지의 모든 재물을 증양에게 주시오."
이미 집을 얻었으므로 증양에게 물어 말하였다.

"이것을 얻으니 좋으시오?"
대답하여 말하였다.

"집안의 사람들이 제가 농부라고 모두 경만(輕慢)을 일으킵니다."
왕이 말하였다.

"만약 이와 같다면 그대가 목욕할 때에 내가 사자를 보내어 부르겠으니 그대는 이렇게 말을 지으시오. '기다리시오. 내가 목욕을 마치고 마땅히 가서 왕을 뵙겠소.'"

증양이 아뢰어 말하였다.

"어찌 제가 대왕의 명을 어기겠습니까?"
왕이 말하였다.

"이것은 나의 가르침이니 진실로 잘못이 아니오. 또한 그대가 음식을 먹을 때에 사자를 보내어 부르겠으니 그대는 마땅히 대답하시오. '기다리시오. 내가 음식을 먹고서 스스로 마땅히 가서 왕을 뵙겠소.' 그대가 음식을 먹을 때에 내가 그대의 집에서 이르러 그대와 같은 자리에서 음식을 먹겠소."

대답하여 말하였다.

"대왕이시여. 제가 지금 어찌 감히 대왕과 함께 먹겠습니까?"
왕이 말하였다.

"내가 허락하였으니 허물이 아니오. 이와 같이 짓는 때에 그들이 모두 공경할 것이오."

증양이 명을 듣고 곧 집안으로 갔다. 목욕하는 때에 왕이 사자를 시켜서 부르면서 말하였다.

"급한 일이 있으니 그대는 곧 오십시오."
사자가 이르러 명을 전하니 증양이 알려 말하였다.

"기다리시오. 내가 목욕이 끝나면 곧 가겠소."

사자가 떠나간 뒤에 집안의 모든 사람들이 서로에게 말을 주고받았다.
"지금 이 집의 주인이 왕명을 거역하고 스스로가 교만심이 생겨났으니 곧 재앙을 불렀구나."
또한 서로에게 알려 말하였다.
"이전부터 귀하지 못한 사람이 조금의 세력을 얻는 때에는 곧 오만함이 생겨나는 것이다."
집안사람들이 다시 말하였다.
"자매들이여. 마땅히 아시오. 여러 높이 올라간 자는 반드시 마땅하게 떨어지는 것이오. 이 사람도 오늘 분명히 왕의 형벌을 받을 것이고 일이 지체되지 않을 것이오."
이미 목욕을 끝냈으나 왕의 기다림에 나아가지 않고 곧 식당으로 나아갔다. 왕이 다시 사자에게 알려 말하였다.
"일이 있으니 급하게 오시오."
비록 왕의 가르침을 들었으나 알려 말하였다.
"먼저 가시오. 음식을 먹고 곧 가겠소."
사자가 떠나가서 왕에게 알렸다. 왕이 듣고 스스로가 큰 코끼리를 타고 그의 집으로 이르러 물어 말하였다.
"증양이여. 그대는 지금 음식을 먹고자 하는가?"
대답하여 말하였다.
"먹고자 하였습니다."
왕이 말하였다.
"나를 청하지 않았는가?"
대답하여 말하였다.
"청을 받들겠습니다 마땅히 나아가시어 드십시오."
집안의 모든 사람이 함께 서로에게 말하였다.
"우리들의 가장이 왕과 함께 허물없이 말하니 일이 평온할 것이네."
각자 회유함이 생겨나서 눈을 들어 서로를 바라보았다. 이때 왕은 곧 즉시 손발을 깨끗이 씻고 한 자리에서 같이 먹었다. 집안에 기거하는 사람들이 이 일을 보고는 모두가 전율하고 두려워하면서 서로에게 말하였다.

"우리들은 이 분을 농부라고 업신여겼는데 지금 같은 자리에서 국왕과 함께 먹는 것을 보았다."

또한 의논하며 말하였다.

"이것을 어찌 생각해야 하는가? 왕이 이미 함께 먹었으니 일에 경홀(輕忽)10)하는 것은 어렵다. 우리들은 지금부터 마땅히 교만하지 않아야 한다. 만약 공경하지 않는 자는 반드시 재앙과 환난을 부를 것이다."

대중이 그의 말에 묵연하였고 모두에게 공경과 두려움이 생겨났다. 왕이 다른 때에 또한 물었다.

"좋으시오?."

대답하여 말하였다.

"한 대신이 있는데 대왕의 친족입니다. 항상 나를 속이고 욕하는데 어찌 좋을 수 있겠습니까?"

왕이 말하였다.

"내가 만약 말을 짓는다면 이것에 장애가 성립되니 진퇴에 이르기까지 그대가 스스로 알아서 하시오."

대답하여 말하였다.

"제가 짓는 것을 바라건대 대왕께서는 책망하지 마십시오."

왕이 말하였다.

"나는 책망하지 않겠소."

증양이 다른 때에 길을 따라서 떠나갔는데 어느 가난하고 친척이 없는 두 동자가 화살과 환(丸)을 가지고 길에서 놀고 있었다. 이때 어느 여노비(婢使)가 머리에 물동이를 얹고 옆을 지나가고 있었다. 한 동자가 말하였다.

"내가 마른 환으로 물동이에 구멍을 짓겠다."

다른 아이가 다시 말하였다.

---

10) 말이나 행동이 가볍고 소홀한 것을 가리킨다.

"마른 환으로 구멍을 짓는 이것은 희유하고 기이한 것이 아니다. 나는 젖은 환으로 그 구멍을 막을 것이니 이것이 기이한 일이 성립되는 것이다."

이미 함께 의논을 마치고 곧 마른 환을 쏘아서 구멍을 지으니 다음은 젖은 환을 쏘아서 구멍을 막았다. 이때 증양이 멀리서 그 일을 보고 희유함이 생겨나서 곧 이렇게 생각하였다.

'이 어린 두 동자가 나를 도와서 그 왕의 친족을 굴복시키고 숨어서 원망하고 욕하는 것을 없앨 수 있겠구나.'

두 동자에게 물어 말하였다.

"너희들은 누구 집의 아들인가?"

대답하여 말하였다.

"우리는 친척이 없습니다. 때를 따라서 살아갑니다."

알려 말하였다

"만약 그렇다면 나의 처소에서 함께 살겠느냐?"

대답하여 말하였다.

"명을 따르겠습니다."

이미 그에게 거두어졌으므로 물어 말하였다.

"우리들이 무엇을 해야 합니까?"

대답하여 말하였다.

"그대는 다만 환을 쏘는 것을 익혀라. 뒤에 만약 사람과 싸우는 것을 본다면 마땅히 환에 부정을 바르고 쏘아서 입안으로 집어넣어라."

대답하여 말하였다.

"우리는 할 수 있습니다."

뒤의 때에 왕의 친족과 함께 다투는데 동자가 더러운 환을 쏘아서 그의 입안으로 집어넣었다. 그는 곧 뱉어내고 손으로 입을 가리면서 급하게 밖으로 도망쳤다. 이것을 인연하여 치욕스러웠으므로 다시 능멸하지 못하였다. 왕이 다시 물어 말하였다.

"좋으시오?"

"대왕의 나인(內人)[11]들이 저를 농부라고 모두 업신여깁니다."

왕이 말하였다.

"만약 이와 같다면 내가 궁에 들어갈 때에 그대가 문에 와서 물어 말하시오. '왕께서는 어디에 계시오.' 만약 안에 있다고 말한다면 그대는 말하시오. '만기(萬機)12)의 소임을 버려두고 알지 못하며 후궁의 처소에 머무르며 어찌 능히 일을 준비하겠는가?' 또한 만약 내가 안에 머무는 것을 본 때에는 그대가 대전의 옆에 있으면서 내 평상 위에서 다리를 늘어뜨리고 잠을 자시오. 내가 스스로 문에서 나와 그대의 다리를 들어서 위로 올려주겠소."

대답하여 말하였다.

"대왕이시여. 제가 어찌 머리가 둘이 아닌데 왕에게 발을 들게 하겠습니까? 왕과 신하의 지위가 구별되고 높고 낮음이 다릅니다. 현재 막힌 사람이라도 마음에 어찌 이러한 이치가 있겠습니까?"

왕이 말하였다.

"이것은 내가 사랑하는 것인데 그대에게 다시 무슨 허물이겠는가? 이와 같이 짓는 때에 궁중에서 그대를 감히 업신여기지 못할 것이오."

그가 곧 묵연하였다.

뒤의 다른 때에 내궁에 들어가서 왕이 어디에 계신가를 물었고 왕의 가르침인 말을 따라서 차례대로 모두를 지었고 나아가 왕이 발을 들어 올렸다. 나인들이 보는 때에 모두 참을 수 없어서 욕하고 꾸짖고자 하였는데 왕이 말하였다.

"그대들은 그러지 말라. 이 사람은 내가 사랑하는데 무슨 허물이 있겠는가?"

그래서 서로에게 말하였다.

"모두가 이 사람을 왕의 사랑하는 생각을 받는 것을 보았으니 우리들은 마땅히 다시는 업신여기지 않아야겠다. 왕이 만약 안다면 우리에게 형벌을

---

11) 궁궐 안에서 대전(大殿)과 내전(內殿)을 가까이 모시는 내명부(內命婦)의 총칭을 말한다.
12) 정치의 모든 중요한 기틀 또는 왕이 보살피는 여러 가지 정무를 가리킨다.

내릴 것이다."

이후부터는 모두가 공경하였다. 왕이 다른 때에 물어 말하였다.

"좋으시오."

대답하여 말하였다.

"지금 때에는 좋습니다."

그 맹광왕의 성품은 여색을 사랑하였다. 여러 소년들과 높은 누각에 있으면서 세상일을 이야기하는 인연으로 그들에게 알려 말하였다.

"그대들은 어느 곳의 도성에 좋은 미녀가 있는가를 모두 아는가?"

누구는 곡녀성(曲女城)에 있다고 말하였고 누구는 혹은 출사개성(出蛇蓋城)의 가운데에 있다고 말하였다. 누구는 다른 여러 성과 나라를 거론할 필요도 없이 이 성안에 색을 파는 여인이 있는데 선현(善賢)이라고 이름하며 얼굴과 빛깔이 단엄한 것이 세상에서 수승하고 절묘하여 천상의 채녀가 제석궁에 있는 것 같으며 역시 햇빛이 모든 별들을 비추는 것과 같다고 말하였다. 왕이 듣고 평소보다 두 배나 기뻐하면서 미혹되어 마음을 잃고 가서 보기를 희망하였다. 그 밤에 어복(御服)을 벗고 평범한 백성의 옷을 입고 500금전을 가지고 선현의 집으로 갔다. 그 여인이 보고 기뻐하면서 외쳤다.

"잘 오셨습니다."

여노비에게 알려 말하였다.

"이 장부와 함께 깨끗하게 목욕하라."

여노비가 가르침에 의지하여 그를 씻어 주면서 몸을 어루만졌다. 이때 한 사람이 있어 다시 500금전을 가지고 와서 문 앞에 나아가서 알려 말하였다.

"내가 자고자 왔소."

그러나 이 음녀의 상법(常法)은 이와 같았다. 뒤에 사람이 오면 앞에 온 사람을 죽이고 뒤에 온 사람과 함께 즐기는 것이었다. 이때 여노비가 맹광왕을 보니 용모와 얼굴이 사랑스럽고 평범한 백성과 같지 않았다. 곧 눈물을 흘리면서 이렇게 생각을 지었다.

'이 사람이 어찌 찰제리 종족이 아니겠는가? 위의와 용모가 단정하여 세상에서 둘도 비교될 수 없겠구나. 어찌하여 음녀는 죄악의 마음을 일으켜서 이치에 알맞지 않게 죽이고자 하는가?'

그녀의 차디찬 눈물이 왕의 몸에 떨어졌다. 왕이 곧 쳐다보면서 여인에게 물었다.

"무슨 까닭으로 갑자기 눈물을 흘리는가?"

대답하여 말하였다.

"아무 것도 아닙니다."

왕은 의심하는 마음이 있었으므로 거듭 다시 다그쳐 물었다.

"그대는 마땅히 나에게 말하라. 반드시 인연이 있을 것이다."

그녀가 마침내 차례대로 그 까닭을 말하였고 왕은 물어 말하였다.

"소녀여. 나에게는 이미 계책이 없는데 무슨 방편이 있어야 밖으로 달아날 수 있겠는가?"

대답하여 말하였다.

"이 집은 사방에 칼을 가진 사람이 지키고 있으며, 함께 서로가 경비(警衛)하여서 밖으로 달아날 방법이 없습니다. 나갈 곳이 있으나 매우 더럽고 나빠서 역시 말해도 무슨 소용이 있겠습니까?"

왕이 말하였다.

"좋고 나쁨을 따지겠는가? 그곳을 가르쳐다오. 내 목숨을 지켜야겠다."

대답하여 말하였다.

"어느 곳으로 달아날 수 있습니다. 그러나 그곳은 측간의 구멍으로 철못으로 박아놓았으나 만약 능히 이 못을 빼고서 달아나면 길입니다."

왕이 말하였다.

"그대가 가서 그곳을 가리킨다면 내가 시험삼아 뽑아 보겠다."

여인이 그곳을 가리키니 왕이 아래의 측간 구멍으로 몸을 던졌다. 비록 노력하였으나 능히 탈출하지 못하였다. 이때 이 담장 밖으로 이곳에서 멀지 않은 곳에 어느 바라문이 머물렀는데 성문(星文)을 잘 알았다. 그는 밤중에 나와서 돌아다니면서 천한(天漢)[13]을 올려보면서 관찰하였고 그의 아내는 물을 가지고 뒤를 따라갔다. 바라문이 아내에게 알려 말하였다.
"그대는 지금 마땅히 아시오. 내가 별들을 관찰하니 왕이 큰 환난과 큰 고통을 만났고 평소와 다르오."
아내가 말하였다.
"국가의 기밀을 말하여도 무슨 소용이 있습니까? 다른 사람이 만약 들었다면 반드시 형벌을 받을 것입니다."
바라문이 말하였다.
"나는 원래 국왕의 그늘로 살고 있소. 왕이 고통을 받는데 내가 어찌 안은하겠소?"
곧 중간 뜰에서 액성(厄星)을 바라보면서 구하려는 생각으로 머물렀다. 왕이 측간 구멍으로 그의 말소리를 듣고 힘을 다하여 못을 흔들었고 마침내 뽑아내었으며 곧 구멍 안의 똥을 따라서 나아갔다. 부정이 몸에 묻었으나 큰 고통에서 밖으로 나오니 하늘의 별이 드디어 달라졌다. 이때 바라문이 그 별이 달라져서 변화된 것을 보고는 그의 아내에게 알려 말하였다.
"왕께서 비록 고통은 받으셨으나 지금은 벗어나셨소. 이미 목숨을 보존하셨으니 나에게는 다행이구려."
왕은 급하게 성안으로 걸어 들어갔고 안락부인의 처소에 이르니 부인이 창졸간에 보고서 물어 말하였다.
"높은 하늘에 사사로움이 없는데 무슨 뜻으로 이와 같습니까?"
왕이 나아가 차례대로 갖추어 그것을 말하니 부인이 듣고 눈물을 흘리면서 곧 대나무 빗으로 부정을 긁어서 없애고 먼저 향토(香土)로 두루 씻기고 다음으로 여러 향가루와 여러 묘한 향수로 목욕시켰으며, 다음으로 도향(塗香)으로 바르고 윗옷을 갈아입히고서 잠시 편안하게 재웠다. 날이 밝았으므로 왕은 정전(正殿)에 앉아서 대신들에게 알려 말하였다.
"모든 음양사(陰陽師)와 성력(星曆)을 아는 자들을 모두 마땅히 불러

---

13) 은하수(銀河水)를 말한다.

모으시오."

신하가 곧 명대로 모았다. 왕이 그들에게 물어 말하였다.

"어젯밤 나에게 무슨 일이 있었겠소?"

대답하여 말하였다.

"왕께서는 밤에 안은하셨고 다시 다른 일이 없었습니다."

왕이 말하였다.

"어느 마을(坊處)에 바라문이 있는데 성력을 잘 아오. 불러서 오게 하시오."

곧 사자에게 떠나게 하였다. 바라문의 집에 이르러 알려 말하였다.

"왕께서 부르십니다."

곧 옷을 입고 왕의 처소에 나아가고자 하니 그의 아내가 알려 말하였다.

"내가 이전에 국가의 기밀을 알려도 무슨 소용이 있냐고 말했잖아요. 당신이 귀담아듣지 않아서 지금 소문(召問)을 만나셨네요."

바라문은 마침내 일진(日辰)을 관찰하여 나쁜 일이 없음을 알고서 그의 아내에게 알려 말하였다.

"그대는 걱정하지 마시오. 모두가 길상(吉祥)이오."

왕의 처소에 나아가니 왕이 이미 멀리서 보고 큰소리로 외쳐 말하였다.

"잘 오셨소. 대사여. 서로 가까이 앉으시오."

바라문이 곧 축원하였다.

"바라건대, 왕의 수명이 연장되십시오."

자리에 나아가서 앉았고 잠시 머물러 쉬었는데 나아가 왕이 물어 말하였다.

"바라문이여. 그대는 성력을 이해하시오?"

대답하여 말하였다.

"저는 힘을 따라서 능히 조금은 짐작하고 있습니다."

왕이 말하였다.

"대사여. 나에게 어젯밤에 무슨 일이 있었소?"

대답하여 말하였다.

"대왕께서는 어젯밤에 난을 만나 평소와 다른 큰 고통을 당하셨으나 대왕의 복력을 까닭으로 간신히 목숨을 보존하셨습니다."

왕이 듣고 모든 신하들에게 알려 말하였다.

"대사의 말과 같이 나는 어젯밤에 목숨이 온전하지 못할 뻔했소. 모든 음양사가 역산(曆算)을 밝게 알지 못하므로 지금부터 그들의 봉록(封祿)을 끊고 음녀 선현을 데려다가 그 머리카락을 사나운 말의 발에 묶어서 밟혀서 죽게 하시오. 그녀가 기거하던 집을 나귀로 갈아서 개간할 것이며 그 집안의 여노비로 나를 씻겨 주었던 자는 후궁으로 불러들여 나랏일을 맡게 하시오."

이때 모든 대신들은 왕이 말한 것에 모두 의지하여 지었다. 왕이 바라문에게 물어 말하였다.

"당신이 이미 나를 걱정하여 내가 목숨을 보존하였소. 지금 은혜를 갚고자 하는데 그대의 소원은 무엇이오?"

대답하여 말하였다.

"대왕이시여. 잠시 집안에 물어보고 와서 소원을 말하겠습니다."

왕이 말하였다.

"뜻을 따르시오."

곧 즉시 집으로 돌아가서 집안사람들에게 알려 말하였다.

"왕께서 나에게 원하는 뜻을 따라서 필요한 것을 모두 제공하겠다고 하였소. 그대들은 각자 무슨 일을 하고자 하는가?"

아내가 말하였다.

"당신은 무엇을 하실 거예요?"

대답하여 말하였다.

"나는 5개의 큰 취락을 항상 봉읍으로 삼고자 하오."

아내가 말하였다.

"만약 이와 같다면. 나는 소 100마리를 가지고 항상 유락(乳酪)을 공급받고 싶어요."

아들이 말하였다.

"저는 좋은 말과 보배수레를 타는 것입니다."
딸이 말하였다.
"저는 상묘한 영락과 보배로 장엄하는 것입니다."
여노비가 말하였다.
"저는 잘 갈아진 향석(香石)으로 부엌(食所)을 짓는 것입니다."
이때 바라문이 곧 이렇게 생각을 지었다.
'이러한 일을 직접 말할 수 없으니 마땅히 게송을 지어 말하여 왕께 애원해야겠다.'
마침내 왕의 처소에 이르러 대왕께 아뢰어 말하였다.
"저의 집안에서 소유하고자 구하는 원을 바라건대 허용하시어 그 죄를 얻지 않는다면 말하겠습니다." 곧 게송을 지어 말로써 그 일을 말하였다.

저의 원은 다섯 봉읍이옵고
아내는 100마리의 소를 원하며
아들은 말과 보배수레를 욕심내고
딸은 여러 영락들을 사랑하며
집안의 여노비들은
잘 갈아진 향석을 구하면서
이러한 소원을 구하오니
대왕께서는 어여삐 보아주십시오.

이때 맹광왕이 그가 말하는 것을 듣고서 그들의 소원을 다시 게송으로 대답하였다.

그대에게 다섯 봉읍을 주겠고
아내에게는 100마리의 소를 주겠으며
아들에게는 말과 보배수레를 주겠고
딸에게는 여러 영락을 주겠으며

집안의 작은 여노비들에게는
좋은 돌로서 갈은 마향(磨香)을 주겠으니
이러한 것을 구하는 것이 소원이니
모두에게 만족하게 주겠노라.

왕이 대신들에게 알려 말하였다.
"요구하는 것을 따라서 모두 주도록 하시오."
왕이 바라문에게 말하였다.
"대사는 나와 함께 나랏일을 다스면서 진실한 마음으로 서로가 도우면서 만기를 평론하시오."
대답하여 말하였다.
"대왕이시여. 저는 바라문입니다. 이치로서 마땅히 국가의 일을 알지 못합니다."

이때 왕은 즉시 강제로 바라문을 국가의 대신으로 삼았다. 왕의 이웃인 국경은 갈사(渴沙)라고 이름하였는데 서로에게 원한이 있었다. 마침내 증양에게 병사를 이끌고 가서 정벌하게 하였는데 그 군대를 쳐부수고 많은 물자를 얻었다. 군대를 야외에 주둔시키고 곧 성안에 들어가고자 하였다. 왕이 듣고 와서 군대를 정돈하고자 스스로 나왔다가 갈사의 소녀를 보았는데 몸에 많은 선개(癬疥)[14]가 있었으므로 증양에게 물었다.
"어느 장부가 이 소녀와 함께 잠을 자겠는가?"
증양이 대답하였다.
"잠자리와 같은 즐거운 것만이 아니고 결국에는 역시 그녀가 남자의 등에 올라타서 말의 소리를 짓게 할 것입니다."
왕이 말하였다.
"어찌 마땅히 이러한 일을 얻을 수 있겠소?"
대답하여 말하였다.

---

14) 풍독(風毒)의 기운이 피부 깊은 곳에 있는 것을 선(癬)이라고 하고, 풍독의 나쁜 기운이 피부 얕은 데에 있는 것을 개(疥)라고 한다.

"대왕께서는 마땅히 눈으로 경험하실 것입니다."
이때 증양이 곧 그 소녀를 의사에게 부탁하였다.
"그대는 잘 치료하시오. 약을 많이 주겠으며 일반적으로 필요한 것도 내가 아끼지 않겠소."
의사가 소녀를 치료하여 평소처럼 회복되었다. 다음은 의복과 음식을 뜻에 따라서 재물로서 공급하였다. 이에 증양은 소녀를 데려가서 마침내 곧 딸을 삼고 성광(星光)이라고 이름하였다. 증양이 알려 말하였다.
"내가 만약 왕을 청하여서 집안으로 오시어 음식을 먹게 한다면 그대는 여러 영락을 갖추어 몸을 잘 치장하고 왕의 앞에 나타나거라."
딸은 가르침을 받아들였다. 뒤의 때에 증양이 공손히 왕에게 아뢰어 말하였다.
"저의 가난한 집에 대왕께서 잠시 들르십시오."
왕이 말하였다.
"그대가 청하지 않았는데 내가 무슨 인연으로 가겠소?"
대답하여 말하였다.
"제가 지금 받들어 청하옵나이다. 내일 저의 집에 오십시오."
왕이 말하였다.
"좋소."
증양이 마침내 곧 많은 진귀한 성찬을 갖추어 차려놓고 왕을 집으로 청하여 집안에 들어서 향수에 목욕하게 하였고 값을 따질 수 없는 옷을 받들었다. 음식을 먹고서 맑은 이야기를 하면서 머물렀다. 이때 성광이 드디어 휘장 안에서 작은 가죽공을 찾아서 멀리 던졌으므로 휘장이 걷혔다. 그녀가 아버지에게 알려 말하였다.
"제가 잘못하여 저의 가죽공이 굴러왔습니다."
왕이 보니 소녀의 얼굴과 모습이 초절하였다. 마침내 염애(染愛)가 생겨나서 증양에게 물어 말하였다.
"이 소녀는 누구에게 속해있소?"
대답하여 말하였다.

"신의 딸입니다."
말하였다.
"이미 다른 사람에게 주었소?"
대답하여 말하였다.
"아직 주지 않았습니다."
왕이 말하였다.
"나에게 주지 않겠소?"
대답하여 말하였다.
"대왕께서 싫어하지 않으신다면 뜻에 따라 데려가십시오."
왕이 곧 성대하게 예를 베풀고 후궁으로 맞아들였다. 세간의 상법은 새 것을 얻으면 오래된 것은 버리는 것이다. 옛 내전(內殿)에는 들어가지 않고 성광에게 애착하여 다른 일은 모두 그만두었다. 증양이 생각하며 말하였다.
"이것이 올바른 때이다. 지난날에 말한 것을 지금 마땅히 지어야겠다."
성광에게 물어 말하였다.
"그대가 능히 왕의 등 위에 올라타서 왕에게 말의 울음소리를 짓게 할 수 있겠는가?"
대답하여 말하였다.
"기다리세요. 사량하여 보겠습니다. 능히 할 수 있는가를 모르겠습니다."
일반적으로 지혜로운 여인은 배우지 않았어도 스스로 아는 것이다. 마침내 때가 묻은 옷을 입고 부서진 침상 위에 있으니 왕이 와서 물어 말하였다.
"무슨 뜻으로 이와 같은가?"
대답하여 말하였다.
"대왕이시여. 하늘이 노하신 까닭으로 제가 지금 재앙을 만났습니다."
왕이 말하였다.
"그대는 일찍이 하늘에서 무엇을 구하였는가?"

대답하여 말하였다.

"대왕께서 저의 아버지에게 갈사를 정벌하게 하셨습니다. 마땅히 그 시절에 제가 하늘에 마음 속으로 기원하였습니다. '만약 아버지가 병사를 데리고 그 나라에서 항복받고 평안히 돌아온다면 제가 만약 시집갈 때에 남편을 얻는다면 그의 등 위에 올라서 말의 울음소리를 짓게 하겠습니다.' 대왕께서 지금 저를 취하시어 나인들이 풍족하더라도 누가 능히 나를 위하여 그 숙원(宿願)을 보답하겠습니까?"

일반적으로 애욕에 이끌리면 짓지 못하는 것이 없으므로 대답하여 말하였다.

"부인. 그대가 구하는 것이 진실로 나를 위한 것이오. 바라건대 걱정하지 마시오. 내가 그것을 짓겠소."

그녀가 묵연하고 말이 없으니 왕이 말하였다.

"그대는 어찌 묵연하시오? 어찌 그대에게 하늘에 다시 기원한 것이 있소?"

대답하여 말하였다.

"다시 구했던 소원은 없습니다. 그러나 당시에 다시 이렇게 생각을 지었습니다. '바라문 대신에게 축원하고 겸하여 음악인에게 비파의 곡을 연주하게 하겠습니다.'"

왕이 말하였다.

"이것도 역시 할 수 있소. 바라문 대신은 내가 스스로 소유하고 있고 비파를 연주하는 자도 구할 수 있을 것이오."

이때 건타라국(健陀羅國)에 한 상인이 있었는데 많은 화물을 가지고 올서니성에 이르렀으며 마침내 음녀와 함께 서로가 교섭(交涉)하였다. 이미 염착이 생겨나서 마음이 어지럽고 거칠고 미혹되어 소유한 금전과 재물을 모두 사용하였으며 집안사람들과 노비들도 여러 곳으로 도망갔다. 이때 음녀가 그의 빈곤함을 보고 알려 말하였다.

"인자여. 나에게는 전지(田地)가 없어 경작(耕耘)도 못하고 다시 점포도 없으니 장사도 못합니다. 오직 교유(交遊)하는 사람이 모이는 것을 쳐다보고 이것으로 살아가므로 만약 재물이 있으면 곧 가지고 오세요. 없다면 곧 가주셔야 마땅히 뒤의 손님을 받습니다."

대답하여 말하였다.

"나는 가난하여 물건이 없소. 만약 있다면 다시 어디에 사용하겠소? 그러나 나는 그대를 깊이 사랑하는 마음이 생겨났으니 또한 마땅히 너그럽게 받아들이고 고통스럽게 서로를 몰아세우지 마시오. 나를 집에 있는 것을 허락한다면 비로소 서로의 사랑을 알 것이오."

음녀가 말하였다.

"만약 능히 말하는 것을 모두 짓는다면 다시 거주하는 것을 허락하겠어요."

대답하여 말하였다.

"내가 모든 것을 하겠소."

이때 음녀는 마음에서 쫓아내고자 하였으므로 대변을 보고 마침 대추씨를 그 변 위에 놓아두고서 알려 말하였다.

"그대는 이빨로 이 대추씨를 물어서 버리세요."

그가 곧 이빨로 물으니 계집이 곧 발로 그의 등허리를 밟으면서 알려 말하였다.

"이 가난한 물건아! 이렇게 더러운 일을 무슨 인연으로 입으로 하는가? 너는 더러운 놈이다. 마땅히 나에게서 떠나라."

곧 집에서 쫓아냈다. 그 사람의 옛 직업은 비파를 연주하는 것이었으므로 곧 음악으로 살아가고 있었다. 왕이 증양에게 알려 말하였다.

"그대의 딸이 하늘에 이러한 기원을 지었다고 하오. 바라문 대신은 내가 이전부터 소유하였으나 비파를 연주하는 자는 어디에서 구해야 하는 것이오?"

대답하여 말하였다.

"어느 건타라국 사람인 객이 비파를 연주하면서 스스로 살아가고 있으니 비단으로 눈을 가리고 궁중으로 데리고 오십시오."

왕이 말하였다.

"마땅히 이와 같이 지으시오."

왕은 대신을 데리고 7층의 누각 위에 올라서 마침내 대신에게 그 일을 자세히 말하였고, 증양은 비단으로 그의 눈을 가리고 인도하여 누각에 올랐다. 이때 성광이 선명한 흰옷을 입고 왕의 등 위에 올라탔고 정행(淨行) 대신은 왕을 위하여 축원하였으며 비파소리가 울리자 왕은 말의 울음소리를 지었다. 이때 건타라국 사람은 이렇게 생각을 지었다.

'7층 누각 위에서 어찌 말이 울겠는가? 마땅히 나와 같은 부류가 여인에게 희롱당하는 것이다.'

마음에서 진심을 일으켰고 나아가 노래로 말하였다.

이러한 일은 많이 서로 비슷하므로
이러한 일을 사람들은 함께 아는 것이고
금전과 재물은 모두 흩어져 버렸으며
더러운 씨를 그 이빨로 더럽혔다네.

이때 손으로 비파를 연주하면서 입으로 노래를 멈추지 않았으므로 왕이 곧 물어 말하였다.

"가사(歌辭)가 이상한테 무슨 의미가 있는가?"

그가 곧 차례로서 일을 왕에게 아뢰니 왕이 이렇게 생각을 지었다.

'이 사람이 나를 알 것이므로 마땅히 이곳에 머무르지 않도록 해야겠다.'

곧 500금전을 주어서 멀리 나라 밖으로 쫓아냈다. 뒤의 때에 대신이 간언하여 말하였다.

"일반적으로 나라의 주인은 여인에게 기롱(欺弄)을 당하지 않아야 합니다."

왕이 듣고 속으로 부끄러워하면서 한 마디의 대답도 없었다. 왕이 증양에게 명하여 말하였다.

"바라문 대신이 나를 비방하였는데 그대가 능히 그의 아내에게 그의 머리를 깎게 할 수 있겠소?"

대답하여 말하였다.

"제가 시험삼아 그것을 관찰하겠습니다."

곧 집으로 돌아가서 아내에게 물어 말하였다.

"왕께서 바라문이 드린 곧은 말로 조롱과 책망을 당하셨는데 그대가 모든 방편으로 그의 아내가 그의 머리를 깎도록 할 수 있겠소?"

대답하여 말하였다.

"미리 가능하다고 말하지 말고 머리를 깎은 뒤에 보십시오."

남편이 말하였다.

"만약 능히 지을 수 있다면 이것은 좋은 일이오."

생각이 깊은 남편에게는 반드시 생각이 깊은 아내가 있는 것이다. 그의 아내는 곧 대신의 아내와 함께 잘 교류하였다. 마침내 마음을 얻고서 알려 말하였다.

"부인. 나의 주인은 지극하고 깊게 서로를 사랑합니다. 내가 찾는 것이면 모두를 짓습니다."

대답하여 말하였다.

"비록 사랑한다는 말이 있더라도 어찌 능히 우리를 뛰어넘겠습니까? 나는 남편의 처소에서 항상 자재함을 얻었으니 누구도 능히 뛰어넘을 수 없습니다."

대답하여 말하였다.

"그대가 만약 남편에게 자재하다면 시험삼아 남편의 머리를 깎을 수 있겠습니까? 나는 지금 당신을 의심합니다. 그대는 분명히 능히 할 수 없습니다."

대답하여 말하였다.

"다만 보기만 하세요. 깎고 나면 곧 능히 알 수 있을 거예요."

그의 아내는 곧 오래되고 찢어진 옷을 입고 짧은 평상 위에 누워서 신음하고 있었다. 대신이 보고 물어 말하였다.

"무슨 뜻으로 이와 같은 것이오?"

대답하여 말하였다.

"천신이 나에게 노하였습니다."

알려 말하였다.

"그대가 어찌 집이 가난하여 능히 재물을 바치지 못하여 천신들의 무리가 그대를 싫어하게 하는가? 그대가 구하는 것을 따라서 모든 것을 지어 천신들을 환희하게 한다면 괴로움이 없어질 것이오."

물어 말하였다.

"그대는 신에게 무엇을 약속하였소?"

대답하여 말하였다.

"당신이 예전에 집에 있으면서 벼슬이 없을 때에 국왕이 처음으로 명하였으므로 곧 내가 신에게 구하였습니다. '우리 남편이 왕명으로 떠나갔으니 구하는 것이 뜻에 알맞고 안은하게 돌아오도록 하십시오. 마땅히 그 머리를 깎아서 천신께 공양하겠습니다.' 당신 스스로가 이미 왔고 가도(家道)15)가 창성(昌熾)하고 금전과 재물은 크게 부유하였으나 나는 탐착하여 즐거움을 받으면서 마침내 천신께 바치는 것을 잊었습니다. 이러한 교만한 마음을 까닭으로 천신이 노여움에 이르렀으니 나는 지금 분명히 죽을 것입니다. 어느 길에서 생명을 구해야 합니까?"

남편이 말하였다.

"그대가 천신에게 구한 것은 곧 나를 위한 것이었소. 마땅히 듣게 아뢰고 모두 그것을 합시다."

아내가 곧 증양의 아내에게 서신으로 알려 말하였다.

"내 남편이 모든 것을 짓겠다고 이미 허락하였습니다."

아내가 들어서 알고 곧 증양에게 알렸다.

"대신의 부인이 서신을 보내왔습니다. '내 남편이 들으라고 아뢰겠다고 이미 허락하였으니 잠시 기다리세요.'"

증양이 들어가서 왕에게 아뢰었다.

"일이 되었사오니 청하건대 의심하지 마십시오. 대신이 만약 온다면

---

15) 집 안에서 마땅히 행해야 할 도덕이나 규율을 뜻한다.

이 일이 바라던 것임을 아십시오."

왕이 말하였다.

"이미 알았으니 수고롭게 부탁하지 마시오."

이때 그 대신이 왕의 처소에 와서 아뢰어 말하였다.

"대왕이시여. 제가 기도를 청하여 천신께 의식이 필요합니다. 6월 중에는 집에서 나올 수 없사오니 은혜로 허락하시어 마침내 구하는 것을 얻기를 원하옵니다."

왕이 말하였다.

"좋소."

집으로 돌아와서 곧 즉시 머리를 모두 깎았고 수치심을 품고서 밖으로 나가지 않았다. 그의 아내는 사자를 시켜서 증양의 아내에게 알려 말하였다.

"머리를 이미 모두 깎았습니다."

아내는 증양에게 알렸고 증양은 왕에게 아뢰었다. 왕이 듣고 크게 기뻐하면서 곧 사자에게 대신을 불러오게 하였다. 이때 증양이 두 동자에게 그 가곡을 외우고 노래하게 가르쳤다.

> 만약 단정한 양가(良家)의 여인이라면
> 능히 장부에게 뜻을 따라서 짓게 한다네.
> 7층 누각 위에는 말의 울음소리가 있었고
> 이것을 본 대신은 곧 머리를 깎았다네.

이때 그 대신은 왕의 부름을 듣고 모자를 쓰고 들어갔다. 왕의 처소에 이르니 명하여 한쪽에 앉으니 두 동자가 곧 그 노래를 불렀다.

> 만약 단정한 양가의 여인이라면
> 능히 장부에게 뜻을 따라서 짓게 한다네.
> 7층 누각 위에는 말의 울음소리가 있었고

이것을 본 대신은 곧 머리를 깎았다네.

한 동자가 곧 앞에 가까이 와서 대신의 모자를 벗겼으며, 머리카락이 없는 것을 보고는 조회하던 신하들이 손뼉을 치면서 크게 웃었다. 대신은 마음에 수치심을 품고 밖의 사람에게 부끄러워하면서 등을 굽히고 머리를 숙이고 한마디의 대답도 없이 밖으로 떠나갔다. 이때 증양이 할 일을 마치자 곧 스스로가 자만하고 미혹되어 큰소리로 대중에게 알렸다.

"만약 여인에게 이와 같이 희롱되는 자가 어찌 능히 국가의 대사를 이루겠습니까?"

왕이 가려진 곳에서 대신에게 알려 말하였다.

"경은 모든 방편이 있다면 능히 증양에게 치욕을 받게 할 수 있겠소?"

대답하여 말하였다.

"대왕이시여. 나도 또한 관찰해야 하니 아직은 능히 알 수 없습니다."

그의 자매의 아들이 묘한 환술(幻術)에 밝았으므로 알려 말하였다.

"대신 증양이 매번 조회에서 항상 나를 희롱한다네. 그대가 만약 능히 그를 욕보이는 일을 짓는다면 곧 이것은 내게 큰 수치를 없애주는 것이네."

대답하여 말하였다.

"아구(阿舅)16)여. 나에게 그 일이 어찌 주탁(籌度)17)이 허용되겠습니까?"

이미 사량을 마치고 대답하여 말하였다.

"거의 비슷하게 곧 환술로 변화시켜서 광대한 상인들(商侶)을 짓고, 큰 똥더미를 변화시켜 방을 짓겠으며, 마른 해골을 취하여 상주(商主)와 아내를 지어서 얼굴과 용모가 단정하여 사람들이 본다면 즐겁게 하겠습니다."

왕의 국법에는 만약 큰 대중의 상인들이 성에 이르면 혹은 왕 스스로가 세금을 살펴보았고, 혹은 증양을 시켰다. 이때 왕이 나가지 않고 증양에게

---

16) 외삼촌이나 아내의 형제에 대한 칭호를 뜻한다.
17) 계산하고 헤아린다는 뜻이다.

세금을 받게 하였으므로 이미 상인들의 가운데에 이르러 물었다.
"어느 것이 상주의 방인가?"
그들이 손으로 가리켜서 이미 방으로 들어갔는데 상주의 아내가 용모와 위의가 사랑스러워 능히 사람의 마음을 매혹시켰다. 비로소 보았을 때에 곧바로 염착하였으므로 알려 말하였다.
"소녀여. 만약 능히 나와 함께 환희롭게 사랑한다면 그대들 상인들의 모든 세금을 받지 않겠네."
대답하여 말하였다.
"뜻에 따르겠습니다."
알려 말하였다.
"낮에는 마땅하지 않으니 밤을 기다리세."
환술사가 곧바로 낮을 가리고 밤을 만들었다. 증양은 환녀(幻女)와 함께 비법을 행하였고 손으로서 목을 끌어안고 잠이 들었다. 환술사가 마침내 나아가 그 술법을 풀었으나 이때에도 증양은 그 마른 해골을 끌어안고 똥더미에 누워있었다. 대신이 곧 가서 아뢰어 말하였다.
"대왕이시여. 잠시 귀신의 가마에서 뇌물을 받은 증양을 살펴보십시오."
왕이 성 밖으로 나아가서 그곳에 이르러 손가락을 튕겨서 깨우고서 알려 말하였다.
"증양이여. 여자와 함께 야합(野合)하면서 어찌 살을 먹었소?"
증양이 보고서 스스로가 생각하였다.
'이와 같이 조롱한 이것은 왕이 지은 것이다. 내가 지금 이렇게 산다면 무슨 소용이 있겠는가? 오히려 마땅히 스스로가 죽어 다시 사는 것을 구하지 않으리라.'
다시 곧 생각하며 말하였다.
'목숨을 버리는 것은 매우 어려우므로 내가 지금 마땅히 그 존자 대가다연나의 처소에 나아가서 출가를 구해야겠다.'
곧 나아가서 예경하고 아뢰어 말하였다.
"대덕이시여. 나는 출가하고자 합니다."

존자가 곧 출가시키고 오계와 십계를 주었다. 다음으로 근원을 주었고 간략하게 교계(教誡)하고 증일아급마경(增一阿笈摩經)을 읽게 하였다. 이때 맹광왕은 이미 증양이 없어 마음이 능히 편안하지 않았으므로 마침내 환속시키고 옛날과 같이 편안히 있게 하였다.

근본설일체유부비나야잡사 제23권

삼장법사 의정 한역
석보운 번역

안의 섭송 ⑤

안의 섭송으로 말하겠노라.

우호(牛護)와 사냥꾼의 죽음과
궁녀를 풀어준 것과 천수(天授)와 돌아간 것과
맹광왕이 득차시라로 향한 것과
사람을 죽이는 소리와 여덟 꿈이 있다.

이때 맹광왕은 일찍이 잠을 자고서 뒤에 이와 같이 생각을 지었다.
'우호태자는 내가 죽은 뒤에 능히 지혜와 힘이 있어 왕위를 계승할 수 있을까? 내가 지금 마땅히 그 지혜와 계책을 시험해야겠다.'
사자를 시켜 불러왔고 알려 말하였다.
"내가 내궁에 작은 영무(營務)가 있어 반드시 7일을 지내야 하므로 그대가 잠시 국사를 대신하라."
태자가 곧 명령을 받고 국사를 감독하였는데 이익되고 이익되지 않아도 상벌이 적정(適宜)하였다. 어느 간통한 자를 관리가 잡아서 보냈는데 태자가 이미 보고 남녀에게 물어 말하였다.
"함께 서로를 사랑하는가?"

대답하여 말하였다.

"서로를 사랑합니다."

태자가 듣고는 여러 신하들에게 알려 말하였다.

"그들이 이미 서로를 사랑하는데 어찌 뜻을 따르지 않는 것이오?"

좌우에 알려 말하였다.

"지금 이후부터는 간통을 금지하지 마시오."

여러 사람들이 듣고 마음에서 방자하게 허물을 만들었으나 태자가 매번 국사에만 엄하게 검찰(撿察)을 가하였다. 왕은 7일이 지나자 스스로 궁에서 나왔고 증양에게 물었다.

"내가 죽은 뒤에 우호태자가 능히 왕위를 계승하겠소?"

증양이 말하였다.

"그는 능히 계승할 수 있습니다. 그러나 사사롭게 간통하는 자가 그 만든 악을 내버려 두었습니다."

왕이 물었다.

"무슨 까닭이오?"

증양이 일로써 갖추어 대답하였고 왕은 이렇게 생각을 지었다.

'우호태자가 마땅히 다른 여인에게는 마음에서 질투하는 것이 없구나. 마땅히 자기의 아내에게도 역시 질투가 없는가? 내가 또한 시험해야겠다.'

이때 북방 건타라의 객이 성안에 머물렀는데 왕이 지혜가 있다고 들었으므로 알려 말하였다.

"그대는 우호태자의 비(妃)와 함께 비법을 행할 수 있겠는가?"

객이 듣고 곧 손으로 귀를 막았다.

"만약 이러한 비법을 짓는다면 저는 살아날 길이 없습니다."

왕이 말하였다.

"왕의 일에 필요하므로 이것은 허물이 없다. 만약 짓지 않는다면 곧 칙명을 어기는 것이다."

대답하여 말하였다.

"대왕이시여. 반드시 필요하더라도 이것이 짧은 시간에는 어렵고 반드시 점차적인 방편으로 얻을 수 있습니다."
왕이 말하였다.
"그대의 형편대로 차례로 마땅히 지어라."
대답하여 말하였다.
"대왕이시여. 먼저 태자의 집 가까이에 큰 점포를 차려야 하옵니다. 왕께서는 마땅히 저에게 화물과 자금을 주십시오. 이러한 방편을 지어야 점차 서로 친해질 수 있습니다."
왕이 곧 말에 의지하여 그 금전과 물건을 주었고 그는 곧 점포를 차리고 많은 물건을 꽃처럼 아름답고 넓게 진열하였다. 이때 태자비의 어머니에게 한 여노비가 있었는데 마침내 가게에 와서 여러 향과 약을 샀다. 이때 건타라인이 그 여노비에게 물어 말하였다.
"소녀여. 그대는 누구를 위하여 사는 것인가?"
대답하여 말하였다.
"이것은 우호태자님의 장모님께서 나에게 시켜서 내가 와서 사는 것입니다."
물어 말하였다.
"그 장모의 이름이 무엇인가?"
알려 말하였다.
"어느 자(字)입니다."
대답하여 말하였다.
"그 분께서는 내 어머니의 이름하고 같구나. 내가 지금 그 분을 보는 것이 어머니와 다르지 않구나."
곧 값을 조금 취하고 향을 많이 주었다. 여노비가 집에 이르니 그 장모가 물어 말하였다.
"무슨 인연이 있어서 먼저는 이 값에 물건이 매우 적었는데 지금은 이렇게 많은가?"
그녀가 앞의 일을 갖추어 장모에게 대답하니 장모가 말하였다.
"크게 좋구나. 그는 곧 내 아들이다."

이와 같이 두세 번에 그 물건이 많은 것을 보고 드디어 은근히 환희하였다. 뒤의 때에 점포 주인이 그 여노비에게 알려 말하였다.

"그대는 어머님께 아뢰어라. 내가 찾아뵙고자 한다."

여노비가 곧 장모에게 알리니 장모가 말하였다.

"마음대로 오게 하라."

여노비가 돌아가서 알렸다. 마침내 많은 향과 물건을 가지고 그녀의 집으로 갔고 역시 서로를 보았고 장모를 끌어안고 울었다. 장모가 말하였다.

"그대는 무슨 뜻으로 우는가?"

대답하여 말하였다.

"아모(阿母)1)여. 얼굴 모습이 내 어머님과 똑같아서 마음에서 슬픈 감정이 생겨난 까닭으로 이렇게 울었습니다."

장모가 말하였다.

"내가 그대의 어머니이니 다시는 울지 말게."

마침내 두 사람은 마음으로 사랑하고 정이 깊어졌다. 그때 우호의 아내가 옆에 서있으니 어머니가 말하였다.

"이리 오라. 이 사람이 그대의 오빠이니라. 그의 발을 잡고 은근하게 인사하여라."

그녀는 말을 따라서 지었다. 마침내 건타라인이 어머니에게 물어 말하였다.

"이 따님의 이름이 무엇입니까?"

그녀의 이름을 대답하니 알려 말하였다.

"우리집 형수도 역시 이와 같은 이름입니다. 모습과 용모도 서로가 같으니 곧 나의 형수이십니다."

어머니가 말하였다.

"좋구나."

---

1) 어머니나 유모(乳母)를 부르는 말이다.

이후부터 연민하는 마음이 두 배나 증가하였고 수시로 집에 이르렀다. 어느 때 점포 주인은 마음에서 속이려는 생각을 품고 병을 앓는 것처럼 누워있었다. 이때 그 여노비가 와서 도향(塗香)을 사고자 하였으므로 알려 말하였다.

"소녀여. 내가 병이 있어 아주 괴로우니 어머니께서 잠깐 와서 보시면 안되겠는가?"

대답하여 말하였다.

"그 분께서는 병을 모르십니다. 내가 마땅히 돌아가서 알리겠습니다."

여노비가 돌아가서 알리니 어머니가 알고서 묻고자 곧 왔으며 물어 말하였다.

"사랑하는 아들아. 그대는 어디가 아픈가?"

대답하여 말하였다.

"나는 병이 있어 매우 아픕니다."

어머니가 말하였다.

"마땅히 의사에게 묻고 병을 따라서 약을 복용해야겠구나."

대답하여 말하였다.

"아모여. 이 병은 약으로 나을 수 없습니다. 나는 이 병을 인연하여 반드시 죽을 것입니다."

어머니가 말하였다.

"그대는 걱정하지 말라. 무슨 방편을 지어야 능히 병을 치료할 수 있겠는가?"

대답하여 말하였다.

"병을 치료하는 약이 있으나 얻을 도리가 없습니다."

어머니가 말하였다.

"다만 그것이 있다면 내가 모두 준비하겠네."

대답하여 말하였다.

"아모여. 내가 만약 우호의 대비(大妃)와 함께 환희로운 애정을 통할 수 있다면 병이 나을 것입니다."

어머니가 듣고 크게 노여워하면서 말하였다.

"이 빈한(貧寒)한 놈아. 왕비를 욕심내었구나. 어찌 목숨이 끊어지지 않겠는가?"

그녀는 곧 옷을 흔들면서 버리고 떠나갔다. 이때 점포 주인이 다시 속이고자 유서(契書)를 지었다.

"내가 죽은 뒤에는 집과 재물의 모두를 태자의 장모님께 드리겠습니다."

마침내 문서를 가져다가 어머니에게 주었다. 어머니는 이 문서를 읽고 분노가 없어지고 곧 이렇게 생각을 지었다.

'나는 분노한 얼굴빛으로 버리고 등지고 왔으나 그는 나에게 은근하고 소중한 마음의 뜻이 없어지지 않았으니 그러한 부류를 얻기가 어렵다. 내가 이러한 일을 인연으로 딸에게 넌지시 물어보리라. 이러한 인연으로 목숨을 마치는 일이 없도록 해야겠다.'

곧바로 딸을 불러서 말하였다.

"점포 주인은 오래 전부터 은정(恩情)이 있고 그는 너의 시동생이다. 병으로 몹시 앓으니 잠시 문병하도록 하자."

대답하여 말하였다.

"어머님. 어찌 의사가 그의 병을 치료하지 않습니까?"

어머니가 말하였다.

"그의 병은 치료하는 것이 어려워 혹시 죽음에 이를지도 모른다. 내가 그의 말을 들으니 만약 형수와 함께 환희롭게 사랑한다면 이 병이 나을 수 있을 것이라고 말하는구나."

딸이 곧 분노하면서 말하였다.

"이 빈한한 놈이 왕비와 함께 비법을 행하고자 하니 어찌 곧 오늘로서 목숨을 취하지 않겠는가?"

어머니가 말하였다.

"귀천은 정해진 것이 없다. 그대가 지금 모두 알 것이다. 대공(大公)께서는 근본이 누구의 소생인가?"

대답하여 말하였다.

"알지 못합니다."
어머니가 말하였다.
"전갈의 소생인데 지금 왕이 되어서 대병(大兵)이 있다. 그대의 남편은 장자의 아내에게서 태어났지만 역시 왕이 될 것이다. 그대가 만약 그와 환희롭게 사랑하여 만약 아들이 있다면 마땅히 역시 왕이 될 것이다. 이것도 역시 어찌 손해이겠는가?"
어머니가 권유한 까닭으로 그녀는 마침내 사통(私通)을 허락하였다. 어머니가 곧 건타라인에게 서신을 보내어 말하였다.
"그대의 은근함을 보고 딸이 이미 허락하였으니 그대는 스스로 때를 알고 와서 서로가 성취하라."
이때 점포 주인이 듣고 왕에게 알렸다.
"일이 장차 이루어질 것입니다. 잠시 우호를 집에서 나가도록 하십시오."
왕은 이렇게 생각을 지었다.
'내가 죽은 뒤에는 우호가 왕이 될 것이다. 우호에게 아들이 있다면 마땅히 제업(帝業)2)을 계승할 것이나 만약 건타라인이 비와 간통하여 아들을 낳는다면 그 아이가 왕이 되고 우리의 종사(宗嗣)는 끊어질 것이다. 그에게 약을 주어서 자식을 낳지 못하게 해야겠다.'
곧 약을 주면서 건타라인에게 알려 말하였다.
"그대는 그녀와 함께 비법을 행할 때에 먼저 이 약을 복용하라."
왕은 또 우호에게 알려 말하였다.
"그대는 또한 잠시 집안으로 돌아가지 말라."
다른 주탁이 있어서 그는 곧 떠나가지 않았다. 건타라가 약을 먹고서 그녀와 함께 간통하면서 한 곳에서 잠을 잤으므로 왕은 이렇게 생각을 지었다.
'그들은 마땅히 일을 마쳤으리라.'

---

2) 제왕이 이루어 놓은 업적을 가리킨다.

알려 말하였다.

"우호여 그대는 집으로 돌아가라."

이미 집에 이르러 보니 건타라인이 비와 함께 한 곳에서 어깨를 늘어트리고 잠자고 있었다. 태자가 곧 그 손을 들어 올려놓고 아울러 옷을 가지고 두 사람을 덮어주었다. 건타라인이 사통이 끝나고 함께 잠을 자고서 나아가 날이 밝으니 마침내 이렇게 생각을 지었다.

'본 사람이 없구나.'

곧 점포로 돌아갔다. 다음날 왕이 태자에게 말하였다.

"내가 지난 밤의 꿈에 그대의 아내가 외간남자와 사통하는 것을 보았느니라."

대답하여 말하였다.

"대왕께서는 꿈으로 보셨으나 저는 눈으로 직접 보았습니다."

왕이 말하였다.

"그대는 어떻게 보았는가?"

그가 곧 갖추어 말하였으므로 왕이 말하였다.

"그대는 여자의 행위에 질투심이 없었는가?"

대답하여 말하였다.

"저는 없습니다."

왕이 말하였다.

"여기에 무슨 까닭이 있는가?"

대답하여 말하였다.

"대왕께서는 잠시 들으십시오. 저는 태어나면서부터 이전 세상의 일을 알고 있습니다. 제가 기억하는 것은 지나간 옛날에 상주의 아내였고 그 남편이 화물을 가지고 다른 지방으로 무역할 때에 제가 남편에게 말하였습니다. '나도 따라가기를 원합니다.' 남편이 말하였습니다.

'누가 마땅히 그대와 나를 함께 시중을 들겠는가? 이러한 심한 고생을 까닭으로 그대는 따라올 수 없소.'

아내가 곧 울었으므로 다른 사람들이 보고 상주에게 말하였습니다.

'당신의 부인이 우는 것은 따라가고자 하는 것입니다.'
상주가 어려운 일을 갖추어 알렸으나 다른 사람들이 알려 말하였습니다.
'다만 데리고 떠납시다. 우리들이 시중을 들겠습니다.'
마침내 데리고 떠났는데 험한 길의 중간에 500의 도둑들이 있어 상단(商營)을 깨트리고 마침내 상주를 죽였습니다. 이때 500의 도둑들이 그 아내와 함께 비법을 행하였습니다. 이때 여러 도둑들이 다시 상단을 깨트리고 한 소녀를 얻었는데 모두가 애착이 생겨났습니다. 그때 아내는 소녀를 보고 질투심이 일어났습니다.
'이 계집애가 나와 함께 사내들을 다투는구나.'
곧 사람에게 명하여 소녀를 빈 우물 속으로 던졌고 이것을 인연으로 목숨이 끊어졌습니다. 대왕이시여. 지나간 때에 아내는 곧 나의 몸입니다. 제가 생각하니 지나간 옛날에 500의 도둑들과 함께 그 음욕을 행하여도 오히려 마음에서 만족한 마음이 없었습니다. 어찌 하물며 한 남자에게 만족하는 날이 있겠습니까? 제가 이러한 일을 기억하고서 다시는 여인에게 질투심이 생겨나지 않습니다. 이것으로서 관찰하건대 세간에서 어리석은 사람은 많은 여인과 아내를 거느리고 궁궐 안에 모아두고서 함께 호위하는 것을 알 수 있습니다. 남자가 여러 여자를 지키는 것이 이치에 합당하므로 어찌 여인들이 남자를 지키는 것을 허용되겠습니까?"
왕이 말하였다.
"진실로 그대의 말과 같으나 질투심을 끊는다는 것은 세간에서 어려운 일이다. 비록 이러한 이치가 있더라도 나는 행할 수 없구나."
이때 올서니성에 한 사냥꾼이 있었는데 그의 아내가 단정하여 마음에서 매우 사랑하고 소중하게 생각하였는데 사냥을 떠나려 하면서 이렇게 생각을 지었다.
'내가 만약 아내를 남겨두고 산으로 간다면 다른 사람과 여러 비법을 짓는 것이 두렵고 내가 만약 떠나지 않는다면 다른 직업이 없으니 호구(餬口)3)도 넘길 수 없겠구나. 마땅히 데리고 이끌어 함께 숲속을 다녀야겠다.'
곧바로 함께 떠나가서 초막에 같이 살면서 사냥을 하여 여러 짐승과 새를 잡은 뒤 팔아서 식량을 충당하였다. 뒤의 다른 때에 맹광왕이 사냥을 인연하여 나갔는데 그 말이 놀라고 내달려서 사냥꾼이 있는 곳에 이르렀다. 사냥꾼이 알아보고서 멀리서 외쳤다.

"잘 오셨습니다."

왕이 곧 말에서 내려 나무 그늘에서 쉬었는데 사냥꾼이 스스로 생각하였다.

'내가 지금 어찌 묵은 고기로 관정대왕을 받들겠는가? 마땅히 새롭게 잡아다가 이것으로 공양하고 모셔야겠다.'

곧 활과 화살을 가지고 깊은 숲속으로 갔다. 이때 왕이 주위를 살피다가 사냥꾼의 젊은 아내를 보았는데 위의와 용모가 사랑스러워 염착심이 일어났고 욕망의 번뇌에 사로잡혀 함께 비법을 행하였다. 이때 사냥꾼이 새로운 고기를 얻어서 돌아와서 보니 아내가 왕과 함께 비법을 지은 인연으로 분노가 생겨났으나 이렇게 생각을 지었다.

'이렇게 위법한 왕을 지금 죽여 없애리라.'

곧 다시 생각하였다.

'어찌 작은 부녀를 위하여 대왕을 해치는 것이 허용되겠는가?'

이때 사자가 갑자기 나타나서 사냥꾼을 죽였다. 죽으려는 때에 곧 왕에게 자민(慈愍)한 마음을 일으켰으므로 드디어 사대왕천에 태어났다. 왕은 남편의 죽음을 보고 이렇게 생각을 지었다.

'이 소녀가 나와 함께 교통하였으니 마땅히 가볍게 버릴 수 없구나.'

곧 편안하게 위로하여 곁에 있게 하였다. 이때 대신들이 널리 다니면서 찾다가 함께 왕이 있는 곳으로 이르러 물어 말하였다.

"이 여인은 누구입니까?"

왕이 말하였다.

"여기 땅과 사람들은 내게 속한 것인데 어찌 묻는 것이 타당한가? 마땅히 데리고 가서 후궁에 있게 하시오."

---

3) 입에 풀칠을 한다는 뜻으로, 겨우 끼니를 이어 가는 것을 이르는 말이다.

왕은 유희를 그만두고 성으로 돌아왔다. 그러나 왕궁 안에는 많은 궁인들이 있어서 왕은 이렇게 생각을 지었다.

'이 사냥꾼은 한 작은 여인을 데리고 홀로 숲속에 머무르면서도 오히려 지키지 못하였는데 하물며 내가 많은 궁녀를 능히 지키겠는가?'

곧 방울을 흔들고 뿔피리를 불고 북을 울리면서 널리 성읍에 알렸다.

"여러 사람들은 마땅히 알라. 옛날부터 살아오던 사람이거나 혹은 다시 새롭게 온 사람도 함께 마땅히 들어라. 내가 지금 소유한 나인들을 모두 풀어주겠으니 그녀들을 따라서 뜻에 따라 마음대로 즐겨라. 설령 제멋대로 외간남자와 교통하여도 허물은 없으리라."

또한 나인들에게도 알려 말하였다.

"내가 지금 그대들을 풀어주겠으니 밤에 궁전 밖으로 나가서 뜻에 따라서 놀다가 북소리가 울리면 곧 반드시 돌아오라. 만약 어기는 자가 있다면 마땅히 그대의 목숨을 끊겠노라."

다만 이러한 여인들은 모두 남자를 좋아하였는데 오히려 다시 왕궁에 갇혀서 깊이 얽매어 있었다. 이때 여러 궁녀들이 모두 밤에 밖으로 나가서 남자를 구하여 그를 따라서 곳곳을 돌아다니면서 즐겼다. 오직 안락부인과 우호의 어머니 및 성광비는 왕을 보호하면서 밖으로 나가지 않았으므로 왕이 안락부인에게 알려 말하였다.

"그대들도 밖으로 나가서 다른 남자를 찾으시오."

대답하여 말하였다.

"나는 진실로 능히 왕을 버리고 밖으로 나가서 다른 사람을 찾을 수 없습니다."

이때 왕이 다시 성광비에게 알려 말하였다.

"그대는 어찌 밖으로 나가서 다른 남자를 구하지 않는가?"

그녀는 나이가 적고 용화(容華)[4]하며 정색(情色)[5]이었으므로 욕망을 참기 어려워서 다른 남자를 항상 사랑하는 마음이 있었다. 비록 궁중에

---

4) 예쁘게 생긴 얼굴을 가리킨다.
5) 마음에서 색을 밝히는 상태를 뜻한다.

있으면서도 마음속에는 밖으로 나가기를 바랐으므로 왕이 자주 알리는 말을 묵연히 받아들였다. 곧바로 밤에 시장에 나아가서 보니 향을 파는 남자가 얼굴과 모습이 단정하였으므로 알려 말하였다.

"그대는 나와 함께 서로 사랑하지 않겠는가?"

알려 말하였다.

"잠깐 등불을 가지고 기다려라. 내가 비용을 계산하고서 곧 마음을 따르겠다."

이때 그 남자가 취하고 받은 것이 많아서 모두를 끝내지 못하였다. 밤을 새워서 계산하였고 나아가 날이 밝아서 이미 북소리가 울렸다. 다시 머무를 수 없었다. 성광비가 등을 땅에 버리고 곧 문으로 나가려고 하였으므로 남자가 말하였다.

"잠깐만 있으면 함께 기쁘게 사랑하리라."

대답하여 말하였다.

"더 이상 머무를 수가 없노라. 왕의 교령(敎令)이 있었고 북소리가 역시 울렸으니 궁에 들어가지 않는 자는 마땅히 그 머리가 잘리노라. 나도 머리가 두 개가 아닌데 어찌 오래 머무를 수 있겠는가?"

드디어 작별하고 떠나갔다. 왕이 보고 물어 말하였다.

"성광이여. 그대는 외간남자와 함께 기쁘게 놀았는가?"

대답하여 말하였다.

"여가가 없었습니다."

왕이 말하였다.

"무슨 뜻인가?"

그녀가 곧 차례대로 갖추어 왕에게 말하였고 왕은 이때 묵연하였다. 왕이 거듭 이전과 같이 명하여 널리 알렸고 모든 궁녀들을 풀어주어 밤에 뜻에 따라서 외간남자와 교통하게 하였다. 그 소문이 멀리 들려 다른 곳까지 퍼져나갔다. 이때 교섬비국(憍閃毘國)의 출광왕(出光王)이 맹광왕의 이러한 교령으로 모든 궁녀를 풀어주어 밤에 나가서 사통하도록 한다는 것을 듣고 곧 대신 유건나(瑜健那)에게 물어 말하였다.

"내가 들으니 맹광왕이 여러 궁녀들을 풀어주어 마음대로 사적으로 좋아하는 것을 행하게 하므로 내가 잠시 가서 그녀들과 함께 즐겁게 교통하고자 하오."

대답하여 말하였다.

"그 맹광왕은 대왕께 항상 인내하지 않는 처사를 품었습니다. 만약 원한이 있는 국가에서 왕이 스스로 왔다는 것을 듣는다면 분명히 옳지 않은 짓을 할 것입니다."

대답하여 말하였다.

"장부가 일하면서 좋고 나쁜 것은 결정이 필요한 것이오. 그대는 이곳에 머무시오. 나는 잠시 그곳에 가겠소."

대답하여 말하였다.

"대왕의 뜻이 굳으신데 누가 감히 서로를 만류하겠습니까? 원하건대 앞길이 좋으시고 근신하십시오."

이때 출광왕은 매우 여색을 사랑하여 대신의 간언을 무시하고 곧 올서니 성으로 갔다. 마침내 밤중에 성광비를 보고 물어서 알았으며 다시 위의와 용모를 보니 정특(挺特)[6]하여 세상에서 상대할 자가 없었으므로 알려 말하였다.

"찰제리 종족의 미녀 성광이여. 와서 나와 함께 즐겁게 유희합시다."

대답하여 말하였다.

"뜻에 따르겠습니다. 담요 자리를 펴시지요."

왕이 말하였다.

"그대가 펼치시오."

이때 그 두 사람이 각자 자만심이 높았으므로 담요를 펴지 않았고 날이 밝아서 이미 북소리가 울렸으므로 그녀는 곧 떠나고자 하였다. 왕이 말하였다.

"잠시 있으시오. 함께 기쁘게 교통합시다."

---

6) 곧은 뜻을 지녀 뛰어난 것을 가리킨다.

대답하여 말하였다.

"왕의 교령이 있었고 북소리도 역시 울렸으므로 궁안에 들어가지 않는다면 목숨이 끊어집니다. 나는 지금 여기에 오래 머물 수가 없습니다."

성광은 마침내 왕의 손가락에서 금반지를 벗겨 취하였고 가지고 떠나갔다. 그 출광왕도 역시 본래의 성읍으로 돌아갔다. 왕이 성광에게 물어 말하였다.

"그대가 남자를 얻어 함께 기쁘게 교통하였는가?"

대답하여 말하였다.

"얻지 못하였습니다."

물었다.

"그것은 무슨 까닭인가?"

그녀가 곧 차례대로 갖추어 인연을 말하였고 아울러 반지를 꺼냈다.

"이것은 그의 물건인데 내가 벗겨서 가지고 왔습니다."

왕이 인(印)을 읽어보고 증양에게 알려 말하였다.

"그 출광왕이 대군들을 거느리고 와서 성안으로 들어와도 경각하는 사람이 없구려. 나의 궁인에게 은밀히 기쁘게 사랑을 구하는데 어찌 그를 놓아줄 수 있겠소."

대답하여 말하였다.

"대왕이시여. 이번에는 몰래 왔으므로 우리가 미리 알지 못하였습니다. 만약 다시 온다면 반드시 놓아주지 않겠습니다."

이때 출광왕도 돌아가서 이미 듣고 알았으나 또다시 대신 유건나에게 이전과 같이 알려 말하였다. 대신이 간언하여 말하였다.

"대왕께서 이전에는 몰래 가셨으므로 그들이 알지 못하였고 마침내 안은하게 본래의 성읍으로 돌아오실 수 있었습니다. 이제는 그 왕이 철저히 지키는데 만약 거듭 가신다면 반드시 평안하지 않을 것입니다. 가시지 않는 것이 수승합니다."

신하가 비록 간절히 간언하였으나 왕은 그 말을 받아들이지 않았다. 왕이 이미 출발하며 신하를 이끌었으므로 역시 수행하여 올서니성에 이르러 한 집에 머물렀다. 증양이 알고서 많은 장사(壯人)들에게 그 집 주위를 칼을 들고 지키게 하면서 알려 말하였다.

"이 집에서 만약 여인이 나가면 풀어주고 남자는 풀어주지 말라."
이때 유건나가 그 일의 형세를 알고 이렇게 생각을 지었다.

'내가 지금 왕의 조난(遭難)을 보고 묵연히 버려둘 수 없구나. 어떤 방편을 지어야 그가 달아나겠는가?'

마침내 곧 왕에게 여노비의 옷을 입히고 머리에는 물동이를 얹고 사람을 시켜 뒤에서 몽둥이를 들고 뒤를 따르면서 말하게 하였다.

"너는 빨리 물을 길어서 돌아오라. 왕께서 씻으려고 기다리신다."
이때 지키는 사람이 이것은 여노비라고 말하였고 마침내 막지 않았다. 이미 연못의 주변에 이르러 물동이를 버리고 달아났다. 증양이 집으로 들어가서 왕을 찾았으나 잡지 못하였고 다만 유건나를 보았다. 곧 데리고 가서 왕을 알현하였다.

"이 사람을 까닭으로 출광왕이 달아났습니다."
이때 유건나가 왕의 앞에서 아뢰어 말하였다.

"저는 이렇게 왕의 은혜로 신명(身命)을 살아갑니다. 지금 왕을 달아나게 하였으니 그것은 옳은 일입니다. 여기 모든 신하들은 대왕의 봉록을 받으면서 그를 달아나게 하였으니 어찌 도리에 알맞겠습니까?"

왕이 이에 증양을 크게 꾸짖으며 말하였다.

"어찌 어느 적국을 해치려는 왕이 이곳에 와서 사통을 행하는데 그대들은 공연히 그가 달아나도록 하였소. 만약 다른 방법으로 잡아온다면 좋으나 만약 잡아오지 못하면 마땅히 극형을 받을 것이오."

이미 듣고 놀라고 당황하여 방편을 구하였다. 이때 남방의 어느 기교사(機巧歸)가 새롭게 이곳에 왔으므로 증양이 물어 말하였다.

"그대에게 지혜가 있으니 능히 이와 같고 이와 같은 기관(機關)의 물건을 지을 수 있겠는가?"

대답하여 말하였다.

"내가 잠시 연구하여 보겠습니다. 성공할 희망이 있습니다."

이때 증양이 마침내 왕가의 큰 코끼리인 위산(葦山)을 감추어 두고서 두루 성읍에 알렸다.

"큰 코끼리인 위산이 밖으로 달아나서 있는 곳을 모르겠소."

멀고 가까운 모든 곳에서 이 소문을 들었다. 증양이 공인(工人)에게 알려 말하였다.

"마땅히 나무로서 위산 코끼리의 형상을 지으시게."

그가 곧 말을 따라서 기관의 코끼리를 지었다. 이 기관의 코끼리 안에 50명을 숨기고 많은 코끼리의 똥과 물도 그 속에 저장하였으며 알려 말하였다.

"그대들은 마땅히 기관을 움직여서 이 코끼리가 교섭비로 가도록 하고 멀지 않은 곳에서 머무르게. 왕이 만약 사병(四兵)과 함께 와서 본다면 코끼리를 돌아오게 하고 만약 혼자서 온다면 곧 그 왕을 잡아서 코끼리 안에 집어넣고 급하게 달려서 귀국하게."

공인이 가르침을 듣고 아울러 말에 의지하여 지었다. 마침내 큰 코끼리를 교섭비의 멀지 않은 곳에 머물게 하였다. 이때 소와 양의 목동과 여러 잡역을 하는 사람들이 코끼리를 보니 기이하고 뛰어나서 함께 모두가 관망하였다. 누구는 이 코끼리가 산림에서 왔다고 말하였고, 다시 이것은 왕이 잃어버린 코끼리가 이곳에 멀리 이르렀다고 말하였다. 누가 와서 그 까닭을 왕에게 아뢰어 말하였다.

"들자오니 맹광왕에 속한 위산이라는 큰 코끼리는 세상에서 초절한데 왕의 복력을 까닭으로 스스로 여기로 와서 이르렀습니다. 그래서 멀고 가까이에서 모두 모였고 천억의 사람들이 모두 와서 보았습니다."

왕이 듣고서 아주 큰 환희가 생겨나서 유건나에게 알려 말하였다.

"곧 북을 널리 황도에 울리고 함께 사병을 정리하며 많은 밧줄을 가지고 여러 사람을 데리고 함께 성문 밖으로 나가서 코끼리를 묶고 감시하시오."

신하가 왕의 가르침에 의지하여 차례로 모든 것을 하였고 호종이 들판에 구름처럼 함께 모였다. 이때 코끼리 안의 사람들이 왕의 병사가 이른 것을 보고 마침내 곧 달아났다. 대신이 아뢰어 말하였다.

"코끼리를 묶는 일을 왕께서 이전부터 잘 아십니다. 어떻게 유인을 지어야 서로에게 가까이 갈 수 있겠습니까?"

왕이 말하였다.

"사병은 곧 물러나라. 내가 홀로 가서 보겠노라."

이때 대중은 물러나고 오직 왕이 혼자 왔으며 아울러 비파를 가지고 묘한 소리를 내면서 스스로가 따라서 나아갔다. 그 코끼리 안에 있던 사람들은 왕이 혼자 오는 것을 보고 곧바로 코끼리를 멈추었다. 왕이 코끼리에 이르니 여러 사람들이 곧 나와서 왕을 잡아가지고 코끼리 안으로 들어갔으며 마침내 기관을 움직여서 오히려 빠른 바람과 같이 본국으로 돌아갔다. 이때 출광왕이 이미 잡혔으므로 많은 군사들이 함께 크게 외쳤다.

"왕께서 도둑에게 잡히셨다. 왕께서 도둑에게 잡히셨다."

드디어 많은 병사들이 쫓아서 국경에 이르렀으며 대신에게 알려 말하였다.

"이미 다른 나라의 경계에 이르렀으니 마땅히 다시 들어갈 수 없습니다. 따라서 돌아가십시오. 왕이 이미 잡혀가셨으니 별도의 방편을 생각하십시오."

이때 출광왕이 사람들에게 잡혀서 올서니성에 이르렀다. 증양이 출광왕을 데리고 맹광왕의 처소에 이르러 아뢰어 말하였다.

"대왕이시여. 이 사람이 출광왕입니다."

왕이 보고 기뻐하면서 종을 치고 북을 울렸으므로 백천억의 사람들이 구름처럼 모였고 거리에 가득하여 시끄러웠다. 왕이 증양에게 칙명하여 말하였다.

"국법에 의지하여 그 출광을 처벌하시오."

증양이 말하였다.

"이 출광왕은 코끼리 조련하는 법과 묘한 이치를 잘 압니다. 만약 왕께서 죽이신다면 이 법이 사라집니다. 또한 다시 사람을 시켜서 그에게 수학하고 묘한 기술을 모두 알고서 없애도 어렵지 않습니다."

왕이 말하였다.

"만약 그와 같다면 경이 스스로 배우시오."

대답하여 말하였다.

"이것은 곧바로 수학한 큰 스승이므로 어찌 마땅히 해칠 수 있겠습니까? 이미 이러한 일이 있다면 함께 세상에 어긋나는 것입니다."

왕이 말하였다.

"누가 나아가서 배울 수 있겠소?"

대답하여 말하였다.

"왕녀인 천수(天授)는 품성이 부지런하고 총명하며 지식에 통달한 것을 사람들이 모두 함께 알고 있습니다. 그녀에게 나아가서 마땅히 그 묘함을 배우게 하십시오."

왕이 그 계책을 인정하고 곧 딸에게 말하였다.

"한 장부가 있는데 18종류의 악상(惡相)을 갖추었으나 그 사람은 코끼리 조련의 문서를 잘 이해하므로 휘장으로 막고서 그대가 나아가서 배워라. 나는 마땅히 그대에게 뒤에 점차로 배우고 익히겠노라. 그대는 역시 마땅히 악인의 얼굴을 보지 말라. 만약 본다면 반드시 죽을 것이니 의심하지 말라."

곧바로 휘장으로 막고서 문서를 배웠다. 이때 유건나는 교섭비국에 있으면서 이와 같이 생각을 지었다.

'내가 지금 마땅히 왕의 소식을 알아보아야겠다. 만약 목숨이 있다면 얽힌 인연을 풀도록 지어야 하고 반드시 그것이 없다면 별도의 왕위 계승자를 구해야 한다.'

유건나에게 금만(金鬘)이라고 이름하는 누이가 있었는데 기교(機巧)하고 다정하며 오빠의 지혜보다 두 배나 수승하였다. 알려 말하였다.

"소매여. 그대는 지금 마땅히 올서니성으로 가서 왕의 소식을 알아보라. 만약 목숨이 있다면 얽힌 인연을 풀도록 지어야 하고 반드시 만약 죽었다면 별도의 후계자를 세워야겠다."

듣고서 묵연하면서 마음으로 그 일을 생각하였고 곧바로 변복하여 외도여자 모습으로 하였다. 스스로가 구걸하면서 낡은 옷을 입고 점점 걸어서 올서니성에 이르러 수문인에게 말하였다.
"출광왕은 지금 목숨이 붙어 있습니까?"
수문인이 대답하여 말하였다.
"그 왕에게 그대는 무슨 원한이라도 있는가?"
대답하여 말하였다.
"아버지와 아들을 죽이고 재물을 빼앗아 갔습니다."
수문인이 말하였다.
"왕은 아직 죽지 않고 현재 왕녀에게 코끼리를 조련하는 경서를 가르치고 있소."
이와 같이 전전하며 왕궁의 네 문에서 모두 갖추어 물었는데 그들은 아울러 같게 대답하였다. 드디어 여러 종류의 방편으로 나아가 사람을 구하여 흔적을 숨기고 모습을 감추고서 함께 나아가서 출광왕을 만났다. 사방을 돌아보고 작은 소리로 물어 말하였다.
"대왕이시여. 지금도 건재하시네요."
왕도 역시 놀라서 주위를 돌아보고 대답하여 말하였다.
"소매여. 지금 아직은 죽지 않았네."
다시 다른 인연을 지어서 직접 천수를 보고 물어 말하였다.
"소매여. 그대는 지금 누구에게 나아가서 코끼리를 조련하는 법을 배우는가?"
대답하여 말하였다.
"아모여. 한 장부가 있는데 18종류의 악상을 갖추었습니다. 나는 그의 주변에서 휘장으로 가리고 배우고 있습니다."
대답하여 말하였다.
"어찌 장부가 18종류의 악상을 갖추었겠는가? 이 사람은 출광왕이고 위의와 용모가 단정하며 여러 상을 구족하여 세간에서 희유한데 누가 다시 그대를 속이고 이러한 악한 말을 하였는가? 만약 이것이 거짓이라고 말한다면 휘장을 걷고서 눈으로 보시오."

그녀는 그 말을 듣고서 마음 속에 기쁨이 가득하였다. 드디어 휘장을 걷고 왕의 얼굴과 모습을 보고는 마음에 애염이 생겨났는데 사나운 바람이 몰아치는 것과 같았다. 알려 말하였다.

"아모여. 진실로 말씀하신 것과 같았습니다. 어느 방편으로 능히 국왕과 내가 통할 수 있겠습니까?"

금만이 말하였다.

"내가 지금 그대에게 말하겠네. 비록 멀리 구하더라도 이러한 분을 만나기가 어려운데 오히려 그대가 스스로 사랑하니 그것은 마땅하고 옳네. 이 분은 찰제리왕이고 관정위를 받으셨네. 내가 방편으로 그대의 마음을 전하겠네."

이미 말을 전하였고 교통하면서 곧바로 환합(歡合)하였다. 천수와 함께 왕은 지극히 서로를 사랑하고 생각하였다. 이때 금만이 빠른 방편으로 서신을 보내어 그 오빠에게 알려 말하였다.

"마땅히 안심하시고 많이 걱정하지 마십시오. 왕녀 천수가 출광왕에게 코끼리를 조련하는 법을 배우고 있습니다."

오빠가 서신을 받고 곧 다섯 종류의 가려진 영락을 입고 위를 풀옷(草衣)으로 덮고서 스스로 봄꽃(春花)이라고 이름하면서 거짓으로 미친 모습을 지으면서 올서니성으로 갔다. 드디어 번잡한 네거리에서 혹은 눕고 혹은 일어나면서 입으로 미친 말을 하면서 노래하여 말하였다.

봄의 때에는 놀 것이니
봄의 때에는 즐거우니라.
나는 곧 봄꽃이니
함께 노는 일을 하겠는가?

만약 어느 사람이 알고 "이 사람은 유건나가 아닌가?"라고 말하면 곧 금과 영락을 풀어주면서 은밀하게 구하는 것을 부탁하였고 만약 알지 못하는 사람들이 미친 사람이라고 말하면 서로에게 주지 않았다. 이르는 곳에서 만약 이것이 왕가이거나, 혹은 대신의 집이거나 모두에게 옷과 음식을 얻어 마땅히 굶주림을 해소하면서 점차 다시 엿보았고, 출광왕의 처소에 이르러 간략히 말하고 의논하였다. 뒤의 때에 그 여인인 천수가 출광왕에게 알려 말하였다.

"우리 아버지가 만약 아신다면 반드시 무거운 형벌로 죽일 것입니다. 미리 방편으로 달아나는 것이 좋겠습니다."

출광왕이 대답하여 말하였다.

"만약 그렇다면 그대가 지금 왕에게 가서 이렇게 말을 지으시오. '제가 코끼리를 조련하는 법을 또한 문장으로 읽었으나 달리는 것을 아직 직접 눈으로 보지 못하였습니다. 바라건대 왕께서는 저에게 현선 어미 코끼리를 주신다면 뜻을 따라서 타고 달려서 그 나아가는 것이 경문과 합당한가를 보겠습니다.'"

곧 이렇게 의논한 것을 대왕에게 아뢰어 알게 하였다. 왕이 코끼리를 돌보는 사람에게 말하였다.

"현선 어미 코끼리를 천수에게 주어서 뜻에 따라서 타게 하라."

혹은 아침에 나갔다가 낮에 돌아왔고, 혹은 포후시에 왔다가 저녁에 갔으며, 혹은 초경(初更)이나 후야에 가고 돌아오는 것이 항상함이 없었고, 혹은 다시 밤중에 돌아왔으며, 혹은 새벽의 때에 이르렀다. 이때 유건나가 도주할 계책을 짓고서 등에 코끼리 똥을 메고 성문으로 나아갔는데 수문인이 물어 말하였다.

"봄꽃이여. 똥은 무엇에 쓰려고 하는가?"

대답하여 말하였다.

"왕가에서 잔치를 베푸는데 환희단(歡喜團)에 충당하고자 합니다."

사람들은 미친 소리라고 알려 말하면서 뜻에 두지 않았다. 그는 똥을 풀로 싸서 교섭비로 가는 길의 나뭇가지에 걸어놓았고, 코끼리의 오줌을 항아리에 채워서 메고 나갔으므로 수문인이 보고 물었다. 대답하여 말하였다.

"왕가에서 잔치를 베푸는데 음장(飮漿)을 짓는 것에 사용하고자 합니다.”
 사람들이 모두 웃으면서 함께 채록(採錄)⁷⁾하지 않았다. 돌아가서 항아리도 달아나는 길의 나뭇가지에 매달았다. 이때 출광왕은 그 대신 및 금만과 천수와 아울러 어느 때에 어느 곳에서 만날 것을 약속하였다. 때를 어기지 않고 출광왕이 마침내 천수와 함께 그 어미 코끼리를 타고 약속한 장소에 이르렀고 대신과 금만 및 묘음(妙音)의 비파가 일시에 갖추어졌다. 환희가 생겨나서 왕은 곧 비파를 연주하였고 대신은 노래를 불렀다.

 함께 현선의 코끼리를 타고
 어울려 묘음의 곡조를 연주하면서
 천수와 춘화와 함께
 손수 춤추며 돌아간다네.

 왕은 스스로가 상주가 되어
 교섭비로 돌아감을 얻었으며
 나의 충신의 소원이 이루어졌으므로
 길이 노래를 부르면서 또한 즐거워한다네.

 출광왕이 떠난 뒤에 때가 지났으나 천수가 궁으로 들어오지 않았으므로 맹광왕이 증양에게 말하였다.
 "무슨 까닭으로 때가 지났으나 천수가 들어오지 않는가?"
 증양이 마침내 찾아보고 그가 이미 도망간 것을 알았고 왕에게 아뢰어 말하였다.
 "출광왕이 현선 코끼리를 타고 아울러 천수도 데리고 성밖으로 도주하였습니다."
 왕이 듣고 놀라고 분노하여 알려 말하였다.

---

7) 채택하여 기록하거나 수록하는 것 등을 가리킨다.

"그대는 급히 위산 큰 코끼리를 타고 쫓아가서 그 악인을 잡아와서 내가 보게 하시오."

곧 큰 코끼리를 타고 길을 따라서 떠나갔다. 큰 코끼리는 빨리 달렸고 앞선 코끼리를 바라보았으며, 곧 잡히려고 하였다. 이때 유건나가 곧 나뭇가지에서 코끼리의 똥을 취하여 땅에 버리고 떠나갔는데 큰 코끼리가 마침내 냄새를 맡으면서 앞으로 가다가 멈추는 사이에 어미 코끼리는 마침내 멀어져서 많은 유순을 지나갔다. 다시 돌이켜 쫓아와 거의 이르렀으므로 유건나가 코끼리의 오줌 항아리를 땅에 던졌고 큰 코끼리가 다시 냄새를 맡는 사이 다시 앞으로 갔다. 왕이 자신의 영토 근처에 이르니 마음에서 걱정과 두려움을 벗어났다. 이때 증양은 이렇게 생각을 지었다.

'이곳은 다른 나라의 경계이므로 돌아가는 것이 옳다. 혹시 이 큰 코끼리도 빼앗길 수 있겠다.'

이미 뜻을 이루지 못하고 실망하며 본래의 성으로 돌아와 이르렀는데 왕이 그것을 물어 말하였다.

"무슨 소식이 있는가?"

대답하여 말하였다.

"이미 달아나서 자기의 나라에 이르렀으므로 잡을 수 없었습니다."

왕은 곧 손으로 뺨을 괴고 근심하면서 머물렀다. 이때 출광왕은 본국에 돌아왔는데 죽다가 살아난 것이었다. 마침내 곧 사문·바라문·상인·귀족(貴勝)·친족·지식·가난하고 의지할 곳이 없는 사람 등을 청하였고 멀고 가까운 곳에서 별처럼 달려와서 모두가 왕의 처소에 이르렀다. 널리 보시하며 대회를 베풀었고 천수부인과 함께 뜻에 따라서 환락하였다. 뒤에 누각 위에서 천수와 함께 희롱하며 말하였다.

"내가 속임수를 행하여 그대를 데려온 것이오."

부인이 말하였다.

"나의 아버지도 역시 속임수를 행하여 왕의 몸을 가두었으나 겨우 살아나신 것이 아닙니까?"

왕이 말하였다.

"내가 만약 그대의 아버지를 잡아와서 교섬비국의 직공(織師)으로 삼지 못한다면 나는 출광왕이라고 이름하지 않겠소."

그녀는 분노와 원한을 품고서 묵연히 머물렀다. 어느 때 출광왕이 유건나에게 말하였다.

"경은 능히 나의 근심을 능히 쉽게 풀어줄 수 있겠소?"

대답하여 말하였다.

"무엇을 짓고자 하십니까?"

왕이 말하였다.

"마땅히 긴 밧줄로 맹광왕의 목을 묶어 끌고 와서 이곳에 이르러 직공을 만들고자 하오."

대답하여 말하였다.

"현선의 코끼리와 천수까지도 데리고 안은하게 돌아오셨으니 어찌 근심이 풀린 것이 아니겠습니까? 마땅히 왕의 말씀과 같이 제가 다시 사량하여도 얻을 수 있는가를 모르겠습니다."

계책을 생각한 그는 왕에게 할 수 있다고 말하고 드디어 곧 올서니성에서 필요한 화물을 받았고 좋은 상주를 찾았으며 묘한 미인을 구하여 영락으로 몸에 치장을 구족하여 상주의 아내로 삼았다. 이렇게 일을 짓고 상려는 곧 출발하여 점차 올서니성에 이르렀다. 그 맹광왕은 대상려가 온 것을 듣고 왕이 스스로 나가서 그 관세를 거두는 것을 관찰하기로 하였다. 이미 그들이 머무는 곳에 이르러 물어 말하였다.

"상주는 어느 곳에 있는가?"

인도하는 사람이 가리켰고 왕은 곧 그곳에 이르러 문을 열고 들어가서 곧장 중정(中庭)으로 나아갔다. 상주의 아내를 보았는데 얼굴과 용모가 특출나게 빼어나서 옛날에는 보지 못하였고 인간세상에서 장엄스러웠고 미묘하였으며 매우 초절하여 이 성안에는 비교할 여인이 없었다. 왕이 염애의 뜻이 일어나서 알려 말하였다.

"현수여. 나와 함께 교환(交歡)하겠는가?"

여자가 대답하였다.

"이곳은 침상과 요입니다. 뜻을 따르는 것이 필요합니다."
 벌써 욕염에 얽매여서 얽히면 짓지 못함이 없는 것이다. 곧바로 앉아서 눕히고 함께 교통을 지었는데 정신이 혼미하여 앞뒤를 기억하지 못하였다. 상주가 곧바로 옷으로 두루 덮고 네 사람에게 침상을 떠메게 하였고 대중이 노래를 부르면서 올서니성 후문으로 떠나갔다. 인연으로 곧 길게 걸어갔고 이때 여러 따라가는 자들이 혹은 다시 방울을 흔들면서 노래로 말하였다.

 인간세상에서는 모기새끼가 능히 달을 먹고
 비사문왕도 빚쟁이에게 끌려가며
 대지와 나무가 허공으로 올라가고
 음녀가 능히 맹광을 데리고 떠나간다네.

 이때 성안에 있던 상인들은 이러한 환락을 보고 상려가 떠나간다고 말하면서 모두 따라갔으며 성안의 사람들은 모두 왕이 떠난 곳을 알지 못하였다. 증양은 괴이하게 생각하여 여러 곳에서 왕을 찾았다. 그 여러 상려들은 맹광왕을 데리고 교섭비국에 이르렀고 신하들이 경하하면서 말하였다.
 "대왕의 국위(國位)가 창성하시어 소원을 모두 이루었고 맹광왕도 잡아서 이곳에 이르렀습니다."
 왕이 말하였다.
 "족쇄를 채우고 직공의 일을 배우게 하고 나아가 사인(使人)들에게 천수가 알지 못하게 하시오."
 뒤익 때에 왕이 천수와 함께 높은 누각에 있으면서 뜻을 따라서 바라보며 유희하였는데 그 맹광왕이 작은 인연이 있어 직공의 집에서 나왔다. 이때 출광왕이 멀리서 보고 천수에게 알려 말하였다.
 "그대는 저 직공을 아시오?"
 맹광왕은 먼저부터 이마가 넓었으므로 여인이 자세히 바라보고 마침내 곧 기억하고서 눈물을 옷깃에 흘리면서 생각하였다.

'지금 이 악한 왕이 내 아버지를 꺾어 패배시켰고 이렇게 고생하는 곳에 이르게 하였구나. 내가 만약 이러한 악한 왕을 죽이지 않는다면 천수라고 이름하지 않겠다. 내가 비록 죽이더라도 그는 모르게 하겠다.'

왕은 예민한 품성을 가졌으므로 그녀가 원한을 품는 것을 알고 대신에게 알려 말하였다.

"내가 맹광왕에게 이미 원한을 갚아주었으니 경은 그의 몸을 깨끗이 목욕시키고 성대하게 향찬(香粲)을 널리 베풀고서 위의를 짓고서 그의 나라로 돌려보내시오."

그는 왕의 가르침에 의지하여 차례로 모든 것을 하였고 풀어주어서 고국으로 돌아가도록 하였다. 이때 천수는 이와 같이 생각을 지었다.

'내가 만약 곧 지금 죽일 방편을 짓는다면 저는 악한 지혜가 있으니 곧 보고 의심할 것이다. 또한 다시 아직 시간을 늦추고 다시 다른 날을 기다려야겠구나.'

억지로 말하고 웃으면서 마음의 근심을 달랬다. 천수는 홀연히 더럽고 찢어진 옷을 입고서 부서진 침상 위에 누워있었으므로 출광왕이 보고 물어 말하였다.

"무슨 까닭인가?"

대답하여 말하였다.

"천신이 나에게 분노하셨습니다."

왕이 말하였다.

"부인은 무엇이 부족하여 원하는 것이 있었어도 바치지 못하였소?"

대답하여 말하였다.

"내가 먼저 약속한 것을 마침내 구할 수 없습니다."

왕이 말하였다.

"그대가 무엇을 약속하여 먼저 근심이 생겨났는가? 마음에서 필요하다면 모든 것을 마땅히 준비하여 주겠소."

"우리 아버지가 먼저 대왕을 가두었을 때에 마침내 천신에게 마음에서 계고(啓告)8)하였습니다.

'내가 만약 왕과 함께 안은하게 교섭비로 가게 하신다면 내가 마땅히 왕과 함께 7일 밤낮에 음식을 먹지 않겠습니다. 날짜가 이미 되었다면 좋은 화만으로 발가락부터 목덜미까지 감고서 가마를 성 위에 올려놓고 내가 왕을 위하여 대시회(大施會)를 베풀면서 바라문들을 천 명을 불러서 성대한 공양을 일으키겠습니다. 대왕께서는 지금 많은 내궁을 두셨으니 어찌 다시 나를 걱정하시겠습니까? 이것으로서 헤아리니 반드시 죽을 것입니다.'"

왕이 말하였다.

"이것을 곧 그대가 나를 위하여 천신에 빌었으니 다시 근심하지 마시오. 모두를 짓겠소."

이후부터 죽일 방편을 짓고자 곧 성의 아래에 두 마리의 개를 묶어놓고 날마다 항상 좋은 고기를 먹게 하였다. 이와 같이 장대하여 나아가 사람 몸의 분량 등의 고기를 함께 먹을 수 있었다. 드디어 곧 왕과 함께 마음으로 7일 동안 음식을 끊을 것을 함께 약속하였다. 천수는 밤에 몰래 스스로가 배부르게 먹었으나 왕은 7일 동안 마음의 약속처럼 먹지 않아서 몸이 마르고 수척하여 스스로를 가누지 못하였다. 이미 7일이 되었으므로 천수가 드디어 여러 화만을 맺는 사람들을 불렀다.

"그대들은 굵은 실로 향만(香鬘)을 많이 지어서 빨리 가져오라."

유건나에게 칙명하여 말하였다.

"오늘에 대왕의 계기(戒期)가 이미 되었으니 경은 성곽을 엄숙히 장식하고 널리 바라문 천여 명에게 수시회(修施會)를 베풀게 하며 모든 대신들은 각자 뛰어다니면서 내궁의 비밀스러운 일을 알지 못하게 하시오."

이때 유건나가 칙명을 받들어 모두 지으면서 거리를 쓸었고 향수를 뿌렸으므로 향로와 보개에서 널리 향기가 퍼지게 하였고 여러 꽃을 흩뿌려서 꽃이 어디에서나 가득하여서 매우 사랑스럽고 즐거운 환희원과 같았다.

---

8) 일에 대한 경위나 의견을 윗사람에게 말이나 글로 알리는 것이다.

여러 곳에서 여러 종류의 기악이 있었고 그 음악에 두루 맞추어 춤추는 기생의 모습이 펄럭거렸다. 마땅히 이렇게 시끄러운 때에 천수가 마침내 곧 왕을 데리고 성위로 올라가서 그를 땅에 눕게 하고서 화만으로 얽었는데 발에서 머리까지 빈 곳이 없게 하였고 곧바로 밀었다.

이미 성 바닥으로 떨어지니 두 마리의 개가 함께 피와 살을 모두 먹었고 백골과 나머지를 남겨두었다. 그때 솔개·까마귀·매·독수리·야간 등이 남은 살을 먹었고 새와 짐승들이 남은 해골을 핥고 쪼았다. 이때 이것을 본 성안에 있는 사람들이 놀라고 황망하여 두렵고 벌벌 떨면서 전달하여 말하였다.

"대왕께서 스스로 성 위에 올라가서 그 베푼 대시회를 보시다가 성의 모퉁이에 떨어졌으며 이것을 인연하여 목숨을 마쳤고 개들에게 먹혔다."

사람들이 듣고 울부짖는 소리와 머리카락을 쥐어뜯었고 가슴을 치면서 통곡하는 소리가 성곽에 가득하였다. 이때 여러 필추들은 모두가 사방으로 흩어졌고 혹은 다른 곳으로 향하였고 혹은 급고독원으로 나아갔다. 여러 대신들이 모여서 함께 의논하였다.

"어찌 대왕께서 스스로 성 위에 올라가셨는가? 성의 아래에는 무슨 인연으로 개가 있어 왕을 잡아먹었는가?"

여러 신하들이 검사하고 의논하면서 화만의 실을 보고 비로소 이것이 천수가 미리 악한 계책을 하여 대왕을 죽인 것을 분명히 알았다. 이미 분노가 생겨나서 곧 자광으로써 집을 짓고서 천수에게 가운데로 들어가게 하였고 불을 질러서 고통을 받으며 죽게 하였다. 그러므로 원수를 서로에게 갚는다면 끝나는 날이 없다는 것을 알아야 하는 것이다.

이때 여러 필추들이 모두 마음에 의심이 일어나서 세존께 청하여 말하였다.

"대덕이시여. 그 출광왕은 이전에 무슨 업을 지었기에 그 업력을 까닭으로 살아서 개에게 먹혔습니까?"

세존께서 여러 필추들에게 말씀하셨다.

"필추들이여. 이 출광왕은 옛날에 스스로가 지은 업이 인연을 만났고 성숙되어 현전한 것이 폭류수와 같아서 능히 막을 수가 없느니라. 출광왕이 지은 업을 누가 마땅히 대신 받겠는가? 필추들이여. 일반적으로 지은 업은 바깥의 사대에서 성숙되는 것이 아니고, 다만 자기의 온·계·처의 가운데에서 고락의 과보를 받느니라.
당연히 있는 게송으로 말하겠노라.

가령 백겁이 지나더라도
지은 업은 없어지지 않으며
인연이 모여서 만나는 때에
과보가 돌아와서 스스로가 받는다네.

그대들 필추들이여. 지나간 오랜 옛날에 한 도성에서 어느 바라문 대신이 의지하여 머물렀다. 당시에는 세존께서 없으셨고 어느 독각이 세상에 출현하여 빈궁한 자를 연민히 생각하면서 즐기어 적정한 곳에 기거하였으니 세간에서는 오직 이 한 사람이 복전이었다. 한 독각이 있어 인간을 유행하면서 우연히 이 성에 이르렀고 한 고요한 숲을 의지하여 머물렀다. 날이 밝아서 옷과 발우를 집지하고 성에 들어가서 걸식하였다. 이때 그 대신이 여러 개를 데리고 성을 나와서 사냥을 하면서 이 독각을 보았는데 하나도 허물을 범하지 않았으나 대인의 상(相)이 있었으므로 마침내 개를 풀어서 잡아먹게 하였느니라.
그대들의 뜻은 어떠한가? 다르게 생각하지 말라. 그 대신이었던 자가 어찌 다른 사람이겠는가? 지금의 출광왕이니라. 죄와 허물이 없는 성인의 처소에 개를 풀어서 잡아먹게 하였으므로 이 업력으로서 500생의 가운데에서 항상 개를 만나 잡아먹히고 죽임을 당하였느니라. 그대들 필추들이여. 마땅히 알라. 만약 순흑업이라면 순흑보를 얻고 순백업이라면 순백보를 받으며 만약 잡업을 지으면 마땅히 잡보를 얻느니라. 이러한 까닭으로 마땅히 흑업과 잡업의 두 업을 버리고 백업을 닦을지니라. 그대들 필추들은 마땅히 이와 같이 배울지니라."
이때 교섭비국의 출광왕이 죽었으므로 올서니국의 맹광왕에게는 원수가 없었으므로 안락하게 머물렀다. 일찍이 한 때에 높은 전각 위에 있으면서 여러 대신들과 비법을 말하고 논하면서 여러 사람에게 물어 말하였다.

"어느 곳의 성읍과 취락 가운데에 좋은 음녀가 있소?"

누가 말하였다.

"대왕이시여. 득차시라성(得叉尸羅城)의 왕을 원승(圓勝)이라고 이름합니다. 이 성의 가운데에 한 창녀가 있는데 얼굴과 용모가 곱고 묘하여 64가지 재능을 잘하여, 인간의 땅에서 남자가 있어 일단 그녀를 보면 탐염(貪染)이 생겨나지 않는 자가 없습니다."

왕이 여인의 얼굴과 지혜를 말하는 것을 듣고 곧 애착이 생겨나서 증양에게 알려 말하였다.

"사자를 시켜 멀리서 구하여도 이러한 여인을 얻는 것이 어렵소. 내가 지금 마땅히 가서 그녀와 함께 환희롭게 교통하고자 하오."

대답하여 말하였다.

"대왕이시여. 그 원승왕은 대왕과 오랜 시간에 걸쳐 원수입니다. 그가 곧 항상 득차시라에 있는데 대왕께서 스스로 가신 것을 그가 만약 아는 때에는 분명히 옳지 않은 것을 할 것입니다."

대답하여 말하였다.

"내가 지금 마음먹고 일을 결정하였으니 어길 수 없소. 경은 여기 있으시오. 나는 마땅히 가야겠소."

대답하여 말하였다.

"상명(上命)을 어길 수 없으나 떠나가는 때에 뜻을 따르십시오. 그러나 반드시 근신하십시오."

이때 왕은 곧 위산의 큰 코끼리를 타고 그 성으로 향하다가 그 길의 가운데에 있는 석저산(石杵山) 가운데에 코끼리를 놓아두고 맨몸으로 성안으로 들어갔다. 이미 음녀에게 이르러 곧 목에서 천만 값의 상묘한 구슬 영락을 벗어서 그녀에게 주었고 곧 함께 교통하였다. 이때 올서니성에서는 대신들과 바라문들이 왕이 보이지 않고 간 곳을 알지 못하여 괴이하게 함께 생각하면서 말하였다.

"왕은 일반적인 서민과 달라서 떠나가면 반드시 사람들이 알 것이다."
또한 말하였다.
"왕은 이미 풍족하게 내궁을 두었는데 다시 무엇을 찾겠는가?"
또한 말하였다.
"우리들이 마땅히 함께 증양에게 물어봅시다."
곧바로 함께 이르러 물어 말하였다.
"대왕께서 지금 떠나신 곳을 알지 못하십니까?"
대답하여 말하였다.
"그대들은 어찌 빠르게 왕을 보고자 하는가? 또한 다시 마음에서 참고 있으면 오래지 않아서 보게 될 것이오."
물어 말하였다.
"어느 때에 볼 수 있습니까?"
대답하여 말하였다.
"12년은 있어야 할 것이오."
여러 사람들이 모두 분노하며 말하였다.
"당신은 지금 왕을 죽이고 스스로가 왕위에 서려고 능히 이와 같은 옳지 않은 말을 하는가? 만약 7일 안에 왕을 보면 좋으나 만약 보지 못한다면 마땅히 다른 왕을 세우고 그대의 목숨을 끊겠다."
증양이 듣고는 묵연하였고 근심을 품고 있었다. 그때 우호의 어머니인 국대부인(國大夫人)이 증양의 근심을 보고 물어 말하였다.
"경은 지금 무슨 까닭으로 근심이 있고 당황하세요?"
대답하여 말하였다.
"부인. 대바라문과 여러 신하들이 이와 같이 말합니다."
이전의 일을 갖추어 알렸다.
"내가 지금 어찌 마음에 근심이 없겠습니까?"
부인이 말하였다.
"경은 겉보리에 꿀과 소를 섞어서 금쟁반에 가득히 담아가지고 마굿간으로 가서 마땅히 말 앞에 무릎을 꿇고 이렇게 말하세요. '만약 능히 오늘 안에 득차시라성에 도착할 수 있다면 금쟁반의 꿀과 소와 겉보리를 먹게 하겠다.'"

말들이 비록 알리는 것을 들었으나 한 마리도 먹지 않았다. 이때 한 마르고 약한 말이 한쪽에 별도로 귀를 늘어트리고 있었다. 곧 그곳에 이르러 금쟁반을 손으로 받들고 이전과 같이 갖추어 말하니 그 말이 듣고서 금쟁반의 것을 모두 먹었다. 곧 이 일을 갖추어 부인에게 말하니 부인이 말하였다.

"가서 안장을 얹으면서 만약 이상한 것을 보더라도 경은 놀라지 말고 마땅히 앞에 마주하고서 크고 용맹한 기세를 보이세요. 용기가 있는 자는 동물도 능히 속이지 못하는 것이에요."

곧 가서 안장을 들어서 얹고자 하니 말이 마침내 날뛰면서 이상한 모습으로 변하면서 알려 말하였다.

"장부여. 그대는 일찍이 이와 같은 말을 보았는가?"

그가 곧 칼을 뽑아 들고 대답하여 말하였다.

"지마약차(智馬藥叉)여. 그대는 일찍이 이와 같은 기마인(騎馬人)을 보았는가?"

대답하여 말하였다.

"보지 못하였소."

알려 말하였다.

"지마약차여. 능히 평소의 원칙에 반하지 말라. 떠나간다면 좋으나 만약 떠나가지 않는다면 마땅히 그대의 머리를 잘라서 피가 땅에 흐르게 하리라."

대답하여 말하였다.

"장부여. 함께 약속한다면 내가 마땅히 가겠으니 다시는 나를 이 마굿간에 이르게 하지 마시오."

대답하여 말하였다.

"뜻을 따라서 함께 떠난다면 내가 마음으로 저버리지 않겠다."

곧 그 말을 타고 점차로 득차시라성에 이르렀다.

근본설일체유부비나야잡사 제24권

삼장법사 의정 한역
석보운 번역

안의 섭송 ⑤ 나머지

섭송은 앞에서 있었다.

이때 맹광왕이 득차시라의 음녀의 집에 있으면서 증양이 온 것을 보고 물어 말하였다.
"경이 어찌 왔는가?"
곧 모두 일을 갖추어 대답하니 왕이 말하였다.
"나는 또한 환락을 누리겠으니 7일을 기다렸다가 마땅히 함께 떠나세."
날이 이미 지났고 석저산으로 갔으며 스스로가 그 코끼리를 탔다. 코끼리는 마침내 크게 울었고 떠나고 오래지 않아서 어느 관상을 잘 보는 사람이 코끼리의 울음소리를 듣고 이와 같이 말을 지었다.
"내가 코끼리의 울음을 들으니 그의 뜻은 하루에 100역(驛)을 달려가서 남해(南海)에 이르러 물을 마시고 허기를 채울 것이다."
증양이 듣고 마침내 곧 왕과 함께 그 코끼리를 같이 타고 길을 따라서 떠나갔다. 한 질그릇집(陶家)에 이르렀는데 질그릇을 코끼리가 곧 밟아서 부서졌고 도공(瓦師)이 보고 걱정을 하였으므로 증양이 말하였다.
"이와 같이 땅을 의지하여 사는 사람도 있구나."

왕이 마침내 마음에서 의심하였고 이와 같이 생각하였다.

'증양의 이러한 말은 나를 비방하는 것이다. 오직 나 한사람이 나라의 땅을 의지하며 살아가는데 이러한 말은 무슨 뜻인가? 뒤에 마땅히 기억하겠다.'

묵연히 떠나갔다. 다시 길을 가면서 보았는데 할미새가 마땅히 길에 알을 낳았으나 코끼리가 밟아서 깨어졌으며 새가 보고 슬퍼서 울었으므로 증양이 보고 곧 이와 같이 말하였다.

"이것은 마땅히 짓지 않을 것이므로 근심과 슬픔이 있구나."

왕이 다시 생각하였다.

'이 말도 도리어 나를 비방하는 것이다. 음녀의 집에 간 것이 마땅히 갈 곳은 아니다. 뒤에 마땅히 거듭 기억하겠다.'

길을 찾아서 떠나갔다. 다시 길가에 한 나무의 아래를 코끼리를 타고 지나가는데 나뭇가지의 위에서 한 검은 뱀이 몸을 늘어트리고 왕을 깨물고자 하였다. 증양이 보고 곧 칼을 뽑아서 베었으므로 여러 토막으로 잘려져서 땅에 떨어져 굴렀다. 증양이 말하였다.

"이것은 마땅히 짓지 않은 것이나 억지로 그것을 지었구나."

왕이 다시 생각하였다.

'이 말도 도리어 나를 비방하는 것이다. 이미 세 번이 지났구나. 뒤에 마땅히 기억하겠다.'

다시 다른 날에 코끼리가 빨리 달렸고 기꺼이 천천히 가려고 하지 않았으므로 증양이 왕에게 아뢰었다.

"이전에 어느 관상가가 이와 같이 말하였습니다. '코끼리가 100역을 도리어 남해에 향하여 물을 마시고 허기를 채울 것이다.' 이렇게 급히 가고 분명히 멈추려고 하지 않으니 마땅히 나뭇가지를 잡고 매달려서 내려야 하겠습니다."

왕과 증양은 나뭇가지를 잡고서 내렸다. 한 동산에 나아가서 코끼리가 달려가도록 내버려두고 왕이 증양에게 말하였다.

"경은 지금 가서 '내가 지금 방원(芳園)의 가운데에 있다.'고 안락에게 조용히 알려 말하시오."

곧 가서 갖추어 알렸다. 그녀는 듣고 매우 기뻐하였다. 이때 왕은 부끄러워서 대문으로 향하지 못하고 곧바로 한 수창(水窓)[1]에서 궁전 안으로 들어가고자 하였다. 이때 두 여인이 있었으나 왕인 것을 모르고 마침내 서로에게 알려 말하였다.

"내가 들으니 대왕께서 이미 오셨대."

한 사람이 말하였다.

"내가 뜻으로 헤아리니 이 수창으로 들어오실 것이다."

왕이 그 말을 듣고 곧 이렇게 생각하였다.

'내가 증양에게 조용히 부인에게 알리라고 하였는데 그가 뜻을 따라 성읍에 두루 말하였구나.'

마침내 다른 날에 마음에서 참을 수 없어 증양에게 알려 말하였다.

"그대는 나의 처소에서 자주 여러 무익한 악한 말로 나를 비방하였소. 어찌 나 한사람이 대지를 수용하는데 그대는 어느 곳에서 이러한 말을 하였소. '이러한 여러 사람들이 대지를 수용하여 스스로가 살아가는구나.' 다시 어느 곳에서 이러한 말을 하였소. '이렇게 마땅히 짓지 않을 것으로서 슬픔과 근심이 이르게 하였구나.'라고 말한 것은 음녀의 집에 내가 마땅히 머물지 않았어야 한다는 것이었소. 다시 어느 곳에서 이러한 말을 하였소. '이것도 마땅히 짓지 않을 것이나 억지로 짓는구나.' 어찌 내가 음녀에게 향한 것을 마땅히 짓지 않을 것인가? 또한 내가 그대와 방 안에 있을 때에 그대에게 혼자 살며시 떠나가서 부인에게 내가 지금 와서 방원의 안에 있다고 알려 말하게 하였소. 그대는 곧 말로써 성안에 두루 알렸고 이것도 곧 나에게 이익이 없는 일을 지었소."

증양이 놀라고 두려워서 이와 같이 말하였다.

---

[1] 하수도에서 빗물의 유량을 조절하는 장치로서 창문과 같은 형태이다. 그 원리는 수위가 수창보다 낮을 때는 하수도의 수력을 이용해 수창을 열어서 물을 배수하고, 수위가 수창보다 높을 때는 강물의 힘을 이용해 수창을 바깥에서 닫음으로써 물이 역류하는 것을 막는 기능을 갖추고 있다.

"천지의 신들께서는 함께 나의 마음을 분명히 살피십시오. 진실로 대왕을 비난하지 않았습니다. 이전에 도공의 집에서는 질그릇을 코끼리가 밟아서 부쉈으며 도공이 근심하는 이러한 일을 내가 보고 이러한 여러 사람들이 땅에 의지하여 생활한다고 이와 같이 말하였습니다. 중간의 길에서는 다음으로 작은 새가 길 위에 알을 낳은 것을 코끼리가 가다가 밟아 깨트렸으므로 새가 마침내 슬프게 울었고 이러한 일을 내가 보고 이렇게 다니는 곳에는 그 새끼를 낳는 것이 마땅하지 않다고 이와 같이 말한 것입니다. 뒤의 나뭇가지에서 뱀이 내려와서 대왕을 깨물려고 하였고 제가 마침내 베어서 여러 토막으로 땅에 떨어진 것을 보고 마땅히 할 곳이 아닌 것을 억지로 지었다고 제가 이와 같이 말한 것입니다. 이러한 일에 제가 곧 말한 것이고 대왕을 비방한 것이 아니오며, 또한 궁안에 들어가서 살며시 부인께 알리라고 말씀하셨으므로 곧 이 말을 가지고 두루 성읍에 알렸다는 것도 역시 그렇지 않습니다. 제가 오직 혼자 들어가서 부인께 살며시 말씀드렸는데 어찌 감히 대왕께 이익이 없을 일을 지었겠습니까?"

왕이 말하였다.

"그대가 마음대로 변명하며 잘못이 아니라고 말하나 내가 작은 문 속으로 들어가려고 하는 때에 직접 두 여인이 이렇게 말을 하는 것을 보았소. 한 명은 왕이 왔다고 말하였고 한 명은 이 길로 들어온다고 말하였소. 만약 말하지 않았다면 그들이 어떻게 안 것이오?"

대답하여 말하였다.

"그것은 날아다니는 도깨비 여인입니다. 몸을 감추고 몰래 대왕의 말소리를 들은 것입니다. 이것도 역시 저에게 무익한 일입니다."

왕이 말하였다.

"그대는 지금 허물이 없으니 안심하고 두려워하지 마시오. 또한 다시 내가 떠나간 뒤에 어느 바라문이 말하였소. '왕이 오지 않는다면 다시 다른 자를 세우겠습니다.' 모두를 반드시 죽이겠소. 곧 지금이 올바른 때이오."

대답하여 말하였다.

"바라문은 아직 기다리십시오. 먼저 날아다니는 악인을 죽여야 합니다."

왕이 말하였다.

"그들을 어떻게 죽일 수 있겠는가?"

대답하여 말하였다.

"제가 방편과 계책을 지어야 죽여 없앨 수 있습니다."

왕이 말하였다.

"악을 제거하는 것은 좋은 것이오."

이때 이 성안에서 어느 대신의 아들이 이전부터 주문에 밝았으므로 증양이 그에게 나아가서 물어 말하였다.

"날아다니는 도깨비 여인이 생령(生靈)을 해치는데 어떻게 계책을 베풀어야 없앨 수 있겠는가?"

대답하여 말하였다.

"아부(阿父)2)여. 내가 사로잡을 수 있습니다."

그가 곧 죽은 사람의 손을 잘라서 올발라화로 변화시켜 사람에게 팔도록 부탁하면서 알려 말하였다.

"그대가 이것을 가지고 시장에 나아가서 팔면서 만약 금전을 갖고 와서 사려는 자에게는 반드시 주지 말고 그 웃는 자가 있다면 그 이름과 아울러 형상을 기록하시오."

그 사람이 한 사람 한 사람을 가르침에 의지하여 지었는데 이 성 가운데에서 웃는 자를 기록한 것이 500명이었다. 왕이 이것을 듣고 증양에게 알려 말하였다.

"이렇게 많은 사람을 어찌 능히 죽이겠는가?"

대답하여 말하였다.

"제가 방편을 압니다. 대왕께서는 걱정하지 마십시오."

---

2) 당나라 희종(僖宗)이 정치를 전영자(田令孜)에게 맡기고 아부라고 불러서 왕이 공신을 존경하여 부르던 말로 사용되었고, 전전하여 연장자를 가리키는 말로 쓰이게 되었다.

왕이 말하였다.

"그대가 스스로 알아서 하시오."

마침내 성의 주변의 한 장소를 준비하고 깨끗하게 하고서 다시 널리 알렸다.

"대왕께서 지금 무차대회(無遮大會)를 지어 천신을 청하는 것을 구하고자 하시므로 그대들 여러 자매는 모두 와서 모이십시오."

여인들은 왕명을 듣고 재물을 구하려는 뜻으로 모두 모였고 비록 이름이 없는 사람도 역시 탐착하여 왔으므로 500여 명이었다. 그 대신의 아들은 모두 주문의 밧줄로 묶어서 움직이지 못하게 하였다. 증양은 사람을 시켜서 칼을 가지고 모두를 죽였다. 왕이 말하였다.

"이 요녀들은 비록 죽였으나 오히려 여러 바라문들이 있소."

곧 두루 말하였다.

"내가 이미 500의 날아다니는 도깨비 여인들을 죽여서 무량한 선하지 않은 업을 지었으므로 그대들은 나를 구제하려는 까닭으로 날마다 한 곳으로 와서 음식을 받으시오."

그들은 듣고 환희하면서 모두 와서 받았다. 왕이 문지기에게 칙명하여 말하였다.

"여러 음식을 받은 바라문들은 그대는 마땅히 잘 헤아리고 와서 알려서 내가 알게 하라."

문지기가 공손하게 승낙하였다. 왕이 또한 알려 말하였다.

"그대들 성읍의 여러 사람들은 마땅히 상묘한 음식으로 바라문에게 공양하시오."

이때 바라문은 좋은 음식을 탐하였으므로 곧 왕의 청을 받고 모두 와서 모였다. 식사를 마치고 나가려고 하였으므로 문지기가 세어보니 모두 8만명이었다. 곧바로 곧 왕에게 숫자가 8만이라고 아뢰니 왕이 듣고서 생각하였다.

'어떻게 일시에 많은 목숨을 능히 죽일 수 있겠는가?'

마침내 하나하나의 바라문들이 음식을 먹을 때에 칼잡이를 시켜서 칼을 잡고 등의 뒤에 서있게 하고서 알려 말하였다.
 "만약 내가 낙(酪)을 취하라고 말하는 것을 듣는다면 그대들은 일시에 그들의 머리를 베어라."
 이와 같이 가르쳤고 그들은 말에 의지하여 지었으며 나아가 그들의 머리를 모두 베었다. 이때 왕은 이미 많은 바라문을 죽였다. 곧 그 밤의 꿈에서 보니 땅이 여섯 글자의 소리가 진동하였고 여섯 글자의 소리가 허공에서 나왔다. 다시 여덟 꿈이 있었는데 땅에서 진동한 여섯 글자는 이를테면, 육(六)·무(無)·아(我)·비(鄙)·심(心)·야(若)이었고, 허공에서 나온 여섯 글자는 이를테면, 제(諸)·수(誰)·평(平)·금(今)·피(彼)·아(我)이었다. 여덟 가지 꿈이란 무엇인가? 이를테면, 첫째는 흰 전단향 가루를 온 몸에 두루 바르는 것을 본 것이고, 둘째는 붉은 전단향수를 그 몸에 물을 뿌리는 것이며, 셋째는 머리의 위가 불타는 것을 본 것이고 넷째는 두 겨드랑의 아래에 큰 독사가 늘어트려진 것을 본 것이며, 다섯째는 두 잉어가 그의 두 발을 핥는 것을 본 것이고, 여섯째는 두 마리의 흰 거위가 하늘에서 날아오르는 것을 본 것이며, 일곱째는 큰 검은 산이 마땅히 앞으로 온 것이고, 여덟째는 흰 갈매기가 머리 위에 똥을 흘린 것이었다. 이때 왕은 이미 이것과 같은 여러 많은 꿈을 꾸고서 곧 크게 놀라고 두려워서 온 몸의 털이 곤두섰고 이와 같이 생각을 지었다.
 '어찌 이러한 일의 인연으로 왕위가 무너지고 목숨을 잃는 것이 아니겠는가?'
 곧 해몽하는 바라문을 불렀고 문에 이르니 그에게 알렸다. 그는 이렇게 생각을 지었다.
 '왕의 이것은 좋은 꿈이나 나는 마땅히 나쁘다고 말해야겠다. 만약 좋다고 말한다면 다시 높은 교만이 증가하고 악견이 늘어서 나머지의 바라문도 다시 죽일 것이다.'
 이렇게 생각하고 함께 의논하고서 알려 말하였다.
 "대왕이시여. 이것은 좋은 꿈이 아닙니다."
 왕이 말하였다.

"말하여 보시오. 마땅히 어떠한 과보가 있겠소?"

대답하여 말하였다.

"이 꿈은 대왕께서 장차 왕위를 잃고 몸이 마땅히 죽을 것을 나타낸 것입니다."

왕이 이것을 듣고 큰 근심과 걱정이 생겨났다. 이때 그 왕은 다시 이렇게 생각하였다.

'반드시 어느 방편이 있어야 내가 살아날 수 있고 왕위도 잃지 않을까? 내가 지금 마땅히 존자 가다연나의 처소에 가서 청문(請問)하고 길흉을 물으리라. 어찌 나에게 악한 징조를 하여 주겠는가?'

이미 그에게 이르러 그의 발에 정례하고 한쪽에 앉아서 꿈으로서 갖추어 아뢰니 존자가 대답하여 말하였다.

"대왕이여. 반드시 다른 곳에서도 이러한 일을 물었습니까?"

대답하여 말하였다.

"성자여. 다른 곳에서도 물었습니다."

"어느 사람의 주변에서 물었습니까?"

대답하여 말하였다.

"바라문의 처소입니다."

"그는 무엇을 예언하였습니까?"

왕이 곧 그들이 말한 것으로서 갖추어 아뢰니 존자가 대답하여 말하였다.

"대왕이시여. 그들은 항상 욕락을 받고 천상에 태어나기를 원하므로 다른 것을 어찌 알겠습니까? 왕의 꿈은 그것이 좋고 상서로우니 반드시 놀라고 두려워하지 마십시오. 이것을 까닭으로 왕위를 잃거나 몸이 죽는 것이 아닙니다. 왜 그러한가? 마땅히 왕께서 들으신 땅에 있었던 여섯 소리는 이것이 무슨 징조인가? 이와 같이 마땅히 아십시오. 곧 이것은 왕들이 함께 서로가 경계하면서 왕에게 악을 고치고 선을 따르게 하려는 것입니다. 옛날에 여섯 왕이 있었는데 비법으로 세상을 교화하여 몸이 무너지고 목숨을 마치자 지옥에 떨어졌습니다. 이 최초의 왕이 지옥의 가운데에서 큰 극심한 고통을 받으면서 게송으로 설하여 말하였으니 곧 이것이 처음의 육자(六字)입니다.

　6萬 6千 세(歲)를
　지옥의 가운데에서 태워지고 삶아지며
　현재에 받는 큰 극심한 고통을
　그 끝나는 시간을 알 수 없다네.

　그 제2의 왕이 역시 게송으로 설하여 말하였으니 곧 이것이 제2의
무자(無字)입니다.

　있는 고통에 변제(邊際)가 없으니
　끝나는 날을 알지 못하며
　우리들이 함께 모두가 그러하니
　이것은 이전에 악업이 까닭이라네.

　그 제3의 왕이 역시 게송으로 설하여 말하였으니 곧 이것이 제3의
아자(我字)입니다.

　내가 얻는 옷과 음식이
　혹은 이치이고 혹은 이치가 아니더라도
　다른 사람들은 먹고 즐거움을 받으나
　나는 홀로 재앙을 만난다네.

　그 제4의 왕이 역시 게송으로 설하여 말하였으니 곧 이것이 제4이
비자(鄙字)입니다.

　비루하다. 나의 몸과 목숨이여.
　소유한 물건을 능히 주지 못하여

음식을 사람에게 베풀지 않았으니
몸에 이익이 없구나.

그 제5의 왕이 역시 게송으로 설하여 말하였으니 곧 이것이 제5의 심자(心字)입니다.

마음이 항상 자신도 속였고
어리석음에 이끌려 왔으며
지옥에서 고통을 받을 때에
서로가 즐거이 대신할 사람이 없구나.

그 제6의 왕이 역시 게송으로 설하여 말하였으니 곧 이것이 제6의 약자(若字)입니다.

만약 내가 인취(人趣)에 태어난다면
항상 많은 선을 닦겠으며
그 복과 업력을 까닭으로
반드시 천상에 태어나리라.

그러므로 이 여섯 소리는 그들의 이전의 업을 나타낸 것입니다. 또한 대왕이여. 공중의 여섯 소리는 무슨 징조인가? 이와 같이 마땅히 아십시오. 왕께서 머무는 집안에 큰 대나무 장대가 있고 안에는 많은 작은 벌레가 있어서 부드러운 것은 모두 먹었고 단단한 것만 남았습니다. 많은 벌레들은 즐겁지 않고 목숨이 완전하지 않을 것을 두려워하며 함께 이 게송으로 집주인에게 알린 것으로, 곧 이것이 최초의 제자(諸字)입니다.

모든 연한 것은 모두 먹었고
오직 단단한 겉껍질만 남았으니

원하건대 왕께서 즐겁지 않음을 아시고
다시 별도로 다른 곳에 놓아주십시오.

왕께서는 오래된 대나무를 버리고 다른 새로운 것을 놓아두어 마침내 많은 벌레들이 살아가게 하십시오. 또한 다시 대왕이여. 그 말을 관리하는 사람을 근친(近親)이라고 이름하고 이전부터 애꾸눈인데 그 사람은 날마다 까마귀의 둥지 가운데에서 알을 때려서 깨트리니 까마귀가 새끼가 죽는 것을 보고 마음에 원한이 생겨나서 모든 까마귀가 울어서 이 게송을 말한 것으로 곧 이것은 제2의 수자(誰字)입니다.

누가 다시 능히 서로의
사람을 찔러 눈을 멀게 하였는가?
나의 자손들을 죽이지만 않는다면
마음의 근심과 걱정이 없어질 것이다.

왕께서는 마땅히 막으시어 다시는 그렇지 않게 하십시오. 또한 다시 대왕이여. 대왕의 동산 가운데 있는 유희지(遊戱池)의 물이 이전에는 가득하여 많은 물고기·자라·새우·개구리 등이 살았고 어느 한 백로(白鷺)가 항상 그 물고기를 먹었습니다. 지금은 연못이 말라서 물이 없으니 새가 이 일을 보고 슬퍼하면서 마침내 한탄이 생겨나서 이 게송을 말한 것이니, 곧 이것은 제3의 평자(平字)입니다.

평지(平地)에 물이 항상 가득하여
많은 물고기와 자라가 있어서
잡아먹고 몸을 충족하였는데
지금 때에는 물이 모두 말라버렸네.

왕께서는 마땅히 물을 채우고 새를 쫓으십시오. 또한 다시 대왕이여.

이 나라의 가운데에 한 큰 산이 있어 가외(可畏)라고 이름하는데 아비 코끼리와 어미 코끼리가 모두 눈이 멀어서 오직 하나뿐인 아들이 항상 모시고 제공하고 있습니다. 부모를 위한 까닭으로 먹이를 구하러 나갔다가 우연히 암코끼리를 보고 서로를 따라서 떠나갔고 점차 이끌려 장차 동산에 이르렀고 마침내 곧 붙잡혔는데 부모를 생각하고 슬퍼하여서 마음속으로 병이 들어 물과 풀을 먹지 않고 이 게송을 말한 것이니, 곧 이것은 제4의 금자(今字)입니다.

　　지금 부모님이 고독하시고
　　살았어도 장님으로 인도되지 못하며
　　깊은 산속에서 있으면서
　　음식도 없으니 누가 돌보고 봉양하리.

왕께서는 지금 마땅히 그 코끼리를 풀어주어서 부모와 함께 환락하게 하십시오. 또한 다시 대왕이여. 머무는 집안에 묶여있는 사슴이 이미 옛날의 무리들을 떠났으므로 마음에서 근심과 번뇌가 생겨나서 이 게송을 말한 것이니, 곧 이것은 제5의 피자(彼字)입니다.

　　저 무리들은 모두 즐거움을 받으며
　　수초(手草)에서 뜻에 따라 노는데
　　오직 나는 구속되고 묶여서
　　밤낮으로 혼자서 슬퍼한다네.

왕께서는 마땅히 풀어주어서 마음대로 산림으로 가게 하십시오. 또한 다시 대왕이여. 왕의 집에 묶어놓은 거위가 있는데 하늘을 우러러 여러 거위떼가 날아서 떠나가는 것을 보고 마음에서 근심과 번뇌가 생겨나서 이 게송을 말한 것이니, 곧 이것은 제6의 아자(我字)입니다.

새의 벗들은 모두 떠나갔네.
먹고 마시면서 모든 것은 뜻을 따르는데
나의 몸은 무슨 죄를 있어서
얽매여서 무료하게 살아야 하는가?

왕께서는 자비심을 일으켜 역시 마땅히 풀어주십시오. 또한 다시 대왕이여. 꿈에서 보았던 여덟 일은 무슨 징조인가? 전단향 가루를 온 몸에 두루 바른 것은 어느 승방국(勝方國) 왕이 대백담(大白毯)을 보내와서 대왕께 받들 것인데 지금은 길의 반을 이르렀으니 7일 후에는 반드시 마땅하게 와서 이를 것이고 이것이 먼저의 징조입니다. 또한 붉은 전단향수를 몸에 뿌린 것은 건타라국(健陀羅國) 왕이 적모보담(赤毛寶毯)을 보냈고 와서 대왕께 받들 것인데 지금은 길의 반을 이르렀으니 7일이 지나면 역시 마땅히 여기에 이를 것이고 이것이 먼저의 징조입니다.

또한 머리 위에서 불이 타는 것을 보았던 것은 반나국(槃那國) 왕이 상묘한 금만(金鬘)을 보내와서 대왕께 받들 것인데 오고 있는 도중이니 7일이 지나면 역시 마땅히 여기에 이를 것이고 이것이 먼저의 징조입니다. 또한 두 겨드랑 밑에 큰 독사가 드리워진 것을 보았던 것은 지나국(支那國) 왕이 보검(寶劍) 두 자루를 보내와서 대왕께 받들 것인데 오고 있는 도중이니 7일이면 마땅히 이를 것이고 이것이 먼저의 징조입니다. 또한 두 마리 잉어가 두 발을 핥은 것은 사자주국(師子洲國)의 왕이 한 쌍의 보배신발을 보내와서 대왕께 받들 것인데 오고 있는 도중이니 7일이면 마땅히 이를 것이고 이것이 먼저의 징조입니다.

또한 두 마리의 거위가 하늘을 날아오른 것은 토화라국(吐火羅國)의 왕이 두 마리의 준마를 보내와서 대왕께 받들 것인데 오고 있는 도중이니 7일이면 마땅히 이를 것이고 이것이 먼저의 징조입니다. 또한 큰 검은 산이 함께 마땅히 눈앞에 왔던 것을 보았던 것은 갈능가국(羯陵伽國)의 왕이 큰 코끼리왕 두 마리를 보내와서 대왕께 받들 것인데 오고 있는 도중이니 7일이면 마땅히 이를 것이고 이것이 먼저의 징조입니다. 또한 흰 갈매기가 머리 위에 똥을 흘린 것은 우호의 어머니인 안락부인이고, 이것이 먼저의 징조입니다. 왕께서는 스스로가 마땅히 아십시오. 그러나 왕께서는 바라문의 처소에서도 다시 악심을 일으켜서는 마땅하지 않습니다.

이때 맹광왕이 이 말을 듣고서 죽음에서 되살아난 것과 같이 용약(踊躍)하였고 깊은 신앙이 생겨나서 발에 예경하고 떠나갔다. 집으로 돌아와서 마땅히 존자의 가르침을 모두 받들어 다른 큰 대나무를 놓아두고 말을 돌보는 사람을 막았으며 마른 연못에 물을 가득히 채웠고 코끼리와 사슴 및 거위도 풀어주었다. 7일이 지나자 예언한 것과 같이 모두가 와서 이르렀다. 왕이 이것을 보고 다시 존자에게 지극한 공경과 존중심이 생겨나서 이와 같이 생각을 지었다.

'우리 집에서 길상을 소유한 것은 모두 이것이 성자의 복력으로 이른 것이다. 내가 지금 첫째로 얻은 큰 담요를 가지고 받들어 공양하고 뒤에 왕위를 선존자(禪尊者)에 양보해야겠다.'

곧 사자에게 알려 말하였다.

"이 담요를 가지고 장차 가다연나 존자께 받들라."

그가 곧 가지고 떠나가서 존자께 받들어 드렸다. 다음은 안락부인 및 성광비·우호태자·증양과 대신들에게 알려 말하였다.

"그대들은 마땅히 아시오. 지금 이렇게 여러 나라의 대왕들이 소유한 나라에서 함께 국신(國信)을 가지고 나에게 바쳤으니 그대들은 사랑하는 것을 뜻에 따라서 마땅히 취하시오."

이때 안락부인은 곧 금만을 취하였고. 성광소비(星光少妃)는 적모보담을 취하였으며 우호태자는 두 말을 취하였고 증양은 두 보검을 취하였으며 대신은 그 보배신을 취하였고 오직 남아있는 보배코끼리는 왕이 스스로 취하였다. 이때 맹광왕이 다른 나라에서 바쳤던 다섯 가지의 보배를 모두 함께 나누고서 곧 존자의 처소에 나아가서 두 발에 예경하고 한쪽에 앉아서 아뢰어 말하였다.

"대덕이시여. 자비를 지으심은 넓고 깊은 일로써 모두 말할 수 없습니다.

삼가하며 나라의 왕위를 가지고 존자께 봉헌(奉獻)하오니 오직 원하옵건대 자비로서 애민하게 생각하시어 받아주십시오."

존자가 알려 말하였다.

"세존께서는 모든 필추들에게 왕위를 받지 못하도록 막으신 가르침이 있습니다."

왕이 말하였다.

"만약 이와 같다면 마땅히 나라를 반이라도 받아주십시오."

대답하여 말하였다.

"그것도 역시 허락하지 않으셨습니다."

왕이 말하였다.

"만약 국왕이 되는 것을 세존께서 막으셨다면 5욕을 수용하더라도 이치에 마땅히 어긋남이 없을 것이니 내가 모두 받들어 베풀겠습니다."

대답하여 말하였다.

"대왕이여. 소유한 모든 욕락을 세존께서는 모두 허락하지 않으셨습니다."

왕이 말하였다.

"이것도 마땅하지 않다면 소유할 수용과 특별한 몸에 공양할 자구를 수용하여 주십시오."

대답하여 말하였다.

"대왕이여. 기다려 주십시오. 내가 세존께 아뢰겠습니다."

왕이 말하였다.

"뜻을 따라서 세존께 여쭈십시오."

이때 세존께서 실라벌성 서다림에 머무르셨다. 이때 대사께서는 모르시는 것과 보지 못하시는 것이 없었으므로 마침내 이렇게 생각을 지으셨다.

'가령 가다연나가 여러 수용할 것과 특별한 수용이 자신에게는 필요하지 않다. 그러나 미래의 여러 필추를 위하는 까닭으로 받아 취하는 것이 마땅하다.'

이와 같이 생각하시고 세속심을 일으키셨다. 모든 부처님의 상법에는 만약 세속심을 일으키시는 때에는 나아가 곤충과 개미도 역시 세존의 뜻을 알게 되고 만약 출세심을 지으실 때에는 성문과 독각도 오히려 능히 명료하지 못한데 어찌 축생의 부류를 논하겠는가? 이때 세존께서는 이 일을 위하는 까닭으로 멀리서 가다연나의 뜻을 아시고서 드디어 세속심을 일으키시어 곧 가다연나에게 천이와 천안으로 이것을 듣고 보게 하셨다. 이때 존자가 곧 아뢰어 말하였다.

"세존이시여. 필추가 수용할 물건 및 특별히 수용할 것을 받아 취할 수 있습니까?"

세존께서 말씀하셨다.

"미래의 세상에서 여러 필추들을 애민하게 위하는 까닭이고, 또한 시주에게 복의 과보를 증장시키려는 까닭이니라. 이러한 까닭으로 내가 지금 사방승가가 수용할 물건 및 특별히 수용할 것을 받아 취하는 것을 허락하겠노라. 이것은 다른 사람의 일이 아니니라. 이 가운데에서 수용은 촌전(村田)을 말하고, 특별한 수용은 소와 양 등을 말하느니라."

이때 존자가 세존께 청하고서 맹광왕에게 알려 말하였다.

"세존께서 이미 허락하셨습니다. 사방승가가 수용할 것과 특별히 수용할 것을 받아 취하도록 하신 것은 미래의 세상에서 여러 필추들을 애민하게 위하는 까닭이고, 또한 시주에게 복의 과보를 증장시키려는 까닭입니다."

이때 왕은 곧 존자를 위하여 마침내 큰 사찰을 조성하고 사사공양(四事供養)을 모두 충족하였으며 장원·밭·소·가축 등을 사방승가에게 보시하였다. 세존께서 여러 필추들에게 알리셨다.

"내가 지금 처음으로 오파색가에게 여러 성문 사방승가를 위하여 수용물을 보시하는 것을 허락하였으니 올서니성의 맹광왕을 상수라고 말하고, 또한 처음으로 오파색가에게 여러 성문 사방승가를 위하여 음식을 보시하는 것을 허락하였으니 취봉산 마갈타국의 주인인 영승대왕을 상수라고 말하며, 또한 처음으로 오파색가에게 여러 성문 사방승가를 위하여 와구를 베푸는 것을 허락하였으니 실라벌성 급고독장자를 상수라고 말하고, 또한 처음으로 오파색가에게 여러 성문 사방승가를 위하여 비하라(毘訶羅)

를 조성하는 것을 허락하였으니 바라니사의 선현장자가 상수라고 말하느 니라."

안의 섭송으로서 앞의 게송을 말하겠노라.

맹광왕은 일체를 베풀었고
영승왕은 음식을 처음으로 베풀었으며
와구는 급고독장자라고 말하고
선현은 승가의 사찰을 지었다네.

이때 맹광왕이 일찍이 궁안에서 안락부인과 함께 한곳에서 야식을 먹었는데 왕이 본래 우유를 좋아하였으므로 부인이 우유 한 그릇을 가지고 왕의 앞에 서있었다. 그때에 성광이 그 묘보담을 입고 처마의 앞으로 지나갔고 그 담요의 빛깔이 안으로 비쳐져서 오히려 전광(電光)과 같이 왕과 부인을 모두 밝게 비추었다. 부인이 빛을 보고 곧 크게 놀라고 괴이하게 생각하여 물어 말하였다.

"대왕이시여. 이 무엇이 밝게 비칩니까? 이것은 번개빛입니까? 등불빛입니까?"

대답하여 말하였다.

"이것은 번개빛도 아니고 역시 등불빛도 아니오. 그러나 성광이 그 보담을 입고 이곳을 따라서 지나갔고 이것은 그 광명이오."

왕이 말하였다.

"마땅히 이러한 보담을 그대는 버리고 취하지 않았소. 나아가 금만을 취하였으니 정말 식견도 없구려. 어찌 우리 궁중에 금만이 없겠소. 비록 바깥 지방의 여인이라고 말하지만 능히 물건의 좋고 나쁨을 아는 모양이오."

대답하여 말하였다.

"대왕이시여. 이 아이가 어찌 이러한 지혜가 있겠습니까? 어찌 왕께서 가르쳐주지 않았다면 보답을 취하겠습니까?"

왕이 말하였다.

"이것은 그녀가 스스로 취한 것이고 내가 가르친 것이 아니오."

왕과 부인이 인연으로 서로 다투다가 곧 성내고 분노에 이르렀고 마침내 가졌던 우유 그릇을 왕의 머리 위로 던졌다. 왕은 이전부터 이마가 대머리였던 인연으로 그릇에 의하여 다쳤다. 곧 스스로의 손으로 만지면서 말하였다.

"내 머리가 깨져서 피가 흐르고 뇌수가 나오므로 지금 때에 분명히 죽을 것이고 살 도리가 없구나. 내 목숨이 끊어지기 전에 먼저 죽여야겠다."

곧 증양에게 칙명하였다.

"그대는 지금 마땅히 이 안락이라는 쓸모없는 부인을 죽이시오."

증양이 듣고서 곧 이렇게 생각을 지었다.

'왕께서는 이 부인을 매우 지극히 사랑하고 생각하신다. 분한을 품은 까닭으로 갑자기 이렇게 말씀을 지으신 것이다. 마땅히 곧바로 그녀의 목숨을 끊을 것이 아니고 분노가 가라앉는 것을 기다려서 뒤에 다시 뜻을 관찰하여 곧 죽이더라도 어렵지 않다. 보이지 않는 곳에 먼저 숨겨두고 왕이 보지 못하게 해야겠다.'

이렇게 생각하고서 아뢰어 말하였다.

"알겠습니다. 제가 마땅히 곧 죽이겠습니다."

마침내 곧 숨겨두었다. 왕은 이미 분노가 가라앉자 증양에게 물어 말하였다.

"안락부인은 지금 어디에 있는가?"

대답하여 말하였다.

"대왕이시여. 죽이라는 칙명을 받들고 저는 왕의 말씀에 수순하여 이미 그녀의 목숨을 끊었습니다."

왕이 말하였다.

"이것은 일이 이상하게 되었도다. 역시 마땅히 나와 성광과 우호태자와 한 대신까지도 아울러 죽이시오. 그대가 스스로 관정하여 국왕이 되시오.

그녀가 나의 처소에서 무례한 일을 지어 먼저 경계한 뒤에 다시 용서하고자 하였는데 어찌 이러한 인연이 화합하여 곧 죽음의 형벌이 행해진 것인가?"

증양이 말하였다.

"왕께서는 비유를 들으십시오. 여러 지혜가 있는 자들은 비유하는 말을 인연하여 그 일을 배울 수 있습니다.

안의 총섭송

안의 총섭송으로 말하겠노라.

얼룩이 비둘기의 죽음과 벌거숭이와
세 종류 어려움과 마땅하지 않음과
싫어함이 없음을 살피는 것과 잠을 자지 않는 것을
모두 그 일곱 계송으로 거두었노라.

제1의 안의 자섭송 ①

제1의 안의 자섭송으로 말하겠노라.

숲속에서 얼룩이 비둘기가 죽었고
나무 아래에서는 원숭이가 죽었으니
이 세상에서나 저 세상 가운데에서나
네 가지의 눈이 멀고 어둠을 알아야 한다네.

대왕이시여. 지나간 옛날의 때에 어느 한 명산에 샘물은 맑게 흘렀고 과일나무는 자라서 무성하였습니다. 큰 나무에 두 마리의 비둘기가 집을 짓고 살았는데 곧 좋은 과일을 따서 둥지를 채우고 암컷 비둘기에게 알려 말하였습니다.

"현수여. 여기에 저장한 과일을 마땅히 먹지 말고 먼저 다른 것을 구하여 스스로 몸을 충족합시다. 만약 비와 바람을 만나서 음식을 얻기 어렵다면 곧 그것을 먹읍시다."

대답하여 말하였습니다.

"좋은 일입니다."

마침내 바람이 부는 날을 만났고 햇볕을 쪼였으므로 과일이 드디어 말라서 둥지 가운데에서 아주 작아졌으므로 수컷 비둘기가 물어 말하였습니다.

"내가 먼저 그대에게 과일을 마땅히 먹지 말고 비바람의 때를 기다려서 비로소 먹자고 하였는데 무슨 인연으로 그대 혼자서 과일을 먹었소?"

대답하여 말하였습니다.

"나는 과일을 먹지 않았습니다."

물어 말하였습니다.

"내가 먼저 과일을 이 둥지에 가득히 채워두었는데 지금 이렇게 줄었으니 먹지 않았다면 어디로 간 것이오?"

대답하여 말하였습니다.

"나도 역시 무슨 인연으로 없어졌는가를 알지 못해요."

두 비둘기는 모두 먹지 않았다고 말하면서 둘이 다투었고 드디어 분운(紛紜)에 이르렀습니다. 이때 수컷이 암컷의 정수리를 쪼았고 이 인연으로 죽었고 수컷 비둘기는 곁에서 과일을 보고 있었는데 갑자기 비가 내렸으므로 과일이 다시 둥지에 가득하였습니다. 수컷 비둘기는 생각하면서 말하였습니다.

"지금 도리어 둥지에 가득하니 그녀가 먹지 않은 것이 분명하구나."

곧 암컷 비둘기에게 나아가서 참회하고 사죄하면서 말하였습니다.

사랑하는 얼룩이 비둘기여. 마땅히 빨리 일어나시오.

둥지 속에 과일은 그대가 먹은 것이 아니었고

지금 보니 적었던 것이 이전과 같이 가득하오.

그대는 지금 나의 이 잘못된 허물을 용서하시오.

이때 여러 천인이 허공에서 보고 게송을 설하여 말하였다.

그대는 좋은 얼룩이 비둘기와 함께
산림에 처소에 있으면서 즐거웠으나
어리석고 지혜가 없어서
죽인 뒤에 헛되게 근심을 하는구나.

이때 증양이 다시 두 게송을 설하였다.

그 어리석은 비둘기와 같이
무고한 같은 부류를 죽이고서
목숨이 끝난 것도 알지 못하고
참회하고 사죄하며 근심으로 괴로워하네.

대왕께서도 역시 그와 같아서
무고한 사람에게 성을 내시고
이미 죽이라고 시키시고서
헛되게 스스로 근심을 일으키시네.

다시 비유로 말씀드리겠으니 왕께서는 마땅히 분명히 아십시오.
또한 다시 대왕이시여. 옛날에 어느 장자가 때는 가을인데 누런 콩을 메고 밭으로 나아가서 심고자 하여 나무 아래에 놓아두고 회전처(迴轉處)로 향하였습니다. 나무 위에 있던 원숭이가 내려와서 콩 한 주먹을 훔쳐서 다시 나무 위로 올라갔는데 나무에 오르는 때의 인연에서 마침내 콩을 한 개를 떨어트렸습니다. 곧 가득 쥐었던 것을 놓아버리고 나무 아래에 와서 누런 콩 한 알을 찾았습니다. 장자가 그것을 보고 곧 막대기로 때렸고 이것을 인연하여 원숭이는 목숨이 끊어졌습니다. 이때 수신(樹神)이 보고 게송을 설하여 말하였습니다.

마땅히 그대는 어리석은 원숭이라네.
한 주먹을 버리고 한 알을 구하다가
이러한 까닭으로 남에게 맞고서
고통에서 몸의 죽음까지 이르는구나.

왕께서는 먼저 나를 시켜서 이미 부인을 죽이셨으니 작은 성난 마음을 위하여 곧 큰 이익을 잃으신 것입니다. 지금 다시 그녀를 보는 것을 구하는데 이룰 수 있겠습니까?"
왕이 증양에게 알려 말하였다.
"어찌 말 한마디의 인연으로 곧 부인을 죽였단 말이오?"
대답하여 말하였다.
"왕께서는 어찌 듣지 못하셨습니까?

대사께서는 두 가지가 없고
나오는 것은 오직 한 말이며
결정적으로 차이가 없나니
왕의 말도 역시 이와 같다네."

왕이 말하였다.
"내가 마음이 어둡고 어지러워서 부인을 죽이라고 명령한 것인데 그대가 곧 그 말을 따랐으니 어찌 도리가 성립되겠는가?"
증양이 말하였다.
"왕께서는 어찌 듣지 못하셨습니까? 세간에는 두 가지의 어둠이 있으니 곧 게송으로 대답하겠습니다.

대왕께서는 마땅히 아십시오.
세간에는 두 가지의 어둠이 있으니
첫째는 태어나면서 장님이고
둘째는 법을 알지 못하는 것입니다.

이 세상과 다음 세상에
다시 두 가지의 어둠이 있으니
첫째는 죄악의 소견이고
둘째는 율을 파괴하는 것입니다."

제2의 안의 자섭송 ①

제2의 안의 자섭송으로 말하겠노라.

벌거숭이 몸과 공허함과 수용할 수 없음과
방아에 찧는 것과 오직 하나인 것과
환해(患害)와 의심을 일으키는 것과
경천(輕賤)과 일에는 점차(漸次)가 필요하다.

왕이 증양에게 말하였다.
"그대가 안락부인을 죽였으니 나는 지금 벌거숭이 몸인 것이오."
대답하여 말하였다.
"왕께서는 어찌 듣지 못하셨습니까? 세간에는 세 종류의 벌거숭이 몸이 있어 좋지 않은 모습입니다. 무엇이 세 가지인가?

강에 물이 없으면 벌거숭이이고
나라에 주인이 없어도 역시 그러하며
여인에게 남편이 죽어서

의탁할 수 없음도 그러합니다."

왕이 말하였다.
"그대가 부인을 죽였으니 마침내 궁전 안이 오직 공허하게 보이오."
대답하여 말하였다.
"왕께서는 어찌 듣지 못하셨습니까? 세간에는 세 종류의 공허함이 있습니다. 무엇이 세 가지인가?

둔한 말이 길을 가면서 더딘 것과
차린 음식이 맛이 없는 것과
집의 가운데에 음녀가 있는 것이니
이 세 종류가 공허한 것입니다."

왕이 말하였다.
"그녀는 좋은 부인이었고 5욕락도 전혀 수용하지 않았는데 그대가 드디어 죽였소."
대답하여 말하였다.
"왕께서는 어찌 듣지 못하셨습니까? 세간에서는 세 종류의 일은 역시 수용할 수 없습니다. 무엇이 세 가지인가?

숯을 파는 사람에게 좋은 옷과
빨래하는 사람에게 가죽신과
여인이 왕궁의 안에 있는 것이니
수용할 수 없음을 마땅히 아십시오.

대왕이시여. 이 셋만이 옳은 것이 아닙니다. 다시 세 종류는 수용할 수 없습니다. 무엇이 세 가지인가?

깊은 골짜기에 피는 봄꽃과
소녀가 정조를 지키는 마음과
남편이 멀리 싸우러 간 것이니
수용하지 못하고 하루를 마칩니다."

왕이 말하였다.
"그대가 곧바로 부인을 죽였으니 그 죄는 방아에 찧는 것이 합당하오."
대답하여 말하였다.
"왕께서는 어찌 듣지 못하셨습니까? 다시 다른 사람을 방아에 찧어야 합당합니다."

목수(木匠)가 잘 살피지 않는 것과
의공(衣工)이 긴 실을 사용하는 것과
마부(御者)가 수레를 살피지 않는 것의
이 셋은 마땅히 방아에 찧어야 합니다.

대왕이시여. 이 셋은 방아에 찧는 것이 합당하지 않습니다. 다시 세 종류가 있습니다. 무엇이 세 가지인가?

사자(使者)가 다시 사자를 보내는 것과
시킨 것을 남을 시켜 짓게 하는 것과
소녀가 광대를 미치도록 좋아하는 것의
이 셋은 마땅히 방아에 찧어야 합니다.

대왕이시여. 이 셋만이 옳은 것이 아닙니다. 다시 다른 셋은 방아에 찧는 것이 합당합니다. 무엇이 세 가지인가?

밭에 가축을 버려두는 것과

머리를 깎은 자가 숲에 사는 것과
항상 여자의 집에 머무는 것이니
이 셋은 마땅히 방아에 찧어야 합니다."

왕이 말하였다.
"내가 한 마디의 말을 하였는데 그대가 곧 죽였으니 진실로 크게 괴롭소."
대답하여 말하였다.
"왕께서는 어찌 듣지 못하셨습니까? 세간에는 다시 한 마디로 결정되는 것에는 나아가 세 종류가 있습니다. 무엇이 세 가지인가?

왕은 다만 한 마디를 하는 것이고
여인은 한 번을 출가하는 것이며
성자는 한 번을 몸을 나투는 것이니
이 셋은 오직 하나만이 있습니다."

왕이 말하였다.
"그대는 지금 스스로가 환해를 지었소. 나의 한 마디의 말에 마침내 부인을 죽였소."
대답하여 말하였다.
"왕께서는 어찌 듣지 못하셨습니까? 세간에는 스스로가 환해를 짓는 것에 세 종류가 있습니다. 무엇이 세 가지인가?

힘이 약한 자가 갑옷을 입는 것과
반려가 없는 자가 재산이 많은 것과
늙은 자가 젊은 부인을 저축하는 것이니
이 셋은 마땅히 스스로를 해치는 것입니다."

왕이 말하였다.
"나는 지금 그대가 별도의 다른 마음이 있는 것으로 의심하오. 어찌 한번 말하였는데 마침내 부인을 죽였소?"
대답하여 말하였다.
"왕께서는 어찌 듣지 못하셨습니까? 세간에서는 세 종류의 사람을 보는 때에 다른 사람들은 의심을 일으킵니다. 무엇이 세 가지인가?

지혜가 얕은 자가 수행의 높은 것을 보거나
용감한 자가 흉터(瘡痕)가 없는 것을 보거나
노쇠한 여인이 염정(廉貞)하게 말하는 것을 보았다면
이 셋은 능히 다른 사람에게 의혹하게 하는 것입니다.

왕이 말하였다.
"그대는 나를 매우 업신여겼소. 어찌 촉박하게 곧 부인을 죽였소?"
대답하여 말하였다.
"왕께서는 어찌 듣지 못하셨습니까? 세간에서는 세 종류의 일이 있으면 다른 사람에게 업신여김을 당하게 됩니다. 무엇이 세 가지인가?

일이 없으나 말이 많은 것과
몸에 더럽고 찢어진 옷을 입은 것과
청하지 않았는데 남의 집에 가는 것
이 셋은 남이 업신여기는 것입니다."

왕이 말하였다.
"그대는 점점 나에게 원한이 커지는구려. 사랑하는 부인을 죽였는데 다시 무엇이 있는 것이오."
대답하여 말하였다.
"왕께서는 어찌 듣지 못하셨습니까? 다시 점차로 필요한 일에 세 종류가 있습니다. 무엇이 세 가지인가?

물고기를 먹는 것을 점차로 할 것이고
등산하는 것도 역시 다시 그러하며
대사(大事)는 갑자기 이루어지지 않나니
이 셋은 점차로 나아가야 합니다."

제3의 안의 자섭송 ①

제3의 안의 자섭송으로 말하겠노라.

세 종류의 어리석은 사람과
이간질에는 세 가지의 다름이 있는 것과
하품의 인간과 마땅히 수레로 찢겨지는 것과
간사한 일을 마땅히 알아야 하는 것이 있다.

왕이 말하였다.
"그대는 우치한 사람이오. 어떻게 내가 사랑하는 부인을 죽였소?"
대답하여 말하였다.
"왕께서는 어찌 듣지 못하셨습니까? 세간에는 역시 어리석은 모습에 세 종류가 있습니다. 무엇이 세 가지인가?

부탁하면서 서로를 알지 못하는 것과
성급한 자를 받들어 섬기는 것과
갑자기 서로 버리는 것이니
이 세 가지는 우치한 것입니다."

왕이 말하였다.

"그대는 나의 친우를 이간질하고 부인을 곧 죽였소."
대답하여 말하였다.
"왕께서는 어찌 듣지 못하셨습니까? 세간에는 역시 이간질에 세 종류가 있습니다. 무엇이 세 가지인가?

지우를 친근하지 않는 것과
혹은 다시 지나치게 친밀한 것과
때가 아닌 것을 따라서 걸구(乞求)하는 것이니
세 종류는 마땅히 이간질입니다."

왕이 말하였다.
"그대는 하품의 인간이오. 나의 부인을 죽였소."
대답하여 말하였다.
"왕께서는 어찌 듣지 못하셨습니까? 다시 하품의 사람에 세 종류가 있습니다. 무엇이 세 가지인가?

다른 사람의 물건에 탐욕을 일으키는 자와
자기 재물에 애착이 생겨나는 자와
다른 사람의 고통을 보고 기뻐하는 자이니
이들이 하품의 인간입니다."

왕이 말하였다.
"그대는 나의 부인을 죽였으니 마땅히 수레로 찢겨져야 합당하오."
대답하여 말하였다.
"왕께서는 어찌 듣지 못하셨습니까? 다시 수레로 찢겨져야 합당한 것에 세 종류가 있습니다. 무엇이 세 가지인가?

서투른 성품으로 기관(機關)을 만들거나

그림의 채색을 알지 못하거나
장부가 공교한 방편이 없다면
이 셋은 모두가 죽어도 합당합니다."

왕이 말하였다.
"그대는 나의 부인을 죽였으니 크게 간사하오."
대답하여 말하였다.
"왕께서는 어찌 듣지 못하셨습니까? 다시 간사한 물건에 세 종류가 있습니다. 무엇이 세 가지인가?

여인으로 세 번을 시집을 갔거나
출가하였다가 다시 환속하였거나
그물과 대롱에서 새를 날려 보냈다면
이 셋은 간사하다고 이해됩니다."

제4의 안의 자섭송 ①

제4의 안의 자섭송으로 말하겠노라.

얻기 어려운 것과 다른 일을 한 것과
고독한 일과 헛됨이 많음과
서로 위배됨과 심하게 때려도 합당한 것과
떠나야 하는 것과 행하지 않을 것과 무익한 것이 있다.

왕이 말하였다.
"얻기 어려운 부인을 그대가 지금 죽였소."
대답하여 말하였다.
"왕께서는 어찌 듣지 못하셨습니까? 세간에는 다시 얻기 어려운 것에 네 종류가 있습니다. 무엇이 네 가지인가?

　토끼 머리에서 뿔을 얻기 어렵고
　거북의 등에서 털을 얻기 어려우며
　음녀에게 한 남편이 있기 어렵고
　간교한 놈에게 진실한 말이 어렵습니다."

　왕이 말하였다.
"그대는 나의 부인을 죽였으니 다른 사람의 일을 하였소."
대답하여 말하였다.
"왕께서는 어찌 듣지 못하셨습니까? 다시 다른 사람의 일에 네 종류가 있습니다. 무엇이 네 가지인가?

　다른 사람 위하여 부탁하는 물건을 받거나
　보존하거나 나아가 증인이 되거나
　길의 식량도 없이 떠나가는 것이니
　어리석은 사람이 이러한 일을 짓습니다."

　왕이 말하였다.
"그대는 부인을 죽였으니 나를 고독하게 하였소."
대답하여 말하였다.
"왕께서는 어찌 듣지 못하셨습니까? 다시 고독한 일에 네 종류가 있습니다. 무엇이 네 가지인가?

　태어날 때에 오직 혼자서 왔고
　죽을 때에도 오직 혼자서 가며
　괴로움을 만나도 오직 혼자서 받고
　윤회도 오직 혼자서 갑니다."

왕이 말하였다.
"그대가 지은 것은 나의 부인을 죽였으므로 거짓이 많고 진실은 적은 것이오."
대답하여 말하였다.
"왕께서는 어찌 듣지 못하셨습니까? 다시 거짓이 많고 진실이 적은 것에 네 종류가 있습니다. 무엇이 네 가지인가?

가난의 고통으로 남에게 구걸하는 것과
물고기 새끼와 대추꽃과
가을에 일어나는 겹구름이니
이것은 헛됨이 많고 충실은 적습니다."

왕이 말하였다.
"그대가 지은 일은 나의 부인을 죽였으므로 서로에게 매우 위배되는 것이오."
대답하여 말하였다.
"왕께서는 어찌 듣지 못하셨습니까? 다시 서로에게 위배되는 것에 네 종류가 있습니다. 무엇이 네 가지인가?

광명의 그림자와 밝음의 어둠과
낮과 밤의 선악의 법과
이러한 네 세간에서는
항상 이것이 서로에게 위배되는 일입니다."

왕이 말하였다.
"그대가 나의 부인을 죽였으니 심하게 때려도 합당하오."
대답하여 말하였다.
"왕께서는 어찌 듣지 못하셨습니까? 다시 때려도 합당한 일에 네 종류가 있습니다. 무엇이 네 가지인가?

   비단은 두드리면 광택이 생겨나고
   당나귀는 때리면 곧 능히 가며
   아내는 때리면 남편을 따라서 의지하고
   북을 두드리면 곧바로 울립니다.”

왕이 말하였다.
"그대가 나의 부인을 죽였으니 떠나가시오."
대답하여 말하였다.
"왕께서는 어찌 듣지 못하셨습니까? 다시 떠나가는 일에 네 종류가 있습니다. 무엇이 네 가지인가?

   바람이 일어나면 먼지가 놀라서 떠나가는 것과
   대중이 떠들면 노랫소리가 없어지는 것과
   받드는 일에 수용할 사람이 없는 것과
   덕을 행할 곳에서 위배됨을 행하는 것입니다.”

왕이 말하였다.
"그대가 나의 부인을 죽였으니 합당하지 않은 일을 행하였소."
대답하여 말하였다.
"왕께서는 어찌 듣지 못하셨습니까? 다시 합당하지 않은 일에 네 종류가 있습니다. 무엇이 네 가지인가?

   국왕이 거짓말을 하는 것과
   의사가 환자에게 빠르고 요란한 것과
   사문이 성냄을 일으키는 것과
   지혜로운 자가 일에 미혹한 것입니다.”

왕이 말하였다.
"그대가 나의 부인을 죽였으니 무익하게 하였소."
대답하여 말하였다.
"왕께서는 어찌 듣지 못하셨습니까? 다시 무익한 일에 네 종류가 있습니다. 무엇이 네 가지인가?

햇빛 아래의 등불과
큰 바다의 가운데에 내리는 비와
배부르게 먹었는데 다시 거듭 먹게 하거나
받드는 일에 받들 사람이 없으면 무익합니다."

제5의 안의 자섭송 ①

제5의 안의 자섭송으로 말하겠노라.

마땅하지 않는 일과 구경할 것과
선하지 않는 것과 쫓아내도 합당한 것과
놀라는 것과 즐겁지 않는 것과 버리는 것과
애써 기억하는 것과 사량하기 어려운 일과 근심이 있다.

왕이 말하였다.
"그대는 마땅하지 않은 일을 지어 나의 부인을 죽였소."
대답하여 말하였다.
"왕께서는 어찌 듣지 못하셨습니까? 다시 마땅하지 않은 일에 네 종류가 있습니다. 무엇이 네 가지인가?

청하지 않았는데 억지로 가르치는 것과
다른 사람이 잠자는데 설법하는 것과

마땅히 구하지 않아야 하는데 억지로 구하는 것과
장사와 함께 서로가 씨름하는 것입니다."

왕이 말하였다.
"그대가 세심하게 관찰하지 않아서 나의 부인을 죽였소."
대답하여 말하였다.
"제가 비록 세심하게 관찰하지 않았으나 다시 관찰할 일에 네 종류가 있습니다. 무엇이 네 가지인가?

장사의 싸움은 구경할 것이고
주문으로 독을 없애는 것도 구경할 것이며
아버지와 회식(會食)도 구경할 것이고
능한 강의(講義)를 구경하는 것입니다."

왕이 말하였다.
"그대가 나의 부인을 죽였으니 이것은 선하지 않은 일이오."
대답하여 말하였다.
"왕께서는 어찌 듣지 못하셨습니까? 다시 선하지 않은 일에 네 종류가 있습니다. 무엇이 네 가지인가?

가정에 있으면서 부지런하지 않는 것과
출가하여 탐욕이 있는 것과
국왕이 헤아리지 않는 것과
대덕이 성을 내는 것입니다."

왕이 말하였다.
"나의 부인을 죽였으니 그대를 쫓아내는 것이 합당하오."
대답하여 말하였다.

"왕께서는 어찌 듣지 못하셨습니까? 다시 쫓아내는 일에 합당한 것이 네 종류가 있습니다. 무엇이 네 가지인가?

마부(御者)가 수레를 기울게 하거나
소의 힘을 헤아려 알지 못하거나
암소에게 젖꼭지가 많거나
부인이 친정에 오래 머무는 것입니다."

왕이 말하였다.
"나의 부인을 죽였으니 그대를 보면 놀라고 두렵소."
대답하여 말하였다.
"왕께서는 어찌 듣지 못하셨습니까? 다시 마땅히 두렵지 않으나 두려운 것이 네 종류가 있습니다. 무엇이 네 가지인가?

뱁새와 할미새와
흰 갈매기와 푸른 기러기 등의
이러한 네 종류의 새는
항상 두려운 마음이 있습니다."

왕이 말하였다.
"나의 부인은 마음에 환락이 없었는데 어찌 그대가 죽였는가?"
대답하여 말하였다.
"왕께서는 어찌 듣지 못하셨습니까? 다시 즐겁지 않은 일이 네 종류가 있습니다. 무엇이 네 가지인가?

원숭이는 마을에서 즐거워하지 않고
물고기와 자라는 석산(石山)을 싫어하며
도둑은 선실(禪室)을 싫어하고

미친 남편은 자기 아내를 싫어합니다."

왕이 말하였다.
"그대가 나의 부인을 죽였으니 버리는 것이 합당하오."
대답하여 말하였다.
"왕께서는 어찌 듣지 못하셨습니까? 다시 버리는 일에 합당한 것이 네 종류가 있습니다. 무엇이 네 가지인가?

집을 위하여 한 사람을 버리는 것이고
마을을 위하여 한 집을 버리는 것이며
나라를 위하여 한 마을을 버리는 것이고
몸을 위하여 대지를 버리는 것입니다."

왕이 말하였다.
"그대가 부인을 죽였으니 내가 애써 기억하여도 만족할 때가 없소."
대답하여 말하였다.
"왕께서는 어찌 듣지 못하셨습니까? 다시 만족을 모르는 네 종류가 있습니다. 무엇이 네 가지인가?

불은 풀에 만족할 때가 없고
나아가 다른 사람의 부녀에게 음행하는 것과
목마를 때에 물을 국자로 마시는 것과
다른 사람의 술을 마시는 것은 만족하기 어렵습니다."

왕이 말하였다.
"그대가 나의 부인을 죽였으니 이것은 사량하기 어려운 일이오."
대답하여 말하였다.
"왕께서는 어찌 듣지 못하셨습니까? 다시 사량하기 어려운 네 종류가 있습니다. 무엇이 네 가지인가?

   국왕이 성내는 것을 알기 어렵고
   길의 중간에서 갑자기 도적을 만나는 것과
   집안에 땅과 아내가 싸우는 것과
   시물(施物)이 오는 것을 사량하기 어렵습니다."

왕이 말하였다.
"그대가 부인을 죽였으니 이것은 어리석게 상해한 것이오."
대답하여 말하였다.
"왕께서는 어찌 듣지 못하셨습니까? 다시 어리석게 상해한 일에 네 종류가 있습니다. 무엇이 네 가지인가?

   늙은이가 음란한 마음을 품는 것과
   악한 아내가 남편에게 쫓겨나는 것과
   음녀가 늙어서 노쇠하는 것과
   출가한 자가 성내는 것과
   이와 같은 네 종류의 일은
   모두가 슬프고 상해하는 일입니다."

제6의 안의 자섭송 ①

제6의 안의 자섭송으로 말하겠노라.

   싫어함이 없음과 사랑스러운 일과
   함께 희롱하지 않음과 재물을 빼앗는 것과
   함께 경쟁하지 않는 것과 악한 마음과
   의지하지 않음과 반려와 불신(不信)이 있다.

왕이 말하였다.
"안락부인은 나를 보고 싫어하지 않았는데 그대가 곧 죽였소."
대답하여 말하였다.
"왕께서는 어찌 듣지 못하셨습니까? 다시 싫어하지 않는 일에 다섯 종류가 있습니다. 무엇이 다섯 가지인가?

국왕과 코끼리왕과
명산(名山)과 큰 바다와
세존의 몸인 상호는
볼 때에 싫증이 없습니다."

왕이 말하였다.
"부인은 사랑스러웠는데 그대가 마침내 그녀를 죽였소."
대답하여 말하였다.
"왕께서는 어찌 듣지 못하셨습니까? 다시 사랑스러운 일에 다섯 종류가 있습니다. 무엇이 다섯 가지인가?

미모가 출중하고 명문가이며
온유(溫柔)하고 악하지 않으며
부인의 덕이 모두 원만하면
이러한 사람은 진실로 사랑스럽습니다."

왕이 말하였다.
"마땅히 그대와 함께 즐겁게 희롱하지 않았는데 나의 부인을 죽인 것이오?"
대답하여 말하였다.
"왕께서는 어찌 듣지 못하셨습니까? 다시 함께 희롱하지 않을 다섯 종류가 있습니다. 무엇이 다섯 가지인가?

어린 아이와 독사와
내시(閹豎)와 편생자(偏生子)3)와
줏대가 없는 무식자 등과는
이렇게 마땅히 함께 희롱하지 않아야 합니다."

왕이 말하였다.
"곧 부인을 죽인 것은, 이는 나의 재물을 빼앗으려는 것이었소?"
대답하여 말하였다.
"왕께서는 어찌 듣지 못하셨습니까? 다시 재물을 빼앗는 사람은 다섯 종류가 있습니다. 무엇이 다섯 가지인가?

춤추는 자와 노래를 부르는 자와 의사와
도둑과 전옥(典獄)4)과
왕가에 출입하는 자이니
이 다섯은 사람의 재물을 빼앗습니다."

왕이 말하였다.
"나의 부인을 죽인 것은 그대가 지금 함께 다투지 않으려는 것이었소?"
대답하여 말하였다.
"왕께서는 어찌 듣지 못하셨습니까? 다시 함께 다투지 않는 사람은 여섯 종류가 있습니다. 무엇이 여섯 가지인가?

큰 부자와 아주 가난한 자,
아주 천한 자와 아주 고귀한 자,
아주 먼 자와 아주 가까운 자이니
이 여섯은 마땅히 다투지 않습니다."

---

3) 선천적으로 앉은뱅이로 태어난 자를 가리킨다.
4) 송사(訟事)와 형벌을 맡은 관리를 가리킨다.

왕이 말하였다.
"그대가 악심이 있어 나의 부인을 죽이었소?"
대답하여 말하였다.
"왕께서는 어찌 듣지 못하셨습니까? 다시 사람의 악심에는 여섯 종류가 있습니다. 무엇이 여섯 가지인가?

  비록 보아도 서로 보지 않는 것과
  어기고 거스름과 친하여도 부탁하지 않는 것과
  다른 사람의 허물을 잘 말하는 것과
  보답을 바라면서 다른 사람에게 재물을 주는 것과
  비록 보시하나 도리어 찾으려고 의심하는 것이니
  이것이 악한 마음의 모습입니다."

왕이 말하였다.
"그대가 부인을 죽였으니 나는 믿고 의지할 것이 없소."
대답하여 말하였다.
"왕께서는 어찌 듣지 못하셨습니까? 다시 믿고 의지할 수 없는 것에 일곱 종류가 있습니다. 무엇이 일곱 가지인가?

  늙고 병든 사문과 악한 왕과
  늙은 가장과 악한 입과
  명료하지 않은 법률과
  무거운 병에 의료가 없는 것과
  존자의 가르침을 의지하지 않는 것이니
  이 일곱은 외지가 없는 것입니다."

왕이 말하였다.
"그대가 부인을 죽였으니 반려로 확실하지 않구려."

대답하여 말하였다.
"왕께서는 어찌 듣지 못하셨습니까? 다시 반려로 확실하지 않는 자에 일곱 종류가 있습니다. 무엇이 일곱 가지인가?

희극인(調戲人)과 음악하는 아이와
노름꾼과 음녀와
술주정뱅이와 도둑과 황문(黃門)5)이니
이 일곱은 반려가 되지 못합니다."

왕이 말하였다.
"그대가 부인을 죽였으니 맡기고 믿는 것에 확실하지 않소."
대답하여 말하였다.
"왕께서는 어찌 듣지 못하셨습니까? 다시 확실한 믿는 것의 어려움에 일곱 종류가 있습니다. 무엇이 일곱 가지인가?

목에 이르는 깊은 물과
원숭이와 코끼리와 말과
검은 뱀과 더벅머리와
얼굴을 찌푸리고 수염이 적은 자이니
이러한 일곱의 일의 주변은
마땅히 맡기고 믿기 어려움을 아십시오."

제7의 안의 자섭송 ①

제7의 안의 자섭송으로 말하겠노라.

---

5) 남자로서 남근(男根)을 갖추고 있지 않거나 남근이 불완전한 자를 가리킨다.

잠을 못자는 것과 원하는 것이 없는 것과
아홉 근심과 자비심이 없는 것과
십악과 십상(十相)과 어긋남과
십력(十力)과 부인이 나타난 것이 있다.

왕이 말하였다.
"그대가 부인을 죽였으니 내가 능히 잠을 잘 수 없소."
대답하여 말하였다.
"왕께서는 어찌 듣지 못하셨습니까? 세간에서 다시 여덟 일이 있으면 사람이 잠이 없습니다. 무엇이 여덟 가지인가?

열병(熱病)과 수병(瘦病)6)과 해수(咳嗽)7)와
가난병과 일을 생각함과 극심한 성냄과
마음에 공포가 있음과 도둑에게 붙잡힌 것이니
이러한 여덟 일은 잠이 없게 합니다."

왕이 말하였다.
"그대가 부인을 죽였으니 나는 그대에게 원하는 것이 없소."
대답하여 말하였다.
"왕께서는 어찌 듣지 못하셨습니까? 다시 원하는 일에도 불가한 여덟 종류가 있습니다. 무엇이 여덟 가지인가?

병드는 것과 늙음과 죽음과 굶주림과
사랑과 헤어짐과 원수를 만남과
천재지변을 만나서 나라가 망하는 것이니
여덟 일은 사람이 원하지 않습니다."

---

6) 몸이 마르는 병을 가리킨다.
7) 기침병을 가리킨다.

왕이 말하였다.
"그대가 나의 처소에서 부인을 죽였으므로 크게 근심하고 있소."
대답하여 말하였다.
"왕께서는 어찌 듣지 못하셨습니까? 세간에는 근심하는 일이 아홉 종류가 있습니다. 이와 같은 일 등은 현재이거나 이전의 때이거나 미래에도 마땅하게 반드시 참아야 합니다. 무엇이 아홉 가지인가?

만약 내가 원수를 사랑하였거나
혹은 내가 선한 벗을 미워하였거나
나아가 내가 내 몸을 미워하였거나
과거에도 지었고 현재와 미래에도 짓나니

아홉의 일이 앞에 나타난다면
마땅하게 반드시 스스로가 열고 풀어서
다시 싫어함과 원한이 생겨나지 않게 하고
스스로가 괴롭고 다른 사람도 괴롭지 않게 하십시오."

왕이 말하였다.
"그대가 자비심이 없어서 나의 부인을 죽였소."
대답하여 말하였다.
"왕께서는 어찌 듣지 못하셨습니까? 세간에는 자비하지 않은 부류가 열 종류가 있습니다. 무엇이 열 가지인가?

소를 잡고 양을 잡으며 닭을 잡고 돼지를 잡으며
새를 잡고 물고기를 잡으며 여러 짐승들을 사냥하며
토끼를 잡고 도둑이 되고 괴회(魁膾)[8]가 되니

---

8) 죄인을 다스리고 형을 집행하던 관리, 또는 고기와 물고기를 잘게 썰어서 파는 사람을 가리킨다.

이러한 십악에는 자비심이 없습니다."

왕이 말하였다.
"그대는 악인이 아닌데 나의 부인을 죽인 것이오?"
대답하여 말하였다.
"왕께서는 어찌 듣지 못하셨습니까? 사람은 십악이 있습니다. 무엇이 열 가지인가?

악한 소리와 악한 입과 부끄러움이 없음과
부모를 등지고 은혜를 버리고 자비가 없으며
강제로 빼앗고 훔치며 음식을 주는 것이 어렵고
항상 삿되게 말하는 이것이 십악입니다."

왕이 말하였다.
"그대가 서로를 위반하는 일을 지었고 이것이 믿음에 불가하였으므로 나의 부인을 죽인 것이오?"
대답하여 말하였다.
"왕께서는 어찌 듣지 못하셨습니까? 다시 서로에게 위반하는 일이 열 종류가 있습니다. 이것은 믿음에 불가합니다. 무엇이 열 가지인가?

이를테면, 해와 달과 불과
물과 동녀와 부인과
필추와 바라문과
노형자(露形者)와 인분(人糞)입니다.

이 가운에서 해가 서로를 어긋난다는 것은 겨울의 때에는 가까이 내려오더라도 매우 뜨겁지 않고 봄의 때에는 아주 멀어지더라도 능히 독하게 뜨거운 것입니다. 달이 서로를 어긋난다는 것은 만약 처음의 초시(初時)에는 사람들이 모두 예배하지만 나아가 그것이 둥글고 크게 되면 예배하는 자가 없는 것입니다. 불이 서로를 어긋난다는 것은 만약 열병이 있다면 다시 반드시 불에 쪼여야 하고 또한 화자창(火炙瘡)과 같다면 불로 쪼여야 비로소 회복되는 것입니다. 물이 서로를 어긋난다는 것은 겨울의 때라면 연못의 물이 얼음처럼 차가워서 사람들이 모두 마시지 않고, 우물의 물은 비록 따뜻하여도 모든 사람들이 마시지만, 봄볕의 때가 되면 연못의 물은 따뜻하여도 사람들이 모두 마시고 우물의 물은 비록 차가워도 사람들이 즐거이 마시지 않습니다. [이 논거는 서방 국법의 논리로 그것의 위배됨과 수순함이다.]

동녀가 서로를 어긋난다는 것은 만약 시집가지 않았을 때는 항상 남편의 집을 생각하다가 나아가 차서 시집간 뒤에는 항상 울면서 본래의 집을 생각하는 것입니다. 부녀가 서로를 어긋난다는 것은 만약 여인이 젊었을 때에는 사람들이 모두 즐거이 본다면 도리어 옷으로 모든 몸을 가리고서 다니다가 나아가 늙어서 사람들이 즐거이 보지 않는다면 머리와 얼굴을 드러내고 길을 따라서 떠나는 것입니다.

필추가 서로를 어긋난다는 것은 만약 젊었을 때에는 음식이 모두 기운과 맛이 있어 먹으면 소화되나 얻기가 어렵고 나아가 그가 늙으면 음식을 먹는 것이 모두 기운과 맛이 없고 먹어도 능히 소화되지 않으나 풍족한 공양인 것입니다. 바라문이 서로를 어긋난다는 것은 만약 어린 동자로서 나이가 7살의 때에는 아직 욕정의 뜻이 없으나 다시 그 계를 받고 5년을 오로지 범행을 닦아야 하나 나아가 성년으로 욕정(欲情)이 왕성하면 금지하지 않고 곧 비법을 행하게 합니다. 노형자가 서로를 어긋난다는 것은 노형외도와 같이 만약 방안에 있을 때에는 곧 의복을 입으면서 나아가 밖에 나가면 도리어 다시 드러내는 것입니다. 인분이 서로를 어긋난다는 것은 만약 똥이 습할 때에는 물위로 떠다니고 나아가 마르면 다시 밑으로 가라앉나니 이것이 열 종류가 서로 어긋나는 일이라고 말하는 것입니다."

왕이 말하였다.

"증양이여. 이와 같은 여러 일을 또한 논할 필요가 없소. 내가 지금 거듭 묻겠으니 마땅히 사실에 의지하여 대답하시오. 무슨 세력으로서 나의 부인을 죽인 것이오?"

대답하여 말하였다.

"대왕이시여. 제가 어느 곳의 세력을 얻어서 감히 부인을 해쳤겠습니까? 대왕은 마땅히 아십시오. 그 부처님이신 세존·여래·응공·정변지·명행족·선서·세간해·무상사·조어장부·천인사·불세존입니다. 지금 성자이신 가다연나 존자가 그의 제자이십니다. 그 세존께서 소유하신 지혜의 힘은 능히 장애가 없으시고, 법륜왕이 되어 십력의 수승처를 성취하셨으며, 대지혜를 갖추고 대범륜(大梵輪)을 굴리시며 사중(四衆) 가운데에서 사자후를 지으시니 이것을 비로소 큰 세력이라고 이름합니다.

십력은 무엇인가? 이를테면, 처비처(處非處)에 여실한 지력(智力)으로 아시고 능히 이와 같은 지력의 수승처를 성취하신 까닭으로 대지혜를 갖추시며 대법륜을 굴리시고 사중의 가운데에서 사자후를 하시는 것이니 이것이 초력(初力)입니다. 또한 중생의 삼세의 업보에 만약 처하거나 만약 일의 인연과 이숙을 여실히 아는 것이니 이것이 제2력입니다. 또한 정려(靜慮)·해탈·삼마지(三摩地)·삼마발저(三摩鉢底)9)·번뇌정처(煩惱淨處)를 여실히 아는 것이니 이것이 제3력입니다.

또한 중생 근성(根性)의 차별을 여실히 아는 것이니 이것이 제4력입니다. 또한 중생이 소유한 승해(勝解)10)를 여실히 아는 것이니 이것이 제5력입니다. 또한 여러 종류의 세계를 여실히 아는 것이니 이것이 제6력입니다. 또한 일체의 처소를 두루 다니는 것을 여실히 아는 것이니 이것이 제7력입니다. 또한 전생의 여러 종류의 태어난 곳을 모두 기억하여 아는 것이니 이를테면, 1생·2생 나아가 10생·20생·30생 나아가 백생·천생·만생·무량한 만생·성겁(成劫)·괴겁(壞劫) 나아가 무량한 성겁과 괴겁까지 모두 기억

---

9) 산스크리트어 samāpatti의 음사로서 등지(等至), 정수(正受), 정정현전(正定現前)이라고 번역되며 마음이 들뜨거나 침울하지 않는 평온에 이른 상태를 말한다.
10) 산스크리트어 adhimokṣa의 음사로서 대상을 명료하게 이해하여 확신하는 마음 작용을 의미한다.

하여 이와 같은 종류·이와 같은 중생·내가 살던 주처·어느 이름·어느 종족 등의 이와 같은 음식과 고통과 즐거움을 받았고, 이와 같은 생명의 길고 짧음을 받았으며 이곳에서 죽었고 저곳에서 태어났으며, 이와 같은 지방과 나라에서 옛날의 때에 태어난 곳을 모두 쫓아서 추억하며 이와 같이 널리 말하며 여실히 아는 것이니 이것이 제8력입니다.

또한 청정한 천안을 얻어서 인간을 초월하여 능히 중생이 소유한 생사를 관찰하여 형색의 선악과 종족의 높고 낮음과 선악의 취에 업을 따라서 머무는 것을 여실히 아는 것이니, 만약 어느 중생이 몸으로 악행을 짓고 말과 뜻으로 악을 행하고 성현을 훼방하며 마음에서 사견을 생겨나는 이러한 악업의 인연을 까닭으로 몸이 무너지고 목숨이 마치면 지옥에 태어나서 있게 되고, 만약 어느 중생이 몸으로 선행을 짓고 말과 뜻으로 선행하며 성현을 훼방하지 않고 마음에서 정견이 생겨나면 이러한 선업의 인연을 까닭으로 몸이 무너지고 목숨이 마치면 천상에 태어나게 되는 것을 아는 것이니, [앞에서 자세히 말한 것과 같다.] 여실히 아는 것이니 이것이 제9력입니다.

또한 모든 번뇌가 이미 끝나서 무루의 가운데에서 심해탈을 얻고 능히 스스로가 깨달아 원만한 법을 요달하였고 증득하였으며 나의 생이 이미 마쳤고 범행은 이미 섰으며 지을 일이 이미 끝났고 후유를 받지 않나니, [앞에서 자세히 말한 것과 같다.] 여실히 아는 것이니 이것이 제10력입니다. 이러한 힘의 수승처를 성취하셨고 대지혜를 갖추셨으며 대법륜을 굴리시고 사중의 가운데에서 사자후를 지으십니다. 대왕이시여. 이것이 여래의 대세력이고 다른 것은 능히 넘을 수가 없으므로 힘이 있다고 이름합니다."

이때 증양이 이와 같이 여러 요의(要義)를 설하여 마치니 맹광대왕이 묵연하였고 대답이 없었다. 증양이 생각하였다.

'왕이 묵연하고 한마디의 말도 없으니 무슨 용도로 많은 시간으로 서로를 속이겠는가? 내가 지금 마땅히 부인을 데리고 나와야겠구나.'

곧바로 인도하여 나타났으므로 흐르는 눈물이 눈에 가득하였다. 머리숙여 왕 앞에서 발에 경례하고서 묘한 가타로서 자세히 사죄하여 말하였다.

왕께서는 마땅히 이곳에서 무상(無常)을 아시고
전전하며 서로가 이어오는 가법이 있으며
왕법은 악을 보아도 항상 참으셔야 하는 것이니
나라의 대부인을 바라건대 마땅히 용서하십시오.

세간의 묘한 말을 왕께서는 먼저 들으시고
제가 문답을 인연하여 문득 말씀드렸사오니
왕의 힘은 미친 큰 코끼리도 부리시는데
하물며 이렇게 사랑하는 부인의 작은 일에 무너지겠습니까?

남편이 존중하면 부인이 덕을 갖추나니
처음부터 끝을 함께 모이면 오직 이 한 길이므로
제가 요즈음 왕을 위하여 매우 걱정하나니
지금이 부인을 보시고 용서하십시오.

이때 왕이 보고 큰 환희가 생겨나서 역시 묘한 가타로서 증양에게 대답하여 말하였다.

그대가 마땅히 이와 같이 미묘하게 말한 것은
모두가 나를 사랑하는 마음이 생겨난 것이므로
지금 상으로 그대에게 곡녀성(曲女城)을 주겠고
안락부인을 내가 용서하겠소.

근본설일체유부비나야잡사 제25권

삼장법사 의정 한역
석보운 번역

제6문 제3자섭송 ①

제6문 제3자섭송으로 말하겠노라.

용건(勇健)이 보배그릇을 준 것과
묘광(妙光)이 난야에 있는 것과
능히 살리려는 인연으로 의술을 여는 것과
대중을 손괴시키는 자는 제도하지 않는 것이 있다.

세존께서는 광엄성 미후지 곁의 높은 누각 안에 머무르셨다.
이때 여러 바라문과 장자 등이 많이 모이는 곳에서 모두가 의논하면서 함께 이렇게 말을 지었다.
"사문 교답마는 항상 탐욕을 품고 있고 나아가 성문의 무리들도 역시 탐심이 많습니다."
이렇게 말을 지을 때에 용건(勇健)이라는 장자가 역시 대중 가운데에 앉아 있었는데 이러한 말을 여러 사람들에게 듣고 대답하여 말하였다.
"이 일은 아직 모릅니다. 내가 당신들에게 스스로 마땅히 대사이신 세존께서 욕심이 많은가 적은가를 눈으로 보고 경험하도록 하겠고 나아가 성문 대중들도 역시 이와 같이 하겠습니다."

장자가 집으로 돌아가서 소유한 모든 금·은의 그릇들을 살펴보았고 세존의 처소로 나아가서 두 발에 예경하고 문안을 받들었으며 한쪽에 앉았다. 이때 세존께서는 그 장자를 위하여 마땅히 묘법을 설하시어 보여주셨고 가르치셨으며 이익되고 기쁘게 하시고서 묵연히 머무르셨다. 장자는 자리에서 일어나 한쪽의 어깨를 드러내고 합장하고 세존을 향하여 아뢰어 말하였다.

"세존이시여. 원하건대 자비를 내리시어 필추대중과 내일 마땅히 저희 집으로 오시어 저의 작은 공양을 받아주십시오."

세존께서는 묵연히 받아들이셨다. 이때 그 장자는 세존께서 받아들이신 것을 알고서 하직하고 떠나갔다. 장자는 다시 여러 외도들을 청하면서 알려 말하였다.

"내가 내일 세존과 승가께 집으로 오시어 음식을 드시도록 청하였으니 당신들도 역시 그들과 함께 드십시오."

다음으로 성안으로 나아가서 바라문과 여러 거사들에게 알려 말하였다.

"내가 세존과 승가 및 외도들을 청하였고 내일 집에서 공양하도록 하였으니, 당신들도 역시 함께 와서 기쁘게 세존과 승가를 받들어 공양하도록 하십시오."

장자가 곧 그 밤에 여러 종류의 상묘한 음식인 담식(噉食)과 작식(嚼食)을 준비하였다. 이른 아침에 자리를 펼쳐놓고 물그릇과 치목과 두설(豆屑) 등의 필요한 일을 갖추어 놓고서 사자를 보내어 세존께 아뢰었다.

"음식이 준비되었습니다. 원하옵건대 세존께서는 때가 되었음을 아십시오."

이때 세존께서는 여러 성중들을 데리고 하루의 초분에 옷과 발우를 집지하고 장자가 공양을 베푼 곳으로 나아가서 자리에 앉으셨다. 장자가 곧 바라문 거사들과 함께 좋은 금·은·유리·파리(頗梨)[1]의 특수하고 묘한 그릇을 가지고 세존과 승가께 차례로 행익하였다. 세존께서는 아난타에게

---

[1] 산스크리트어 sphaṭika의 번역으로 수정(水晶)을 가리킨다.

알리셨다.

"그대는 지금 마땅히 가서 여러 필추들에게 알리도록 하게. '이것은 장자가 뜻에서 시험하고 관찰하고자 네 보배의 그릇으로 행익하는 것이니 그대들은 모두 마땅히 받지 마십시오.'"

존자 경희가 가르침을 받들어 알렸고 필추들은 가르침에 의지하여 결국 한 사람도 곧 그 그릇을 받지 않았다. 장자가 보고서 곧 적동과 백동(白銅)의 그릇을 취하여 차례로 행익하면서 상묘한 음식을 받들었고 스스로의 손으로 공양하여 모두가 배부르고 만족하였다. 음식을 먹고 치목을 씹었으며 양치를 하였고 발우를 거두었으므로 장자가 곧 낮은 자리를 취하여 세존을 마주하고 앉았다. 세존께서는 설법하시어 보여주셨고 가르치셨으며 이익되고 즐겁게 하셨으며 아울러 탁기나가타(鐸敧拏伽他)[2]를 베푸셨으며 집에서 떠나가셨다.

이때 여러 외도들은 함께 비법을 지었고 형상과 위의가 뜻에 따라 요란하여 앉는 것도 차례를 의지하지 않았다. 장자가 곧 문지기에게 알려 말하였다.

"만약 외도들이 금·은·유리·파리의 보배그릇을 가지고 나가는 것을 본다면 그대가 빼앗아 취하게. 만약 장자가 나에게 주었다고 말한다면 대답하여 말하게. '당신에게 잠시 먹으라고 주었던 것이고 보시하여 주었던 것이 아니오.' 만약 돌려주지 않는 자는 곧 때리고 강제로 그 그릇을 빼앗도록 하게."

장자가 곧 네 보배그릇으로 외도들에게 음식을 주었는데 그들이 큰소리로 "나에게 금그릇을 주시오."라고 찾았고, 혹은 "나에게 은그릇을 주시오."라고 말하면서 마침내 요란하게 성내면서 다투다가 몽둥이로 때리고 손으로 잡아끌고 주먹으로 밀치고 발로 밟으면서 서로가 능욕하여 차마 바라볼 수 없었다. 장자가 보고서 성내고 무서운 모습을 나타내어 그들을 진정시키고 차례대로 음식을 주었다. 그들이 음식을 먹고서 각자 그릇을

---

2) 산스크리트어 dakṣiṇā-gāthā의 음사로서 시송(施頌)이라 번역된다. 음식물이나 재물을 받은 승려가 그에 보답하는 뜻으로 시주(施主)에게 설하는 게송을 뜻한다.

가지고 떠나갈 때 문지기가 막으니 대답하여 말하였다.

"장자가 나에게 주었는데 그대가 어찌 보고서 막는가?"

대답하여 말하였다.

"잠시 먹으라고 주었던 것이지 장자가 보시한 것이 아니므로 놓고 떠나시오."

그들이 기꺼이 내려놓지 않았으므로 문지기가 마침내 때렸다. 두 배나 요란하였고 시끄러운 소리가 밖에까지 널리 퍼졌다. 광엄성 안에서 모여 살던 사람들인 남자·여자·어른·아이들이 이 일을 듣고서 모두 모여들었다. 장자가 여러 사람들에게 알려 말하였다.

"당신들은 세존과 필추 및 외도들의 다른 점을 보았습니까?"

대답하여 말하였다.

"우리도 보았습니다."

"세존과 성중은 욕심이 적어서 만족함을 아시므로 외도들이 비루하고 악한 법과 율로 서로를 포섭하여 유혹하는 것과 같지 않습니다."

여러 사람들이 다시 세존과 승가께 두 배나 깊은 존중이 생겨났고 돈독한 신심이 더욱 깊어졌다. 설령 믿지 않거나 중간에 있는 사람들도 역시 세존과 성중께 존경하여 신심을 일으켰다. 이때 세존께서는 이미 주처에 돌아오셔서 발을 씻으시고 대중의 가운데 나아가서 평소와 같이 앉으셨다. 이미 좌정하신 뒤에 여러 필추들에게 알려 말씀하셨다.

"욕심이 적은 행은 이러한 수승한 이익이 있느니라. 그러므로 모든 필추는 금·은·유리·파리의 보배그릇의 가운데에 음식을 먹지 말라. 먹는 자는 월법죄를 얻느니라. 만약 욕심을 떠난 사람이라면 시주의 뜻을 따르라."

만약 범부이었고, 혹은 천상에 갔으며, 혹은 용궁에 이르렀는데, 그 복업의 힘으로 음식을 베풀어진 때에 모두가 금 등의 묘한 보배그릇뿐이었고 다른 잡그릇이 없었으나 필추가 범하는 것을 두려워하여 감히 취하지 먹지 못하였다. 이를 인연으로써 세존께 아뢰니 세존께서 말씀하셨다.

"만약 그곳에서 다른 그릇을 구할 수 없다면 설령 금이나 보배그릇이라도 역시 마땅히 취하여 먹을 것이고 의혹에 이르지 말라."

세존께서는 실라벌성에 머무르셨다.
이때 성안에 한 장자가 있었는데 크게 부유하여 재물이 많았고 수용하는 것이 풍족하여 비사문왕과 같았다. 아내를 얻고 오래지 않아서 곧 임신한 것을 알았는데 그의 아내는 곧 이 날에 모습과 얼굴이 빛나서 평소와 달랐다. 달이 되어서 뒤에 곧 딸을 낳았는데 얼굴이 단정하여 사람들이 보는 것을 즐거워하였고 얼굴빛이 예쁘고 자태가 여러 상(相)을 구족하였다. 그녀가 태어나던 날에 방 안이 밝게 빛나서 오히려 햇빛이 쉬는 것과 같았으므로 아름답다는 소문이 성읍에 두루 퍼졌다. 여러 사람들이 함께 논의하였다.

"어느 장자가 딸을 하나 낳았는데 용모와 의의가 특수하고 보는 자는 여러 상이 원만하여 보는 사람들이 즐거워한다네. 처음 태어날 때에 방안에 광명이 마치 햇빛과 같았다네."

날마다 천만의 사람들이 희기한 마음을 일으켜 장자의 집으로 모였고 함께 희유함을 보았다. 이때 다른 지방에 있는 한 관상가가 앞일을 잘 알았는데 그 기이함을 듣고는 역시 가서 관찰하여 보았다. 희유함을 보고서 사방을 돌아보고 여러 사람에게 알려 말하였다.

"그대들은 아십니까? 이 아이가 갖춘 상은 세상에는 다시는 없습니다. 관상의 서적에 의지한다면 마땅히 500의 장부와 더불어서 함께 기쁘게 사랑을 행할 것입니다."

여러 사람들이 알려 말하였다.

"이러한 수승한 상을 본다면 500명도 희기함에 만족되지 않소."

사방의 먼 곳에서도 이 관상가의 예언을 듣고 다투어 와서 관찰하였으므로 거리가 시끄러웠다. 이때 장자가 삼칠일이 지나고 뒤에 대환회(大歡會)를 위하여 종친을 모이게 하고서 모두에게 말하였다.

"이 아이를 무엇이라고 이름을 지어야 합니까?"

함께 말하였다.

"탄생할 때에 방에 광명이 오히려 햇볕과 같았으니 마땅히 이 딸아이를 묘광(妙光)이라고 이름을 지어줍시다."

장자가 마침내 유모 여덟 명이 함께 돌보게 하였고, [자세한 설명은 나머지와 같다.] 나아가 소녀가 되어 점차 장대하니 용모가 아름답고 단아하며 우아하여 같은 부류에서 초륜(超倫)하였고, 기악과 관현(管絃)을 갖추고 익히지 못한 것이 없었으며, 광채가 혁혁(赫奕)한 비단옷도 향기로우며 그 집안에 선명하게 두루 비추었으므로 오히려 천녀의 처소인 묘화원(妙花園)과 같았다. 이러한 기이한 자태와 위의와 용모는 사랑스러웠고 위광도 특별하여 세상에서 비교할 수 없었으므로 가령 은거한 선인이나 욕심을 떠난 무리이더라도 오히려 능히 그녀에게 이끌려서 염욕심을 일으켰는데 하물며 시작이 없는 과거부터 쌓이고 쌓인 번뇌에서 음욕이 왕성해가는 나이 젊은 장부가 어찌 미혹되지 않겠는가?

그의 아버지는 집안사람들과 밤낮으로 엄숙하게 지켰으므로 다시 잠을 잘 수 없었다. 이때 교살라왕인 승광왕의 태자와 대신과 아울러 다른 나라의 왕자들이 함께 모두가 아버지에게 혼인을 청하였으나 묘광의 상이 500인과 함께 욕사(欲事)를 행한다는 관상가의 예언을 까닭으로 모두가 부끄러움이 생겨나서 혼인을 이루지 않았다. 그러나 집안과 바깥에도 사람이 가득하였고 창문으로 모두가 함께 엿보았으므로 비록 지키고 보호하였으나 금지하는 것은 어려웠다. 장자가 보고는 집에 화가 미치는 것이 두려워서 마음이 편안하지 못하여 곧 생각하여 말하였다.

"딸이 장대하였으니 비록 짝의 부류가 아니더라도 구하는 자에게 마땅히 주겠다."

사람들이 모두 부끄러워하여 다만 보았고 맞이하는 자가 없었다. 이렇게 장자는 취하려는 자가 없는 것을 보고는 마음에 근심과 번민이 생겨나서 병을 얻어 몸이 마르고 손괴되었다. 이때 이 성안에 다른 장자가 있었는데 크게 부유하여 재산이 많았으나 아내를 얻고 오래지 않아서 곧 아내가 죽었고 이와 같이 전전하여 다시 다른 아내를 찾았는데 둘째와 셋째 나아가 일곱째 아내까지 이르렀으나 모두가 병으로 죽었다. 그가 전생에 아내가 단명할 업을 지었던 까닭이었고 나쁜 소문이 유포되어 마침내 당시 사람들은 그에게 살부(殺婦)라는 이름을 붙여주었다. 이때 살부장자는 홀로 살아 생활이 어려웠으므로 다시 다른 여자를 찾았다. 그가 어느 여인의 집에 이르러 혼사를 물으니 그 부모가 알려 말하였다.

"어찌 우리들이 지금 스스로 딸을 죽이겠는가?"

마침내 다시 사량하고 여러 과부들에게 구하였는데 여러 사람들이 대답하여 말하였다.

"어찌 우리들이 지금 스스로를 죽이겠습니까?"

장자가 여러 곳에서 아내를 구하였으나 얻지 못하였고 드디어 아내를 구하려는 마음을 단념하고 곧 외도의 사문과 바라문 및 여러 잡스런 범행인의 처소로 가서 그들과 함께 머물렀다. 장자가 생각하면서 말하였다.

"우리 아버지는 이전에 세존의 오파색가에 속하였는데 다시 거듭하여 번거롭게 여러 외도들을 따르겠는가? 나는 지금 마땅히 세존의 제자들과 함께 머물면서 점차로 공양을 베풀고서 결국 마땅히 출가해야겠다."

곧바로 자주 서다림으로 갔는데 옛 지식이 있어 물어 말하였다.

"그대가 자주 사찰에 들어오는데 출가를 구하는가?"

대답하여 말하였다.

"나는 지금 일이 없네. 이미 이것이 출가인데 어찌 수고롭게 다시 짓겠는가?"

그가 까닭을 물으니 알려 말하였다.

"나의 첫 아내가 죽어서 다시 아내를 얻으면 또 죽었으며 이와 같이 둘·셋 나아가 일곱에 이르렀다네. 세상 사람들이 나에게 살부라고 이름을 붙여서 부르는데, 아울러 전생에 악업이 부르는 까닭이라네. 나는 스스로가 생각하기를 아버지가 이전에 세존께 귀의하였는데 다시 어디로 가겠는가? 곧 발심하여 필추 대중에게 의지하였네."

지식이 알려 말하였다.

"비록 이러한 것을 알겠으나 아내를 결국 구하는 것이 도리이네. 만약 자녀가 없다면 종륜(宗胤)3)이 장차 끊어질 것이므로 다시 여러 나머지의 잡류(雜類)에서라도 구하도록 하게."

대답하여 말하였다.

"나는 어떻게 해야 하는가? 다만 구하더라도 모두가 말하였네. '어찌 내가 딸을 죽이겠는가?'"

"만약 그렇다면 어찌 여러 과부들을 구하지 않았는가?"

대답하여 말하였다.

"역시 같네. 구하는 것을 보고 말하였네. '어찌 내가 자살을 하겠습니까?'"

"만약 이와 같다면 묘광 미녀에게 어찌 가서 구하지 않았는가?"

대답하여 말하였다.

"관상가가 500인과 통한다고 예언하였으니 어찌 나의 집을 음녀의 집으로 만들겠는가? 일체의 장부들은 모두가 버릴 것이네."

알려 말하였다.

"그대는 신심이 있는데 누가 다시 곧 들어갈 수 있겠는가? 오직 필추들이 때에 와서 지나가면서 돌아보는 것을 제외시키게. 그대는 지금 가서 묻도록 하게."

대답하여 말하였다.

"그도 나에게 시집보내는 것을 많이 즐거워하지 않을 것이네."

알려 말하였다.

"그쪽에서도 역시 근심으로 있으니 혹은 서로가 짝이 맞을 것이네."

장자가 곧 떠나가서 그녀의 집안에 이르니 그녀의 아버지가 보고 큰소리로 말하였다.

"잘 오셨소. 무엇을 구하고자 하시오."

대답하여 말하였다.

---

3) 집안의 후사(後嗣)나 자손을 가리키는 말이다.

"마음속으로 원하는 것은 있으나 감히 말을 할 수가 없습니다."
아버지가 말하였다.
"말하는데 역시 무슨 손해가 있겠는가?"
대답하여 말하였다.
"묘광을 마주하고서 혼인을 구하고자 합니다."
알려 말하였다.
"그대에게 주겠네."
곧 성대하게 예를 베풀어 딸을 시집보냈고 마차로 맞이하여 데리고 집으로 돌아왔다. 곧 집에서 소유한 열쇠를 모두 부탁하면서 말하였다.
"현수여. 우리 집은 옛날부터 불법승께 귀의한 법이 있었고 이것만이 복전이고 나머지는 귀의하고 나아간 곳이 없으니 그대는 때를 따라서 자주 공양을 베풀도록 하시오."
대답하여 말하였다.
"좋습니다. 내가 마땅히 따라서 짓겠습니다."
이때 그 장자가 날마다 필추를 청하여 집으로 와서 공양하게 하였고 묘광이 스스로의 손으로 항상 공양을 주었는데, 만약 얼굴이 예쁘고 얼굴빛이 뛰어난 필추를 보면 곧 마음속에 기억하고서 그리워하였다. 이때 장자가 인연이 있어서 잠시 외출하면서 알려 말하였다.
"현수여. 내가 어디에 일이 있어 반드시 가야 하오. 그대는 복전에 공양이 끊이지 않게 하시오."
대답하여 말하였다.
"알겠습니다."
장자가 다시 필추에게 가서 알려 말하였다.
"내가 다른 인연이 있어 반드시 다른 곳에 가야합니다. 오직 바라건대 성자여. 날마다 집에 오시어 공양을 받으십시오."
대답하여 말하였다.
"바라건대 그대는 병이 없으십시오. 우리가 마땅히 나아가서 공양하겠습니다."

장자가 간 뒤에 필추들이 집으로 나아갔다. 이때 묘광은 남편이 없었으므로 필추들 앞에서 그 자태로 요염하고 아양스러운 모습을 지었다. 필추가 보고 각자 음식을 먹고서 사찰 안으로 돌아가서 서로에게 알려 말하였다.

"당신들은 잘못되는 모습이 나타난 것을 알았는가? 지금 어떻게 해야 하는가?"

한 사람이 알려 말하였다.

"우리가 내일부터 가지 않도록 합시다. 그대들은 어떻게 하겠는가?"

한 사람이 다시 말하였다.

"우리는 걸식하는 사람이니 마땅히 걸식합시다."

여러 사람이 말하였다.

"옳습니다."

필추들은 다음 날부터 한 사람도 가지 않았다. 뒤의 때에 장자가 일을 마치고 집으로 돌아와서 묘광에게 물어 말하였다.

"성자인 복전들이 항상 와서 공양하였는가?"

대답하여 말하였다.

"하루만 와서 먹었고 뒤에는 다시 오지 않았습니다."

장자가 듣고 생각하였다.

'어찌 이 여자가 성자들 앞에서 요염과 아양의 모습을 나타내었고 그들이 허물을 두려워한 까닭으로 오지 않은 것이 아니겠는가?'

곧 사찰 안으로 가서 은근히 거듭하여 청하니 그들이 대답하여 말하였다.

"우리는 상법에 의지하여 걸식하는 것이 옳은 사람입니다."

알려 말하였다.

"성자여. 내가 이미 짐작하여 알고 있습니다. 다시는 이전과 같은 과실이 생겨날 염려가 없습니다."

필추가 곧 받아들였고 그는 예배하고 떠나갔다. 곧 다른 날에 필추들이 장자의 집에 나아가서 공양하였고 장자는 마침내 묘광을 방으로 들여보내고 문을 닫아걸고 장자가 문밖에서 자신의 손으로 음식을 드렸다. 필추가 음식을 먹을 때에 묘광은 방안에서 분별된 생각이 생겨났다.
'어느 성자는 발이 이와 같고 허리와 등은 이와 같으며 가슴·목·얼굴·눈 나아가 머리와 이마는 이와 같은데 ······'
분별된 생각에 얽매였고 곧 극심한 염애가 생겨나서 마침내 애욕의 불이 안팎으로 타올라서 온 몸에 많은 땀을 흘렸고 그로 인해 곧 목숨을 마쳤다. 필추들은 공양을 마치고 평소와 같이 양치질하고 게송을 설하고 하직하고 떠나갔다. 장자가 문을 열고 묘광을 부르면서 말하였다.
"그대는 나와서 나와 함께 식사합시다."
이미 그녀는 목숨을 마쳤으므로 고요히 말이 없었다. 장자가 들어가서 보았는데 바닥에 쓰러져 있었으므로 말하였다
"이런 잠이 들었네."
깨우려고 손으로 잡고서 어루만졌고 목숨을 마친 것을 알았다. 슬프게 울면서 식구들을 알려 말하였다.
"나는 박복한 하품의 인간이다. 이러한 보배와 같은 여자를 갑자기 잃었다. 종친들에게 여자가 죽었다고 알려라."
종친들이 이미 모였고 모두 와서 울부짖었고 가슴을 치면서 괴로워하였으며 스스로 땅에 부딪혔고 혹은 장자를 꾸짖기도 하였다. 이렇게 시끄러웠는데 마침내 곧 날이 저물었다. 5색면으로 상여를 장식하여 보내면서 숲에 이르렀다. 이때 숲에서 멀지 않은 곳에 곧 500의 도둑떼가 있어 다른 곳에서 도둑질하면서 이곳에 와서 머물고 있었다. 길을 가던 한 사람이 도둑의 진영을 보고는 드디어 이러한 생각이 생겨났다.
'묘광미녀가 지금 죽어서 사방의 먼 종친들이 갖추어 숲으로 보내고 있다. 이러한 도둑떼의 인연으로 환란을 당하지 않도록 내가 마땅히 빨리 가서 그들에게 알게 해야겠다.'
숲에 이르러 알려 말하였다.
"여기서 멀지 않은 곳에 500의 도둑이 있어서 이곳에 오고자 하므로 그대들은 빨리 떠나가서 서로가 피해를 당하지 않도록 하십시오."
모든 친척들은 듣고 성대하게 장례를 갖추고 사람을 시켜서 지키게

하고서 슬픔을 머금고 눈물을 닦으면서 각자 아울러 성으로 들어갔다. 그 도둑떼가 드디어 숲 옆에 이르렀고 지키던 사람들도 따라서 도망하여 숨었다. 여러 도둑들은 멀리서 여러 종류의 장엄을 보고서 모두가 함께 가서 보았는데 놀라지 않는 자가 없었다. 묘광의 옷을 벗기고 함께 그녀의 용모와 위의를 보고 기뻐하였다. 비록 다시 영혼은 없었으나 살아있는 것과 같아서 그 용모가 평소 살아있는 것과 다르지 않았으므로 모두가 서로에게 말하였다.

"이렇게 예쁘고 화사한 여자는 이전에는 보지 못하였다. 설령 멀리서 구하더라도 이러한 부류는 구하기 어렵다."

각자 염심이 일어나서 함께 비법을 행하였고 곧 500금전을 거두어서 곁에 놓아두고 떠나갔다. 날이 밝아서 사방에 소문이 들렸다.

"묘광이 비록 죽었으나 남은 유해가 오히려 500명과 통하였고 500금을 얻었다."

여러 필추들도 역시 다시 들어서 알았다. 이때 필추들이 함께 모두가 의심이 있어서 세존께 청하여 말하였다.

"묘광은 전생에 일찍이 몸에 무슨 업을 지어 광명을 갖추어 처음 탄생할 때에 집안을 모두 밝게 비추었고, 지금 비록 몸이 죽었으나 500명과 통하였고 500금전을 얻었습니까?"

세존께서 알려 말씀하셨다.

"그대들 필추들이여. 그 묘광이 이전의 몸으로 지은 업을 결국 반드시 스스로 받은 것이고 과보가 성숙한 때였으므로 다른 사람이 대신할 수 없느니라."

나아가 한 게송으로 설하셨고, [자세한 설명은 앞에서와 같다.]

"그대들은 마땅히 들을지니라. 이 현겁의 가운데에서 사람의 수명이 2만세일 때에 가섭파불께서 세상에 출현하셨고 십호가 구족하셨으며 바라니사의 시록림에 머무르셨느니라. 이때 이 성안의 왕은 흘률지(訖栗枳)라고 이름하였고 대법왕이었으므로 안은하고 풍족하였으며 즐거웠고 여러 도둑들도 없었느니라. [자세한 설명은 다른 곳과 같다.]

이때 그 세존께서는 교화의 인연이 끝나서 짚단의 불이 사라지듯이 무여의묘열반계에 들어가셨고, 왕과 모든 사람들이 세존께서 남기신 몸에 성대한 공양을 올리고 화장이 마쳤으며 그 사리를 거두어 솔도파를 세웠는데 가로와 세로가 1유선나이었고 높이가 반유선나이었다. 한 거사의 딸이 있어 탑 모양을 보고 깊은 신심이 생겨나서 드디어 밝은 거울을 상륜(相輪) 가운데에 묶어놓고 큰 발원을 일으켰느니라.

"원하건대 제가 미래의 세상에서 태어나는 곳에 광명이 밝게 비추어 오히려 햇빛이 몸을 따라서 나오는 것과 같게 하십시오."

그대들 필추들이여. 옛날의 거사의 딸이 곧 묘광이니라. 그녀가 옛날에 거울을 달고서 발원한 힘을 까닭으로 지금 이러한 과보를 얻어서 몸이 햇빛과 같고 태어날 때에 밝은 빛이 집안에 두루 가득하였느니라. 또한 다시 마땅히 알지니라. 어찌 그 몸이 비록 죽었으나 500명과 함께 교회(交會)하였고 다시 500금전을 얻은 것인가? 이것은 옛날의 인연이니 그대들은 마땅히 들을지니라. 옛날에 바라니사의 왕이 범수(梵授)라고 이름하였고 대법왕이었으며 [자세한 설명은 앞에서와 같다.] 이 성안에 한 음녀가 있었는데 현선(賢善)이라고 이름하였고 얼굴과 용모가 단정하여 사람들이 보는 것을 좋아하였는데 그 왕의 외삼촌과 이전부터 함께 교통(交通)하였다. 그때 500의 소를 기르는 사람들이 있어 방원에 이르러 함께 기쁘게 놀다가 각자 서로에게 말하였다.

"우리들이 이 동산에서 이러한 일을 모두 구족하였으나 오직 소녀와 함께 교통하고 즐기는 것이 없으므로 찾아서 데리고 오는 것이 옳겠소."

사람들이 모두가 말하였다.

"좋습니다."

"누구를 취하여 데려올 것인가?"

모두가 말하였다.

"현선이오."

곧 그의 처소로 가서 알려 말하였다.

"소녀여. 방원으로 가서 함께 즐기겠는가?"

알려 말하였다.

"만약 금전 천문(千文)4)을 얻는다면 내가 마땅히 함께 가겠으나 없다면 가지 않겠습니다."

"먼저 500을 받는다면 500은 즐기는 것이 끝난 뒤에 곧 주겠네." 소녀가 말하였다.

"뜻에 따르겠습니다."

여러 사람들이 곧 500을 주었는데 그녀가 알려 말하였다.

"앞에 가세요. 나는 향과 꽃으로 꾸미고 의복을 갈아입고서 뒤에 곧 따라가겠습니다."

여러 사람들이 떠나간 뒤에 여인은 이윽고 생각이 생겨났다.

'내가 만약 그 500명과 교통한다면 살아날 수 있겠는가? 이미 500금전을 남겨두고 갔는데 그것을 어떻게 해야 하는가?'

드디어 다른 계책을 일으켰다.

'왕의 외삼촌이 일찍이 나와 함께 교통하였으니 만약 의지한다면 혹시 구제될 수 있을 것이다.'

마침내 여노비를 시켜서 왕의 외삼촌에게 나아가서 이와 같이 말을 짓도록 하였다.

"내가 갑자기 마음을 잃어 500금전을 취하여 즐겁게 희롱하는 것을 허락하였으나 내가 만약 그 500명과 교통한다면 살아있기 어려운 이치입니다. 만약 그곳에 가지 않는다면 두 배의 금전으로 벌을 받아야 합니다. 나는 당신 함께 일찍이 뜻을 얻었으니 무슨 계책을 사용하여 곧 해결하여 순탄하게 해주십시오."

여노비가 이르러 갖추어 말하였다. 외삼촌은 왕의 힘을 의지하여 여인을 가지 않게 하였고 역시 금전도 돌려주지 않았다. 이때 세상에는 세존께서 없으셨고 독각이 있어 세상에 출현하였다. 빈궁한 자를 가엾게 생각하시어

---

4) 당대에는 은 한냥의 가치를 동전 400~500문으로 환산하였고, 송대에는 은 한 냥의 가치를 동전 1000문으로 환산하였으며, 물건값으로는 쌀 4~5섬정도에 해당한다고 한다.

하품의 와구에 의지하였고 얻은 음식을 따라서 먹었는데 세간에서는 복전이 오직 이 한 분이셨다. 이때 이 독각이 인간을 유행하다가 바라니사에 이르렀고 적정한 곳을 구하여 안락하게 머물고자 하였는데 500의 사람이 한곳에 모여 있으면서 모두가 존자를 보았다.

'몸과 마음이 함께 적정하고 특이하여 일반의 무리와는 다르다. 이러한 진실한 복전은 결국 만나기 어려우므로 마땅히 공양을 베풀어 미래의 인연을 심어야겠다.'

곧 함께 헤아리고 좋은 음식을 준비하여 발우에 가득히 채워서 경건하게 성인께 받들었다. 독각은 평소의 위의는 입으로 설법을 하지 않고 오직 몸으로 상을 나타내어 선한 마음을 일으켰으므로 곧 허공에 올라가서 여러 신통변화를 나타내어 몸의 위와 아래로 물과 불이 흐르고 빛나게 하였다. 범부가 신통을 보고 빠르게 신심과 존경이 생겨나서 오히려 큰 나무가 쓰러지듯이 온 몸을 던져서 그 상인(上人)께 예배하고 각자 크게 발원하였다.

"우리들이 이와 같이 진실한 복전에 공양을 베풀었으니 이 선근으로 원하건대 현선음녀와 함께 가령 몸이 죽더라도 500금전을 주고 함께 교통하여 주십시오."

그대들 필추들이여. 마땅히 알지니라. 지나간 때의 현선이라는 여인이 곧 묘광이었고 옛날의 500명은 곧 500의 도둑떼였느니라. 성자에게 공양을 베풀었던 까닭과 다시 발원한 그 업력을 까닭으로 생사를 받고 유전하는 가운데에서 500생 동안에 항상 500금전을 주고서 함께 비법을 행하였고, 나아가 오늘에 묘광녀가 그 목숨이 비록 끊어졌으나 그 유해에까지 오히려 금전을 주고 함께 악한 일을 행하였느니라. 이러한 까닭으로 그대들은 마땅히 지은 업을 다른 사람이 대신 받을 수 없다는 것을 알지니라. 나아가 앞에서와 같이 한 게송으로 자세히 설하셨다.

그대들은 마땅히 흑업과 잡업을 버리고 순백업을 닦을 것이고 이와 같이 마땅히 배울지니라. 모든 필추들은 세존의 말씀을 듣고 기뻐하면서 받들어 행하였다.

이때 세존께서는 이와 같이 생각을 지으셨다.
'여러 필추들이 이와 같은 집으로 향하여 음식을 받는 까닭으로 이때에 이러한 허물과 근심이 있는 것이다.'
여러 필추들에게 알려 말씀하셨다.
"그 묘광이라는 여인이 필추를 까닭으로 분별하는 생각을 일으켰고 마침내 목숨이 끊어진 것이다. 이러한 까닭으로 그대들은 마땅히 이와 같은 사람의 집에 나아가서 이러한 허물과 근심이 생겨나는 그러한 공양을 받지 말라. 만약 필추가 이와 같은 집에 나아가서 과실이 생겨난다면 월법죄를 얻느니라."

세존께서는 왕사성에 머무르셨다.
한 필추가 있었는데 선정을 닦는 자였다. 그는 곧 자주 아란야에 가서 선사(禪思)를 수습하였다. 이때 어느 마녀(魔女)가 있어 비법의 마음이 생겨나서 필추에게 식사를 청하였으나 필추는 받아들이지 않았다. 그녀가 이렇게 말하였다.
"성자여. 만약 청을 받지 않겠다면 내가 마땅히 당신에게 이롭지 않은 일을 짓겠습니다."
대답하여 말하였다.
"대매(大妹)여. 나는 계행을 지키는 사람인데 그대가 다시 어떻게 능히 이롭지 않은 일을 짓는다는 것인가?"
그녀는 곧 마주하고 앞에서 참지 못할 소리를 지었다. 이것을 까닭으로 뒤에 그녀는 항상 그 방편을 구하였다. 이때 그 필추가 일찍이 고요한 곳에서 납의(衲衣)5)로 몸을 감싸고서 갑자기 잠들었는데 마녀가 보고 이와 같이 생각을 지었다.
'이것이 곧 원수를 갚을 때이다.'
곧 필추를 들고 영승왕이 머무는 전각의 위로 향하였다. 왕이 바로

---

5) 납(衲)은 기웠다는 뜻으로 세상 사람들이 내버린 여러 가지 낡은 헝겊을 모아 누덕누덕 기워 만든 옷이라는 뜻이다.

잠들었을 때에 곧 필추를 왕의 위에 떨어뜨리니 왕이 마침내 놀라서 깨어났고 물어 말하였다.

"누구인가?"

대답하여 말하였다.

"나는 사문입니다."

물어 말하였다.

"어느 사문이오?"

대답하여 말하였다.

"석가자입니다."

왕이 말하였다.

"성자여. 무슨 까닭으로 이곳에 오셨소?"

그가 곧 이 일을 갖추어 왕에게 말하니 왕이 말하였다.

"무슨 까닭으로 이렇게 두렵고 어려운 곳에 머무십니까? 만약 내가 세존께 신심을 일으키지 않는 자라면 반드시 당신의 목숨이 온전하지 않을 것이고 역시 다시 능히 성인의 가르침에도 방해하게 될 것입니다."

그가 듣고서 대답하지 못하였고 돌아가서 필추 대중들에게 알렸다. 이때 여러 필추들이 인연으로써 세존께 아뢰니 세존께서 이렇게 생각을 지으셨다.

'필추가 두렵고 어려운 곳에 기거하였던 까닭으로 이러한 허물과 근심이 있는 것이다.'

여러 필추들에게 알려 말씀하셨다.

"영승대왕이 비난과 싫어함을 잘 말하였느니라. 이러한 까닭으로 필추들은 이와 같은 두렵고 어려운 곳에 기거하지 말라. 만약 머무르는 자는 월법죄를 얻느니라."

연기의 처소는 앞에서와 같다.

이때 필추가 있어 몸에 종기가 생겨났고 능히 치료하는 의왕이 인연으로 왔고 환자를 보고 곧 종기를 갈랐는데 인연이 있어 다른 곳으로 가면서 약을 넣어주지 않았다. 필추가 고통이 더욱 증가되었다. 이때 여러 필추들이 그의 고통을 보고서 서로에게 알려 말하였다.

"여러 구수여. 만약 의술을 아는 자가 있다면 고통을 없애 주십시오."

이때 젊은 필추가 있어 곧 약을 넣어주었다. 의왕은 스스로가 생각하였다.

'내가 먼저 종기를 갈라놓고 약을 주지 않았으니 지금 마땅히 주어야겠다.'

곧 가서 물어 말하였다.

"내가 종기를 갈라놓고 약을 넣지 않았습니다."

대답하여 말하였다.

"이미 지었습니다."

물어 말하였다.

"누구입니까?"

대답하여 말하였다.

"젊은 필추입니다."

의왕이 살펴보고 이것이 좋은 약인 것을 알고서 알려 말하였다.

"만약 다른 날에 내가 없을 때에는 마땅히 이와 같은 약을 주도록 하십시오."

대답하여 말하였다.

"내가 먼저 마땅함을 따라서 임시적으로 이러한 법을 행하였으나 불·세존께서 아직은 허락하지 않으셨습니다."

알려 말하였다.

"세존께서는 대비하시므로 반드시 마땅하게 열어서 허락하실 것입니다."

필추가 세존께 아뢰니 세존께서 말씀하셨다.

"만약 여러 필추 가운데에서 의술을 잘하는 자가 있다면 마땅히 약을 가려진 곳에서 줄 것이고, 재가인들이 보지 않게 하라. 만약 드러난 곳에서 짓는 자는 월법죄를 얻느니라."

연기는 실라벌성에서 있었다.

이때 청정한 신심이 있는 바라문과 거사 등이 사중에 와서 물어 말하였다.

"나에게 이와 같은 병이 있는데 마땅히 무슨 약을 복용해야 하고 아울러 무슨 음식을 먹어야 합니까?"

이때 여러 필추들은 의술을 알지 못하여 한마디도 대답할 수 없었고 그 의술을 잘 알았던 필추도 역시 의심이 생겨나서 자세히 말하지 않았다. 이때 여러 재가자들은 좋아하지 않으면서 떠나갔다. 필추가 세존께 아뢰니 세존께서 말씀하셨다.

"만약 필추가 의술을 잘 안다면 마땅히 자세히 말하여 주어라. 이것은 범하는 것이 없느니라."

연기의 처소는 앞에서와 같다.

이때 세존께서는 큰 신통변화를 나타내시고 위엄으로 외도를 항복받아 인간과 천상에 즐거움을 주셨으므로 바깥 지방에 소유하였던 여러 비인(非人)들도 그의 주처를 따라서 성읍과 취락과 설령 세계의 중간에 있더라도 역시 모두가 함께 실라벌성으로 나아갔다. 대사이신 세존께서는 항상 천인·용·약차·교살라국의 승광대왕·승만부인·행우부인·선수(仙授)·고구(故舊)·비사거녹자모(毘舍佉鹿子母)와 다시 거듭 나머지의 왔던 대중은 음식과 의복을 함께 베풀었고 공양하여 여러 왔던 사람들이 모두 충족되게 하였다.

여러 비인들에게도 역시 애착이 생겨나서 함께 이곳에 의지하여 머물렀고 돌아갈 까닭이 없어서 기거하였고 만약 음욕심이 일어나면 곧 남편의 모습으로 변화하여 그 부녀와 함께 욕사(欲事)를 행하였는데, 낳은 아들과 딸은 사람의 모습이 아니어서 혹은 손·발·머리·얼굴이 보통사람의 모습과 달랐으며, 혹은 그 눈이 붉거나 검었고, 혹은 머리는 크고 몸은 작았으며, 혹은 털의 빛깔이 순수한 청색이었고, 혹은 잡색이거나 황색이었다.

그들의 어머니가 보고 곧 크게 놀라서 마침내 험한 곳에 그 어린애를 버렸고 그 비인의 아비들이 보는 때에 정기를 보태주었고, 혹은 어떤 것은 처음 태어날 때에는 사람의 모습과 같았으나, 나아가 자라면서 비인의 모습을 지었다. 그들의 어머니는 역시 이전과 같이 던져서 버렸는데 그 비인인 아비가 보고는 양육하여 점차 성인이 되었다. 이때 육중이 보고 함께 서로에게 알려 말하였다.

"난타 오파난타여. 저 여러 흑발들은 우리들의 문도를 키워서 성인이 되면 훔쳐서 곧바로 데리고 떠나가네. 우리들이 지금 이와 같이 문도를 잘 거두어서 여러 흑발들이 다시 유혹하여 이끌어가지 못하게 하세."

이때 오파난타가 하루의 초분에 옷과 발우를 집지하고 성에 들어가서 걸식하면서 곧 길가에서 황발인(黃髮人)을 보고 곧 이렇게 생각을 지었다.

'이와 같은 모습과 위의는 흑발이 기르는 것이 아닐지라도 만약 출가하겠다면 내가 마땅히 도탈(度脫)시키리라.'

곧바로 나아가서 그에게 물어 말하였다.

"현수여. 그대는 어느 집의 아들인가?"

대답하여 말하였다.

"나는 의지할 곳이 없고 오직 한 몸입니다."

"만약 이와 같다면 어찌 세속에서 나오지 않는가?"

대답하여 말하였다.

"누가 다시 황발인인 나에게 출가의 스승이 되어주겠습니까?"

알려 말하였다.

"현수여. 대사의 교법은 자비로서 상수를 삼네. 그대가 만약 하겠다면 내가 마땅히 그대를 위하여 출가사(出家師)가 되겠네."

그는 기쁨이 생겨나서 따라서 사중에 이르렀고 곧 출가시키고 아울러 근원도 주었으며 수일 동안을 행법을 가르치고서 알려 말하였다.

"현수여. 그대는 듣지 못하였는가? 사슴은 사슴을 기르지 못한다네. 실라벌성은 토지가 넓고 아버지가 다니는 곳이니 걸식하면서 스스로가 살아가게."

곧 다른 날에 옷과 발우를 집지하고 성에 들어가서 걸식하였다. 이때 여인이 있어 음식을 가지고 나와서 주었는데 그 필추를 보고 가슴을 치면서 알려 말하였다.

"누가 당신과 같은 황발의 부류를 출가시켰습니까?"

대답하여 말하였다.

"오파타야는 오파난타입니다."

알려 말하였다.

"그의 악행을 제외한다면 누가 다시 능히 세존의 교법에 허물과 근심이 생겨나도록 하겠습니까?"

여러 믿지 않는 자들이 네거리와 촌방(村坊)에서 함께 비난하였다.

"사문 석자가 비법을 행하는구나. 황발의 무리도 역시 제도하여 출가시키는구나."

필추가 세존께 아뢰니 세존께서는 이렇게 생각을 지으셨다.

'여러 필추들이 이와 같은 사람을 제도하여 출가시키는 까닭으로 이러한 과실이 있는 것이다. 이러한 까닭으로 필추는 황발을 제도하지 않아야 한다.'

여러 필추들에게 알려 말씀하셨다.

"지금 여러 재가인들이 비난하는 것은 진실로 마땅한 법이다. 이러한 까닭으로 필추들은 마땅히 그 법을 훼손하는 사람들을 출가시키지 말라. 만약 짓는 자는 월법죄를 얻느니라."

세존께서는 "이러한 부류 등을 출가시키지 않아야 한다."고 마땅히 말씀하셨다. 필추들이 무엇이 법을 훼손하는 부류인가를 알지 못하였으므로 세존께서 말씀하셨다.

"두 종류의 비루하고 악하게 법을 훼손하고 욕보이는 부류가 있나니 첫째는 종족이고, 둘째는 형상이니라. 종족이라고 말하는 것은 가문이나 종족의 전통이 천하고 낮으며 빈한하고 용렬하며 떠돌면서 살아가고 음식이 충족되지 않는 것이며, 혹은 전다라(旃茶羅)6)·복갈사(卜羯娑)7)·목

---

6) 산스크리트어 Candla의 음사로서 포악(暴惡)·살자(殺者)·하성(下姓) 등으로 번역되며 인도의 사성계급 가운데 최하위인 수다라 중에서도 가장 천한 계급이다.

수(木作)·죽공예사(竹作)·세탁사(浣衣)·술장수(酤酒)·사냥꾼(獵師) 등의 부류이다. 이들을 종족이 비루하고 악하다고 이름하느니라.

무엇을 형상이라고 말하는가? 말하자면, 털이 노랗고 푸르며 붉고 희며, 혹은 털이 코끼리 털과 같거나 혹은 털이 없는 것이고, 혹은 다시 머리가 거칠고 길며 납작한 것이고, 혹은 노새의 머리이며, 혹은 돼지나 개의 머리이고, 혹은 여러 방생의 귀이며, 혹은 다시 귀가 없고, 혹은 그때에 눈에 여러 병이 있어서 노랗고 붉으며 너무 크거나 너무 작고, 혹은 그때에 눈이 멀었고 귀머거리이며, 혹은 그때에 이빨에 병이 있고, 혹은 다시 이빨이 없는 것이며, 혹은 다시 근(根)이 끊어졌거나 두 근이 풍병으로 아래로 떨어졌고, 혹은 다시 완전하게 없는 것이며, 혹은 몸이 크게 거칠거나 크게 미세하고, 혹은 여위고 수척하며, 혹은 피부색이 나쁘고, 혹은 손발이 불구이며, 혹은 옴과 문둥병 등이 있는 것이다. 이러한 자들은 모두 대선께서 막은 자들이니 마땅히 도탈시키지 말라."

이와 같은 게송이 있느니라.

그대는 가장 수승한 가르침에서
구족한 시라(尸羅)를 받고
지심(至心)으로 마땅히 받들고 지니더라도
장애가 없는 몸은 얻기가 어려우니라.

단정한 자는 출가할 수 있고
청정한 자는 원구를 받으며
진실한 자가 설하는 말을
바로 깨달아야 아는 것이다.

남자는 전타라(栴陁羅)라고 말하고, 여자는 전타리(栴陁利)라고 말한다.
7) 산스크리트어 Pulkasa, Pukkasa의 음사어로서 분예(糞穢)를 치우거나 시신을 운반하는 일에 종사하는 사람이나 혹은 비천한 혼혈종족, 혹은 인과(인과)를 믿지 않고 악업을 짓는 사견인(邪見人)을 말한다.

이때 오파난타가 그 황발을 가지고 광대(戲兒)에게 주어서 팔았다. 세존께서 말씀하셨다.

"만약 털을 파는 자는 솔토라저야죄를 얻느니라."

제6문 제4자섭송 ①

제6문 제4자섭송으로 말하겠노라.

타색가(馱索迦) 등의 셋은 같다는 것과
유서(由緒)를 잊었고 아울러 물은 것과
대신통과 대락(大樂)과
도자(刀子)가 천궁에서 내려온 것이 있다.

연기는 실라벌성에서 있었다.
이때 구수 오파리에게는 두 구적이 있었는데 첫째는 타색가(馱索迦)라고 이름하였고, 둘째는 파락가(波洛迦)라고 이름하였다. 이 두 사람은 서로 친하고 마음에서 막역하였으므로 한 명이 다른 한 명에게 말하였다.

"그대가 근원을 받으면 내가 친교사와 그대의 몸에 모두 제공하고 모시어 부족함이 없게 하겠네."

이를 듣던 한 사람도 역시 이와 같이 말하였다. 이때 이 두 사람은 다시 서로를 보호하고 아꼈으나 결국 한 사람도 근원을 받지 못하였다. 이때 구수 오파리가 세존께 청하여 말하였다.

"대덕이시여. 한 친교사와 한 병교사와 한 갈마사로서 제자인 두 사람에게 동시에 근원을 줄 수 있습니까?"

세존께서 말씀하셨다.

"있느니라."

"누가 위입니까?"

세존께서 말씀하셨다.

"위와 아래가 없느니라."
"세 사람에게 동시에 줄 수 있습니까?"
세존께서 말씀하셨다.
"있느니라."
"셋 중에 누가 위입니까?"
세존께서 말씀하셨다.
"위와 아래가 없느니라."
"네 사람에게 동시에 줄 수 있습니까?"
세존께서 말씀하셨다.
"없느니라. 무슨 까닭인가? 대중이 아닌데 대중을 삼아서 갈마를 짓는다면 이치에 어긋나는 까닭이니라. 만약 이와 같이 짓는 자는 월법죄를 얻느니라."
"세존이시여. 이 여러 사람들이 동시에 받아서 위와 아래가 없다면 어떻게 공경하고 지사인이 되며 이양물을 받습니까?"
세존께서 말씀하셨다.
"이 여러 사람들은 마땅히 서로 예배하지 않을 것이고 만약 지사인을 짓거나 이양물을 받고자 한다면 따라서 다른 사람을 뽑아서 주도록 하고 그것을 받을지니라."

연기의 처소는 앞에서와 같다.
이때 오파리가 세존께 청하여 말하였다.
"대덕이시여. 마땅히 오는 세상에는 사람들이 건망증이 많아서 생각하는 힘이 적을 것이고 세존께서 어느 지방·지역·성읍·취락에서 어느 경전을 설하셨으며 무슨 학처를 제정하셨는가를 알지 못할 것입니다. 이것을 어떻게 하여야 합니까?"
세존께서 말씀하셨다.
"6대성(六大城)으로 하라. 다만 이곳은 여래가 오래 머무신 큰 제저(制底)[8]의 처소이므로 설하였다고 말하더라도 범한 것이 없느니라."

"만약 왕들이 이름을 잊었다면 누구를 말하여야 합니까?"
세존께서 말씀하셨다.
"왕은 승광(勝光)을 말할 것이고 장자는 급고독으로 말할 것이며 오파색가는 비사거(毘舍佉)로 이와 같이 마땅히 알 것이고 나머지 지방의 처소에서는 왕과 장자를 따라서 일컬어 말하라."
"만약 옛날의 인연을 말할 때에는 마땅히 어느 곳을 설해야 합니까?"
"마땅히 바라니사(婆羅尼斯)라고 말할 것이고 왕의 이름은 범수(梵授)라고 말할 것이며 장자의 이름은 상속(相續)이라고 말할 것이고 오파색가는 장정(長淨)으로 때에 따라서 일컬어 말할지니라."
"만약 경전을 능히 기억할 수 없다면 마땅히 어떻게 지녀야 합니까?"
세존께서 말씀하셨다.
"마땅히 종이나 나뭇잎에다 쓰고 독송하여 지녀라."

---

8) 산스크리트어 cetiya의 음사로서 제다(制多), 제저(制底) 등으로 한역된다. 초가에는 예배대상, 특히 정령이 머무는 성수를 의미하는 경우가 많았으나, 나아가서 예배대상을 받드는 장소(영묘)도 차이티아라고 하였으며 초기 불교의 주된 스투파를 가리키기도 한다.

근본설일체유부비나야잡사 제26권

삼장법사 의정 한역
석보운 번역

제6문 제4자섭송 ②

제6문 제4자섭송의 나머지이고 세존께서 대신통을 보이신 일이다.

어느 때 박가범께서는 왕사성외 가란탁가지 죽림원에 머무르셨다. 이때 국왕·대신·바라문·장자·거사 및 성읍과 취락에 있는 백성과 상주의 부류가 모두 함께 세존과 필추 대중들께 존중하고 공경하며 공양하였으므로 많은 음식·의복·와구·의약품과 몸에 필요한 물품 등의 이양을 얻었으나 여러 외도들은 왕과 대신과 바라문 등의 공경을 얻지 못하였고 나아가 음식이나 몸에 필요한 물품들을 얻지 못하였다. 이때 마왕 파순(波旬)이 이렇게 생각을 지었다.

'내가 밤새 교답마를 괴롭히고자 하였으나 능히 틈을 얻지 못하였다. 지금 마땅히 여러 외도들이 괴롭히고 혼란스럽게 해야겠다.'

이때 육사(六師)인 포자나(哺刺努) 등이 일체지가 아니면서 일체지만(一切智慢)을 짓고 역시 왕사성을 의지하여 머물렀다. 마왕 파순이 곧바로 포자나의 형상으로 변화를 지어 말갈리구사리자(末羯利瞿舍梨子)의 처소로 가서 곧 그의 앞에서 여러 신통변화를 나타내었는데 몸에서 물과 불이 나오고 비가 내리며 우레와 같은 번개가 일어났다. 이때 말갈리구사리자가 물어 말하였다.

"포자나여. 그대가 능히 이와 같은 희기하고 수승한 덕을 성취하였는가?"

대답하여 말하였다.

"나는 이와 같이 얻었소."

다시 산서이폐자지자(珊逝移陛刺知子)의 처소에 갔고, 다시 아시다계사감발라(阿市多雞舍甘跋羅)의 처소에 갔으며, 다시 각구타가다연나(脚拘陀迦多演那)의 처소에 갔고, 다시 닐갈난타신야저자(昵揭爛陀愼若低子)의 처소에 가서 모두 그들의 앞에서 몸에서 물과 불이 나오고 비가 내리고 우뢰와 번개가 일어나는 여러 신통 변화를 나타내었다. 또한 다시 말갈리구사리자의 모습으로 변화를 지어 모두 그들의 처소로 갔다. 그 처소에서 여러 신통변화를 나타내니 몸에서 물과 불이 나오고 비가 내리고 우뢰와 번개가 일어났다. 그들이 모두 물어 말하였다.

"말갈리구사리자여. 그대가 능히 이와 같은 희기하고 수승한 덕을 성취하였는가?"

대답하여 말하였다.

"나는 얻었소."

또한 다시 산서이폐자지자의 모습으로 변화를 지어 모두 그들의 처소로 갔으며, [자세한 설명은 앞에서와 같다.] 나아가 대답하여 말하였다.

"나는 얻었소."

다음으로 다시 아시다계사감발라의 모습으로 변화를 지었고, [자세한 설명은 앞에서와 같다.] 다음은 다시 각군타가다연나의 모습으로 변화를 지었고, 다음은 다시 닐갈란타신야저자의 모습으로 변화를 지었으며, 모두 그 앞에서의 여러 신통변화를 나타내어 몸에서 물과 불이 나오고 비가 내리고 우뢰와 번개가 일어났다. 그들이 모두 물어 말하였다.

"그대가 능히 이와 같은 희기하고 수승한 덕을 성취하였는가?"

대답하여 말하였다.

"나는 얻었소."

이 일을 보고 그들은 모두 스스로가 이와 같이 생각을 지었다.

'그들은 함께 큰 위신력을 갖추었고 수승한 힘이 있으나 나 혼자만이 이러한 위덕이 없구나.'

뒤의 다른 때에 이 여섯 대사가 창송당(唱誦堂)에 모두 함께 모였고 의논하면서 모두 이렇게 말하였다.

"우리들이 옛날에는 국왕·대신·바라문·장자·거사 및 상주의 부류에게 모두가 함께 존중과 공경과 공양을 받아서 음식·의복·와구·의약품·몸에 필요한 물품 등의 많은 이양을 얻었으나 지금에는 다시 이와 같이 공경과 공양이 없어서 음식과 의복이 모두 단절되었소. 그러나 사문 교답마는 여러 왕들의 공경과 공양으로 몸에 필요한 물품이 모두 다 풍족하오.

여러분은 마땅히 아시오. 우리들은 마땅히 신통한 도력(道力)으로 사문 교답마를 불러서 오게 하여 함께 우리와 상인법을 겨루도록 합시다. 만약 교답마가 하나의 신통 변화를 나타내면 우리는 마땅히 둘을 나타내고, 그가 만약 둘을 나타내면 우리는 마땅히 넷을 나타내며, 그가 만약 넷을 나타내면 우리는 여덟을 나타내고, 그가 만약 여덟을 나타내면 우리는 열여섯을 나타내며, 그가 만약 열여섯을 나타내면 우리는 서른둘을 나타내도록 합시다. 다만 교답마가 상인법을 나타내면 우리는 모두 두·세 배로 하여 그가 하는 것을 이기도록 합시다."

이때 그 육사들이 영승왕의 처소에 나아가서 왕을 위하여 축원하고서 이와 같이 말하였다.

"대왕은 마땅히 아십시오. 우리들은 대신통을 갖추었고 대지혜가 있습니다. 사문 교답마도 역시 스스로가 '대신통을 갖추었고 대지혜가 있다.'고 말하였습니다. 원하건대 대왕께서는 지혜 있는 자가 지혜 있는 자와 신통변화로 상인법을 겨루는 것을 허락하십시오. 만약 그 사문이 하나의 변화를 나타낸다면 나는 마땅히 두 배·세 배의 신통한 일을 나타내겠습니다. 만약 그가 반의 길을 왔을 때에는 우리들도 그에게 역시 반의 길을 가서 함께 신통을 겨루겠습니다."

이때 영승왕이 육사들에게 대답하여 말하였다.

"당신들은 비록 살았으나 죽은 시체와 다름이 없거늘 무슨 인연으로 능히 상인법으로써 여래를 부르겠소?"

그들이 이 말을 듣고는 모두 하직하고 물러갔다. 뒤의 다른 때에 왕이 대성을 나와 예경하려는 까닭으로 세존의 처소에 이르렀는데 육사가 길의 중간에서 영승왕을 보고 이와 같이 말하였다. [자세한 설명은 앞에서와 같다.] 신통을 겨룰 것을 청하였다. 왕이 말하였다.

"두 번을 와서 말하는 것은 탓하지 않겠으나 만약 다시 말한다면 그대들을 나라 밖으로 쫓아내겠소."

그들은 곧 묵연히 떠나갔다. 주처에 이르러 다시 함께 의논하였다.

"그대들은 아시오. 왕은 사문에게 깊은 존경과 믿음이 생겨나 있으니 여기에서는 기약할 수가 없소. 교섬비의 승광대왕은 성품이 공평하여 치우침이 없다는 것을 대중들이 모두가 들었으니 만약 교답마가 그 성으로 향한다면 우리들이 그를 불러서 신통력을 겨루도록 합시다."

뒤의 다른 때에 세존께서 인연을 따라서 왕사성을 나오시어 실라벌성으로 가셨고 점차 급고독원에 이르셨는데 육사외도가 역시 뒤를 따라와서 성에 이르러 머물면서 휴식하고 승광왕의 처소에 나아가서 축원하고서 이와 같이 말하였다.

"대왕은 마땅히 아십시오. 우리들은 대신통을 갖추었고 대지혜가 있습니다. 사문 교답마도 역시 스스로가 '대신통을 갖추었고 대지혜가 있다.'고 말하였습니다. 원하건대 대왕께서는 지혜 있는 자가 지혜 있는 자와 신통변화로 상인법을 겨루는 것을 허락하십시오. 만약 그 사문이 하나의 변화를 나타내는 때에 나는 마땅히 두·세 배의 신통한 일을 나타내겠습니다. 이와 같이 나아가 32배의, [자세한 설명은 앞에서와 같다.] 만약 그가 반의 길을 왔을 때에는 우리들도 그에게 역시 반의 길을 가서 함께 신통을 겨루겠습니다."

이때 승광왕이 육사에게 대답하여 말하였다.

"만약 이와 같다면 그대들은 잠시 기다리고 있으시오. 내가 세존께 아뢰겠소."

왕이 곧 갔고 세존의 처소에 이르러 두 발에 예경하고 한쪽에 앉아서 합장하고 공경스럽게 세존께 청하였다.

"외도인 육사가 신통과 상인의 법으로써 세존을 모시고 도와 덕을 겨루겠다고 말합니다. 오직 원하건대 자비로 외도를 항복받아 인간과 천상을 즐겁고 기쁘게 하시옵고, 신심이 있는 자에게 환희하고 용약하게 하시며, 신심이 없는 자에게 죄악의 근원을 없애 주십시오."

대사께서는 들으시고 승광왕에게 알려 말씀하셨다.

"대왕이여. 마땅히 아십시오. 나는 성문제자들에게 이와 같이 설합니다. '그대들 필추들은 오고 가는 사문·바라문·장자·거사 등에게 그 신통변화를 나타내어서 상인의 법을 짓지 말라.' 그리고 나는 여러 제자들에게 이와 같이 법을 설합니다. '그대들 필추들은 수승하고 선한 법은 마땅히 가리어 덮고 죄악의 일은 드러내는 것이 우선이니라.'"

이때 승광왕이 이와 같이 두·세 번을 권청(勸請)하였으나 세존께서는 이와 같이 두·세 번을 대답하셨다. 세존께서 대왕에게 알리셨다.

"대왕이여. 세존에게는 다섯의 일은 반드시 직접 분명히 지어야 합니다. 무엇이 다섯 가지인가? 첫째는 일찍이 발심하지 못한 유정인 그에게 무상의 대보리심을 일으키게 하는 것이고, 둘째는 오래 선근을 심은 법왕태자(法王太子)에게 관정을 수기하는 것이며, 셋째는 부모님께 진리를 보시게 하는 것이고, 넷째는 실라벌성에서 대신통을 나타내는 것이며, 다섯째는 다만 이러한 세존의 인연의 교화를 받은 중생을 모두 도탈시키는 것입니다."

이때 세존께서 다시 이렇게 생각을 지으셨다.

'옛날에는 여러 세존께서 모두 어느 곳에서 대신통을 나타내셨는가?'

실라벌성에 있는 것을 보셨고 다시 어느 때에 대중이 운집할 것인가를 생각하시어 7일 뒤인 것을 보셨다. 이와 같이 아시고서 승광왕에게 알려 말씀하셨다.

"대왕은 지금 돌아가시오. 시기를 관찰하여 마땅히 모이게 하고 내가 마땅히 짓도록 하겠습니다."

왕이 말하였다.

"어느 곳에서 어느 때입니까?"
세존께서 말씀하셨다.
"7일 뒤입니다."
왕이 세존의 발에 예경하고 하직하고 떠나갔다. 곧 외도의 처소에 나아가서 알려 말하였다.
"당신들은 마땅히 아시오. 7일 뒤에는 여래께서 대중을 위하여 대신통을 나타내실 것이오. 그대들이 만약 할 일이 있다면 뜻에 따라서 마땅히 짓도록 하시오."
외도들이 듣고는 전전하면서 모두가 의논하였다.
"사문 교답마가 혹은 도망하거나, 혹은 자기의 붕당을 찾을 것이오. 우리들의 여러 사람들은 무엇을 지어야 하는가?"
모두가 서로에게 의논하여 말하였다.
"사문은 반드시 직접 자기의 붕당을 구하여 찾을 것이오. 우리들도 역시 서로가 지혜로운 자를 구합시다."
이때 구시나성(俱尸那城)에 한 외도가 있었고 선현(善賢)이라고 이름하였는데, 나이가 들어 노쇠하여 120세였다. 이때 이 성안에 있는 여러 장사들이 모두 선현을 마음속 깊이 공경하고 존중하며 공양하면서 아라한이라고 말하였다. 이때 여러 육사들이 함께 의논하고는 곧 선현의 처소에 나아가서 물어 말하였다.
"선현이시여. 당신은 우리와 같은 범행자입니다. 우리들이 사문 교답마를 불러서 함께 신력(神力)으로 상인법을 나타내고자 합니다. 당신이 도와주십시오."
대답하여 말하였다.
"그대들이 그 사문과 함께 신통변화를 겨루는 것은 마땅하지 않소. 왜 그러한가? 그는 대덕이고 큰 힘과 세력이 있소. 어떻게 아는가? 이치가 있는 까닭이오."
물어 말하였다.
"무슨 이치입니까?"

대답하여 말하였다.

"대사문이 아직 세상에 출세하지 않았을 때였소. 내가 일찍이 만타지이대지(曼陀枳爾大池)의 곁에서 곳을 따라서 연좌(宴坐)하였소. 아침의 때에 걸식하여 무열지(無熱池)의 곁으로 갔고 마침내 고요함을 따라서 먹었소. 그때에는 그 연못에 천신이 있어서 머물렀는데 곧 스스로가 물을 취하여 서로에게 제공하였는데 교답마가 출세한 뒤에 그는 교답마의 성문제자이고 가장 제일로서 사리자라고 이름하였소. 그에게는 구적이 있었고 준타라고 이름하였는데 분소의(糞掃衣)를 가지고 무열지로 나아가서 세탁할 때에 연못가의 여러 천인들이 곧 옷을 가지고 빨아주었고 그 옷을 빨은 물로서 자기의 몸을 씻으면서 지극히 공경하였소. 마땅히 내가 생각하여 보니 나는 교답마의 제자의 제자에게도 미치지 못하오. 그대들이 지금 그 대사를 불러서 신력을 겨루고자 한다면 진실로 좋은 일이 아니오."

그들이 듣고 의논하며 말하였다.

"이 사람도 역시 그 사문의 붕당이오. 다시 다른 사람을 찾아서 함께 의논하도록 합시다."

이때 모든 육사들은 거짓으로 공경하는 모습을 보이고 곧 하직하고 떠나갔다. 마침내 곧 조용한 곳으로 나아가서 의논하여 말하였다.

"어느 곳에서 다시 우리 붕당의 부류를 찾을 수 있겠는가?"

한 사람이 알려 말하였다.

"어느 성안에 한 오통(五通)한 사람이 있으니 마땅히 그에게 나아가서 함께 계책을 세우면 반드시 마땅하게 서로에게 도움이 될 것이오."

한 사람이 알려 말하였다.

"그는 모든 신통변화를 나타낼 능력이 없으나 설산(雪山)의 조용한 곳에 치소인 수풀이 우거지고 연못이 깨끗하며 꽃과 과일이 풍성하고 솔바람은 음률을 토하며 새들이 조화롭게 지저귀는 그곳에는 500의 선인들이 의지하며 머물고 있소. 그들 가운데에는 오통을 증득한 사람이 많으니 우리들이 마땅히 그들에게 나아가서 함께 의논하도록 합시다."

이미 그곳에 이르러 문신하고 알려 말하였다.

"당신들은 우리와 같은 범행자입니다. 우리들이 지금 그 사문 교답마를 불러서 함께 신통으로 상인의 법을 겨루고자 합니다. 당신들은 우리들과 반려가 되어 도와주시겠습니까?"

그들이 모두 대답하여 말하였다.

"이것은 좋은 일이오. 우리는 함께 성공하기를 원합니다. 크게 모이는 때에 마땅히 기이한 상을 나타내겠소. 우리의 모습이 보일 때에 곧 서로가 도우시오."

그때 육사들이 그 말을 공손히 받들고 하직하고 떠나갔다. 뒤의 다른 때에 승광왕에게는 어머니가 다른 동생인 왕자가 있었는데 가라(哥羅)라고 이름하였다. 향만(香鬘)으로 옷을 정리하고 영락들을 갖추고 왕의 궁전 곁으로 지나갔다. 왕의 궁녀가 높은 누각 위에서 가라가 떠나가는 것을 보고 그의 미모를 사랑하여 곧 꽃다발을 멀리서 왕자에게 던졌고, 꽃이 어깨 위에 떨어진 것을 여러 사람이 함께 보았다. 원한이 있는 자가 이 일을 보고 마침내 대신에게 말하였고 대신이 왕에게 아뢰어 말하였다.

"왕자인 가라가 왕의 궁녀와 사사로운 정으로 좋아합니다."

왕이 듣고 갑자기 처음부터 자세하게 살피지도 않고서 곧 대신에게 그의 손발을 자르라고 명하였다. 그는 왕의 가르침을 받들어 시장의 가운데로 데리고 가서 괴회자(魁膾者)에게 손발을 자르게 하였다. 이때 그 친족과 여러 사람들은 모두가 함께 슬프게 울면서 놀랐고 그것을 괴로워하면서 둘러싸고 머물렀다. 이때 외도가 있어 곁으로 지나는 것을 보았고 왕자의 친척들이 그 외도에게 청하여 말하였다.

"가라왕자가 왕을 성나게 하여 손발이 잘렸는데 당신들은 능히 진실한 말의 힘으로서 왕자의 잘려진 손발을 옛날과 같이 회복시킬 수 있습니까?"

외도가 듣고 묵연하였고 대답이 없었다. 존자 아난타가 걸식을 인연하여 역시 이곳을 지나갔는데 여러 친척들이 알려 말하였다.

"성자여. 왕자 가라가 손발이 잘렸는데 성자는 능히 왕자를 옛날과 같이 평소처럼 회복시킬 수 있습니까?"

존자가 대답하여 말하였다.

"그대들은 잠시 기다리시오. 내가 세존께 아뢰고 돌아와서 서로에게 알리겠습니다."

여러 사람들이 듣고 환희하면서 이와 같이 말하였다.

"왕자가 지금 때에 오히려 살게 되었습니다."

이때 아난타가 곧바로 빠르게 서다림으로 가서 발우와 음식을 놓아두고 세존께 나아가서 앞의 일을 갖추어 자세히 아뢰니 세존께서 아난타에게 알리셨다.

"그대는 지금 가서 그 권속들에게 왕자의 손발을 옛날과 같이 안치하고 그런 뒤에 진실한 말로 청하면서 마땅히 이와 같이 진실하게 말하라. '중생의 발이 없는 것과 발이 둘인 것·발이 많은 것·유색(有色)인 것·무색(無色)인 것·유상(有想)한 것·무상(無想)한 것·비상(非想)인 것·비비상(非非想)을 소유하였더라도 여래께서는 그 가운데에서 가장 제일이시고, 제법을 소유하였고 유위(有爲)이며 무위(無爲)이더라도 무염욕법(無染欲法)에서 가장 제일이시며, 대중을 소유하였고 군상의 부류를 모았더라도 그 가운데에서 세존의 성문들이 가장 제일이시고, 금계(禁戒)와 정근(精勤)과 고절(苦節)1)을 소유하고 범행을 닦고 지녔더라도 청정성계(淸淨聖戒)가 가장 제일이시니라. 이 진실한 말씀이 만약 허망하지 않다면 마땅히 왕자 가라의 끊어진 손발이 옛날과 같이 평소처럼 회복되어라.'"

이때 아난타가 세존의 말씀을 듣고 아뢰어 말하였다.

"세존이시여. 마땅히 이와 같이 짓겠습니다."

세존의 발에 예경하고 곧바로 그 가라가 있는 곳으로 가서 그 권속들을 시켜서 그의 손발을 옛날과 같이 안치하였다. 이때 아난타가 세존의 가르침과 같이 진실한 말로 이와 같이 청하였다.

"중생이 발이 없는 것과 발이 둘인 것 등과 [자세한 설명은 위에서와 같다.] 나아가 청정성계가 가장 제일이니라. 이 진실한 말씀이 만약 허망하지 않다면 마땅히 왕자 가라의 끊어진 손발이 옛날과 같이 평소처럼

---

1) 어떤 곤란(困難)한 일에도 굽히지 아니하는 굳은 절개(節介)를 가리킨다.

회복되어라."

이렇게 말을 지어 마치니 곧 평소같이 회복되었다. 이때 여러 사람들이 이 일을 보고 모두 용약하면서 큰 소리로 찬탄하였다.

"미증유(未曾有)이구나. 존자 아난타가 여러 외도들을 이기셨다."

곧 왕자를 데리고 세존의 처소에 나아가서 두 발에 예경하고 한쪽에 서서 아뢰어 말하였다.

"세존 대덕이시여. 이 사람이 왕자 가라입니다."

이때 왕자가 역시 세존의 발에 예경하고 한쪽에 앉았다. 세존께서는 그의 근성과 의요(意樂)의 차별에 수순하여 법요를 설하셨다. 왕자는 법을 듣고 불환과를 증득하였고 아울러 신통을 얻었다. 이때 승광왕은 존자 아난타가 가라왕자를 위하여 진실한 말의 힘으로 손발을 옛날과 같아졌다는 말을 듣고 곧 가라의 처소에 나아가서 알려 말하였다.

"왕자여. 그대는 나를 용서하게."

대답하여 말하였다.

"용서하였습니다."

왕이 말하였다.

"가라여. 집으로 돌아가세."

대답하여 말하였다.

"대왕이시여. 나는 이미 욕심을 벗어났습니다. 지금 이곳에 머물면서 여래를 받들어 모시고 마땅히 집으로 돌아가지 않겠습니다."

왕이 말하였다.

"옳도다. 뜻에 따라서 짓도록 하라."

이때 왕은 곧 한 숲속에 경행처를 만들어 가운데에 머물게 하였다. 그것으로서 조각조각으로 나누어졌던 숲이 서로 연결되었으므로, 곧 이 숲을 분분림(分分林)이라고 이름하였다. 이때 승광왕이 세존의 처소에 나아가서 세존의 발에 예경하고 한쪽에 앉아서 아뢰어 말하였다.

"세존이시여. 만약 세존께서 허락하신다면 성문부터 서다림에 이르기까지 현신통사(現神通舍)를 짓겠습니다."

세존께서 말씀하셨다.
"뜻을 따라서 지으시오."
왕이 곧 집을 지어서 문지르고 닦았으며 수리하고 경영하였으며 백천의 특수하고 묘한 당기와 일산을 펼쳐놓았고 전단향수를 뿌렸으며 값비싼 명화(名花)를 흩뿌렸고 여러 색깔의 깃발을 달았으므로 나부끼는 것이 사랑스러웠으며 금구슬이 햇볕에 반짝였고 보배방울이 조화하여 울렸으며 해안향(海岸香)을 태우니 향연(香煙)이 일산이 되어 오히려 도리천의 환희원과 같았다.
세존을 위하여 금·은·유리·파리·마노(瑪瑙)2)로써 여러 종류를 장엄(莊校)하였는데 세상에서 희기하고 미묘하게 장엄한 보배의 사자좌였다. 이때 외도인 오파색가도 역시 각자 힘을 따라서 그 육사를 위하여 여섯 자리를 만들었고 모두 외도로써 시종을 삼아 자리의 앞에 있도록 하였으며 사자를 보내어 왕에게 알렸다.
"대왕께서는 마땅히 아십시오. 우리들은 벌써 왔으니 사문 교답마를 부르십시오."
왕이 듣고 곧 중궁 및 왕의 대신과 아울러 여러 성읍의 원근의 사람들과 모두 함께 신통사로 나아갔다. 왕이 사자인 마납파에게 알려 말하였다.
"그대는 가서 세존께 예경하고 마땅히 내 말을 전하고 청하여 묻도록 하시오. '세존께서는 병이 적으시고 번뇌가 적으시며 기거가 가벼우시고 기력이 예리하시며 안은하십니까?' 이와 같이 지어 아뢰시오. 여기에 모든 외도들이 모두 모였습니다. 원하건대 세존께서는 때가 되었음을 아십시오."
사자인 마납파가 왕의 가르침을 받들어 세존의 처소에 나아가서 안은함을 묻고 한쪽에 앉아서 아뢰어 말하였다.
"세존이시여. 승광대왕이 세존의 발에 정례하고 청하여 묻게 하셨습니다. '세존께서는 병이 적으시고 번뇌가 적으시며 기거가 가벼우시고 기력

---

2) 화학성분은 송진(松津)과 같은 규산(硅酸)으로 광택이 있고, 고운 적갈색(赤葛色)이나 백색(白色)의 무늬를 나타내고 있다.

이 예리하시며 안은하십니까?'"
세존께서 말씀하셨다.
"그대의 대왕과 그대 자신의 무병과 안락을 발원하오."
마납파가 말하였다.
"승광대왕이 이렇게 아뢰도록 하였습니다. '여기에 모든 외도들이 모두 모였습니다. 원하건대 세존께서는 때가 되었음을 아십시오.'"
세존께서 말씀하셨다.
"마납파여. 그대는 지금 가시오."
이때 세존께서 신통력으로서 마납파에게 가피(加被)하시니 오히려 거위왕이 큰 두 날개를 펼친 것처럼 허공으로 올라가서 신통사로 갔다. 이때 모든 대중들이 그가 허공을 타고 오는 것을 보고 모두가 용약하면서 미증유라고 찬탄하였고 왕도 기이함을 보고 마음에서 깊이 존경하고 믿으며 모든 외도들에게 알려 말하였다.
"여래이신 대사께서 이미 신통변화를 나타내셨으니 당신들도 차례로 희기함을 나타내시오."
외도들이 말하였다.
"대왕이시여. 지금 이미 무변한 대중이 운집하였으니 설령 신통변화를 나타내더라도 이것은 누구의 사문이 하는 것인가? 우리들이 하는 것인가를 알 수 없습니다."
이때 가라왕자가 신통변화의 힘으로 향취산(香醉山)에 가서 그곳의 여러 종류의 기묘한 나무와 숲을 취하였는데 꽃과 과일이 가득히 달렸고 좋은 새들이 지저귀면서 나무를 따라와서 신통사의 북쪽에 앉았다. 왕이 이것을 보고는 더욱 희유함이 생겨나서 외도에게 말하였다.
"여래이신 대사께서 이미 신통변화를 나타내셨으니 당신들도 차례로 희기함을 나타내시오."
외도들이 말하였다.
"대왕이시여. 어찌 이전에도 말하지 않았습니까? 지금 이미 무변한 대중이 운집하였으니 설령 신통변화를 나타내더라도 누구인가를 알지 못합니다."

다음은 가난한 사람인 소달다(蘇達多) 장자가 있어 신통력으로써 삼십삼천에서 여의수(如意樹)를 취하여 그것을 신통사의 남쪽에 놓으니 왕이 이것을 보고 두 배나 기쁨이 생겨나서 외도들에게 알려 말하였다.

"여래이신 대사께서 이미 신통변화를 나타내셨으니 당신들도 하여 보시오."

외도가 대답하여 말하였다.

"대중이 이미 많아서 우리와 사문을 분별할 수 없는데 누가 승부를 알겠습니까?"

이때 백천의 멀고 가까운 지방과 나라에서 여러 국민이 모두가 모였고 허공 가운데에는 백천억의 여러 천인 대중이 있었으며 역시 구름처럼 모여서 신통변화를 보는 것을 즐겼다. 그때 세존께서는 잠시 방밖으로 나오시어 발을 씻으시고 다시 방안으로 들어가셨으며 나아가시어 자리에 앉아서 화광정(火光定)에 들어가시니 마침내 문고리의 구멍으로 큰 화광이 나와서 신통사에 이르렀고 모두에 불이 붙었다. 여러 외도들이 말하였다.

"대왕이시여. 이것은 사문의 신통한 일입니다. 머무는 집이 모두 불타고 있으니 그 사문을 불러오게 하여서 그 불을 끄도록 하십시오."

왕은 듣고 묵연하였고 결국 대답하지 못하고 근심하면서 머물렀으며, 승만부인·행우부인·선수·고구·급고장자·비사거모, 다시 여러 청정한 신심의 부류와 나아가 그곳에 있던 모든 사람들도 모두 경악하였다. 모든 외도 스승들과 그들의 제자들은 크게 불타는 것을 보고 모두 환희하였다. 이때 그 화광이 모든 신통사를 두루 태워서 그 먼지와 때를 깨끗이 제거하여 모든 것을 청정하게 하여 광명이 다시 밝아졌으나 하나도 손상되지 않았고 자연히 불이 꺼졌는데 세존의 신력과 하늘의 힘인 까닭이었다. 왕이 보고서 두 배나 환희심이 일어나서 죽었다가 다시 소생한 것과 같았다. 곧 외도에게 명하여 말하였다.

"여래이신 대사께서 이미 신통변화를 나타내셨으니 당신들도 지금 신통을 나타내시오."

그들은 곧 묵연히 얼굴을 숙이고 대답이 없었다. 그때 세존께서 드디어 곧 뜻을 지으셨고 곧 오른발로 그 향전(香殿)을 밟으셨다.

[서방(西方)에서는 세존께서 머무시는 당(堂)이라고 이름한다. 건타구지(健陀俱知)이다. 건타는 향이고 구지는 내실이니, 이것은 향실(香室)·향대(香臺)·향전(香殿)의 뜻이다. 직접 존안을 접촉하는 것이 불가한 까닭으로 다만 그 머무시는 전각을 부르는 것이니, 곧 이 지방의 옥계(玉階)[3]·계하(階下)[4]의 부류이다. 그러나 불당(佛堂)·불전(佛殿)이라고 이름하는 것은 이것이 서방의 뜻에 수순하지 않기 때문이다.]

이때 대지가 여섯 종류로 진동하여 약간 움직였고 바로 움직였으며 극심하게 움직였고 약간 진동하였으며 바로 진동하였고 극심하게 진동하였으며 동쪽에서 솟았고 서쪽에서 가라앉았으며 서쪽에서 솟았고 동쪽에서 가라앉았으며 북쪽에서 솟았고 남쪽에서 가라앉았으며 남쪽에서 솟았고 북쪽에서 가라앉았으며 가운데에서 솟았고 주변이 가라앉았으며 주변이 솟았고 가운데가 가라앉았다. 이렇게 대지가 널리 두루 진동한 까닭으로 설산 안에 있었던 500의 선인이 상서로운 모습을 보고 모두 놀라서 서로에게 말하였다.

"그 범행자가 이러한 상서로운 모습을 나타냈으므로 우리들이 마땅히 가봅시다."

곧바로 나아갔다. 세존께서는 그들을 위하여 교화할 까닭이 생겨났으므로 곧 금색의 미묘한 광명을 나타내셨으므로 세존의 처소에서 500의 사람에게 이르렀는데 중간에 밝게 비추지 않는 곳이 없었다. 이때 모든 선인들이 멀리서 세존을 보니 원광(圓光)의 묘한 빛이 보배산과 같았고 일천의 해가 밝게 비치는 것 같이 장엄을 구족하였으며 32상은 금빛의 몸을 밝게 비추었고 80종호는 형체를 따라서 밝게 장엄되어 있었다.

이때 그 선인들은 세존의 모습을 보고 마음이 곧 맑게 안정되어 오래 선정을 익힌 것과 같았고 아들이 없는 자가 아들을 얻은 것과 같았으며

---

3) 대궐 안의 섬돌이나 옥같이 고운 섬돌을 뜻한다.
4) 섬돌의 아래를 가리키는 말이다.

가난한 사람이 보배를 얻은 것과 같았고 왕위를 좋아하는 자가 관정위를 받은 것과 같았으며 역시 어느 사람이 이전부터 선근을 심어 처음으로 세존을 본 것과 같았다.

이때 모든 선인들은 세존의 처소에 이르러 두 발에 예경하고 한쪽에 앉으니 세존께서는 그들의 근성에 의지하고 근기의 차별을 따라서 사제의 이치에 수순하여 법을 설하셨다. 그들은 법을 듣고서 지혜의 금강저로서 20살가야견의 산을 부수고 예류과를 얻었다. 이미 진리를 보았으므로 곧 자리에서 일어나 합장하고 공경스럽게 아뢰었다.

"세존이시여. 우리들은 세존의 처소에서 출가하기를 원합니다. 아울러 원구를 받고 필추성을 이루고 대사의 처소에서 범행을 닦겠습니다."

이때 여래께서는 곧 명하셨다.

"잘 왔느니라. 필추여. 옳게 범행을 닦을지니라."

세존의 말씀에 수염과 머리카락이 스스로 떨어져서 깎은 것이 7일이 지난 것과 같았고 법복이 몸에 입혀졌으며 병과 발우가 손에 있었으므로 그 위의가 구족된 것이 백세의 필추와 같았다. 곧 여법한 교수에 그들이 스스로가 책려하여 정근하여 쉬지 않았으므로 5취의 괴로운 윤회에서 벗어나 여러 번뇌를 끊고 아라한과를 증득하였다. [자세한 설명은 다른 곳에서와 같다.] 나아가 제석과 여러 천인들이 함께 공경하고 존중하였다. 이때 세존께서는 이 500의 선인이었던 나한필추 및 다른 필추대중과 천룡팔부에게 앞뒤로 둘러싸이시어 신통사로 가셨고 대중 앞에서 사자좌에 오르셨다. 이때 신선모(神仙母)라고 이름하는 오파사가가 세존의 처소로 나아가서 아뢰어 말하였다.

"세존이시여. 오직 원하건대 대사께서는 신려(神慮)를 번민하지 마십시오. 제가 스스로 그 외도의 부류와 함께 신통을 겨루어 상인의 법을 나타내고 외도들을 항복받아 인간과 천인을 기쁘게 하여 존경하고 믿는 자에게는 마음에서 환희와 즐거움을 얻게 하고 그 믿지 않는 자에게는 인연을 맺게 하겠습니다."

세존께서 신선모에게 알려 말씀하셨다.

"그대도 뜻에서 번민하지 마시오. 그대가 비록 능력이 있어 그 외도들을 함께 서로를 항복받는 신통한 일을 나타내더라도 여러 외도들은 이와 같이 말을 지을 것이오. '사문 교답마가 신통변화를 나타낸 것이 아니고 다만 이것은 성문인 여인이 이와 같이 상인의 법을 지어 나타낸 것이다.' 그대는 지금 마땅히 앉아 있도록 하시오."

이때 빈소달라(貧蘇達多) 장자·구적 준타·구적녀 총계(總髻)·연화색(蓮華色) 필추니와 다시 무량한 여러 신통자들이 모두 세존께 나아가서 역시 앞에서와 같이 청을 드렸으나 세존께서는 앞에서와 같이 대답하셨고 그들을 다시 앉아 있도록 하셨다. 이때 대목련이 합장하고 세존을 향하여 아뢰어 말하였다.

"세존이시여. 원하건대 염려하지 마십시오. 제가 외도와 함께 신통변화를 겨루고 상인법을 나타내어 외도를 꺾어 항복받고 인간과 하늘에 이익을 증장시키겠습니다."

세존께서 목련에게 알리셨다.

"그대에게 힘이 있어 능히 외도를 꺾는 것을 알고 있네. 그러나 그 외도들은 이와 같이 말할 것이네. '사문 교답마가 신통변화를 나타낸 것이 아니고 다만 성문 대목건련이 대위덕이 있어서 능히 신통을 나타내어 우리를 함께 대적한 것이다.' 그대는 마땅히 다시 앉아 있게."

세존께서는 승광왕에게 알려 말씀하셨다.

"누가 여래와 함께 외도들이 신통변화를 겨루는 일을 청하겠습니까?"

이때 왕이 곧 일어나서 오른쪽 어깨를 드러내고 합장하고 세존을 향하여 아뢰어 말하였다.

"세존이시여. 제가 지금 세존께 청하옵나이다. 여러 외도들에게 신통변화의 상인법을 나타내시어 외도를 항복받아 인간과 천인을 즐겁고 기쁘게 하시고 존경하고 믿는 자에게는 두 배로 다시 증장시키시고, 믿지 않는 자에게는 믿음의 인연을 짓게 하시며, 미래에 사문·바라문·인간·천상 대중에게는 모두 이익이 되게 하고 장야에 안락하게 하십시오."

세존께서는 왕의 청을 받고 묵연히 머무르셨고 왕은 받아들이신 것을 알고서 자리로 돌아가서 앉았다. 이때 세존께서는 곧 이와 같은 수승한 삼마지(三摩地)에 들어가시니 곧 자리에서 사라지셨다가 동방의 허공의 가운데에서 나타나서 가고 서며 앉고 눕는 네 위의를 나타내시면서 화광정(火光定)에 들어가시어 여러 종류의 빛을 보여주셨으니 이를테면, 청·황·적·백과 홍색이었다. 몸의 아래에서는 불이 나왔고 몸의 위에서는 물이 나왔으며 몸 위에서 불이 나왔고 몸의 아래에서는 물이 나오기도 하였다. 이와 같은 신통변화를 동방에서와 같이 남·서·북방에서도 나타내셨고, 이미 신통변화를 나타내시고서 곧 오히려 거두셨으며 사자좌에 옛날에 의지하여 앉으셨다. 세존께서 왕에게 말씀하셨다.

"이것은 모든 세존과 성문의 대중이 함께 있는 신통입니다. 대왕이여. 누가 여래를 청하여 외도 및 인간과 천상의 대중을 마주하고서 마땅히 무상의 신통변화의 일을 나타내겠습니까?"

왕이 자리에서 일어나서 다시 먼저와 같이 이와 같이 말하였다.

"내가 세존께 청하겠습니다. 모든 대중을 위하여 마땅히 무상의 대신통의 일을 나타내시어 외도를 항복시켜 주십시오." [자세한 설명은 앞에서와 같다.]

세존께서는 묵연하셨고 왕은 받아들이신 것을 알고서 자리에 앉았다. 이때 세존께서는 곧 상묘륜상(上妙輪相)의 만자길상망만(萬字吉祥網鞔)의 손가락으로 무량한 백복(百福)이 생겨난다는 상호의 장엄인 시무외수(施無畏手)로 그 땅을 만지면서 세간심(世間心)을 일으키시면서 이렇게 생각을 지으셨다.

'어찌하여 여러 용들이 지닌 묘한 연꽃이 큰 수레바퀴와 같고 그 잎이 천 개이며 보배로 줄기를 삼고 금강으로 꽃술인 것을 이곳에 가지고 와야 하는 것인가?'

모든 세존의 상법은 만약 세속심을 일으키실 때에는 나아가 곤충과 개미도 세존의 뜻을 알게 되나, 만약 출세심(出世心)을 지으시면 성문과 독각도 오히려 능히 알지 못하는데 하물며 새와 짐승 및 여러 용들이 세존의 생각을 능히 알겠는가? 이때 그 용왕이 세존의 뜻을 알고 이와 같이 생각을 지었다.

'무슨 인연으로 세존께서 손으로 땅을 만지시는가? 세존이신 대사께서 신통변화를 나타내고자 하시므로 이 연꽃이 필요하신 것을 알겠구나.'

곧 꽃이 큰 수레바퀴와 같고 그 잎이 천 개이며 보배로 줄기를 삼고 금강으로 꽃술인 것을 가지고 땅으로부터 솟아나왔다. 세존께서 보시고 곧 그 연꽃 위에 안은하게 앉으시니 오른쪽 위쪽과 등 뒤에 각자 무량한 묘한 보석 연꽃의 형상은 이 꽃과 같이 자연히 솟아나왔다. 그 꽃의 위에는 한 분 한 분의 화신불이 앉아계셨고 각각의 그 세존들의 연꽃 오른쪽과 등 뒤에 모두 이와 같은 연꽃이 솟아나서 화신불이 앉아계셨다.

거듭거듭 전전하여 위로 솟아났고 나아가 색구경천(色究竟天)까지 연꽃이 이어졌다. 혹은 때에 그 세존의 몸에서 화광(火光)이 나왔고, 혹은 때에 비가 내렸으며, 혹은 광명을 비추었고, 혹은 때에 수기(授記)도 주었으며, 혹은 때에 묻고 대답하였고, 혹은 다시 걷고 섰으며 앉고 눕는 네 위의를 나타내었는데 세존의 신력을 까닭으로 가령 어린 아이일지라도 역시 능히 여래의 영상을 볼 수 있었다.

이때 세존께서 신통변화를 나타내시니 승광대왕과 내궁 여인·왕자·대신 및 여러 성읍과 다른 지방의 먼 손님인 무량 백천의 대중이 모두 운집하여 신통을 우러러보면서 잠시도 눈을 떼지 않았다. 허공 가운데에서도 역시 무량 백천의 여러 천인의 대중들이 함께 신통변화를 보면서 위의를 고치지 않았고 공경하고 공양하는 마음이 잠시도 변함이 없었다. 여러 곳에서 북을 울렸고 소라를 부는 음악소리가 계속되었고 노래와 춤이 계속되었다. 가령 새와 짐승도 역시 모두 기뻐하면서 각자 소리를 내었고, 말이 울었으며 코끼리가 울었고 낙타가 울었으며 소도 울었고 공작·원앙도 구슬프게 울었다. 인간과 천인의 대중이 세존의 신통변화를 보고 일찍이 미증유라고 찬탄하였다.

이때 그 여러 천인들이 허공 가운데에서 하늘의 음악을 연주하였고 역시 여러 꽃을 뿌렸으니 이를테면, 발두마화(鉢頭摩花)[5]·구물두화(拘物頭花)[6]·분타리화(分陀利花)[7]·만다리화(曼陀羅花)[8] 등 이었고, 하늘의 침수전단향(沈水栴檀香) 가루와 여러 향을 모두 뿌렸으며 묘한 천의(天衣)와 인간에서 상묘한 옷을 빈분(繽紛)9)이 내렸다. 이때 여래께서는 널리 이와 같은 신통변화를 나타내시어 교화를 받는 중생을 조복하시려는 까닭으로 가타를 설하여 말씀하셨다.

    그대들이 마땅히 출리(出離)를 구한다면
    세존의 가르침에서 부지런히 닦아서
    생사의 마군을 항복을 받아
    코끼리가 초가집을 부수는 것과 같게 하라.

    이 법과 계율의 가운데에서
    항상 방일하지 않고서
    능히 번뇌의 바다를 말리고
    마땅히 고통의 변제를 끝내라.

나머지에서 소유한 많은 화신불도 일시에 마땅히 이와 같이 가타를 설하였다.

    햇빛이 만약 나타나지 않았다면
    반딧불도 대략적으로 빛났으나
    밝은 해가 허공에 솟아오르니
    횃불도 이곳에서는 빛을 잃는다네.

---

5) 홍련화(紅蓮花)로서 적색과 백색의 두 종류가 있다고 한다.
6) 황련화(黃蓮花)를 가리킨다.
7) 백련화(白蓮花)를 가리킨다.
8) 양금화(洋金花)·산가화(山茄花)·풍가화(風茄花) 등으로 불리고, 가지과 식물인 독말풀을 가리킨다.
9) 많은 것이 어지러이 뒤섞이는 모양 또는 꽃이나 눈 따위가 어지럽게 흩어지는 모양을 가리킨다.

여래의 광명이 나타나지 않았다면
외도들이 희기함을 나타냈으나
세존의 광명이 세간을 비추니
육사와 제자들이 항복하였네.

이때 세존께서는 여러 필추들에게 알려 말씀하셨다.
"소유하였던 신통변화를 그대들은 기억하여 지닐지니라. 대신통의 일은 지금 곧 은몰(隱沒)10)하리라."
이렇게 말씀을 설하시자 신통변화는 모두 사라졌다. 이때 승광왕이 육사에게 알려 말하였다.
"대사이신 세존께서 이미 신통변화를 나타내셨으니 그대들도 지금 신통을 지으시오."
이때 외도 포자나가 묵연히 대답이 없었고 곧바로 팔꿈치로 말갈리구사리자를 찔렀다. 말갈리구사리자는 이와 같이 끝까지 전전하며 서로 찔렀으나 나아가 마침내 여섯 사람은 결국 한 사람도 감히 마땅히 대답이 없었다. 두·세 번을 왕이 신통을 나타낼 것을 명하였다. 이때 그 육사들은 오히려 서로가 옆 사람을 찌르면서 앞에서와 같이 침묵하면서 목을 움츠리고 머리를 숙였으며 깊은 선정에 들어간 것처럼 결국 수작(酬酢)11)이 없었다. 이때 금강수(金剛手) 대약차왕이 이와 같이 생각을 지었다.
'이 여섯의 어리석은 물건들이 오랫동안 세존을 괴롭혔으니 반드시 방편을 지어 그들이 마음을 고치고 가도록 하겠고 다시는 감히 그러하지 못하고 모두 도망하여 숨게 해야겠다.'
이렇게 생각을 짓고서 곧 사나운 바람과 비와 우박을 섞어서 퍼부었다. 그들의 신통사는 곳을 따라서 무너졌고, 외도의 삿된 무리들은 모두 흩어져 달아났으며, 혹은 놀라서 산속으로 들어가서 동굴과 나무와 수풀에

---

10) 자취를 감추거나 또는 흩어져 없어지는 것이다.
11) 주인이 객에게 답하는 것을 수(酬), 객이 주인에게 잔을 돌리는 것을 작(酢)이라고 말한다.

숨어서 머물렀고, 혹은 천당사(天堂祠)의 안에 들어가서 배를 끌어안고 근심하였으나, 세존의 신통사는 조금도 기울거나 움직임이 없었다. 그때 세존께서는 이 일을 보시고는 가타를 설하여 말씀하셨다.

여러 사람들이 두려움에 핍박받으면
많이 여러 산을 의지하여 돌아가지만
동산과 원림과 나무와 숲과
제저와 깊은 숲이 있는 곳의

이러한 곳으로 돌아가 의지하는 것은
수승함도 아니고 존중한 것도 아니며
이것은 귀의의 인연이 아니므로
능히 여러 괴로움에서 해탈하지 못한다네.

모든 유정들이여. 세존께 귀의하고
나아가 법과 승가에 귀의하며
네 거룩한 진리의 가운데에서
항상 지혜로써 관찰하라.

고통을 알고 고통이 쌓임을 알고
여러 고통을 영원히 초월하는 것을 알며
여덟의 성스러운 길을 안다면
안은한 열반에 나아가리라.

이러한 귀의가 가장 수승하고
이러한 귀의가 가장 존중하나니
반드시 이러한 귀의를 인연하여야
능히 여러 고통에서 해탈하리라.

이때 세존께서 모든 대중의 근성의 차별과 수면(隨眠)[12]이 각자 다른 것을 관찰하시고 그들을 위하여 법을 설법하시어 듣게 하셨다. 설법을 듣고서 무량한 백천억 숫자의 대중이 수승한 견해를 얻었고 혹은 초과(初果)·2과·3과·아라한과를 얻었으며, 혹은 성문의 보리심을 일으켰고, 혹은 독각의 보리심을 일으켰으며, 혹은 무상의 보리심을 일으켰다. 대중 가운데에 있었던 여러 중생들이 모두 함께 지극한 마음으로 삼보께 귀의하였으므로 세존께서는 그 대중들을 위하여 설법하여 보여주고 가르치셨으며 이롭게 하셨고 기쁘게 하셨으며 지으실 일을 마치시고 자리에서 일어나서 떠나가셨다. 이때 포자나 등의 제자가 있어 그 스승과 한 곳에 있으면서 그 스승에게 물어 말하였다.

"오파타야시여. 무엇이 진실입니까?"

이때 여러 육사들은 각자 속이고 거짓말하며 서로를 조롱하면서 이와 같이 말하였다.

"세간은 항상한 것이고 이것이 진실한 일이니라."

또한 누구는 이렇게 말하였다.

"항상함은 없고 이것이 진실이니라."

또한 말하였다.

"역시 항상하기도 하고 역시 항상하지 않기도 하다."

또한 말하였다.

"항상한 것도 아니고, 항상하지 않은 것도 아니며, 이것이 진실이니라."

또한 말하였다.

"유변(有邊)이고 무변(無邊)이다."

또한 말하였다.

"역시 유변이고, 역시 무변이다."

또한 말하였다.

"유변도 아니고 무변도 아니다."

---

[12] 산스크리트어 anuśaya의 한역으로 아뢰야에 잠재하고 있는 번뇌를 일으키는 근원을 가리킨다.

또한 말하였다.
"몸 가운데에 목숨이 있다."
또한 말하였다.
"다른 몸에 목숨이 있다."
또한 말하였다.
"죽은 뒤에 내가 있다."
또한 말하였다.
"내가 없다."
또한 말하였다.
"역시 내가 있기도 하고, 역시 내가 없기도 하다."
또한 말하였다.
"내가 있는 것도 아니고, 내가 없는 것도 아니다."
"오직 이것이 진실한 것이고, 나머지의 모든 것은 허망한 것이다."
비록 이러한 말로써 설하였으나 마음에 많은 부끄러움이 있어서 머리를 숙이고 들었으나 근심의 불꽃으로 마음을 태웠다. 마시는 물을 구하고자 곧 연못이 있는 곳으로 갔는데 그 길의 중간에서 한 황문(黃門)13)이 있었는데 보고서 게송을 말하였다.

그대는 지금 혼자 어디로 가시오?
모습은 서로 싸워서 뿔이 부러진 소와 같구려.
석가의 묘법을 능히 알지 못하면서
역시 들소처럼 곳을 따라서 달리는 것과 같구려.

이때 포자나가 이 게송을 듣고서 다시 게송으로 말하였다.

죽음이 항상 나의 눈앞에 있는데

---

13) 남자로서 남근을 갖추고 있지 않거나 남근이 불완전한 자를 가리킨다.

나의 몸에는 강건한 힘이 없어졌고
모든 것은 윤회하며 고락을 받으므로
나는 지금 해탈하고자 안은한 곳을 구한다네.

햇볕이 매우 뜨겁고 열기를 토하여
나는 지금 몸과 마음이 함께 피로하니
그대는 마땅히 속이지 말고 곧바로 알려 주시오.
어느 곳에 시원한 연못이 있는 것이오?

황문이 듣고 다시 게송으로 말하였다.

이곳의 가까이에 시원한 곳이 있어서
거위·오리·물고기·꽃 등이 모두 두루 가득한데
그대는 매우 악하게 태어난 장님이므로
아름다운 연못을 보지 못하고 함께 서로에게 묻는다네.

포자나가 다시 게송으로 말하였다.

그대는 지금 남자도 아니고 여자도 아니면서
연못으로 향하는 길을 가르쳐 도와주지 않으므로
내가 빨리 반드시 가서 시원함을 찾을 것이고
몸과 마음에서 불타는 여러 번뇌를 식히겠노라.

이때 그 황문이 그 길을 가리켰고 포자나는 곧 연못으로 나아갔다. 이미 연못에 이르러 모래를 담은 항아리를 목에 묶고 물에 들어가서 스스로가 빠진 인연으로 목숨을 마쳤다. 이때 그의 제자들이 다시 서로에게 물어 말하였다.
"당신들은 혹시 우리의 오파타야를 보았습니까?"

모두가 말하였다.
"보지 못하였습니다."
또한 서로에게 물어 말하였다.
"당신들은 모두가 일찍이 오파타야가 설하는 것을 보았습니까?"
한 사람이 대답하여 말하였다.
"세간은 모두 항상한 것이고 오직 이것이 진실이고 나머지는 모두가 허망하다고 말하는 것을 보았소."
또한 말하였다.
"나는 항상하지 않다."
또한 말하였다.
"역시 항상한 것이고 역시 항상하지도 않다."
또한 말하였다.
"항상한 것도 아니고 항상하지 않은 것도 아니다."
또한 말하였다.
"유변이다."
또한 말하였다.
"무변이다."
또한 말하였다.
"역시 유변이고, 역시 무변이다."
또한 말하였다.
"유변도 아니고 무변도 아니다."
앞에서와 같이 갖추어 말하였다. 이때 여러 제자들이 모두가 서로에게 말하였다.
"당신들은 마땅히 아십시오. 전하는 말이 모두 같지 않으므로 우리들이 지금 친교사를 찾아서 그 일을 묻겠습니다."
곧바로 구하여 찾았는데 그 길의 중간에서 동녀가 오는 것을 보고 가타로 물어 말하였다.

현수여. 그대는 혹시
포자나 대사를 보았는가?
옷으로 몸을 가리지 않았고
땅에 서서 손으로 먹는다네.

동녀가 설하는 것을 듣고 곧 가타로 대답하여 말하였다.

그는 반드시 지옥의 사람일 것이니
손을 벌려서 다른 사람에게 구걸하였고
손발은 모두 흰빛이었으며
물속에 잠긴 것을 보았다네.

제자가 역시 게송으로 대답하였다.

이런 말은 좋지 않은 말이므로
그대는 이러한 말을 짓지 말라.
법으로서 의상(衣裳)을 지으며
모니께서는 법에 의지하여 머무르신다네.

동녀가 다시 대답하였다.

알몸으로 인간세상을 다니는데
누가 곧 이것을 지혜롭다고 하겠는가?
다른 사람들이 모두 보아도
분명히 부끄러운 마음이 없다네.

뻔뻔스럽게 몸을 드러내는 모습을
곧 어찌 이것이 법이겠는가?

비사문왕이 본다면
칼로 베어도 분명히 장애가 없으리라.

이때 모든 제자들이 이 말을 듣고는 묵연히 떠나갔다. 곧 연못에 나아가서 그의 스승이 모래 항아리를 목에 매달고 빠져 죽은 것을 보았다. 제자 가운데에서 계를 즐거워하는 자가 있어 함께 이렇게 말하였다.
"이 일이 진실이고, 나머지는 모두 허망하다."
역시 모래 항아리를 목에 매달고 스스로가 빠져 죽었고 나머지의 무리들은 모두 사방으로 흩어졌으며 변방에서 의지하였다. 세존께서 이와 같이 신통변화를 나타내시니 인간과 천상의 대중들이 모두 환희하였다.

근본설일체유부비나야잡사 제27권

삼장법사 의정 한역
석보운 번역

제6문 제4자섭송 ③

제6문 제4자섭송의 나머지로서 대약(大藥)의 일을 밝히겠노라.

이때 세존께서는 무상의 신통변화와 이익되는 법으로써 교화하셨고 여러 외도들을 항복받으시어 모두를 물러나고 흩어지게 하셨으므로, 그들은 아무런 말도 못하고서 변방으로 도주하여 숨었다. 이때 여러 필추들이 이 일을 보고 모두 함께 의심이 있어서 세존께 청하여 말하였다.
"여래이신 대사께서는 신통력으로서 정법의 횃불을 밝히시고 망령된 소견의 깃발을 꺾어 삿된 무리들을 항복받으시어 진실한 희유를 성취하셨습니다. 옳으십니다. 대성인이시여. 능히 이와 같은 큰 이익의 일을 지으셨습니다."
세존께서 알려 말씀하셨다.
"그대들은 마땅히 알지니라. 마땅히 나는 지금 삼독을 버렸고, 일체의 지혜를 갖추어 대자재를 얻었으며, 저 언덕에 이르는 무상과(無上果)를 얻었고, 조어장부로서 인간과 천상의 스승이 되었으므로 그들을 물러나고 흩어지게 하였어도 희유한 것이 아니니라. 왜 그러한가? 내가 과거를 생각하니 염욕(染欲)·진에(瞋恚)·우치(愚癡)를 벗어나지 못하고 생로병사의 근심과 고뇌에 함께 얽매었을 때에도 오히려 능히 그 육사의 권속을 항복시켜 감히 수답(酬答)[1]하지 못하고 변방으로 도망하였으며 나아가 빠져서 죽었느니라.

그대들 필추는 마땅히 잘 들을지니라. 지나간 과거에 비제혜국(鞞提醯國)이 있었고 왕은 선생(善生)이라고 이름하였는데 법으로써 세상을 교화하였으며, [자세한 설명은 나머지와 같다.] 이때 왕의 부인은 용모가 단엄하여 왕이 매우 총애하였고 나아가 한 아들을 낳으니 사람들이 모두 보는 것을 즐거워하였다. 이 아들의 복력으로 그 나라에는 바람과 비가 때를 맞추었고 곡식을 심으면 풍요롭게 익어서 음식을 얻기가 쉬웠다. 삼칠일이 지나자 친속들을 불러서 곧 이름을 짓게 되었으므로 왕은 이렇게 생각하였다.

'이 아이를 낳고서 음식을 얻기가 쉬우니 마땅히 이 아이에게 족식(足食)이라고 이름을 지어야겠다.'

곧 이 아들을 여덟 양모에게 부탁하였고 여법하게 제공하였다. 나이가 들어 장대하여 세간의 기예에 모두 통달하였고 용건하였으며 충량(忠良)함을 넘어서는 사람들이 없었다. 그 대부인은 아들의 세력을 믿고 꽤 많은 태만함이 생겨나서 왕의 교령(敎令)이 있어도 많이 순종하지 않았고 이 일을 까닭으로 매번 근심하는 빛이 있었다. 이때 대신들이 왕이 기뻐하지 않는 기색을 보고 아뢰어 말하였다.

"대왕이시여. 무슨 까닭으로 근심을 품으신 것처럼 보이십니까?"

왕이 곧 신하들에게 그 일을 갖추어 말하니 신하가 말하였다.

"만약 이와 같다면 어찌 다시 조유(調柔)[2]하고 어질며 덕을 갖춘 자를 맞이하여 대부인을 점차로 화순(和順)하게 하지 않습니까?"

왕이 말하였다.

"어디서 취하여야 하오?"

신하가 말하였다.

"이웃나라의 왕녀를 마땅히 맞이하십시오."

---

1) 다른 사람의 물음에 대하여 말로 대답하는 것을 가리킨다.
2) 알맞게 다스려서 부드럽게 하는 것이다.

왕이 말하였다.

"그 나라와는 묵은 감정이 있는데 어떻게 혼인이 되겠소?"

신하가 말하였다.

"좋은 방편을 지으면 그 나라와 서로 친하게 될 것입니다. 왕께서는 또한 안심하십시오. 신이 가서 관찰하겠습니다."

대신이 곧 떠나가서 이웃나라의 왕을 보았고 이미 이르러 그에게 그 혼사를 물었다. 그 왕이 듣고서 대신에게 알려 말하였다.

"만약 혼인하겠다면 먼저 약속을 세워야 하오. 내 딸이 아들을 낳으면 다음의 임금으로 세울 것이고, 이것을 어기지 않겠다면 내가 마땅히 아내로 주겠소."

신하가 대답하여 말하였다.

"왕의 명령에 복종하겠습니다."

왕이 말하였다.

"경은 본국으로 돌아가서 그곳의 왕에게 알리고 이러한 약속을 허락한다면 다시 와서 서로가 봅시다."

대답하여 말하였다.

"나라의 태자를 책봉하는 일은 모두 대신에게 있거늘 이미 진실한 말에 감히 차이가 있겠습니까?"

서신을 보내어 왕에게 알렸다. 이때 왕이 듣고 예를 갖추어서 왕녀를 맞이하여 돌아오니 서로가 마음을 깊이 얻었다. 왕이 말하였다.

"이 여인은 조심스럽고 서로에게 공손(恭順)하구나."

물어 말하였다.

"지금 무엇을 하고 싶은가?"

곧바로 합장하고 아뢰어 말하였다.

"대왕이시여. 만약 원을 받아주시겠다면 제가 만약 아들을 낳는다면 다음 왕으로 삼아주시기를 청합니다."

왕이 이 말을 듣고 마침내 근심이 생겨나서 이와 같이 생각을 지었다.

'지금 이렇게 구하는 것을 만약 내가 허락한다면. 족식왕자가 용건하고 충량하며 많은 기예를 익혔고 용모가 초절하여 세상에서 상대가 없는데 어떻게 이 아이를 버리고 다른 아이를 세우겠는가! 내가 지금 때에 진실로 취하기도 어렵고 버리기도 어렵구나.'

곧 서로에게 대답하지 못하였다. 그때 대신이 왕의 얼굴빛을 살펴서 근심이 있는 것을 알고서 아뢰어 말하였다.

"대왕이시여. 무슨 까닭으로 근심하십니까?"

왕이 곧 일을 갖추어 대신에게 알리니 대신이 말하였다.

"이것은 걱정하실 일이 아닙니다. 제가 먼저 구혼하면서 이미 약속하였으니 지금은 원하는 것을 따르시고 그녀의 뜻을 막지 마십시오. 아직 부인이 석녀(石女)가 아닐지도 자세히 모르는 것이고 설령 낳더라도 아들인지 딸인지를 아직 알지 못합니다. 그녀가 구하며 원하는 것을 지금 마땅히 따르십시오."

왕은 부인에게 알렸다.

"그대의 소원을 따르겠소."

뒤에 오래지 않아서 부인이 아들을 낳으니 단정함이 평소와 달랐다. 삼칠일 뒤에 이름을 짓게 되어 여러 친척들이 함께 물었다.

"지금 이 아기의 이름을 무엇이라고 하고자 합니까?"

왕이 말하였다.

"이 아들을 낳기 전에 이미 왕위를 구하였으니 마땅히 이름을 구왕(求王)이라고 부르겠소."

유모 여덟 명에게 함께 기르게 하였다. 나이가 점차 장대하였으나 아직 책립(策立)을 하지 않아서 부인의 본국의 아버지인 왕이 신의에 어긋남을 괴이하게 생각하여 곧 사신을 보내어 왕에게 알려 말하였다.

"이전에 맹세하였소. 내 딸이 아들을 낳으면 다음 왕으로 세우기로 하였으니 지금 정하는 때가 되었소. 청하건대 말에 신의가 있도록 하시오. 만약 그렇지 않다면 내가 엄숙한 사병으로 반드시 토벌하겠소."

왕이 듣고 놀랐으나 계책이 없었으므로 큰 근심이 생겨났다. 신하가 말하였다.

"왕이시여. 무엇을 근심하십니까?"

왕이 갖추어 말하니 신하가 말하였다.

"대왕이시여. 다시 다른 계책이 없습니다. 마땅히 구왕을 태자로 삼고 족식 왕자는 마땅히 곧 제거하십시오."

왕이 말하였다.

"마땅히 이와 같은 비법을 짓는 말을 하지 마시오. 나는 일찍이 아비를 죽이는 아들은 있다고 들었어도 일찍이 자식을 죽이는 아비는 보지 못하였소. 이러한 옳지 않은 일은 내가 할 것이 아니오."

신하가 말하였다.

"능히 죽일 수 없다면 잔해(殘害)하십시오."

왕이 말하였다.

"그것이 목숨을 끊는 일과 역시 무엇이 다르겠소?"

신하가 말하였다.

"만약 그렇게 할 수 없다면 청하건대 멀리 쫓아내십시오."

왕이 말하였다.

"착한 아이이고 죄가 없는데 무슨 일로 유배(遷流)할 것인가?"

신하가 말하였다.

"그에게 허물을 구하고자 한다면 어찌 쉽게 얻지 못하겠나이까? 그러나 이 왕자를 또한 다음 왕으로 세운다면 태자 족식은 스스로가 마땅히 알 것입니다."

이때 왕이 곧 길일을 선택하여 구왕으로 태자를 삼으니 족식이 알고서 마침내 이렇게 생각을 지었다.

'왕이 나를 버리셨으니 머무르면 반드시 죽임을 당할 것이다.'

마침내 그 어머니를 알현하고 이런 뜻을 갖추어 자세히 말하였다.

"제가 지금 반차라국(半遮羅國)으로 가서 목숨을 연장하고자 합니다."

어머니가 이 말을 듣고 가슴을 화살로 맞은 것과 같아서 아들의 목을 끌어안고 놀라고 슬프게 울면서 곧 가타로서 아들에게 알려 말하였다.

그대는 본래 높은 평상과 요에 앉고 누웠고
입는 의복은 화려하고 밝았는데
어찌하여 홀로 다른 지방으로 향하며
거친 옷에 땅에 누워서 능히 생활하는가?

그대는 잠자거나 깨어있어도 항상 안은하고
서늘한 궁전에서 아름다움을 보며 마음대로 놀았는데
어찌하여 추위와 더위와 굶주림과 피부를
야외에 표령(飄零)3)하면서 홀로 고통을 받는가?

왕궁에서 코끼리와 말을 마음대로 탔고
진수(珍羞)와 미선(美膳)4)을 때에 따라 먹었으며
상묘한 의복으로 추위와 더위를 막았는데
어찌하여 이것을 버리고 궁핍한 숲으로 가는가?

북을 치고 거문고를 항상 번갈아서 연주하여서
능히 듣는 자에게 마음을 기쁘게 하였으며
여러 사람들이 존경하며 항상 따랐는데
그대가 홀로 근심을 품고 어디로 가는가?

왕자가 대답하여 말하였다.

누가 항상 안락을 받을 것이고
누가 다시 항상 어렵고 괴롭겠습니까?
액운은 사람에게 모두 있는 것이니
의복(倚伏)5)은 반드시 서로를 따릅니다.

---

3) 처지(處地)가 안락하지 못하고 이리저리 떠돌아다니는 것을 가리킨다.
4) 맛있는 반찬을 가리키는 말이다.

고락(苦樂)은 다시 변하는 것이고
항상 은하수가 돌아오는 것과 같이
모이고 화합하면 근심과 고통이 생겨나는 것이니
세간의 법은 모두 이러합니다.

이때 왕자는 이와 같은 슬프고 고통스러운 말로써 그의 어머니께 하직하여 알리고서 곧 떠나갔다. 반차라국으로 가서 곧 그 나라에 이르렀는데 굶주림과 목마름에 지쳐서 마침내 길옆의 나무 아래에서 쉬고 있었다. 사방을 둘러보아도 망망하여 그냥 쓰러져서 잠잤다. 이때 반차라국의 대신이 인연이 있어 행차(行次)하였고 왕자가 있는 곳에 이르렀으며 그의 의범(儀範)에 일반적인 규범과 다른 것이 있음을 살폈다. 오래 멈추고 서있다가 흔들어서 잠을 깨우고 물어 말하였다.
"그대는 어느 사람이고 누구 집안의 아들인가?"
대답하여 말하였다.
"나는 비제혜국왕의 아들로서 족식이라고 이름하오."
알려 말하였다.
"무슨 까닭으로 이곳에 왔소?"
왕자가 곧바로 사실을 갖추어 대답하니 근신(近臣)이 알고서 왕의 처소로 인도하였고 아뢰어 말하였다.
"대왕이시여. 이 사람은 선생왕의 아들인 족식이라고 이름합니다. 그의 부왕이 작은 아들을 세우고 큰 아들을 폐하였으므로 이곳으로 탈출하여 왔습니다."
왕이 마침내 불러서 왕자에게 물었다. 이때 왕자는 인연을 갖추어 아뢰었다. 왕이 듣고 슬픔과 기쁨이 교차하였고 환희하고 위로하면서 널리 봉읍을 하사하였고 자신의 딸을 아내로 삼게 하였다. 오래지 않은 때에 한 아들을 낳았는데 용모와 위의가 사랑스러워 대중들이 희기함을

---

5) 화와 복이 서로 인연으로 생기고 없어지는 것을 가리킨다.

찬탄하였다. 태어나던 날에 왕국 안에서 음식을 얻는 것이 쉬웠으며, 나아가 종친을 불러서 그의 이름을 짓고자 하였는데 이 아이는 족식 왕자의 아들로서 낳고서 음식이 다족하였으므로 다족식(多足食)으로 이름 하였다.

왕이 유모 여덟 명에게 맡겨서 돌보고 길렀는데 뒤에 장대하여 재예(才藝)를 두루 통하였다. 족식 왕자가 곧 죽었으므로 부인이 항상 추도(追悼)하면서 슬픔을 이기지 못하였다. 왕이 이것을 보고 곧바로 생각하며 말하였다.

"여인의 성품은 모두 장부를 생각하는 것이다. 내가 지금 마땅히 대신에게 재가(改醮)시키고 아울러 자식도 딸려서 보내리라."

이미 대신의 집에 기쁘게 상의하여 품은 뜻을 얻었다. 어느 날 대신의 집 가까이에 닭이 잠자고 있었는데 관상가가 보고 이와 같이 말을 지었다.

"만약 어느 누구라도 이 닭을 먹는 자가 마땅히 왕이 될 것이다."

대신이 듣고서 관상가에게 묻지도 않고 곧 그 닭을 죽였고 그 아내에게 말하였다.

"그대는 반찬을 만들고 내가 아침에 돌아오기를 기다리시오."

부인이 곧 닭을 삶았다. 이때 다족식이 학당(學堂)에서 왔는데 그의 어머니가 보이지 않았다. 배가 고팠으므로 끓는 냄비를 보고 곧 이렇게 생각을 지었다.

'내 어머니가 안 계시니 잠시 냄비 안에 먹을 것이 있는가를 보아야겠다.'

마침내 닭의 머리를 보았고 곧바로 잘라서 취하여 조금을 먹었다. 어머니가 와서 물어 말하였다.

"밥을 먹지 못하였는가?"

대답하여 말하였다.

"먼저 닭의 머리를 먹었습니다."

어머니가 곧 밥을 주고서 학당으로 돌려보냈다. 대신이 와서 말하였다.

"나에게 밥을 주시오."

부인이 주는 고기에 닭의 머리가 보이지 않아서 곧 까닭을 물으니 대답하여 말하였다.

"아이가 와서 먹었습니다."

대신이 이렇게 생각을 지었다.

'전부 먹어야 비로소 왕이 되는 것인가? 조금만 먹어도 되는 것인가?'

의심이 생겨나서 곧 길을 가서 관상가를 방문하여 보고 알려 말하였다.

"당신은 먼저의 때에 이와 같이 예언하였소. '만약 닭고기를 먹으면 곧 왕이 될 것이다.' 마땅히 전부 먹어야 하는 것이오? 조금만 먹어도 되는 것이오?"

대답하여 말하였다.

"비록 전부를 먹지 않더라도 머리를 먹으면 됩니다. 만약 그 누가 이미 닭의 머리를 먹었다면 만약 사람을 죽여서 머리를 취하여 먹으면 역시 왕이 될 수 있는 것입니다."

대신이 듣고 이렇게 생각을 지었다.

'그 아이를 죽여서 머리를 취하여 먹으면 된다. 만약 어미가 알지 못한다면 이 일은 어렵지 않다. 먼저 마땅히 어미에게 그 뜻이 어떠한가를 물어야겠다.'

뒤에 말을 인연하여 차례로 희롱하며 아내에게 물어 말하였다.

"남편과 자식 중에서 누구를 왕으로 삼고자 하는가?"

그 아내가 말을 듣고 마침내 의심이 생겨나서 이와 같이 생각을 지었다.

'내가 지금 만약 아들을 왕으로 삼겠다고 말한다면 이 사람이 곧바로 나를 버릴 것이니 지금 때에 마땅히 그의 말에 수순하여 말해야겠다.'

대답하여 말하였다.

"오히려 남편을 왕으로 삼겠습니다."

여인은 총명하고 지혜가 있어서 미리 앞의 기회를 살폈다.

'이 대신이 닭의 머리를 까닭으로 나의 아들을 죽이고자 하므로 지금 때에 곧 반드시 방호해야 한다. 함께 미리 계책을 세워서 몸에 위해가 없도록 해야겠다.'

곧 가려진 곳에서 그 아들에게 알려 말하였다.

"네가 닭의 머리를 먹어서 아버지가 죽이려고 하니 이 나라를 버리고 비제혜로 가거라. 그곳은 네 조종(祖宗)6)의 옛 처소이고 친척(親姻)과 권속들이 아울러 모두 현존하고 있으므로 네가 만약 그곳에 이른다면 반드시 안락함을 받을 것이다."

아들이 듣고 어머님께 면앙(俛仰)7)하여 알려서 하직하고 비제혜로 갔다. 그 성에 이르고자 하면서 한 나무의 아래에서 피곤하여 잠자고 있었다. 이때 구왕(舊王)은 약하고 중병을 인연하여 곧 목숨을 마쳤다. 비제혜의 옛부터의 법에는 만약 다음 왕을 세우지 못하였다면 왕의 영여(靈輿)가 나가지 못하였다. 왕에게 후사(後嗣)가 없었으므로 누구를 세워야 하는가를 몰랐다. 이때 여러 신하들이 함께 모두 방문(訪問)하였다.

"누가 왕이 되겠습니까? 우리가 지금 세우고자 합니다."

이때 대신들이 나무 그늘의 아래를 보니 한 장부가 있었는데 진귀하고 커서 보통 인간과는 달라서 보기드문 상이었고 햇빛이 비록 비추었으나 나무그늘이 움직이지 않았다. 여러 사람들이 모두 보고서 함께 찬탄하였다.

"희유하구나. 이 선남자는 묘한 상의 단엄함이 다시 넘어설 자가 없고 나무그늘이 머무르고 있으니 진실로 이것은 범상한 사람이 아니다."

흔들어 깨웠고 그는 깨어났으며 여러 사람에게 물어 말하였다.

"무슨 까닭으로 나를 놀라게 하였습니까?"

대답하여 말하였다.

"당신이 왕이 되는 것에 합당한 까닭으로 우리가 서로 깨운 것이오."

알려 말하였다.

"왕을 깨우는 법에 어찌 그러한 것이 합당하겠습니까?"

여러 사람이 물어 말하였다.

"그 법은 어떠한 것인가?"

"먼저 아름다운 음악을 연주하여 깨우는 것입니다."

---

6) 군주의 시조와 중흥의 조(祖)로서 현대 이전의 대대(代代)의 군주를 총칭한다.
7) 땅을 내려다보고 하늘을 쳐다본다는 뜻이다.

여러 신하들이 듣고는 이와 같이 생각하였다.

'이 사람은 빈천한 아들이 아니고 분명히 높은 가문의 출신일 것이다.'

곧 모두가 물어 말하였다.

"당신은 어느 지방에 머무르고 누구의 아들인가?"

이때 그 왕자는 나이가 비록 약관(弱冠)8)이었으나 건장한 기운이 먼저 이 이루어져서 사자왕과 같았으므로 높은 소리로 맑고 우렁차게 자신의 조종(祖宗)을 말하였다.

"나의 조상이 되는 왕은 선생이라고 이름하셨고 그 아들은 족식이라고 이름하셨으며 나는 그의 아들로서 다족식이라고 이름합니다."

이때 여섯 대신이 이 말을 듣고 모두가 용약(踊躍)이 생겨나서 말하였다.

"우리들이 지금 드디어 본래의 왕을 만났습니다."

성대하게 위의를 갖추어 널리 음악을 베풀고 천군(千軍)과 만인 대중이 따르면서 성으로 들어갔다. 관정하고 왕이 되어 백성들을 두루 교화하여 옛날의 다족식이라는 이름은 숨겨졌고 조종이 다시 일어난 까닭으로 중흥(重興)이라고 이름하였다. 어린 나이에 왕이 되었으므로 여러 신하들이 보고 업신여겼고 칙령이 있어도 많이 받들어 행하지 않았다. 왕이 한가한 날에 성을 나와 유관(遊觀)하면서 취락에 기거하는 사람들에게 아울러 모두를 물었다.

"이곳은 어느 관리가 소유한 봉읍인가?"

대답하여 말하였다.

"모두 이곳은 누구 대신의 소유입니다."

곧 생각하면서 말하였다.

"성읍과 취락이 모두 대신에게 속하였구나. 나는 비록 왕이더라도 다만 궁궐과 음식이고, 스스로에게 남은 국가의 재산은 아울러 나뉘어졌고 어그러져서 모든 국헌(國憲)9)이 없으니 장차 어떻게 해야 하는가?"

---

8) 『예기(禮記)』「곡례편(曲禮篇)」에서는 남자의 나이가 만20세가 되면 冠禮(관례)를 올리고 성인으로 대접하는데 약년(弱年) 또는 약령(弱齡)이라고도 말한다.

9) 나라의 근본(根本) 법규(法規)를 가리킨다.

이때 어느 천신이 왕의 생각을 알고서 공중에서 알렸다.

"왕은 반드시 걱정하지 마시오. 이 나라 안에 만재(滿財)라고 이름하는 어느 한 도시가 있고 성안에 원만(圓滿)이라는 어느 사람이 있는데 마땅히 한 아들을 낳는다면 대락(大樂)이라고 이름할 것이오. 성인이 되고서 뒤에 왕과 함께 다스리며 기회에 이르러 제정하고 단죄한다면 오래지 않아서 굴복할 것이고, 왕은 아주 쾌락하여 팔짱을 끼고서 정신이 안은할 것이오."

이때 왕은 사자에게 만재성으로 가서 원만이 있는가와 없는가를 찾아서 묻게 하였고 만약 그가 있다면 마땅히 그의 아내가 임신하였는가를 살펴보게 하였다. 사자가 명을 받고 곧 가서 찾아서 구하였고 그 남편을 보았으며 그의 아내가 임신한 것을 물었다. 사자가 돌아와서 아뢰어 말하였다.

"이 일은 틀림없습니다. 그 아내가 임신하였습니다."

왕이 듣고 곧 사자를 보내어 원만을 불러서 좋은 말로 위로하고 곧 이 성을 봉읍으로 하사하면서 알려 말하였다.

"그대의 아내가 임신하였으니 반드시 보호하여 다치지 않게 하시오."

달이 차서 곧 한 아들을 낳았는데 모습과 얼굴이 단엄하여 세상에서 비교할 자가 없었다. 삼칠일 뒤에 이름을 짓기 위하여 여러 친척들이 의논하여 말하였다.

"이 아이를 어떻게 지어야 하는가를 알지 못하겠습니다."

어머니가 곧 알려 말하였다.

"내가 이전부터 홍역이 있어서 두루 여러 의사들에게 물어서 비록 탕약을 썼으나 결국 병이 낫지 않았는데 이 아이를 임신하고서 병의 고통이 곧 없어졌으니 마땅히 이 아이의 이름을 대약(大藥)이라고 이름하세요."

어머니가 게송을 설하여 말하였다.

여러 병의 고통의 가운데에서
대약이 최고로 수승하며
이것은 약의 가운데에서 묘하므로

대약이라고 이름한다네.

뒤의 때에 그의 아버지가 어깨에 대약을 올려놓고 목욕하고자 연못으로 나아가다가 그 길 위에 생선뼈가 있는 것을 보고 "이것은 보주(寶珠)이구나." 하고 발로 차서 나오게 하였는데 대약이 알려 말하였다.

땅에 있는 생선뼈를 보고
발로 차며 진주라고 말하고
스스로의 업은 닦지 않고
억지로 다른 사람이 남긴 보배를 찾는다네.

다른 사람이 버린 생선뼈는
이것이 반드시 보주가 아니니
어찌 어느 비사문이
구슬을 길 위에 버렸겠는가?

아버지가 대약을 데리고 연못에 이르러 그를 언덕에 내려놓고 옷을 벗고 물에 들어갔다가 백학조(白鶴鳥)가 연잎 위에 있는 것을 보고 곧 이렇게 생각을 지었다.
'내가 이 새를 잡아야겠다.'
곧 앞으로 나아가고자 하니 새가 마침내 높이 날고 말았다. 대약이 알려 말하였다.

새는 연잎 위에서 살면서
아버지를 보고 높이 날았으니
마땅히 다시 가까이 가지 마세요.
다른 생명을 잡지 마세요.

또한 다른 날에 대약을 어깨에 올려놓고 강가하(殑伽河)로 가서 곧 목욕하고자 하였다. 강에 이르러 아이를 언덕 위에 내려놓고 옷을 벗고서 물에 들어갔는데 큰 구리발우가 동쪽으로 흘러갔다. 이때 흰 거위가 그 위에 앉아 있었으므로 아버지가 보고 의심이 생겨났으나 무슨 물건인가를 알지 못하였다. 돌아서 그 아들에게 물으니 대약이 알려 말하였다.

강가가 동쪽으로 흘러가니
구리발우도 물을 따라 흘러가고
흰 거위가 위에 있으니
이것은 다른 물건이 아닐세.

또한 다른 날에 이전과 같이 목욕하면서 대약을 데리고 언덕 위에 내려놓았다. 이때는 조병(澡甁)과 풀이 흐름을 따라서 흘러가는데 그 위에 새가 있었다. 대약이 이전과 같은 게송으로 아버지에게 알렸다. 대약이 이미 자라서 배냇이빨을 가는 나이가 되었다. 여러 동자들과 한곳에서 놀면서 모두가 함께 의논하며 말하였다.
"우리들에게 왕이 없으니 대약을 왕으로 세우자."
대약이 왕이 되고 여러 동자들을 선택하여 보좌를 삼았으며 이러한 뒤에 붕당이 날마다 많아졌다. 이때 어느 늙은 바라문이 젊은 아내를 얻어 타향에 객이 되어 길을 따라서 떠나갔다. 이때 바라문이 길을 가면서 총박(叢薄)10)에 들어가서 대소변을 보고자 하였다. 어느 추잡한 사람이 와서 여인에게 물어 말하였다.
"그 사람은 그대의 아버지인가? 할아버지인가?"
여인이 말하였다.
"아버지도 아니고 할아버지도 아니며 나의 남편이오."
추잡한 사람이 알려 말하였다.

---

10) 초목이 떨기로 자라서 우거진 곳을 가리킨다.

"그대는 수치도 없는가? 친구에게 부끄럽지도 않는가? 이 세상에는 미묘한 장부가 대지에 가득한데 어찌 보지 못하고 무슨 인연으로 이러한 늙은 바라문을 쫓아다니는가? 그대의 이러한 고운 용모를 헛되게 상실하는데 마땅히 그를 버리고 나의 아내가 되게. 만약 그 늙은이가 와서 다투게 된다면 대중이 있는 곳에서 나를 이끌고 남편이라고 말하게."

그 여인이 그 말을 받아들였다. 곧 추잡한 사람과 함께 길을 따라서 떠났다. 그때 바라문이 연못에 나아가서 씻고 아내를 찾았으나 찾지 못하였고 높은 곳에 올라가서 사방을 바라보았다. 사람이 데리고 떠나가는 것을 보고 곧 급히 달려갔고 그의 아내에게 이르러 한 손을 잡아당겼다. 이때 그 추잡한 사람도 역시 한 손을 잡아당겼다. 바라문이 말하였다.

"네가 나의 아내를 빼앗는 것인가?"

추잡한 사람이 말하였다.

"내가 능히 맹세를 하겠소. 이 사람은 나의 아내이고 원래 당신의 아내가 아니오."

인연으로 다툼이 생겨났고 각자 서로 잡아당겼으나 나이가 젊은 자는 힘이 세서 여자가 끌려갔다. 이때 바라문은 스스로 힘이 없는 것을 알고서 서로가 도와주기를 바라면서 들판에 가서 큰소리로 외쳤다.

"도둑이 아내를 겁탈한다."

이때 대약과 여러 동자들이 들판의 숲속에서 놀다가 그 바라문이 아내를 잃었다고 크게 외치는 소리를 들었다. 이때 여러 동자들이 대약에게 알려 말하였다.

"그대는 이미 왕이라고 말하면서 아내를 잃었다고 외치는 이러한 비리가 있는데 어찌 도와서 구원하지 않는가?"

대약이 듣고서 곧 모든 동자들에게 그 세 사람을 잡아오게 하였고 물어 말하였다.

"무슨 일로 다투시오?"

바라문이 말하였다.

"내가 늙어서 힘이 없어 도적에게 아내를 빼앗겼소."

도둑이 말하였다.
"이 사람이 거짓말을 하는 것이고 실제로는 나의 아내요."
대약이 여인에게 물었다.
"누가 그대의 남편이오."
그녀는 곧 도적을 가리켰다.
"이 사람이 내 남편이에요."
이때 대약이 바라문을 보니 가슴을 치면서 괴로워하면서 스스로가 땅에 부딪쳤다. 곧바로 관찰하고서 그에게 진실과 거짓을 증명하고자 젊은 자에게 물어 말하였다.
"그대는 어디서 이 여인을 데리고 왔소."
대답하여 말하였다.
"아내의 집에서 왔소."
물어 말하였다.
"무슨 음식을 먹었소?"
대답하여 말하였다.
"고깃국과 밥에 맑은 술을 더하였소."
대약이 말하였다.
"만약 이와 같다면 내가 그 먹은 것을 보고 진실과 거짓을 분별하겠소."
곧 손가락으로 입을 긁어내니 결국 하나도 없었고 빈 침이 흐르는 것을 보았다. 바라문에게 물어 말하였다.
"그대는 어디서 오셨소?"
대답하여 말하였다.
"아내의 집에서 왔소."
"무엇을 먹었습니까?"
대답하여 말하였다.
"낙장(酪漿)11)과 떡과 무우를 먹었소."

---

11) 소나 양의 젖을 가리키는 말이다.

알려 말하였다.
"그대는 토하여 보십시오."
곧바로 토해내니 말한 것과 같았다. 대약이 보고 젊은 놈이 도둑으로 그 늙은이의 아내를 빼앗은 것을 알고 곧 심하게 매를 때리고 땅에 구덩이를 파고 목까지 묻었으며 공작의 쓸개로 그의 이마에 이와 같이 글을 지었다.
"남의 아내를 빼앗는 도둑이 있다면 이것에 의거하여 죄를 주겠노라."
이와 같이 나아가 소와 양 등을 훔친 500명의 도둑도 모두 이와 같은 벌로서 다스렸다. 이때 중흥왕의 현재 촌성(村城)은 모두 여섯 대신들이 모두 휘어잡고 있었다. 왕은 이렇게 생각을 지었다.
'내가 지금 힘이 약하니 장차 어떻게 하여야 하는가?'
드디어 대약을 기억하고 함께 서로가 보는 것을 생각하였다. 여러 신하들에게 알리지 않고 군사를 정비하고 나가서 만재성으로 갔으며 대약을 보고자 하였다. 길이 험준한 곳을 지나는데 크게 부르짖는 소리가 있었고 두루 살펴보고 구하며 찾았으나 사람이 보이지 않았다. 왕의 좌우 시위들이 주위를 돌면서 두루 살펴보았는데 500의 도둑들이 몸은 묻혀있고 머리만 나와 있었다. 곧 왕에게 알리고 그들의 이마의 글씨를 읽어보니 모두 이것이 도적이라는 말이었다. 왕이 이 일을 보고 물어 말하였다.
"누가 너희에게 고초를 주었는가?"
모든 사람이 대답하여 말하였다.
"이것은 대약동자가 법에 의거하여 지은 것이고, 죄가 없는 것을 벌한 것이 아닙니다."
왕이 듣고 칭찬하였고 자비와 애민한 마음을 일으켜 마침내 곧 석방하였다. 이때 대약과 모든 동자들이 왕의 군사가 이르러 여러 곳에 머문다는 말을 들었다. 이때 만재성의 사람들은 왕이 이르렀다는 것을 듣고 모두가 길하고 상서로운 물건을 준비하고 금병에 물을 가지고 여러 당번과 일산과 깃발을 휘날리면서 성을 나와서 맞이하였다. 왕이 위문하고 물어 말하였다.

"원만의 아들을 대약이라고 이름하는데 지금 빨리 오라고 하시오."
아버지가 아뢰었다.
"아이가 어려서 감히 명을 받들지 못할 것입니다."
왕이 말하였다.
"앞으로 나오시오."
아버지가 곧 이끌어 보였다. 왕이 동자를 보니 그 용모와 위의가 아름답고 수려하였으며 용맹하고 슬기로운 재주도 겸비하였으므로 기뻐하였다. 그가 오히려 어려서 소임을 맡기지 않고 다만 남겨두고 아버지에게 부탁하고 도읍으로 회군(迴軍)하였다. 본성에 이르러 이와 같이 생각을 지었다.
'내가 지금 대약동자의 지혜로운 계책과 재능이 있는 기술을 시험해야 겠다.'
곧 사자에게 가서 원만에게 말을 전하게 하였다.
"그대는 모래로 새끼줄을 꼬아서 100주(肘) 길이를 빨리 보내어 가져오게 하시오."
원만이 칙명을 듣고 크게 놀라고 두려워하면서 깊은 근심을 품고 이와 같이 생각을 지었다.
'나는 태어나고서 모래로 새끼줄을 짓는다는 이와 같은 일은 일찍이 듣지도 보지도 못하였다.'
근심하면서 머무르고 있었는데 대약이 아버지를 보고 물어 말하였다.
"아버지. 무엇을 근심하세요?"
대답하여 말하였다.
"나는 일찍이 이와 같은 일을 듣지 못하였다. 왕께서 나에게 100주의 모래 새끼줄을 찾으시는구나. 이러한 방편으로 나에게 죄를 주시는구나."
대약이 알려 말하였다.
"사자는 어디에 있습니까? 내가 만나보고 왕께 말씀을 전하여 아뢰도록 하겠습니다."
아버지가 사신을 보도록 하니 대약이 알려 말하였다.
"당신은 마땅히 나를 위하여 대왕께 아뢰어 주십시오. 측루(仄陋)[12]한 소신이 들은 것이 적고 본 것이 적습니다. 또한 지혜로운 계책이 없어 천심(天心)을 우러러 헤아리지 못하였으므로 대왕께서 무슨 색깔의 새끼줄이 필요하신가를 알지 못합니다. 왕의 처소인 제도(帝都)에는 조정(朝廷)도 많고 인자도 많습니다. 청하건대 1주를 내리시어 그 모양을 보여주신다면 100주의 짧은 새끼줄이 아니고 1000심(尋)13)이라도 마땅히 준비하겠습니다."

사자가 가서 왕에게 그 일을 갖추어 자세히 말하니 왕이 말하였다.

"이것이 아버지의 말인가? 아들의 말인가?"

대답하여 말하였다.

"이것은 대약의 말입니다."

왕이 듣고 회유한 마음이 생겨났고, 그 천신이 하였던 말이 진실이라고 기억하였으며 마땅히 우리나라가 패왕(霸王)14)이 될 것이라고 기대하였다. 뒤의 다른 때에 왕이 다시 사자를 그 성안으로 보내어 그에게 밥을 지어 익으면 가져오게 하였다. 또한 알려 말하였다.

"그 곡식은 방아에 찧지 말고, 역시 한 알의 쌀이라도 부서지면 아니되며 집안에서 하여도 아니되고, 밖에서도 하여도 아니되며 익힐 때에 불도 아니되고, 불이 없어도 아니되며, 가져올 때에 길로 와서도 아니되고, 길이 아닌 곳으로 와서도 아니되며, 걸어서 와도 아니되고, 타고서 와도 아니되며, 햇빛을 보지 않게 하고, 다시 그늘에 있게 하지 아니하며, 나르는 사람이 남자이어도 아니되고, 여자이어도 아니되오."

사자가 왕명을 가지고 만재성에 이르러 곧 원만에게 함께 서로가 위문하고 왕의 가르침을 알리어 그가 알게 하였다. 듣고 다시 놀라서 근심하면서 머물렀다. 대약이 근심하는 것을 보고 나아가서 아버지에게 알려 말하였다.

---

12) 지위가 낮고 신분이 미천하다는 뜻이다.
13) 길이의 단위로서 1심(尋)은 8척(尺)이다. 1척은 33.3㎝이므로 1심은 266.4㎝이다.
14) 중국 춘추전국(春秋戰國)시대(時代)에 제후(諸侯)를 거느리어 천하(天下)를 다스리던 사람들로서 오패(五霸)가 대표적(代表的)이다.

"무슨 까닭으로 근심하십니까?"
아버지가 마침내 갖추어 알리니 대약이 말하였다.
"이것은 근심하실 것이 없습니다. 내가 마땅히 감당하겠습니다."
곧 벼를 취하여 많은 사람을 모아놓고 낱낱이 손으로 벗기도록 하였으므로 쌀은 부서진 것이 없었다. 이미 쌀이 준비되었으므로 곧 밥을 익힐 곳을 구하면서 문밖의 처마 아래였고 솥을 걸고 익히는데 위에는 햇빛이 비쳤고 곁에는 불을 지펴서 익혔다. 그 밥이 곧 익어서 가지고 갈 때에는 사자에게 알려 말하였다.

"그대는 한 발로는 길을 밟고 한 발로는 길옆을 밟을 것이고, 밥을 담은 그릇을 정수리에 얹고 성긴 베(布)와 일산을 덮어서 햇빛도 아니고 그늘도 아니게 할 것이며, 한 발로는 신을 신고 한 발로는 맨발로 다니면 이것은 곧 걷는 것도 아니고 타는 것도 아니며, 엄인(閹人)15)을 사용하면 이것은 남자도 아니고 여자도 아닙니다."

밥을 가져다가 이르러 나아가서 들어가 왕에게 받들었다. 왕이 사자에게 물으니 그는 모두를 갖추어 대답하였다. 왕이 듣고 크게 기뻐하면서 이것이 누가 한 것인가를 물으니 대답하였다.

"대약입니다."
왕이 지극히 놀라고 기뻐하면서 사자에게 말하였다.

"대약은 모략(謀略)16)이 깊고 멀며 큰 지혜가 있고 법식에도 밝구려. 그의 계책을 살펴보건대 진실로 왕을 도울 재목이구려."

뒤의 다른 때에 다시 왕이 사자를 원만에게 보내어 알려 말하였다.

"내가 원림(苑林)과 연못이 구족되고 꽃과 과일이 무성한 동산이 필요하니 빨리 가져오시오."

사자가 그에게 이르러 그 일을 갖추어 자세히 말하니 원만이 이 일은

---

15) 다른 말로 고자(鼓子)라도 부르며 생식 기관이 불완전한 남자를 가리킨다.
16) 정치적인 목적을 관철하고, 수행을 저지하거나 그 정치적 지위를 낮출 목적으로 행하는 은밀한 책략·음모·정치공작이 대표적이고 대부분이 불법으로 행하여지는 특징을 지니고 있다.

구하기 어려웠으므로 근심하였다.

'동산(園苑)은 무정(無情)이어서 이전이 불가하고 가지고 떠나고자 하여도 어찌 하겠는가?'

대약이 근심하는 것을 보고 이전 같이 묻고 대답하였다. 아버지가 말하였다.

"어찌 걱정이 아니되겠는가? 왕이 동산과 연못을 찾는데 어떻게 가지고 떠나가겠는가?"

대약이 말하였다.

"아버지는 걱정하지 마십시오. 내가 모두 준비하여 왕을 기쁘게 하겠습니다."

곧 사자에게 알려 말하였다.

"이미 왕명을 받들었으니 감히 존중하여 행하지 않을 수 없습니다. 다만 이곳의 동산과 연못은 오랫동안 거친 들판으로 있어 진상(進上)하는 법식을 모두가 알지 못합니다. 만약 도성에 이르면 작은 접촉이라도 있을까 두렵습니다. 엎드려 바라옵건대 대왕께서 한 작은 동산에 내려주시고 잠깐 오시어 인도하는 것을 도와주시면 뒤를 따라서 떠날 것이고 이 일이 이루어질 것입니다."

사자가 돌아가서 갖추어 아뢰니 왕이 말하였다.

"그것이 누구의 말인가?"

대답하여 말하였다.

"대약입니다."

왕이 두 배나 놀라서 진실로 희유하다고 찬탄하였다. 뒤의 다른 때에 다시 사신을 시켜서 황소 500마리를 보내면서 원만에게 기르게 하였다.

"오로지 유락(乳酪)을 공급하면서 거르는 일이 없게 하시오."

사자가 이르러 갖추어 전하니 원만이 근심하고 당황하였다. 대약이 근심하는 것을 보고 이전 같이 묻고 대답하였다. 아버지가 말하였다.

"어찌 걱정이 아니되겠는가? 왕이 황소를 보내면서 유락을 공급하게 하였으나 이미 구할 수도 얻을 까닭도 없느니라. 만약 왕명을 받들지 않는다면 무거운 죄를 부르게 되느니라."

대약이 말하였다.

"청하건대 아버지는 걱정하지 마십시오. 내가 그 계책을 생각하여 왕께서 들으시고 유락을 징발하지 않게 하겠습니다."

곧 부자(父子)인 두 사람을 불러서 그 일을 갖추어 가르쳤다.

"그대는 왕성으로 향하고 왕께서 나오시는 때를 엿보아 거리가 멀리 떨어지지 않는 곳에서 큰 나무발우를 아버지의 배에 동여매고 그 위를 군의(裙衣)를 덮고서 완연하게 땅에 구르면서 큰소리로 울면서 신음하시오. 그대는 향과 꽃으로 여러 천인의 대중에게 알리고 시방 처소의 천신들을 함께 청하여 호지하도록 하시오. '원하건대. 우리 아버지가 아기를 낳아서 안은하게 하십시오.'"

이미 가르침을 받고 그 부자는 서로를 따라서 왕도에 이르렀다. 왕이 나오려는 것을 보고 멀지 않은 곳에서 가르쳐준 일과 같이 차례로 모두를 지었다. 아들이 울면서 소리를 내어 사천왕에게 알려 말하였다.

"원하건대 자비를 내리시어 우리 아버지가 아기를 낳아서 안은하게 하십시오."

왕이 그 소리를 듣고 사자에게 가서 묻게 하였다.

"무슨 까닭으로 소리를 지르는가?"

사신이 가서 보니 한 사람이 땅을 구르고 있었는데 그 배가 매우 컸고 크게 울부짖고 있었으며 그 아들은 향과 꽃을 갖추어 여러 천인 대중들에게 알리고 있었다. 사자가 물어 말하였다.

"그대는 무엇을 하고 있는가?"

대답하여 말하였다.

"내 아버지가 아이를 낳는데 능히 안은하지 않아서 이렇게 울면서 하늘이 옹호하실 것을 청하고 있습니다."

사자가 돌아가서 왕에게 아뢰니 왕이 부자를 불러서 물었다.

"무슨 일을 짓는가?"

곧 갖추어 알렸다.

"왕이시여. 제 아버지가 아이를 낳는데 나오지 않아서 이러한 까닭으로 울고 있습니다."

왕이 듣고 웃었다.

"나는 일찍이 장부가 아기를 낳는다는 것을 듣지 못하였노라."

그 아들이 아뢰어 말하였다.

"진실로 대왕의 말씀과 같습니다. 대왕께서는 장부가 아기를 낳지 못하는 것을 아시면서 무슨 까닭으로 황소 500마리를 주시면서 그 원만에게 유락을 공급하라고 하셨습니까? 대왕께서는 매우 일찍이 황소가 새끼를 낳는다는 말을 들으셨습니까? 이미 새끼가 없는데 유락이 어디서 오겠습니까?"

황이 웃으면서 말하였다.

"이것이 누구의 계책인가?"

사자가 말하였다.

"모두 대약의 일입니다."

왕이 그의 지혜를 찬탄하였다. 뒤의 다른 때에 왕이 대신들과 서로가 의논하여 말하였다.

"대약이 지혜가 많아서 젊은 부류의 무리들이 많으니 다시 다른 일로 정신을 시험하고 살펴보겠소."

곧 한 노새를 보내어 원만에게 기르고 보호하게 하였다.

"매어두지도 않을 것이고 우리에 가두지도 않을 것이며 풀을 베어다가 먹이지도 않을 것이고 곳에 따라 풀어두시오."

사자가 그 성에 이르러 노새를 원만에게 맡기고 그 일을 갖추어 알렸다.

"그대는 마땅히 잘 길러서 손실이 없게 하시오. 가르침을 의지하지 않는다면 마땅히 그대의 몸에 죄를 주겠소."

원만이 들으니 근심의 화살이 마음을 쏘아서 이와 같이 생각을 지었다.

'이것은 어려운 일이다. 하늘도 어찌 할 수 없는데 하물며 사람이 감당하겠는가?'

대약이 아버지를 보고 앞에서와 같이 묻고 대답하였다. 대약이 말하였다.

"아버지는 걱정하지 마십시오. 내가 모두 짓겠습니다."

곧 낮에는 밭의 가운데에 풀어 길렀고 밤에는 집으로 거두어 들였다. 노처(露處)[17]로 향하면서 이미 고삐가 없어 그 일이 어려웠으므로 오로지 21명을 시켜서 밤에 살피고 지키게 하였다. 발의 아래에 각자 5명을 배치하고 한 사람은 타고 있게 하면서 다시 서로 번갈아 가면서 손으로 잡았고 끝부터 다시 처음까지 되풀이하였다. 왕이 사람에게 어떻게 살피고 보호하는가를 은밀히 관찰하게 하였다. 사자는 그 일을 알리니 왕이 말하였다.

"만약 이와 같다면 노새가 달아날 길이 없는데 어떻게 죄를 주겠소."

대신이 말하였다.

"타고 있는 자에게 칙명하여 밤에 자는 때에 노새를 타고 몰래 도망하여 사람들이 알지 못하게 하십시오."

그 모두가 따라서 지었다. 여러 지키는 자들이 날이 밝으니 원만에게 알려 말하였다.

"노새를 이미 잃어버렸습니다."

이미 듣고서 목숨을 잃을 것이 두려워서 마음을 태웠다. 대약이 알고서 이와 같이 생각을 지었다.

'마땅히 조금만 너그러움을 쫓아서 설계한다면 성취될 수 있다. 급박한 상황에 다다랐으니 정회(情懷)[18]가 두렵구나.'

아버지에게 알려 말하였다.

"간략한 어느 한 계책이 있으나 하는 것이 좀 어렵습니다. 만약 아버지께서 부끄러움을 꺼리지 않는다면 마땅히 죄를 벗어날 희망이 있습니다."

아버지가 말하였다.

"다만 죽음을 벗어날 수 있다면 다시 무엇을 사양하겠는가?"

대약이 곧바로 아버지의 머리를 깎고서 일곱 갈래의 길을 만들고 또한

---

17) 비바람 및 햇빛과 이슬 등을 맞으면서 밖에서 거처하는 것을 말한다.
18) 생각하는 정과 회포(懷抱)를 가리킨다.

청·황·적·백의 채색을 몸에 칠하였다. 한 나귀를 타고 갔고 도읍에 이르러 큰소리로 외치며 말하였다.

"대약이 지금 왔다네. 아울러 아버지를 데리고 왔다네. 깎고 꾸민 모습과 위의가 진실로 기이하다네."

이렇게 외치게 하였다. 이때 왕과 대신들이 이 말을 듣고 함께 이렇게 말하였다.

"대약이 멀리서 오니 이것은 좋은 일이오. 그러나 그 아버지를 욕되게 한다면 헌장(憲章)19)을 더럽히는 것이오."

왕과 여러 사람들이 모두 성밖으로 나와서 함께 대약을 맞이하면서 그가 짓는 것이 진실인가 거짓인가를 보았다. 왕과 성안의 사람들이 이것이 사실인 것을 보고 알았다. 그때 대신이 마침내 왕에게 아뢰어 말하였다.

"어찌하여 대왕께서는 이전에 이렇게 말씀하셨습니까? '대약이 총명하고 지혜로우며 계책이 사람들보다 뛰어나다.' 이것을 보니 하는 것이 하나같이 비천하지 않습니까?"

왕이 대약에게 물어 말하였다.

"무슨 까닭으로 그대가 지금 아버지를 훼방하고 욕보여 여기에 이르게 하였는가?"

대답하여 말하였다.

"대왕이시여. 지금 이것이 영광되는 것이므로 욕되는 것을 알지 못합니다. 신이 여러 많은 묘한 지혜가 있고 지금 이 일로써 아버지께 공양합니다."

왕이 말하였다.

"그대의 지혜와 아버지의 지혜 중에서 누가 우열인가?"

대답하여 말하였다.

"제가 수승합니다."

왕이 말하였다.

---

19) 어떠한 사실에 대하여 약속을 이행하고자 정(定)한 법적인 규범을 말한다.

"나는 일찍이 자식이 아버지보다 수승하다는 것을 듣지 못하였다. 자식은 아버지에게서 태어났고 양육한 노고(勞倦)가 있으니 이것으로서 말하건대, 아버지는 자식보다 수승한 것이다."

대약이 말하였다.

"오직 대왕께서는 잘 살피십시오. 아버지와 아들이 누가 현명합니까?"

왕과 대신들이 함께 말하였다.

"아버지가 수승하다."

대약이 앞으로 나아가서 계수(稽首)하고 아뢰어 말하였다.

"대왕께서 이전에 기르게 하였던 노새가 마침내 도망하여 잃었습니다. 이 나귀가 노새의 아비이므로 아버지는 이치적으로 자식보다 수승합니다. 원하건대 대왕께서는 영을 거두시고 무거운 처벌을 하지 마십시오."

왕과 대신들이 듣고 이렇게 말하였다.

"아! 기이한 계책이다. 지혜가 절대적으로 희유하구나."

왕이 지극히 환희하면서 마침내 널리 대신을 위하여 성대한 예배를 베풀었고 소유한 국사를 모두 맡기어 결재하도록 하니 칭찬하는 소리가 날마다 들렸다. 여러 일을 밝게 살펴 멀고 가까운 것을 맡기고 믿었으므로 노래하여 받들지 않는 것이 없었다. 이때 어느 바라문이 일찍이 서론(書論)에 밝았는데 아내를 얻기 위한 까닭으로 많은 재물을 사용하였다. 오래지 않아서 이렇게 생각을 지었다.

'내가 아내를 얻기 위하여 있었던 많은 것을 사용하였다. 내 집안에는 재물이 비었는데 홀로 가난을 지키고 기거하면 어찌 능히 살아가겠는가?'

마침내 다른 곳으로 가서 자기의 재주를 자랑하여 재물을 구하였다. 500금전을 얻어서 집으로 돌아오다가 마을 입구에 이르러 이와 같이 생각을 지었다.

'나의 아내는 나이가 젊고 얼굴이 아름다운데 함께 이별한 때가 오래되었다. 집에 남자가 없었고 지었던 것을 마음으로 맡겨야 할 것이나 어찌 그녀의 뜻을 알 것이고 믿고 맡길 수가 있겠는가? 내가 이 금전을 가지고 마땅히 들어가지 않을 것이다.'

날이 저문 뒤에 마침내 숲으로 가서 다근수(多根樹) 아래의 땅을 파서 금전을 묻고 옛집으로 돌아왔다. 그의 아내는 이전부터 외간남자와 사통(私通)하였는데 그의 이름은 선청(善聽)이었다. 이날 밤도 좋은 음식을 풍성하게 차려서 먹고서 같이 있었다. 이때 바라문이 집에 이르러 문을 두드리며 불렀다. 아내가 멀리서 물어 말하였다.

"그대는 누구시오?"

대답하여 말하였다.

"나요. 누구요."

아내가 그 이름을 듣고 마침내 선청을 침상 아래에 숨기고 곧 나가서 문을 열고 거짓으로 기뻐하면서 이끌고 함께 방안으로 들어왔고 남은 음식을 차려서 그에게 배부르게 먹게 하였다. 바라문이 먹고서 곧 생각하였다.

'어찌 이 마누라가 외간남자와 사통한 것이 아니겠는가? 무슨 인연으로 밤중에 이러한 좋은 음식이 있겠는가?'

그 남편은 성질이 곧았으므로 물어 말하였다.

"현수여. 지금 좋은 날이 아니고 다시 절회(節會)도 없는데 무슨 인연으로 이러한 좋은 음식이 있소?"

대답하여 말하였다.

"요즈음의 꿈에 어느 천신이 나에게 '그대의 남편이 오고자 한다.'고 알려주어서 내가 이렇게 알고 음식을 지어 서로를 기다렸습니다."

남편이 말하였다.

"내가 진실로 복이 있구려. 비로소 집으로 오고자 하였는데 천신이 마침내 알려주었구려."

음식을 먹고서 같이 자면서 각자 안부를 묻고서 아내가 말하였다.

"당신이 나를 떠나가서 세월이 많이 흘렀는데 구하며 찾은 재물과 금전을 얼마나 얻었습니까?"

대답하여 말하였다.

"약간의 소득이 있었소."

아내가 마침내 은밀한 말의 뜻으로 알렸고 침상 아래에서 말하였다.
"나에게 잘 듣게 한다면 반드시 그 숫자를 알 것이오."
아내가 물어 말하였다.
"얼마나 벌어 오셨소?"
대답하였다.
"500금전을 얻었소."
아내가 말하였다.
"어느 곳에 놓아두고 나에게는 알리지 않으시오."
대답하여 말하였다.
"아직은 스스로가 안은하므로 내일 곧 가져오겠소."
아내가 말하였다.
"나는 당신과 한 몸과 같은데 어찌하여 숨기고 알려주지 않으시오."
그는 성품이 우직하였으므로 대답하여 말하였다.
"성 밖 숲속의 다근수의 아래에 있소."
아내가 말하였다.
"성자여. 행로(行路)에 고생이 많으셨으니 우선 마땅히 편히 주무십시오."

그가 잠든 것을 알고서 이와 같이 말을 지었다.
"선청이여. 들었다면 빨리 그것을 하세요."

곧 침상 아래에서 나와 다근수의 아래로 향하여 금전을 취득하여 가지고 자기의 집으로 돌아갔다. 그 바라문은 날이 밝자 금전을 감추었던 곳으로 갔으나 오직 빈구덩이만 있었고 금전은 하나도 볼 수 없었다. 곧 스스로 머리를 때리고 가슴을 치면서 크게 울면서 집안으로 돌아오니 여러 친속과 지식들이 함께 와서 물어 말하였다.

"무슨 까닭으로 슬퍼하는가?"
대답하여 말하였다.
"내가 오랫동안 평소와 다르게 고생하면서 구하여 얻은 500금전을 마침내 어제 날이 저문 뒤에 인적이 끊어지자 어느 나무 아래에 감추고서 집으로 돌아와서 잠을 자고서 지금 와서 취하고자 하였는데 도둑이 훔쳐갔습니다."

여러 사람들이 알려 말하였다.

"이것의 자세한 것은 다른 사람은 능히 알지 못하오. 그대는 지금 대약에게 물으시오. 그는 지략이 있고 모든 사람보다 뛰어나므로 그대가 만약 그에게 귀의한다면 마땅히 금전을 되돌려 찾을 것이오. 나머지 방편을 우리들은 모르오."

이때 바라문이 울면서 대약에게 이르러 서로가 문신하고 곧 앞의 일로써 알리니 그가 곧 물어 말하였다.

"당신은 어찌 다른 사람에게 말하였소?"

이때 바라문이 모두를 갖추어 알리니 대약이 생각하고 말하였다.

"그 아내가 반드시 외간남자와 교통하고 이러한 비리를 지었을 것이오."

곧바로 바라문을 안위(安慰)하면서 말하였다.

"잠시 슬픔을 참고 걱정하지 마시오. 잃어버린 물건을 마땅히 구하면 찾을 것이오."

물어 말하였다.

"당신의 집에 개가 많이 있소?"

대답하여 말하였다.

"있습니다."

"지금 집으로 돌아가서 그 아내에게 알려 말하시오. 내가 먼저 대자재천상(大自在天像) 앞에서 이와 같이 원을 하였소. '내가 만약 평안히 집에 돌아온다면 옛집에서 마땅히 여덟 바라문을 청하여 공양을 베풀겠다.' 그대가 네 명을 청하시오. 내가 네 명을 청하겠소."

바라문이 이미 아내에게 알리고 돌아와서 대약에게 지었던 것을 알려 말하였다.

대약이 말하였다.

"여덟 사람이 올 때에 나의 집에서 사람을 한 명 데리고 가서 문 앞에 있으면서 여러 사람들이 들어올 때에 그에게 살피게 하시오.

그 사람에게 알려 말하였다.
"그대는 그 여덟 바라문을 관찰하여 개가 어떤 자에게 보고 거스르며 짖고, 어떤 자에게 귀를 내리고 꼬리를 흔들면서 앞으로 향하는가를 보시오. 이러한 모습을 볼 때에 그대는 마땅히 기억하게. 그 부인에게 손수 음식을 주도록 하고 누가 있는 곳에서 살포시 곁눈질하면서 말하고 웃는가를 관찰하게."
그 사람이 가르침을 받고 곧 그의 집으로 가서 문에 서있었다. 이때 여덟 사람이 차례로 들어가게 하였는데 개가 보고 모두 짖다가 오직 선청에게만 귀를 내리고 나아가 맞이하면서 낑낑거리는 소리를 내면서 꼬리를 흔들고 기뻐하였다. 이때 그 사람이 선청을 기억하였다. 다음으로 먹을 때에 그의 아내가 음식을 주면서 선청이 있는 곳에서는 눈썹을 찡긋거리고 함께 웃는 것이 다른 사람과는 달랐다. 사자가 돌아가서 일을 갖추어 대약에게 알리니 대약이 듣고 곧바로 손가락을 튕겼다.
"신기하구나. 이 사람이 과연 다른 사람의 물건을 훔쳤구나."
마침내 사자를 시켜 선청을 불러서 꾸짖어 말하였다.
"어찌 바라문에게 이와 같은 법이 있는가? 다른 사람의 물건을 훔쳐서 재물로 짓는가? 그대가 취한 것을 곧 마땅히 그에게 돌려주시오."
대답하여 말하였다.
"감히 무겁게 맹세하겠습니다. 다른 사람의 재물을 취하지 않았습니다."
이때 대약이 사자에게 알려 말하였다.
"이 자는 악인이니 감옥에 구금하라. 국법에 따라서 엄중한 고초를 가하겠다."
그는 고어(苦語)를 듣고 곧 크게 놀라고 두려워하면서 알려 말하였다.
"대신이시여. 원하건대 용서하십시오. 제가 마땅히 물건을 돌려주겠습니다."
곧 금전을 취한 뒤 원래의 봉인으로 열지 않는 것을 대약에게 주었다. 곧 본래의 물건을 바라문에게 돌려주었으므로 그가 되찾고서 환희하면서 이와 같이 생각을 지었다.

'내 나이가 많은데 본전을 다시 찾은 것은 아울러 대약의 힘이다. 내가 지금 마땅히 그 은혜를 소중하게 갚으리라.'

곧 금전의 반을 나누어 가지고 대약에게 바치니 대약이 받고 곧 되돌려 주면서 알려 말하였다.

"나의 소임은 사람을 구제하는 것인데 어찌 스스로의 이익을 구하겠소?"

이때 나라 안에 대약의 선한 이름이 퍼졌고 왕 및 여러 신료(臣寮)와 백성들이 이미 듣고 알고는 이와 같이 말을 지었다.

"우리들이 복이 있어서 이렇게 수승한 사람과 감응한 것이다."

함께 서로가 보호하였고 사특하고 방자하며 쉽게 침범하며 속이지 못하게 하였다. 이때 어느 한 사람이 인연으로 다른 지방에 갔다가 고향으로 돌아왔다. 그 성 밖의 연못가에서 쉬면서 가죽자루 안에서 찐보리가루를 먹다가 주둥이를 묶는 것을 잊고서 돌아다녔다. 이때 독사가 있어 보리가루 속으로 들어갔다. 그 사람이 돌아와서 자세히 살피지 않고 주둥이를 묶어서 돌아오다 성문 밖의 길에서 관상가를 만났는데 알려 말하였다.

"남자여. 내가 그대의 모습을 보니 목숨이 위태롭소."

그 사람이 비록 들었으나 걱정하지 않고 떠났다가 조금 멀어져서 알아보지 않은 것을 후회하고 곧 이렇게 생각하였다.

'내가 지금 마땅히 가서 먼저 대약에게 묻고서 뒤에 집으로 돌아가야겠다. 그는 지혜와 계책이 많으니 능히 나를 위하여 풀어줄 것이다.'

보리가루 자루를 가지고 대약의 처소에 가서 그 일을 갖추어 자세히 말하였다. 대약이 생각하고서 말하였다.

"어찌 자루 안에 사나운 독사가 있는 것이 아니겠는가? 그러므로 그 관상가가 이와 같이 말하였을 것이다."

여러 사람 앞에서 곧 자루를 땅에 내려놓게 하고서 막대기로 헤쳐서 열었는데 큰 독사가 나와서 비늘을 세우고 독을 토하고서 몸을 뛰면서 떠나갔다. 여러 사람들이 보고는 함께 희기하다고 찬탄하였다.

근본설일체유부비나야잡사 제28권

삼장법사 의정 한역
석보운 번역

제6문 제4자섭송 ④

제6문 제4자섭송으로 대약의 나머지이다.

이때 대약이 지국사(知國事)이었으므로 사병을 거느리고 나라의 경계를 두루 관찰하면서 매번 성읍과 취락에 이르러 여러 사람들에게 물어 말하였다.
"이 취락들은 누가 관할하는가?"
여러 사람들이 대답하여 말하였다.
"이곳은 어느 대신입니다. 저곳은 어느 대신이고 거두어들여 자기에게 귀속시키고 장차 봉읍으로 하고자 합니다."
대약이 듣고 소유한 마을과 성이 모두 여섯 대신이 관할하여 거두어들이고 국왕은 다만 오직 내궁과 음식인 것을 알았다. 이미 두루 관찰하고 돌아가서 왕에게 아뢰어 말하였다.
"어느 곳의 성읍(城隍)과 취락이 누구의 소유입니까?"
왕이 말하였다.
"내가 지금 힘이 없는데 알아도 마땅히 어떻게 하겠는가? 다행스럽게 상천(上天)이 나에게 미리 알려 주었소. '만재성 안에 원만의 집이 있는데 마땅히 한 아기를 낳아서 대약이라고 이름할 것이고 장성한 뒤에 대신으로 세워서 삼으면 단정히 팔짱을 끼고 옷을 늘어트리고 백성을 다스리게 될 것이오.' 이러한 인연으로 그대가 태중에 있을 때부터 내가 천명(天命)을 받들어 여러 일을 공급하였으며 지금 이미 성인이 되었으므로 나에게 친근하게 한 것이오. 그대는 지금에 대신의 지위도 얻었으니 마땅히 그 하늘이 예언한 말에 수순하고 널리 지모(智謨)를 베풀어 함께 마땅히 나라를 교화하시오. 내가 스스로에게 자재하고 안은한 왕이 되게 하시오."

이때 대약이 머리숙여 공경하면서 대왕께 아뢰어 말하였다.

"엎드려 바라옵건대 대왕께서는 걱정하지 마십시오. 제가 마땅히 대왕을 도와서 안락하게 하겠습니다.?

대약이 곧바로 스스로가 나라의 경계에서 소유하고 있는 여섯 대신에게 귀속된 성읍에 사자를 시켜서 알려 말하였다.

"여러분들은 마땅히 아십시오. 요즈음 대신들이 나라의 명령을 지키기 않고 부역을 시켜서 큰 고통이 평소와 다르고 도철(饕餮)[1]하고 간사하여 서로가 구제하며 살 수가 없소. 내가 지금 실상으로써 알리겠으니 만약 나의 말을 수용한다면 길이 안락하고 다시 크게 괴롭지 않을 것이오. 세금을 부과하면서 힘이 있고 없음을 따를 것이니 처자와 권속에게는 영원히 수고로운 폐단이 없을 것이오. 여러분들은 여섯 성을 각자 스스로가 굳게 지켜서 가령 왕의 명령과 여섯 대신이 추궁하더라도 마땅히 말을 수용하지 않을 것이고 설령 그들이 스스로 이르더라도 역시 문을 열지 마시고 알려 말하시오. '대약 대신이 온다면 우리들이 맞이하고 복종하겠습니다.'"

그 나라 안에서 이러한 가르침을 듣고 아울러 모두 의지하여 행하였고 옛날의 명령을 따르지 않았다. 이때 그 신하들이 함께 왕에게 아뢰어

---

1) 재물이나 음식(飮食)을 몹시 욕심내는 사람을 가리킨다. 도철(饕餮)은 중국 신화 중에서 사흉(四凶)이라 불리고 모습은 인간의 머리에 뿔이 있으며, 양의 몸에 온몸이 털로 뒤덮여 있고 호랑이처럼 송곳니를 갖고 있다. 중국 서남쪽의 황야에서 태어나고 자랐다고 알려진 괴물로서 엄청난 식욕으로 무엇이든지 먹어치우면서 자기는 일하지 않고 다른 사람의 소유물을 빼앗으며 강한 자에게는 굽신거리며 약한 자를 괴롭히는 성격으로 묘사되고 있다.

말하였다.

"모든 성이 모반(反叛)하였으니 그것을 어떻게 하여야 합니까?"

왕이 말하였다.

"경들은 마땅히 사병을 거느리고 곳에 따라서 토벌하시오."

여러 신하들이 각자 그곳으로 갔으나 따르지 않았다. 신하들이 왕에게 아뢰어 말하였다.

"저희들은 힘이 없으니 대왕께서 스스로 가보십시오."

왕이 곧 직접 갔으나 그들은 역시 굴복하지 않았고 헛되이 전투의 진영에서 많은 시간을 오래 지체하였다. 모든 성에서 아뢰어 말하였다.

"우리들은 대왕을 위배(違背)할 마음이 없습니다. 여섯 대신이 포학한 까닭으로 따르지 않는 것이니 만약 대약대신을 오게 하신다면 우리가 모두 항복하겠습니다."

왕이 곧 사자를 보내어 대약을 불렀고 그는 칙명의 부름을 듣고 왕의 처소로 달려갔다. 모든 성의 백성들이 대약이 이르렀다는 것을 듣고 모두 어김없이 문을 열어서 들어오게 하였다. 대약이 곧바로 학정(虐政)을 삭제하고 다시 가벼운 법률을 제정하였고 도덕과 윤리를 조화롭게 펼쳐갔으므로 젊은이와 어른이 원망이 없었고, 함께 재건하는 것을 노래하였으며 함께 와서 소생한다고 기뻐하였다. 빈궁한 자를 구제하였고 고독한 자를 긍휼하였으며 오히려 부모와 같이 각자가 자비로운 생각이 생겨났으므로 국내의 사람들이 모두 구름처럼 모여들었고 대왕을 호위하고 따르면서 함께 성에 이르렀다. 소문은 이웃나라에까지 들려서 멀고 가까운 곳에서 칭찬하였다. 왕이 딸을 주어 대약을 사위로 삼았으나 비록 왕의 총애를 입고도 교만하고 방자한 마음이 없었다.

이때 어느 다른 지방의 가난한 선비가 와서 이 왕에게 투신하여 영화와 복록을 구하였으나 왕이 보고 허락하지 않았다. 다시 대약에게 구하니 대약이 애민하게 생각하여 마침내 곧 불러들였고 옷과 음식을 주어 궁핍함이 없도록 하였다. 이때 어느 바라문이 대약에게 와서 강맥(糠麥)[2]을 구하며 찾으니 곧바로 주라고 하였다. 이때 창고를 맡은 자가 일을 소홀하게 지체하면서 곧 가져다가 주지 않았다. 뒤의 다른 때에 왕이 대신과 여러 신료들과 조정의 한곳에 모였는데 왕이 대중에게 알려 말하였다.
"개인적이고 비밀스러운 일을 누구에게 알려서 알게 하겠는가?"
누가 말하였다.
"비밀스러운 일은 마땅히 지식에게 말할 수 있습니다."
누가 말하였다.
"부모입니다."
누가 말하였다.
"처자식입니다."
그러나 대약은 묵연히 말이 없으니 왕이 말하였다.
"대약 경은 어찌 말이 없는가?"
대답하여 말하였다.
"말이 어찌 쉽겠습니까? 저의 소견과 같다면 일반적으로 은밀한 일은 일체의 남자에게도 말할 수 없습니다. 하물며 다시 여인이겠습니까?"
왕이 말하였다.
"어찌 모두 이와 같겠소?"
대약이 말하였다.
"이것의 거짓과 진실을 대왕께서 마땅히 눈으로 경험하십시오."
뒤의 때에 왕가에서 공작새를 잃었다. 대약이 붙잡아서 다른 곳에 감추어 두고 다른 공작을 가져다가 아내를 마주하고 앞에서 죽이면서 알려 말하였다.
"그대는 어찌 왕께서 공작을 잃은 것을 듣지 못하였소?"
대답하여 말하였다.
"나도 들었습니다."
대약이 말하였다.
"이것이 곧 그 새인데 빨리 요리를 하시오. 내가 먹어야겠소. 사람들과

---

2) 크기가 작은 보리를 가리킨다.

함께 이 일을 논하지 마시오."

아내가 듣고 곧 생각하였다.

'나의 아버지께서 이것을 매우 아끼시는 것인데 지금 어떻게 새를 잡아서 먹는가? 진실로 비루한 일이고 헌장(憲章)[3])에도 두려움도 없는가?'

또한 얼굴이 미려(美麗)한 여인을 데려다가 묘하게 장식시켜서 집안으로 끌어들였고 그 아내에게 알려 말하였다.

"이 소녀는 왕궁의 사람인데 내가 사랑하여 데리고 왔으니 이 일을 다른 사람에게 전하지 마시오."

아내는 이 말을 듣고 깊은 분노가 생겨났다.

'나의 아버지께서는 어찌 자세히 생각하고 살피지도 않고 이 측루(仄陋)하고 종족이 없는 사람을 임용하여 대신으로 삼고서 국사를 맡기셨는가? 어찌 왕궁의 나인을 데려다가 자기의 첩실로 삼는가? 왕이 사랑하는 좋은 새를 잡아서 국을 끓이고 또한 외국의 객인들을 함께 서로 거두어서 옷과 음식을 공급하여 의사(義士)로 삼고자 하는가?'

아내가 이 일을 갖추어 왕에게 아뢰어 알게 하였다.

"아버님께서는 그 사람을 깊이 생각하고 위임하셨습니다. 내가 악행을 보았는데 진실로 더할 수가 없습니다. 지금 그를 시골로 물리치세요."

왕이 이 말을 듣고 마음에 이견이 생겨나서 마침내 두회에게 대약을 데리고 가서 법에 의거하여 죽이도록 하였다. 이때 전다라가 적수화(赤𣯶花)를 목의 아래에 묶고 악성(惡聲)의 북을 치며 사나운 사람이 칼을 들고 따랐으므로 그 두려움이 염마졸(炎魔卒)과 같았다. 시림을 향하여 보냈고 이르러 장차 형을 집행하려고 하였는데 죽음을 즐거워하는 사람이 없었고 보는 자마다 슬프게 울면서 자기의 어버이와 같이 사랑하면서 각자 애절한 말로 천신이나 세존께 구하였다 이때 외국의 객은 옷과 음식을 공급받은 자였는데 여러 사람에게 알려 말하였다.

"내가 능히 이 사람을 죽이겠소."

---

3) 어떠한 사실에 대하여 약속을 이행하려고 정한 법적인 규범을 가리킨다.

곧 성에서 나오고자 할 때에 그 바라문은 대약의 옷자락을 잡고 따라오면서 강맥 한 되(升)를 찾았다. 이때 대약이 이러한 일들을 보고는 게송을 설하여 말하였다.

국왕도 친근할 수 없고
악인은 가깝게 부탁하기 어려우며
다만 이것이 은밀한 일이므로
아내에게 말하여 알게 하면 아니되네.

나는 살아있는 새를 먹지 않았고
왕궁의 나인을 꾀어내지도 않았으며
속이는 마음을 기억하지 못하는데
다른 사람에게 강맥을 빚졌구나.

이때 대약이 처형되려고 할 때에 이와 같이 말하니 사자가 듣고 대약에게 말하였다.
"그대의 지혜는 보통 사람보다 뛰어난데 뜻이 없는 말을 짓는가?"
대답하여 말하였다.
"이것의 뜻이 없는 말을 그대는 알 수 없네. 나의 말을 대왕의 처소에 알리게."
사자가 이 말을 왕에게 가서 아뢰어 알게 하였다. 왕이 비록 말을 들었으나 역시 능히 알 수 없었다. 드디어 사자를 시켜서 가서 대약을 불러오게 하였고 물어 말하였다.
"말에 어찌 뜻이 없는가?"
대답하여 말하였다.
"말에 깊은 이치가 있습니다."
왕이 말하였다.
"그 일이 무엇인가?"

대약이 아뢰어 말하였다.

"원하건대 왕께서는 잘 들으십시오. 게송의 뜻을 간략히 말씀드리겠습니다. 국왕도 친근할 수 없다는 것은 왕께서 이전에는 나라 안의 성읍들은 신하에게 귀속되어 모두가 소유되지 않았고, 다만 오로지 음식과 내궁이었으나 제가 계책(籌策)을 운영하여 그 강한 신하들을 누르고서 나라와 가정들을 안녕하게 하였고, 모두 생업을 회복시켜 왕의 기반이 치성하여 백성들이 따르고 기뻐서 노래하며 창고들이 풍성하고 가득한 것이 모두가 저의 힘이었으나, 지금 저를 죽여서 옛날의 은혜를 갚고자 하는 까닭으로 국왕도 친근할 수 없다고 말한 것입니다.

악인은 가까이 부탁하기 어렵다는 것은 옛날에 가난한 사람이 있어 타향의 유랑객으로 와서 왕의 처소에 투신하여 생활하는 것을 걸구(乞求)하였으나 왕께서 거두지 않으셨고 마침내 저의 주변에 이르렀으며 제가 빈한(貧寒)한 것을 보고 옷과 음식을 공급하여 살려주었으나 은혜를 생각하지 않고 지금 와서 나를 죽이겠다고 말합니다. 은밀한 일은 아내에게도 말해서는 아니된다는 것은 왕께서 이전에 조회에서 여러 사람들에게 알려 말씀하셨습니다.

"만약 비밀의 일이 있다면 누구에게 알려서 알게 하겠는가? '누구는 부모와 처자 등이라고 말하였고, [자세한 설명은 앞에서와 같다.] 저는 모두 친근할 수 없으니 마땅히 자세히 관찰하여 왕께서 마땅히 눈으로 경험하라고 하였습니다.' 왕가의 공작은 제가 실제로 먹은 것이 아니고 별도의 다른 새를 가져다가 아내를 시켜서 삶았던 것입니다. 왕궁의 나인과도 저는 교섭(交涉)이 없습니다. 궁인의 영락을 거짓으로 가지고 와서 잠시 다른 여인에게 빌려주었고 저의 집안에 기거하게 하였습니다. 만약 믿지 않으신다면 불러서 오게 하십시오."

왕이 궁인을 불러서 마주하고 관찰하였는데 이상이 없었다.

"다른 사람에게 강맥의 빚이 없다는 말은 왕께서 두회를 시켜서 장차 저를 죽이고자 하는데 그 바라문이 마침내 이르렀고 급히 옷자락을 잡으며 입으로 저에게 한 되의 강맥을 돌려달라고 말하였습니다. 마음의 도리에 자비가 없고 옛날의 때에 구걸하였던 보리를 기변(機變)⁴⁾도 알지 못하였으므로 죽는 징후를 보고 왔던 것입니다."

왕이 게송의 뜻을 듣고 그 일을 살피고서 대약에게 허물이 없음을 알았고 환희하면서 석방하였다. 곧 성대한 예배를 갖추었고 중신으로 삼았다. 이때 대약이 머리숙여 왕에게 아뢰어 말하였다.

"보십시오. 여러 여인과 함께 은밀한 말을 할 수 있겠습니까? 주셨던 따님은 저에게 소용이 없으니 청하건대 곧 거두어 주십시오. 저는 지금 스스로 언행과 덕의(德義)와 씨족도 서로에게 마땅하고 총명하며 지혜로운 여인으로서 아내로 삼겠습니다."

곧 왕에게 하직하고 떠나가서 바라문의 모습을 지었다. 손에는 정병(淨瓶)을 잡았고 길상선(吉祥線)을 걸었으며 몸에 사슴가죽을 입었고 얼굴에 세 줄을 칠하였으며 본래의 성으로 가서 그러한 아내를 구하고자 하였다. 도로의 중간에서 날이 저물었는데 바라문이 보고 그가 곧 서로에게 물었다.

"당신은 어디에서 왔습니까?"

대답하여 말하였다.

"나는 비제혜성에서 왔습니다."

"어느 곳으로 가고자 합니까?"

대답하여 말하였다.

"만재성으로 갑니다."

물어 말하였다.

"당신은 이곳에 도울 많은 지식이 있어서 투숙하고자 합니까?"

대답하여 말하였다.

"이전부터 없습니다."

곧 집으로 데려가서 여법하게 대우하였다. 대약은 그 바라문의 아내를 보고 정숙(貞素)하지 않은 것을 알았다. 이미 잠자고 나서 아침에 곧 떠나고자 하였는데 바라문이 말하였다.

---

4) 임기응변의 준말로서 상대의 소질이나 능력에 따라 알맞게 구사하는 말솜씨를 말한다.

"내가 이렇게 가난하게 기거하더라도 곧 그대의 집을 왕래하면서 머물고 잠자면서 바라건대 의심하지 마시오."
 대약이 곧 허락하고 손을 잡고서 이별하였다. 마침내 앞길의 보리밭 가운데에 있는 소녀를 보았는데 위의와 용모가 단정하여 양가(良家)의 출신과 같았다. 곧 사랑스러운 생각이 생겨나서 물어 말하였다.
 "현수여. 그대의 이름은 무엇인가?"
 대답하여 말하였다.
 "내 이름은 비사거(毘舍佉)입니다."
 "어느 집의 소녀이시오?"
 대답하여 말하였다.
 "이 취락의 어른이 나의 아버지입니다."
 대약이 생각하고 말하였다.
 "비록 용모와 위의가 있으나 그 지혜를 알 수 없으니 지금 시험하여 보아야겠다."
 대약이 곧 보리를 베어놓은 밭의 가운데로 가서 두 손을 높이 들고 발로서 보리를 밟으니 비사거가 말하였다.
 "이미 손을 보호하는 것을 아시므로 발로 역시 마땅히 하세요."
 대약이 생각하고 말하였다.
 "이 여인은 지혜가 있구나."
 곧바로 알려 말하였다.
 "소녀여. 귀고리가 사랑스럽구려. 광채가 평소와 다르구려."
 대답하여 말하였다.
 "냄새나는 몸을 덮는 것인데 무엇이 좋은 것이 있겠습니까?"
 또한 말하였다.
 "매우 좋은 용모이오."
 대답하여 말하였다.
 "부모가 낳아주신 것이고 많이 꾸민 것과 관련이 없습니다."
 물어 말하였다.

"아버지는 어디에 계시오?"
대답하여 말하였다.
"한 몸에 두 가지 일입니다."
물어 말하였다.
"이 말은 무슨 뜻이오?"
대답하여 말하였다.
"몸으로 가셨고 가시(棘)를 취하여 그 옛 길을 끊고 다시 새로운 길을 닦습니다."
"어머니는 어디에 계시오?"
대답하여 말하였다.
"집으로 돌아가시어 종자를 취하여 늦도록 밭에 심고자 합니다."
물어 말하였다.
"그대는 능히 나의 아내가 되어주겠소?"
대답하여 말하였다.
"이것은 부모의 까닭이므로 나는 알 수 없습니다."
물어 말하였다.
"만재성으로 가는 길은 어디에 있소? 평탄하고 부드러우며 다시 가시밭이 없는 곳을 그대가 마땅히 지시하여 나를 평안히 가게 하시오."
여인이 굽은 길을 가리키면서 곧 스스로가 앞서서 갔다. 연못가에 이르러 옷을 바꾸어 입고 앉아서 한쪽 눈을 찡긋하면서 '그대 대약은 나를 아시오?'라고 시험하였다. 잠깐사이에 대약은 연못가에 이르렀고 멀리서 보고 곧 알았으므로 게송을 설하여 말하였다.

몸에는 실이 없고 짜지 않은 옷을 입었으니
원래 털이나 실로 이루어진 것이 아니며
한 눈으로 마땅하게 나를 지시하는데
어느 길로 마땅히 가야 묘화성(妙花城)인가?

이때 소녀가 그 말을 듣고 미소를 지으면서 말하였다.

마땅히 매끄러운 길로 떠나가고
거친 길로 가지 말 것이며
멀리서 큰 총림(叢林)5)을 바라보고
가까운 근처로 지나가세요.

다시 가루가 된 땅을 보았고
붉은 꽃이 핀 나무가 있다면
좌우도 버리고 옆으로 갈 것이며
마땅히 이 길을 찾아서 떠나가세요.

대약은 말을 따라서 길을 찾아서 떠나갔고 묘화성에 이르렀다. 성의 멀지 않은 곳에 가서 비사거의 집을 찾았으나 그녀의 부모를 보지 못하였으므로 마침내 성주에게 물어 말하였다.
"그대들이 만약 나에게 비사거를 준다면 깊은 은혜가 이루어질 것이오."
이때 그 여러 사람들이 이 말을 듣고서 함께 분노하면서 알려 말하였다.
"바라문이여. 그대가 사람을 구걸하여 찾으니 진실로 부끄러움이 없구려. 무슨 인연으로 급하게 비사거를 구하는가? 이 여인은 위의와 용모가 하늘의 선녀와 같으므로 곧 마땅히 우리 성에서 멀리 떠나시오. 만약 다시 거듭 온다면 그대를 개에게 먹이겠소."
이때 바라문은 이미 소망이 무너졌으나 오히려 비사거의 처소에 이르렀다. 여인이 멀리 보고서 마침내 불렀다.
"잘 왔습니다."
이때 대약이 앞의 일을 갖추어 말하였고 향하여 물었다.
"여러 사람들에게 어찌 얻어맞지 않은 것이오?"

---

5) 잡목(雜木)이 우거진 숲을 가리킨다.

여인이 말하였다.

"그대가 옳지 않게 지었으니 이것은 지혜로운 계책이 없는 것입니다. 친하게 구하는 법이 이와 같다면 마땅하지 않습니다."

대약이 말하였다.

"마땅히 어떻게 지어야 하는가?"

여인이 말하였다.

"먼저 잠시 서로가 알고, 다음으로 마땅히 친하게 가까울 것이며, 뒤에는 다른 사람을 청하여 여러 좋은 음식을 베풀고 말할 것이 있으면 비로소 갖추어 말하는 것입니다."

이미 듣고 알렸으며 나아가 음식을 베풀었고 차례로 모두 지었으며 뒤에 비사거를 구하였는데 모든 사람들이 알려 말하였다.

"마땅히 그대의 뜻을 따르겠소."

이러한 일을 의논하는 때에 부모들이 돌아왔다. 대약이 마침내 성주와 함께 그들의 집에 이르러 그녀의 부모에게 혼인에 대한 일을 알리니 대답하여 말하였다.

"그대들은 잠시 기다리게. 내가 사량하겠네."

여러 사람들이 알려 말하였다.

"마땅히 다시 사량하지 마십시오. 이 바라문 소년은 단정하고 경서를 널리 배워서 사명(四明)과 오론(五論)을 통달하지 못한 것이 없으므로 헛되이 세월을 보낸다면 이러한 사람을 만나기 어렵습니다. 곧 시집보내고 마땅히 다시 주저하지 마십시오."

이때 여러 사람들이 이미 대약을 마주하였고 진실로 딸을 주라고 말하였으므로 곧 결정되었다. 그녀의 부모에게 상묘한 옷을 받들었고 비사거에게도 역시 남아있던 예물을 주었으며 비제혜로 돌아가 중흥왕의 처소에 나아가려고 하였다. 그 도로의 중간에서 다른 절회를 만났고 강맥 한 되를 얻어서 옷자락에다 넣었고, 먼저 투숙하였던 바라문의 처소에 가서 문을 두드리면서 불렀다. 그 아내가 나와서 물었다.

"그대는 누구입니까?"

대답하여 말하였다.

"그대 남편의 벗입니다."

아내가 말하였다.

"우리 남편이 없어서 바깥사람을 들이지 않습니다. 다른 집의 투숙할 곳을 구하세요."

대약이 곧 생각하였다.

'이곳에 무슨 일이 있어 내가 투숙하는 것을 허용하지 않는 것이다.'

얼마 가지 않아서 보았는데 다른 사람이 있어 그녀의 집으로 들어갔다. 대약이 또한 생각하였다.

'외간남자가 있었던 까닭으로 나를 들여보내지 않았구나.'

이와 같이 주저하고 있는데 그 남편이 마침내 이르렀고 문을 열라고 불렀다. 아내는 남편의 소리를 듣고 혼신(魂神)이 놀라서 두려워하면서 어떤 계책을 알지 못하였고 마침내 사통한 남자를 작은 대나무통 안에 숨겼다. 남편은 대약과 함께 동시에 들어갔다. 대약이 알려 말하였다.

"나의 이 강맥을 어디에 두어야 하겠습니까?"

아내가 말하였다.

"땅에 쏟으세요."

대답하여 말하였다.

"쥐가 침범하여 먹을까 무섭습니다."

드디어 집의 모서리와 평상의 아래를 보았으나 하나도 볼 수가 없었고 옆에 작은 대나무통이 있었으므로 대약이 사량하였다.

'사람이 분명히 여기에 있다.'

그의 아내에게 알려 말하였다.

"보리를 이 통 가운데에 두겠습니다."

아내가 말하였다.

"우리집에서 소유한 것을 모두 여기에 넣었는데 만약 보리를 넣는다면 물건들은 어떻게 합니까?"

남편이 말하였다.

"이 버릇없는 여자가 어찌 물건을 꺼내고 보리를 넣지 않는가?"

그녀가 거역하면서 앞에 가는 것을 허락하지 않았다. 아내는 생각이 멈추어 어떻게 할 수 없음을 알았고 마침내 곧 놀라고 두려워서 계책이 나오지 않았으므로 알려 말하였다.

"대나무통에 습기가 있어 보리가 상하는 것이 두렵습니다."

대약이 말하였다.

"부인은 걱정하지 마십시오. 내가 상하지 않도록 하겠습니다."

곧 마른 풀과 마른 쇠똥을 취하여 대나무통 옆의 네 곳에 놓고서 불을 지피고자 하였다. 그의 아내는 불에 타는 것이 두려워서 급한 마음에 다른 사람을 시켜서 그 아버지에게 알려 말하였다.

"당신의 아들이 액운을 만났으니 급히 곧 오십시오."

아버지가 듣고 달려왔고 대나무통에 있음을 알고서 대약에게 말하였다.

"그대가 만약 대나무통이 필요하다면 내가 마땅히 값을 치르겠소. 얼마라면 되겠는가?"

대답하여 말하였다.

"500금전이오."

이와 같이 의논할 때에 사방의 주변이 불타고 있었으므로 아버지가 말하였다.

"내 자식이 지금 죽는다면 금전이 무슨 소용이 있겠는가?"

드디어 금전을 주었고 대나무통을 떠메고 떠나갔다. 대약은 날이 밝자 마침내 100금전을 나누어 주인에게 남겨주면서 있었던 사연을 모두 알려서 말하였다.

"그대 부인의 악행을 스스로가 잘 막아야 하오."

마침내 곧 글을 써서 바라문에게 주면서 묘화성으로 가서 400금전은 비사거에게 주도록 부탁하였고 아울러 성주에게 알려 말하였다.

"나는 돌아다니는 객이 아니고 왕의 대신입니다. 스스로 구혼하기 위하여 먼저 그곳에 갔던 것이므로 그 비사거를 마땅히 잘 기르고 보호하십시오."

대약은 곧 비제혜로 갔다. 그 바라문은 서신과 돈을 가지고 비사거의 처소에 이르러 가지고 왔던 300금전과 서신을 전하였는데 비사거가 서신을 보고 말하였다.

말뚝이 넷이라면 옷이 완성되나
하나가 모자라 능히 짓지 못하였으니
만약 그 말뚝에 모자람이 있다면
족쇄를 채워서 보낼 것이네.

서신을 읽고서 다음으로 금전을 받았는데 오직 300이었으므로 마침내 평상 아래에서 족쇄를 찾으니 사자가 물어 말하였다.
"무엇을 구하고자 합니까?"
대답하여 말하였다.
"지금 왕가에 죄인이 있어서 족쇄가 필요합니다."
이미 족쇄를 찾아놓고 사자에게 알려 말하였다.
"나는 일찍이 알지 못합니다. 만약 편안히 채우기 위하여 당신이 다리를 뻗는다면 내가 잠깐 시험하여 보겠습니다."
그 바라문은 성품이 우직하였으므로 드디어 곧 족쇄 안으로 발을 뻗어 넣었으므로 비사거가 곧 거꾸로 단단하게 두드려서 잠가두었다. 사자가 말하였다.
"무슨 까닭으로 나를 구금하는 것이오?"
알려 말하였다.
"그가 400을 맡겼는데 그대가 100문(文)을 훔쳤소."
사자가 생각하고 말하였다.
"이것은 진실로 희한(希異)하다. 두 사람이 함께 지혜가 있으니 그 일을 속일 수가 없구나."
곧 100금전의 숫자를 의지하여 돌려주었다. 부모가 왔고 비사거가 금전을 보여주고 드리면서 말하였다.

"이전에 저를 구하던 자는 가난한 바라문이 아니고 비제혜 국왕의 대신으로서 대약이라고 이름합니다."

부모와 권속은 이 말을 듣고 모두가 크게 환희하였다.

"우리들이 복이 있어서 이와 같은 제1의 대신을 얻어서 혼인하게 되었다. 그 사람이 있으니 이것을 따라서 집안이 흥성(興隆)하는 것을 바랄 수 있겠구나."

뒤에 비사거를 목욕시키고 의복·음식·평상 자리·등을 모두 정묘(精妙)하고 풍성하게 제공하여 길렀고, 위의와 용모가 평소보다 두 배나 단엄하여 사랑스러웠다. 이때 대약이 본성에 이르니 왕과 신하들은 대약이 이르렀다는 말을 듣고 함께 모두가 기뻐하였다. 이미 왕을 보니 왕이 대약에게 물었다.

"아내를 구하였는가?"

대답하여 말하였다.

"이미 얻었습니다."

왕이 말하였다.

"어떠한가?"

대답하여 말하였다.

"소녀의 용모가 화사하고 안모(顔貌)가 초절하며 총명하고 지혜가 많아서 말솜씨도 뛰어나므로 저의 아내로 삼기에는 마땅한 배필입니다. 제가 지금 왕께 아뢰고 데리고 와도 되겠습니까?"

왕이 말하였다.

"경은 대신이니 다시 허물이 없소. 반드시 예의를 갖추는 일에 정밀하게 의지하고 뜻에 맞게 장엄하여 대중들이 기쁘게 하시오."

대약이 명을 받들어 곧 다른 신하들·바라문·거사 및 여러 사람들과 상병·마병·거병·보병 등을 거느리고 묘화성으로 갔고 비사거의 처소에 이르러 혼인하였다. 혼례를 마치고 비제혜로 돌아와서 환락하며 머물렀다. 이때 북방의 500의 상인이 있어 모두가 말을 팔기 위하여 비제혜에 이르렀는데, 이 성안에는 500의 음녀가 있었으며 위의와 용모가 단정하였고 학식도 갖추었으며 가무와 말솜씨도 모두가 초절하여 소유하였던 상객들이 이곳에 이르면 일반적으로 재화를 모두 헛되게 낭비하였다.

500의 음녀가 500의 상인에게 각자 나아가서 희롱하였으나 오직 상주인 한 사람만이 그들의 유혹에 넘어가지 않았으므로 그 음녀들 중에서 제일 뛰어난 여자가 상주의 처소에 가서 교통할 것을 구하였으나 그가 허락하지 않았다. 다시 여러 사람과 함께 날마다 갔으나 상주는 곧고 확실하여 움직이지 않았다. 다시 거듭거듭 가서 함께 웃으면서 말하니 상주가 말하였다.

"내게는 삿된 생각이 없거늘 쓸모없이 다니는구나."

음녀가 말하였다.

"만약 당신이 뜻을 무너트린다면 나에게 무엇을 주겠소?"

대답하여 말하였다.

"상마(上馬) 5필(匹)을 주겠노라. 만약 내게 과오가 없다면 그대는 마땅히 내게 500금전을 주기로 하자."

이렇게 내기를 하고서 두 배나 방편을 일으켜서 와서 교태를 부렸으나 상주의 마음을 기울게 하지 못하였다. 모든 상인들이 말하였다.

"성안의 제일도 뜻을 꺾지 못하는구나."

상주가 알려 말하였다.

"내가 지난 밤 꿈에서 함께 교통하였는데 어찌 수고롭게 직접 보겠는가?"

여러 사람들이 듣고 이를 음녀에게 알리니 음녀가 곧바로 여러 깡패(手力)들을 데리고 와서 상주를 불렀다.

"마땅히 이전에 말한 것을 좇아서, 그대가 이미 뜻을 무너뜨리고 나와 함께 비행(非行)인 교통을 하였으니 말 5필을 내놓아라."

상주가 말하였다.

"그대는 부끄러움도 없는가? 착한 사람을 모함하는구나."

결국 왕가에 나아가서 판관의 재판을 받았으나 평장(平章)6)을 날이 저물도록 승부를 분별할 수 없어 내일 다시 자세히 심리하겠다고 하였다.

대약이 집으로 돌아오는 것이 다른 날보다 늦으니 비사거가 말하였다.
"오는 것이 왜 늦었나요?"
그는 곧 갖추어 말하면서 오히려 판결하지 못하였다고 말하니 아내가 말하였다.
"당신들은 모두가 도리를 분명히 익혔으나 이것에 오히려 명료하지 못한데 어찌 지혜롭다고 말하겠습니까?"
대약이 말하였다.
"우리들은 분별이 밝지 않는데 그대가 능히 판결할 수 있겠는가?"
아내가 말하였다.
"내가 시험삼아 판결할 것이니 지혜가 어떠한가 보세요. 당신은 먼저 왕께 아뢰어 모든 신하들을 부르고 아울러 그 5필의 말을 끌고서 연못가에 이르러 대중이 있는 곳에서 그 음녀를 부르고 물어보세요. '상주가 너와 더불어 실제로 비행을 하였다면 실제로 말을 갖는 것이 옳으나 만약 그것이 꿈속이었다면 연못 속의 그림자인 말을 뜻에 따라서 끌고 돌아가라.' 만약 그림자의 말은 진실로 가질 수가 없다고 말한다면 꿈속에서의 욕정의 일도 역시 같다고 말하세요."
대약이 듣고 깊은 감탄이 생겨났다. 곧 날이 밝자 왕에게 아뢰어 신하들을 부르고 여러 사람들을 모으고서 음녀와 함께 연못가로 갔다. 5필의 말을 끌고 와서 언덕 위에 세우고 비사거의 계책과 같이 차례로 물어갔으므로 왕과 대중들이 듣고 모두 희유함이 생겨났다. 왕이 대약에게 알려 말하였다.
"경이 어제 이러한 결단을 지었다면 오늘 거듭 모이는 번민스러운 수고가 없었을 것이오. 이것이 누구의 계책이오?"
대답하여 말하였다.
"비사거입니다. 제가 어제 늦게 돌아가서 이 일을 갖추어 말하였습니다."

---

6) 공평하게 구별하는 것을 말한다.

왕이 특이함에 감탄하며 말하였다.
"비사거는 큰 지혜와 계책이 있다."
이름과 칭찬이 유포되어 멀고 가까운 곳에서 모두가 알았다. 그때 북방에서 두 마리의 초마(草馬)를 바쳐왔는데 하나는 어미이고 하나는 새끼였다. 모습과 크기와 털의 색깔까지도 차이가 없어서 어미와 새끼를 능히 분별할 수가 없어 왕과 대중들이 같이 보아도 누구도 알지 못하였다. 비사거가 듣고 알려 말하였다.
"털이 굳은 것은 어미이고 부드러운 것은 새끼입니다."
대중들이 희기함을 감탄하였다. 다시 다른 때에 뱀 주술사가 있어 독사 두 마리를 가지고 왕에게 왔는데 형상이 서로 같아서 수컷과 암컷을 알 수 없었다. 사람들이 모두 몰라서 대약이 이 말을 비사거에게 알리니 그녀가 듣고 미소를 지으면서 대답하였다.
"당신들이 이렇게 미혹하니 어찌 지혜가 있는 사람이라고 말하겠습니까? 왕께서 알아주시더라도 헛된 봉록을 드시네요."
대약이 말하였다.
"그대는 능히 알겠소?"
"잘 압니다. 마땅히 부드러운 물건을 막대 끝에 묶어가지고 뱀의 등을 문지르는데 만약 구부리고 움직인다면 이것은 수컷이고 만약 움직이지 않는다면 이것은 암컷입니다."
곧 말을 따라서 지었고 눈으로 시험하니 헛되지 않았으므로 사람들이 모두 감탄하였다. 어느 때 남국(南國)의 상인이 전단(旃丹)의 지팡이를 왕에게 가져왔는데 양쪽의 머리가 서로 같아서 본래의 끝을 알기가 어려웠다. 비사거에게 물으니 먼저와 같이 비웃고 말하였다.
"이 지팡이를 가지고 물속에 넣으면 본래의 아래는 가라앉고 끝은 곧 뜰 것입니다."
시험하니 과연 말과 같았으므로 사람들이 모두 감탄하였다. 왕이 곧 이렇게 생각을 지었다.
'내가 지금 또한 모든 대신들에게 누가 최고로 지혜가 있는가를 시험해

야겠다.'

곧 누각 위에 다시 장대를 세우고 그 끝에는 광명보주(光明寶珠)를 달아두었다. 햇빛이 밝게 비치니 그림자가 연못 속에 떨어져 구슬과 구별되지 않았다. 왕이 여러 사람들에게 알려 말하였다.

"만약 연못 속에 들어가서 이 구슬을 건져내면 내가 주겠소."

사람들이 모두 연못 속에 들어갔으나 구하지 못하였다. 대약이 돌아가서 비사거에게 알리니 그녀가 곧 대답하여 말하였다.

"위를 바라보고 찾으면 본래의 구슬을 얻을 것입니다."

말을 따라서 구슬을 취하니 왕이 말하였다.

"이것이 누구의 지혜이오?"

대답하여 말하였다.

"비사거입니다."

왕이 구슬을 주고 더욱 칭찬하였다. 이때 여러 대신들이 비사거를 보니 위의와 용모가 특출하여 세상에서 비교할 수 없었으므로 모두가 마음에서 함께 사사롭게 사랑하였으므로 묘한 보주를 통하여 왕래를 구하였다. 그러나 비사거는 일찍이 다른 생각이 없었으므로 구하는 것을 보고 얼마 지나지 않아서 대약에게 말하였다.

"당신의 나라에는 이러한 일이 있습니다. 다른 사람의 좋은 아내를 보고 마침내 곧 사사롭게 사랑을 구하므로 매우 비루하고 악합니다."

대답하여 말하였다.

"이것은 세간의 법으로 사람에게 모두 전하는 것이오. 그러나 그 부녀가 곧고 확실하다면 따라가지 않을 것이오."

아내가 말하였다.

"내가 그들을 욕보이고자 하니 책망하지 마세요."

대답하여 말하였다.

"뜻에 따르겠소."

아내가 말하였다.

"당신은 아프다고 하세요. 내가 스스로 때를 알아서 하겠어요."

대약이 말과 같이 아프다고 핑계를 대었다. 여러 신하들이 사람을 시켜서 비사거에게 물으니 알려 말하였다.

"남편이 병이 있어도 내 뜻은 어긋남이 없습니다."

곧 나무로 대약과 같은 인형을 만들어서 얇은 옷을 덮어 평상의 자리에 뉘어놓고 여러 사람들에게 알려 말하였다.

"내 남편의 병이 무거워 스스로 자리에서 일어난다고 기약할 수 없습니다. 나와 서로 친하게 지내면서 다른 사람의 눈에 보이지 않게 하시지요."

드디어 곧 여섯 개의 큰 궤짝을 만들어서 방안에 놓아두었고 대신에게 알려 말하였다.

"누가 아는 것이 두려우니 이곳에 잠시 숨어 있으세요."

들어가서 기다리게 하고는 곧 자물쇠로 잠가 두었다. 이와 같이 여섯 대신들이 모두 궤짝에 들어갔고 여러 사람들에게 대약이 이미 죽었다고 알렸다. 왕과 여러 신하들과 궁중의 관료와 백성들이 함께 이렇게 생각을 지었다.

'이와 같이 수승한 사람이 하루아침에 죽었구나.'

각자 슬픔과 괴로움이 생겨나서 이름을 부르며 울었다. 이때 비사거가 여섯 개의 궤짝을 함께 운반하여 왕의 처소에 이르러 아뢰어 말하였다.

"대왕이시여. 대약은 죽었습니다. 소유하였던 진귀한 재물은 모두 궤짝 안에 있으니 마땅히 직접 받아주십시오."

아울러 두 게송을 말하였다. 왕이 보고 슬퍼하였다.

"오늘에 몸은 없어지고 곧 지녔던 물건이 왔구나."

그때 대약이 꽃의 영락으로 몸을 장식하고 옆문으로 들어와서 왕의 앞으로 나아가서 웃음을 머금고 왕에게 아뢰어 말하였다.

"저를 사랑하시는 생각이 매우 깊으신데 겨우 죽었다고 머무르지도 않으시고 곧 재화(貨貨)를 거두십니까?"

왕이 말하였다.

"내가 재물을 찾은 것이 아니고 이것은 비사거가 스스로 가지고 이르러 이와 같이 말을 지었소."

대왕이여. 지금 마땅히 아십시오.
대약의 몸은 이미 죽었고
이것은 그의 진귀한 보물이니
궤짝을 열고 직접 보십시오.

나의 남편의 모습이 없어지니
외로운 과부는 의지할 곳이 없으니
다른 사람들이 속이거나 이러한
왕가의 재물을 잃는 것이 두렵습니다.

대약이 말하였다.
"만약 이와 같다면 왕께서 열어 어떤 진귀한 보물인가를 보십시오."
이미 궤짝을 열어 보았다. 이때 여섯 대신이 각자 그 속에서 나왔으므로 왕이 그 까닭을 물으니 여섯 대신이 대답하여 말하였다.

우리들은 정욕을 까닭으로
마침내 여인에게 속았으므로
원하건대 대왕께 은혜를 애원하오니
감히 다시는 이와 같이 않겠습니다.

왕이 말하였다.
"세간에 바퀴처럼 회전하는 것은 모두가 색욕이 까닭이오. 이미 이러한 욕을 당하여 마땅히 중한 죄를 받아야 할 것이나 경들은 우선 돌아가시오. 뒤에 별도로 헤아리겠소."
왕이 나아가 감탄하며 말하였다.
"오호(嗚呼)라. 여인이여. 능히 이와 같이 곧고 깨끗하며 뛰어난 정조와 계책은 초절하여 일찍이 없었던 일이오. 대신과 보상(輔相)7)이 이러한 욕됨을 당하였고 이것을 인연하여 능히 욕정에 탐닉하는 자를 제지하였구려."

왕이 이미 기뻐하면서 비사거에게 봉록을 두 배로 주었고 소문이 여러 나라에 널리 퍼졌다. 이때 왕은 이와 같이 생각을 지었다.

'대약은 어느 복이 감응하여 이와 같은 지혜로운 아내를 얻었는가?'

곧 대약에게 알려 말하였다.

"그대는 마땅히 나를 위하여 재주와 지혜를 갖춘 부인 한 명을 구하여 능히 내외의 국정을 안녕하게 하고 나는 오직 단정히 팔짱을 끼고 안락하게 머물게 하시오."

대약이 마주하고 말하였다.

"어느 곳에서 구하겠습니까?"

왕이 말하였다.

"내가 들으니 반차라국의 왕에게 한 딸이 있고 묘약(妙藥)이라고 이름하는데 위의와 용모가 절대적이고 맑은 생각이 무리에서 뛰어나다고 하오. 마땅히 가서 구혼한다면 이치적으로 역시 마땅히 얻을 수 있을 것이오."

대약이 대답하여 말하였다.

"그 나라는 이웃의 나라로서 원수와 같으므로 먼저 방편을 알아본 뒤에 구하여야 합니다."

왕이 보상에게 시켜서 스스로 가서 혼인을 말하게 하였다. 이때 그 나라의 왕과 신하들이 사신이 이른 것을 보고 곧 함께 의논하여 말하였다.

"비제혜의 왕은 병력이 많습니다. 함께 혼인한다면 정사(情事)로 서로가 친할 것입니다. 그가 만약 스스로 온다면 좋고 나쁜 일이더라도 뜻에 따라서 마땅히 짓도록 하십시다."

이와 같이 의논하고서 곧바로 허락하였다.

"점을 쳐서 어느 날의 좋은 시간을 선택하였으니 마땅히 이곳에 와서 함께 혼인을 짓도록 합시다."

사신이 돌아와서 왕에게 아뢰었다.

---

7) 국왕을 도와서 나라를 다스리는 행위나 또는 그러한 일을 하는 재상을 일컫는다.

"구하는 여인을 구하여 얻었습니다. 마땅히 어느 날에 혼례를 이루고자 약속하였습니다."

반차라왕은 그 날에 이르러 널리 진귀한 음식을 베풀었는데 잔치 음식에 모두 독약을 넣었다. 이어 반차라왕은 사신을 시켜서 비제혜왕에게 알려 말하였다.

"우리는 이미 준비가 되었으니 마땅히 빨리 오시오."

그 사신이 이르니 대약이 왕에게 아뢰었다.

"갑작스럽게 할 일이 아니고 마땅히 잘 생각하고 의논하십시오. 이웃나라와 원수가 되는 것은 옛날부터 일상적인 일이어서 매번 다툼이 있으며 서로 친한 것이 어렵습니다."

왕이 말하였다.

"누구와 평론(評論)해야 하오?"

대답하여 말하였다.

"대왕이시여. 바라건대 염려하지 마십시오. 저에게 앵무새가 있는데 구상(具相)이라고 이름합니다. 큰 지혜가 있어 사람의 뜻을 잘 압니다. 그 성에 보내서 살펴보고 돌아와서 알리게 하겠습니다."

왕이 말하였다.

"뜻에 맡기겠소."

이때 앵무새가 말을 받고 날개를 울리고 날아올라서 그 성안에 이르러 나무 끝에 앉아서 사방을 관찰하였다.

'누구와 헤아려 의논하고 통신하며 오고 가는 것을 누구에게 맡기고 부탁할 수 있을까?'

결국 한 마리의 새에게도 함께 의논할 수 없었으므로 마침내 왕궁으로 들어갔다. 대나무 가운데의 사리조(舍利鳥)의 둥지를 보았고 곧 둥지의 옆으로 가서 함께 서로에게 위문하였다.

"그대는 어디서 왔는가?"

구상이 대답하여 말하였다.

"나는 북방의 실리왕(室利王)의 처소에서 왔네. 이전에는 그곳의 동산을 감독하는 사자였고 사리(舍利)를 아내로 삼았는데 나이는 젊었고 용모와 위의가 단정하여 비교할 수 없었으며 공손하고 부지런하며 지혜롭고 착하며 말도 잘하였으나 잠깐 나가서 놀았던 인연으로 솔개에게 잡혀갔다네. 내가 이러한 까닭으로 근심의 화살이 가슴에 박혀서 여러 곳을 연편(聯翩)[8]하고 추구(追求)하면서 이곳에 이른 것이네. 나는 지금 짝이 없으니 그대가 아내가 되기를 바란다네."

대답하여 말하였다.

"나는 일찍이 역시 앵무새가 사리새를 아내로 삼았다는 것을 듣지도 못하였고 보지도 못하였다. 다만 앵무는 도리어 비로소 앵무를 아내로 삼는다고 들었다."

이때 구상이 다시 여러 종류의 방편의 말로 함께 서로에게 권유하면서 게송을 설하여 말하였다.

나는 북방왕인 실리의
동산을 지키는 사자였고
사리가 나의 아내였으며
지혜롭고 말도 잘하였다네.

잠시 놀고자 나갔던 인연으로
드디어 솔개에게 채어갔으므로
나는 그녀를 구하려는 까닭이고
헤맸던 인연으로 이곳에 이르렀다네.

사리가 대답하여 말하였다.

사리가 앵무의 아내였다니

---

8) 새가 날아가는 모습으로서 끊이지 않고 이어지는 것을 가리킨다.

이런 일은 일찍이 듣지 못하였고
도리어 비로소 앵무가 상대인 것을
지혜로운 자는 함께 아는 것이네.

각자 게송을 설하고서 다시 평론하면서 뜻이 서로 통하여 곧 아내가 되었다. 이미 교밀(交密)하였으므로 마음에 빈틈이 없었다. 이때 구상이 보았는데 그 왕가에서 여러 종류의 상묘한 떡과 음식을 만들었고 빛깔과 종류도 많았으며 모두가 희유하였다. 구상이 보고 사리에게 알려 말하였다.
"무슨 뜻으로 궁중에서 이러한 성찬을 경영하는가? 내가 지금 많이 그것을 맛볼 수 있는가?"
대답하여 말하였다.
"비록 이와 같이 상묘한 떡과 밥이지만 모두 독을 넣었소."
물어 말하였다.
"무슨 까닭인가?"
"비제혜왕이 와서 혼례를 이루고자 하였으므로 이러한 음식을 지었으나 은밀한 뜻에서는 그 왕과 군사들을 해치려는 것이오."
구상이 자세히 묻고 세밀히 살펴서 알고 게송으로 설하여 말하였다.

모두가 말하기를 이 왕녀가
비제혜로 시집간다고 말하고
비록 이것이 전해지고 있으나
거짓인지 진실인지 알 수 없다네.

사리가 대답하였다.

왕이 그의 딸을 주지 않는데
어리석은 자는 속아서 넘어가고

이것으로서 방편을 삼아서
뜻으로 주륙(誅戮)을 행하고자 한다네.

이때 앵무새가 이 일을 알고서 큰 상주가 기이한 보배나 얻은 것과 기뻐하면서 사리에게 말하였다.

나는 지금 북방으로 돌아가서
좋고 총명한 아내를 얻었고
서로가 같이 말하며 이해한다고
실리국의 왕에게 알려야겠네.

사리가 대답하였다

성자여. 그대는 지금 가서
그 실리왕을 보고
일곱 밤을 자고 빨리 돌아오고
마땅히 다시 늦지 않도록 하소.

이때 앵무새가 허공으로 날아올랐고 오래지 않아서 곧 대약의 처소에 이르러 일을 갖추어 알렸다. 대약이 차례로 모두 왕에게 아뢰고 가지 않도록 권유하였다. 이때 반차라왕은 이곳에서 떠나지 않음을 알았고 사병을 정비하여 비제혜로 나아가서 사방을 에워싸고 진퇴를 따르지 않았다. 왕이 대약과 함께 그것을 어떻게 할 것인가의 계책을 모의하였으므로 대약이 말하였다

"병사로 교전하는 것은 옳지 않고 마땅히 이간질해야 합니다."

그때 그 영내(營內)에는 500대신이 있었으므로 모두에게 이 나라의 진귀한 보배를 귀중한 뇌물로 보냈다. 여러 신하들은 이미 얻고서 다른 마음이 생겨나서 왕의 말을 따르지 않았다. 대약이 왕과 함께 이러한

일을 짓고서 사람을 시켜서 알려 말하였다.

"내가 능히 그대와 함께 싸울 수 없는 것이 아니네. 이미 장인이 되었고 곧 이것은 친밀함이니 마땅히 잘 사량하게. 몸이 있는 것을 근본으로 삼는다면 지금 나에게 와서 사는 것이 자유롭지 않겠는가? 만약 이 말을 믿지 않는다면 마땅하게 반드시 직접 알아보게. 내가 어느 물건을 누구의 대신에게 주었으며 그 500사람이 모두가 뇌물을 받았으니 곧 조사하여 묻는다면 명료하게 진실과 거짓을 알 것이네."

그가 곧 조사하였는데 모두가 사실이었다. 그는 일이 틀린 것을 알았고 중야(中夜)에 군사를 거두었다. 이미 성에 이르렀고 마침내 곧 모든 500대신을 죽이고 모든 신하들의 아들에게 아버지의 업을 계승하게 하였다. 대약이 왕에게 아뢰었다.

"일이 이미 이와 같습니다. 또한 다른 어려움은 없습니다. 제가 잠시 가서 왕녀와의 혼인은 구하고자 합니다. 얻는 것을 알 수 없으니 반드시 그 뜻을 관찰하겠습니다."

왕이 말하였다.

"가도 좋소."

대약이 군사를 거느리고 반차라국으로 가서 동산 가운데에 멈추었다. 왕이 성으로 들어오라고 불렀으므로 대답하여 말하였다.

"나는 성으로 들어가지 않고 또한 마땅히 그 대신들의 집에 머물겠습니다."

왕이 말하였다.

"뜻에 따르시오."

이때 모든 대신의 아들들이 함께 이렇게 의논하였다.

"우리들의 아버지가 죽은 것은 모두 대약 때문이오. 이미 원수이므로 마땅히 놓아줄 수 없소."

신하들이 왕에게 아뢰어 말하였다.

"비제혜의 왕은 스스로가 계책이 없습니다. 왕업을 일으킨 것은 모두 대약의 공입니다. 이것을 까닭으로 능히 침략하지 못하였으나 잠시 이곳에

억류하여 사방으로 나가지 못하게 하고서 우리들이 병사들을 거느리고 가서 그 성을 파괴하겠습니다."

왕은 나아가 좋다고 칭찬하였고 곧 사병을 거느리고 비제혜국에 이르러 그 성을 포위하였다. 이때 대약은 반차라왕이 어느 길을 따라서 비제혜로 떠나갔는가를 알았다. 대약은 방문하여 그 왕의 진귀한 보물이 모두 어느 곳에 있었고 아울러 딸인 묘약도 한 곳에 같이 있다는 것을 알고 있었다. 대약은 곧바로 강제로 궁중으로 들어갔고 묘약공주와 모든 진귀한 보물들을 가지고 병사들을 모두 거느리고서 다른 길로 돌아왔다. 이미 왕이 보고 모든 조정의 관리들을 모았는데 기쁨이 무량하였다.

이때 반차라국의 사자가 왕에게 이르러 진귀한 보물들과 공주를 다른 사람에게 빼앗겼다고 아뢰었고 왕은 이 소식을 듣고 곧 명령하여 군사를 되돌렸다. 이때 비제혜국왕은 널리 대례를 베풀었고 혼인을 마쳤으며 곧 묘약을 대부인으로 책봉하였다. 이때 반차라왕은 사람을 시켜서 묘약에게 서신을 보내서 알려 말하였다.

"내 근심을 품고 있는 것을 그대가 어찌 모르겠는가? 음식에 독을 풀어서 그 왕을 해치고자 하였던 이 일을 누가 전하여 알렸는가를 자세히 알아보아라."

딸이 편지를 받고 일을 추적하고 살펴서 이것이 대약의 앵무새가 비밀스러운 서신을 통하여 전한 것을 알았고 사자를 시켜서 아버지에게 알렸다. 아버지가 그 서신을 받고 다시 사자를 보내어 알렸다.

"이렇게 소식을 통하니 모두 앵무새가 일을 관찰하여 알았고 돌아와서 서로에게 알렸던 까닭으로 마침내 분란에 이르렀고 가정이 상하고 나라가 어지러워진 것이다. 그 앵무를 붙잡아서 가지고 오도록 하라."

딸이 앵무를 가두어서 부왕에게 맡겼다. 왕이 앵무새를 보니 두 배로 진에가 생겨났다. 이 연약한 새를 까닭으로 나라가 망하고 친척이 상하였던 까닭으로 다시 평론하지도 않고 곧 마땅히 죽이고자 하였다. 새는 나아가 머리숙여 왕에게 아뢰어 말하였다.

"원하건대 우리 조상의 죽는 법에 의거하여 죽여주신다면 죽어도 역시 한이 없습니다."

왕이 말하였다.

"그 새의 죽는 법으로 새의 목숨을 끊어라."

도살하는 자가 물어 말하였다.

"죽는 법은 무엇인가?"

앵무가 대답하였다.

"삼(麻)으로 내 꼬리를 묶고 기름을 붓고 불을 붙여서 스스로가 죽게 하는 것입니다."

도살하는 자가 그 말과 지어 놓아주었더니 앵무새가 마침내 곧 허공으로 올라가서 깃털을 털었으므로 불꽃이 허공에서 모두 소진되어 없어졌다. 드디어 연못 속으로 들어가서 씻고서 떠나가서 구름 위로 올라가서 날개를 펼쳐 비제혜로 갔다. 대약이 물어 말하였다.

"그대가 살아서 돌아왔는가?"

앵무가 갖추어 대답하니 대약이 환희하였다. 반차라왕은 성난 마음이 맹렬하게 불타올라서 다시 그녀에게 글을 보냈다.

"이 앵무를 까닭으로 우리 궁실(宮室)이 불탔으므로 반드시 묶어서 급히 보내도록 하라."

딸은 곧 말과 같이 다시 앵무를 보냈다. 왕이 보고 대노하여 끓는 물에 깃털을 튀기게 하였다. 도살자가 털을 뽑고 처마 밖에다 버리면서 알려 말하였다.

"너는 가라."

날아가던 솔개가 아래를 보고 잡아채었고 묘(陵)의 비어있는 한 신사(神祠)에 이르렀다. 솔개가 곧 먹고자 하였는데 마침내 앵무가 알려 말하였다.

"당신이 내 몸뚱이를 먹는다면 겨우 하루이지만 마땅히 그것을 놓아준다면 날마다 좋은 고기를 항상 배부르게 먹도록 하겠습니다."

솔개가 말하였다.

"누가 마땅히 너를 믿겠는가?"

대답하여 말하였다.

"맹세하겠습니다. 또한 나는 날개에 깃털이 없어서 허공을 날 수가 없으므로 하루나 이틀이면 눈으로 거짓과 진실을 볼 것입니다."

다시 솔개에게 알려 말하였다.

"비록 이것이 은혜로운 일이지만 그 적정한 곳을 얻지 못하였습니다. 나를 가지고 그 왕의 천사(天祠)에 이르러 살며시 땅에 내려놓으십시오."

솔개가 말을 따라서 지었다. 신사에 이르니 그 사당 안으로 나아가서 신상(神像)의 등 뒤에 있는 한 작은 구멍의 가운데로 들어갔다. 그 천사인(天祠人)이 여러 향과 꽃으로서 신상 앞에서 공양하는데 앵무가 말로써 알렸다.

"그대는 가서 왕에게 알려라. 왕에게 악행이 있어 여러 신들이 함께 분노하였다. 요즘 노쇠하고 재앙을 만나는 것은 모두 내가 지은 것이다. 만약 공양하지 않는다면 재앙이 멈추지 않을 것이니 날마다 많은 생고기·호마(胡麻)9)·콩 등을 각각 한 되씩 놓아두고서 공양하라. 이와 같다면 정성을 내가 생각하여 살피겠노라."

이때 수호하는 사람이 곧 이 말을 왕에게 아뢰어 알게 하니 왕이 말하였다.

"만약 이와 같다면 말씀의 가르침을 따라서 내가 마땅히 모두 이것을 짓고서 신께 제사를 올리겠노라."

많은 시간이 경과하면서 솔개는 계속 생고기를 먹었고 앵무는 호마를 먹어서 털과 깃털이 점차 자라났고 날아갈 수 있었다. 떠나려는 뜻이 있어서 수호인에게 알려 말하였다.

"그대는 왕에게 알리도록 하라. '이미 많은 시간을 나에게 공양하였으나 다시 한 가지 일이 있으니 그는 어기지 말라. 왕과 궁중 및 성안의 관료와 백성들이 모두 수염과 머리카락을 깎고 함께 나의 처소에 온다면 내가 마땅히 무궁한 부유함과 즐거움을 베풀겠노라.'"

사자가 왕에게 아뢰니 왕이 곧 따라서 지었다. 수염과 머리카락을

---

9) 참깨·들깨·검은깨 등을 통틀어 일컫는 말이다.

모두 깎고 천사의 가운데에 이르러 천신의 발에 예배하고 참회하면서 애원하고 구하였다. 앵무는 밖으로 날아올라서 공중에서 게송을 설하여 말하였다.

    일반적인 일을 모두 되돌려 갚았고
    갚지 않는 것은 하나도 없으며
    그대가 내 몸의 털을 없앴으나
    내가 지금 오히려 그대를 깎았다네.

이렇게 말을 짓고 허공으로 올라 떠나가서 대약의 처소에 이르니 대약이 물어 말하였다.
"무슨 뜻으로 늦어서 나를 책망하게 하는가?"
곧바로 이러한 겪었던 일을 갖추어 말하니 대약이 듣고 지극한 환희(歡悅)가 생겨나서 갖추어 왕에게 아뢰어 알게 하였다. 왕은 희유함에 감탄하고 알려 말하였다.
"대약이여. 그대는 진실로 복이 감응하고 있구려. 권속이 모두 총명하오. 비사거의 신통한 지혜는 사람을 뛰어넘는데 앵무새에게도 세상에서 미치는 것이 어렵겠구려."
뒤의 다른 때에 왕은 이렇게 생각을 지었다.
'모든 신하들 중에서 누가 가장 지혜가 있을까?'
모든 대신에게 개를 한 마리씩 맡기었고 그 개를 같이 기르도록 하였다. 이 개를 허락하는 때에 기르는 사람에게 가르쳐 말하였다.
"모든 신하들은 개를 데리고 각자 집으로 돌아가서 두 배의 영양으로 기르시오. 그리고 방법이 없더라도 능히 사람의 말을 하게 하시오."
대약도 개를 얻어서 역시 데리고 집에 이르러 항상 밥상에서 멀지 않은 곳에 묶어두었다. 매번 대약이 음식을 먹는 때에 맛있는 냄새를 풍기는 떡과 과일이 앞에 가득한 것을 보게 하였다. 비록 어느 정도를 희망하였으나 한 조각도 주지 않았고 다만 거친 음식을 가져다가 먹여서 목숨만 지탱하여 죽지 않게 하였으므로 모습이 마르고 수척하여 겨우 몸이 있을 뿐이었다. 왕이 신하들에게 명령하였다.

"기르는 개를 데리고 와서 모이시오. 시험삼아 다시 사람의 말을 이해하지 못하는가를 관찰하겠소?"

모든 개들이 왔으나 모두 살쪘고 아울러 말을 이해하지 못하였으나 오직 대약의 개는 마르고 수척하여 이상하였으므로 왕이 말하였다.

"경의 개는 어찌 말랐는가?"

대답하여 말하였다.

"대왕이시여. 내가 먹는 것을 항상 같은 맛으로 주었습니다."

개가 곧 말하였다.

"이 사람은 거짓말입니다. 나는 항상 굶주렸고 거의 죽음에 이르렀습니다."

대약이 말하였다.

"이 개가 사람의 말을 이해합니다. 왕께서도 직접 보셨습니다."

왕이 곧 크게 기뻐하였고 여러 사람들과 다른 것을 감탄하였다. 뒤의 다른 때에 왕이 모든 신하들을 시험하였다.

'누가 지혜가 있을까?'

곧 양을 여러 사람에게 한 마리를 주면서 알려 말하였다.

"풍성하게 살찌도록 기르면서 그 고기에 지방이 없게 하시오."

여러 사람은 지혜가 없어 모두가 살찌게 길렀다. 대약은 양에게 항상 음식을 주면서 배부르고 만족하게 하였으므로 모습이 비대하였다. 그러나 나무를 깎아 늑대를 만들었고 때때로 와서 공포스럽게 하였으므로 양이 비록 배부르게 먹었으나 지방이 생기지 않았다. 양을 죽여서 함께 보았는데 결과는 그 일과 같았으므로 왕이 말하였다.

"무슨 뜻으로 다른 양은 지방이 있는데 경의 양은 지방이 없소."

사실을 갖추어 대답하니 왕이 말하였다.

"깊은 기특한 지혜가 있구려."

뒤의 다른 때에 여러 대신의 아들들이 숫자가 500이었는데 같이 아름다운 동산에 모여서 즐겁게 연회하면서 말로 의논하는 차례에서 각자 서로에게 물어 말하였다.

"누구든지 집안에 있었던 기이한 일이나, 혹은 다른 곳에서 보았던 것을 마땅히 각자 말합시다."

이때 모든 사람들이 모두 말하고서 다음으로 대약의 아들에게 물었다.

"그대의 집에는 무슨 기이한 것이 있는가?"

대답하여 말하였다.

"우리 집에는 돌이 있는데 주력(呪力)을 지녀서 물속에 넣어두어도 뜨고 가라앉지 않습니다."

여러 사람들이 말려 말하였다.

"돌이 물 위에 뜬다는 것은 일찍이 듣지도 보지도 못하였습니다."

곧 함께 500금전의 내기를 하였고 아들이 돌아가서 아버지에게 말하였다.

"제가 뜨는 돌을 말하여 500금전을 걸었습니다."

아버지가 말하였다.

"마땅히 돌을 보이면 아니된다. 곧 500금전을 그 여러 사람에게 배상하라."

대약은 집에서 한 원숭이를 가르쳐서 음악을 잘 하였으므로 그 아들에게 알려 말하였다.

"그대가 집회하는 인연으로 여러 사람들이 묻기를, '누가 다시 기이한 것을 보았는가?'라고 다른 사람들이 모두 말하였다면 그는 마땅히 알려 말하라. '우리 집에는 음악을 잘 하는 원숭이가 있어서 가무와 축(絲)10)와 축(筑)11)을 모르는 것이 없습니다.'"

여러 사람이 알려 말하였다.

---

10) 악기재료인 팔음의 한 가지로 명주실을 꼬아서 만든 줄이 '사'이다. 이 범주의 아악기(雅樂器)로는 금(琴)과 슬(瑟)이 있고, 향악기(鄕樂器)로는 거문고·가야고·향비파가 있으며, 당악기(唐樂器)로는 월금·해금·당비파·대쟁·아쟁 등이 있다.
11) 비파(琵琶)를 가리킨다.

"이전에는 뜨는 돌이 없어 500금전을 벌금으로 하였는데 지금 만약 다시 헛소리와 같으니 두 배인 1천금전으로 짊어져라. 만약 그것이 사실이라면 우리가 1천금전을 내겠소."

곧 원숭이를 데리고 함께 왕의 처소에 이르러 음악을 지어 보았는데 이 일이 모두 이루어졌다. 그들이 1천금전으로 갚았다. 왕이 말하였다.

"나는 일찍이 이러한 일을 보지 못하였노라."

큰 기쁨이 생겨나서 많은 진귀한 보배를 주었고 감탄하며 말하였다.

"대약의 지혜는 모든 부류들 가운데에서 가장 제일이로다."

이때 이 성안에 한 바라문이 총명하고 지혜가 있어 사명을 잘 배웠다. 아내를 얻고 오래지 않아서 곧 한 딸을 낳았는데 얼굴과 용모가 단정하였으며 오담(烏曇)이라고 이름하였다. 바라문은 스스로가 맹세하여 말하였다.

"만약 남자로서 나의 곁에서 배우고 나와 어깨를 가지런하게 할 자가 있다면 나의 이 묘한 딸을 마땅히 시집보내겠다."

딸은 점차 장대하였다. 이 나라 안에서 어느 바라문이 한 아들을 낳았는데 모습이 사나워서 18종류의 추루(醜陋)한 상을 갖추었으므로 부모가 보고 매우 즐겁지 않아서 악상(惡相)이라고 이름하였다. 비록 점차 소년이 되었으나 아이가 추악하여 부모를 수치스럽게 한다고 학문을 가르치지 않았다. 그 아이는 장대하여 스스로가 무식함을 한탄하고 마침내 성안으로 들어가서 학문을 구하였는데 그 총명하고 예지가 있는 바라문의 처소에 이르러 예배하고 말하였다.

"제가 온 것은 배움을 청하는 것이오니 애민하게 보시고 받아주십시오."

그 바라문이 곧 받아들였고 오래지 않아서 소유한 서론(書論)을 모두 배웠다. 바라문이 곧 이러한 생각이 생겨났다.

'만약 그 어느 사람이라도 나의 학문을 모두 배운 자에게는 내가 마땅히 딸을 아내로 주겠다고 내가 이전에 맹세하였다. 이 아이가 비록 다시 용모와 위의가 추악하더라도 본래의 맹세를 어기는 것은 어렵다. 만약 본심을 저버린다면 천상에 태어날 수 없으니 설령 여러 사람들이 보고 나를 비웃더라도 내가 맹세를 어길 수 없다.'

곧 예를 갖추어 딸을 시집보냈다. 그 딸은 위광이 두려울 만큼 엄연(儼然)하였으므로 드디어 악상에게 감히 앞에 가까이 하지 못하게 하였다. 악상이 생각하고 말하였다.

"내가 지금 객이므로 마음에서 겁을 먹고 꺼리는 것이다. 마땅히 데리고 집으로 돌아가서 뜻을 따라서 해야겠다."

이때 오담은 이미 악상을 보면 마음에서 불쾌감이 생겨나서 이렇게 생각을 하였다.

'나는 용모가 화사함을 갖추었는데 남편은 곧 추루하여 남의 웃음거리가 되었으니 역시 무슨 얼굴로 살아가겠는가?'

악상이 마침내 곧 데리고 본래의 처소로 돌아가는데 그 도로의 중간에 양식이 떨어졌고 한 연못가에 이르러 몹시 굶주림에 핍박을 받았다. 이때 어느 행인이 미숫가루를 타서 마시고자 하였으므로 오담이 가서 구걸하였고 그가 곧 나누어 주었다. 악상은 가지고 한쪽에서 자기만 먹었으므로 오담이 알려 말하였다.

"마땅히 나누어서 다소(多少)라도 허기에 충당해야 하는 것이에요."

악상이 말하였다.

"옛날 신선의 규제가 있소. 여자는 미숫가루를 마시면 아니되오. 그 때문에 주지 않는 것이오."

다음은 넓은 들판에서 갑자기 남긴 고기를 만났는데 악상이 취하여 먹으면서 오담에게는 주지 않고 알려 말하였다.

"이것도 역시 옛 신선이 여인이 먹는 것을 허락하지 않았소."

오담이 생각하였다.

'내가 복이 없어 부모가 나를 이러한 악인에게 나를 시집보냈구나.'

깊은 회한이 생겨났다. 다음은 오담발라수(烏曇跋羅樹)에 이르렀는데 악상이 나무에 올라가서 과실을 취하여 먹었으므로 아내가 두드리면서 말하였다.

"마땅히 혼자만 먹지 말고 함께 먹어요."

드디어 익지 않은 과일은 떨어뜨리고 익은 것은 스스로가 먹으니 알려 말하였다.

"익은 것을 떨어뜨리세요."

알려 말하였다.

"만약 익은 것을 먹고 싶다면 나무에 올라와서 스스로 취하시오."

그녀는 굶주렸던 까닭으로 곧 나무에 올라가서 과일을 따서 먹으니 악상이 보고 곧 이렇게 생각하였다.

'나에게 상분(相分)이 없어서 이러한 경망(輕躁)스러운 아내가 감득(感得)한 것이다. 스스로가 높은 나무에 올라와서 과일을 따서 먹는구나. 또한 다시 내 몸도 스스로가 구제하기 어려운데 누가 다시 이러한 쓸모없는 아내를 부양하겠는가?'

이미 싫어함과 경멸이 생겨났으므로 곧 내려와서 가시(棘)를 취하여 나무를 둘러놓고 떠나갔다. 이때 중흥왕은 사냥을 나왔다가 그 숲가에 이르렀다. 그 여인이 남편을 잃고 괴로워하면서 큰소리로 울고 있었으므로 왕이 그 소리를 듣고 곧 명하여 말하였다.

"이 빈 숲속에서 누가 울고 있는 것인가?"

소리를 따라서 찾았고 마침내 우담의 옆에 이르렀다. 그녀의 얼굴과 위의를 보고 이것이 천녀나 혹은 천신이 아닌가를 의심하였다. 물어 말하였다.

"신선이여. 무슨 까닭으로 여기에 이르렀는가?"

여인이 게송으로 대답하였다.

대왕께서는 지금 마땅히 아십시오.
나는 천녀가 아니옵고
역시 귀신의 부류도 아니오며
남편이 없어 괴로움을 받고 있습니다.

이때 왕이 사람을 시켜서 부축하여 나무에서 내려오게 하였는데, 환희를 품었고 막역하고 완연하여 평생을 산 것과 같았다. 드디어 함께 수레를 같이 타고 데리고 궁안으로 들어갔다. 이때 악상은 길을 따라서 갔는데 후회하는 마음이 일어났다.

'내가 비법을 하였구나. 어떻게 광야에 어린 아내를 홀로 버리겠는가? 다시 가서 데리고 집으로 돌아가야겠다.'

그 나무의 아래에 이르렀으나 오담이 보이지 않았다. 다른 사람이 알려 말하였다.

"국왕이 데리고 떠났소. 수레를 같이 타고서 함께 궁중으로 들어갔소."

악상이 듣고서 두 배나 근심이 생겨나서 왕궁의 문으로 나아갔으나 들어갈 까닭이 없었다. 벽돌을 운반하는 사람을 보고 곧바로 뒤를 따라서 들어가서 멀리서 그의 아내를 바라보았는데 왕과 함께 즐겁게 놀고 있었다. 스스로 무슨 인연으로 잠시 말을 교환할 수 있는가를 생각하다가 곧 다른 일을 의탁하여 높은 소리로 게송을 설하며 알려 말하였다.

그대는 금상(金床) 위에 있으면서
꽃과 보조개로 스스로가 장엄하였으니
나와 함께 즐기지 않았더라도
교묘한 장인(匠人)으로 칼과 도끼를 지녔었구나.

여인이 듣고 알려 말하였다.

굶주려서 연못가에 이르렀고
그대에게 미숫가루를 구하였으나
여인은 합당하지 않다고 알려 말하여서
길게 한이 되었으니 북이나 울리시오.

같이 가면서 광야를 지나면서
고기를 먹으면서 나눠주지 않았으니
이것을 생각하면 몸이 마르니

춤을 출 때에 장단이나 맞추시오.

스스로가 오담수에 올라서
익은 과일은 베풀지 않았으니
이것을 기억하면 몸과 마음이 초췌하고
두 눈썹이 앞으로 숙여진다네.

악상이 알려 말하였다.

그대는 석학이고 재지(才智)도 많은데
나를 기억하고 생각하지 않는가?
사람의 일에 약간 어긋났다고
나를 버리고 길게 이별하는구나.

산에 올라서 스스로 떨어져 죽던지
독약을 먹고서 몸이 죽는다면
죽인 죄는 그대가 당할 것이니
교묘하게 내가 감옥으로 잡아서 끌겠다.

여인이 알려 말하였다.

마음대로 산꼭대기에서 죽고
뜻대로 독약을 먹고 죽더라도
나는 그대의 경박함을 사랑하는데
어떻게 마땅히 북을 치겠소?

[이 여러 게송의 가운데에서 제4구는 모두 이것이 당시에 하루의 이전을 일을 취하여 미혹한 사람에게 다시 별도의 뜻이 없는 구(句)의 뜻을 알리고

자 한 것이다.]

이때 그 두 사람이 다른 말에 의탁하여 뜻을 함께 서로에게 대답하였으므로 왕이 곧 물어 말하였다.
"부인의 말의 뜻은 무엇을 말하는 것이오? 나는 들어도 이해할 수 없으니 풀어서 말해보시오."
오담이 곧바로 왕에게 갖추어 말하였다.
"이 자는 나의 남편으로 부모가 시집보냈습니다. 대지혜가 있어서 사명을 환하게 이해하며 지금 서로를 구하여 이곳에 이른 것입니다."
왕이 말하였다.
"그대는 묵연하고 함께 말할 것이 없소. 또한 그대는 오늘 마음에서 어떻게 하고자 하는가? 다시 그 사람과 옛 사랑을 계속하겠는가?"
대답하여 말하였다.
"어찌 그러한 일이 있겠습니까? 스스로가 마땅히 그가 나에게 싫어함이 생겨나야 합니다. 그러나 이 바라문은 주술을 많이 알고 있사오니 마땅히 너무 성급하게 그 사람을 고책(苦責)해서는 아니됩니다."
왕이 곧 인연으로 대약에게 알려서 알게 하였으므로 대약이 말하였다.
"바라건대 왕께서는 걱정하지 마십시오. 제가 그 여인이 왕에게 매우 사랑받는다고 한다면, 그 바라문은 몸과 얼굴이 비루하고 열등하고, 부인은 광채가 무리에서 뛰어나므로 감히 직접 가까이 하지 못할 것입니다."
이때 대약이 바라문에게 알려 말하였다.
"당신이 궁내로 온 것은 무엇을 구하고자 하는 것인가?"
대답하여 말하였다.
"나의 아내를 대왕께서 데리고 궁내로 들어오셨습니다."
물어 말하였다.
"그대는 아내를 잘 아는가?"
대답하여 말하였다.
"잘 압니다."

대약이 말하였다.

"궁녀 500명을 모두 앞에 부르겠네. 만약 그대의 아내라면 곧 끌어당기게. 만약 그것이 오류라면 그대의 목을 베겠노라."

그가 말하였다.

"가르침을 따르겠습니다."

왕이 칙명하였다.

"궁인들을 모두 장식하고 나의 처소로 오게 하라."

곧 모두가 모였는데 제석궁의 500의 채녀와 같았다. 그녀들이 오담을 따라서 모두가 왕의 처소로 나아갔고 대약이 마침내 바라문에게 알려 말하였다.

"그대의 아내를 알겠는가?"

악상이 이미 보았으나 평소와 다르게 엄숙하게 꾸몄으므로 오히려 주술에 금제된 용사(龍蛇)와 같아서 한마디의 말도 할 수 없었고 또한 눈부신 햇빛과 같아서 감히 눈으로 바라볼 수 없었다. 이때 바라문이 멀리서 바라보고 있다가 여러 여인들이 모두 지나가고 한 여노비가 있었는데 아귀와 같은 모습으로 뒤에서 가고 있었다. 악상이 그녀를 붙잡고서 말하였다.

"이 사람이 나의 아내입니다."

대약이 말하였다.

"만약 그대의 아내라면 뜻에 따라서 데리고 가게."

곧바로 취하고서 게송을 설하여 말하였다.

높은 사람은 오히려 높은 사람을 사랑하고
중간 사람은 스스로 중간을 사랑하며
나는 이렇게 아귀의 모습이므로
오히려 그대의 아귀를 사랑하노라.

이곳의 이러한 천궁을 버리고

서로가 귀신의 집으로 향하여
색류(色類)12)가 맞으면 서로가 마땅하므로
다른 것을 구한다면 얻지 못한다네.

다시 다른 때에 대약의 작은 과실의 인연이 있었고 왕의 뜻이 편안하지 않아서 마침내 함께 말하지 않았다. 왕이 궁녀와 함께 동산 가운데에서 하루를 유희하였는데 이때에 부인이 목에서 백천냥금(百千兩金)의 진주영락을 벗어서 나뭇가지 위에 걸어놓고 잊고 취하지 않고 날이 저물었으므로 돌아가자고 말하였으며 잠을 자다가 깨어난 뒤에 비로소 기억하였다. 이때 그 진주는 원숭이가 보고 높은 나무로 가지고 올라갔다. 왕은 사자를 시켜 급히 가서 진주를 취하게 하였고 사자가 갔으나 얻지 못하였다. 이때 걸식하는 아이가 있어 남긴 음식을 주워 먹고 장차 동산에서 나가고자 하였는데 사자가 마침내 붙잡았다.
"다른 사람은 들어오지 않았다. 나에게 진주영락을 돌려주어라."
대답하여 말하였다.
"나는 걸인입니다. 영락을 보지 못하였습니다."
곧바로 때리고 고문하였으며 데려가서 금관(禁官)에게 맡겼다. 걸인은 스스로 생각하였다.
'나는 지금 마땅히 방편을 베풀어야 한다. 만약 다시 이곳에 머문다면 굶주려서 죽을 것이다.'
사자에게 알려 말하였다.
"내가 얻은 진주 영락을 가지고 어느 장자의 아들에게 주었습니다."
사자는 곧바로 장자의 아들을 가두었고 같은 하나의 목방(木枋)13)에 그 발을 채워놓았다. 이때 장자의 아들에게 매번 식사 때에 많은 좋은 음식을 가져왔는데 걸인이 따르면서 구하면 장자의 아들은 도리어 꾸짖으

---

12) 육도에 윤회하는 유정(有情)들을 다르게 부르는 말이다.
13) 보(梁)·도리(桁)·중도리 밑에 보조로 배치되는 두꺼운 판자니 또는 각재(角材)를 뜻한다.

며 말하였다.
"네가 이렇게 하였던 까닭으로 내가 끌려왔으니 너에게 능히 줄 수 없다."
장자의 아들이 음식을 먹고서 소변을 보고자 하였으므로 걸인이 알려 말하였다.
"나는 아직 때가 되지 않았으니 능히 함께 갈 수 없소."
그가 곧 애어(愛語)로 알려 말하였다.
"나와 함께 간다면 너를 안락하게 해주겠다."
알려 말하였다.
"맹세로 약속한다면 마땅히 그대의 말을 따르겠소."
그가 이미 맹세를 하였으므로 마침내 함께 돌아다녔다. 장자의 아들이 집안사람에게 알려 말하였다.
"내일부터는 항상 두 사람의 음식을 가져오시오."
걸인은 이것을 인연하여 마음에서 환락이 생겨나서 이와 같이 생각을 지었다.
'내가 예전의 때에는 성곽을 두루 다녔어도 오히려 거친 음식으로도 배를 채우지 못하였는데 지금 좋은 음식을 먹는데 다시 무엇이 부족하겠는 가? 그러나 나는 독신으로 누워있을 수 없다.'
곧 성중의 제일인 창녀를 끌어들였다.
"이 사람도 역시 나와 함께 영락구슬을 나누었습니다."
여자도 이미 끌려와서 같은 곳에 구금되었고 곧 함께 뜻을 교환하며 머물렀다. 걸인이 생각하면서 말하였다.
"나의 몸을 구금하였으니 12년을 채우더라도 역시 나갈 수는 없겠구나. 그러나 5욕락이 오히려 원만하지 못하므로 미묘한 음악소리로 결국 귀를 즐겁게 하자."
다시 음악인과 함께 영락을 취하였다고 끌어들였고 그는 비록 거짓말이 라고 말하였으나 구금을 벗어나지 못하였다. 음악도 뜻에 따랐으므로 다시 부족한 것이 없었고 이와 같이 지내면서 여러 달이 지나갔다. 여러 사람들이 피로하여 모두가 걸인에게 알려 말하였다.
"네가 우리들을 놓아주면 그대를 안락하게 해주겠네."
걸인은 스스로가 생각하였다.
'이 사람들이 이미 나간다면 어찌 다시 서로를 걱정하겠는가? 내가 생각으로 헤아렸던 것과 같다면 대약처럼 계책과 식견의 밝음이 아니라면 능히 내 몸을 이러한 어두운 감옥에서 벗어나게 할 수가 없다.'
곧 대약의 아들을 역시 함께 진주를 나누었다고 끌어들였다. 그의 아들이 구금되었고 대약은 곧 생각하였다.
'나의 아들이 갇혔는데 어찌 한가롭게 머물겠는가?'
곧 들어가서 왕에게 아뢰었다.
"저에게 비록 허물이 있고 자식은 허물이 없는데 무슨 인연으로 제 자식을 곧 다시 구금하였습니까?"
왕이 말하였다.
"백천냥금의 진주영락을 걸인이 가지고 가서 밖에서 함께 나누었소."
그 사유를 갖추어 말하면서 알리니 대약이 곧 왕에게 아뢰어 말하였다.
"바라건대 걱정하지 마십시오. 이 묘한 목의 진주는 사람이 가져간 것이 아닙니다. 신의 계책으로 반드시 구하여 얻겠으니 그 붙잡힌 사람들을 모두 석방하시기를 청합니다."
왕이 곧 석방하였다. 대약이 동산에 들어가서 진주를 잃은 곳을 검사하면서 우러러보니 높은 나무 위에 원숭이가 있었으므로 생각하였다.
'그 영락은 이놈이 가져간 것이다. 그러나 반드시 방편을 써야 비로소 그것을 얻을 수 있다.'
곧 왕에게 아뢰어 도리어 이전과 같이 궁인들이 함께 나와서 목의 아래에 영락으로 함께 모두가 장엄하였다. 원숭이도 멀리서 보고 진주를 취하여 목에 걸었다. 대약이 말하였다.
"궁인들은 일어나서 춤을 추시오."
원숭이도 보고 역시 춤을 추었으므로 대약이 말하였다.
"모두 머리를 숙이시오."

원숭이도 역시 머리를 숙였고 진주는 곧 땅에 떨어졌다. 왕이 보고 크게 기뻐하면서 그 기지(奇智)에 감탄하였고 죄책(罪策)을 잊었으며 공로를 존중하였고 봉록을 높여주었다. 이때 그 여섯 대신들이 인연으로 한곳에 모여 모두가 의논하여 말하였다.

"우리들이 옛날의 때에는 왕에게 함께 사랑을 받았고 소중하여서 국경을 나누었고 들판을 분할하면서 모두가 편안하게 기거하였소. 오늘날에는 대약이 이러한 빈천하고 하열(下劣)하며 자주 하찮은 재주를 드러낸 까닭으로 마침내 마땅한 방법을 얻어서 우리들에게 봉록과 지위를 잃게 하였고 성을 침범하였고 읍을 빼앗은 것을 알았으니 어떻게 해야 하겠소?"

한 신하가 알려 말하였다.

"우리들 여섯 사람이 함께 맹세로 약속합시다. '소유한 말로 맹세하여 서로를 저버리지 않을 것을 계약하고 같은 마음으로 힘을 합하여 원수를 단절(杜絶)한다면 대약과 왕이 우리에게 원한이 없을 것이고 봉록과 지위도 도리어 다시 이전과 같을 것이오."

이와 같이 의논하고 다음 날에 여섯 신하가 함께 동산으로 나아갔다. 대약은 이미 여섯 신하가 한곳에서 모이는 것을 보고 반드시 일상적이 아닌 의논이 있을 것을 알고서 곧 앵무새인 구상에게 알려 말하였다.

"그대는 동산 속으로 가서 그들이 모여서 무엇을 의논하여 짓는가를 보고 돌아와서 나에게 알려라."

앵무가 곧 가서 숲속에 몸을 숨기고 그들의 말하는 것을 엿들었다. 그때 그 여섯 신하는 동산의 가운데에 이르러 각자 아들과 딸로써 모두가 혼인하면서 이와 같이 말을 지었다.

"이미 친밀하게 되었으니 다시 질투와 의심이 없어야 하오. 모의하는 일이 밖으로 새나가지 않아야 하므로 진실로 서로가 말합시다."

한 명이 말하였다.

"나는 먼저 일찍이 왕가의 공작을 먹었다고 말하겠소."

한 명이 말하였다.

"나는 나인과 교통하였다고 말하겠소."

나머지의 사람들도 각자 자기의 뜻을 말하여 함께 일을 모의하였다. 이와 같이 여섯 사람은 다시 서로에게 말하고는 곧 함께 한 그릇에 한 곳에서 음식을 먹었다. 앵무가 듣고서 대약에게 알려서 알게 하였으므로 대약이 궁안에 들어가서 왕에게 갖추어 알리고 아뢰었다.

"왕의 대신들이 이와 같이 충성하고 깨끗합니다. 엎드려 바라옵건대 무슨 일을 하고자 하는가를 생각하여 관찰하십시오."

왕이 갖추어 물었고 모두가 사실인 것을 알고서 곧바로 물리쳐서 변방으로 쫓아냈다.

세존께서는 여러 필추에게 알리셨다.

"그대들은 다르게 생각하지 말라. 지나간 때에 대약은 곧 나의 몸이었고 중흥왕은 사리자이며 그 여섯 대신은 곧 육사이니라. 내가 옛날에 그 여섯 신하를 물리쳤었고 지금에는 삼계에서 가장 높은 대신통을 나타내어 다시 육사외도를 쫓아낸 것이니라. 그대들 필추들은 선지식을 마땅히 친근할 것이니라. 그리고 지혜롭고 식별하며 총명하고 민첩하며 일체 내외의 전적(典籍)에 밝게 통하였던 까닭으로 결국 이와 같은 덕을 성취하는 것이다. 그대들은 마땅히 수학할지니라."

근본설일체유부비나야잡사 제29권

삼장법사 의정 한역
석보운 번역

제6문 제4자섭송 ⑤ 불종천하등사(佛從天下等事)

제6문 제4자섭송의 나머지로서 세존을 따르는 천하 등의 일을 밝히겠노라.

이때 세존께서는 실라벌성에 머무르셨다.
이미 대신통을 나타내시어 여러 외도들을 항복받으셨고 무량한 대중을 이익되게 하셨고 부류를 따라서 모두 귀의하게 하셨으며 일체의 인간과 천상을 함께 환희하게 하셨다. 원근의 성읍에서 바라문 등과 공교인(工巧人)들까지 아울러 모두 실라벌성으로 와서 모였고 세존의 처소에서 출가하였다. 이때 그 여러 사람들이 소유한 권속들이 모두 이 성안으로 찾아왔고 보고 알려 말하였다.
"당신들이 세속을 버리고 와서 출가하고자 하는데 우리들은 어떻게 살아가야 하는 것인가?"
대답하여 말하였다.
"그대들이 만약 사랑한다면 이곳에 머무르면서 마땅히 그 법을 받으시오."
그들이 말하였다.
"좋소. 우리도 마땅히 수행하겠소."

곧 모두가 출가하였다. 이때 바라문들이 보고 비난하였다.

"이러한 공인(工人)들이 출가하여 세속을 버렸으므로 우리가 일이 있으면 어느 사람에게 시켜야 하는가?"

이때 필추들이 인연으로 세존께 아뢰니 세존께서는 이렇게 생각을 지으셨다.

'공인들이 와서 출가한 뒤에도 도리어 옛날의 때에 지었던 도구를 소유하였던 이러한 인연을 까닭으로 비난과 허물이 생겨난 것이다.'

"이미 출가한 뒤에는 마땅히 다시 공교의 도구를 저축하지 말라. 만약 오히려 저축하는 자는 악작죄를 얻느니라."

세존께서 제정하신 뒤의 때에 어느 의사가 이미 출가하고서 처소를 따라서 유행하면서 실라벌성에 이르렀다. 늙은 필추가 있어 몸에 병을 앓고 있었는데 객필추가 온 것을 보고 알려 말하였다.

"구수여. 나를 치료하여 주시오."

대답하여 말하였다.

"세존께서는 내가 먼저 의사였으나 다시 의료기를 저축하는 것을 허락하지 않으셨습니다. 장차 무슨 물건으로 병을 치료하겠습니까?"

인연으로 세존께 아뢰니 세존께서 말씀하셨다.

"내가 지금 여러 필추들이 먼저 의사였던 사람은 침 등의 물건을 지닐 수 있고, 만약 서리(書史)¹⁾였다면 붓과 먹을 지닐 수 있으며, 만약 이발사였다면 전도(剪刀)²⁾를 지니는 것을 허락하겠노라."

연기의 처소는 앞에서와 같다.

신통을 나타내신 뒤로 인간과 천상이 환희하였으므로 세존과 필추는 많은 이양을 얻었다. 이때 세존께서는 이양의 과실을 끊고자 하는 까닭으로 드디어 삼십삼천에 오르시어 옥석전(玉石殿)의 위에서 3개월을 안거를 하시면서 원생수(圓生樹) 가까이에서 어머니를 위하여 설법하셨고 아울러

---

1) 중앙 관아에 속하여 문서의 기록과 관리를 맡아보던 하급의 관리를 말한다.
2) 옷감과 종이와 머리카락 등을 자르는 기구를 가리킨다.

다른 천인의 대중들에게도 설법하셨다. 구수 대목련은 서다림에서 있으면서 안거하였다. 이때 사부대중은 세존께서 계시지 않으셨으므로 함께 모두가 대목련의 처소에 나아가서 머리숙여 발에 예경하고 한쪽에 앉았다. 존자는 대중이 오는 것을 보고 곧 설법하여 근기를 따라서 연창(演暢)[3]하였으며 보여주고 가르쳤으며 이익되고 기쁘게 하고서 묵연히 머물렀다. 이때 사부대중이 각자 자리에서 일어나 오른쪽 어깨를 드러내고 합장하고 공경스럽게 존자에게 아뢰어 말하였다.

"대덕이시여. 여래이신 대사께서 지금 어느 곳에서 안거를 짓는가를 혹시 들으셨습니까?"

대답하여 말하였다.

"내가 들으니 세존께서 삼십삼천에 가셨고 옥석전 위에서 안거하시면서 원생수 가까이에서 어머님을 위하여 법을 설하신다고 합니다."

이때 사부대중은 이미 법을 들었고 세존이 계신 곳을 알았으므로 매우 환희하면서 발에 예경하고 떠나갔다. 안거를 마치고 사부대중이 다시 와서 존자의 발에 예경하고 한쪽에 앉았다. 존자가 설법을 마치니 대중이 각자 일어나서 발에 예경하고 아뢰어 말하였다.

"대덕이시여. 여러 사람들이 오랫동안 세존을 보지 못하여 모두가 목마르게 사모함이 생겨났습니다. 우리들이 세존을 받들어 뵙는 것을 원합니다. 옳으신 대덕이시여. 수고를 꺼리지 않으신다면 우리들을 위하여 세존의 처소에 이르러 우리들의 말을 전하여 주시기를 바랍니다.

'세존의 발에 예경합니다. 엎드려 바라옵건대 대사께서는 한 여름동안 기거하시면서 가볍고 이익되며 병이 없고 번뇌가 적으시며 머무는 것이 안락하셨습니까? 다시 거듭하여 섬부주 안에 있는 사중이 아룁니다. 오랫동안 성스러운 존안을 못뵈어 모두가 직접 받들기를 바라고 있으나 저희들 사부대중은 신통이 없어서 능히 삼십삼천에 이르러 세존의 발에 예경하고 직접 삼가며 공양할 수가 없습니다. 그러나 천상의 대중들은

---

[3] 사실이나 진리 등을 자세하게 설명하여 밝히는 것이다.

이곳에 올 수가 있사오니 세존께서 자비로서 우리들을 애민하게 생각하여 주십시오.'"

이때 대목련은 묵연히 그 청을 허락하였고 대중은 허락한 것을 알고서 예배하고 떠나갔다. 존자는 대중이 떠난 것을 관하여 알고는 곧 수승한 선정에 들어가서 장사가 팔을 굽혔다 펴는 것과 같은 사이에 곧 이곳에서 사라져서 삼십삼천에 이르러 나타났다. 세존께서 옥석전에서 여러 무량무변한 천인의 대중들을 위하여 미묘한 법을 설하시는 것을 멀리서 보았다. 이때 대목련은 미소를 짓는 것을 알지도 못하고서 이렇게 생각을 지었다.

'세존께서 이곳에 이르러 여러 천인들에게 둘러싸이신 것이 오히려 섬부주의 사부대중의 무변함과 같구나.'

이때 세존께서 대목련의 마음속 생각을 아시고서 말씀하셨다.

"목련이여. 이 대중들은 스스로가 능히 온 것이 아니고 모두가 나의 힘을 까닭으로 오고 떠나가느니라."

이때 목련은 세존의 처소에 이르러 두 발에 예경하고 한쪽에 물러나서 앉아서 널리 대중을 보고 아뢰어 말하였다.

"세존이시여. 이 대중이 매우 기특하고 희유하다고 생각됩니다. 모두가 운집한 것은 그들이 전생에 불·법·승의 청정한 성계(聖戒)에 무너지지 않는 깊은 신심이 생겨났고 성취하였으므로 그곳에서 목숨을 마치고 이곳에 와서 태어난 것입니다."

세존께서 목련에게 알리셨다.

"그러하네. 그러하네. 이 여러 대중은 전생에 불·법·승의 청정하고 성스러운 계에 무너지지 않는 깊은 신심이 생겨났고 성취하였으므로 그곳에서 목숨을 마치고 이곳에 와서 태어난 것이네."

이때 천제석이 세존께서 대목련과 함께 논설(論說)이 있는 것을 보고 곧 세존의 앞에서 그 일을 거듭 되풀이하여 대목련에게 알렸다.

"그렇게 삼보의 청정하고 성스러운 계를 신심으로 공경하고, [자세한 설명은 앞에서와 같다.] 나아가 이곳에 와서 태어났습니다."

다시 어느 천자가 거듭 되풀이하여 대목련에게 알렸다.

"[자세한 설명은 앞에서와 같다.] 나아가 이곳에 와서 태어났습니다."
다시 어느 천자가 자리에서 일어나 오른쪽 어깨를 드러내고 합장하고 공경하면서 세존께 아뢰어 말하였다.

"세존이시여. 저도 이전의 몸에 세존께 깊은 신심이 있었던 까닭으로 그곳에서 목숨을 마치고 이곳에 와서 태어났습니다."

다시 어느 다른 천인이 이와 같이 말을 지었다.

"저도 이전의 몸으로 법과 승에 청정성계에 깊고 청정한 신심이 생겨났고 구족하고 수지한 까닭으로 그곳에서 목숨을 마치고 이곳에 와서 태어났습니다."

이때 무량한 백천의 천인 대중들이 직접 세존의 앞에서 모두 예류과를 증득하고서 각자 세존의 발에 예경하고서 사라졌으며 나타나지 않았다. 이때 목련은 대중들이 떠나간 것을 보고 곧 자리에서 일어나서 오른쪽 어깨를 드러내고 합장하고 공경하면서 세존께 아뢰어 말하였다.

"세존이시여. 섬부주에 있는 사중이 각자 모두 경건하고 정성스럽게 저의 처소에 와서 이와 같이 말을 지었습니다. '대덕이시여. 여러 사람들이 오랫동안 세존을 보지 못하여 모두가 목마르게 사모함이 생겨났습니다. 우리들이 세존을 받들어 뵙는 것을 원합니다. 옳으신 대덕이시여. 수고를 꺼리지 않으신다면 우리들을 위하여 세존의 처소에 이르러 우리들의 말을 전하여 주시기를 바랍니다. <세존의 발에 예경합니다. 엎드려 바라옵건대 대사께서는 한 여름동안 기거하시면서 가볍고 이익되며 병이 없고 번뇌가 적으시며 머무는 것이 안락하셨습니까? 저희들 사중은 신통이 없어서 능히 삼십삼천에 이르러 세존의 발에 예경하고 직접 삼가며 공양할 수가 없습니다. 그러나 천상의 대중들은 이곳에 올 수가 있사오니 세존께서 자비로서 우리들을 애민하게 생각하여 주십시오.>' 이와 같이 아뢰는 것을 지었습니다."

이때 세존께서는 목련에게 알려 말씀하셨다.

"그대는 지금 섬부주에 가서 여러 사부대중에게 알리도록 하게. '그 7일이 지나면 세존께서 천상에서 섬부주를 향하여 승갈사성(僧羯奢城)의 청정한 광야의 오담발라수(烏曇跋羅樹) 주변의 아래로 내려오실 것이오.'"

이때 대목련이 세존의 말씀을 듣고 세존의 발에 정례하고 곧 다시 선정에 들어가서 장사가 팔을 굽혔다 펴는 것과 같은 사이에 곧 삼십삼천에서 사라져서 섬부주에 이르러 나타나서 여러 사부대중에게 알려 말하였다.

"이 7일이 지나면 세존께서 하늘에서 섬부주를 향하여 승갈사성의 청정한 광야의 오담발라수 주변의 아래로 내려오실 것이오."

이때 사부대중들이 각자 향과 꽃을 가지고 승갈사성으로 갔다. 이때 성안에 있는 사람들은 세존께서 오신다는 말을 듣고 곧 모두가 크게 환희하면서 여러 더러운 것을 깨끗하게 청소하였고 거리를 꾸몄으며 향수를 뿌렸고 명화(名花)를 두루 펼쳐놓았으며 당번·증채·일산으로 여러 곳을 장엄하였으므로 환희원과 같아서 진실로 애락(愛樂)스러웠다. 한 수승한 곳에 묘고좌(妙高座)를 설치하고 여래를 생각하였다. 이때 여래께서는 삼십삼천의 대중을 위하여 근기에 마땅하게 설하시어 보여주시고 가르치셨으며 이익되고 기쁘게 하셨다.

곧 이곳에서 사라져서 여러 천인 대중을 데리고 야마천(夜摩天)에 이르러서 설법하셨고, 곧 이곳에서 사라져서 다시 천상의 대중을 데리고 도사다천(睹史多天)에 이르러 천인을 위하여 설법하셨으며, 이와 같이 화락천(化樂天)·타화자재천(他化自在天)·범중천(梵衆天)·범보천(梵輔天)·대범천(大梵天)·소광천(少光天)·무량광천(無量光天)·광음천(光音天)·소정천(少淨天)·무량정천(無量淨天)·변정천(遍淨天)·무운천(無雲天)·복생천(福生天)·광과천(廣果天)·무번천(無煩天)·무열천(無熱天)·선견천(善見天)·선현천(善現天) 및 색구경천(色究竟天)에 이르러서 모두 설법하여 보여주시고 가르치셨으며 이익되고 기쁘게 하셨다. 곧 여기서 사라져서 다시 선현천에 이르셨고 이와 같이 아래로 향하여 삼십삼천에 이르셨다. 이때 제석이 세존께 아뢰어 말하였다.

"세존이시여. 지금 섬부주에 나아가시고자 하십니까?"

대답하여 말하였다.

"나는 갈 것이네."

"신통을 지으시겠나이까? 발로 걸으시겠나이까?"

대답하여 말하였다.

"발로 걷겠네."

제석이 곧 교장천자(巧匠天子)에게 말하였다.

"그대는 마땅히 응화(應化)인 황금과 벽유리(吠琉璃)[4]와 소파지가(蘇頗胝迦)로 세 종류의 보배계단의 길을 지으시오."

대답하여 말하였다.

"매우 옳습니다."

곧 응화인 세 종류의 보배계단을 지으니 세존께서는 가운데의 유리의 길을 밟으셨고, 사바세계(索訶世界)의 주인인 대범천왕은 그 오른쪽의 황금의 길을 밟고서 따르는데 손에는 백천 양금(兩金)의 가치인 미묘한 하얀 불자(拂子)를 잡았고 아울러 색계의 여러 천인들이 시종하였으며, 제석천은 그 왼쪽에서 소파지가의 길을 밟고서 따르는데 손에는 백천 양금의 가치인 백 줄기의 일산을 받들어 세존을 덮어드렸고 아울러 욕계의 여러 천인들이 시종하였다. 세존께서는 이렇게 생각을 지으셨다.

'내가 다만 걸어서 간다면 외도들이 보고 사문 고답마가 신통력으로 삼십삼천에 갔으나 그곳의 묘색(妙色)을 보고 마음에 애착이 생겨나서 신통을 잃었으므로 발로 걸어서 돌아온다고 의논하는 것이 두렵고, 만약 신통으로 간다면 교장천자가 헛되게 번민한 것이므로 나는 지금 마땅히 반은 신통으로 반은 발로 걸어서 섬부주로 가야겠다.'

이때 세존께서는 보배계단을 돌아서 내려오시는데 이곳의 20유선나에 이르렀는데 사람의 기운이 위로 올라오는 것이 죽은 송장의 냄새와 같아서 그 모든 천인들이 능히 코로 맡을 수가 없었다. 세존께서는 아시고서 우두전단향의 숲으로 변화시켜 그 향기가 가득하게 하셨으므로 맡는 자가 환희하였다. 세존께서는 이렇게 생각을 지으셨다.

'만약 섬부의 남자가 천녀(天女)를 보거나 여자가 천남(天男)을 본다면

---

4) 산스크리트어 vaidūrya의 음사로 보석인 벽새(碧璽) 또는 녹보석(綠寶石)을 가리킨다.

마음에서 애염이 생겨난 까닭으로 음욕심이 매우 치성할 것이다. 그러므로 곧 피가 끓어오르고 민절하여 목숨을 마칠 것이므로 내가 지금 신통력으로써 남자는 천남을 보게 하고 여인은 천녀를 보게 하리라.'

이와 같이 지으시고 염애가 그들의 마음을 흔들어 놓지 않게 하셨다. 이때 구수 수보리가 한 나무 아래에서 낮에 한가롭게 머물다가 멀리 세존께서 여러 천인 대중들이 공경스럽게 에워싸고 위덕(威德)으로 존중하며 삼십삼천에서 이곳으로 오시는 것을 보고 곧 이렇게 생각을 지었다.

'이곳에서 소유한 대덕의 모든 천인들은 모두 세존께 하직하고 마땅히 하늘의 처소로 돌아갈 것이고 이곳의 모든 사람들도 백년 안에 모두 죽을 것이다. 세존께서도 교화의 인연을 마치시면 역시 다시 열반하실 것이니 이러한 위엄들도 마멸되지 않는 것이 없겠구나. 옳으시다. 세존이시여. 여러 곳에서 은근하게 이와 같이 말씀을 지으셨다. <제행은 무상이고 체(體)는 항상 변이(變易)하는 것이며 생멸하는 법은 이것이 악한 일이니라.> 나는 지금 이것에 깊은 염심(厭心)이 일어났구나.'

오취온에 무상(無常)하고 고공(苦空)이며 무아(無我)인 것을 관찰하였으며 이와 같이 알고서 지혜의 금강저로써 20종류의 유신견(有身見)의 산을 부수고 예류과를 얻었고 무너지지 않는 신심을 얻었으며 곧 빠르게 가부좌를 풀고 오른쪽 무릎을 땅에 꿇고서 합장하고 공경스럽게 멀리서 세존께 예경하고 우러러보면서 머물렀다. 이때 올발라(嗢鉢羅) 필추니가 이렇게 생각을 지었다.

'세존께서 천상에서 섬부주로 내려오시는데 무슨 방편을 지어야 내가 가장 처음으로 세존의 발에 예경할 수 있을까? 대중이 모두 모이면 발꿈치를 돌릴 땅조차 없을 것이니 만약 그 필추니 모습을 그대로 짓는다면 사람들이 모두 보고 업신여기므로 나아갈 수 없게 된다. 나는 지금 마땅히 대신통을 나타내야겠다.'

곧 자신을 전륜왕으로 변화시켜 칠보가 앞에서 인도하게 하였고 99억의 군사들이 에워싸며 일천의 아들을 구족하여 미묘하게 장엄하고서 반달의 모양으로 세존의 처소로 나아갔다. 이때 무량한 억(億)의 대중인 사문·바라문·외도·내도(內道)·무변한 사부대중이 모두 그림자처럼 따르면서 미증유라고 찬탄하였다. 위에는 하얀 일산을 지녔는데 날개처럼 구름이 날아서 오히려 하얀 해가 1천의 광명을 펼치는 것과 같았고 밝은 달이 은하수에 빛나는 것과 같았다. 이와 같이 엄숙한 장엄과 화려하게 장식은 생각하기 어려운 것이었으므로 세존의 처소에 이르니 대중이 보고 모두 희유함이 생겨나서 우러러보면서 피곤함을 잃고 각기 다른 생각이 생겨났다.

'어느 곳에 이와 같은 국왕이 있었을까? 군사들의 모습도 사랑스럽구나. 아마도 다른 지방의 전륜왕일 것이다.'

이미 보고서 각자 구하는 발원이 생겨났다.

'어떻게 하여야 나도 이러한 즐거움을 받을 것인가?'

대중이 길을 열어서 그가 앞으로 가까이 가도록 하였다. 이때 오타이 필추가 이 대중의 모임에 있었는데 모든 사람에게 알려 말하였다.

"이 자는 전륜왕이 아니고 올발라 필추니가 스스로 신통을 나타내고 와서 세존의 발에 예배하는 것이오."

이때 대중들이 물어 말하였다.

"대덕이 어찌 올발라 필추니인가를 아십니까?"

대답하여 말하였다.

"올발라꽃의 향기가 매우 강하고 올발라색을 대중에게 보여주었으므로 그러한 것이오. 그러므로 이것으로 그녀가 신통변화를 나타낸 것을 안 것이오."

이때 필추니가 세존의 처소에 이르러 곧 신통을 거두고 앞에서 세존의 발에 예경하고 한쪽에 머물렀다. 이때 세존께서는 편안히 앉으시고 올발라 필추니에게 말씀하셨다.

"그대는 지금 물러가라. 필추니는 마땅히 나의 앞에 서 있을 수 없느니라. 필추니로서 대사를 마주하고 신통을 나타내는 것은 일에 이치가 아니니라."

세존의 꾸중을 듣고 곧 한쪽으로 물러갔다. 세존께서는 이렇게 생각을 지으셨다.

'필추니가 세존의 앞에서 신통을 나타낸다면 이와 같은 허물이 있는 것이다. 그 모든 필추니는 대사의 앞에서 신력(神力)을 나타내지 않도록 제정하리라.'

여러 필추들에게 알려 말씀하셨다.

"지금부터 모든 필추니는 대사의 앞에서 신통을 나타내지 말라. 짓는 자는 월법죄를 얻느니라."

이때 대중들이 이 전륜왕의 큰 위세를 보고 마음에서 인도(人道)에 태어나기를 구하고 즐거움을 발원하며 혹은 여러 하늘의 광명을 보고 사랑하면서 모두가 천상의 가운데에 가서 태어나고 즐거움을 발원하였다. 이때 세존께서 이러한 일을 보시고 그 사람들의 천상에의 발원을 막으려는 까닭으로 그들의 근기와 인연을 따라서 묘법을 설하셨다. 그들은 법을 듣고 예류과를 얻었고, 혹은 일래과 및 불환과를 얻었으며, 혹은 출가하여 여러 번뇌를 끊고 아라한과를 얻었다. 혹은 성문의 보리심을 일으켰고, 혹은 독각의 보리심을 일으켰으며, 혹은 무상의 대보리심을 일으켰고, 혹은 난정(煖頂)을 소유한 선근을 일으켰으며, 혹은 중·하의 인심(忍心)을 일으켜서 모든 대중이 삼보께 귀의하고 믿게 하셨다.

이때 세존께서 곧 이 인연으로써 게송으로 설하여 말씀하셨다.

설령 전륜왕이 짓고
혹은 다시 천상에 태어나며
비록 수승한 선정을 얻더라도
예류과를 얻는 것보다도 못하다네.

이때 세존께서는 모든 대중을 위하여 보여주셨고 가르치셨으며 이익되고 기쁘게 하시고서 묘법을 설하여 마치셨다. 이때 여러 필추들이 함께 모두 의심이 있어서 세존께 청하여 아뢰었다.

"무슨 뜻으로 구수 오타이는 올발라의 향기를 맡았고 이 자가 그 필추니인 것을 알았습니까?"

세존께서 여러 필추들에게 말씀하셨다.

"다만 오늘에 향기를 맡고 안 것이 아니고 과거의 때에도 역시 일찍이 향기를 맡고 그 일을 알았느니라. 그대들은 마땅히 들을지니라. 과거의 세상에서 바라니사성에 한 상주가 있었는데 아내를 얻고 오래지 않아 곧 임신하였다. 이때 상주가 큰 바다에 들어가서 진귀한 보배를 구하고자 그의 아내에게 알려 말하였다.

"현수여. 나는 다른 지방으로 가서 묘한 보배와 화물을 구하겠소. 당신은 집을 돌보면서 마땅히 조심하시오."

대답하여 말하였다.

"성자여. 만약 이와 같다면 나도 역시 따라가겠습니다."

대답하여 말하였다.

"누가 마땅히 그대와 나를 함께 시중을 들겠소?"

그녀는 곧 큰소리로 울었고 같이 가는 반려(伴侶)들이 슬퍼하는 것을 보고 물어 말하였다.

"무슨 까닭입니까?"

대답하여 말하였다.

"나와 함께 동행하고자 하였고 내가 따라오지 못하게 하였으므로 이렇게 우는 것이오."

반려가 말하였다.

"그녀가 마음에서 떠나고자 하는데 어찌 데리고 가지 않습니까?"

대답하여 말하였다.

"누가 그대와 나를 함께 시중을 들겠는가?"

반려가 말하였다.

"다만 함께 떠납시다. 우리가 서로 시중을 들겠습니다."

곧 데리고 떠나갔다. 이미 대해에 들어갔는데 마갈어(摩竭魚)에 피습되어 그 선박이 부서졌다. 이때 상주는 이 인연으로 목숨을 마쳤고 나머지 사람들도 역시 죽었으나 그의 아내는 떠다니다가 우연히 하나의 판자를 만났다. 다행스럽게 바람을 인연하여 곧 표류하였고 바다 가운데 섬에 이르렀는데 금시조(金翅鳥)의 왕이 이곳에 살고 있었다. 마침내 이 여인으로 아내를 삼았는데 오래지 않은 시간에 옛날에 회임하였던 아들을 한 명 낳았는데 얼굴과 모습이 단정하였다. 뒤의 다른 때에 다시 금시조의 아들을 낳으니 모습이 금시조와 같았다. 그의 아버지가 마침내 죽었고 이때 여러 새들이 금시조의 아들을 왕으로 세웠으므로 어머니가 아들에게 알려 말하였다.

"그대는 아버지 종족을 이어서 왕이 되고, 이 사람은 그대의 형이니 지금 데리고 바라니사로 떠나가서 여러 사람들의 가운데에서 나라의 왕으로 세우도록 하라."

대답하여 말하였다.

"국모(國母)시여. 내가 마땅히 세우겠습니다."

이때 바라니사성에는 현재에 범수(梵授)라는 국왕이 있었고 법으로써 세상을 교화하여 안은하고 풍족하며 즐거웠고, [자세한 설명은 다른 곳에서와 같다.] 왕이 아침의 집회에 대중의 가운데에 앉아 있었다. 이때 금시조왕이 두 발톱으로 그의 두 어깨를 움켜쥐고서 큰 바다에 버리고 여러 묘한 영락으로 그의 형을 장엄하였으며 데리고 왕성에 이르러서 사자좌 위에 앉히고서 모든 신하들에게 알려 말하였다.

"이 분은 그대들의 왕이니 좋고 마땅하게 일에 복종하라. 만약 서로가 거스르는 것이 있다면 그대들도 함께 큰 바다에 빠트리겠다."

사람들은 모두가 두려워 가르침을 받들어 행하였고 신하들도 역시 감히 이 일을 여러 사람들에게 알리지 못하고 모두가 이 자를 범수왕이라고 말하였다. 이때 왕이 금시조에게 알려 말하였다.

"때때로 와서 나와 함께 서로가 보도록 하세."

대답하여 말하였다.

"내가 오겠습니다."

뒤의 다른 때에 왕에게 임신한 코끼리가 있었다. 달이 지나서 새끼를 낳았는데 머리만 나왔고 몸이 나오지 않았으므로 신하가 왕에게 아뢰어 알게 하였다. 왕이 말하였다.

"후궁으로 끌어들여서 여러 궁인들에게 진실한 말로 맹세를 지으면서 코끼리가 빨리 새끼를 낳도록 이와 같이 주문하시오. '만약 왕을 제외하고 외간남자가 없다면 마땅히 코끼리가 새끼를 안은하게 낳게 하십시오.'"

곧 후궁에 끌어들였고 이때 여러 나인들이 맹세하였다.

"만약 우리 왕을 제외하고 다시 다른 남자가 없다면 코끼리가 마땅히 낳게 하십시오."

비록 이렇게 맹세하였으나 코끼리는 매우 고통을 받으면서 새끼를 낳지 못하였다. 사람들이 모두 크게 외치면서 어떻게 할 것인가를 알지 못하였다. 이때 소를 기르는 여인의 집이 이곳에서 멀지 않았는데 사람들이 외치는 소리를 듣고 그 까닭을 물었다.

"무슨 까닭으로 궁안에 큰 소란이 있습니까?"

여러 사람들이 갖추어 알리니 소를 기르는 여인이 말하였다.

"내가 맹세하여 약속하면 능히 코끼리가 새끼를 안은하게 낳을 것입니다."

여러 사람들이 듣고 대신에게 갖추어 알렸고 대신은 왕에게 아뢰어 마침내 궁안으로 불러들였다. 여인이 곧 진실한 말로써 코끼리 앞에서 약속하였다.

"내가 태어난 이후로 한 남편을 제외하고 외간남자가 없었는데 이 일이 진실이라면 원하건대 코끼리가 새끼를 안은하게 낳게 하십시오."

이렇게 말을 지어 마치니 코끼리가 곧 새끼를 낳았는데 꼬리가 나오지 않았다. 여인이 보고 미소를 지으며 이와 같이 말을 지었다.

"이렇게 작은 허물도 역시 서로에게 허용되지 않습니다."

나인이 물어 말하였다.

"당신에겐 무슨 허물이 있는가?"

대답하여 말하였다.

"내가 이전의 때에 다른 사람의 어린애를 안았는데 그 아기가 오줌을 싼 것이 나의 음부(陰部)에 들어갔습니다. 당시에 내가 즐거움을 받은 것과 비슷하였는데 이 작은 것을 인연으로 꼬리가 몸을 따르지 않았습니다."

이러한 진실한 말을 까닭으로 꼬리가 역시 따라서 나왔다. 신하가 왕에게 코끼리가 새끼를 낳는 것을 보고하여 말하니 왕이 말하였다.

"누가 능히 낳게 하였소?"

이때 대신이 사실을 갖추어 아뢰었다. 왕은 마침내 상처받고 말하였다.

"나의 궁녀들은 모두 부정하고 불량하며 오직 소를 기르는 사람이 홀로 청백하구나."

왕이 말하였다.

"소를 기르는 여인을 불러오시오. 내가 반드시 스스로 묻고자 하오."

여인이 이르니 왕이 물었다.

"그대가 진실한 말로써 코끼리가 새끼를 낳게 하였는가?"

대답하여 말하였다.

"그러하옵니다."

왕이 이렇게 생각을 지었다.

'어머니가 이미 어질고 착하니 딸도 역시 그러할 것이다. 내가 시험삼아 물어보아야겠다.'

"그대에게 딸이 있는가?"

"있습니다."

왕이 말하였다.

"그녀의 이름은 무엇인가?"

대답하였다.

"묘용(妙容)이라고 이름합니다."

"일찍이 다른 사람에게 주었는가?"

대답하였다.

"일찍이 주지 않았습니다."

"아모(阿母)5)여. 만약 이와 같다면 마땅히 나에게 주시오."

---

5) 일반적으로 어머니를 뜻하며 전전하여 연로한 부녀자를 일컫는 말로도 사용된다.

대답하였다.

"왕의 뜻에 따르겠습니다."

곧 예를 갖추어 궁중으로 맞아들였다. 왕이 다시 생각하며 말하였다.

'궁녀들이 부정하여 이미 맹세가 어그러졌으니 만약 이곳에 머문다면 반드시 비법을 행할 것이다.'

뒤에 인연으로 금시조가 왔으므로 왕이 그 일을 갖추어 알렸다.

"아우는 마땅히 낮에는 내 아내를 데리고 떠나고 긴 밤에는 다시 데려오겠는가?"

대답하여 말하였다.

"좋습니다."

드디어 곧 아내를 금시조에게 부탁하며 주었고 그의 약속과 같이 낮에는 데려가고 밤에는 데려왔다. 이때 그 바다의 섬에는 향기 좋은 꽃이 있었고 거의(去醫)라고 이름하였는데 아내는 곧 날마다 이 꽃으로 화만(花鬘)[6]을 묶어서 범수에게 보내주었다. 이때 바라니사의 어느 바라문의 아들이 땔감나무를 취하려는 인연으로 산림에 갔다가 긴나라신녀(緊那羅神女)를 보았다. 드디어 바라문의 아들을 데리고 석감(石龕)의 가운데에 들어가서 곧 함께 교통하였고 모두 서로가 뜻을 얻었다. 그 여인은 만약 꽃과 과일을 구하러 나가게 되면 스스로가 나갔고 곧 큰 돌로 그 문을 막아서 사람이 능히 움직일 수 없게 하였다. 뒤에 많은 시간이 지나면서 한 아들을 낳았고 그 아들이 다닐 때에 몸이 아주 빨랐으므로 마침내 속질(速疾)이라고 이름을 지어주었다. 아버지는 아들의 앞에서 매번 항상 한탄하면서 말하였다.

"바라니사는 좋은 주처이다. 너는 지금 마땅히 알아두어라."

아들이 아버지에게 물어 말하였다.

---

6) 범어로는 'Kusumamāla'이다. 인도 풍속으로 이것을 목에 걸거나 몸에 장식하기도 했으나 뒤에는 공양물로서 세존의 앞에 공양하였다. 풀어서 손으로 사방에 뿌리는 것을 산화공양(散華供養)이라고 하고, 중국에서는 이것이 다시 바뀌어 불당이나 불상을 장식하는 장엄구(莊嚴具)의 하나가 되었다.

"아버지는 어디서 태어나셨어요?"
대답하여 말하였다.
"바라니사가 본래 태어난 곳이니라."
대답하여 말하였다.
"만약 그렇다면 어찌 고향으로 돌아가지 않으세요?"
아버지가 말하였다.
"너의 어머니가 만약 꽃과 과일을 구하러 나가는 때에는 반드시 큰 돌을 가져다가 동굴의 문을 막아서 내가 능히 움직일 수 없어서 도망가고자 하여도 길이 없구나."
대답하여 말하였다.
"내가 마땅히 열어 드리겠습니다."
아버지가 말하였다.
"대단히 좋은 일이구나."
아들은 곧 자주자주 돌을 취하여 그것을 시험하였고 나아가 힘이 자라나서 능히 큰 돌을 밀어낼 수 있었으므로 그의 아버지에게 알려 말하였다.
"문이 열렸습니다. 아버지, 함께 도망가시지요."
아버지가 말하였다.
"너의 어머니는 꽃과 과일이 필요하여 잠시 나갔고 곧 급하게 돌아올 것이니 떠나갈 까닭이 없느니라. 만약 길에서 만나서 나를 본다면 반드시 분명히 서로를 해칠 것이다."
대답하여 말하였다.
"내가 방편을 지어서 어머니가 늦게 오게 하겠습니다."
아버지가 말하였다.
"좋은 일이구나."
그 어머니가 과일을 가지고 오니 아들이 곧 취하여 씹고서는 토해내었으므로 어머니가 말하였다.
"무슨 뜻으로 이와 같은가? 어찌 맛이 없는가?"
대답하여 말하였다.

"어머니가 멀리 가는 것에 나태하고 가까운 곳에서 쓴 과일을 구해왔으니 누가 다시 능히 먹겠습니까? 그러므로 곧 버리는 것입니다."
어머니가 말하였다.
"만약 그렇다면 내가 마땅히 멀리 가서 좋은 과일을 찾아오겠다."
대답하여 말하였다.
"좋습니다. 좋은 것을 찾아보세요."
어머니가 다음날은 곧바로 멀리 떠나갔고 아들이 아버지에게 알려 말하였다.
"지금이 달아날 때입니다. 마땅히 다시 늦지 마십시오."
드디어 그 돌을 밀어내고 부자가 함께 도망하여 바라니사의 아버지가 태어난 곳으로 갔다. 그 어머니가 와서 빈 석실을 보고 가슴을 치면서 크게 울었으므로 이웃이 보고 물어 말하였다.
"무슨 뜻으로 우는 것이오?"
곧 일을 갖추어 대답하니 이웃이 말하였다.
"그는 인간의 부류이고 인간을 찾아서 달아난 것을 무슨 일로 슬퍼하는가?"
어머니가 말하였다.
"나는 이렇게 서로가 함께 이별한 것을 근심하는 것이 아니고 다만 일찍이 그에게 한 가지의 기술을 가르쳐서 능히 살아가게 해주지 못한 것을 한탄하는 것입니다."
그가 곧 대답하여 말하였다.
"내가 역시 자주 바라니사에 가니 만약 생활의 인연이 되는 것을 그대가 나에게 준다면 내가 만약 보는 때에 아들에게 전해주겠소."
그 어머니가 곧 공후(箜篌)를 주면서 말하였다.
"자매여. 만약 나의 아이를 본다면 직접 마주하고 건네주면서 말하세요. '그대는 이 공후를 연주하면서 스스로가 생활하면서 그 첫 번째의 줄은 손가락으로 마땅히 접촉하지 말라. 만약 접촉한다면 손해가 있을 것이다.'"
그녀가 곧 가지고 떠나갔다. 이때 바라문은 아들인 속질을 데려다가 스승에게 부탁하여 배우게 하였으므로 스승이 곧 불러서 가르쳤다. 한가한 날을 인연하여 곧 빠르게 산에 들어가서 땔나무를 채취하다가 우연히 이웃을 보았다. 속질에게 물어 말하였다.

"그대는 요즘 어떠한가?"

대답하여 말하였다.

"항상 굶주리는 고통을 받습니다. 알아서 무엇을 하시겠습니까?"

알려 말하였다.

"그대의 어머니가 서로를 생각하고 항상 울면서 눈물을 흘리는데 어찌 그곳에 돌아가지 않는가?"

대답하여 말하였다.

"그녀는 약차인데 누가 능히 함께 살겠습니까?"

대답하여 말하였다.

"만약 능히 갈 수 없다면 내가 지금 그대가 살아갈 물건을 줄 것이니 다른 사람에게 주지 말라."

대답하여 말하였다.

"주지 않겠습니다."

곧 공후를 주면서 알려 말하였다.

"이것을 연주하여 살아가도록 하라. 그 첫 번째의 손가락으로는 접촉하지 말라. 만약 접촉한다면 반드시 손해가 있을 것이다."

대답하여 말하였다.

"알겠습니다. 내가 이와 같이 짓겠습니다."

곧 공후를 가지고 학당에 이르니 여러 같은 동자들이 그를 보고 물어 말하였다.

"그대는 어찌 늦게 왔는가?"

대답하여 말하였다.

"나의 어머니의 친구를 만났고 이 공후를 받았네."

여러 사람들이 물어 말하였다.

"그대는 능히 연주할 수 있는가?"

대답하여 말하였다.

"나는 할 수 있네."

"그대가 연주하여 보게. 우리들이 함께 들어보겠네."

그가 곧 연주하면서 첫째 줄은 접촉하지 않으니 그들이 말하였다.

"무슨 까닭으로 첫째 줄을 연주하지 않는가?"

대답하여 말하였다.

"연주하면 반드시 허물과 근심이 생겨나네."

"그대가 지금 다만 만져보게. 무슨 허물이 있겠는가?"

곧 손가락으로 만졌다. 이때 모든 학생들이 능히 스스로가 지탱하지 못하고 모두 일어나서 춤을 추었다. 이러한 인연으로 날이 저물었고 선생의 처소에 이르니 물어 말하였다.

"어찌 늦었는가?"

그가 곧 갖추어 대답하니 선생이 물어 말하였다.

"그대가 능히 연주할 수 있는가?"

대답하여 말하였다.

"나는 할 수 있습니다."

"만약 그렇다면 한 곡을 연주하여 보게."

그가 곧 연주하면서 첫째 줄은 접촉하지 않으니 선생이 말하였다.

"무슨 뜻으로 첫째의 줄은 손가락으로 접촉하지 않는가?"

대답하여 말하였다.

"만약 만지면 허물이 생겨날까 두렵습니다."

"그대가 지금 다만 만져보아라. 무슨 허물이 있겠는가?"

곧바로 접촉하여 연주하니 선생과 부인이 모두 함께 춤을 추면서 스스로 억제할 수 없어서 기거하던 집이 모두 무너졌고 가졌던 옹기와 그릇이 모두 깨어져서 남은 것이 없었다. 선생은 대노하여 곧 그의 목을 끼고서 촌락의 밖으로 쫓아냈다. 이미 쫓겨났으므로 마침내 처소를 따라서 고독하게 유랑하면서 오직 공후를 연주하면서 스스로가 생활하였다. 이때 어느 500의 상인들이 화물을 가지고 대해에 들어가고자 하였으므로 여러 사람들이 의논하여 말하였다.

"여러 일은 모두 있으나 다만 음악이 없으니 무엇으로 스스로가 즐기겠는가? 대해의 가운데에 이르면 누가 근심과 번민을 풀어줄 것인가?"

한 사람이 알려 말하였다.

"속질이라는 바라문의 아들이 공후를 연주하니 서로를 따라서 떠나가세."

곧 속질을 데리고 함께 배에 올랐다. 대해의 안에서 여러 사람이 알려 말하였다.

"그대가 공후를 타면 모두가 함께 오락하겠네."

곧바로 연주하였는데 첫째 줄을 연주하지 않았으므로 여러 사람들이 물어 말하였다.

"어찌 만지지 않는가?"

대답하여 말하였다.

"만약 만지면 허물이 있을 것입니다."

그가 말하였다.

"다만 만지는데 능히 무슨 허물이 짓겠는가?"

곧 접촉하여 연주하자 배가 뒤집혀 바다 속으로 침몰하고 곧 마침내 파괴되었다. 같이 있던 상인들은 모두 표류하다가 빠져서 동시에 목숨을 잃었고 오직 속질 한 사람만 생존하여 판자를 잡아 하늘의 인연으로 살아남았으며 드디어 바람을 만나서 금시조의 섬에 이르렀다. 한 동산의 가운데에는 다시 남자는 없었고 오직 범수왕의 아내인 묘용이 보였다. 인연으로 함께 말로 교류하였으나 함께 조밀(稠密)[7]을 행하였으며 낮에는 서로가 보았고 밤에는 곧 이별하였다. 물어 말하였다

"그대는 매번 밤이면 어디를 갔다 오는가?"

그녀는 이미 통정(通懷)하였으므로 모두를 갖추어 알리니 대답하여 말하였다.

---

7) 본래는 '묶다', '결합하다.'는 뜻이었으나 '인간관계가 친밀하며 교제가 활발히 이뤄지다.'는 뜻으로 확대되었다.

"현수여. 만약 이와 같다면 어찌 나를 데리고 함께 바라니사로 가지 않는가?"

여인이 대답하여 말하였다.

"좋습니다. 그대와 함께 가겠습니다."

사내에게 물었다.

"이름은 무엇이오?"

"내 이름은 속질인데 그대는 다시 무엇이라 이름하는가?"

"내 이름은 묘용입니다."

그 여인은 곧바로 점차 작은 돌을 지녔고 나아가 사람의 무게와 함께 비슷하다고 짐작되었으므로 곧 속질을 불러서 금시조를 같이 타고 바라니사로 향하였다. 여인이 말하였다.

"그대는 눈을 감으시오. 뜬다면 눈이 멀 것이오."

바라니사에 이르려고 하였고 사람들의 소리가 들렸으므로 마침내 이렇게 생각을 지었다.

'이르고자 하는구나.'

눈을 떠서 바라보았는데 금시조가 급하게 바람에 날아올라 두 눈이 곧 멀었다. 이때 묘용을 정원 안에 두고서 스스로가 왕의 곁으로 향하였다. 늦봄에 이르렀으므로 명화가 피어났고 여러 새들이 구슬프게 울고 있었으며 왕이 궁인들과 동산에 들어가서 유관(遊觀)[8]하고 있었다. 이때 묘용도 역시 그 가운데에 있었다. 속질은 그녀의 거의화향(去醫花香)이 지나간 것을 맡고서 곧 게송을 설하여 말하였다.

바람에 거의화가 부니
꽃다운 향기가 진실로 사랑스럽고
오히려 바다 섬 위에서와 같은데
묘용과 함께 살았던 곳이라네.

---

8) 두루 돌아다니며 구경하는 것이다.

이때 왕이 게송을 듣고 나인에게 칙명하여 말하였다.
"누가 이 소리를 짓는가를 두루 관찰하라."
여러 사람들이 대답하여 말하였다.
"장님이 있어 이러한 소리를 짓습니다."
왕이 곧 불렀고 이르니 물어 말하였다.
"그대가 이 게송을 지었는가?"
대답하여 말하였다.
"제가 지었습니다."
"그대는 다시 지어 보라. 내가 시험삼아 들어보겠노라."
곧 이렇게 생각을 지었다.
'어찌 왕이 아름다운 게송을 듣는 것을 즐기는 것이 아니겠는가? 내가 그것을 짓는다면 혹시 상을 줄 것이다.'
곧 도리어 게송을 말하였다.

바람에 거의화가 불으니
꽃다운 향기가 진실로 사랑스럽고
오히려 바다 섬 위에서와 같은데
묘용과 함께 살았던 곳이라네.

이때 왕이 물어 말하였다.
"바다의 섬이라고 말하는 것이 여기에서 먼 것인가? 가까운가?"
게송으로 대답하여 말하였다.

묘용이 기거하는 처소는
이곳에서 100역을 떠나있고
대해를 초과하였으며
섬에 있어 진실로 사랑스럽다네.

왕이 이미 듣고 게송으로 대답하여 말하였다.

그대가 많이 일찍 듣고 보았는데
내가 사랑하는 자인가?
만약 이것이 묘용의 몸이라면
그대는 그 모습을 말하여 보라.

이때 맹인이 게송으로서 대답하여 말하였다.

허리의 사이에는 만(卍)이 있고
가슴 앞에는 하나의 돌기가 있으며
항상 의화를 묶어 떠나보내며
의지하고 와서 왕에게 주었다네.

왕은 말을 듣고서 곧 이렇게 생각을 지었다.
'이 여인은 악을 행하였고 비록 바다의 섬에 놓아두었으나 역시 다시 사통하였으니 이미 소용이 없다. 마땅히 이 사람에게 주어야겠다.'
분한을 품고 기거하면서 도리어 게송으로 말하였다.

묘용을 영락을 갖추어서
이 맹인에게 부촉해 주고
마땅히 노새를 태워 보내면서
성 밖으로 쫓아내어라.

이때 두 사람은 왕에게서 쫓겨났다. 맹인 속질이 아내를 데리고 여러 곳을 따라서 떠돌다가 날이 저무는 때에 큰 취락으로 들어가서 비어있는 천묘(天廟)에서 임시로 기거하였다. 이때 어느 500의 도둑들이 밤에 이 마을에 들어왔으나 여러 사람들이 알고서 모두 죽였다. 오직 도둑의 두목 한 명이 달아났고 천묘로 들어가서 반대로 그 문을 닫았는데 마을 사람이 와서 물었다.

"천묘 안에 누가 있는가?"

맹인이 대답하여 말하였다.

"우리는 객지의 사람이고 도둑의 무리와는 관련이 없습니다."

여러 사람들이 알려 말하였다.

"만약 도둑이 있다면 곧 마땅히 내보내시오."

이때 도둑의 두목이 묘용에게 알려 말하였다.

"그대는 어찌 이러한 눈먼 맹인을 수용하였는가? 마땅히 보내고 나와 같이 삽시다."

묘용이 곧 허락하고 맹인을 밖으로 밀어내었다. 마을 사람들이 보고 마침내 그의 목을 베었다. 이미 날이 밝아서 도둑의 두목이 곧 묘용을 데리고 떠나가서 한 강변에 이르렀는데 배가 없어서 능히 건널 수 없었다. 도둑이 묘용에게 알려 말하였다.

"현수여. 물이 넓고 깊어서 함께 건널 까닭이 없소. 그대는 우선 이곳에 머무르며 몸을 씻으시오. 소유한 영락은 내가 먼저 가지고 건너가서 저 언덕에 놓아두고 돌아와서 서로가 취합시다."

묘용이 말하였다.

"뜻에 따르겠습니다."

곧 의상과 여러 영락을 벗었고 그 도둑의 두목에게 주었으며 물속에 앉았다. 곧 이렇게 생각을 지었다.

'이 사람이 내 물건을 가지고 달아나는 것은 아닐까?'

멀리서 그에게 알려 말하였다.

큰 물이 지금 넘쳐서 흐르는데
영락은 그대가 가졌으므로
나는 그대가 지금 훔쳐서 떠난다는
두려운 이와 같은 생각이 생겨난다네.

도둑의 두목이 듣고 게송으로 멀리서 알렸다.

그대는 죄가 없는 남편을 다른 사람을 시켜 죽였는데
누가 나에게 친근한 마음이 있다고 믿겠는가?
그대가 다시 오히려 나를 해할까 두려우므로
소유한 영락을 내가 가지고 떠나가겠노라.

이때 도둑의 두목은 곧바로 물건을 지니고 여인을 버리고 떠나갔다. 그 여인은 마침내 알몸으로 물에서 나와 풀 속으로 들어가서 머물렀다. 이곳에서 멀지 않은 곳에 한 늙은 야간이 고깃덩이를 물고 물가를 돌아서 떠나갔다. 이때 한 물고기가 물에서 뛰어올라 언덕 위에 몸을 던지는 것을 야간이 보았고 물었던 고깃덩이를 버리고서 그 물고기를 취하고자 하였다. 물고기는 물속으로 들어갔고 고깃덩이는 솔개가 채어갔다. 두 일을 모두 잃고 귀를 늘어트리고 근심하였다. 이때 묘용이 수풀 속에서 멀리 야간을 바라면서 곧 게송으로 설하여 말하였다.

고깃덩이는 솔개가 채갔고
물고기는 다시 물속으로 들어갔으니
두 일을 아울러 모두 망치고서
근심과 고통으로 알아도 무슨 이익이 있으랴!

이때 야간이 게송의 소리를 듣고 사방을 돌아보았으나 한 사람도 볼 수 없어서 도리어 게송으로 말하였다.

나는 즐거워 웃는 것이 아니고
역시 노래와 춤을 짓지 않거늘
누가 숲속에 있으면서
말로써 서로 조롱하는가?

묘용이 듣고 수풀 속에 있으면서 야간에게 알려 말하였다.
"나는 묘용이다."
야간이 소리를 듣고 곧 성이 나서 꾸짖어 말하였다.
"그대는 죄과(罪過)의 물건인데 스스로 부끄러움이 없이 도리어 와서 서로를 조롱하는가?"
게송으로서 대답하여 말하였다.

옛날의 남편을 이미 죽였고
새로운 남편은 물건을 가지고 갔으니
저곳도 이곳도 의지할 수 없어서
근심과 원한으로 풀 속에서 우는구나.

묘용이 듣고 곧 게송으로서 대답하였다.

나는 지금 본래의 집으로 돌아가서
정숙한 마음으로 한 남편을 섬기리라.
종족을 잃는 것이 두려워서
다시는 미친 어리석음을 짓지 않으리라.

이때 야간이 역시 게송으로서 대답하였다.

가령 강가(强伽)의 물이
거꾸로 흘러 까마귀가 하얗게 되고
섬부에 다라(多羅)가 생겨나더라도
그대가 능히 오직 하나를 지키겠는가?

까마귀와 부엉이가 함께
한 나무에 같이 살면서

그들이 이렇게 서로에게 순종하더라도
그대가 능히 오직 하나를 지키겠는가?

가령 뱀과 족제비가
한 구멍에 있으면서 같이 놀면서
그것들이 서로가 마음에서 사랑하더라도
그대가 능히 오직 하나를 지키겠는가?

가령 거북이의 털로
상묘한 옷감을 짜서
추운 때에 입을 수 있을지라도
그대에게 나아가 하나의 정숙함이 있겠는가?

가령 모기의 다리로
높은 누각을 지어 바라보면
견고하여 움직이지 않을지라도
그대가 능히 오직 하나를 지키겠는가?

가령 연꽃을 엮어서
다리를 지어 대중들이 건너가고
큰 코끼리도 역시 능히 지날지라도
그대가 능히 오직 하나를 지키겠는가?

가령 큰 바다의 가운데에서
물속에서 불덩이가 생겨나서
모든 사람들이 모두 함께 향할지라도
그대가 능히 오직 하나를 지키겠는가?

이때 야간이 이렇게 게송을 말하고 묘용에게 알려 말하였다.

"내가 잠시 이렇게 농담으로 말을 하였소. 내가 능히 그대를 옛날에 의지하고 돌아가서 국부인(國夫人)이 된다면 장차 무엇으로 보답하겠소?"

대답하여 말하였다.

"지식이여. 만약 능히 나를 옛날과 같이 돌아가게 한다면 내가 마땅히 날마다 육식을 공급하여 부족함이 없게 하겠소."

야간이 말하였다.

"만약 그와 같다면 마땅히 나의 말을 수용하시오. 마땅히 강가강의 물속으로 들어가서 목을 내놓고 합장하고서 해를 향하여 하늘을 생각하면서 머문다면 내가 왕에게 알리겠소."

야간이 곧 떠나갔고 왕이 들을 수 있는 곳에 이르러 큰소리로 이와 같이 말을 지었다.

"묘용이 지금 강가강의 물속에 있으면서 마음을 씻는 연습을 행하고 있으니 마땅히 빠르게 불러서 취하고 오히려 후궁으로 들이십시오."

왕은 일찍이 야간의 말을 배웠으므로 그 일을 듣고 대신에게 알려 말하였다.

"경은 지금 강가강의 옆으로 가보시오. 내가 들으니 묘용이 그곳에 있으면서 매우 고통스럽게 마음을 고치고 지조를 바꾸었다고 하오. 곧 데리고 와서 나와 서로가 보게 하시오."

이때 여러 대신들이 묘용을 보고 곧 영락과 의복으로 몸을 꾸며서 데리고 와서 처소에 이르니 왕이 보고 기뻐하면서 오히려 옛날에 의지하여 대부인으로 삼았다. 마침내 날마다 항상 좋은 고기를 야간에게 공급하였으나 뒤에 곧바로 끊어졌다. 이때 야간이 돌아와서 왕궁의 가까운 곳에서 큰소리로 알려 말하였다.

"묘용이여. 그대가 고기로서 서로에게 공급하지 않겠다면 내가 마땅히 왕에게 그대를 잔뜩 때리게 하겠고 그대가 옛날과 다르지 않게 하겠소."

부인이 듣고 두려워서 곧 오히려 야간에게 고기를 제공하였다.

"그대들 필추들이여. 다른 생각을 짓지 말라. 지나간 때에 묘용이었던 자는 곧 올발라 필추니이고 그때의 속질이었던 자가 곧 오타이이니라. 지나간 때에 거의화의 향기를 맡고 묘용인 것을 알았고, 지금에는 올발화의 향기를 맡고 그 필추니인 것을 안 것이니라. 그대들 필추들은 이와 같이 마땅히 알아. 일체의 사업(事業)은 모두가 관습(串習)을 인연으로 삼느니라."

대중들이 듣고는 환희하며 받들어 행하였다.

제6문 제5자섭송 ①

제6문 제5자섭송으로 말하겠노라.

필추니를 팔경법(八敬法)으로 제도한 것과
필추니가 차례에 의지하여 앉는 것과
이부(二部)의 일이 다른 것과
환속한 필추니는 제도하지 않는 것이 있다.

세존께서는 겁비라성의 다근수원(多根樹園)에 머무르셨다.

이때 대세주가 500의 석가족 여인들을 데리고 세존의 처소에 나아가서 두 발에 예경하고 한쪽에 물러나 앉았다. 세존께서는 곧 여러 종류의 묘법을 설하시어 보여주셨고 가르치셨으며 이익되고 기쁘게 하시었다. 이때 대세주가 법을 듣고 마음에서 깊이 기뻐하면서 자리에서 일어나 합장하고 세존을 향하여 아뢰어 말하였다.

"세존이시여. 많은 여인들도 불법의 가운데에서 출가하여 근원을 받아서 필추니성을 이루고 범행을 굳게 닦으면 제4의 사문과(沙門果)를 얻을 수 있습니까?"

세존께서 말씀하셨다.

"대세주여. 그대는 마땅히 재가에 있으면서 백의를 입고 여러 범행을 닦는다면 순일하고 원만하며 청정하고 무염(無染)하므로 이것으로 능히 장야에 안은함을 얻고 이익되며 쾌락할 것입니다."
　이와 같이 대세주가 세 번을 청하였으나 세존께서는 모두 허락하지 않으셨으므로 세존의 발에 머리숙여 하직하고 떠나갔다. 이때 세존께서는 옷을 입으시고 발우를 지니시고 겁비라성에서 나오시어 판위(販葦) 취락으로 가셨다. 이때 대세주는 세존께서 떠나가신다는 것을 듣고 500의 석가족 여인들과 함께 스스로가 머리카락을 깎고 모두 적색의 승가지의(僧伽胝衣)를 입고 항상 세존의 뒤를 따라서 격숙(隔宿)9)하면서 떠나갔다. 세존께서는 그곳에 이르러 상사림(相思林)의 가운데에 머무셨다. 이때 대세주는 길을 걸으면서 피로가 심하였으나 몸에 흙먼지를 덮어쓰고서 곧 세존의 처소에 나아가서 세존의 발에 예경하고 한쪽에 물러나 앉았다. 이때 세존께서는 묘법을 설하시어 보여주셨고 가르치셨으며 이익되고 기쁘게 하시었다. 이때 대세주가 법을 듣고 자리에서 일어나 합장하고 세존께 아뢰어 말하였다.
　"세존이시여. 많은 여인들도 세존의 선설하는 법과 율의 가운데에서 출가하여 근원을 받아 필추니성을 이루고 범행을 굳게 닦으면 제4의 사문과를 얻을 수 있습니까?"
　세존께서 말씀하셨다.
　"대세주여. 마땅히 머리를 깎고 만조의(縵條衣)를 입었다면 나아가 목숨을 마치도록 범행을 닦는다면 순일하고 원만하며 청정하고 무염하므로 이것으로 능히 장야에 안은함을 얻고 이익되며 쾌락할 것입니다."
　이와 같이 세 번을 청하였으나 세존께서는 모두 허락하지 않으셨다. 이때 대세주는 세존께서 자주 청하여도 허락하지 않으시는 것을 알았고 마침내 문밖에 서서 울고 있었다. 이때 구수 아난타가 보고 물어 말하였다.
　"교답미여. 무슨 인연으로 울면서 서서 계십니까?"
　대답하여 말하였다.
　"존자여. 우리들 여인들에게 세존께서 출가하여 필추니를 짓는 것을

---

9) 하룻밤을 묵게 하는 것을 말한다.

허락하지 않으셨고 이러한 까닭으로 울고 있습니다."
아난타가 알려 말하였다.
"교답미여. 이곳에 계십시오. 내가 여래께 여쭙겠습니다."
이때 아난타가 세존의 처소에 나아가서 머리숙여 발에 예경하고 한쪽에 서서 세존께 아뢰어 말하였다.
"세존이시여. 많은 여인들도 세존의 선설하는 법과 율의 가운데에서 출가하여 근원을 받아 필추니성을 이루고 범행을 굳게 닦으면 제4의 사문과를 얻을 수 있습니까?"
세존께서 말씀하셨다.
"얻을 수 있느니라."
"만약 이와 같다면 원하건대 여인에게도 출가를 허락하십시오."
세존께서 말씀하셨다.
"아난타여. 그대는 지금 여인이 나의 선설하는 법과 율의 가운데에서 출가하여 근원을 받아 필추니성을 이루는 것을 청하지 말라. 왜 그러한가? 만약 여인에게 출가하는 것을 허락한다면 불법이 오래 머물지 못하느니라. 비유하면 사람의 집에 남자가 적고 여자가 많으면 곧 악한 도둑에게 그 집이 파괴되는 것과 같은데, 여인이 출가하면 정법이 파괴되는 것도 역시 다시 이와 같으니라.
또한 다시 아난타여. 밭에 곡식의 이삭이 익었는데 홀연히 바람·비·서리·우박을 당하여 손실되는 것과 같이 여인이 출가하면 정법이 손괴되는 것도 역시 다시 이와 같으니라. 또한 다시 아난타여. 감자(甘蔗)10)가 밭에서 익어갈 때에 적절병(赤節病)을 만나면 곧 손괴되어 남는 것이 없는 것과 같이 만약 여인에게 출가하는 것을 허락하면 정법이 손괴되어 오래 머무르지 못하고 빨리 마땅히 멸진(滅盡)하는 것도 역시 이와 같으니라."
구수 아난타가 다시 세존께 아뢰어 말하였다.
"이 대세주는 세존의 처소에 진실로 큰 은혜가 있습니다. 세존의 어머니

---

10) 볏과의 여러해살이풀로 사탕수수를 가리킨다.

께서 목숨을 마친 뒤에 젖으로 길렀으니 은혜가 지극히 크거늘 어찌 세존께서는 자비로 섭수하지 않으십니까?"

세존께서 아난타에게 알리셨다.

"진실로 이러한 일이 있노라. 나에게 있는 은혜는 내가 이미 보답하였노라. 나와의 인연을 까닭으로 삼보를 알고 얻었으며, 불·법·승에 귀의하여 오학처를 받았고, 사제의 이치에 다시 의혹이 없어 예류과를 얻었으며 마땅히 고제(苦際)를 마치고 무생을 만나서 증득하였으니 이와 같은 은혜는 다시 보답하기 어려운 것이니라. 옷과 음식 등으로 소로를 비교할 수 없느니라."

이때 세존께서 아난타에게 알려 말씀하셨다.

"그대가 여인을 위하여 출가하여 필추니성을 이루는 것을 청하여 구한다면 내가 지금 팔존경법(八尊敬法)을 제정하여 목숨을 마치도록 수행하면서 어기거나 넘어서는 아니되느니라. 나의 이러한 제정은 밭에 농부가 늦여름과 초가을에 하거(河渠)[11]가 있는 곳에 견고하게 제방(隄堰)을 수리하여 물이 새어 흐르지 않게 하고 밭에 물을 공급하여 곳에 따라서 충족시키는 것과 같이 팔존경법도 역시 다시 이와 같느니라.

여덟 가지는 무엇을 말하는가? 아난타여. 모든 필추니는 마땅히 필추를 쫓아서 출가를 구하고 근원을 받아 필추니성을 이루어야 하나니 이것이 최초의 존경법의 일이니라. 마땅히 어기지 않을 것이고 나아가 목숨을 마치도록 모든 필추니는 마땅히 부지런히 닦고 배울지니라. 아난타여. 보름에 마땅히 필추를 쫓아서 교수를 청하여 구할 것이니 이것이 제2의 존경법의 일이니라. 마땅히 어기지 않을 것이고 나아가 목숨을 마치도록 모든 필추니는 마땅히 부지런히 닦고 배울지니라. 아난타여. 필추가 없는 곳에서는 안거할 수 없나니 이것이 제3의 존경법의 일이니라. 마땅히 어기지 않을 것이고 나아가 목숨을 마치도록 모든 필추니는 마땅히 부지런히 닦고 배울지니라.

---

11) 하천과 도랑 또는 수로(水路)를 가리킨다.

아난타여. 필추니는 필추를 힐문할 수 없고 필추의 처소에서 계(戒)·견(見)·위의(威儀)·정명(正命)을 훼범하는 과실이 있더라도 억념(憶念)시킬 수 없느니라. 아난타여. 만약 필추니가 필추의 계·견·위의·정명의 훼범처(毁犯處)를 보더라도 힐책(詰責)할 수 없으나, 필추는 필추니의 훼범처를 보았다면 마땅히 힐책할 것이니 이것이 제4의 존경법의 일이니라. 나아가 목숨을 마치도록 마땅히 부지런히 닦고 배울지니라.

아난타여. 필추니는 필추에게 욕설하고 성내면서 가책(呵責)할 수 없으나 필추는 필추니에게 이러한 일을 할 수 있나니 이것이 제5의 존경법의 일이니라. 나아가 목숨을 마치도록 마땅히 부지런히 닦고 배울지니라. 아난타여. 만약 필추니가 비록 근원을 받고서 백세가 지났더라도 만약 새롭게 근원을 받은 필추를 보면 마땅히 존중하고 합장하며 영접하고 공경스럽게 정례할 것이니 이것이 제6의 존경법의 일이니라. 나아가 목숨을 마치도록 마땅히 부지런히 닦고 배울지니라.

아난타여. 필추니가 만약 중교법(衆敎法)을 범하였다면 마땅히 이중(二衆) 가운데에서 보름을 마나비(摩那卑)[12]를 행하여야 하나니 이것이 제7의 존경법의 일이니라. 나아가 목숨을 마치도록 마땅히 부지런히 닦고 배울지니라. 아난타여. 만약 필추니가 하안거를 마치고 이중(二衆) 가운데에서 삼사견문의(三事見聞疑)의 수의사를 지어야 하나니 이것이 제8의 존경법의 일이니라. 나아가 목숨을 마치도록 마땅히 부지런히 닦고 배울지니라."

---

12) 산스크리트어 mānāpya의 음사로서 열중의(悅衆意) 또는 의희(意喜)라고 번역된다. 승잔(僧殘)을 저지른 필추가 그것을 즉시 승단에 고백하고 6일 밤낮 동안 참회하는 일을 가리킨다.

근본설일체유부비나야잡사 제30권

삼장법사 의정 한역
석보운 번역

안의 섭송 ①

안의 섭송으로 말하겠노라.

근원은 필추를 따를 것이고
보름마다 교수를 청할 것이며
필추를 의지하여 하안거를 지을 것이고
허물을 보더라도 마땅히 말하지 않을 것이며
성내고 꾸짖지 않을 것이고 적어도 예배할 것이며
두 대중의 가운데에서 참회할 것이고
필추를 마주하고 수의할 것이니
이것을 팔존법이라고 이름하느니라.

아난타여. 내가 지금 필추니의 팔존경법을 제정하였으니 모두 마땅히 어기지 않아야 하느니라. 만약 대세주 교답미가 능히 이러한 팔존경법을 받들어 지니겠다면 곧 출가하여 근원을 받아 필추니성을 이룰 것이다.
　이때 구수 아난타가 세존께서 설하신 팔존경법을 듣고 세존의 발에 정례하고 받들고 하직하고서 떠나갔으며 대세주의 처소에 나아가서 이와 같이 말을 지었다.

"대세주여. 마땅히 아십시오. 세존께서는 이미 여인에게 세존의 선설하는 법과 율의 가운데에서 출가하여 근원을 받고 필추니성을 이루는 것을 허락하셨습니다. 그러나 불·세존께서 모든 필추니가 행할 팔존경법의 일을 제정하셨으니 마땅히 어기지 않을 것이고 나아가 목숨을 마치도록 마땅히 부지런히 닦고 배워야 한다고 하셨습니다. 내가 지금 세존께서 제정하신 팔존경법을 말하겠으니 지금 마땅히 자세히 듣고 그것을 잘 사념하십시오."

대세주가 말하였다.

"원하건대 나를 위하여 설하십시오. 일심(一心)으로 듣고 받아들이겠습니다."

존자가 말하였다.

"세존께서는 마땅히 '모든 필추니는 마땅히 필추를 쫓아서 출가를 구하고 근원을 받고 필추니성을 이루어야 하나니 이것이 최초의 존경법이니라. 마땅히 어기지 않을 것이고 나아가 목숨을 마치도록 모든 필추니는 부지런히 닦고 배워야 하느니라.'고 이렇게 말씀하셨습니다."

이와 같이 끝까지 하나하나를 갖추어 알렸다. 이때 대세주는 존자 아난타가 존경법을 설하는 것을 듣고 마음으로 깊이 환희하며 정대(頂戴)[1] 하고 받들어 지니고서 아난타에게 알려 말하였다.

"대덕이여. 비유하자면 귀족으로 네 종족인 여인이 목욕하고 몸을 가루향으로서 문지르고 머리카락과 손톱을 깨끗하게 손질하고 의복도 곱고 정결하게 하였는데, 그때 다른 여인들이 점박가(占博迦)[2]와 올발라 등으로 꽃다발을 만들어 가지고 그 여인에게 준다면 이때 여인이 꽃이 오는 것을 보고 환희하면서 받아 정수리 위에 올려놓는 것과 같이 대덕이여. 나도 이와 같이 몸과 말과 마음으로 여래의 팔존경법을 정대하며

---

1) 머리에 인다는 뜻으로, 경의를 나타냄을 이르는 말. 물건을 주고 받을 때 그 물건을 이마에 갖다 대며 상대편에게 경의를 나타낸다.
2) 산스크리트어 campaka의 음사로서 인도 북부에서 자라는 교목이다. 잎은 윤택하고, 짙은 노란색의 꽃이 피는데 그 향기가 진하다.

받들겠습니다."

이때 대세주가 존경법을 받는 때에 더욱이 500의 석가족 여인들도 곧 출가하여 근원을 받고 필추니성을 이루었다. 그때 구수 오파리가 세존께 청하여 아뢰었다.

"세존께서 말씀하신 것과 같이 만약 대세주가 존경법을 수지하고 이것으로 곧 출가하였고 이것으로 곧 필추니의 원구가 성립되었다면 아직 스스로가 자세히 알지 못하는 다른 여인들은 그 일에 어떻습니까?"

세존께서 오파리에게 알리셨다.

"나머지의 여인들부터는 여법하게 차례대로 마땅히 출가시키고 나아가 원구를 주라."

이때 모든 여인들이 이러한 가르침을 들었으나 그 차례가 어떠한 것이 옳은가를 알지 못하였다. 인연으로써 세존께 아뢰니 세존께서 말씀하셨다.

"대세주를 상수로 삼고 500의 석가족 여인들은 이러한 존경법을 받고 곧 출가하여 근원을 받아 필추니성을 이루었으므로 나머지의 여인부터는 모두가 마땅히 차례에 따라서 그것을 받을지니라. 만약 어느 여인이 출가하기를 구한다면 한 필추니에게 나아가서 예경하여야 한다. 그 필추니는 곧 마땅히 그녀에게 장법(障法)을 물어 만약 무난하다면 마땅히 섭수하고 삼귀의와 오학처를 주어야 한다. 먼저 존상(尊像)에 예경하고 다음으로 그 스승에게 예배하고 마땅히 합장하고 이렇게 말하도록 가르쳐라.

'아차리야시여. 항상 기억하십시오. 나 누구는 오늘부터 목숨이 있는 날까지 양족중존(兩足中尊)이신 불타께 귀의하겠습니다. 이욕중존(離欲中尊)이신 달마께 귀의하겠습니다. 제중중존(諸衆中尊)이신 승가께 귀의하겠습니다.'

이와 같이 세 번을 말하게 하라. 스승은 말한다.

'좋다.'

대답하여 말한다.

'옳습니다.'

다음으로 오학처를 주고 이러한 말을 지어 가르쳐라.

'아차리야여. 항상 기억하십시오. 모든 성자이신 아라한들께서 나아가 목숨이 있는 날까지 살생하지 않고 도둑질하지 않으며 사음하지 않고 헛된 거짓말을 하지 않으며 모든 술을 마시지 않는 것과 같이 나 누구도 오늘부터 목숨이 있는 날까지 살생하지 않고 도둑질하지 않으며 사음하지 않고 헛된 거짓말을 하지 않으며 모든 술을 마시지 않겠습니다. 이것이 곧 나의 오학처이며 이것이 모든 성자이신 아라한들 처소의 학처입니다. 나는 마땅히 따라서 배우고 따라서 지키겠으며 따라서 지니겠습니다.'

이와 같이 세 번을 말한다.

'원하건대 아차리야여. 아시고 증명하십시오. 나는 오파사가이고 삼보에 귀의하였으며 오학처를 받았습니다.'

스승은 말한다.

'좋다.'

대답하여 말한다.

'옳습니다.'"

연기는 실라벌성에서 이루어졌다.

이때 세존께서 대세주 교답미와 500의 석가족 여인들에게 팔존경법을 받게 하셨다. 세존께서는 곧 이것으로 출가시켰고 근원을 주셨으며 필추니 성을 이루는 것을 허락하셨으므로 이것을 인연하여 필추니 대중은 돌아가면서 다른 사람들을 출가시켰고 근원을 주었으며 필추니성을 이루게 하였다. 이와 같이 전전하여 다시 다른 사람에게 주었으므로 필추니 대중들이 늘어나고 왕성하였다. 뒤의 다른 때에 여러 상좌 필추니가 대세주 교답미에게 가서 이와 같이 말을 지었다.

"옳으신 성자여. 마땅히 아십시오. 우리 필추니들이 이미 출가한 지 오래되었습니다. 여러 다른 필추가 젊어서 출가하여 근원을 받고 오래되지 않았다면 많고 적음을 의지하여 서로가 공경하게 하십시오."

이와 같이 말하였고 이때 대세주 교답미가 말하였다.

"여러 자매들이여. 잠깐 기다리시오. 내가 성자 아난타의 처소에 나아가서 이 일을 자세히 물어보겠네."

곧 구수 아난타에게 가서 앞에서와 같은 일을 말하니 아난타가 말하였다.

"대세주여. 잠시 기다리십시오. 내가 세존께 가서 아뢰겠습니다."

이때 아난타가 곧 세존께 나아가서 발에 머리숙여 예경하고 한쪽에 서서 아뢰어 말하였다.

"세존이시여. 여러 상좌 필추니 대중들은 출가한 지 이미 오래되었고 연소한 필추들은 근원을 받은 것이 오래되지 않았사오니 많고 적음에 의지하여 서로가 공경하는 이러한 일을 얻을 수 있습니까?"

세존께서 아난타에게 알리셨다.

"그대는 지금 마땅히 이러한 일을 입으로 말하지 말라. 왜 그러한가? 만약 그 여인들이 선한 법과 율의 가운데에서 출가하지 않았다면 모든 신심 있는 장자와 바라문 등이 여러 필추들을 보고 모든 좋은 음식을 가져다가 함께 서로가 제공하고 베풀어서 부족함이 없었을 것이다. 아난타여. 다시 신심 있는 장자와 바라문 등이 깨끗한 새로운 백첩을 거리에 깔고 이와 같이 말할 것이다.

'원하건대 어진 사문이여. 이 백첩의 위를 밟으십시오. 우리들이 장야에 큰 이익을 얻고 길게 안락하게 하십시오.'

아난타여. 다시 신심 있는 장자와 바라문 등이 머리카락을 땅에 깔고 이와 같이 말할 것이다.

'원하건대 어진 사문이여. 내 머리카락을 밟으십시오. 우리들이 장야에 큰 이익을 얻고 길게 안락하게 하십시오.'

다시 다음으로 아난타여. 만약 그 여인들이 내가 설하는 선한 법과 율의 가운데에서 출가하지 않았다면 나의 여러 제자들이 소유한 위덕이 가령 해와 달이 갖춘 대광명도 능히 가릴 수 없는 것과 같은데, 하물며 나머지 죽은 시체나 외도의 부류와 같겠는가?

다시 다음으로 아난타여. 만약 그 여인들이 출가하지 않았다면 나의 교법이 1천년을 가득하게 구족되고 청정하여 여러 염오가 없었을 것이었으나, 그녀들이 출가한 까닭으로 500년이 줄어든 것이다. 이러한 까닭으로 아난타여. 나는 백세의 근원인 필추니라고 하더라도 마땅히 반드시 새롭게 근원을 받은 필추를 존중하고 합장하며 영접하며 공경스럽게 정례하도록 하였느니라."

연기의 처소는 앞에서와 같다.
어느 때 여러 필추니들에게 사인중사(四人衆事)와 오인중사(五人衆事) 및 십이인중사(十二人衆事)가 일어났다. 그녀들이 곧 이부의 승가를 모두 모았으므로 사무(事務)가 이미 많아져서 마침내 교수하고 독송하며 사유하는데 방해가 되었다. 이때 여러 필추들이 인연으로써 세존께 아뢰니 세존께서 말씀하셨다.
"2부중의 일은 별도이니라. 오직 출죄(出罪)와 근원 및 보름마다의 법사(法事)로서 함께 하는 것을 제외하고는 나머지는 모두 별도로 지을지니라."

어느 때 실라벌성에 한 장자가 있어 아내를 얻고 오래지 않아서 드디어 곧 임신하였다. 달이 차서 딸을 낳았는데 아버지가 죽었고 어머니가 길렀는데 그녀가 장대하자 어머니도 역시 죽었다. 뒤의 때에 토라난타(吐羅難陀) 필추니가 걸식을 인연하여 그녀의 집에 들어가서 딸을 보고 물어 말하였다.
"그대는 누구에게 귀속되었는가?"
대답하여 말하였다.
"성자여. 나는 의지할 사람이 없습니다. 일찍이 누구에게도 귀속되지 않았습니다."
알려 말하였다.
"만약 이와 같다면 어찌 출가하지 않는가?"
여인이 말하였다.
"누가 나를 출가시켜 주겠습니까?"
필추니가 말하였다.
"내가 그대를 출가시켜 주겠으니 나를 따라가겠는가?"

곧 따라서 필추니들의 주처에 이르렀다. 곧 출가시켜 주었으나 뒤에 번뇌에 이끌리고 얽매여서 마침내 곧 환속하였다. 이때 토라난타 필추니가 걸식을 인연하여 나갔다가 우연히 그 여인을 보았고 물어 말하였다.

"소녀여. 어떻게 살아가는가?"

대답하여 말하였다.

"성자여. 나는 의지할 곳이 없어 살면서 매우 고생이 많습니다."

알려 말하였다.

"만약 그렇다면 무슨 까닭으로 다시 출가하지 않는가?"

대답하여 말하였다.

"내가 이미 환속하였는데 누가 출가를 시키겠습니까?"

필추니가 말하였다.

"내가 하겠다."

곧 출가시켰다. 마침내 걸식하는데 장자와 바라문들이 보고 모두가 함께 비난하고 싫어하였다.

"여러 석가녀들은 능히 선한 일을 하는구나. 혹은 때에 출가하여 범행을 닦고, 혹은 때에 도(道)를 그만두고 다시 속진(俗塵)에 물들어 돌아가는 것을 뜻에 따라서 하는데 어찌 선한 일이 아니겠는가?"

여러 필추니들이 듣고 필추들에게 말하였고 필추는 세존께 아뢰었다. 세존께서는 이렇게 생각을 지으셨다.

'필추니가 환속한 까닭으로 이와 같은 허물이 있는 것이다. 지금부터는 여러 환속하였던 필추니는 다시 출가할 수 없게 해야겠구나. 그 장자들이 잘 비웃어서 나의 법을 손괴시키는구나. 이러한 까닭으로 필추니가 한번 법복을 버리고 세속으로 돌아갔다면 마땅히 다시 출가시키지 말라. 만약 출가를 시켰다면 그 스승은 월법죄를 얻느니라.'

제6문 제6자섭송 ①

제6문 제6자섭송으로 말하겠노라.

교답미가 제도한 인연과
출가에는 다섯의 이익이 있는 것과
오중(五衆) 안에서 가능한 것과
가책(訶責)의 일을 마땅히 아는 것이 있다.

연기의 처소는 앞에서와 같다.
이때 바라니사에 한 장자가 있었고 구답마(瞿答摩)라고 이름하였다. 크게 부유하여 재물이 많았는데 아내를 얻고 오래지 않아서 재화를 가지고 득차성(得叉城)으로 가서 무역하였다. 그곳에 이르러 곧 한 집에 나아가서 머물기를 청하였다. 이때 그 주인인 장자는 명칭(名稱)이라고 이름하였는데 구답마를 보고 외쳤다.
"잘 오셨습니다."
기뻐하면서 앉게 하였고 인연으로 곧 서로가 알게 되었으며 함께 친밀하게 교류하였다. 이때 구답마는 옛날의 물건을 팔고 새로운 물건을 가지고 고향으로 돌아갔다. 뒤의 다른 때에 주인이었던 장자가 무역을 인연하여 바라니사에 이르렀고 마침내 구답마의 집에 의지하여 머물고자 하였다. 그가 보고 놀라고 기뻐하면서 외쳐 말하였다.
"잘 오셨습니다."
함께 문신하였고 오래 즐거웠다. 이때 득차성의 장자가 구답마에게 알려 말하였다.
"무슨 방편을 지어야 우리들이 죽은 뒤에도 자손들이 친애하여 서로 소격(疏隔)[3]하지 않겠는가?"
구답마가 말하였다.
"이 말이 옳습니다. 지금 함께 태중의 혼인을 정합시다. 우리 두 집안에서 만약 아들과 딸을 낳는다면 함께 혼인합시다."
그가 말하였다.

---

3) 서로의 사귐이 얽혀서 왕래가 막히는 것이다.

"그렇게 합시다. 나의 뜻도 같습니다."

이때 장자도 옛날의 물건을 팔고 새로운 물건을 가지고 고향으로 돌아갔다. 장자의 아내는 임신하여 달이 지나서 아들을 낳았고 삼칠일이 지나자 여러 친척들이 모여서 아이에게 유방(遊方)이라고 이름을 지어주었다. 이때 바라니사의 구답마는 그가 아들을 낳았다는 것을 듣고 매우 환희(歡悅)하면서 곧 이렇게 생각을 지었다.

'득차성의 장자가 나와 함께 사돈을 정하였고 지금 아들을 낳았으니 나는 마땅히 딸을 낳아야겠다. 그 아이는 내 딸의 남편이므로 몸을 장엄할 영락과 의복을 지어야겠구나.'

사자를 시켜 보냈고 아울러 서신을 보내서 말하였다.

"그대가 아들을 낳았다는 것을 들으니 마음에서 매우 기쁩니다. 지금 의복을 보내드리니 원하건대 받아주십시오."

득차성의 장자가 서신을 받고는 답신을 보냈다. 이때 구답마가 서신을 받아보니 마음으로 딸을 구하는 것을 표현하고 있었다. 오래지 않아서 갑자기 아내가 임신하였고 달이 지나서 딸을 낳았다. 비록 용모와 위의가 단정하였으나 보통 사람보다 수척하였으므로 여러 친척들이 모여서 함께 이름을 지으려고 하면서 모두가 의논하여 말하였다.

"이 딸아이는 몸이 수척하고 구답마의 딸이니 마땅히 수구답미(瘦瞿答彌)라고 이름합시다."

이때 그 장자는 그가 딸을 낳았다는 것을 듣고 이렇게 생각을 지었다.

'나의 벗이 딸을 낳았으니 어찌 가만히 있겠는가? 옷과 영락을 보내서 수용하여 기뻐하도록 해야겠다. 그 아이는 곧 나의 며느리인 것을 어찌 의심하겠는가?'

마침내 서신을 보내어 말하였다.

"그대가 딸을 낳았다는 것을 듣고 매우 기쁘고 마음이 설렜습니다. 곧 옷과 영락을 보내니 흔쾌하게 하례를 수용하고 바라건대 마땅히 받아서 증표가 헛되지 않기를 바랍니다."

그는 서신을 보고는 답신으로 말하였다.

"사돈을 맺기로 허락하였던 것을 지금도 모두 마침내 원하고 있습니다. 각자 성장하기를 기다려서 함께 혼인합시다."

구답마는 이 서신을 보낸 후 딸이 차츰 자라서 15세가 되었으므로 그녀에게 지식을 가르쳤다. 득차 장자도 역시 다시 아들을 가르쳐서 여러 기예를 알게 하였다. 장자는 이전의 때부터 사통한 음녀가 있었고 아이를 그녀에게 부탁하여 음서(陰書)를 가르치도록 하였다. 이것은 여인들이 남녀와 함께 교통하면서 사사롭고 은밀하게 속이는 어려운 일들을 아는 것을 논하는 것이었는데 많은 시간을 배우고서 알려 말하였다.

"아모(阿母)여. 나는 이미 배웠으므로 집으로 돌아가고자 합니다."

그 어머니가 알려 말하였다.

"그대는 잘 배워야 하므로 아직 집으로 돌아가지 말라."

대답하여 말하였다.

"아모여. 나는 이미 잘 배워서 기억하므로 집으로 반드시 돌아가겠습니다."

어머니가 곧 가만히 자광면(紫鑛綿)을 뭉치면서 알려 말하였다.

"그대가 만약 즐거이 머물지 않고 분명히 떠나겠다면 내가 내 머리를 때리고 깨트려서 피가 흐르게 하겠다."

대답하여 말하였다.

"아모여. 반드시 고통스런 모습으로 나를 머물게 하신다면 또한 떠나지 않겠습니다."

어머니가 말하였다.

"한심하고 궁벽한 물건아. 스스로가 음사서(陰私書)를 잘 배웠다고 말하면서 그대는 아직도 모르는가? 어찌 내가 다른 사람의 자식을 위하여 스스로가 머리를 때려 부수겠는가? 내가 젖은 자광면을 가지고 머리 위를 눌러서 붉은 액체가 흘러내린다면 사람들은 보고 피라고 말할 것이다. 그대는 진실로 지혜가 없으니 돌아간다고 말하지 말라."

어머니의 말을 듣고 마침내 잠시 머물러 있었다. 오래지 않은 사이에 다시 말하였다.

"아모여. 나는 집으로 돌아가고 싶습니다."
그 어머니가 말하였다.
"그대가 만약 떠난다면 나는 우물에 몸을 던져 죽겠다."
대답하여 말하였다.
"아모여. 반드시 이와 같다면 나는 집으로 돌아가지 않겠습니다."
어머니가 말하였다.
"우치한 물건아. 스스로가 음사서를 잘 이해한다면서 그대는 아직도 모르는가? 어찌 내가 다른 사람의 자식을 위하여 스스로가 우물에 빠져 죽겠는가? 내가 몰래 우물 속에 많은 풀을 넣어두고 몸을 던져서 내려간다면 사람들은 보고 죽었다고 말할 것이다. 그대는 진실로 지혜가 없으니 돌아간다고 말하지 말라."
다시 조금 시간이 지나니 또한 말하였다.
"아모여. 나는 집으로 돌아가고 싶습니다."
어머니가 말하였다.
"그대가 이미 은근하게 두·세 번을 떠난다고 말하였다. 만약 머물지 않겠다면 내가 유미(乳糜)를 짓겠으니 먹고서 곧 떠나라."
유미가 익어서 구리 소반에 가득 담고서 소밀(酥蜜)을 많이 넣고 아이를 마주하고 모두 먹었다. 모두 먹고서 오히려 다시 소반에 토하여 놓고 명하여 말하였다.
"그대는 먹어라."
대답하여 말하였다.
"아모여. 토한 음식을 어찌 다시 먹습니까?"
어머니가 곧 큰소리로 울었으므로 이웃집에서 듣고 모두 와서 함께 물었다.
"무슨 뜻으로 우는가?"
어머니가 곧 갖추어 알리니 이웃 사람들이 대답하여 말하였다.
"그대를 위하여 죽을 지었는데 무슨 인연으로 먹지 않는가?"
알려 말하였다.

"이것은 토한 것인데 어떻게 먹습니까?"

이때 어머니가 곧 가슴을 때리고 크게 울면서 여러 사람들에게 알려 말하였다.

"어찌 토한 음식을 가지고 사람에게 주겠는가?"

이웃 사람들이 모두 모여서 강제로 그에게 먹게 하였다. 그 아이는 핍박을 당하였고 마침내 먹으려고 하였다. 어머니가 곧 그 손을 잡고 손바닥으로 그의 얼굴을 때리면서 알려 말하였다.

"미련한 놈아. 스스로가 음사서를 잘 이해한다고 말하면서도 그대는 진실로 지혜가 없다. 어찌 토한 것을 눈으로 보고도 그것을 먹으려고 하는가?"

인연으로 곧 쫓아내고 함께 머물지 않았다. 이에 장자의 아들이 이미 쫓겨난 뒤에 마침내 고향으로 돌아와서 스스로 상주(商主)가 되었고 500의 상인들을 데리고 많은 재화(財貨)를 가지고 남쪽의 중국으로 갔다. 매번 모든 사람들에게 여색을 싫어하도록 말하였고 점차로 여행하여 바라니사에 이르렀다. 이때 여러 상인들은 갔다가 돌아오고 오고 떠나면서 모두가 음녀와 함께 교통하였으나 말을 잘 들었던 까닭으로 음녀의 집에 들어가지 않았다. 음녀들이 의논하여 말하였다.

"자매들이여. 마땅히 아시오. 북방의 상인들이 이전에는 많이 교류하며 머물렀으나 지금은 아울러 욕심을 떠나서 다시 서로를 보지도 않소."

한 여인이 알려 말하였다.

"내가 들으니 상주가 음서를 잘 이해하여 모든 여인들을 매우 싫어함과 천박함이 생겨났다고 하오. 이러한 까닭으로 여러 사람들이 모두가 왕래를 오히려 않는 것이오."

여러 사람들 가운데에서 한 늙은 음녀기 있었는데 모든 사람에게 물이 말하였다.

"그는 장부인가?"

"그는 장부이고 모든 근을 구족하였소."

알려 말하였다.

"만약 내 딸이 만약 능히 그를 유혹한다면 우리 여인들 가운데에서 대중의 상수로 세우게."

대답하여 말하였다.

"그와 같다면 제일로 세우겠습니다. 만약 못한다면 어떻게 하겠습니까?"

대답하여 말하였다.

"마땅히 그대들에게 500금전으로 보상하겠네."

여러 사람들이 말하였다

"좋습니다."

늙은 음녀는 곧바로 상주에게 나아가서 곁에 집을 임대하여 머물면서 많은 여러 화물을 저축하여 부족하지 않게 하였다. 상주의 집안사람이 그때 점포에 와서 소유할 것을 구하면서 찾으니 노모가 물어 말하였다.

"그대는 누구의 집에 귀속되었소?"

알려 말하였다.

"나는 상주에게 귀속되었습니다."

노모가 말하였다.

"우리 아이도 화물을 가지고 역시 다른 지방으로 가서 상주가 되었으니 어찌 이렇게 구하는 것이 다른 사람과 다르겠는가? 그대는 오늘부터 우리 집으로 와서 만약 소유할 것이 있다면 뜻에 따라서 취하게."

이미 이 말을 들었으므로 자주자주 와서 취하였다. 상주가 마침내 괴이하여 집안사람에게 물어 말하였다.

"그대는 어디서 이러한 이상한 물건을 얻었는가?"

집안사람이 알려 말하였다.

"여기서 멀지 않은 곳에 한 노모가 머무는 집이 있고 여러 화물을 많이 저축하였는데 스스로 말하였습니다. '우리 아이도 화물을 가지고 역시 다른 지방으로 가서 상주가 되었으니 어찌 이렇게 구하는 것이 다른 사람과 다르겠는가? 그대들도 필요하다면 와서 뜻에 따라서 취하게.' 나는 소유할 필요한 것이 있으면 곧 그곳에서 구합니다."

상주는 듣고 그 노모에게 마음에서 애념(愛念)이 생겨나서 집안사람에게 말하였다.

"그 노모가 이미 능히 이와 같이 물자를 공급한 일은 우리 어머니와 같은 것이네."

집안사람이 가서 그 노모에게 알려 말하였다.

"상주가 노모께 어머니와 다르지 않는 깊은 애념이 생겨났습니다."

노모가 말하였다.

"어느 때에 마땅히 아들의 얼굴을 볼 수 있겠는가?"

대답하여 말하였다.

"좋습니다. 내가 상주에게 알리겠습니다."

곧바로 돌아가서 알렸다. 상주는 듣고서 알려 말하였다.

"좋은 일이오."

마침내 곧 노모의 상점의 가운데로 나아갔다. 이미 서로가 보았고 기쁘게 웃으면서 영접하였다. 노모가 곧 물어 말하였다.

"그대의 이름은 무엇인가?"

대답하여 말하였다.

"내 이름은 유방입니다."

노모가 말하였다.

"나의 아들인 상주도 역시 이와 같은 이름일세. 그대는 곧 그의 몸과 차이가 없으니 나의 처소에 왕래하면서 다른 마음을 짓지 말게."

대답하여 말하였다.

"이와 같은 마음이므로 간별(簡別)4)은 없습니다."

어머니가 그 딸에게 명하였다.

"너는 나와서 오빠와 함께 서로를 보아라."

딸이 곧 나와서 함께 서로에게 문안하였다. 이때 상주가 다가오는 여인을 보니 모습과 얼굴이 단엄하여 세상에서 비교할 자가 없었다.

---

4) 정해진 범위나 한계나 제한을 뜻한다.

곧 애착이 생겨났는데 사나운 바람이 부는 것과 같아서 스스로가 어느 곳에 시선을 두어야 하는가를 알지 못하였으나 잠깐 사이에 정신을 차리고서 그녀의 어머니에게 물어 말하였다.

"어느 집안의 소녀입니까?"

알려 말하였다.

"사랑하는 아들아. 그대의 누이이네."

물어 말하였다.

"다른 사람에게 귀속되었습니까?"

대답하여 말하였다.

"아직 귀속되지 않았네."

알려 말하였다.

"아모여. 만약 그와 같다면 어찌 나에게 주지 않습니까?"

어머니가 말하였다.

"다른 사람에게 주지 않고 그대를 섬기도록 하고자 할지라도 한 가지의 허물이 나에게 의심을 품게 하는 것은 환희롭게 잠시 화합하다가 곧 버리고 떠나가려는 것일세."

대답하여 말하였다.

"아모여. 능히 서로에게 주신다면 반드시 버리지 않겠습니다."

어머니가 말하였다.

"만약 이와 같다면 소유한 재물을 가지고 내 집으로 들어온다면 비로소 그대의 마음과 말에 두 가지가 없다는 것을 믿겠네."

대답하여 말하였다.

"그렇게 하겠습니다."

마침내 재물을 가지고 그녀의 집으로 운반하였다. 집에는 뒷문이 있어서 들어오면 곧 가지고 나갔으며 물건이 모두 온 것을 알고서 알려 말하였다.

"마땅히 길일을 선택하여 함께 성친(成親)5)하세."

---

5) 친척을 이룬다는 뜻으로, 결혼을 다르게 부르는 말이다.

노모는 곧 마침내 모든 음녀들에게 알렸다.

"어느 날에 각자 스스로가 몸을 꾸미고 상묘한 옷을 입고 함께 우리 집에 이르러 모두가 즐겁게 모이세."

성친하는 날에 괴이하여 상주가 물어 말하였다.

"아모여. 무슨 인연으로 혼인식장에 남자는 없고 여인만 있습니까?"

노모가 거짓으로 말하였다.

"남자들은 아직 오지 않았네."

이때 한 여인이 있어 드디어 함께 상주에게 귓속말을 하였다.

"그대는 우리들이 모두 음녀인 것을 알지 못합니까?"

상주는 생각하면서 말하였다.

"내가 음녀의 농간에 속았구나."

그 여인과 교환(交歡)하고서 여러 날이 지나자 상주에게 알려 말하였다.

"나에게 금전을 주세요."

대답하여 말하였다.

"나의 재화가 모두 그대의 집으로 들어왔는데 다시 나에게 무슨 물건을 찾으며 달라고 하는가?"

여인은 곧 묵연하였다. 뒤의 때에 상주가 술을 인연하여 잠들었는데 마침내 거적으로 묶어서 네거리에 버렸다. 날이 밝아서 사람이 다닐 때에 곧바로 잠에서 깨어났고 이와 같은 몸을 보고 깊은 후회와 번민이 생겨나서 많은 눈물을 흘렸다. 굶주림으로 속이 타올라서 음식을 구하기 위하여 마침내 품팔이꾼의 곁으로 가서 몸을 돌볼 곳을 구하였다. 이때 구답마 장자는 다시 새로운 집을 지었고 많은 일꾼을 고용하였으므로 시장 가운데의 곳곳에서 구하였는데 장자의 아들도 불려왔다. 이때 구답마가 보니 그의 모습이 매우 연약하였으므로 사자에게 알려 말하였다.

"내가 이 사람을 보니 일찍이 지었던 사람이 아니네. 다시 다른 사람을 구하여 보게."

그가 이 말을 들을 때에 더욱 근심과 걱정이 가중되어 슬프게 눈물을 흘리면서 장자의 얼굴을 바라보았다. 장자가 곧 괴이하여 물어 말하였다.

"그대는 어느 집의 아들이고 어디에서 왔으며 이름은 무엇인가?"

그가 곧 흐느껴 울던 목소리로 애처롭게 대답하여 말하였다.

"아부(阿父)여. 마땅히 아십시오. 나는 북방의 득차읍의 사람이고 유방이라고 이름합니다. 내가 하늘의 인연으로 이곳에 와서 이르렀으나 나는 지금 어디로 나아가야 하는가를 모르겠고 지금 고난을 만나서 죽음과 삶을 기약하기 어렵게 되었습니다."

이때 구답마가 그의 슬픈 말을 보고 마음에서 애민한 생각이 생겨나서 물어 말하였다.

"그대는 득차성의 명칭이라는 장자를 아는가?"

대답하여 말하였다.

"아부여. 나는 박복한 사람이고 그 분은 저의 아버지이십니다."

이때 구답마가 아버지라고 말하는 것을 듣고 이 사람이 옛 친구의 아들인 것을 알고 다시 더욱 자애롭게 아름다운 말로 알려 말하였다.

"그대는 걱정할 것이 없고 슬퍼하지 말게. 마땅히 사위로 삼겠으니 이곳이 그대의 집이네."

이미 안위(安慰)를 받았으므로 마침내 근심과 슬픔이 멈추었다. 장자가 곧 의복과 몸의 장식품을 주었고 목욕을 시켰으며 향을 바르게 하였고 음식과 방사와 일상적으로 필요한 모든 것이 부족하지 않게 하였다. 다시 아내에게 알려 말하였다.

"그대는 딸을 위하여 영락과 장식할 물건들을 준비하시오. 사위가 이미 왔으니 마땅히 혼인을 시켜야겠소."

마침내 종친들을 마주하고서 유방에게 알려 말하였다.

"지금이 길진(吉辰)이니 함께 혼인하게."

유방이 대답하여 말하였다.

"아부여. 저는 성친을 못하겠습니다. 또한 재물을 구해야 합니다."

장자가 알려 말하였다.

"집안에 재물을 뜻에 따라서 사용하여도 이미 부족하지 않는데 다시 구하여 무엇에 수용하겠는가?"

그러나 유방의 본래의 뜻은 음녀의 집에 가서 개인적인 원수를 갚으려는 것이었다.

"아부여. 나는 성친하는 날은 널리 예의를 갖추어야 하는 것입니다. 어찌 평범한 사람들에게 유행하는 시집가고 장가드는 것을 마땅히 따르겠습니까?"

장자는 묵연하였다.

이때 유방이 성을 나와서 유관(遊觀)하다가 큰 강의 가운데에 시체가 떠내려가고 있는 것을 보았다. 언덕 위에 있던 까마귀가 그 살을 먹으려고 부리를 뻗었으나 미치지 않았으므로 멀리 강변을 바라보고 마침내 발톱으로서 젓가락을 잡고 그 부리를 문질렀다. 부리가 곧 길어졌으므로 떠나가서 그 죽은 고기를 먹을 수 있었다. 고기를 충분히 먹고서 다시 한 젓가락으로 부리를 문지르니 이전과 축소되어 이전과 다르지 않았다. 유방이 보고 그 젓가락을 취하여 돌아왔고 마침내 500금전을 가지고 음녀의 집으로 가서 알려 말하였다.

"현수여. 이전에는 금전이 없어 나를 묶어서 밖에 버렸으나 지금은 금전과 물건이 있으니 함께 즐기세."

여인은 금전이 있는 것을 보고 드디어 곧 함께 있었다. 이때 유방이 이 기회를 얻었으므로 곧 한 젓가락을 가지고 그녀의 코를 문질렀고 그녀의 코는 마침내 10심(尋)6)으로 늘어났다. 이때 집에서는 놀랐고 여러 의사들을 불러 그 치료를 구하였으나 결국 한 사람도 능히 이전에 의지할 수 없었으므로 모든 의사들이 버리고 떠나갔다. 여인은 의사가 떠나가는 것을 보고 다시 더욱 놀라서 유방에게 알려 말하였다.

"성자여. 자비로 원하건대 옛날의 허물을 잊으시고 서로의 빚을 생각하지 마시고 나를 치료해 주세요."

유방이 대답하여 말하였다.

"먼저 마땅히 맹세하시오. 내가 그대를 치료해 주겠소. 이전에 나에게

---

6) 길이의 단위로서 1심은 8척에 해당한다.

빼앗은 재물을 모두 돌려준다면 내가 마땅히 치료해 주겠소."
대답하여 말하였다.
"만약 낫게 해주신다면 다시 그 배로 돌려드리겠습니다. 여러 사람을 마주하고 분명히 말하였는데 감히 서로를 속이겠습니까?"
곧 한 젓가락을 취하여 그녀의 코를 문지르니 평소처럼 회복되어 이전과 같았다. 여인은 소유하였던 물건을 모두 꺼내어 유방에게 돌려주었다. 물건을 얻어서 집으로 돌아와서 널리 혼인 잔치를 위하여 종친들을 불러 모으고 성친으로 아내를 맞이하였다. 이때 구답마는 성 밖에 집이 있었으므로 사위에게 알려 말하였다.
"그대는 아내를 데리고 그곳에 나아가서 기거하게. 그곳에 있는 촌방을 모두 그대에게 주겠네."
그곳에 이른 그들은 안락하게 살았다. 얼마 지나지 않아서 아내는 임신하였고 낳을 때가 되자 그 남편에게 알려 말하였다.
"나는 집으로 돌아가서 지금 어머님의 보살핌을 받고자 합니다."
대답하여 말하였다.
"뜻을 따르시오."
이미 집에 이르렀고 곧바로 아들을 낳았다. 마침내 이 아들을 데리고 옛집으로 돌아갔는데 오래지 않아서 다시 임신하였고 아기를 낳을 날에 이르자 다시 거듭 이전과 같이 어머니의 처소로 돌아가는 것을 구하였다. 곧 한 아들을 데리고 남편과 함께 수레를 탔다. 마침내 도로의 중간에서 남편이 수레에서 내렸고 한 나무의 아래로 가서 몸을 세우고 잠을 잤는데 독사가 와서 깨물었고 이 인연으로 목숨을 마쳤으나, 아내는 수레 안에 있으면서 또 한 아들을 낳았다. 아들을 낳고 수레에서 내려 곧 나무 아래로 가서 남편에게 알려 말하였다.
"내가 이미 아기를 낳았어요. 당신은 기뻐하세요."
크게 불러도 대답이 없었으므로 뒤에 손으로 만져보고 비로소 목숨을 마친 것을 알았다. 부르면서 울고 가슴을 치면서 고통과 번민으로 근심하며 머물렀다. 이때 강도가 있어 그 소를 훔쳐서 떠나갔으므로 오직 빈 수레가 남아서 슬픔이 더욱 커졌다. 사방을 돌아보아도 다시 사람을 볼 수 없었으므로 두 아이를 안고 곧 본래의 집으로 돌아갔다. 가면서 도로의 가운데에서 큰 비와 바람을 만났는데 개울이 넓고 물이 넘쳐서 건너가기를 구하였으나 방법이 없었다. 곧 이렇게 생각을 지었다.

'만약 두 아이를 데리고 한꺼번에 건넌다면 나와 아이들도 함께 살아날 수 없다.'

마침내 큰 아들을 남겨두고 작은 아이를 안고 건너가서 언덕 위에 내려놓고, 돌아와 큰 아들을 데려오기 위하여 중류(中流)에 이르렀는데, 갑자기 야간이 나타나 마침내 작은 아들을 물었다. 아이가 우는 소리를 지었고 어머니가 멀리서 소리를 부르니 큰아들은 그의 어머니가 서로를 부르는 것이라고 생각하고서 물로 뛰어들었던 인연으로 곧 목숨이 끊어졌다. 어머니가 급히 언덕으로 올라가서 야간을 쫓아내고 아기를 찾아보았으나 이미 죽어 있었다. 마침내 곧 울면서 아기를 물에 던지고 다시 큰 아이를 보았는데 물을 따라서 떠내려가고 있었다. 오히려 살아있다고 생각하고 곧 물에 들어가서 건져내어 그를 보았으나 죽은 것을 알았다.

통절(痛切)하게 슬프게 울면서 빠르게 언덕으로 올라왔으나 남편도 아이도 모두 떠나보냈으므로 혼자 광야를 다니면서 배회하였다. 오직 옷 하나를 걸치고 통곡하면서 떠나갔고 가슴을 치면서 오뇌(懊惱)하였으나 능히 스스로가 진정할 수가 없었으므로 다니는 때와 앉은 때에 땅에 나뒹굴었다. 이러한 까닭으로 필추들이여. 선세의 과보가 익은 때에는 필수적으로 몸으로 받는 것이고 도피할 수가 없다는 것을 마땅히 알라. 마땅히 이때에 친정에 있던 부모와 모든 친속들은 모두 함께 벽력(霹靂)7)을 만나서 모두가 목숨을 마쳤고 오직 한 여노비가 살아남아서 슬프게 울면서 빠르게 달려오는 것을 여인이 보고 여노비에게 물었다.

"너는 어디를 급하게 가는가?"

그녀는 곧 땅에 쓰러져 슬프게 울면서 말하였다.

---

7) 벼락을 가리키는 말이다.

"집안 식구들이 벼락을 만나서 모두 죽었고 오직 이 한 몸만이 남았습니다."

여인이 듣고 울부짖으며 스스로가 감당하지 못하고 가타를 설하여 말하였다.

내가 이전의 세상 가운데에서
일찍이 무슨 악업을 지었기에
남편과 아이 및 부모와
권속이 한꺼번에 죽었는가?

나는 박복한 사람이므로
홀로 곳을 따라서 떠나가며
친족이 모두 죽었는데
무슨 얼굴로 삶을 구하겠는가?

오히려 산과 수풀에 있으나
광야에는 사람의 처소가 없으니
밤낮으로 근심이 늘어나는
집에서는 머무르지 않겠네.

이러한 게송을 말하고 곧 여노비와 헤어져서 홀로 동쪽으로 갔다. 서쪽으로 갔으며 마음대로 다니다가 한 취락에 이르렀다. 우연히 어느 집에 이르니 그 노모가 겁패(劫貝)의 실을 감고 있었다. 잠시 의지하여 머물렀는데 노모가 마침내 돕는 것을 허락하였으므로 곧 노모의 곁에서 함께 그 실을 감았다. 한 젊은 직사(織師)가 있었는데 어느 때에 노모의 처소에 와서 겁패의 실을 사갔다. 노모가 다른 때에 곧 가는 실을 가지고 그 청년의 처소에 갔는데 그가 물었다.

"아모여. 옛날에는 실이 거칠었는데 지금은 어찌 가늘고 묘합니까?"

노모가 말하였다.
"이것은 내가 지은 것이 아닐세."
물었다.
"이것은 누가 한 것입니까?"
대답하였다.
"손님이 있는데 그녀가 능히 묘하게 짓는다네."
알려 말하였다.
"아모여. 나는 혼자의 몸이고 다시 도와줄 손이 없는데 어찌 나에게 주시지 않습니까? 내가 옷과 음식으로 돕고 제공하겠습니다."
대답하여 말하였다.
"내가 돌아가서 그녀에게 물어보고 뜻을 알아서 와서 알려주겠네."
곧 비싼 값으로 실을 샀고 좋은 음식을 베풀었으며 향과 꽃으로 장식하여서 노모를 돌아가게 하였다. 수구답미가 보고 물어 말하였다.
"아모여. 어느 곳에서 실을 팔아 금전을 얻었고 향과 꽃으로 몸을 장식하셨습니까?"
대답하여 말하였다.
"소녀여. 비싼 값으로 팔았을 뿐 아니라 몸에 꽃을 장식하였고 다시 나아가 좋은 음식을 배부르게 먹고 환희하며 돌아왔네."
여인이 말하였다.
"내가 괴이하고 평소와 달라서 이렇게 당신에게 묻습니다."
곧 여인의 앞에서 직사를 좋게 말하고서 다시 말하였다.
"소녀여. 그 직사는 아내가 없으니 그대가 함께 생활한다면 옷과 음식을 서로에게 제공할 수 있을 것이네."
대답하여 말하였다.
"아모여. 그런 말을 하지 마세요. 나는 가정생활에 깊은 염증(厭患)이 생겼습니다. 따라서 마땅히 나머지를 구하지 않고 살겠습니다."
노모가 말하였다.
"여인이란 의지가 없다면 이치적으로 살아가기 어려운 법이네. 마땅한 처소를 찾아서 스스로의 몸을 편안히 하게."

마침내 여러 가지의 인연을 말하여서 그녀에게 개가(改嫁)하게 하였으므로 여인은 곧 마음이 변하여서 그가 구하는 것을 따랐다. 직사가 알고서 예로서 맞이하여 떠나갔다. 그러나 직사는 성품이 표독해 비록 허물이 없어도 항상 매질하였으므로 그 여인이 곧 노모에게 가서 알려 말하였다.

"무슨 뜻으로 나를 데려다가 악차에게 주어서 항상 고초를 받게 하였습니까? 무슨 짓을 한 것인지 아십니까?"

알려 말하였다,

"소녀여. 그대는 걱정하지 말게. 만약 아들이나 딸이 있게 되면 서로가 사랑하게 될 것이고 가산(家産)과 자재(資財)도 모두 그대에게 귀속될 것이네."

여인은 오래지 않아서 곧바로 임신하였다. 그 남편이 알고서 초독(楚毒)을 가하지 않았으므로 아내는 교만한 뜻이 생겨났고 평소의 태도와 달랐다. 직사는 이것을 알고 한을 품고 있었다. 뒤에 여러 직사들이 함께 모였고 술에 취하여 집에 돌아와서 문을 두드리며 아내를 불렀다. 그때 아내는 해산하는 때였으므로 문을 닫고 앉아 있었고 비록 부르는 소리를 들었으나 나가서 볼 까닭이 없었다. 직사는 품성이 악하였고 더욱이 술까지 취하였으며 원한이 자리잡고 있었으므로 다시 분노가 증가하였다. 아내는 아들을 낳고 비로소 문을 열어주면서 남편에게 알려 말하였다.

"내가 아이를 낳았으니 당신께서는 마땅히 기뻐하세요."

남편이 이 말을 들었으나 품은 독기가 마음에 있었으므로 곧 이렇게 생각을 지었다.

'임신하였을 때에 이미 나에게 교만하였는데 지금 아들을 낳았으니 다시 마음이 크게 높아졌을 것이다. 만약 죽이지 않는다면 반드시 원수가 될 것이다.'

곧 아내에게 알려 말하였다.

"그대는 빨리 솥에 기름을 부어라."

기름이 끓는 것을 보고 그 아내에게 알려 말하였다.

"그대는 아이를 저 솥 안에 던져라."
아내가 말하였다.
"이 아이는 당신의 아기이고 새롭게 태어나서 아는 것도 없습니다. 무슨 과실이 있어 죽이고자 합니까? 이것은 옳지 않습니다."
곧 굵은 몽둥이로 그녀의 등을 때렸고 세상에서 아끼는 것이 자기의 몸을 넘어서는 것이 없으며 능히 고통을 견디지 못하였으므로 드디어 아이를 들어서 기름 솥에 넣었다. 남편은 익은 것을 보고 알려 말하였다.
"그대는 지금 이 고기를 먹어라."
대답하여 말하였다.
"내가 어찌 자식의 고기를 먹겠어요?"
남편이 마침내 평소보다 두 배의 고초로 핍박하였으므로 고통을 견디지 못하고 드디어 그 고기를 먹었다. 마땅히 세존께서 말씀하셨다.

염욕은 작은 허물이고
어리석음은 역시 능히 없앨 수 있으나
진치(瞋癡)는 큰 재앙이므로
지혜로운 자는 마땅히 빨리 버릴지니라.

이때 직사는 마침내 회한이 생겨나서 앉거나 누워도 불타는 마음과 같이 불안하였다. 극심한 우뇌를 품고서 번민하고 원망하면서 잠이 들었다. 아내는 이렇게 생각을 지었다.
'그 사람은 자식을 죽여서 나에게 고기를 먹였다. 사람 중에서도 약차이므로 마땅히 도망가야 한다.'
곧 길에서 먹을 식량을 가지고 성 밖으로 도망갔다. 이때 북방의 상인이 있어 본국으로 돌아가려고 하였으므로 곧 그와 반려가 되어서 때를 따라서 생활하였다. 그들의 대상주는 여인의 얼굴과 위의가 단정함을 보고 곧 사랑하는 마음이 생겨나서 물어 말하였다.
"소녀여. 그대는 누구에게 귀속되었으며 어디로 가고자 하는가?"

알려 말하였다.

"나는 이전에 남편이 있었으나 독사에게 물려서 죽었고 아들 한 명을 낳았는데 야간에게 살해되었고 다른 한 아들은 두 살인데 물에 빠져서 죽었으며 부모와 친척들은 모두 벼락을 맞아 죽어버려 나는 의지할 곳이 없어져 곳을 따라서 돌아다녔으며 또한 상인들을 의지하여 생활하고 있습니다."

상주가 생각하면서 말하였다.

"이 여인은 얼굴과 위의가 뛰어나서 달리 얻기 어렵다."

곧바로 받아들여 자기의 아내로 삼았다. 그러나 갑자기 길에서 광포한 도둑들이 상영(商營)을 부수고서 재물을 가져갔으며 남편을 죽였다. 도둑의 두목은 여인의 얼굴과 위의를 보고 사랑하였고 옷과 음식을 제공하면서 드디어 아내로 맞이하였다. 뒤에 북방의 국왕이 그 도둑의 두목을 죽이고 마침내 이 여인을 데려다가 대부인을 삼았는데 오래지 않은 때에 왕이 곧 죽었다. 이때 신하들이 그 국법에 의거하여 사람을 순사(殉死)하였기에 왕과 함께 그 비후(妃后)도 왕릉 속에 넣고서 장례를 치렀다. 이후 도둑들에게 왕릉이 약탈되어 능에 구멍이 뚫렸는데 수구답미가 그 묘안에 있으면서 먼지가 콧속으로 들어갔으므로 곧바로 재채기를 하였다. 도둑들이 이 소리를 듣고 모두 놀라고 두려워서 "송장인 귀신이 일어났다."고 말하면서 사방으로 도망쳤다. 이때 수구답미는 능이 열려서 밝은 것을 보고 그 구멍을 따라서 밖으로 나왔고 사방을 돌아보니 망연(忙然)하였다. 우뇌하면서 여러 단서를 구하였으나 살아갈 길은 없었고 기갈이 더해져서 안으로 몸과 마음을 핍박당하였으며 인연으로 곧 전광(癲狂)[8]하여 앞뒤를 기억하지 못하였다. 몸에 두루 진흙이 덮이었고 손발은 갈라졌으며 알몸을 드러내고서 떠나갔다. 괴로워하면서 느리게 걸어 드디어 만리를 걸어와 실라벌성에 이르렀다.

세존께서 설하신 것과 같이 중생의 업보는 불가사의한 것이다. 이전에

---

8) 정신의 이상으로 실없이 잘 웃는 병을 가리킨다.

지은 업을 모두 스스로가 받고 이러한 악연이 끝나면 선과가 비로소 생겨나는 것이다. 다음으로 앞으로 걸어서 서다림의 처소에 이르렀다. 이때 세존께서는 대중에게 둘러싸여 묘법을 설하고 계셨는데, 그녀가 멀리서 세존을 보니 32상과 80종호로 몸이 두루 장엄되어 세간에서 비교될 수 없었고 원명(圓明)하며 밝은 빛이 천개의 햇빛을 초월하셨고 보산왕(寶山王)과 같아서 보는 자는 근심을 잊었다. 그녀는 지극히 우러러보면서 마침내 본심을 얻었고 자신의 형용을 보고 깊은 수치심이 생겨나서 곧바로 땅에 주저앉고서 감히 걷지 못하였다.

여래께서는 일체시에 모르는 것이 없으시다. 항상 대비심을 일으키시어 일체의 유정을 요익하게 하시므로 구호의 가운데에서 최고 제일이시고, 최고 영웅으로 용맹하시며 두 말씀이 없으시다. 정혜에 의지하여 머무르셨고, 삼명을 나타내셨으며, 삼학을 잘 닦아서 삼업을 잘 조복하셨고, 사폭류를 건너서 사신족에 안주하셨으며, 장야에 사섭행을 닦으셨고, 오개를 없애셨으며, 오지를 멀리 벗어나 오도를 초월하셨고, 육근을 구족하셨으며, 육도가 원만하셨고, 칠재를 널리 베푸셨으며, 칠각화를 피우셨고, 세속의 팔법을 벗어나셨으며, 팔정도를 보이셨고, 영원히 구결을 끊으셨으며, 구정을 명철하게 익히셨고, 십력이 충만하여 시방에 명성이 들리므로 모든 자재의 가운데에서도 가장 수승하시다.

두려움이 없는 법을 얻어 마원을 항복받으셨고, 큰 우뢰소리로 사자후를 지으셨으며, 밤낮의 육시를 항상 불안으로서 세간을 관찰하시어 누가 증장되었고 누가 감소하였으며, 누가 고액을 만났고 누가 악취로 향하였으며, 누가 애욕의 수렁에 빠졌고 누가 교화를 감당할 수 있으며, 어떤 방편을 지어 구제하여서 벗어나게 하셨고, 성재가 없는 자는 성재를 얻게 하셨으며, 지혜의 아서나로 무명인 눈꺼풀을 깨트리셨고, 선근이 없는 자에게 선근을 심게 하셨으며, 선근이 있는 자에게는 다시 증장하게 하셨고, 인간과 천상의 길에서 안은하고 무애하게 하셨으며, 열반의 성으로 나아가게 하신다."

이와 같은 게송이 있다.

가령 대해의 조류(潮流)는
혹시 기한을 잃을지라도
세존께서 교화하시는 것과
제도에는 때를 넘기는 것은 없다네.

세존께서는 모든 중생에 대하여
자비를 버리지 아니하시고
그들의 고난을 구제하실 생각이
어미 소가 송아지를 따르는 것과 같다네.

이때 세존께서 아난타에게 알려 말씀하셨다.
"그대는 대중의 밖으로 나가서 상주의 아내인 수구답미에게 좋은 옷을 주어서 그 옷을 입히고 데리고 와서 법을 듣도록 하게."
이때 구수 아난타가 세존의 가르침을 받들고 곧 그녀에게 나아갔다. 헌옷을 버렸고 다시 데리고 가서 세존의 처소에 이르렀으며 두 발에 예경하고 한쪽에 물러나서 앉았다. 여래이신 대사께서는 그녀의 근성을 관찰하시고 근기에 따라서 설법하시어 사제의 이치를 그녀가 이해하고 깨닫게 하셨으므로 지혜의 금강저로써 20종류의 신견(身見)의 산을 부수고 예류과를 얻었다. 이미 과를 얻고서 곧 자리에서 일어나 합장하고 세존을 향하여 미증유를 찬탄하고서 아뢰어 말하였다.
"세존이시여. 오직 원하옵나니 자비로 제가 세속을 버리고 세존의 법과 율에 출가하여 필추니성을 이루고 범행을 닦게 하십시오."
세존께서 아시고는 대세주에게 인도하여 부촉하셨다. 그녀를 이미 얻고 곧 출가시켰고 아울러 근원을 주었으며 비나야를 교독(敎讀)시켰고 여법하게 교회(敎誨)하였다. 그녀는 곧 일심으로 근책하여 게으름이 없어 오취의 윤전(輪轉)이 멈추지 않는 것을 관찰하여 알았고, 제행이 무상이고 결국에는 마멸되어 돌아간다는 것을 관찰하여 알았으며, 삼계의 의혹을 끊었고 오취의 윤회를 깨트리고 아라한과를 증득하였다. 삼명과 육통과 팔해탈을 갖추었고 여실지를 증득하여 아생(我生)을 이미 마쳤고 범행이 섰으며, 지을 일은 이미 끝냈고, 후유를 받지 않아서 마음에 장애가 없음이 손으로 허공에 휘젓는 것과 같아서 칼로 베거나 향을 발라도 사랑과 미움도 일어나지 않았으며, 금을 보아도 흙이나 다르지 않아서 모든 명예와 이욕을 버리지 않는 것이 없었으므로 제석과 범천 등의 여러 천인들이 모두 공경하였다. 이때 세존께서 여러 필추들에게 알리셨다.

"나의 제자인 필추니 가운데에서 수구답미가 지율(持律)이 제일이니라."

이때 여러 필추니가 세존께서 수기하신 것을 들었다. 여러 필추니들이 있어 수구답미에게 나아가서 그녀의 설법을 들었다. 이때 수구답미는 여러 필추니들에게 염리가 생겨나게 하려는 까닭으로 곧바로 자기의 본래의 인연을 설하였다. 여러 필추니들이 듣고 곧 필추에게 가서 널리 그 일을 말하였다. 뒤의 다른 때에 수구답미가 와서 세존의 발에 예경하니 여러 필추들이 보고 모두가 서로 그녀의 업연을 말하였다. 이때 수구답미는 세존의 발에 예경하고 하직하고서 떠나갔다. 이때 세존께서 아시면서도 일부러 아난타에게 물어 말씀하셨다.

"여러 필추들이 모두가 서로에게 귓속말로 무슨 일을 말하였는가?"

이때 아난타가 인연으로 세존께 아뢰니 세존께서 아난타에게 알리셨다.

"중생의 업보는 생각하여 의논하기 어려우니라. 일체 세간이 마음으로 지어지는 까닭이나 모두가 업을 인연하여 생겨나고 업을 의지하여 머무르며 일반적으로 자기가 지은 업은 마땅히 그 보(報)로 받느니라."

그때 필추들이 함께 모두가 의심이 있어 세존께 청하여 말하였다.

"대덕이신 세존이시여. 이 수구답미는 이전에 무슨 업을 지어 남편은 뱀에게 물려서 죽었고 한 아들은 야간에게 죽었으며 한 아들은 물에 빠져서 죽었고 부모와 친지들은 함께 벼락을 만났으며 스스로가 자식의 살을 먹었고 마음이 어지럽고 전광하여 점차 유행하여 와서 세존의 처소까지 나아갔으며 선한 법과 율의 가운데에 출가하여 근원을 받았고 여러 번뇌를 끊고 아라한과를 증득하였으며 세존께 수기를 받아 필추니 대중 가운데에서 지율 제일이 되었습니까?"

세존께서 말씀하셨다.

"그대들 필추들이여. 마땅히 알지니라. 이 필추니는 이전에 지은 업을 까닭으로 과보가 익는 때에 모두 반드시 스스로 받은 것이고 밖의 사대 등은 아니니라. 나아가 게송을 설하셨으며, [자세한 설명은 다른 곳에서와 같다.] 그대들 필추들이여. 마땅히 일심으로 들을지니라. 지나간 옛날의 때에 한 취락에 어느 장자가 살았는데 부유하여 재산이 많았으나 아내를 얻고 오래 지났으나 자식이 없어서 마음에 근심을 품고 있었다.

'내가 많은 재산이 있으나 후사(繼嗣)가 없으니 내가 죽은 뒤에는 모두 관청에서 거두어 가겠구나.'

아내가 물었다.

"무엇을 근심하세요."

남편이 일로써 대답하니 아내는 이렇게 생각을 지었다.

'나는 지금 알 수가 없구나. 남편의 업이 박(薄)한 까닭인가? 내가 복이 없는 것인가? 자식을 낳지 못하므로 어찌 남편이 나에게 마음에서 다른 생각이 생겨나서 다시 다른 아내를 구하려는 것이 아니겠는가? 직접 나를 앞에 마주하고 내 앞에서 턱을 괴고서 근심하는 말을 많이 하는구나. 내가 마땅히 스스로가 행하여서 다른 사람이 수고스럽게 않게 해야겠다.'

그 남편에게 알려 말하였다.

"나에게 악업이 있어서 아들과 딸을 품지 못하므로 다시 아내를 구하여 아들과 딸을 마땅히 낳도록 하세요."

알려 말하였다.

"현수여. 그대는 어찌 듣지 못하였소? 집에 두 아내가 있으면 냉수에 미숫가루도 타서 마실 수 없다고 하오. 그 집안에서 항상 싸움하여서 모두가 서로를 괴롭게 하므로 쉴 수가 없을 것이오."

아내가 뜻으로 교태를 지으면서 알려 말하였다.

"성자여, 마땅히 데려오세요. 그녀가 만약 나이와 얼굴이 동생과 같다면 내가 곧 그를 동생과 같이 돌볼 것이고 딸과 같다면 딸과 같이 여기고 양육하겠어요."

남편은 이 말을 듣고 마침내 다시 아내를 구하였다. 다른 취락에 한 장자가 있었는데 아내가 한 딸을 낳고 다시 두 아들을 두었는데 딸이 장대하자 부모가 모두 죽었다. 그 남편이 마침내 왔고 여인의 두 아우의 처소에 이르러 누이를 아내로 구하였고 그들이 보고 곧 주었으므로 크게 예의를 지어 함께 서로가 혼인(婚媾)하였다. 사람들은 새로운 것을 얻으면 묵은 것은 잊는 법이다. 본처를 생각하지 않으니 옛날에 본처의 뱃속에 나쁜 병이 있어서 아들과 딸을 낳지 못하였으나, 본처는 남편이 버린 것을 알고 몹시 질투가 생겨났고 인연으로 병이 나아서 곧 임신하였다. 남편에게 알려 말하였다.

"내가 지금 임신하였으니 당신은 마땅히 기뻐하세요."

남편이 말하였다.

"현수여. 그대가 만약 아들을 낳는다면 내가 죽은 뒤에 후사가 되어 우리 집의 주인이 되게 하겠소."

아내가 말하였다.

"진실로 그 말과 같이 하셔야 해요. 후처가 나에게 약을 먹여 낙태를 시키지 않는다면 반드시 따라야 합니다."

남편이 말하였다.

"현수여. 내가 먼저 그대에게 말하였소. '한 집에 두 아내가 있으면 반드시 서로가 괴로울 것이오.' 그대는 지금 일도 없는데 벌써 이러한 말을 하시오."

아내는 곧 묵연하였다. 달이 지나서 아들을 낳았고, 아내는 생각하고 말하였다.

'이 아이가 다행히 하늘의 인연을 입고 태어났으나 반드시 그 후처의 손해를 당할 것이다. 내가 지금 그녀에게 맡겨서 아기를 기르게 해야겠다.'

이렇게 생각을 짓고서 후처에게 말하였다.

"소매여. 이 아기를 그대에게 맡기겠으니 함께 양육하고 같이 자식을 삼아서 마음에서 차별이 없게 하세."

그녀가 말하였다.

"좋은 일입니다."

드디어 함께 은혜롭게 길렀으나 오래지 않은 때에 마침내 후처가 나쁜 마음이 생겨나서 이와 같은 생각을 지었다.

'이 아이는 나의 자식이 아닌데 어찌 나의 집을 잇겠는가? 만약 장성하는 날에는 어미는 부인이 되고 자식은 조주(曹主)9)가 되어서 나를 노비로 충당할 것이다. 이것이 틀림없는데 어찌 수용하여 원수를 기르겠는가? 마땅히 일찍 죽여야겠다.'

이미 악념이 생겨났고 짚에 그 불을 더하면 그 불꽃이 점차 치성하는 것과 같이 독을 품은 악심도 역시 이와 같았다. 드디어 대꼬챙이로 아이의 목구멍의 안을 찌르니 아이가 극심한 고통에 시달려서 크게 울었다. 뒤에 어머니가 물어 말하였다.

"무슨 뜻으로 아기가 슬프게 우는가?"

대답하여 말하였다.

"모르겠습니다."

어머니가 곧 안고서 애처롭게 어루만지면서 달랬으나 아이는 고초를 품고 울음이 더욱 커졌다. 곧바로 젖꼭지를 그의 입에 물리다가 비로소 대꼬챙이를 보고 놀라서 황망히 뽑아내었으나 그 아이는 이것을 인연하여 곧 목숨을 마쳤다. 어머니가 고통과 큰 비통함을 품고 가슴을 치면서 울부짖으니 친척과 이웃들이 와서 모였고 그 까닭을 물었고 대답하여 말하였다.

"우리 아기를 후모(後母)가 질투하여 대꼬챙이로 목구멍을 찔러서 죽였습니다."

친척과 이웃들이 듣고 모두가 놀라서 모였고 물어 말하였다.

"무슨 뜻으로 울면서 눈물을 흘리는 것인가?"

일을 갖추어서 대답하였고 멀고 가까운 이웃들도 모두가 모여서 함께 후처를 꾸짖으며 알려 말하였다.

---

9) 집안의 바깥주인을 다르게 부르는 말이다.

"어린 아이에게 허물이 없는데 무슨 인연으로 고통스럽게 죽였는가?"
그녀는 듣고 가슴을 치면서 맹세하였다.
"내가 만약 질투심으로 이 아이를 죽였다면 마땅히 남편은 독사에게 죽을 것이고, 한 자식은 야간에게 죽을 것이며, 다른 한 자식은 물에 빠져서 죽을 것이고, 부모와 친지들은 모두가 벼락을 만날 것이며, 나는 자식의 살을 먹고 전광하여 알몸으로 돌아다녀도 알지 못할 것입니다."
그대들 필추들의 뜻은 어떠한가? 그 장자의 후처가 어찌 다른 사람이겠는가? 이 수구답미 필추니이니라. 그녀가 지나간 옛날에 극심한 독해심으로 다른 사람의 아이를 죽였고 거듭하여 말로 맹세하였으므로 이 업을 까닭으로 남편은 독사에게 죽은 것이고, 한 자식은 야간에게 죽은 것이며, 다른 한 자식은 물에 빠져서 죽은 것이고, 부모와 친지들은 모두가 벼락을 만난 것이며, 스스로는 자식의 살을 먹고 전광하여 알몸으로 돌아다녀도 알지 못한 것이니라.
다시 여러 필추들이여. 지나간 가섭파불 때에 이 수구답미가 그 세존의 법에 출가하여 필추니가 되었고 나아가 목숨을 마칠 때까지 범행을 닦았으나 증득하여 얻은 것이 없었느니라. 의지사였던 한 필추니는 오파타야였는데 그 세존의 법 가운데에서 지율이 제일이었다. 그 불·세존께서 역시 수기를 주셨으므로 수구답미가 임종에 발원하였느니라.
"제가 가섭파여래의 무상등각인 교법의 가운데에서 몸과 목숨이 끝나도록 범행을 닦았으므로 소유한 선근으로 가섭파불께서 마납파에게 마땅히 오는 세상에서 사람이 백세일 때에 정각을 이루시고 석가모니라고 명호하실 것입니다. 나는 원하건대 그 여래의 법의 가운데에 출가하여서 여러 번뇌를 끊고 아라한과를 증득하게 하십시오. 가섭파불께서 우리들의 오파타야에게 모든 필추니 가운데에서 지율 제일이라고 수기하신 것과 같이 나도 역시 이와 같이 세존께 지율이 제일이라고 수기를 받게 하십시오."
이때 여러 필추들이 다시 세존께 아뢰어 말하였다.
"대덕이시여. 그의 부모는 이전에 무슨 업을 지어 함께 벼락을 맞았고 남편은 무슨 죄를 지어 독사에게 물렸으며 두 아들은 무슨 허물로 한 명은 야간에게 죽었고 한 명은 물에 빠져서 죽었습니까?"

세존께서 알리셨다.

"필추들이여. 각자 스스로가 지은 업이 모두가 성숙되었으며, [자세한 설명은 앞에서와 같다.] 그대들 필추들이여. 마땅히 일심으로 들을지니라. 이 현겁의 가운데에서 사람의 수명이 2만세일 때에 가섭파여래·응·정등각께서 십호를 구족하시고 세상에 출현하시어 바라니사의 신선이 떨어진 곳인 시록림에 머무셨느니라. 이때 이 성안에 한 장자가 있었는데 크게 부유하여 재산이 많았고 그 성에서 멀지 않은 강가의 그 언덕에 한 주처를 지었으므로 여러 지방에서 승가가 왔고 함께 이곳에 머물렀느니라. 장자는 재물을 마을 사람에게 맡겨서 그에게 장사를 시켰다. 이때 한 사람이 있어 세 번이나 재물을 가져갔으나 모두 산실(散失)하였으므로 장자가 불러서 물었다.

"그대가 지혜가 없어서 세 번이나 재물을 가져갔으나 모두 산실하였으니 만약 그것을 나에게 돌려주지 않는다면 그대를 놓아 보내줄 수 없네."

대답하여 말하였다.

"장자여. 한번만 더 용서하시고 재물을 주신다면 그를 가지고 장사하겠습니다. 만약 모두 돌려주지 못한다면 우리 부부와 두 아들은 모두 노비가 되겠습니다." 마침내 분명하게 계약하고 장자가 재물을 주었으나 다시 산실하였다. 장자가 곧바로 그 부부와 아들을 거두어 사찰의 정인으로 충당하였고 성에 살게 하였다. 매일 강을 건너서 사찰에 가서 공급하였는데 남편은 항상 밥을 지었고 아내와 두 아들은 여러 반찬을 준비하였다. 이때 나한필추가 있어 지승검교(知僧撿挍)였으나 이때에 하늘의 비를 만나 강물이 넘쳤으므로 부부와 아들이 모두 오지 못하였다. 이때 아라한은 그들이 오지 않는 것을 괴이하게 생각하고 곧 가서 알려 말하였다.

"날에 때가 이르렀는데 무슨 까닭으로 오지 않는가? 승가 대중들을 모두 굶길 것인가?"

이 말을 듣고 부모가 진에가 생겨났고, 부모와 친지와 지식들이 저주하며 말하였다.

"그 사람들은 일도 없는데 모두가 서로를 고통스럽게 하는가? 무슨 까닭으로 벼락을 만나서 죽지도 않는가?"

남편이 이렇게 말하였다.

"이곳으로 오는 길에 어찌 독사에게 물려서 죽지 않았는가?"

한 아들이 다시 말하였다.

"어찌 물에 빠져서 죽지 않았는가?"

한 아들이 다시 말하였다.

"어찌 야간에게 물려 죽지도 않았는가?"

그대들 필추들이여. 다르게 생각하지 말라. 지나간 때에 정인이었던 자가 어찌 다른 사람이겠는가? 곧 부부이니라. 그 부모 등은 곧 벼락에 죽은 자들이고 그때의 남편이었던 자가 곧 독사에게 물려 죽은 자이며 그때의 두 아들은 곧 물에 빠져서 죽었고 나아가 야간에게 죽은 자이니라. 이들이 모두 과거에 나한의 처소에서 독해심으로서 추악한 말을 하였던 까닭으로 모두 이러한 과보를 받은 것이니라.

그대들 필추들이여. 이러한 인연을 까닭으로 나는 항상 흑업에는 흑보를 받고 백업에는 백보를 받으며 잡업에는 잡보를 얻는 것을 선설(宣說)하나니 그대들은 마땅히 부지런히 백업을 닦고 흑업과 잡업을 떠날지니라."

이때 여러 필추들이 세존께서 설하시는 것을 듣고 모두 크게 환희하면서 믿고 받아서 봉행하였으며 세존의 발에 정례하였고 하직하고서 떠나갔다.

연기의 처소는 앞에서와 같다.

어느 때 우치한 악생(惡生)에게 석가족 남자들이 무고(無辜)하게 함께 주륙(誅戮)을 당하여 석가족 여인들은 어버이·형제·자매 및 남편을 모두 잃고서 각자 근심과 괴로움을 품고 있다가 세존께서 설하시는 선한 법과 율의 가운데에 와서 출가를 구하였다. 출가를 얻었으므로 비유하면 방울의 메아리와 같아서 근심스런 생각이 점차로 제거되었으나 뒤에 애욕에 얽힌 번뇌가 도리어 치성하여 능히 금지할 수가 없었다.

세존께서는 "큰 흑독사(黑毒蛇)에는 다섯의 과실이 있느니라. 무엇이 다섯인가? 첫째는 성냄이 많은 것이고, 둘째는 원한을 맺는 것이며, 셋째는 원수가 되고, 넷째는 은혜를 모르며, 다섯째는 악독한 것이다. 여인도 역시 이와 같아서 성냄과 한이 많고 원수가 되며 은혜가 없고 악독한 것이다."고 마땅히 말씀하셨다. 여인의 독은 한 부류가 있는데 염욕심이 많은 것을 말한다. 이때 여러 석가족 필추니들이 함께 모여서 의논하고 토라난타 필추니의 처소로 갔으며 이르러 정례하고 한쪽에 앉아서 알려 말하였다.

"성자여. 욕심과 번뇌는 진실로 금제하기 어렵습니다. 항상 여인은 번민하는데 어떻게 능히 멈출 수 있겠습니까?"

알려 말하였다.

"자매여. 다시 어떻게 하겠는가? 그대들은 젊으니 학처를 버리고 마땅히 젊은 상인이면서 재물이 많은 남자를 찾아 함께 교통을 지으라. 번뇌와 욕심이 자연히 멈추고 그칠 것이다. 내가 만약 젊다면 그대들과 함께 떠나겠다."

여러 필추니들이 듣고 발에 예배하고 돌아갔다. 마침내 다시 함께 의논하였다.

"여러 자매들이여. 성자 토라난타가 이렇게 말을 지었는데 우리들이 어떻게 하여야 안은하겠는가?"

혹은 누가 말하였다.

"토라난타의 말이 매우 옳으니 우리들은 마땅히 가서 그러한 일을 구하고 찾읍시다."

혹은 누가 말하였다.

"여러 자매들이여. 여인으로 세존의 선설하는 법의 가운데에서 출가하는 것을 만나는 것은 매우 어렵습니다. 마땅히 성자인 수구답미에게 가서 물읍시다."

함께 말하였다.

"옳습니다."

곧 모두가 그녀에게 나아가서 발에 정례하고 알려 말하였다.

"성자여. 욕심과 번뇌는 진실로 금제하기 어렵습니다. 항상 여인을 괴롭히는데 우리들은 무슨 방편으로 능히 멈출 수 있겠습니까?"

알려 말하였다.

"여러 자매들이여. 염욕의 이름을 말하지 마시오. 왜 그러한가? 그 맛은 매우 적으나 잘못과 근심은 매우 많기 때문이오. 세존께서는 '여러 지혜가 있는 사람은 음욕의 처소에서 다섯의 과실이 있는 것을 아셨던 까닭으로 마땅히 하지 못하게 하셨소. 무엇이 다섯인가? 첫째는 음욕을 관찰하면 재미가 적고 허물은 많아서 항상 여러 괴로움이 있는 것이고, 둘째는 음욕을 행할 때에 항상 얽히어 묶이는 것이며, 셋째는 음욕을 행하는 사람은 영원히 싫어하거나 만족함이 없는 것이고, 넷째는 음욕을 행하는 사람은 악을 짓지 않음이 없는 것이며, 다섯째는 모든 애욕의 경계에는 모든 불·세존과 성문들과 아울러 바른 소견을 얻은 수승한 사람들이 무량문(無量門)으로써 음욕의 과실을 말씀하시는 것이고, 이러한 까닭으로 지혜로운 자는 마땅히 음욕을 익히지 않는 것이오.

또한 다시 지혜로운 사람으로 출가하는 자는 다섯의 수승한 이익이 있음을 알 것이오. 무엇이 다섯인가? 첫째는 출가의 공덕은 나 스스로에게 이익이므로 다른 사람과 함께 하는 것이 아니나니 이러한 까닭으로 지혜로운 자는 마땅히 출가를 구하는 것이고, 둘째는 스스로가 비천한 사람으로 다른 사람에게 노역(驅使)을 당하여도 출가한 뒤에는 사람들의 공양과 예배와 찬탄을 받나니 이러한 까닭으로 지혜로운 자는 마땅히 출가를 구하는 것이며, 셋째는 이곳에서 목숨을 마치면 마땅히 천상에 태어나서 삼악도를 떠나나니 이러한 까닭으로 지혜로운 자는 마땅히 출가를 구하는 것이고, 넷째는 세속을 버리는 까닭으로 생사를 벗어나서 마땅히 안온하고 무상한 열반을 얻나니 이러한 까닭으로 지혜로운 자는 마땅히 출가를 구하는 것이며, 다섯째는 항상 모든 부처님과 성문들과 여러 수승한 상인(上人)들이 찬탄하는 것이 되나니 이러한 까닭으로 지혜로운 자는 마땅히 출가를 구하는 것이다.'고 마땅히 말씀하셨습니다.

그대들은 마땅히 이러한 이익을 관찰하고 은중(慇重)한 마음으로서 모든 세속의 그물을 버리고 큰 공덕을 구하시오. 그대들 자매는 내가 전생에 음욕을 익힐 때에 소유하였던 과실과 근심이 금생(今生)에 훈습된 음욕의 고뇌를 마땅히 듣고자 하는가?"

모든 필추니들이 대답하여 말하였다.

"전생은 그만두고 금생에 대하여 말씀하여 주십시오."

이때 수구답미가 곧 스스로가 일생을 살면서 부모를 잃었고 남편과 자식이 죽었으며 아울러 자식의 살을 먹었고 살아서 무덤 속에 들어갔으며 전광되었고 미혹한 것을 차례로 말하였다. 모든 필추니들이 듣고 모두 근심하고 두려워하였고 몸의 털구멍이 놀라서 곤두섰다. 곧 용심(用心)으로 들으면서 수구답미의 얼굴을 바라보았다. 이때 수구답미는 그녀들의 근성을 관찰하여 근기를 따라서 설법하여 사성제에서 그녀들이 깨닫게 하였다. 그녀들은 법을 듣고 예류과를 얻었으며, [자세한 설명은 앞에서와 같다.] 이미 과(果)를 얻고서 수구답미에게 알렸다.

"어찌하면 장차 나를 잃었을 것입니다. 토라난타의 음욕의 수렁에 빠져서 영원히 생사에 가라앉았을 것입니다."

수구답미가 물어 말하였다.

"그녀는 무슨 일을 지으라고 하였는가?"

곧 앞의 일을 갖추어 말하니 알려 말하였다.

"자매여. 음욕이 무엇인가를 알면서도 그녀는 악행으로 불법을 손괴하려 하였소."

욕심이 적은 모든 필추니들은 함께 싫어하고 부끄러워하였다.

"어떻게 필추니로서 다른 사람에게 학처를 버리고 재가인과 함께 교통하라고 하는가?"

이때 필추니가 여러 필추들에게 알렸고 필추는 인연으로 세존께 아뢰었다. 세존께서 말씀하셨다.

"필추니는 마땅히 다른 사람을 가르쳐서 학처를 버리고 세속으로 돌아가도록 권유하지 말라. 만약 권유하는 자는 솔토라저야죄를 얻느니라."

연기의 처소는 앞에서와 같다.

어느 때 한 필추니가 있어 필추를 꾸짖으니 필추가 부끄러워서 곧바로 묵연하였다. 이때 여러 필추가 인연으로써 세존께 아뢰니 세존께서 말씀하셨다.

"필추니는 마땅히 필추를 꾸짖지 말라. 만약 범하는 자는 월법죄를 얻느니라. 필추니가 필추를 꾸짖지 못하는 이와 같이 역시 다시 필추니 및 정학녀(正學女)·구적남(求寂男)·구적녀(求寂女)도 꾸짖을 수 없느니라. 이와 같이 아래의 세 대중들도 각자 저두(低頭)하고 다섯 대중을 꾸짖지 말라. 꾸짖는 자는 모두 월법죄를 얻느니라."

근본설일체유부비나야잡사 제31권

삼장법사 의정 한역
석보운 번역

제6문 제7자섭송 ①

제6문 제7자섭송으로 말하겠노라.

필추니는 앞에서 다니지 않을 것과
필추를 보면 일어나서 예배할 것과
승가에게 알린 것과 반가부좌를 하는 것과
재가로 돌아가는 것과 힐책할 수 없는 것이 있다.

연기의 처소는 앞에서와 같다.
 어느 때 구수 대가섭파는 녹자모(鹿子母)의 동쪽 숲속의 주처에 있었다. 소식시에 옷을 입고 발우를 지니고 성에 들어가서 걸식하였는데 토라난타 필추니도 역시 다시 걸식하다가 멀리서 대가섭파를 보고 곧 이렇게 생각을 지었다.
 '내가 지금 마땅히 이 어리석은 사람을 다스려야겠다.'
 만약 가섭파가 차례로 집에 이르면 토라난타가 곧 먼저 집에 들어가서 문선(門扇) 뒤에 서있다가 가섭파가 오면 알려 말하였다.
 "성자여. 마땅히 지나가세요. 집에 음식이 익지 않았습니다."
 존자는 곧 떠나갔다. 이와 같이 말하고서 도리어 다른 집에 이르러 가섭파가 오면 이전과 같이 알려 말하였다. 이와 같이 전전하여 나아가 여러 집에서 모두 이러한 말을 들었으므로 마음에서 괴이함이 생겨났다. 만약 아라한이라도 미리 관찰하지 않는다면 일을 알지 못하는 것이다. 곧바로 정(定)에 들어서 누가 나를 괴롭히는가를 관찰하여 토라난타 필추니인 것을 보았고 알려 말하였다.

"자매여. 그대에게는 허물이 없소. 그러나 이것은 구수 아난타가 이러한 과실을 지은 것이오. 억지로 세존께 청하여 이와 같은 악행의 여인의 부류를 출가시켜 근원을 받게 하였소."

여러 필추들이 듣고 인연으로 세존께 아뢰니 세존께서는 이렇게 생각을 지으셨다.

'필추니에게는 허물이 많은 까닭으로 필추가 걸식하는 곳에서 필추니가 마땅히 앞에 다녀서는 아니된다.'

이렇게 생각을 지으시고 여러 필추들에게 알리셨다.

"가섭파는 그 일을 잘 말하였느니라. 이러한 까닭으로 나는 지금 모든 필추니에게 필추가 걸식하면 필추니가 앞에 다니지 못하도록 제정하겠노라."

모든 필추니들이 곧 감히 다니지 못하였고 이 인연으로 걸식을 구하여 얻기가 어려웠다. 필추가 인연으로 세존께 아뢰니 세존께서 말씀하셨다.

"필추가 걸식하는 곳에서는 필추니는 피하여서 마땅히 다닐지니라."

연기의 처소는 앞에서와 같다.

어느 때 토라난타 필추니가 무량한 백천의 대중 가운데에서 설법하고 있었다. 이때 구수 대가섭파가 인연으로 지나가다가 그곳에 이르렀고 대중이 보고 모두 일어났으나 토라난타가 단정히 앉아서 움직이지 않았다. 모든 사람들이 토라난타에게 알려 말하였다.

"성자여. 대가섭파는 인간과 천상이 공경하므로 우리들은 멀리서 보아도 함께 모두가 놀라서 일어나는데 성자는 단절하고 자리에서 움직이지 않으니 지극히 좋지 않습니다."

대답하여 말하였다.

"그는 원래 외도의 삿된 무리로서 매우 어리석고 매우 둔하였으나 와서 출가하였소. 나는 석가족의 여인으로 세존을 따라서 출가하였고 삼장을 널리 통달하였으며 설법을 매우 잘하며 진리에 계합하고 문답에 막힘이 없는데 어찌 그를 보고 자리에서 일어나는 것이 합당하겠는가?"

이때 대중들이 듣고 모두 비난하고 싫어하였다. 필추가 인연으로 세존께 아뢰니 세존께서 말씀하셨다.

"신심이 있는 장자와 바라문 등이 잘 비난하고 싫어하였느니라. 지금 이후부터는 필추니가 멀리서 필추를 본다면 마땅히 자리에서 일어날지니라. 만약 범하는 자는 월법죄를 얻느니라."

세존께서 말씀하신 것과 같이 만약 필추를 보면 자리에서 일어나야 하였다. 뒤의 다른 때에 연화색 필추니가 사찰의 문 앞에서 여러 대중을 위하여 법요를 연설하였다. 이때 구수 아난타가 걸식을 인연하여 다니다가 필추니의 주처에 이르니 연화색 필추니가 멀리서 그가 오는 것을 보고 급하게 자리에서 일어났다. 아난타가 와서 곧 그 자리에 앉으면서 물어 말하였다.

"자매여. 그대는 대중을 위하여 무슨 교법을 설하였습니까?"

알려 말하였다.

"어느 경을 설하였습니다."

이때 구수 아난타가 곧 대중을 위하여 널리 그 뜻을 설명하니 연화색 필추니는 일심으로 서서 그의 설법을 들었다. 아난타는 설법을 욕심내어 필추니에게 앉게 하지 않았으므로 오래 서있어 피로하였고 햇볕이 쪼여서 몸에 열이 나서 땅에 쓰러졌다. 이때 대중 가운데에 신심이 없는 자들이 모두 의논하여 말하였다.

"내가 듣기에는 연화색 필추니는 여러 염욕이 없다고 하였는데 지금 아난타의 아름다운 용모를 보고 마침내 다른 생각이 일어나서 욕화(欲火)로 마음을 태우다가 곧바로 땅에 쓰러졌구나."

여러 필추들이 듣고 인연으로 세존께 아뢰니 세존께서 말씀하셨다.

"그대들 필추들이여. 여러 장자와 바라문이 그 허물을 잘 말해주었느니라. 지금 이후로는 만약 필추니가 필추의 처소에 와서 법을 들을 때에는 마땅히 말하라. '자매여. 나아가서 자리에 앉으시오.' 필추가 만약 설법하면서 앉게 하는 것을 잊었다면 필추니는 마땅히 알려서 알게 하라. '자리를 따라서 앉겠습니다.'"

연기의 처소는 앞에서와 같다.

세존께서는 "그대들 필추들은 이러한 비유를 까닭으로 능히 그 뜻을 이해할 수 있으리라. 그대들은 마땅히 나의 간략한 가르침을 들을지니라. 해가 솟았다고 말하는 것은 여래가 세간에 출현한 것이 해가 솟아 큰 광명을 비추는 것과 같음을 비유하여 말하는 것이고, 많은 새가 모두 지저귄다는 것은 설법하는 사람이 뜻과 이치를 교량(挍量)¹⁾하는 것을 말하는 것이며, 농부가 경작한다는 것은 여러 다른 신심이 있는 단월(檀越)들이 나의 제자에게 복과 지혜의 밭을 경영함을 말한 것이고, 여러 도둑들이 모두 흩어진다는 것은 마군과 외도들이 모두 도망치는 것을 말하는 것이니라.

이와 같이 필추들이여. 여래이신 대사께서는 모든 성문 제자들에게 마땅히 지을 것은 가르쳐서 빨리 짓게 하였고 애민한 대비심으로써 이익을 성취하게 하고자 하였으며 마땅히 지을 일은 내가 이미 지어 마쳤노라. 그대들이 짓는 자는 스스로 수행하면서 마땅히 시끄러운 곳을 떠나 홀로 한가한 처소인 빈 숲속으로 가서 한 나무의 아래에 있거나, 혹은 빈 집안이나, 혹은 산의 언덕이나, 혹은 굴속에 의지하거나, 혹은 풀더미에 있거나, 혹은 노지(露地)이거나, 혹은 무덤의 틈새이거나, 혹은 시림(屍林) 등을 따라서 마땅히 와구로 몸을 지탱할 것이고, 이와 같은 곳에서 마땅히 마음을 바로잡고 부지런히 정려(靜慮)를 닦으며 방일하지 않고 뒤의 때에 마음에 회한이 생겨나지 않게 할지니라. 이것이 곧 나의 교계(敎誡)이니라."

---

1) 비교하여 헤아린다는 뜻이다.

라고 이와 같이 말씀하셨다.
 이때 여러 필추들이 세존의 말씀을 듣고 곧 산림·굴속·우거진 숲·맑은 늪·꽃과 과일이 무성한 곳으로 가서 일심으로 정려하였고 방일을 멀리 떠났다. 여러 필추니들도 역시 왕원(王園)의 가까이에 있는 어두운 숲속이나, 혹은 다른 곳에서 때를 따라서 공양과 몸의 와구를 수용하여 가부좌로 연좌하여 묵연히 사유하였으나 마침내 벌레가 와서 소변보는 곳으로 들어간 인연으로 고뇌가 생겨났다. 세존께서는 들으시고 모든 필추들에게 말씀하셨다.
 "모든 필추니는 마땅히 가부좌로 앉지 말고 마땅히 반가부좌로 적정(寂定)을 닦아라."
 이때 여러 필추니들이 가르침을 받들어 지었으나 오히려 작은 벌레가 있어 몸으로 들어가서 서로를 괴롭혔으므로 세존께서 말씀하셨다.
 "마땅히 오래되고 찢어진 옷이나 부드러운 나뭇잎으로 가리고서 비로소 반가부좌를 시작하고 적정을 닦아라."

 연기의 처소는 앞에서와 같다.
 구수 오파리가 세존께 아뢰어 말하였다.
 "대덕이시여. 만약 필추니가 학처를 버리고 재가로 돌아갔다가 다시 출가를 구한다면 출가와 근원을 얻을 수 있습니까?"
 세존께서 말씀하셨다.
 "오파리여. 한번 계율을 버렸다면 다시 출가할 수 없느니라."

 연기의 처소는 앞에서와 같다.
 구수 오파리가 세존께 아뢰어 말하였다.
 "대덕이시여. 이전에 필추니는 필추가 소유한 과실을 힐문할 수 없다고 제정하셨습니다. 이를테면, 계를 깨트리고, 정견(正見)을 깨트리며, 위의를 깨트리고, 정명(正命)을 깨트렸거나, 많은 다른 인연이 있어도 모든 필추니는 필추의 모든 과실을 청하여 물을 수 없습니까?"

세존께서 알리셨다.

"오파리여. 반드시 모든 필추니는 필추가 소유한 과실인 앞에서의 죄의 부류에서와 같이 어느 것도 힐책할 인연이 없느니라."

제6문 제8자섭송 ①

제6문 제8자섭송으로 말하겠노라.

장자와 잔식(殘食)과
잔촉(殘觸)2)을 서로 피하지 않는 것과
은설(隱屑)3)의 일을 묻지 않는 것과
근원의 자리를 마땅히 알라.

연기의 처소는 앞에서와 같다.

한 장자가 있었는데 크게 부유하여 재산이 많았다. 아내를 얻고서 오래되었으나 아들과 딸을 낳지 못하였다. 뒤의 때에 재물이 모두 없어졌으므로 그의 아내에게 알려 말하였다.

"나는 지금 늙어서 능히 재물을 구할 수 없으니 서다림으로 가서 출가하고자 하오."

아내가 말하였다.

"성자여. 당신이 만약 출가한다면 나는 어디에 의탁해야 합니까? 역시 가서 출가하겠습니다."

남편이 말하였다.

"현수여. 함께 떠납시다."

장자가 아내를 데리고 대세주 교답미의 처소에 가서 두 발에 정례하고 알려 말하였다.

---

2) 먹다가 남은 음식을 가리킨다.
3) 감추어진 개인적인 사생활을 가리킨다.

"성자여. 이 사람은 나의 아내인데 선설하는 법과 율의 가운데에서 즐거이 출가하고자 합니다. 원하건대 자비로 받아주십시오. 나도 지금 역시 서다림으로 가서 출가를 구하겠습니다."

대답하여 말하였다.

"옳습니다. 남자여. 부부가 능히 이러한 승묘한 마음을 일으켜 함께 출가하는 이것은 좋은 일입니다. 세존께서 말씀하신 것과 같이 출가하는 사람에겐 다섯 가지의 수승한 이익이 있고 공덕이 무변하여 성현이 찬탄하는 것입니다. [다섯 가지의 수승한 이익은 앞의 자세한 설명과 같다.] 그대는 지금 가십시오. 내가 출가시키겠습니다."

이때 대세주 교답미가 곧 삭발(落髮)시켜 주었다. 장자는 곧 서다림으로 가서 한 필추를 구하여 출가하였다. 이때 성안의 원근에 있는 모든 사람들이 모두 말하였다.

"장자는 복이 있어서 지금 출가하였고 많은 승묘(勝妙)한 사사공양을 얻는다."

뒤의 다른 때에 성에 들어가 걸식하였는데 아내였던 필추니도 역시 걸식하고자 왔다. 이때 세상이 기근(饑饉)이어서 걸식하기가 어려웠는데 우연히 그의 아내를 보고 물어 말하였다.

"인자(仁者)여. 잘 지내시오?"

아내가 말하였다.

"지금 세상이 기근이어서 걸식을 구하는 것이 어려워서 고생하며 지냅니다."

알려 말하였다.

"내가 지금 음식의 공양을 많이 얻었으니 만약 세존께서 허락하신다면 반을 덜어서 서로에게 주겠소."

이때 필추니는 본래의 처소로 돌아가서 여러 필추니 대중에게 그 일을 갖추어 말하였다. 필추니들이 듣고 필추에게 말하였고 필추는 세존께 아뢰었다. 세존께서 말씀하셨다.

"만약 모든 필추로서 이와 같은 필추니가 있고 이때 세상이 기근이어서 걸식을 구하기 어려운 필추니가 있다면 있는 음식을 서로에게 줄 것이고 의혹에 이르지 말라."

세존께서 "만약 모든 필추로서 이와 같은 필추니가 있고 이때에 세상에 기근이어서 걸식을 구하기 어려운 필추니가 있다면 있는 음식을 서로에게 줄 것이고 의혹에 이르지 말라."고 마땅히 말씀하셨다. 필추가 걸식하여 얻고서 곧바로 필추니에게 주었으므로 항상 와서 먹었다. 나아가 다른 날에 그 필추니가 다른 곳에서 음식을 얻었고 오지 않았으므로 필추는 생각을 지었다.

'필추니가 마땅히 다른 곳에서 음식을 얻었을 것이고 이것으로 오지 않는데 어찌 수고롭게 남겨두겠는가?'

이렇게 사유하고서 곧 나누어 놓지 않았는데 필추니가 다음 날에 마침내 와서 음식을 찾았으므로 알려 말하였다.

"인자여. 어제는 오지 않아서 나누어 놓지 않았소. 지금 비록 있으나 이미 먹다가 남은 나쁜 것인데 수용할 수 있겠소?"

필추니는 이 말을 듣고 발에 예배하고 돌아갔다. 필추니의 주처에 이르러 그 일을 갖추어 말하였고 필추니들은 필추에게 알렸다. 필추가 세존께 아뢰니 세존께서 말씀하셨다.

"지금 이후부터는 필추의 잔촉을 필추니가 먹을 수 있고 필추니의 잔촉을 필추가 먹을 수 있느니라."

연기의 처소는 앞에서와 같다.

어느 때 필추가 있어 승가 대중들 가운데에서 필추니에게 승가와는 다른 은설(隱屑)의 일을 물었으므로 필추니가 듣고 부끄러워서 고개를 숙이고 있었다. 이때 여러 필추들이 인연으로 세존께 아뢰니 세존께서 말씀하셨다.

"필추는 마땅히 필추니의 처소에서 은설의 일을 묻지 말라. 그러나 필추니는 스스로 필추니인 서로에게는 물을 수 있느니라. 필추가 만약 묻는다면 월법죄를 얻느니라."

필추가 또한 같은 계율의 은밀한 일을 물었으므로 그녀가 다시 부끄러워하였다. 세존께서 말씀하셨다.

"필추니에게 중개자를 두고 비로소 그 필추니에게 물어라. 그녀는 그 일을 그 중개자에게 알리고 중개하는 필추니가 듣고 비로소 필추에게 알려라. 마주하고 말하지 않게 하려는 것은 부끄러움을 적게 하려는 까닭이니라."

연기의 처소는 앞에서와 같다.
구수 사리자 등이 한 필추니에게 근원을 주고서 게송으로 알려 말하였다.

그대는 최승의 가르침에서
구족된 시라를 받았으니
지심으로 마땅히 받들어 지닐 것이니
장애가 없는 몸을 얻는 것은 어려우니라.

단정한 자는 출가할 수 있고
청정한 자는 원구를 받으며
실어자(實語者)의 말씀이
정각(正覺)인 것을 알지니라.

이렇게 말을 설하였다. 이때 필추니는 월경(月期)이 갑자기 흘러내렸으나 사리자가 알려 말하였다.

"자매여. 그대는 일어나서 떠나시오."

필추니가 부끄러워서 곧 즐거이 일어나지 않았다. 이때 사리자는 관찰하여 까닭을 알고 곧바로 일어나서 떠나갔다. 여러 필추니들이 말하였다.

"자매여. 비로소 근원을 받았는데 계단(壇場)에서 떠나지 않아서 어찌 아차리야를 괴롭히는가? 일어나라고 하셨는데 일어나지 않는가?"

대답하여 말하였다.

"자매여. 그분은 대인이시므로 나의 외설(猥屑)4)의 일을 보이겠는가? 당신들은 스스로가 알지 못하고 도리어 나를 꾸짖는가? 내가 무릎을 꿇고 앞에 앉았고 월경이 갑자기 흘러내렸는데 어떻게 일어나서 떠날 수 있겠는가?"

여러 필추니들이 듣고 필추에게 말하였고 필추는 세존께 아뢰었다. 세존께서 말씀하셨다.

"지금 이후부터는 여인에게 근원을 줄 때에 벽돌 위에 앉게 하지 말고 혹은 풀자리에 앉게 하거나, 혹은 다시 작은 요의 위에 앉게 할지니라. 여러 여인의 몸은 부드럽고 약한 까닭이니라."

제6문 제9자섭송 ①

제6문 제9자섭송으로 말하겠노라.

필추에게 남는 와구는
마땅히 필추니에게 주는 것과
필추니는 판자의 다리를 밟지 않을 것과
몸을 꾸미는 물건을 착용하지 않는 것이 있다.

연기의 처소는 앞에서와 같다.

어느 때 대세주 교답미가 500필추니와 함께 인간세상을 유행하였는데 날이 저물려고 하였으므로 서다림에 이르러 이렇게 생각을 지었다.

'시간이 지금 이미 지나서 날이 저물려고 하는데 성으로 들어갈 수가 없겠구나. 우리들은 마땅히 때를 따라서 기거하다가 날이 밝기를 기다려서 곧 성으로 들어가야겠다.'

곧 사찰의 땅바닥에서 잤으므로 소유한 의복이 먼지와 흙으로 더럽혀졌

---

4) 잡스럽고 추한 모습을 가리킨다.

다. 날이 밝았는데 다시 이렇게 생각을 지었다.

'만약 대사께 정례하지 않고 성에 이른다면 돌아가서 반드시 다시 와야 할 것이다.'

곧 세존의 처소에 나아가서 세존의 발에 정례하고 한쪽에 앉아 있었다. 세존께서 의복이 흙과 먼지로 더럽혀진 것을 보시고 아시면서도 일부러 교답미에게 물어 말씀하셨다.

"의복이 무슨 인연으로 흙과 먼지로 더럽혀졌습니까?"

곧 일을 갖추어 아뢰었다. 이때 세존께서는 구수 아난타에게 알려 말씀하셨다.

"필추들이 소유한 나머지의 와구를 필추니들에게 주지 않았는가?"

아뢰어 말하였다.

"주지 않았습니다."

세존께서 아난타에게 알리셨다.

"지금 이후부터는 필추들이 수용하는 와구의 남는 것을 마땅히 필추니에게 주고 의혹에 이르지 말라."

세존께서 말씀하신 것과 마땅히 필추니에게 와구를 주었다. 이때 필추들이 와구를 나눌 때에 모두 나쁜 것을 취하고 좋은 것을 남겨두고서 필추니들에게 주었으므로 세존께서 말씀하셨다.

"마땅히 좋은 것을 남겨서 필추니에게 주지 말고 마땅히 거친 것을 줄 것이며 때를 따라서 공급하며 부족한 일이 없게 하라. 반드시 음식도 마땅히 주라."

연기의 처소는 앞에서와 같다.

어느 때 구수 대가섭파가 소식시에 옷을 입고 발우를 지니고 성에 들어가서 걸식하였다. 이때 토라난타 필추니는 밖에서 와서 처소로 들어가고자 하면서 우연히 하천이 넘치는 곳에서 만났는데, 가섭파가 판자다리 위에 있는 것을 보고 토라난타가 이렇게 생각을 지었다.

'이 우둔한 물건을 지금 다스려야겠다.'

빠르게 다리 끝으로 가서 힘을 이용하여 판자를 밟았다. 이때 가섭파가 물로 떨어졌고 의복이 모두 젖었으며 발우는 물밑에 가라앉았고 석장(錫杖)은 떠내려갔다. 가섭파가 말하였다.

"자매여. 그대는 허물이 없네. 더욱이 이것은 억지로 세존께 청하여 이러한 악행의 부류와 같은 여인을 제도시키고 불법의 안에 출가시켜 필추니가 되게 하였던 구수 아난타가 지은 과실이네."

필추들이 듣고 인연으로써 세존께 아뢰니 세존께서 이렇게 생각을 지으셨다.

'필추니를 까닭으로 과실이 많이 생겨나는구나.'

알려 말씀하셨다.

"지금 이후부터는 필추니는 필추와 함께 같은 다리의 위를 다니지 말라. 만약 다닌다면 월법죄를 얻느니라."

세존께서 말씀하신 것과 같이 필추니는 필추와 함께 같은 다리로 다니지 못하였다. 이때 큰 다리가 있어 안온하고 넓어도 필추니가 감히 함께 다니지 못하였으므로 세존께서 말씀하셨다.

"이와 같이 넓고 큰 다리에는 함께 다녀도 허물이 없느니라."

연기의 처소는 앞에서와 같다.

이때 토라난타 필추니가 소식시에 옷을 입고 발우를 지니고 성에 들어가서 걸식하였다. 차례로 다니면서 승만부인(勝鬘夫人)의 처소에 이르니 부인이 보고 크게 말하였다.

"잘 오셨습니다."

곧 자리를 펴서 앉게 하였고 함께 이야기하였다. 이때 토라난타가 승만에게 물어 말하였다.

"자매여. 무슨 까닭으로 엉덩이는 큰데 허리는 가는 것입니까?"

대답하여 말하였다.

"성자여. 어찌 이것을 물으십니까? 나는 다만 물건으로 잡아 묶어서 왕의 뜻을 기쁘게 하는 것입니다."

필추니가 말하였다.
"나는 지금 한가하여 물었습니다."
대답하여 말하였다.
"성자여. 내가 물건으로 감싼 까닭으로 큰 것입니다."
필추니가 말하였다.
"이런 까닭으로 여러 사람들이 서로가 보고 사랑하는군요."
승만은 묵연하였다. 필추니가 주처에 이르러 역시 이렇게 옷을 입었으므로 다른 필추니들이 물어 말하였다.
"이것은 비법의 옷이므로 어찌 필추니가 저축하는 것이 합당하겠는가?"
필추들에게 알리고 필추가 세존께 아뢰었다. 세존께서 말씀하셨다.
"그것은 비법의 옷이므로 입는 자는 월법죄를 얻느니라."

연기의 처소는 앞에서와 같다.
이때 토라난타 필추니가 또한 승만부인의 유방이 둥글고 반듯한 것을 보고 이전과 같이 묻고 대답하였다. 부인이 말하였다.
"나는 유방을 덮는 옷을 입었습니다."
또한 부인이 유방의(乳房衣)를 입은 것을 보았고 허리를 묶는 옷을 입은 것을 보았다. 토라난타가 보았던 것을 모두 의지하여 물었고 앞에서와 같이 갖추어 대답하였다. 필추니가 곧 짓는 것을 배워서 이러한 옷을 착용하였다. 세존께서 말씀하셨다.
"모두 합당하지 않느니라. 착용하는 자는 월법죄를 얻느니라."

제6문 제10자섭송 ①

제6문 제10자섭송으로 말하겠노라.

물을 뿌려서 옷을 더럽히지 않을 것과

죽은 태아를 지니지 않을 것과
부정(不淨)을 삼키지 않을 것과
자기의 아들은 만지고 남의 아들은 만지지 않는 것이 있다.

연기의 처소는 앞에서와 같다.
이때 토라난타 필추니가 성에 들어가서 걸식하였다. 이때 대가섭파도 성에서 걸식하면서 개울가를 지나가는데 토라난타가 보고 곧 이렇게 생각을 지었다.
'이 우둔한 인물을 지금 다스려야겠다.'
드디어 큰 벽돌을 가지고 빠르게 곁에 이르러 멀리서 개울 안으로 벽돌을 던졌으므로 더럽고 냄새나는 물이 가섭파의 옷을 더럽혔다. 가섭파가 말하였다.
"그대는 허물이 없네. 그러나 이것은 아난타가 이러한 허물을 지은 것이네."
앞에서와 같이 갖추어 말하였다. 여러 필추들이 듣고 인연으로써 세존께 아뢰니 세존께서 말씀하셨다.
"필추니는 마땅히 더러운 물로서 필추의 의복을 더럽히지 말라. 만약 더럽히는 자는 월법죄를 얻느니라."

연기의 처소는 앞에서와 같다.
이때 한 장자가 있었는데 크게 부유하여 재산이 많았다. 아내를 얻고 오래지 않아서 많은 재화를 가지고 외부로 무역을 나갔다. 아내는 좋은 음식을 먹고 묘한 의상을 입으면서 욕심이 치성하였고 마침내 한 남자와 함께 사통을 지은 인연으로 곧 임신하였다. 이미 여러 달이 지나자 이렇게 생각을 지었다.
'내가 마땅히 낙태시켜야겠다. 만약 낙태하지 않는다면 남편이 도착하는 날에 반드시 나를 해칠 것이다.'
드디어 곧 낙태하고서 마음에 근심을 품고 있었다.

'내가 지금 낙태하였으나 태아를 어디에 놓아두어야 하는가?'
이때 토라난타 필추니가 걸식을 인연하여 그녀의 집에 들어가서 알려 말하였다.
"묘상(妙相)이여. 발우에 음식을 주시오."
대답하여 말하였다.
"성자여. 가십시오. 음식을 줄 사람이 없습니다. 나는 걱정이 있습니다."
알려 말하였다.
"묘상이여. 사람이 죽은 것이오?"
대답하여 말하였다.
"사람이 죽은 것은 아닙니다. 그러나 나는 낙태한 태아를 어느 곳에 버려야 하는가를 알지 못합니다."
알려 말하였다.
"묘상이여. 내가 만약 버려준다면 능히 항상 걸식하는 발우에 음식을 제공하겠소?"
대답하여 말하였다.
"내가 주겠습니다."
"나의 시자와 지사인의 몫도 역시 능히 주겠소?"
대답하여 말하였다.
"아울러 드리겠습니다."
곧 큰 발우에 그 죽은 태아를 담고서 빈집 속으로 향하여 던져서 버렸다. 이때 그 집안에는 먼저 여러 불량배 남자들이 모여 서있다가 이를 보고 물어 말하였다.
"대머리 석가의 계집이 무엇을 짓고자 하는가?"
대답하여 말하였다.
"다만 너희와 같은 무뢰하고 미친놈들이 다른 사람의 부녀와 사통하여 이러한 과실을 저지르고 나에게 태아를 버리게 한 것이다."
남자들이 듣고 사납게 욕하고서 떠나갔다. 이때 그 남자들이 길에서 여러 필추니들을 만났는데 알려 말하였다.

"죄과의 물건들아. 너희 토라난타 필추니가 현재 이와 같이 낙태한 것을 버리는 악업을 지었다."

여러 필추니들은 묵연하였다. 필추니가 필추에게 알렸고 필추는 세존께 아뢰니 세존께서 이렇게 생각을 지으셨다.

'필추니가 큰 발우를 지니므로 이와 같은 허물이 있는 것이다. 이러한 까닭으로 모든 필추니는 큰 발우를 지니지 않아야 한다.'

여러 필추들에게 알리셨다.

"토라난타는 사문의 행이 아닌 것을 지었다. 마땅히 알라. 모든 필추니는 마땅히 이러한 비법의 일을 짓지 말고 큰 발우를 지니지 말라. 만약 필추니가 큰 발우를 지니고 이와 같은 일을 짓는다면 월법죄를 얻느니라."

세존께서는 마땅히 필추니가 큰 발우를 지니지 않도록 제정하셨다. 여러 필추니들이 어느 크기의 발우를 지녀야 하는가를 알지 못하였으므로 세존께서 말씀하셨다.

"필추의 작은 발우가 필추니의 큰 발우이니라."

연기의 처소는 앞에서와 같다.

어느 때 급다(笈多) 필추니는 한 방울의 부정(不淨)을 가지고 입안에 넣었고 다시 한 방울을 가지고 하근(下根) 안에 넣어두었는데 중생의 업보는 생각하기 어려운 것이었으므로 마침내 곧바로 회임하였고 동자가 섭파(童子迦攝波)를 낳았다. 그때 급다 필추니는 아이가 곧 울어도 감히 손으로 만질 수 없었으므로 여러 친척들이 물어 말하였다.

"무슨 까닭으로 아이가 우는가?"

필추니가 듣고 묵연하였으므로 다른 필추니가 대답하여 말하였다.

"세존께서 계율로 남자를 접촉하는 것을 금제하신 까닭으로 감히 가까이 할 수 없어서 이것으로 우는 것입니다."

그들이 곧 대답하여 말하였다.

"세존께서는 크게 자비하신데 어찌 자기의 자식을 만지는 것을 허락하지 않으시겠습니까? 어머니가 만지지 않는다면 어찌 목숨을 보존하겠습니까?"
 필추니들이 듣고 옳다고 말하면서 필추에게 가서 알렸다. 필추가 세존께 아뢰니 세존께서 말씀하셨다.
 "자기의 아들은 마땅히 만지고 안아서 기를지라도 과실이 없느니라."

 연기의 처소는 앞에서와 같다.
 세존께서는 자기의 아들은 마땅히 만지고 안아서 기르라고 말씀하셨다. 여인들은 애정이 많은 것이다. 곧 이 아이를 안고서 이 어깨에서 저 어깨로 다투어 모두가 안아주었으므로 그 아이가 여위어 갔다. 여러 친척들이 보고 물었다.
 "무슨 뜻으로 이와 같은가?"
 그녀가 드디어 갖추어 말하니 함께 모두가 비난하고 싫어하였다. 인연으로써 세존께 아뢰니 세존께서 말씀하셨다.
 "모든 필추니는 마땅히 다른 사람의 어린아이를 만지지 말라. 만약 만진다면 월법죄를 얻느니라."

제7문 총자섭송

 제7문 총자섭송으로 말하겠노라.

 급다 필추니가 머물지 않을 것과
 승각기(僧脚岐)와 이형(二形)과
 길이 작은 것(道小)과 갈마(羯磨)의 때와
 술을 파는 것과 필추니의 근(根)이 바뀐 것과
 사찰 밖에서 참회하지 않는 것과
 제7섭송을 마땅히 아는 것이 있다.

제7문 제1자섭송 ①

제7문 제1자섭송으로 말하겠노라.

급다가 아들과 자는 일과
왕사성의 약차신(藥叉神)과
아이들 정수리에 옷을 묶는 것과
이름을 부르면서 제사를 지내는 것이 있다.

연기의 처소는 앞에서와 같다.
세존께서 말씀하신 것과 같이 필추니는 남자와 함께 한 방에서 잘 수 없었다. 이때 급다 필추니가 동자가섭파를 밖으로 내보내 잠자게 하였으므로 아이가 곧 울었다. 여러 친척들이 듣고 급다에게 물어 말하였다.
"동자가섭파가 밤에 어찌 우는가?"
급다 필추니는 묵연히 대답하지 않았으나 여러 필추니들이 알려 말하였다.
"세존께서 필추니에게 남자와 한 방에서 잠자지 못하게 하셨고 이것으로 밖으로 나가게 하였던 까닭으로 밤에 우는 것입니다."
여러 친척들이 말하였다.
"세존께서는 크게 자비하시고 만약 동자는 어린 아기이므로 어머니와 잠자지 못한다면 마땅히 걱정을 불러올 것입니다. 세존께 아뢰는 것이 옳습니다."
여러 필추니들이 필추에게 말하였고 필추가 세존께 아뢰었다. 세존께서 말씀하셨다.
"급다 필추니는 마땅히 승가에게 아들과 함께 방에서 잠자는 갈마를 애원할 것이고 마땅히 이와 같이 애원하라. 자리를 펴고 건치를 울려서 필추니 대중이 모였다면 급다는 합장하고 따라서 마땅히 상좌 앞에서 예배하고 혹은 풀의 자리나 벽돌의 위나 혹은 요 위에 앉아서 합장하고 머무르며 이와 같이 아뢰어라.

'대덕 필추니 승가는 들으십시오. 나 급다 필추니는 아들을 낳았고 아들과 함께 한 방에서 잠을 자고자 합니다. 지금 필추니 승가에게 아들과 함께 한 방에서 잠자는 갈마를 애원합니다. 바라건대 필추니 승가시여. 내가 아들과 같은 방에서 잠자는 갈마를 주십시오. 애민한 까닭입니다.'

이와 같이 세 번을 말한다.

다음은 급다 필추니를 들리지 않고 보이는 곳에 있게 하고 한 필추니에게 갈마를 지어 아뢰게 하면서 마땅히 이와 같이 짓게 하라.

'대덕 필추니 승가는 들으십시오. 이 급다 필추니는 스스로가 아들을 낳았습니다. 이 급다는 지금 승가에게 아들과 함께 한 방에서 잠자는 갈마를 애원하고 있습니다. 만약 승가께서 허락하실 때에 이르렀다면 필추니 승가는 마땅히 허락하십시오. 필추니 승가시여. 지금 급다에게 아들과 함께 방에서 잠자는 갈마를 주겠습니다. 이와 같이 아룁니다.'

다음은 갈마를 짓는다.

'대덕 필추니 승가는 들으십시오. 이 급다 필추니는 스스로가 아들을 낳았습니다. 이 급다는 지금 승가에게 아들과 함께 한 방에서 잠자는 갈마를 애원하고 있습니다. 만약 승가께서 급다가 아들을 데리고 같은 방에서 잠자는 갈마를 허락하신다면 묵연히 계시고 만약 허락하지 않으신다면 말씀하십시오. 필추니 승가시여. 이미 급다에게 아들과 함께 한 방에서 잠자는 갈마를 주는 것을 마쳤습니다. 필추니 승가께서 허락하신 것은 묵연한 까닭입니다. 나는 지금 이와 같이 지니겠습니다.'

만약 필추니가 승가에게 아들과 함께 한 방에서 잠자는 갈마를 받았다면 마땅히 아들을 데리고 같은 방에서 잘 것이고 의혹에 이르지 말라."

그 급다가 많은 필추니와 동반하여서 역시 함께 잠을 잤으므로 필추니가 필추에게 말하였다. 필추가 세존께 아뢰니 세존께서 말씀하셨다.

"아들이 있는 필추니는 마땅히 아들과 함께 잠잘 것이나 다른 사람은 옳지 않다. 다른 사람이 함께 자는 것은 월법죄를 얻느니라."

이때 급다가 아들이 장대하였으나 오히려 함께 잤으므로 필추니가 필추에게 말하였다. 필추가 세존께 아뢰니 세존께서 말씀하셨다.
"만약 아들이 장대하였다면 마땅히 함께 자지 말라."

세존께서는 왕사성의 죽림원에 머무르셨다.
이때 이 성안의 한 산기슭에 약차신이 기거하며 머물렀고 사다(娑多)라고 이름하였다. 사다는 항상 영승대왕·중궁의 비후(妃后)·왕의 신하인 재보(宰輔)5) 및 여러 사람을 그의 힘으로 옹호한 까닭으로 왕과 사람들이 모두 안락하였다. 그때 단비가 내려 곡식이 잘 자랐고 꽃·과일·샘물·연못이 여러 곳에 충만하여 항상 굶주림이 없어서 걸식을 구하여도 얻기가 쉬웠으므로 여러 사문과 바라문을 가난하고 외로운 자와 장사하는 부류들이 모두 마갈타국(摩竭陀國)으로 와서 모였다. 이때 이 약차는 역시 모두를 보호하였다. 사다는 마침내 자신의 부류인 종족 가운데에서 아내를 얻어 같이 머물렀다.
이때 북방의 건타라국(健陀羅國)에도 약차가 있었으며 반차라(半遮羅)라고 이름하였다. 항상 그곳에 머물면서 역시 항상 옹호하여 그 나라를 안온하고 풍족하고 하여 마갈타의 경계의 일과 차이가 없었다. 이때 그 약차도 역시 같은 부류의 아내를 얻어서 함께 기거하였다. 뒤의 다른 때에 여러 지방의 약차들이 함께 모여 회합하였는데 이 두 약차가 즐겁게 사랑하여 친우가 되었다. 헤어진 뒤에 각자 옛 처소로 돌아갔는데 사다약차가 마갈타의 상묘한 꽃과 과일을 구하여서 반차라에게 보냈고 반차라는 북방에서 생산되는 꽃과 과일을 사다에게 보냈다. 이와 같이 오랜 시간을 함께 좋은 뜻으로 지내면서 다시 모이는 회합을 인연으로 거듭하여 교환(交歡)을 얻었다. 이때 사다가 반차라에게 말하였다.
"무슨 방편을 지어야 우리들이 죽은 뒤에도 자손들이 함께 친애하고 서로가 멀어지지 않겠는가?"

---
5) 재상이나 정이품 이상의 벼슬을 가리킨다.

반차라가 말하였다.

"옳소. 내 뜻도 그러하오."

사다가 말하였다.

"지금 함께 뱃속의 사돈을 정합시다. 우리들의 두 집안에서 만약 아들과 딸을 낳는다면 함께 혼인을 맺읍시다."

반차라가 말하였다.

"그렇게 합시다."

이때 사다의 아내는 오래지 않아서 드디어 임신하여 달이 차서 딸을 낳았는데 용모가 단엄하여 보는 자들이 사랑하고 즐거워하였다. 그 딸이 태어날 때에 여러 약차들이 함께 모두 기뻐하였으므로 친척들이 환희(歡喜)라고 이름을 지어주었다. 이때 반차라는 그가 딸을 낳았다는 말을 듣고 마음으로 몹시 기뻐하며 곧 이렇게 생각을 지었다.

'사다약차는 나의 친구이고 지금 이미 딸을 낳았으니 내가 아들을 낳으면 그 아이는 곧 나의 사랑스러운 며느리이다. 몸을 장식할 영락의 의복을 지어주어야겠다.'

사자에게 보내면서 아울러 서신을 가지고 말하였다.

"그대가 딸을 낳았다는 것을 들으니 마음이 매우 기쁘오. 지금 의복을 보내니 원하건대 받아주시오."

이때 사다가 서신을 받고 답신을 보냈다. 그러나 반차라의 뜻은 오직 아들을 구하는 것이었다. 오래지 않아서 갑자기 아내가 드디어 임신하였고 달이 차서 아들을 낳았으며 함께 그 아이의 이름을 짓는데 이미 반차라의 아들이었으므로 마땅히 반지가(半支迦)라고 이름하였다. 이때 사다약차가 반차라가 아들을 낳았다는 것을 듣고 곧 이렇게 생각을 지었다.

'내 친구가 아들을 낳았는데 어찌 그냥 있겠는가? 옷과 영락을 보내어 기쁨을 표시해야겠다. 그는 곧 내 사위인데 어찌 의심하겠는가?'

마침내 곧 서신을 보내어 말하였다.

"그대가 아들을 낳았다는 것을 듣고 기쁨이 마음에 교차하오. 곧 의영(衣纓)을6) 보내어 축하하니 바라건대 마땅히 받고 바라는 뜻이 헛되지 않게 하여 주시오."

반차라가 서신을 보고는 답장으로 알려 말하였다.

"사돈을 맺기로 허락한 것을 지금 마침내 모두 이루었소. 각자 성장하기를 기다려서 함께 혼인합시다."

이때 사다약차의 아내가 다시 임신하였다. 그때 여러 산에서 큰 코끼리의 소리와 같은 소리를 냈는데 달이 차서 태어날 때에 산이 다시 울었다. 여러 친척들이 의논하여 말하였다.

"이 아이가 태에 의탁하던 날과 태어나던 날에 산이 모두 울었고 사다의 아들이니 마땅히 사다산(娑多山)이라고 이름합시다."

그 아들이 장성하였는데 아버지가 죽었으므로 마침내 스스로가 가장이 되었다. 이때 환희의 나이가 이미 장성하였으므로 그 아우에게 알려 말하였다.

"나는 지금 왕사성을 다니면서 현재 여러 사람들이 낳는 아들과 딸들을 모두 잡아먹고자 하네."

아우가 말하였다.

"대매(大妹)여. 일찍이 들었는데 우리 아버지께서 이곳의 성주와 모든 사람들을 항상 옹호하여 안락하고 여러 우뇌를 떠났다고 합니다. 나도 지금 마땅히 다시 수위(守衛)해야 합니다. 이곳은 곧 내가 지켜야 하는 경계이고 만약 다른 사람이 손해를 주더라도 내가 마땅히 막고 보호해야 하는데 대매는 지금 어찌 이런 악심이 생겨났는가? 마땅히 이러한 생각을 버려야 합니다."

그러나 약차녀는 전생의 몸으로 사악한 원을 일으켰고 훈습된 힘을 까닭으로 다시 그 아우에게 이전과 같은 일을 말하였다. 아우는 누나의 뜻이 일이 회개시키기 어려운 것을 알고서 이렇게 생각을 지었다.

'나의 힘으로 능히 그녀의 악한 생각을 막을 수 없다. 그러나 아버지가 살아계실 때에 다른 사람에게 시집보내는 것을 허락하셨으니 내가 지금

---

6) 의복과 갓끈이라는 뜻으로, 조정의 신하를 비유적으로 이르는 말이다.

마땅히 혼인의 일을 지어야겠다.'

곧바로 반차라 약차에게 서신을 보내어 말하였다.

"나의 누나인 환희의 나이가 이미 장성하였으니 혼인하는 것이 마땅합니다. 마땅히 빨리 오십시오."

그는 서신을 받고 곧 성대한 예를 갖추고 왕사성에 이르러 며느리를 얻고 고향으로 돌아갔다. 본래의 성에 이르러 여러 시일이 지나고 그 남편과 정과 뜻을 서로가 얻었으므로 이와 같이 말하였다.

"인자여. 마땅히 아십시오. 나의 뜻은 왕사성 안에서 현재 사람들이 낳는 아들과 딸들을 모두 잡아먹고자 합니다."

대답하여 말하였다.

"현수여. 그곳은 모두 그대의 가족들이 사는 곳이니 다른 곳에서 침해하더라도 오히려 막고자 해야 하는데 어찌 그대가 지금 곧 몹시 학대하고자 하는가? 다시는 이러한 악한 생각을 일으키거나 말하지 마시오."

그녀는 전생의 몸으로 사악한 원을 일으켰고 훈습한 힘을 까닭으로 참지 못하는 소리를 짓고 성냄을 품었으나 묵연하였다. 뒤의 다른 때에 곧 한 아들을 낳았고 이와 같이 차례로 곧 500명을 낳았다. 그 가장 어린 아들은 애아(愛兒)라고 이름하였다. 이때 500의 아들의 위세가 성립되었고 어미는 호강(豪强)의 비법을 행하고자 하였으므로 남편이 자주 타일렀으나 결국 그 말을 받아들이지 않았다. 남편은 그녀의 마음을 알고 묵연히 머물렀다. 이때 환희는 곧 왕사성을 돌아다니면서 현재 사람들이 낳은 아들과 딸을 차례대로 잡아먹었다. 이때 성안에서 아들과 딸을 잃은 사람들이 함께 모두 왕에게 아뢰었다.

"신 등의 아들과 딸이 모두 납치되어 갔습니다. 누가 이러한 큰 피해를 짓는가를 알지 못합니다. 고통의 속에서 극심하오니 어떻게 하여야 합니까? 원하건대 왕께서는 자비로 잘 살펴주십시오."

왕이 곧 여러 거리와 사방의 성문을 군사에게 지키고 잡도록 칙명하였다. 이때 여러 병사도 역시 잡혀갔고 날마다 사람은 줄어갔으나 가는 곳을 알지 못하였다. 부인이 임신하면 함께 역시 잡혀서 다른 곳으로 사라졌다.

이때 왕사성 안에는 큰 재변이 일어났고 여러 신하들이 거듭 대왕에게 알렸다.

"지금 이 나라 안에는 큰 재난이 생겨났습니다."

앞에서의 일을 갖추어 말하였다. 왕이 듣고 놀라고 괴이하여 곧 점술사를 불러 그 까닭을 물으니 대답하여 말하였다.

"이 재난과 횡액은 모두 약차가 지은 것입니다. 마땅히 빠르게 묘한 음식으로 제사를 지내십시오."

왕이 하명(下明)으로 칙명하고 북을 치면서 널리 여러 사람들에게 알려 말하였다.

"주인과 손님을 묻지 말고 나의 경계에 있는 자는 모두가 반드시 음식과 향과 꽃을 준비하고 거리와 성황(城隍)과 취락을 쓸고 물뿌리며 여러 가지의 고악(鼓樂)[7]·음성(音聲)·영탁(鈴鐸)[8]·번당(幡幢)[9]으로 엄숙하게 장식하시오."

이때 왕사성 사람들이 왕의 칙명을 받들어 각각 정성스런 마음으로 음식과 향과 꽃 등의 물건을 준비하여 거리를 환희원과 같이 엄숙히 장식하고 여러 곳에서 제사를 지냈다. 비록 수고롭게 준비하여 베풀었으나 재난과 횡액은 없어지지 않았고 고뇌와 공포 속에서 계책을 알지 못하였다. 이때 왕사성을 수호하는 천신이 여러 사람의 꿈속에서 알려 말하였다.

"그대들의 아들과 딸은 모두 환희약차가 잡아먹는 것이다. 그대들은 마땅히 세존의 처소에 가라. 소유한 재난의 고통을 세존께서 마땅히 조복하실 것이다."

여러 사람들이 신에게 알려 말하였다.

"그것이 우리의 아들과 딸을 잡아먹었다면 곧 나쁜 도둑의 약차인데 어찌 환희라고 이름하겠습니까?" 이것을 인연하여 여러 사람들이 모두

---

[7] 북을 울리며 연주하는 것을 말한다.
[8] 작은 종에 추(錘)를 매달은 기구로서 전각(殿閣)의 처마끝이나 탑의 지붕돌에 매달아 바람에 흔들려 맑은 소리가 나도록 하는 것이다.
[9] 세존과 보살의 위덕을 나타내고 도량을 공양하기 위해 사용하는 깃발을 가리킨다.

가리저약차녀(訶利底藥叉女)라고 불렀다. 왕사성의 사람들이 이 일을 듣고는 모두 세존의 처소에 가서 세존의 발에 예경하고 아뢰어 말하였다.

"세존이시여. 이 가리저약차녀가 왕사성에 기거하는 사람들에게 곧 장야에 요익하지 않는 것을 짓고 있습니다. 우리들은 그녀에게 이전부터 악한 생각이 없었으나 그녀가 우리에게 독해심을 품고 낳는 아들과 딸들을 모두 훔쳐가서 먹습니다. 오직 바라옵건대 세존이시여. 애민으로 우리들을 위하여 조복시켜 주십시오."

이때 세존께서는 묵연히 청을 받아들이셨다. 그들은 함께 세존께서 청을 받아들이신 것을 알고 두 발에 정례하고 하직하고 떠나갔다. 밝은 아침에 이르자 세존께서는 곧 옷을 입고 발우를 지니고 성에 들어가서 차례로 걸식하시고 본래의 처소에 이르시어 음식을 드시고 곧 가리저약차녀의 주처로 가셨다. 이때 약차녀는 나가고 없었고 작은 아들인 애아가 집에 남아있었다. 세존께서는 곧 발우로 그 위를 덮으셨다. 여래의 위력으로 형들은 아우를 보지 못하였으나 아우는 형들을 보았다. 이때 약차녀가 주처에 돌아왔으나 작은 아이가 보이지 않았으므로 크게 놀라서 여러 곳을 찾아보았고 나아가 모든 아들에게 애아가 어디에 있는가를 물으니 대답하여 말하였다.

"우리들은 함께 모두 보지 못하였습니다."

곧 스스로가 가슴을 치면서 슬프게 울었고 입술이 마르고 입안이 탔으며 정신이 혼미하고 어지러웠다. 마음에 고통을 품고 빠르게 왕성으로 나가서 두루 동네마다 헤매면서 도로·원림·연못·천묘·신당·객사·공방(空房)을 모두 찾았으나 보이지 않았다. 다시 더욱 통절(痛切)하여 곧바로 전광하였고 옷을 벗고서 큰 소리로 울부짖으며 외쳐 말하였다.

"애아야! 너는 지금 어디에 있느냐?"

마침내 성 밖으로 나가서 촌장(村莊)과 대취락의 가운데에서 두루 찾았으나 역시 찾지 못하였고 곧 사방으로 갔고 나아가 사해에까지 이르렀으나 역시 보지 못하였다. 머리카락은 흐트러졌고 벌거벗고서 땅에 굴렀으며 팔꿈치로 다녔고 무릎으로 걸었고 쪼그리고 앉았으며 이와 같이 점차로 섬부주에 이르러 칠대흑산(七大黑山)·칠대금산(七大金山)·칠대설산(七大雪山)·무열지(無熱池)·향취산(香醉山)까지 찾았으나 모두 찾지 못하였다. 마음에 고뇌를 품어서 기후(氣咽)가 막혔고 또한 동방의 비제하(毘提訶)·서방의 구야니(瞿陀尼)·북방의 구로주(俱盧洲)로 찾았으나 역시 보이지 않았다.

곧 등활(等活)·흑승(黑繩)·중합(衆合)·규환(叫喚)·대규환(大叫喚)·열(熱)·극열(極熱)·아비지(河鼻止)·알부타(頞部陀)·니자부타(尼刺部陀)·아타타(阿吒吒)·가가파(呵呵婆)·호호파(呵呵婆)·청련화(靑蓮花)·홍련화(紅蓮花)·대홍련화(大紅蓮花) 등 16대지옥으로 가보았으나 역시 보이지 않았다. 또한 묘고산으로 가서 먼저 하층에 오르고 다음에 2층·3층으로 올라 바로 다문천궁(多聞天宮)을 지나고 묘고산정(妙高山頂)에 올라가서 먼저 중거원(衆車園)에 들어가고 다음은 잡추(雜麤)·환희(歡喜)에 들어갔으나 역시 찾지 못하였다. 곧 원생수(圓生樹) 아래와 나아가 선법당(善法堂)에도 이르러 선견성(善見城)에 들어가서 제석의 최승전(最勝殿)의 안으로 들어가고자 하였다. 이때 금강대신(金剛大神)이 무량한 약차들과 함께 문을 지키고 있다가 그녀가 오는 것을 보고 곧 선견성 밖으로 쫓아냈다. 마음이 더욱 통절해져서 다문천의 처소에 이르러 큰 석상(石上)에 몸을 던져 땅에 쓰러지며 슬프게 울면서 알려 말하였다.

"대장군이시여. 우리의 작은 아들인 애아를 다른 사람이 훔쳐갔습니다. 어디에 있는가를 알 수 없으니 내가 보게 하여 주십시오."

다문천이 말하였다.

"자매여. 근심하면서 스스로가 전광을 짓지 말라. 그대는 지금 잠시 그대의 집 근처의 낮에 놀던 곳을 누가 와서 머무는가를 관찰하여 보아라."

대답하여 말하였다.

"대장군이시여. 사문 교답마가 그곳에 있습니다."

알려 말하였다.

"만약 이와 같다면 마땅히 그 세존께 빠르게 가서 귀의하여라. 그는 마땅히 그대에게 애아를 보여주실 것이다."

그녀는 이 말을 듣고 마음에서 죽었다가 다시 살아난 것과 같은 환희가 생겨나서 본래의 처소로 돌아왔다. 멀리서 세존을 보니 32상과 80종호로 그 몸이 장엄되셨고 원명이 혁혁하여 햇빛의 일천 광명을 뛰어넘어 묘한 보배산과 같았으므로 깊은 갈앙심(渴仰心)이 생겨나서 근심과 고뇌가 모두 없어지고 마음이 아들을 얻은 것과 같았다. 이미 세존의 앞에 이르러 세존의 발에 정례하고 한쪽에 물러나 앉아서 아뢰어 말하였다.

"세존이시여. 저는 작은 아들인 애아와 이별한 것이 오래되었습니다. 원하건대 자비로 저에게 아들을 보여주십시오."

세존께서 알리셨다.

"가리저약차녀여. 그대는 아들이 몇인가?"

대답하여 말하였다.

"저는 500의 아들이 있습니다."

세존께서 말씀하셨다.

"가리가여. 오백의 아들 가운데에서 한 아들이 없는데 무엇을 괴로워하는가?"

대답하여 말하였다.

"세존이시여. 저는 만약 오늘에 애아를 보지 못한다면 반드시 뜨거운 피를 토하고 죽을 것입니다."

세존께서 말씀하셨다.

"가리저여. 오백의 아들 가운데에서 한 아들을 보지 못하여도 이와 같이 고통을 받는데 하물며 다른 사람의 외아들을 그대가 잡아먹었으니 이러한 괴로움은 어떠하겠는가?"

세존께서 말씀하셨다.

"그 고통은 저보다 몇 배나 더 많을 것입니다."

세존께서 말씀하셨다.

"가리저여. 그대가 이미 사랑하는 사람과 이별하는 고통을 알았는데 어떻게 다른 사람의 아들과 딸을 먹겠는가?"

대답하여 말하였다.

"오직 원하옵건대 세존이시여. 저에게 가르침을 보여주십시오."

세존께서 말씀하셨다.

"가리저여. 나의 계율을 받고 왕사성 안에 현재에 있는 사람들에게 모든 두려움을 없게 하라. 만약 능히 이와 같다면 이 자리를 일어나지 않아도 애아를 볼 것이니라."

대답하여 말하였다.

"세존이시여. 저는 지금부터는 세존의 가르침에 의지하여 왕사성의 현재에 있는 사람들에게 모든 두려움이 없게 하겠습니다."

이렇게 말을 지어 마쳤다. 이때 세존께서는 그녀에게 애아를 보게 하셨다. 이때 가리저가 여래께 귀의하였고 청하여 금계를 받았으므로 성안의 사람들이 모두 안락을 얻고 여러 근심을 벗어났다. 이때 가리저모가 직접 세존의 처소에서 삼귀의와 아울러 오학처인 불살생부터 불음주까지를 받고서 앞에서 세존께 아뢰어 말하였다.

"세존이시여. 저와 모든 자식들이 지금부터 무엇을 먹어야 합니까?"

세존께서 말씀하셨다.

"선한 여인이여. 그대는 걱정하지 말라. 섬부주에서 소유한 나의 성문 제자들이 매번 먹을 때에 차례로 중생식(衆生食)을 할 것이고, 아울러 공양 끝에 음식을 한 상을 펼쳐놓고 그대의 이름과 함께 모든 아들을 불러서 모두 배부르게 먹도록 할 것이므로 영원히 굶주리는 고통이 없으리라. 만약 다시 나머지 현재의 중생과 나아가 강산과 바다의 여러 귀신 등이 마땅히 먹고자 하는 자는 모두 운심(運心)하여 그에게 포식하게 할 것이다."

세존께서 가리저에게 알리셨다.

"또한 다시 내가 지금 그대에게 부촉하느라 나의 법 가운데에서 만약 여러 가람의 승가와 필추니의 주처를 그대와 모든 아들은 항상 밤낮으로 부지런한 마음으로 옹호하여 쇠손(衰損)되지 않고 안락을 얻게 하며 나아가 나의 법이 없어지지 않는다면 섬부주에서 마땅히 이와 같이 지을지니라."

이때 세존께서 이렇게 말씀을 설하여 마치시니 가리저모와 500의 아들과 나아가 모든 약차들 대중들이 모두 크게 환희하면서 정례하고 받들어 행하였다. 이때 여러 필추들이 세존의 말씀을 듣고 함께 의심이 있어서 세존께 청하여 말하였다.

"가리저모는 전생에 무슨 업을 지어 500의 아들을 낳았고 사람의 정기(精氣)를 마셨으며 왕사성 사람들이 낳은 아들과 딸을 먹었습니까?"

세존께서 필추들에게 말씀하셨다.

"그대들은 잘 들을지니라. 이 약차녀와 이 성의 사람들이 이전 지은 업을 되돌려서 반드시 스스로가 받은 것이니라. 그대들 필추들이여. 지나간 과거에 왕사성에 소를 기르는 사람이 있었는데 아내를 얻고 오래지 않아서 마침내 곧 임신하였느니라. 이때에는 세존께서 없으시고 다만 독각이 있어 인간세상에 출현하여 고요한 곳에 즐거이 머물면서 와구를 변제(邊際)[10])의 마땅함을 따라서 수용하였으니 세간에 오직 이렇게 하나가 있는 복전이었다.

그때 이 독각이 인간세상을 유행하다가 왕사성에 이르렀는데 대설회(大設會)를 하였고 500의 사람이 각자 몸을 꾸미고 음식과 음악을 가지고 함께 방원으로 나아갔다. 그 길 중간에 임신한 한 여인이 소를 기르고 있었는데 마침 낙장병(酪漿瓶)을 가지고 가다가 만났으므로 보고 여러 사람들이 알려 말하였다.

"자매여. 와서 춤추면서 함께 즐깁시다."

여인이 서로를 부르는 것을 보고 곧 욕심이 일어나서 눈을 들어서 눈썹을 찡긋하고 함께 춤을 추었는데 그 피로를 까닭으로 마침내 곧 낙태하였다. 성안의 여러 사람들은 모두 동산으로 들어갔으나 그 여인은 근심을 품고 턱을 괴고 앉아 있다가 곧 낙장(酪漿)[11])을 팔아서 500개의 암몰라과를 얻었다. 이때 그 독각이 그 여인의 곁으로 와서 이르렀는데 그 여인이 멀리서 바라보니 몸과 마음이 적정하고 위의가 상서로운데

---

10) 시간과 공간 등에서 그 이상이 없는 한계를 뜻한다.
11) 소나 양의 젖을 가리킨다.

길에 있으면서 다니고 있었다. 마음에 존경과 신심이 생겨나서 드디어 가까이 가서 두 발에 정례하고 향기롭고 아름다운 과일을 가져다가 그 성자에게 받들어 베풀었다. 여러 독각들은 다만 몸으로써 교화하고 입으로는 설법하지 않는 것이다. 그 여인을 요익하게 하려는 까닭으로 큰 거위왕이 두 날개를 펼친 것과 같이 허공으로 올라가서 여러 신통한 변화를 나타내었다. 일반적으로 범부들은 신통을 보는 때에 마음이 곧 돌아서 향하는 것이다. 여인은 큰 나무가 쓰러지는 것과 같이 몸을 땅에 던지면서 합장하고 발원하였다.

"내가 지금 이 진실한 복전에 베푼 공덕으로 원하건대 내가 마땅히 미래에 왕사성에 태어나서 이 성안의 현재에 있는 사람들이 낳는 아들과 딸을 모두 잡아먹게 하십시오."

그대들 필추들의 뜻은 어떠한가? 그 소를 기르던 여인이 어찌 다른 사람이겠는가? 곧 가리저약차녀이니라. 그녀가 지나간 옛날에 독각에게 500의 암몰라과를 받들어 베풀고 악한 발원을 하였던 까닭으로 지금 왕사성에 약차녀로 태어나서 500의 아들을 낳았고 사람의 정기를 마셨으며 성안에 있는 어린애들을 먹은 것이니라.

그대들 필추들이여. 나는 항상 널리 말하였느니라. 흑업은 흑보이고 잡업은 잡보이며 백업에는 백보이니라. 그대들은 마땅히 부지런히 백업을 닦고 흑업과 잡업을 떠나야 하나니 나아가 과보는 되돌아와서 그것을 스스로가 받느니라."

이때 여러 필추들이 세존의 말씀을 듣고는 마음에서 크게 환희하면서 세존의 발에 정례하고 받들었으며 하직하고 떠나갔다.

연기의 처소는 앞에서와 같다.

이때 가리저가 이미 여래의 삼귀의와 오계를 받고서 마침내 여러 다른 약차신 등에게 재난을 당하였으므로 곧 모든 아들을 여러 승가에게 주었다. 만약 필추가 다니면서 걸식하는 때를 보면 모두 작은 아이로 변화시켜서 뒤를 따라가게 하였다. 왕사성의 여인들이 보는 때에 귀여운 생각이 많이 생겨나서 곧 와서 안았는데 그들이 곧 숨고서 없어졌다. 이때 여러 여인들이 필추에게 알려 말하였다.

"이 아이는 누구의 아들입니까?"

대답하여 말하였다.

"가리저의 아들입니다."

여인이 알려 말하였다.

"이 아이가 원수로서 집안의 독을 품은 약차가 낳은 자식입니까?"

필추가 알려 말하였다.

"그녀는 이미 독해의 마음을 버렸고, 여러 다른 약차들이 재난을 지으므로 이렇게 우리에게 자식을 주어서 데리고 오는 것입니다."

여인이 생각을 지었다.

'약차녀도 능히 악심을 버리고 아들을 받들어 베푸는데 우리들이 어찌 여러 아들을 주어 베풀지 않겠는가?'

마침내 아들과 딸을 데려다가 승가에게 주었으나 승가가 받지 않았으므로 여인이 알려 말하였다.

"성자여. 오히려 능히 독해인 약차녀의 아이도 받으시면서 어찌 우리들의 아들과 딸을 받지 않으십니까?"

이때 여러 필추들이 인연으로 세존께 아뢰니 세존께서 말씀하셨다.

"마땅히 받아라."

여러 필추들이 가르침을 받들어 비록 받았으나 수호하지 않았으므로 그들이 스스로의 뜻을 따라 여러 곳을 돌아다녔다. 여러 필추들이 세존께 아뢰니 세존께서 말씀하셨다.

"만약 한 남자아이를 데려다가 승가에 준다면 한 필추가 받아서 낡은 가사 조각을 그의 정수리 위에 묶어서 수호하라. 그리고 만약 여러 아이를 주었다면 상·중·하좌에서 뜻을 따라서 그들을 받고 앞에서와 같이 수호할 것이며 의혹에 이르지 말라."

이때 여러 부모들이 마침내 재물을 가지고 왔고 다시 와서 바친 것을 취하였으므로 필추들이 받지 않았다. 세존께서 말씀하셨다.

"마땅히 받아라."

그들이 뒤에 마음에서 애련(愛戀)이 생겨나서 다시 옷과 물건을 가지고 은혜를 갚기 위한 까닭으로 필추들에게 주었으나 필추들이 그 마음을 알고 받지 않았으므로 세존께서 말씀하셨다.

"마땅히 받아라."

세존께서는 마땅히 아이에게 바치는 재물을 받으라고 말씀하셨다. 이때 육중필추는 마침내 부모들에게 완전한 가치를 요구하였으므로 세존께서 말씀하셨다.

"마땅히 가치를 찾지 말라. 마땅히 그들의 뜻을 따라서 만족함을 알고 받아서 취하라."

연기의 처소는 앞에서와 같다.

이때 가리저약차녀가 이미 모든 아들을 데려다가 승가에게 주었는데 밤에 누워서 배가 고프다고 울면서 날이 밝았다. 이때 여러 필추들이 세존께 아뢰니 세존께서 말씀하셨다.

"새벽에 마땅히 음식을 가지고 그들의 이름을 부르면서 제사(祭祀)를 지내라."

혹은 재(齋)를 지낼 때에 먹고자 한다면 세존께서는 주라고 말씀하셨다. 혹은 때가 아니어도 음식을 얻고자 한다면 세존께서는 주라고 말씀하셨고, 혹은 필추들의 발우 안에 남은 음식을 먹고자 하여도 세존께서는 주라고 말씀하셨으며, 혹은 여러 부정한 것을 먹고자 하여도 세존께서는 주라고 말씀하셨다.

근본설일체유부비나야잡사 제32권

삼장법사 의정 한역
석보운 번역

제7문 제2자섭송 ①

제7문 제2자섭송으로 말하겠노라.

필추니는 아란야에 있지 않을 것과
성 밖의 사찰에 기거하지 않을 것과
문 앞에 서서 바라보지 않을 것과
창 안에서 바라보지 않는 것이 있다.

세존께서 왕사성의 죽림원에 머무르셨다.
이 성안에 한 음녀가 있었는데 연화색(蓮華色)이라고 이름하였고, 색으로서 현혹하는 것을 업으로 삼아서 스스로가 생활하였다. 이때 바라문이 있어 와서 알려 말하였다.
"소녀여. 그대가 나와 함께 즐겁고 사랑하는 일을 행하겠는가?"
알려 말하였다.
"그대는 금전이 있는가요?"
대답하여 말하였다.
"나는 없소."
여인이 말하였다.

"가세요. 금전을 구한 뒤에 와서 서로 만나요."
대답하여 말하였다.
"나는 구하겠소."
곧 남방으로 갔고 여러 곳을 다니면서 500금전을 얻어서 여인의 처소로 돌아왔다. 이때 연화색은 존자인 목련에게 의지하였고 선지식을 까닭으로 인연하여 곧 출가하여 근원을 받고 아라한과를 얻고서 뜻을 따라서 즐거이 왕사성에서 나와 실라벌성으로 향하였다. 이때 세존께서는 아직 필추니가 아란야에 머무는 것을 막지 않으셨다. 이때 연화색은 마침내 깊은 숲으로 가서 한가하고 고요한 곳에 연좌하고 정에 들어가서 해탈의 즐거움을 받고 있었다. 이때 바라문은 500금전을 가지고 왕사성에 이르러 여러 사람들에게 물어 말하였다.
"연화색이라는 여인은 지금 어디로 갔습니까?"
대답하여 말하였다.
"그녀는 이미 석자의 법 가운데에 출가하여 실라벌성으로 향하였습니다."
그는 알려주는 것을 듣고 곧 서다림으로 가서 필추에게 물어 말하였다.
"성자여. 왕사성의 연화색이라고 이름하는 여인이 이곳으로 유행하여 이르렀는데 지금 어느 곳에 있습니까?"
대답하여 말하였다.
"그 여인은 이미 비법을 버리고 출가하였고 깊은 숲속에 있으면서 오로지 묘관(妙觀)을 닦고 있습니다."
그는 곧 나아가서 알려 말하였다.
"소녀여. 이전에 약속의 말이 있었고 지금 금전을 가지고 이르렀으니 그대는 나와 함께 환락합시다."
알려 말하였다.
"바라문이여. 나는 이미 죄악의 업을 버렸으므로 그대는 지금 마땅히 가십시오."
알려 말하였다.

"소녀여. 그대가 비록 나를 버렸더라도 나는 그대를 버리지 못하겠소. 그대는 일어나서 가야 하오. 반드시 놓아주지 않을 것이오."
알려 말하였다.
"그대는 내 몸의 어느 부분에 특히 애락이 생겨나는가?"
대답하여 말하였다.
"나는 그대의 눈을 사랑한다."
곧 신통력으로써 그녀의 두 눈을 뽑아서 그것을 주었다. 이때 바라문은 이렇게 생각을 지었다.
'이 대머리 사문녀가 능히 이와 같이 요술의 법을 짓는구나.'
주먹으로 필추니의 머리를 때리고 버리고 떠나갔다. 곧 이 인연으로 여러 필추니 대중에게 알렸고 필추니는 필추에게 알렸다. 필추가 세존께 아뢰니 세존께서는 이렇게 생각을 지으셨다.
'필추니가 아란야에 머무는 까닭으로 이와 같은 과실이 있는 것이다.'
"지금 이후부터는 필추니는 마땅히 고요함을 따라서 깊은 숲속이나 빈 들판에 머물지 말라. 만약 머무는 자는 월법죄를 얻느니라."

연기는 실라벌성에서 있었다.
세존께서는 필추니는 마땅히 아란야에 머물지 말라고 말씀하셨다. 이때 필추니들이 곧 대로와 골목에 앉아서 선정(禪寂)을 닦았는데 오히려 이전과 같은 과실을 불렀다. 인연으로 세존께 아뢰니 세존께서 말씀하셨다.
"필추니는 마땅히 사찰 안에 기거하면서 수습(修習)할지니라."
이때 신심이 있는 재가인이 세존께서 필추니는 사찰 안에서 선정을 닦게 하셨다는 것을 들었다. 마침내 성 밖에 필추니를 위하여 사찰을 짓고 필추니가 와서 기거하게 하였으나 오히려 여러 도둑들과 사나운 악인들이 와서 함께 서로가 침입하고 괴롭혔다. 필추가 세존께 아뢰니 세존께서 말씀하셨다.
"마땅히 성 밖에 필추니의 사찰을 있게 하지 말고 마땅히 성 안에 있게 할지니라."

연기의 처소는 앞에서와 같다.
이때 토라난타 필추니는 필추니 사찰의 문 앞에 머물러 서있으면서 사람이 오는 것을 보면 곧바로 조롱하였다. 이때 여러 재가인들이 모두 함께 비난하고 싫어하였다. 필추가 세존께 아뢰니 세존께서는 이렇게 생각을 지으셨다.
'필추니가 문 앞에 서있으면 이와 같은 과실이 있는 것이다.'
"그러므로 필추니는 마땅히 문 앞에 서 있지 말라. 만약 필추니가 문 앞에 서 있다면 월법죄를 얻느니라."

연기의 처소는 앞에서와 같다.
세존께서는 마땅히 모든 필추니는 문 앞에 서있지 말라고 제정하셨다. 곧 창 안에서 바라보고 멀리서 서로 조롱하였으므로 이전과 같은 과실이 일어났다. 세존께서 말씀하셨다.
"앞에서와 같이 월법죄를 얻느니라."

제7문 제3자섭송 ①

제7문 제3자섭송으로 말하겠노라.

승각기를 입는 것을 허락하신 것과
남자가 목욕하는 곳에서 목욕하지 않는 것과
네거리를 곧바로 마땅히 건너지 않고
마땅히 한쪽 끝으로 가는 것이 있다.

연기의 처소는 앞에서와 같다.
어느 때 여러 필추니가 사원 안에서 곧 오의(五衣)[1]를 입고 여러 사업(事

業)을 지었으므로 덥고 답답하여 피로하였고 이 인연으로 야위고 약해졌다. 곧 필추에게 알렸고 필추가 세존께 아뢰니 세존께서 말씀하셨다.
"필추니는 사찰 안에서는 마땅히 승각기를 입고서 여러 사업을 지으라."
재가인들이 와서 보고 마침내 염욕의 뜻을 일으켰고 신심이 있는 자들은 보고 비난하고 싫어하였다. 필추가 세존께 아뢰니 세존께서 말씀하셨다.
"만약 여러 재가인들이 이러한 일을 싫어한다면 지금부터 필추니가 장자와 바라문을 마주한다면 마땅히 승각기를 입고 사업을 하지 말라. 만약 입는 자는 월법죄를 얻느니라. 만약 재가인을 마주하고 일하다면 승각기를 사용하면서 두 어깨를 덮고 5조의를 입은 뒤에 사업을 할지니라."

연기의 처소는 앞에서와 같다.
어느 때 토라난타 필추니가 마침내 남자들이 목욕하는 곳에 가서 목욕하였다. 어느 여러 소년들이 역시 와서 목욕하였는데 필추니가 물에 들어오는 것을 보고 모두가 서로에게 의논하여 말하였다.
"이 대머리 사문녀의 몸을 보니 들판의 물소와 같구나."
필추니가 필추에게 알렸고 필추가 세존께 아뢰었다. 세존께서는 이렇게 생각을 지으셨다.
'필추니가 남자들이 목욕하는 곳에 갔던 까닭으로 이러한 과실이 있는 것이다.'
"지금부터 필추니는 마땅히 남자들이 목욕하는 곳에 가서 몸을 씻지 말라. 만약 가는 자는 월법죄를 얻느니라."

연기의 처소는 앞에서와 같다.
토라난타 필추니가 네거리의 길 가운데에 서서 재가인들이 오는 것을

---

1) 인도 승단에서 필추니에게 입도록 규정한 다섯 가지의 옷이다. 삼의에 더하여 삼의 속에 입고 왼쪽 어깨 및 양 겨드랑이를 덮는 승기지(僧祇支, 산스크리트어 saṁkasikā)와 허리에 걸치는 통치마인 궐수라(厥修羅, 산스크리트어 kusūla) 또는 열반승(涅槃僧, 산스크리트어 nivāsana) 등이 있다.

보고 곧바로 조롱하니 여러 사람들이 알려 말하였다.
"대머리 사문녀가 어찌 네거리의 가운데에서 우리들을 조롱하는 것이 합당하겠는가?"
필추니가 필추에게 알렸고 필추가 세존께 아뢰니 세존께서 말씀하셨다.
"지금부터 필추니는 마땅히 네거리의 도로를 곧바로 지나가지 말고 마땅히 근처의 한쪽 끝을 취하여 곧 다닐지니라. 만약 곧바로 지나가는 자는 월법죄를 얻느니라."

제7문 제4자섭송 ①

제7문 제4자섭송으로 말하겠노라.

만약 이형녀(二形女)이거나
혹은 합도(合道)의 부류이거나
혹은 항상 피가 흐르거나
월경이 없다면 출가할 수 없느니라.

연기의 처소는 앞에서와 같다.
어느 때 필추니가 이형(二形)[2]의 여인을 출가시켰다. 다른 필추니가 와서 보니 생식기가 다른 모습이 나타났으므로 그녀에게 물어 말하였다.
"자매여. 그대는 어떠한 사람인가?"
대답하여 말하였다.
"나는 이형인입니다."
필추니가 필추에게 알렸고 필추가 세존께 아뢰니 세존께서 말씀하셨다.
"그 사람은 남자도 아니고 여인도 아니다. 마땅히 출가할 수 없으니 비록 원구를 받았더라도 율의호(律儀護)를 일으키지 못하므로 빠르게

---

2) 남녀의 생식기를 모두 갖춘 사람을 가리킨다.

쫓아내도록 하라. 지금부터는 만약 여인이 와서 출가를 구한다면 마땅히 먼저 '그대는 이형의 여인이 아닌가?'라고 물을지니라. 만약 묻지 않고 출가시키는 자는 스승이 월법죄를 얻느니라."

연기의 처소는 앞에서와 같다.
어느 때 필추니가 생식기 두 가지가 합쳐진 여인을 출가시켰는데 소변을 볼 때에도 대변이 함께 나와서 그녀의 처소를 더럽혔다. 다른 필추니가 들어와서 보고 물어 말하였다.
"누가 처소를 더럽혔는가?"
대답하여 말하였다.
"자매여. 나는 본래 그 처소를 더럽힐 마음이 없었으나 두 생식기 길이 합쳐졌으므로 소변을 보는 때에도 대변도 함께 나옵니다."
필추니가 필추에게 알렸고 필추가 세존께 아뢰니 세존께서 말씀하셨다.
"그 사람은 남자도 아니고 여인도 아니다. 마땅히 출가할 수 없으니 비록 원구를 받았더라도 율의호를 일으키지 못하므로 빠르게 쫓아내도록 하라. 지금부터는 만약 여인이 와서 출가를 구한다면 마땅히 먼저 '그대는 두 길이 합쳐진 여인이 아닌가?'라고 물을지니라. 만약 묻지 않고 출가시키는 자는 스승이 월법죄를 얻느니라."

연기의 처소는 앞에서와 같다.
어느 때 필추니가 항상 하체에 피가 흐르는 여인을 출가시켰는데 군의가 점차 더러워져서 많은 파리가 붙어 있었다. 여러 필추니가 물어 말하였다.
"누이여. 몸에 항상 피가 흐르는가?"
대답하여 말하였다.
"나는 항상 피가 흐르는 여자입니다."
필추니가 필추에게 알렸고 필추가 세존께 아뢰니 세존께서 말씀하셨다.
"이 여인도 역시 앞에서와 같아서 함께 머물 수 없느니라."

연기의 처소는 앞에서와 같다.

어느 때 필추니가 월경이 없는 여인을 출가시켰는데 다른 필추니들에게 때때로 월경이 나타나는 것을 보고 마침내 싫어함과 부끄러움이 생겨나서 알려 말하였다.

"소매여. 그대는 삿된 생각으로 능히 염욕을 떠나지 못하여서 때때로 월경(月期)이 나타나는 것이오."

대답하여 말하였다.

"아자(阿姊)3)여. 무슨 까닭으로 보고 싫어하세요? 이것은 여인의 상법인데 그대는 없는가?"

대답하여 말하였다.

"나는 월경이 없는 여인인데 어찌 이러한 일이 있겠습니까?"

필추니가 필추에게 알렸고 필추가 세존께 아뢰니 세존께서 말씀하셨다.

"이 여인은 황문녀(黃門女)이니 마땅히 빨리 쫓아내도록 하라. 선법이 생겨나지 않느니라. 만약 여인이 와서 출가를 구한다면 마땅히 '그대는 월경이 없는 여인이 아닌가?'라고 물을지니라. 만약 묻지 않고 출가시키는 자는 월법죄를 얻느니라."

제7문 제5자섭송 ①

제7문 제5자섭송으로 말하겠노라.

길이 작은 여인과 내의(內衣)를 입는 것과
필추와 가까운 곳에서 침을 뱉지 않는 것과
필추와 필추니를 마주하고 말하지 않는 것과
마땅히 자신이 대중의 주변에 있는 것이 있다.

---

3) 언니라는 뜻으로 윗사람을 부르는 말이다.

연기의 처소는 앞에서와 같다.

어느 때 필추니가 요도가 작은 여인을 제도하여 출가시켰다. 이때 그 여인이 소변을 보러 뒷간에 가서 오랫동안 있다 나왔으므로 다른 필추니가 물어 말하였다.

"어찌 늦게 나왔는가?"

대답하여 말하였다.

"어찌 알고자 하시오? 나의 몸은 요도가 작고 근이 구족되지 않은 이러한 까닭으로 늦은 것이오."

필추니가 필추에게 알렸고 필추가 세존께 아뢰니 세존께서 말씀하셨다.

"이 여인은 황문녀이니 마땅히 빨리 내보내도록 하라."

연기의 처소는 앞에서와 같다.

어느 때 여러 필추니들이 월경이 오면 옷과 와구를 더럽혔고 파리가 많이 붙었으므로 비록 빨고 물들였으나 오히려 이전과 같이 더러워졌다. 세존께서는 아시고서 알려 말씀하셨다.

"이러한 색류(色類)들은 마땅히 내의를 입을지니라."

여러 필추니들이 곧 입었다. 이때 토라난타 필추니가 역시 이 옷을 입고 성에 들어가서 걸식하면서 거리의 가운데에서 떨어뜨렸으므로 여러 사람들이 보고 물어 말하였다.

"이것이 무슨 물건인데 땅 위에 있습니까?"

필추니가 성내면서 대답하여 말하였다.

"악생(惡生)의 종자여. 마땅히 빨리 가서 네 집의 어미나 누이에게 마땅히 무엇인가를 물어보라."

세존께서 말씀하셨다.

"만약 필추니가 내의를 입는다면 마땅히 안대(安帶)[4]를 허리에 묶어서 이러한 과실이 생겨나지 않게 하라. 만약 안대를 허리에 묶지 않는다면

---

4) 안정된 허리띠를 가리킨다.

월법죄를 얻느니라."

연기의 처소는 앞에서와 같다.
어느 때 구수 대가섭파가 소식시에 옷을 입고 발우를 지니고 성에 들어가서 걸식하는데 토라난타 필추니가 보고 빠르게 곁에 이르러 땅에 침을 뱉고 크게 말하였다.
"지극히 어리석고 지극히 둔한 물건아!"
가섭파가 말하였다.
"이것은 그대의 허물이 아니네. 그러나 악행의 여인을 선한 법과 율의 가운데에 강제로 청하여 출가시켰으므로 이것은 아난타의 허물이네."
필추가 인연으로 세존께 아뢰니 세존께서 말씀하셨다.
"토라난타는 사문법이 아닌 것을 하였느니라. 모든 음녀의 여인도 필추의 처소에서 오히려 이러한 비루하고 악한 말은 하지 않느니라. 지금부터 필추니가 필추를 보면 마땅히 땅에 침을 뱉을 수 없고 어리석고 둔하다고 말할 수 없느니라."

연기의 처소는 앞에서와 같다.
어느 때 필추가 과실을 범한 것이 있었으나 필추니가 오는 것을 보고 곧 불러서 앉게 하였다. 그녀가 물었다.
"성자여. 무슨 일을 짓고자 합니까?"
알려 말하였다.
"내가 죄를 범하였으므로 지금 말하고 참회하고자 하오."
필추니가 곧 마주하고 앉으니 필추가 알려 말하였다.
"아리이가(河離移迦)여. 존념(存念)하시오. 나 필추 누구는 이러한 죄를 범하였습니다. 내가 지금 아리이가를 마주하고 죄를 숨김없이 드러내어 말합니다. 드러내는 까닭으로 안락하게 머무는 것을 얻을 수 있습니다."
필추니가 말하였다.
"성자도 역시 이와 같은 과실을 범합니까? 이것은 선한 일이 아닙니다."

필추는 부끄러워 묵연하였다. 필추가 세존께 아뢰니 세존께서 말씀하셨다.

"필추는 마땅히 필추니에게 죄를 드러내어 말하지 말라. 마땅히 청정한 필추이고 견해가 같은 자에게 드러내어 죄를 말하라. 만약 짓는다면 월법죄를 얻느니라."

연기의 처소는 앞에서와 같다.

어느 때 필추니가 죄를 범하였고 필추가 오는 것을 보고 경건하고 공경스럽게 두 발에 정례하고서 합장하고 청하여 말하였다.

"성자여. 나를 가엾게 생각하는 까닭으로 원하건대 잠시 앉아 주십시오."

필추가 물어 말하였다.

"무엇을 하고자 합니까?"

대답하여 말하였다.

"성자여. 나는 죄를 범하였습니다. 지금 마주하고 말하고자 합니다."

필추가 마주하고 앉으니 필추니가 곧 합장하고 알려 말하였다.

"성자여. 존념하십시오. 나 누구 필추니는 무슨 죄를 범하였습니다."
[자세한 설명은 앞에서와 같다.]

세존께서 말씀하셨다.

"필추니는 마땅히 필추에게 죄를 드러내어 말하지 말라. 마땅히 청정한 필추니에게 드러내어 죄를 말하라. 만약 짓는다면 월법죄를 얻느니라."

제7문 제6자섭송 ①

제7문 제6자섭송으로 말하겠노라.

필추가 갈마를 짓는다면
필추니는 용심(用心)으로 들으라.

자리를 펴고 사람을 앉게 할 것이고
필추니의 자리는 마땅히 분별(分別)하라.

연기의 처소는 앞에서와 같다.
세존께서는 필추와 필추니는 갈마사를 별도로 할 것이나 모두의 갈마는 제외한다고 마땅히 말씀하셨다. 필추니가 승가의 가운데에서 갈마를 짓는 때에 능히 두려움을 없애지 못하여 작법이 성립되지 않았다. 필추가 세존께 아뢰니 세존께서 말씀하셨다.
"필추는 마땅히 갈마를 짓고 필추니는 마땅히 들을지니라."
여러 필추니들이 어떻게 듣는가를 알지 못하였으므로 세존께서 말씀하셨다.
"지극한 마음으로 그것을 생각할 것이고 알려 말하라. '이것으로 첫 번째의 갈마를 마쳤노라.' 제2와 제3도 마땅히 이와 같이 지을지니라."[이것은 이부중(二部衆)의 필추니 수계이니라.]

연기의 처소는 앞에서와 같다.
세존께서는 마땅히 경을 독송하라고 말씀하셨다. 이때 여러 필추들이 좌석을 펴지 않았으므로 세존께서 말씀하셨다.
"마땅히 펴라."
뒤의 다른 때에 필추니가 법을 들으면서 곧 좋은 자리에 앉았다. 그때 어느 한 필추니가 월경이 갑자기 와서 그 자리를 더럽혔다. 듣고서 곧 떠나갔고 지사인이 와서 자리를 걷으려고 하면서 많은 파리가 붙어 있는 것을 보았다. 인연으로써 세존께 아뢰니 세존께서 말씀하셨다.
"필추니가 와서 법을 들을 때는 마땅히 좋은 자리에 앉게 하지 말라."
세존께서는 마땅히 필추니는 좋은 자리에 앉아서 법을 들을 수 없다고 말씀하셨다. 이때 어느 필추니가 오더라도 작은 자리를 주었다. 이때 대세주 교답미가 인연으로 와서 법을 들었는데 작은 자리에 앉게 하였으므로 대세주가 말하였다.

"나는 재가에 있을 때에도 오히려 일찍이 이렇게 작은 자리에 앉지 않았는데 하물며 지금 능히 앉겠습니까?"

여러 필추들이 말하였다.

"대세주여. 이것은 세존의 가르침이십니다. 필추니에게는 좋은 자리에 앉아서 법을 듣지 않게 하라고 하셨습니다."

대세주가 말하였다.

"내가 어찌 그녀와 같이 악한 과실이 있겠습니까? 그녀는 이전에 마음에서 존념하지 않았던 까닭으로 과실이 생겨난 것입니다."

필추가 인연으로써 세존께 아뢰니 세존께서 말씀하셨다.

"내가 지금 허락하노라. 만약 필추니가 마음으로 존념하면서 와서 법을 들을 때에는 마땅히 좋은 자리를 줄 것이고 의혹에 이르지 말라."

제7문 제7자섭송 ①

제7문 제7자섭송으로 말하겠노라.

술을 파는 것과 음녀의 집과
도중(途中)에서 여인의 몸에 닿지 않는 것과
때를 따라서 내외를 깨끗이 하는 것과
노래하고 춤추는 것을 마땅히 짓지 않는 것이 있다.

연기의 처소는 앞에서와 같다.

어느 때 토라난타 필추니가 소식시에 옷을 입고 발우를 지니고 차례로 걸식하면서 한 여인이 묘한 옷과 영락을 입은 것을 보고 물어 말하였다.

"소녀여. 무슨 인연으로 이러한 상묘한 옷과 영락을 얻었는가?"

대답하여 말하였다.

"성자여. 내가 술을 팔았던 인연으로 이러한 옷과 영락을 얻었습니다."

필추니가 '이것은 좋은 방편이구나.'는 생각을 짓고서 마음에 연(緣)을 맺어 버리지 않고서 이전처럼 다니면서 걸식하였다. 또한 한 여인을 만났는데 낡은 옷을 입고 여위어 연약한 모습으로 떠나갔다. 물어 말하였다.

"그대는 어느 집에 귀속되었는가?"

대답하여 말하였다.

"성자여. 나는 귀속된 곳이 없습니다. 다만 옷과 밥을 얻는다면 나는 곧 함께 하겠습니다."

필추니가 말하였다.

"만약 그렇다면 어찌 술을 팔지 않는가?"

대답하여 말하였다.

"성자여. 나 같은 부류가 어떻게 능히 술을 팔겠습니까? 일반적으로 술 팔려면 집이 있어야 하고 평상·의자·방석·술잔·소반·술통이 있어야 하며 많은 금전을 준비하여 법에 맞게 이어서 공급하고 손님이 오면 부족한 것이 없어야 이윤이 있는 것입니다."

필추니가 말하였다.

"만약 그렇다면 필요한 것은 내가 그대를 위하여 준비하겠으니 얻는 재물을 능히 나에게 주겠는가?"

대답하여 말하였다.

"나는 주겠습니다."

곧 필추니의 사찰 근처에 큰 집을 짓고 필요한 것을 모두 준비해 주었고 많은 금전도 주어서 그녀에게 술을 팔게 하였다. 여러 마시는 자들이 많이 이곳에 왔으므로 다른 술집들이 모두 질투를 일으켰다. 이때 토라난타 필추니는 많은 재물과 이익을 얻었다. 뒤의 다른 때에 왕이 큰 대회를 열고 모든 술집을 불러들였으므로 여러 사람들이 알려 말하였다.

"토라난타 필추니 사찰의 주변에 큰 술집이 있어 좋은 술이 많이 있습니다. 여러 사람들이 모두 마시므로 이익이 많은데 어찌 그녀는 불러오지 않고 치우쳐서 우리들을 괴롭히십니까?"

사자가 듣고 가서 그 여인을 붙잡으니 곧바로 크게 부르짖으며 알려 말하였다.

"성자 토라난타여. 왕가에서 사자가 와서 심하게 잡아끌고 묶습니다. 원하건대 나와서 보십시오."

필추니가 듣고 빠르게 나와서 곧바로 꾸짖어 말하였다.

"이 악한 물건아. 그대가 어찌 내 딸아이를 끌고 가는가?"

사자가 대답하여 말하였다.

"성자여. 어찌 술집을 차리고 술을 파는 것이 합당합니까?"

알려 말하였다.

"내가 발로서 원수의 목덜미를 밟으리라. 술을 파는 것이 그대의 일과 무슨 관계인가?"

물어 말하였다.

"성자에게도 역시 원수가 있습니까?"

대답하여 말하였다.

"내 딸을 데리고 떠나가는 그대가 곧 원수이다."

이러한 인연으로 싸움을 하였으므로 여러 장자와 바라문이 보고 물어 말하였다.

"무슨 까닭입니까?"

그 일을 자세히 말하니 모두 비난하고 싫어하였다.

"여러 석가녀들이 스스로가 도거(掉擧)5)하여 비법의 일을 짓는구나. 대머리 사문녀까지도 청정한 행을 존중하지 않고 술을 파는구나."

필추가 인연으로써 세존께 아뢰니 세존께서는 이렇게 생각을 지으셨다.

'토라난타 필추니가 지은 일은 석녀의 법이 아니다.'

"지금부터 필추니는 마땅히 술을 말지 말라. 만약 파는 자는 월법죄를 얻느니라."

연기의 처소는 앞에서와 같다.

---

5) 들뜨고 혼란스러운 마음 상태를 가리킨다.

어느 때 토라난타 필추니가 옷을 입고 발우를 지니고 차례로 걸식하면서 한 음녀가 좋은 옷과 영락을 입은 것을 보고 물어 말하였다.

"소녀여. 어느 곳에서 이러한 상묘한 옷과 영락을 얻었는가?"

대답하여 말하였다.

"성자여. 나는 색(色)을 팔아서 이러한 옷을 얻었습니다."

필추니가 이렇게 생각을 지었다.

'이것은 좋은 방편이다. 내가 지금 이익이 생겨나는지 시험삼아 살펴보아야겠다.'

마음에 이러한 일을 연을 짓고서 생각을 짓고서 걸식하였다. 마침내 한곳에서 젊은 여인을 만났는데 의복은 때가 찌들었고 굶주린 빛이었으며 걸음걸이는 비실거리고 여위었으나 몸과 골격은 단정하였다. 물어 말하였다.

"소녀여. 그대는 어느 집에 귀속되었는가?"

대답하여 말하였다.

"나는 귀속된 곳이 없습니다. 다만 옷과 밥을 얻는다면 나는 곧 그에게 귀속되겠습니다."

대답하여 말하였다.

"만약 그렇다면 무슨 인연으로 음녀의 업을 짓지 않는가?"

그녀가 곧 두 손으로 귀를 막고 알려 말하였다.

"성자여. 우리 가족들이 일찍이 이와 같은 악한 일을 지었다는 것을 듣지 못하였습니다."

필추니가 말하였다.

"소녀여. 일반적으로 많은 여인들이 이러한 업을 하고 있네. 그대는 왕녀도 아니고 역시 장자나 바라문 등의 귀족의 소생이 아니네. 그리고 모든 여인들은 모두 남자를 사랑하네. 나도 출가하지 않았다면 역시 마땅히 스스로가 지었을 것이네."

그녀는 유혹하는 말을 듣고 곧 필추니에게 대답하여 말하였다.

"성자여. 만약 음녀가 되고자 하더라도 곧 될 수가 있겠습니까? 여러 인연과 도구를 갖추어야 비로소 그 일도 할 수 있습니다. 먼저 넓은 집이 필요하고 의복은 곱고 빛나며 영락으로 장엄되어 보는 자가 사랑하여야 합니다. 만약 남자가 집에 들어오는 때에는 그 귀천을 따라서 음식과 향만(香鬘)을 모두 필요하면 공급하여야 합니다."

필추니가 말하였다.

"소녀여. 내가 모든 것을 준비하고 그대에게 옷과 음식을 주겠으니 얻는 재물을 능히 나에게 주겠는가?"

대답하여 말하였다.

"모두 주겠습니다."

곧 필추니의 사찰의 근처에 한 큰 집을 짓고 필요한 것을 모두 준비하여 주었고 목욕을 시키고서 향화·의복·영락 등을 모두 그녀에게 주었으며 입맛에 알맞게 먹게 하였으므로 용모와 위의가 살찌고 풍성하여 여러 음녀 가운데에서 최고로 제일이 되었다. 드디어 사람들이 모두 와서 모여들었다. 그 여러 음녀들이 이러한 일을 보고 함께 질투가 생겨났고 토라난타 필추니는 많은 재물을 얻었다. 뒤의 다른 때에 왕이 큰 대회를 베풀면서 많은 도향(塗香)을 사용하였다. 사자가 곧 모든 음녀들을 모아서 모두가 도향을 짓게 하니 여러 여인들이 헐뜯는 말로 사자에게 알려 말하였다.

"토라난타 필추니 사찰 옆에도 역시 음녀가 있으니 마땅히 불러와야 합니다."

사자가 가서 여인을 불러서 붙잡고 오니 그녀가 곧 크게 부르짖으며 알려 말하였다.

"성자여. 지금 왕의 신하가 나를 끌고 갑니다."

필추니가 곧 빠르게 나와서 사자에게 말하였다.

"그대. 악인아! 내 딸을 데려가는 것인가?"

대답하여 말하였다.

"성자도 역시 음가(婬家)를 짓습니까?"

알려 말하였다.

"내가 발로서 원수의 목덜미를 밟으리라. 음녀업을 짓는 것이 어찌 그대의 일인가?"

[자세한 설명은 앞에서와 같다.] 나아가 세존께서 말씀하셨다.

"지금부터 모든 필추니는 음녀업을 하지 말라. 만약 어기는 자는 솔토라저야죄를 얻느니라."

연기의 처소는 앞에서와 같다.

어느 때 토라난타 필추니가 한 소녀를 데리고 임야의 처소와 대로에서 차례로 색을 파는 업을 인연하여 이것으로 재물을 구하다가 다른 사람에게 붙잡혔으므로 필추니가 곧 사납게 꾸짖었으며, [자세한 설명은 앞에서와 같다.]

"나아가 짓는 자는 솔토라저야죄를 얻느니라."

연기는 왕사성에서 있었다.

어느 때 육중필추가 매번 기악인(伎樂人)의 가운데에서 함께 가무를 지으면서 모두가 서로에게 의논하여 말하였다.

"여러 대덕들이여. 우리들이 항상 기악들에게 이끌려 가무를 짓게 되었던 것은 모두 12중필추니들의 까닭이네. 그녀들이 옷과 발우 등의 물건을 개인적으로 기악인들에게 주었으므로 그들이 우리들을 괴롭히는 것이네. 우리들은 그들이 능히 음악을 짓지 못하도록 마땅히 벌로 다스리세. 지금이 그럴 때이니 계교를 세우세."

오파난타가 말하였다.

"마땅히 함께 때리도록 하세."

함께 말하였다.

"옳네."

드디어 곧 같이 가면서 멀리서 토라난타 필추니를 보고 모두가 서로에게 의논하여 말하였다.

"이 필추니가 그들의 우두머리이니 마땅히 심하게 다스리세."

곧 앞으로 가서 함께 붙잡고 혹은 주먹으로 머리를 때렸고 혹은 발로 허리를 밟았으며 혹은 석장으로 때렸다. 온 몸이 시퍼렇게 멍들어서 다시 능히 걸어 다니지 못하고 몸에 기름을 바르고서 평상에 누워있었으므로 여러 필추니들이 보고 물었다.

"무슨 까닭으로 이와 같은가?"

대답하여 말하였다.

"두들겨 맞았소."

물어 말하였다.

"누구인가?"

알려 말하였다.

"존자 육중이오."

"그대는 무슨 허물을 지었는가?"

대답하여 말하였다.

"그들은 법형(法兄)이고 나는 법매(法妹)이니 함께 서로를 가르치고 깨우치는 것은 일상적인 길인데 어찌 다른 사람과 비교하여 어찌 수고롭게 허물을 묻겠는가?"

여러 필추니들이 듣고 함께 비난하고 싫어하였다.

"어찌 필추가 필추니들을 때리는가?"

여러 필추들에게 알렸고 필추가 세존께 아뢰니 세존께서는 이렇게 생각을 지으셨다.

'필추들이 필추니 때릴 때에는 그 몸을 접촉하게 된다.'

필추들에게 알리셨다.

"여러 필추가 만약 필추니를 때리는 것은 마땅하지 않느니라. 월법죄를 얻느니라."

연기는 실라벌성에서 있었다.

세존께서는 필추니는 마땅히 내의를 입으라고 말씀하셨다. 비록 이 옷을 입었으나 오히려 피가 배어서 여러 와구가 더럽혀져서 파리가 많았다.

드디어 싫어함이 생겨났고 우뇌를 품고 기거하였다. 필추니가 필추에게 알렸고 필추가 세존께 아뢰니 세존께서 말씀하셨다.

"나는 지금 필추니에게 내의 위에 다시 군의(裙衣)로 덮는 것을 허락하노라."

필추니들이 곧바로 가르침을 받들어 옷을 입었으나 도리어 더러워졌다. 세존께서 말씀하셨다.

"때때로 세탁하고 물들이며 잠잘 때에는 항상 반드시 생각을 매어두어라. 만약 그렇지 않는다면 월법죄를 얻느니라."

연기는 왕사성에서 있었다.

어느 때 본승(本勝)이라고 이름하는 필추가 있었다. 입적한 뒤에 시림으로 들고 가서 다비하였다. 이때 12중필추니가 곧 그 곁에서 스스로가 노래하고 춤을 추었으므로 여러 필추니들이 싫어하고 부끄러워하였다. 일로써 세존께 아뢰니 세존께서 말씀하셨다.

"필추니의 법은 마땅히 스스로가 가무를 짓지 않는 것이다. 짓는 자는 월법죄를 얻느니라."

제7문 제8자섭송 ①

제7문 제8자섭송으로 말하겠노라.

승가와 필추니가 근(根)이 만약 바뀌어
세 번에 이른다면 쫓아내는 것과
법여(法與)의 인연을 널리 설하는 것과
연화색이 사자인 것이 있다.

연기의 처소는 앞에서와 같다.
어느 때 구수 오파리가 세존께 청하여 아뢰었다.

"대덕이시여. 필추니가 만약 근이 바뀌면 그 일은 어떠합니까?"
세존께서 말씀하셨다.
"옛날에 근원을 받은 것과 같이 하안거의 차례에 의거하여 필추의 사찰로 보낼지니라."
다시 세존께 아뢰어 말하였다.
"세존이시여. 필추니가 근이 바뀌는 때에는 곧 법납(本夏)에 의거하여 필추의 사찰로 보내지만 필추가 만약 근이 바뀌면 다시 법납에 의거하여 필추니의 사찰로 갑니까?"
세존께서 말씀하셨다.
"이것도 역시 필추니의 사찰로 보낼지니라."
"대덕이시여. 이 두 사람이 그 처소에 이르러 근이 도리어 다시 변하였다면 그 일은 어떠합니까?"
세존께서 말씀하셨다.
"그 마땅함을 따라서 본래의 처소로 돌아갈지니라."
"대덕이시여. 이렇게 다시 거듭 바뀌어서 이와 같이 세 번에 이른다면 이것은 다시 어떠합니까?"
세존께서 말씀하셨다.
"만약 세 번이 이르면서 바뀐다면 곧 승가와 필추니가 아니므로 마땅히 쫓아낼 것이고 의혹을 품지 말라."

연기의 처소는 앞에서와 같다.
어느 때 장자가 있었고 천여(天與)라고 이름하였다. 크게 부유하여 재물이 많았고 아내를 얻어 살고 있었다. 다시 한 곳에 어느 한 장자가 있었는데 녹자(鹿子)라고 이름하였다. 그도 역시 크게 부유하였고 아내를 얻어 살았는데 이 두 집이 모두 재산이 부유하다고 자랑하면서 각자 수승하다고 말하였다. 뒤에 친한 벗이 되어 서로 왕래가 잦았고 다만 기이한 물건이 있으면 반드시 서로에게 보내주었다. 이때 이 성안에 모든 사람들이 일이 있어 방원으로 모두 모였으며 주의(籌議)6)를 마치고서 각자 집으로 돌아갔다. 이때 두 장자인 천여와 녹자는 동산 안에 남아서 함께 담설(談說)하였는데 천여가 알려 말하였다.
"어떠한 방편을 지어야 우리들이 죽은 뒤에도 자손들이 모두 친애하고 서로가 멀어지지 않겠는가?"
녹자가 말하였다.
"이 말이 옳습니다. 지금 함께 뱃속의 혼사를 약속하고 우리 두 집안에서 만약 아들과 딸을 낳는다면 함께 혼인을 시키도록 합시다."
그가 말하였다.
"그렇소. 나의 뜻도 그러합니다."
이렇게 의논하고서 각자 본래의 집으로 돌아갔다. 뒤의 때에 천여의 아내가 한 딸을 낳으니 용모와 위의가 단정하였고 초절하였으나 평소에는 울음이 많은 성격이었다. 만약 필추가 집안에 와서 아버지를 위하여 설법하면 어린아이가 울지 않고 귀를 기울여 오로지 들었다. 삼칠일 뒤에 여러 친척들이 즐겁게 모여서 아이의 이름을 짓고자 서로 의논하여 말하였다.
"이 아이가 법을 사랑하여 귀를 기울여 오로지 들으며 천여의 딸이므로 법여(法與)라고 이름합시다."
여덟 명의 양모에게 맡기어 은혜와 자비로 기르게 하였으므로 빠르게 곧 장대하여 물에서 나온 연꽃과 같았다. 이때 녹자장자가 그가 딸을 낳은 것을 듣고 이렇게 생각을 지었다.
'나의 친구가 딸을 낳았는데 어찌 헛되게 있겠는가? 옷과 영락을 보내어 기쁜 경사에 수용하게 해야겠다. 그 아이가 곧 나의 며느리인 것을 어찌 의심하겠는가?'
아울러 말을 전하여 말하였다.
"그대가 딸을 낳은 것을 듣고 마음에 기쁨이 교차하오. 곧 옷과 영락을 보내어 기쁜 하례의 뜻을 나타내니 바라건대 마땅히 받아들여 예의가

---

6) 모여서 서로 의논하는 것을 말한다.

헛되지 않기를 바라오."

친여가 서신을 받고 회답을 보내어 말하였다.

"그대가 만약 아들을 낳는다면 반드시 혼인합시다."

이때 녹자가 회답을 받고 마음에서 아들을 구하였는데 오래지 않아서 아내가 마침내 임신하여 달이 차서 아들을 낳았다. 삼칠일 뒤에 여러 친척들이 모두 모여서 아이의 이름을 짓고자 서로에게 의논하여 말하였다.

"이 아이를 낳던 날이 비사거성(毘舍佉星)에 속하였으니 마땅히 비사거라고 이름합시다."

역시 여덟 명의 유모에게 맡기어 돌보고 양육하게 하였다. 이때 천여장자는 녹자가 아들을 낳은 것을 듣고 이와 같이 생각을 지었다.

'녹자장자가 나와 함께 교류하여 친하였는데 지금 이미 아들을 낳았고 나는 이미 딸을 낳았으니 그 아이는 딸의 남편이다. 몸을 장식할 영락과 의복을 보내야겠다.'

사자를 시켜 보내면서 아울러 말을 전하여 말하였다.

"그대가 아들을 낳았다는 것을 듣고 마음이 매우 기쁘오. 지금 의복을 보내니 원하건대 받아주시오."

그가 서신을 받고 말로 전하면서 알려 말하였다.

"교류하며 친한 것이 오래되었고 지금 모두 원하던 것이 이루어졌소. 각자 장성하기를 기다려서 혼인합시다."

법여가 장성하고서 마음에서 출가를 즐거워하여 무릎을 꿇고 아버지에게 알려 말하였다.

"나는 지금 마음에서 선설하는 법과 율을 즐거워하므로 출가하고자 합니다."

아버지가 말하였다.

"애야. 나는 이전에 너를 녹자장자의 아들인 비사거에게 시집보내기로 말하였다. 그는 곧 너의 남편이므로 진실로 이것은 아니된다."

연화색 필추니는 그녀의 문사(門師)였다. 이때 와서 서로에게 물으니 법여가 알려 말하였다.

"성자여. 나는 선설하는 법과 율에 마음에서 즐거이 출가하여 근원을 받고 필추니성을 이루고자 합니다. 원하건대 이곳에 은밀히 오시어 출가시켜 주십시오. 왜 그러한가? 나의 아버지가 막아서 나갈 수가 없기 때문입니다."

필추니가 말하였다.

"옳도다. 소녀여. 능히 이러한 마음으로 즐거이 출가하고자 하는구나. 모든 애욕은 재미는 적고 허물은 매우 많은 것이네. 세존께서는 '여러 지혜가 있는 사람은 음욕에 다섯 가지의 과실이 있으므로 고의적으로 마땅히 하지 말라.'고 마땅히 말씀하셨네. 무엇이 다섯 가지인가? 첫째는 음욕을 관찰하면 재미는 적고 과실이 많아서 항상 많은 고통이 있는 것이고, 둘째는 음욕을 행하는 사람은 항상 얽히고 묶이는 것이며, 셋째는 음욕을 행하는 사람은 항상 싫어하고 만족이 없는 것이고, 넷째는 음욕을 행하는 사람은 악을 짓지 않는 것이 없으며, 다섯째는 여러 애욕의 경계에 모든 불·세존과 성문중 및 여러 수승한 정견자들이 무량문으로써 음욕의 과실을 말씀하시는 것이네. 이러한 까닭으로 지혜로운 자는 마땅히 음욕을 익히지 않는 것이네.

또한 다시 지혜로운 출가자에게는 다섯 가지의 수승한 이익이 있네. 무엇이 다섯 가지인가? 첫째는 출가의 공덕이니 이것은 스스로에게 이익이고 다른 사람과 함께 소유하는 것이 아니므로 이러한 까닭으로 지혜로운 자는 마땅히 출가를 구하는 것이고, 둘째는 자질이 비천한 사람으로서 다른 사람에게 부림을 당하더라도 출가한 뒤에는 사람들의 공양·예배·칭찬을 받나니 이러한 까닭으로 지혜로운 자는 마땅히 출가를 구하는 것이며, 셋째는 이곳에서 목숨을 마치면 마땅히 천상에 태어나서 두 악도를 떠나나니 이러한 까닭으로 지혜로운 자는 마땅히 출가를 구하는 것이고, 넷째는 세속을 버리는 까닭으로 생사를 벗어나서 마땅히 안은한 무상의 열반을 얻나니 이러한 까닭으로 지혜로운 자는 마땅히 출가를 구하는 것이며, 다섯째는 항상 모든 부처님 및 성문들과 여러 수승한 성인들의 찬탄하는 것이 되나니 이러한 까닭으로 지혜로운 자는 마땅히 출가를 구하는 것이네.

그대는 지금 마땅히 이러한 이익을 관찰하고 은근하고 진중한 마음으로 여러 세속의 그물에서 벗어나 큰 공덕을 구하도록 하라. 이러한 까닭으로 내가 지금 그대를 제도하여 출가시키겠으니 잠시 이곳에 머물게. 내가 세존께 가서 아뢰겠네."

이때 연화색 필추니가 세존의 처소에 이르러 두 발에 정례하고 한쪽에 서서 합장하고 아뢰어 말하였다.

"대덕이신 세존이시여. 천여장자의 딸은 법여라고 이름합니다. 세존께서 설하시는 법과 율의 가운데에 마음에서 즐거이 출가하고 아울러 근원을 받고 필추니성을 이루고자 합니다. 아버지가 이전에 녹자의 아들 비사거에게 시집을 보내는 것으로 결정하였으므로 부모가 막고 보호하며 출가를 허락하지 않습니다."

이때 세존께서 구수 아난타에게 말씀하셨다.

"그대는 가서 여러 필추니 대중에게 알리게. 천여장자의 딸인 법여가 마음에서 즐거이 출가하고자 하니 연화색 필추니를 사자를 삼아 법여의 집으로 가서 그녀에게 알려 말하게 하게. '세존의 가르침을 받들어 법여에게 삼귀호(三歸護)와 아울러 오학처를 주나니 곧 집안에서 머리를 깎고 출가하여 십계를 받도록 하라.'"

이때 아난타가 세존의 가르침을 받들어 그 필추니들에게 말하니 여러 필추니들이 모두가 모였고 연화색 필추니를 보냈다. 그곳에 이르러 알려 말하였다.

"소녀여. 지금 필추니 승가는 세존의 가르침을 받들어 나를 이곳에 보내어 그대를 출가시키는 것이다. 먼저 삼귀의와 5학처를 받으면서 마땅히 용심으로 받아라."

이미 받았으므로 알려 말하였다.

"그대는 이미 근사녀(近事女)이니라."

다음은 10학처를 주고서 말하였다.

"그대는 이미 출가하였으니 마땅히 부지런히 수학하고 세존의 가르침과 같이 법에 의지하여 호지하라."

이때 여인은 기뻐하면서 깊은 갈앙(渴仰)이 생겨나서 일심으로 듣고 받아들였다. 연화색 필추니가 그녀의 근성을 관찰하고 근기를 따라서 설법하여 그녀에게 사제의 이치를 개오시키니 지혜의 금강저로서 20종류 유신견의 산을 부수고 예류과를 얻었다. 이때 연화색 필추니가 세존께 와서 아뢰었다.

"대사의 가르침을 받들어 지을 일을 마쳤습니다."

세존께서 구수 아난타에게 알려 말씀하셨다.

"그대는 가서 여러 필추니 대중에게 알리게. '연화색 필추니를 사자를 삼아 그녀의 집으로 가서 그녀에게 알려 말하게 하게. '육법(六法)과 육수법(六隨法)을 가르쳐 주고 2년의 정학(正學)을 가르쳐 주도록 하라.'"

이때 아난타가 세존의 가르침과 같이 여러 필추니 대중에게 알렸다. 연화색 필추니를 시켜 법여의 처소에 이르러 세존의 가르침과 칙명에 의지하여 육법과 육수법을 주고서 알려 말하였다.

"그대는 지금 정학녀(正學女)이니라. 마땅히 2년을 가르침을 받들어 수학하고 세존의 가르침과 같이 법에 의지하여 호지하라."

다시 거듭 근기를 따라서 묘법을 설하니 그녀가 법을 듣고는 일래과를 얻었다. 이때 법여가 2년을 육법과 육수법을 배웠고 나이가 점차 장대하여 용모와 위의가 초절하여 평범한 또래 중에서 뛰어났다. 이때 여러 친족들이 모두 와서 보았고 녹자장자도 그녀가 장성한 것을 알고 사자를 보내어서 천여장자에게 알려 말하였다.

"아들과 딸이 장성하였으니 마땅히 함께 혼인시키세. 좋은 날을 선택하여 성대히 예를 치르세."

천여가 대답하여 말하였다.

"옳네. 이 일은 마땅히 이와 같이 하겠네."

곧바로 여러 음양사(陰陽師)를 불러 모아서 길일을 점쳤다. 그 천여장자는 원근의 친척들에 사람을 시켜서 알렸다.

"나의 딸인 법여가 어느 날에 성례(成禮)하니 만약 어른이고 아이더라도 모두 반드시 모여서 기쁘게 축하하시고 여러 장엄구를 모두 가지고 오시오."

이때 녹자장자도 역시 친지에게 알렸다. 그러므로 그의 종친과 권속이 널리 모두 왔으므로 실라벌성에 가득하였다. 이때 교살라국의 승광대왕과 나아가 중궁 및 여러 신하와 백성들도 모두 천여장자의 딸인 법여가 녹자장자의 아들과 어느 날에 함께 혼인 잔치를 하며 여러 친척들이 모두 모여서 성중이 떠들썩한 것을 들었다. 왕이 대신에게 알렸다.

"경 등도 역시 마땅히 함께 그를 도우시오."

이때 대신들이 왕의 명령을 선포하고 그 경계 안의 취락과 촌방에 있는 모든 귀족과 호족들에게 소유한 기이한 물건의 장엄구를 함께 가지고 와서 장자의 혼인 잔치를 돕게 하였다. 이때 여러 귀족들이 왕명을 듣고 여러 종류의 기이한 물건을 가지고 와서 도와주었다. 이때 성곽의 강장(康莊)[7]과 항맥(巷陌)[8]에 사람들이 가득하였으나 쓸고 물뿌리고 장엄하여 여러 잡스럽고 더러운 것이 없었다. 향을 피워서 널리 향기가 퍼졌고 좋은 꽃을 흩뿌려 환희원과 같아서 모두가 사랑하고 즐거워하였다. 법여가 멀리서 그 기이함을 보고 괴이하여 집안사람에게 물어 말하였다.

"지금 때가 아닌데 백화회(白花會)를 하는 것인가?"

집안사람이 대답하여 말하였다.

"그대의 복보(福報)인 까닭입니다. 이렇게 하는 것은 때가 아니더라도 백화회를 지어 그대의 성례에 주는 것입니다."

그녀가 이 말을 듣고 마음에 우뇌가 생겨나서 빠르게 아버지의 처소에 나아가서 무릎을 꿇고 알려 말하였다.

"나는 마음에서 오욕의 애락이 없습니다. 원하건대 아버지께서는 나에게 왕원가람(王園伽藍)의 필추니의 처소에 나아가는 것을 허락하여 주십시오."

아버지가 말하였다.

---

7) 거리를 표시하는 말로서 5갈래의 5거리를 강(康)이라고 하고 6거리를 장(莊)이라고 한다.
8) 도시의 거리인 길거리와 골목을 가리킨다.

"네가 태어나기도 전에 나는 녹자장자의 아들인 비사거에게 시집보내기로 약속을 하였으니 그가 그대의 남편이니라. 지금은 나에게 귀속되지 않았느니라. 그리고 교살라국의 승광대왕과 신하와 백성의 귀천까지도 함께 모두 네가 녹자의 아들인 비사거에게 시집간다는 것을 들어서 알고 있는데 그들이 어찌 왕원사로 나아가는 것을 허용하겠는가? 네가 나와 여러 종친들을 뇌옥에 가두고 싶은가? 내일 혼인할 것이니 다른 말 하지 말라."

또한 여러 친족들이 함께 와서 알려 말하였다.

"소녀여. 그대는 지금 마땅히 경솔한 일을 하지 말라. 그대는 이미 성년이므로 범행을 세우는 것은 어렵다."

그들이 알리는 것을 듣고 곧바로 책려하고 작의로 부지런히 닦으며 오로지 성도를 구하였으나 결국 능히 애욕에서 벗어날 방편을 얻지 못하였다. 일체시에 여래께서는 모르는 것이 없으시다. 항상 대비심을 일으키시어 일체의 유정을 요익하게 하시므로 구호의 가운데에서 최고 제일이시고, 최고 영웅으로 용맹하시며 두 말씀이 없으시다. 정혜에 의지하여 머무르셨고, 삼명을 나타내셨으며, 삼학을 잘 닦아서 삼업을 잘 조복하셨고, 사폭류를 건너서 사신족에 안주하셨으며, 장야에 사섭행을 닦으셨고, 오개를 없애셨으며, 오지를 멀리 벗어나 오도를 초월하셨고, 육근을 구족하셨으며, 육도가 원만하셨고, 칠재를 널리 베푸셨으며, 칠각화를 피우셨고, 세속의 팔법을 벗어나셨으며, 팔정도를 보이셨고, 영원히 구결을 끊으셨으며, 구정을 명철하게 익히셨고, 십력이 충만하여 시방에 명성이 들리므로 모든 자재의 가운데에서도 가장 수승하시다.

두려움이 없는 법을 얻어 마원을 항복받으셨고, 큰 우뢰의 소리로 사자후를 지으셨으며, 밤낮의 육시를 항상 불안으로서 세간을 관찰하시어 누가 증장되었고 누가 감소하였으며, 누가 고액을 만났고 누가 악취로 향하였으며, 누가 애욕의 수렁에 빠졌고 누가 교화를 감당할 수 있으며, 어떤 방편을 지어 구제하여서 벗어나게 하셨고, 성재가 없는 자는 성재를 얻게 하셨으며, 지혜의 안선나로 무명인 눈꺼풀을 깨트리셨고, 선근이 없는 자에게 선근을 심게 하셨으며, 선근이 있는 자에게는 다시 증장하게 하셨고, 인간과 천상의 길에서 안은하고 무애하게 하셨으며, 열반의 성으로 나아가게 하신다.

이것과 같은 게송이 있다.

가령 대해의 조류(潮流)는
혹시 기한을 잃을지라도
세존께서 교화하시는 것과
제도에는 때를 넘기는 것은 없다네.

세존께서는 모든 중생에 대하여
자비를 버리지 아니하시고
그들의 고난을 구제하실 생각이
어미소가 송아지를 따르는 것과 같다네.

이때 세존께서는 경행의 처소에서 마침내 곧 미소를 지으시니 입에서 오색의 미묘한 광명이 나와서 혹은 때에 아래를 비추었고 혹은 위로 상승하였는데 그 빛이 아래에 이른 곳은 무간지옥과 나머지의 지옥이었다. 보았을 때에 뜨거운 고통을 받았다면 모두 청량함을 얻었고 만약 한빙(寒氷)한 곳이었다면 곧 온난함을 얻었다. 그 여러 유정들이 각자 안락함을 얻고 모두가 이렇게 생각을 지었다.

'내가 그대들과 함께 지옥에서 죽어서 다른 곳에 태어난 것인가?'
이때 세존께서 그 유정들에게 신심이 생겨나게 하시고 다시 다른 모습을 나타내시어 그들이 서로를 보고 모두가 이렇게 생각을 지었다.

'우리들이 이곳에서 죽어서 다른 곳에 태어나는 것이 아니다. 그러나 분명히 무상이신 대성의 위덕의 힘을 까닭으로 우리들의 몸과 마음이 현재에 안락을 받는 것이다.'
이미 공경과 신심이 생겨나서 능히 모든 괴로움을 없애고 인간과 천상의 취에서 승묘한 몸을 받았고 마땅히 법기(法器)가 되어 진제의 이치를 보았다. 그 광명은 위로 상승하여 색구경천(色究竟天)까지 이르렀고 그 광명 가운데에서 고·공·무상·무아 등의 법이 연설되었다. 아울러 두 개의 가타를 설하여 말하였다.

그대가 마땅히 출리(出離)를 구한다면
세존의 가르침에서 부지런히 닦아서
코끼리가 초가집을 부수는 것과 같이
생사의 군대를 항복받아라.

이러한 법과 율의 가운데에서
항상 방일하지 않는다면
능히 번뇌의 바다를 마르게 하고
마땅히 고통의 변제를 끝마치리라.

이때 그 광명은 널리 삼천대천세계를 비추고 세존의 처소에 되돌아왔다. 만약 불·세존께서 과거의 일을 설하시면 광명이 등을 따라 들어가고, 만약 미래의 일을 설하시면 광명이 가슴을 따라 들어가며, 만약 지옥의 일을 설하시면 빛이 발바닥을 따라 들어가고, 만약 방생의 일을 설하시면 빛이 발꿈치를 따라서 들어가며, 만약 아귀의 일을 설하시면 빛이 발가락을 따라 들어가고, 만약 사람의 일을 설하시면 빛이 무릎을 따라 들어가며, 만약 역륜왕(力輪王)의 일을 설하시면 빛이 왼손의 바닥을 따라 들어가고, 만약 전륜왕의 일을 설하시면 빛이 오른손의 바닥을 따라 들어가며, 만약 하늘의 일을 설하시면 빛이 배꼽을 따라 들어가고, 만약 성문의 일을 설하시면 빛이 입을 따라 들어가며, 만약 독각의 일을 설하시면 빛이 눈썹을 따라 들어가고, 만약 아뇩다라삼먁삼보리의 일을 설하시면 빛이 이마를 따라 들어가는 것이다.

이때 구수 아난타는 합장하고 공경하며 세존께 아뢰어 말하였다.

"세존이시여. 여래·응·정등각께서 빙그레 미소를 짓는 것은 인연이 없지 않습니다."
곧 가타로서 세존께 청하여 말하였다.

입으로 여러 가지의 미묘한 광명을 비추시니
대천세계에 가득하여 하나의 모양이 아니며
시방의 모든 땅에 널리 두루하시니
햇빛이 허공을 모두 비추는 것과 같다네.

세존께서는 중생에게 가장 뛰어난 인연이시니
능히 교만과 근심 슬픔을 없애주시고
인연이 없으면 금구(金口)를 열지 않으시는데
미소를 지으시니 반드시 희유하고 기이함을 나타내리라.

안주하여 자세히 살피시는 석가모니불께선
즐겨 듣고자 하는 사람에게는 능히 설해주시며
사자왕이 미묘하게 외치는 것과 같이
원하건대 우리들을 위하여 의심을 끊어주십시오.

큰 바다에 있는 묘산왕(妙山王)과 같아서
만약 인연이 없으시면 움직이지 않으시나
자재하고 자비로운 미소를 나타내셨으니
우러러 갈망하는 사람을 위해 인연을 설해주십시오.

이때 세존이 아난타에게 알려 말씀하셨다.
"그러하도다. 그러하도다. 아난타여. 인연이 없으면 여래·응·정등각께서는 곧 미소를 나타내지 않느니라. 아난타여. 그대는 법여 동녀에게 내가 필추니 대중에게 부촉하여 차례로 삼귀의와 오계와 십계를 주어

식차마나를 지었고 2년 동안에 육법과 육수법을 배우게 하였던 것을 보았는가? 내일 출가(出嫁)하므로 권속이 모두 모인 것이니라."

아난타가 아뢰었다.

"저는 모두를 이미 보았습니다."

세존께서 말씀하셨다.

"아난타여. 그 집안에 머무르며 남은 음식을 먹는 것을 허락하지 않을 것이니, 오래지 않아서 곧 불환과와 아라한과를 증득할 것이네. 그대는 지금 마땅히 가서 필추니들에게 알려 말하도록 하게. '법여가 이미 2년 정학녀의 육법과 육수법을 배웠으니 필추니 대중은 마땅히 연화색 필추니를 사자로 삼아서 그녀의 집으로 가서 범행의 본래의 법을 짓게 하라.'"

이때 아난타가 여러 필추니들에게 알렸고 필추니 대중들이 함께 모여서 연화색 필추니를 시켜서 그녀의 집안에 이르러 본법(本法)을 지어주고서 법여에게 알려 말하였다.

"그대는 오래지 않아서 마땅히 구족계를 받으리라."

또한 다시 거듭하여 근기를 따라서 설법하였으므로 그녀는 불환과를 얻어서 신통력이 발생하였다. 이때 연화색 필추니가 세존께 가서 아뢰니 세존께서 아난타에게 알리셨다.

"그대는 필추니의 처소로 가서 나의 가르침을 전하면서 이와 같이 말하게. '필추와 필추니의 두 대중은 마땅히 법여에게 근원을 주면서 연화색 필추니를 사자로 삼아라.'"

이때 아난타가 세존의 가르침을 받들고 가서 필추니의 대중과 모인 승가의 가운데에서 알렸다.

"연화색 필추니를 사자를 삼아서 곧 그녀가 있는 처소에서 법여에게 근원을 주라고 하셨습니다."

대중이 작법을 마쳤다. 이때 연화색 필추니는 그녀에게 가서 알려 말하였다.

"소녀여. 이부의 승가는 이미 그대에게 근원을 주었고 세존께서 허락하셨으니 마땅히 잘 받들어 행하라."

또한 설법하니 그녀가 법을 듣고 깊은 염심(厭心)이 일어나서 오취온에서 무상·고·공·무아를 관찰하였다. 이와 같이 알고서 지혜의 금강저로써 여러 번뇌를 부수고 아라한과로써 마음이 열렸고 뜻을 깨달아서 여러 번뇌를 끊고 아라한과를 증득하여 삼명과 육통과 팔해탈을 갖추어 여실지를 얻었다. 스스로가 태어남을 이미 끝냈고 범행은 이미 섰으며 지을 것은 이미 마쳤고 후유를 받지 않았으며 마음에 걸림이 없었다. 손으로 허공을 만지는 것과 같아서 칼로 베이거나 향을 발랐어도 사랑과 미움이 일어나지 않았고 금을 보아도 흙 등과 다름이 없었으며 여러 명예와 이익을 버리지 않는 것이 없었으므로 제석과 범천과 여러 천인이 모두 공경하였다.

여러 번뇌를 이미 마친 아라한 필추니가 백의가(白衣家)에 있으면서 남은 밥을 먹고 세속의 법을 행하는 것은 허용되지 않는다. 이때 법여는 이미 과를 얻었으므로 부모에게 알려 말하였다.

"두 부모님은 마땅히 아십시오. 나는 이미 아라한과를 얻었습니다. 지금 왕원의 필추니의 사찰로 나아가고자 합니다."

부모가 알려 말하였다.

"만약 이와 같다면 왕법에 구속되어 죄가 너의 몸에 미칠까 두렵구나. 계책을 베풀어 세존과 같이 떠나거라."

대답하여 말하였다.

"옳습니다. 원하시는 방편을 하겠습니다."

이때 천여장자는 곧 세존과 필추 승가를 청하고 사자를 다시 보내어 녹자장자에게 알려 말하였다.

"좋은 벗이여. 마땅히 아시게. 나의 딸인 법여가 세속을 즐거워하지 않고 틀림없이 출가할 것이 분명하므로 마땅히 빠르게 와서 강제적이라도 혼인을 하게."

이때 녹자가 교살라국의 승광대왕에게 알렸다.

"신이 천여와 함께 뱃속부터 혼인을 약속하였으나 그의 딸이 지금 세속을 버리고 출가하고자 합니다. 신이 여러 친족을 모시고 강제로 혼인을 하고자 합니다."
왕이 말하였다.
"뜻을 따르시오."
이때 장자는 곧 종친들에게 명하여서 혼사의 일을 의논하였고 그 천여장자는 여러 음식을 준비하고 사자를 보내어 세존께 아뢰었다.
"공양이 이미 준비되었습니다. 원하옵건대 세존께서는 때가 되었음을 아십시오."
이때 세존께서는 옷을 입으시고 발우를 지니시고 필추 대중을 데리고 법여의 집에 나아가서 자리에 앉으셨고 모든 나머지의 승가들도 각자 차례에 의지하여 앉았다. 천여장자는 모든 권속들과 함께 여러 종류의 상묘한 음식을 가지고 세존과 승가께 공양하여 모두가 배부르고 만족하였다. 이때 녹자장자와 여러 권속·왕자·대신 및 여러 사람들이 비사거를 데리고 예의를 갖추고 문 앞에 와서 이르렀고 혼례를 치르고자 하였다.
이때 천여장자는 세존과 대중이 음식을 먹었고 양치를 마쳤으며 발우를 거두었음을 알고서 낮은 자리에 앉아서 여러 권속들과 아울러 대사의 앞에서 법요를 설하는 것을 들었다. 이때 세존께서는 묘법을 보여주셨고 가르치셨으며 이익되고 기쁘게 하시고서 자리에서 일어나 떠나갔다.
이때 법여 필추니는 삼계의 미혹을 끊고 무소외를 얻었으나, 시집가는 일이 또한 눈앞에 있었고, 왕자와 대신과 여러 사람들과 아울러 비사거가 그의 친족들과 함께 음악을 갖추고 서로를 기다리며 서있었다. 이때 법여 필추니가 세존의 뒤를 따라서 문 앞으로 나왔다. 이때 비사거가 법여를 보고 드디어 곧 손을 펼쳐서 법여의 어깨를 잡았고 무량한 백천의 대중이 함께 보았다.
이때 법여가 곧 신통을 나타내었는데 큰 거위왕이 두 날개를 펼친 것과 같이 허공으로 올라가서 신통변화의 일을 나타내었다. 이때 왕과 신하와 비사거와 소유한 권속들과 아울러 여러 사람들이 신통변화를 보고 모두가 희유함이 생겨나서 온몸을 큰 나무가 땅에 쓰러지듯이 던져서 멀리서 그녀의 발에 예배하면서 참회(懺謝)하였으며 외쳐 말하였다.

"성녀여. 이와 같이 특이하고 수승한 덕을 얻어 증오하셨는데 재가에서 여러 욕락과 남은 밥을 먹겠습니까? 이치에 마땅하지 않습니다."

이때 법여가 몸을 세우고 내려와서 여러 대중을 위하여 널리 묘법을 설하였는데 그 듣는 자는 무량한 백천이었다. 수승한 이해를 얻어서 예류·일래·불환의과를 얻은 자가 있었고, 혹은 불법의 가운데에 출가하여 여러 번뇌를 끊고 아라한과를 얻었으며, 혹은 성문이나 독각의 대보리심을 일으켰다. 다시 대중들에게 삼보께 귀의하고 생사에서 출리를 구하게 하였다. 이때 법여 필추니는 이미 큰 이익을 얻었으므로 세존의 처소로 나아가서 발에 예경하고 떠나갔다. 이때 세존께서는 여러 필추들에게 알리셨다.

"나의 법 가운데의 성문 필추니 대중에서 설법을 잘하는 자는 법여 필추니가 가장 제일이니라."

이때 여러 필추들이 세존의 말씀을 듣고 함께 모두가 의심이 있어 세존께 청하여 말하였다.

"이 법여 필추니가 일찍이 무슨 업을 지었고 그 본래의 집에서 출가하였으며 세존께서 열어서 허락하시고 보내신 사자에게 계를 받았고 곧 그곳에서 아라한의 과보를 얻었으며 설법하는 사람 가운데에서 제일이 되었습니까? 원하건대 자비로서 그녀의 본래의 업을 설하여 주십시오."

세존께서 여러 필추들에게 알리셨다.

"법여 필추니가 전생의 몸으로 지은 업을 과보가 성숙된 때에 되돌려 반드시 스스로 받은 것이고, 다른 곳에서 받은 것이 아니니라."

자세한 설명은 다른 곳과 같으며 나아가 게송으로 말씀하셨다.

가령 백겁이 지나더라도
지은 업은 없어지지 않으며
인연이 모여 만나는 때에
과보가 돌아와서 스스로 받는다네.

"그대들 필추들이여. 이 현겁 가운데에서 사람의 수명이 2만세일 때에 어느 세존께서 계셨으니 명호는 가섭파여래·응·정등각이셨고 십호를 구족하셨으며 신선이 떨어진 곳인 시녹림 가운데에 머무셨느니라. 이때 바라니사에 한 장자가 있는데 크게 부유하여 재산이 많았고 아내를 얻고 오래지 않아서 마침내 곧 임신하였다. 달이 차서 딸을 낳았는데 그 딸이 장대하자 뜻으로 출가를 즐거워하였으나 부모가 허락하지 않았다. 이때 어느 노필추니가 그 집의 문사(門師)였으므로 그 딸이 알려 말하였다.

'성자여. 능히 이곳에서 나를 출가시켜 주고 근원을 주어서 필추니성을 이루어 주실 수는 있습니까?'

필추니가 말하였다.

'내가 가서 세존께 아뢰겠으니 그대는 잠시 안주(安住)하게.'

곧 세존의 처소에 이르러 이 일을 아뢰었다. 세존께서는 곧 그 필추니를 시켜서 그 집안으로 가서 딸을 출가시켰고 삼귀의와 오계 및 정학법을 주셨으며 이부의 승가도 역시 다시 필추니에게 근원을 주었다. 이때 노필추니가 그녀의 근성을 관찰하고 근기를 따라서 설법하니 곧 집안에서 아라한과를 얻었고 그 세존께서는 설법하는 필추니 가운데에서 제일이라고 칭찬하셨다. 이때 노필추니가 곧 이렇게 생각을 지었다.

'이 소녀가 출가하여 근원을 받고 법을 듣고 해오하여 아라한과를 얻은 것은 모두 나를 의지하였으므로 이러한 수승한 이익을 얻은 것이다.'

이렇게 생각을 짓고서 곧바로 발원하였다.

'내가 가섭파여래·응·정등각의 교법의 가운데에서 이 몸이 끝나도록 범행을 닦고 소유한 선근으로 가섭파불께서는 마납파에게 수기하십시오. <마땅히 미래의 세상에서 사람의 수명이 백세일 때에 정각을 이루신 석가모니라고 명호하실 것입니다. 저는 원하건대 그 여래의 법 가운데에서 이 여인과 같이 본래의 집에서 떠나지 않고 출가하고 여러 학처를 받으며 법을 듣고 해오하며 번뇌를 끊고 없애서 아라한이 되겠사오니 가섭파불께서 이 필추니가 설법하는 필추니 가운데에서 제일이라고 칭찬하신 것과 같이 원하건대 나도 마땅히 내세에 이와 같이 하십시오.>'

그대들 필추들의 뜻은 어떠한가? 그 노필추니가 어찌 다른 사람이겠는가? 이 법여이니라. 그녀가 지나간 옛날에 가섭파불 교법의 가운데에서 몸이 끝나도록 범행을 닦았고 소유한 선근으로 회향하고 발원하였던 까닭으로 지금 집에 있었으나 사자를 인연하여 출가하여 여러 학처를 받았고 필추니성을 이루었으며 여러 번뇌를 끊고 아라한과를 증득하였으며 세존께 설법이 제일이라는 수기를 받은 것이니라.

그대들 필추들이여. 이러한 까닭으로 나는 흑업에는 흑보를 얻고 잡업에는 잡보를 얻으며 백업에는 백보를 얻는 것이라고 말하는 것이니라. 그대들은 마땅히 백업을 부지런히 얻을 것이고 흑업과 잡업은 떠나야 하느니라."

나아가 게송으로 말씀하셨다 이때 여러 필추들이 세존의 말씀을 듣고 모두가 크게 기뻐하면서 믿고 받들어 행하였으며 세존의 발에 정례하고서 하직하고 떠나갔다.

근본설일체유부비나야잡사 제33권

삼장법사 의정 한역
석보운 번역

제7문 제9자섭송 ①

제7문 제9자섭송으로 말하겠노라.

사찰 밖에서 참회하지 않는 것과
혼자서 머리를 깎지 않는 것과
필추니 사찰의 방을 빌려주지 않는 것과
벽돌로 몸을 문지르지 않는 것이 있다.

연기의 처소는 앞에서와 같다.
 한 필추니가 있어 필추의 처소에 나아가서 그에게 수학을 받았는데 필추니에게 과실이 있었으므로 꾸짖고서 쫓아냈다. 곧 사중으로 가서 옆구리를 붙이고 누워있으므로 그 친교사가 보고 물어 말하였다.
 "무슨 인연으로 누워있는가?"
 대답하여 말하였다.
 "아차리야께 꾸지람을 받았습니다. 나는 어떻게 해야 합니까?"
 스승이 말하였다.
 "소녀여. 다시 무엇을 짓겠는가? 그 궤범사가 법에 머물게 하려는 까닭으로 그대를 꾸짖은 것이니 마땅히 빠르게 가서 환희하게 애원하라."

대답하여 말하였다.

"옳습니다. 내가 가서 사죄를 청하겠습니다."

서다림으로 갔으나 방에서 볼 수가 없었다. 마침내 곧 구하여 찾았는데 사찰 밖에서 경행하고 있었다. 곧 그의 앞으로 가서 발에 예배하였으나 그는 받지 않고 버리고 떠나갔다. 여러 남녀들이 보았는데 염욕에 마음에 얽혔다고 말하면서 그 필추니에게 알려 말하였다.

"우리들이 성자의 참회하는 뜻을 알고 있으니 그가 받아주지 않는다면 와서 서로를 도웁시다. 당신에게 필요한 것을 우리들이 구해주겠습니다."

필추니가 부끄러움을 품고 묵연히 사찰로 돌아왔다. 필추니가 필추에게 알렸고 필추는 세존께 아뢰었다. 세존께서는 이렇게 생각을 지으셨다.

'여러 필추가 필추니의 참회를 받은 까닭으로 탐욕스럽고 혼미한 남녀들에게 악한 분별을 일으키게 한 것이다.'

여러 필추와 필추니에게 알리셨다.

"필추니는 마땅히 사찰 밖에서 필추에게 환희하게 애원하지 않을 것이고 필추는 마땅히 참회를 받을 것이며 버리고 떠나가지 말라. 만약 의지하지 않는 자는 함께 월법죄를 얻느니라."

연기의 처소는 앞에서와 같다.

여러 필추니들이 젊은 이발사에게 그녀들의 머리를 깨끗이 깎게 하였는데, 필추니가 그 이발사를 보고 마음에서 염욕이 생겨났다. 필추가 인연으로써 세존께 아뢰니 세존께서 말씀하셨다.

"그대들 여러 필추니들은 마음이 항상 가볍게 움직이므로 만약 마음을 매어두지 않는다면 항상 유혹되기 쉬우니라. 여인의 성품은 욕정에 맹렬하고 날카로우므로 지금부터 필추니는 마땅히 홀로 다른 사람을 시켜서 머리를 깎지 말라. 만약 머리를 깎을 때에는 마땅히 한 필추니에게 곁에 앉아 있게 할 것이고 그 이발사가 만약 욕념이 생겨서 이상하게 보았다면 그 필추니가 알려 말하라.

'현수여. 마땅히 아십시오. 여자의 몸과 뼈와 살은 거짓으로 이루어진

허망하고 진실하지 않은 것입니다. 필추니에게 다른 생각이 생겨나서 지옥의 고통을 부르지 마십시오.'

만약 필추니가 삿된 생각을 짓는다면 마땅히 말하라.

'소매여. 그대는 이미 집을 버리고 세속의 연과 소임을 버리었소. 그대는 마땅히 억념하십시오. 이부의 대중 가운데에서 근원을 받을 때에 무슨 중요한 맹세를 하였는가? 세존께서는 <모든 욕염이라는 것은 재미는 적고 과실은 많다.>고 마땅히 말씀하셨으므로 그대는 지금 마땅히 악한 생각을 버리고 출가의 마음을 지키시오.'

이와 같이 말하면 좋으나 만약 알리지 않는다면 도반인 필추니는 월법죄를 얻느리라."

연기의 처소는 앞에서와 같다.

토라난타 필추니가 한 장자에게 권유하여 필추니 사찰을 지었으므로 많은 필추니가 이곳에 머물렀다. 뒤에 다른 때에 500의 상인들이 남방에서 와서 실라벌성으로 향하면서 머물 곳을 구하였으나 능히 얻지 못하였고 곧 네거리에서 임시로 잠시 머물러 쉬었다. 날이 저물려고 하였고 하늘에서 다시 비까지 내렸으므로 각자 근심을 품고 손으로 턱을 괴고 머물렀다. 이때 토라난타 필추니가 보고 물어 말하였다.

"현수여. 하늘에서 비가 내리는데 어찌 급하게 화물을 거두어 기숙할 곳으로 찾아가지 않습니까?"

대답하여 말하였다.

"성자여. 우리들은 나그네이고 두루 머물 곳을 찾았으나 지금 이 성의 사람들은 인의(仁義)가 없어서 방을 기꺼이 빌려주지 않으니 어떻게 하여야 합니까?"

필추니가 말하였다.

"여러분. 밤은 이미 저물었고 하늘에서 비가 내리는데 무슨 까닭으로 값을 많이 주겠다고 말하지 않았는가? 만약 소유한 재화를 거두지 않는다면 모두가 손괴되어 누가 마땅히 기꺼이 취하겠는가?"

대답하여 말하였다.

"성자여. 이곳의 인정을 관찰하면 헤아리는 것이 어렵습니다. 비록 두 배의 값을 주어도 받아주지 않고 이것은 우리들의 악업인데 무슨 말을 하겠습니까? 참고서 날이 밝으면 곧 찾아서 옮기겠습니다."

필추니가 말하였다.

"여러분이 만약 꼭 능히 두 배를 주겠다면 사찰로 들어오시오."

대답하여 말하였다.

"좋습니다. 성자의 말대로 하겠습니다."

곧 사찰로 옮겨 들어갔다. 이때 토라난타도 역시 사찰로 들어와서 기거하는 필추니 대중들을 모두 쫓아내고 상인들에게 빌려주었다. 모든 필추니들이 흩어져서 나왔고 어두운 밤에 진흙탕 길을 비를 맞으면서 다른 사찰로 향하였으나 의복이 완전히 젖었다. 이미 사찰에 이르니 그곳의 필추니들이 물어 말하였다.

"자매여. 무슨 까닭으로 깊은 밤에 비를 맞으며 왔는가?"

모두가 곧 앞의 일을 자세히 말하니 모든 욕심이 적은 필추니들이 이와 같은 말을 듣고 각자 모두가 비난하고 싫어하였다.

"어찌 필추니가 시주가 지은 사찰에서 필추니들을 쫓아내고 재가인들에게 빌려주었는가?"

인연으로써 세존께 아뢰니 세존께서 말씀하셨다.

"마땅히 사찰을 재가인에게 빌려주지 말라. 만약 빌려준다면 월법죄를 얻느니라."

연기의 처소는 앞에서와 같다.

이때 토라난타 필추니가 남자들이 목욕하는 곳의 가운데에 마침내 들어가서 벽돌로 몸을 문지르면서 목욕을 하였다. 남자들이 보고는 곧 염욕의 마음이 일어나서 함께 서로에게 의논하며 말하였다.

"이 대머리 필추니를 보게. 우리에게 목욕하는 것을 배운다네."

인연으로 비웃음이 생겨났다. 인연으로써 세존께 아뢰니 세존께서 말씀하셨다.

"마땅히 이렇게 음욕으로 마음을 어지럽히는 어리석은 사람의 가운데에서 몸을 문지르면서 목욕을 하지 말라. 필추니로서 벽돌로 몸을 문지르는 자는 월법죄를 얻느니라."

제7문 제10자섭송 ①

제7문 제10자섭송으로 말하겠노라.

뼈와 돌 및 나무와
혹은 주먹으로 문지르지 말고
오직 손을 사용하여 몸을 닦을 것이니
다른 물건은 모두 합당하지 않느니라.

연기의 처소는 앞에서와 같다.
세존께서 필추니가 벽돌로 몸을 문지르는 것을 허락하지 않으셨다. 필추니가 곧 뼈와 돌과 나무 및 주먹으로 몸을 문질렀으므로 도리어 이전의 허물과 같은 과실이 있었다. 세존께서 말씀하셨다.

"마땅히 손을 사용하여 문질러라. 손을 제외하고는 다른 물건을 사용하여 몸을 문지르는 자는 월법죄를 얻느니라."

제8문 총자섭송

제8문 총자섭송으로 말하겠노라.

탑을 제거하는 것과 참회와 문전(門前)과
뽑힌 것과 마땅히 저축하지 않는 것과
여인과 함께 하지 않는 것과 부인이 까닭인 것과

설사약과 삼의(三衣)와 뱀에 대한 것이 있다.

제8문 제1자섭송 ①

제8문 제1자섭송으로 말하겠노라.

탑을 제거하니 오파리를 해친 것과
승가의 제약을 마땅히 어기지 않을 것과.
필추니가 어려움 없이 들어감을 허락하는 것과
교계(敎誡) 등은 때를 따르는 것이 있다.

연기의 처소는 앞에서와 같다.
 어느 때 본승(本勝) 필추가 목숨을 마친 뒤에 다비를 마치고서 12중필추니들이 그 남은 뼈를 거두어 넓은 곳에 탑을 세우고 묘한 증채(繒綵)로 당번과 일산과 화만을 그 탑 위에 얹고서 전단향수로 공양하였다. 또한 능히 찬패(讚唄)하는 두 필추니를 뽑았고 날마다 흙가루와 깨끗한 물을 준비해서 만약 다른 곳에서 객필추가 오는 것을 보면 곧 흙과 물을 주어서 손발을 씻게 하였고 향과 꽃을 주고 앞에서 패(唄)1)로 인도하여 그 탑을 돌게 하였다.
 뒤의 다른 때에 한 나한필추가 있어 겁비덕(劫卑德)이라고 이름하였다. 500의 문도들과 함께 인간세상을 유행하면서 실라벌성의 길에 이르렀고 탑의 근처에 있었다. 만약 아라한이라도 관찰하지 않는 때에는 앞의 일을 모르는 것이다. 멀리서 그 탑을 보고 이렇게 생각을 지었다.
 '누가 다시 이곳에 새롭게 여래의 조발탑(爪髮塔)을 조성하였는가? 내가 가서 예경해야겠다.'
 곧바로 나아갔다. 이때 두 필추니는 그가 오는 것을 보고 함께 흙과

---

1) 세존의 공덕을 칭송하는 노래인 찬가(讚歌)를 말한다.

물을 주어 손발을 씻게 하였고 꽃과 향을 주었으며 패를 부르면서 앞을 갔고 500인을 인도하여 그 탑을 돌면서 예배하고 떠나갔다. 탑에서 멀지 않은 곳에서 존자 오파리가 한 나무 아래에 연좌하여 머물렀는데 보고 물어 말하였다.

"구수 겁비덕이여. 마땅히 누구의 탑에 예배하였는가를 관찰하시오."
곧 이렇게 생각을 지었다.
'구수 오파리가 무슨 까닭으로 나에게 누구의 탑인가를 관찰하여 존념하라고 하는가?'
곧바로 그 탑 안을 관찰하니 본승필추의 해골이 들어 있었다. 그는 오히려 습기가 있었던 까닭으로 곧 참지 못하고서 곧바로 도리어 구수 오파리에게 알려 말하였다.
"구수 오파리여. 당신은 이곳에 머물면서 불법에 종기가 생겨났는데 버려두고 물어보지 않는 것이오?"
오파리가 듣고 묵연하였고 대답하지 않았다. 이때 겁비덕이 모든 문도들에게 알려 말하였다.
"구수여. 그대들이 만약 대사의 교법을 공경하고 받아들인 자들이라면 마땅히 모두가 벽돌을 모아놓은 곳으로 가서 사람마다 하나의 벽돌을 가져다가 그 탑을 부수어라."
이때 문도들이 이미 스승의 가르침을 받들어 각자 벽돌을 하나씩 취하여 잠깐 사이에 탑을 모두 부수었다. 두 필추니는 이 일을 보고 실성(失聲)하여 울면서 빠르게 가서 나머지의 필추니들에게 알렸다. 이때 12중필추니와 나머지의 욕심을 떠나지 못한 필추니들은 이미 탑이 헐렸다는 것을 듣고 소리 높여 크게 울었다.
"오늘에 우리 형님이 처음으로 목숨을 마쳤구나."
이때 토라난타 필추니가 곧 두 필추니에게 물었다.
"소매여. 누가 그에게 말하였는가?"
대답하여 말하였다.
"그들은 객승이므로 아는 까닭이 없습니다. 존자 오파리가 멀지 않은 곳에 있으면서 객을 향하여 말을 하였습니다."

이때 토라난타 필추니가 알려 말하였다.

"소매여. 내가 말을 조금만 들어도 곧 알겠구나. 그 자는 이전에 이발사였고 이러한 악행이 있었으므로 비록 출가하였으나 세속의 본래의 성품을 버리지 못했구나. 마땅히 그 부수게 한 것을 호되게 다스려야겠다. 세존께서는 '도중(徒衆)을 파괴하는 자는 대중이 마땅히 남겨두지 말라.'고 마땅히 말씀하셨다. 내가 지금 마땅히 가겠다. 어찌 버려두겠는가?"

크게 성냄을 일으켜 곧 날카로운 칼과 철추(鐵錐)2)와 나무 몽둥이 등을 가지고 존자에게 가서 그의 목숨을 끊고자 하였다. 이때 오파리가 여러 필추니들이 달려오는 것을 멀리서 보고 곧 이렇게 생각을 지었다.

'이 여러 필추니들의 형세가 급한 것을 보니 반드시 다른 뜻이 있어 나를 해치고자 하는구나. 마땅히 관찰해야겠다.'

곧바로 관정에 들어가서 관찰하니 여러 필추니들이 각자 성냄을 품고 와서 존자를 해치고자 하였다. 이때 존자는 마음이 다급하여 신력을 사용하지 않고 큰 옷을 덧대어 입고 곧바로 마음을 거두어 멸진정(滅盡定)에 들어갔다. 여러 필추니들이 와서 칼로 난자(亂斫)하고 철추와 나무 몽둥이로 온 몸을 찔렀다. 이때 존자는 정력을 까닭으로 다시 숨을 쉬지 않았으므로 죽은 것과 다르지 않았다. 여러 필추니들이 의논하여 말하였다.

"우리들은 이미 악행의 원수를 죽였으니 복수가 끝났습니다. 마땅히 사찰로 돌아갑시다."

이렇게 말을 짓고서 버리고 떠나갔다. 이때 구수 오파리가 정에서 나와서 보았는데 옷이 손괴되었다. 곧 주처로 돌아갔는데 여러 필추들이 보고 물어 말하였다.

"구수여. 무슨 까닭으로 이와 같은가?"

대답하여 말하였다.

---

2) 쇠말뚝 혹은 쇠못을 가리킨다.

"여러 필추니들이 나를 거의 죽여 놓았습니다."
물어 말하였다.
"무슨 까닭인가?"
존자가 곧바로 앞의 일을 자세히 말하였고 여러 욕심이 적은 필추들이 이 말을 듣고 함께 모두가 비난하고 싫어하였으며 모두가 서로에게 의논하여 말하였다.
"대덕은 마땅히 아십시오. 만약 필추니가 필추에게 설령 진한(瞋恨)이 있어 다만 마땅히 예배와 공경과 문신은 하지 않더라도 어찌 갑자기 예리한 칼과 철추와 나무 몽둥이를 손으로 잡고서 가서 죽이는 것이 합당하겠습니까? 구수 오파리가 거의 목숨이 끊어졌는데 어찌 이러한 이치가 있습니까?"
한 사람이 알려 말하였다.
"여러 대덕들이여. 이 일은 이미 지났으니 다시 말하지 마십시오. 지금부터는 어떻게 짓고자 합니까?"
대답하여 말하였다.
"이것을 어떻게 할 것인가를 마땅히 가서 세존께 아룁시다."
또한 말하였다.
"어찌 세존에 아뢸 필요가 있겠습니까? 우선 조장(條章)3)을 세워서 모든 필추니들이 서다림의 안으로 들어오지 못하게 합시다."
여러 사람들이 모두가 명확한 금제를 지었다. 여러 필추니들이 듣고 모두 들어오지 않았고 공경하지도 않았다. 이때 대세주의 상법은 이와 같았다. 날마다 와서 세존의 발에 예경하고 곧 뜻에 따라서 떠나갔다. 그녀가 사찰에 들어올 때에 필추가 알려 말하였다.
"교답미어. 대중 승가가 금제를 세워서 필추니가 사찰에 들어가는 것을 허락하지 않습니다."
막고서 들어오는 것을 허락하지 않았으므로 대답하여 말하였다.

---

3) 여러 조목으로 된 구체적인 규정을 가리킨다.

"성자여. 내가 어찌 그들과 같이 큰 과실이 짓겠습니까?"
알려 말하였다.
"대중 승가가 금제를 지었는데 내가 어떻게 하겠습니까?"
필추니는 곧바로 그녀의 주처로 되돌아갔다. 이때 세존께서는 아시면서도 일부러 아난타에게 물어 말씀하셨다.
"어찌 대세주가 몸에 병이라도 있는가?"
대답하여 말하였다.
"병은 없습니다."
"만약 그렇다면 무슨 까닭으로 오지 않는가?"
이때 아난타가 일로써 세존께 아뢰니 세존께서 말씀하셨다.
"아난타여. 이 여러 필추들이 제멋대로 이러한 금제를 지었구나. 그러나 모든 필추니는 필추에게 묶이고 귀속되었으므로 만약 사찰에 들어오지 않는다면 공경심이 생겨나지 않을 것이다. 지금부터 모든 필추니는 만약 필추의 사찰에 들어가고자 한다면 마땅히 반드시 문을 지키는 필추에게 알리고 비로소 들어올 것이고 역시 다시 마땅히 필추니를 교계(教誡)하지 말라."
세존께서는 알려서 알게 하였고 비로소 들어가라고 마땅히 말씀하셨다. 다시 교수하지 않아서 여러 필추니들이 어떻게 아뢰는가를 알지 못하였으므로 세존께서 말씀하셨다.
"필추니가 사찰에 들어갈 때에는 마땅히 이와 같이 아뢰어라. '성자여. 마땅히 살피십시오. 나는 사찰에 들어가고자 합니다.' 문을 지키는 필추는 마땅히 필추니에게 물어 말하라.
'자매여. 그대가 장난(障難)을 품고 칼이나 송곳을 지니지 않았다면 들어가는 것을 허락하겠소.'
만약 아뢰어 알리지 않고 필추의 사찰에 들어가면 월법죄를 얻느니라. 필추가 사찰에 들어가는 필추니를 보고 묻지 않는다면 역시 앞에서의 죄와 같으니라."
세존께서는 '필추는 마땅히 모든 필추니를 교계하지 말라.'고 마땅히 말씀하셨다. 이때 육중필추는 교계를 멈추지 않았으므로 세존께서 말씀하셨다.
 "만약 필추니에게 허물이 있어서 필추 승가가 함께 환희하지 않았느니라. 곧 교계한다면 월법죄를 얻느니라. 이 교계법과 같이 장정과 수의도 역시 모두 이것에 의거할지니라."

제8문 제2자섭송 ①

제8문 제2자섭송으로 말하겠노라.

필추니의 참회를 마땅히 경시하지 않는 것과
수의에는 장정을 않는 것과
다시 서로가 마땅히 사죄하는 것과
필추니 대중의 자리를 마땅히 아는 것이 있다.

연기의 처소는 앞에서와 같다.
 어느 때 한 필추니가 있어 필추에게 나아가서 수업(受業)하였는데 옳지 않은 뜻을 인연하여 가책을 받고 떠나갔다. 이미 사중에 이르니 스승이 물어보고 참회하게 하였다. 방에 이르러 사죄를 청하였으며, [자세한 설명은 앞에서와 같다.] 이때 필추가 와서 예배하면서 참회하는 것을 보고 발로 머리를 넘어서 버리고 떠나갔다. 필추니가 묵연히 사찰 안으로 돌아오니 여러 필추니들이 보고 물었다.
 "소매여. 궤범사에게 사죄를 마쳤는가?"
 대답하여 말하였다
 "다시는 이와 같은 스승을 만나지 않겠습니다."
 물어 말하였다.
 "무슨 까닭인가?"
 곧 이 일로써 갖추어 대답하니 여러 필추니들이 듣고 함께 모두가 비난하고 싫어하였다.

"자매여. 마땅히 여인을 경멸하는 것을 보십시오. 환희를 구걸할 때에 받지도 않고 또한 다시 발로 머리를 넘어서 떠나갔습니다."

필추니가 필추에게 알렸고 필추가 세존께 아뢰니 세존께서 말씀하셨다.

"여러 필추니 대중들이 비난하고 싫어한 것은 분명히 합당하다. 지금부터 필추니가 와서 참회할 때에 마땅히 머리를 넘어서 버리고 떠나가지 말라. 이와 같이 짓는 자는 월법죄를 얻느니라. 필추니가 가책을 받을 때에는 마땅히 급하게 참사(懺謝)를 구하지 않을 것이고 반드시 차례대로 비로소 참회(懺摩)를 구할지니라. 그녀들이 모두 무엇이 차례인가를 알지 못한다면 마땅히 먼저 필추·필추니·오파색가·오파사가를 시켜서 그 스승의 처소에 이르러 좋은 방편으로 그의 마음이 즐겁게 하고서 비로소 참회할지니라."

연기의 처소는 앞에서와 같다.

세존께서는 마땅히 삼처(三處)인 이를테면, 견(見)·문(聞)·의(疑)에서 수의사를 하라고 말씀하셨다. 필추가 하안거가 끝내고 수의사를 지어 마쳤으나 다시 장정하였으므로 필추가 있어 말하였다.

"내가 보니 장정과 수의로서 모두 청정한 것입니다. 그러므로 장정이 곧 수의인 것으로 알고 있습니다."

혹은 필추가 있어 말하였다.

"수의와 장정의 두 일은 각각 다릅니다."

세존께 아뢰니 세존께서 말씀하셨다.

"두 가지의 일은 비록 다르나 모두 청정하느니라. 이러한 까닭으로 마땅히 알지니라. 수의를 지었다면 수고롭게 장정을 하지 말라."

연기의 처소는 앞에서와 같다.

어느 때에 필추들이 이전부터 하극(瑕隙)[4]이 있어 마음에 참지 못하는 것이 생겨나서 모두가 서로 허물을 찾았고, 수의를 할 때에 대중의 가운데에서 다시 서로가 억념하였으며, 서로를 힐책(詰責)하면서 계(戒)·견(見)·의(儀)·명(命)에 범과(犯科)를 각자가 말하였다.

이때 뜻을 얻은 지식(知識)과 두 스승과 여러 동학(同學) 등이 각자 붕당(朋煽)이 되었고 이것을 인연으로 다투고 경쟁하였으므로 승가가 크게 깨어지고 별도의 다른 견해가 생겨났다. 그 중간에 있는 사람이 모두 서로에게 멈추라고 알려 말하였다.

"여러 구수들이여. 싸움하지 말고 출가의 마음에 머무르십시오. 세존께서는 '만약 그곳에서 필추들이 모두가 싸우고 각자 서로를 논설하며 분노하고 경쟁하며 머문다면 나는 그것을 오히려 즐거이 듣지도 않거늘 하물며 그곳에 가겠는가? 일이 만약 가라앉는다면 내가 곧 마땅히 가겠노라. 만약 그 필추가 삼법(三法)을 버리면 삼법을 많이 짓느니라. 무엇이 삼법을 버리는 것인가? 이를테면, 탐욕이 없는 선근과 성냄이 없는 선근과 어리석음이 없는 선근을 버리는 것이니라. 무엇이 삼법을 많이 짓는 것인가? 이를테면, 탐하는 불선근과 성내는 불선근과 어리석은 불선근을 많이 짓는 것이니라. 이러한 여러 필추들은 곧 서로 분노하여 경쟁하고 모두가 투쟁하며 다시 서로가 논설하며 한을 품고 머무는 것이니라.

만약 그 필추가 삼법을 버리면 삼법을 많이 짓는 것이니라. 무엇이 삼법을 버리는 것인가? 이를테면, 탐·진·치 세 가지의 불선근을 버리는 것이니라. 무엇이 삼법을 많이 짓는 것인가? 이를테면, 무탐·무진·무치인 세 가지의 선근을 많이 짓는 것이니라. 이러한 여러 필추들은 곧 서로 분노하여 경쟁하고 모두가 투쟁하지 않고 다시 서로가 논설하며 한을 품고 머무르지 않느니라. 이러한 까닭으로 그대들 필추들은 마땅히 악법을 버리고 선사(善事)를 수행하라.'고 마땅히 말씀하셨습니다. 그 중간에 있는 사람이 모두 서로에게 멈추라고 알려 말하였다.

"여러 구수들이여. 투쟁을 하지 말고 출가의 마음에 머무르십시오."
이때 그 여러 필추들이 성냄을 품고 다시 서로 싸움을 멈추지 않으니

---

4) 하(瑕)는 작은 흠집을 뜻하고 극(隙)은 벌어진 틈을 뜻하므로 이 말은 오래 쌓인 감정을 전체적으로 표현한 것으로 생각된다.

여러 재가인들이 보고 모두가 비난과 부끄러움이 생겨났다.

"이 대머리 사문들은 수의를 지을 때에 출가의 마음은 없고 항상 싸움하는구나."

필추가 인연으로써 세존께 아뢰니 세존께서 말씀하셨다.

"여러 필추들이여. 장자와 바라문이 비난하고 싫어하는 것은 이치에 합당하다. 지금부터는 만약 필추가 필추에게 하극이 있는 것을 알았다면 마땅히 한 곳에서 함께 수의를 하지 말고 먼저 반드시 참회하고 비로소 함께 할지니라."

이때 여러 필추들이 수의를 짓는 날에 참회하니 다시 분노와 경쟁하는 마음이 증장되어 능히 버리지 못하였다. 세존께서 말씀하셨다.

"수의를 짓는 날에 마땅히 참회하지 말고 칠·팔일 이전에 마땅하게 반드시 미리 참회할지니라."

세존께서는 '칠·팔일 이전에 마땅하게 반드시 미리 참회하라.'고 마땅히 말씀하셨다. 이때 여러 필추들이 모두 함께 참회하였으므로 세존께서 말씀하셨다.

"일체의 필추가 마땅히 참회하지 말라. 하극이 있어 마음이 서로 어긋나는 자는 참회하여 모두가 환희를 애원할지니라."

연기의 처소는 앞에서와 같다.

세존께서는 "5년마다 마땅히 정계대회(頂髻大會)[5]를 열라."고 마땅히 말씀하였다. 이때 여러 바라문과 장자와 거사 등이 각자 다투어 수승한 무차대회(無遮大會)[6]를 열었는데 이부의 승가가 모두 운집하였다. 세존께

---

5) 주라(周羅)는 산스크리트어 cūḍa의 음사로서 계(髻)·소계(小髻)·정계(頂髻)라 번역된다. 출가하여 삭발할 때, 스승이 직접 깎도록 정수리에 몇 가닥 남겨두는 머리카락을 가리킨다.
6) 사부대중이 빈부·노소·귀천을 가리지 않고 누구나 자유롭게 참여하여 법문을 들을 수 있는 법회이다. 불법의 공덕이 중생들에게 골고루 미치도록 한다는 의미가 있고, 왕이 백성들의 어려운 생활을 달래고 민심을 수습하려는 의도에서 열기도 하였다.

서는 "각자 하안거의 좌차에 의지하여 앉으라."고 마땅히 말씀하였다. 이때 필추니들이 하안거의 좌차에 의지하여 앉는 때에 곧 크게 시끄러웠으므로 세존께서 말씀하셨다.

"여인들의 성품은 탐욕스럽다. 대회의 때에는 마땅히 2·3·4의 좌차에 의지하여 앉고 스스로가 남은 나머지 여러 필추니는 서로가 아는 곳에 뜻에 따라서 앉을지니라."

제8문 제3자섭송 ①

제8문 제3자섭송으로 말하겠노라.

문 앞에서 장정하지 않는 것과
마땅히 두 필추니를 뽑는 것과
만약 장정할 때에 이르면
뽑힌 사람이 필추니를 기다려 알리는 것이 있다.

연기의 처소는 앞에서와 같다.
세존께서는 "필추의 갈마는 필추니의 갈마와 별도로 할 것이나 공동의 갈마는 제외한다."고 마땅히 말씀하였다. 어느 때 장정하는 날에 여러 필추니가 모두 시다림의 처소에 이르러 장정을 하였다. 필추가 필추니와 함께 큰 문 앞에서 장정하였는데 여러 장자와 바라문 등이 그 시끄러운 것을 보고 모두가 왔고 그들은 서서 머물렀다. 세존께서 이것을 물으시고 여러 필추에게 알리셨다.

"문 앞에서 장정하지 말라."

이때 여러 필추들이 곧 필추니와 함께 사찰 안에서 장정을 하는 인연으로 모두 모였으므로 많은 말을 하였다. 인연으로써 세존께 아뢰니 세존께서 말씀하셨다.

"이러한 까닭으로 필추는 마땅히 필추니와 함께 그 사찰 안에서 장정하지 말라."
 여러 필추니들이 알지 못하고서 도리어 사찰 안으로 들어왔으므로 세존께서 말씀하셨다.
 "이 대머리 사문 남자와 대머리 사문 여인이 무슨 일을 담설하는가?"
 한 사람이 말하였다.
 "잠시 이 뜻을 관찰하니 어찌 다시 무엇을 말하겠는가? 우리들이 집에 있으면서 개인적으로 하는 말을 필추니가 일찍 조용히 들었고, 이 빈 곳에서 필추에게 말하면 필추가 듣고 왕가에 말하는 것이다. 왕이 우리들에게 벌을 주었던 것은 모두 이 대머리 남자와 대머리 여인이 참소(讒搆)한 것이다."
 필추가 세존께 아뢰니 세존께서 말씀하셨다.
 "마땅히 길 가운데에서 장정하지 말라. 장정일에는 마땅히 두 필추니를 뽑고 보름마다 가서 승가의 가운데에 이르러 그 청정함을 알리고 교수하는 일을 청하라."
 필추니들이 마침내 힘이 없는 자를 보냈고 갔으나 승가의 가운데에 이르러 기꺼이 청정한 일을 알리지 못하였다. 세존께서 말씀하셨다.
 "마땅히 능한 자를 보낼지니라."
 두 사람을 얻기 어려웠으므로 세존께서 말씀하셨다.
 "한 사람이라도 능력이 있다면 승가의 가운데에 갈 수 있느니라."
 그녀가 비록 사찰에 이르렀으나 세존과 승가 대중의 위의의 진중함을 보고 어느 사람에게 청정을 알려야 하는가를 망설이다가 곧 돌아왔다. 이때 필추니 대중들은 장정하지 못하였다. 세존께 아뢰니 세존께서 말씀하셨다.
 "마땅히 한 사람의 필추니를 뽑을지니라."
 와서 아뢸 자로 대중이 비록 한 필추니를 뽑았으나 다시 알리지 않았으므로 도리어 이전과 같은 과실이 있었다. 세존께서 말씀하셨다.
 "뽑힌 필추는 마땅히 문 아래에 있으면서 그곳에서 와서 마땅히 아뢰면 먼저 아뢰는 것을 받아들이고 마땅히 승가에게 알릴 것이니라. 승가는 곧 마땅히 백이법으로써 교수할 사람을 뽑을지니라."

제8문 제4자섭송 ①

제8문 제4자섭송으로 말하겠노라.

뽑힌 필추는 피하여 달아나지 않는 것과
마땅히 교사(敎師)의 법명을 묻는 것과
모자를 쓰는 것과 발랑을 만드는 것과
꽃다발을 맺는 것은 필추니에게 부당한 것이 있다.

연기의 처소는 앞에서와 같다.
세존께서는 "필추가 뽑혔다면 필추니가 청정함을 알리도록 기다려라."고 말씀하셨다.
비록 문 앞에 있었으나 필추니가 와서 이르는 때에 알려 말하였다.
"나에게 가까이 오지 마시오. 나를 접촉하지 마시오."
곧바로 달아났고 필추니는 기다리다 못하여 도리어 본사로 돌아갔으며 이 인연으로 필추니 대중들은 장정을 못하였다. 필추가 세존께 아뢰니 세존께서 말씀하셨다.
"뽑힌 필추는 마땅히 달아나지 말라. 마땅히 반드시 받으면서 이와 같이 말하라. '자매여. 마땅히 앉으십시오. 가까이 닿지 않도록 하고 청정함을 알리십시오.' 만약 받지 않고 곧 달아나는 자는 월법죄를 얻느니라."
세존께서는 "마땅히 뽑힌 사람은 마땅히 문에 머물러 있으면서 필추니를 기다려서 교수하라."고 마땅히 말씀하셨다. 뽑힌 사람이 문에 이르는 것이 늦었다. 이때 노형외도가 온몸에 담요를 덮고 그 문 아래에서 생사륜(生死輪)을 관찰하고 있었으므로 필추니가 보고 생각하였다.
'내가 마땅히 그에게 나아가서 청정함을 알려야겠다.'
곧바로 발에 예배하고 합장하고 무릎을 꿇고서 알려 말하였다.

"성자여. 존념하십시오."

그가 곧 묵묵히 생각하였다.

'내가 지금 잠시 그 대머리 사문녀가 무슨 말을 하는가를 살펴보아야겠다.'

"왕원사의 필추니인 까닭으로 보내서 내가 왔습니다. 서다림 안의 성중들의 발에 정례하고 문안을 청합니다. 병이 적으시고 번뇌가 적으시며 기거가 가벼우시고 기력이 수승하시며 항상 안락을 행하십니까? 포쇄타(褒灑陀)의 날에 필추니 대중은 함께 청정함을 알립니다."

외도가 듣고 그 말을 알지 못하여 묵묵히 있으니 필추니가 곧 가르쳐 말하였다.

"성자여. 마땅히 '옳다'고 말하세요."

그가 듣고 이해하지 못하여 공연히 '옴(唵)'의 소리를 짓고 머리를 끄덕이고 떠나갔다. 이때 이 두 필추니는 곧 본사로 돌아갔다. 그 필추니를 교수할 사람은 뒤에 문에 이르러 잠시 서로를 기다렸으나 필추니가 보이지 않았으므로 방안으로 돌아갔다. 만약 계를 설한다면 단백을 짓고서 그 수사인(授事人)이 대중에게 아뢰어 말하는 것이다.

"어느 필추니들이 청정함을 알리는 일을 가지고 왔습니까?"

대중 가운데에서 "나입니다."라고 대답하는 사람이 없었으므로 대중이 모두 생각하며 말하였다.

"어찌 필추니들은 청정함의 일을 알리고자 오지 않았는가?"

다시 사람을 보낸 것과 그들이 오지 않은 것을 묻지도 않고 상좌가 계를 암송하고 포쇄타를 마쳤다. 뒤에 설계할 때에 청정함을 알리는 필추니가 다시 문 앞에 왔으나 사람이 없는 것을 보고 본사로 돌아갔으며 필추니들의 장정은 성립되지 못하였다. 다음 날에 여러 필추니들이 모두 승가의 처소로 와서 물어 말하였다.

"성중들이여. 무슨 까닭으로 필추니들의 청정함을 알리는 것을 받지 않으셨습니까?"

여러 필추들이 말하였다.

"자매여. 어제 장정일에 어느 필추니를 뽑았고 와서 청정함을 알리셨소?"

이전의 때의 두 필추니가 곧 앞으로 나와서 대답하여 말하였다.

"우리들이 문 앞에 이르러 마땅히 보니 이와 같은 모습과 위의의 성자가 생사륜을 관찰하고 있어서 곧 그에게 청정함을 알리고 마침내 본사로 돌아갔습니다."

필추들은 그 모습과 위의를 말하는 것을 듣고 청정을 대설(對說)한 사람이 곧 노형외도였음을 알았고 모두가 서로에게 의논하여 말하였다.

"이 필추니가 외도에게 청정사(淸淨事)를 알렸구나."

인연으로써 세존께 아뢰니 세존께서는 이렇게 생각을 지으셨다.

'필추니들이 와서 청정함을 알리면서 교수사의 법명을 묻지 않은 까닭으로 이러한 과실이 있는 것이다.'

여러 필추들에게 알리셨다.

"두 필추니는 범한 것은 없느니라. 지금부터는 만약 필추니가 와서 청정함을 알린다면 마땅히 교수필추의 법명을 물어 말하라. '성자여. 이름은 무엇입니까?' 만약 묻지 않고 청정함을 알리는 자는 월법죄를 얻느니라."

세존께서는 "필추니가 청정함을 알릴 때에 반드시 법명을 물어라."고 마땅히 말씀하셨다. 필추니가 와서 알리는 때에 이전부터 알았어도 역시 법명을 물었으므로 세존께서 말씀하셨다.

"서로 아는 필추라면 수고스럽게 다시 물을 것이 없느니라."

연기의 처소는 앞에서와 같다.

어느 때 대세주 교답미가 몸에 병고를 앓았으므로 필추니가 와서 살펴보고 물었다.

"성자여. 무슨 까닭으로 방에서 나오지 않습니까?"

대답하여 말하였다.

"소녀여. 내 몸에 병이 있네."

물어 말하였다.
"이전에 무슨 물건을 가지고 곧 병을 없앴습니까?"
대답하여 말하였다.
"나는 재가에 있을 때는 머리 위에 모자를 썼었네."
"만약 이와 같다면 지금은 어찌 지니지 않습니까?"
대답하여 말하였다.
"내가 지금 출가하였고 세존께서 허락하지 않으셨는데 어떻게 지니겠는가?"
세존께 아뢰니 세존께서 말씀하셨다.
"필추니가 사찰의 가운데에 있다면 마땅히 모자를 머리에 쓸 수 있느니라."

연기는 왕사성에서 있었다.
어느 때 이 성중에 바라문이 있어 순행(巡行)하면서 구걸하다가 한 집에 들어가서 알려 말하였다.
"나는 구걸하고 있습니다."
주인이 알려 말하였다.
"줄 물건이 없소. 마땅히 가시오."
이 사람이 나오는 때에 대세주가 들어가서 그에게 걸식하였다. 그는 이렇게 생각을 지었다.
'이 사람에게도 역시 주지 않는가? 나에게만 주지 않는 것인가?'
트집을 구하고자 떠나지 않고 멈추어 서있었다. 주인은 생각하면서 말하였다.
"다행스럽게도 세존의 어머니께서 우리 집에 들어오셨구나."
곧 빠르게 평상을 펴고 앉게 하였고 맞이하여 웃고 이야기를 하면서 좋은 음식을 취하여 발우를 가지고 가득히 받들었다. 바라문이 보고 질투심이 생겨나서 곧 필추니에게 알려 말하였다.
"나는 발우 속에 무슨 맛있는 것을 얻었는가를 보고자 하오."

그 필추니가 발우를 보여주니 곧바로 가운데에 침을 뱉었다. 대세주가 말하였다.

"너는 지금 무슨 까닭으로 발우 안 음식을 더럽히는가? 그대가 만약 요구하였다면 내가 마땅히 주었을 것이다."

이때 바라문은 묵연히 대답하지 않았다. 필추니가 필추에게 알렸고 필추가 세존께 아뢰니 세존께서는 이렇게 생각을 지으셨다.

'여인의 성품은 위덕이 적어서 그 어리석은 사람에게 악업을 짓게 하였고 많은 고통의 과보를 부르게 하였구나.'

여러 필추들에게 알리셨다.

"지금부터 필추니는 걸식하는 때에 마땅히 발랑(鉢絡)을 지니고 뚜껑을 덮고서 떠나가게 하라."

여러 필추니들이 발랑이 무엇인가를 이해하지 못하였으므로 세존께서 말씀하셨다.

"마땅히 사방 한 척(尺)7)의 포대(布袋)를 지어서 두 모서리를 끌어당겨서 발우를 그 안에 넣어라. 모서리에 작은 띠를 달아서 가지고 다니면서 걸식하면 먼지와 흙도 막을 것이고 다시 메고 다니기도 쉬울 것이다."

[신주(神洲)8)에서 비교한다면 왔던 것은 없고 발대(鉢袋)이다. 아래가 뾰족하고 네모여서 발우가 움직이지 않으나 평소와 수건과는 다르다. 변하여 달라지고 흘러서 넘치므로 다닐 때에는 마땅히 베(布)의 작은 두세 척의 무명(疊)을 취하여 똑바른 방향으로 옆을 곁으로 잘라서 곧 가로로 붙잡았으므로 사용하는 때에는 지극히 이치적으로 안은하다.]

연기는 실라벌성에서 있었다.

"동국(東國)의 사람들은 정원과 꽃을 많이 사랑한다. 일찍이 한 때에 성안의 여러 사람들이 대환회(大歡會)를 지었는데 각자 여러 종류의 상묘한 음식과 여러 음악을 가지고 함께 방원으로 나아갔다. 그때 한 사람이

---

7) 길이의 단위로서 1丈(장)의 1/10로 약 33.3㎝를 가리킨다.
8) 신주(神洲)는 현재의 중앙아시아를 중심으로 하는 지역을 가리킨다.

있어 사람을 보내어 아내에게 알렸다.

"마땅히 꽃다발을 묶어서 사람에게 급하게 보내시오."

그 사람의 집에는 묘한 화림(花林)이 있었다. 아내는 곧 지시를 받고 정원에 들어가서 채취하였으나 스스로가 묶는 것을 이해하지 못하였으므로 마침내 곧 꽃다발을 묶는 사람을 불렀다. 이때 성안에 귀속된 백성은 대회를 즐겼고 여러 꽃을 묶는 사람들은 모두 다른 사람의 일을 맡아서 결국 구할 수가 없었으므로 마음에 근심을 품었다.

'남편이 나에게 묘한 꽃다발을 묶어 보내라고 하였는데 나는 스스로가 이해하지 못하고 사람은 구할 수 없으니 어떻게 하여야 하는가?'

이때 토라난타 필추니가 걸식을 인연하여 그녀 집에 들어가서 알려 말하였다.

"소녀여. 내 발우에 음식을 주시오."

알려 말하였다.

"성자여. 그냥 가세요. 나에게 지금 근심이 있어 줄 사람이 없어요."

필추니가 말하였다.

"소녀여. 그대에게 무슨 일이 있는가?"

그녀가 곧 갖추어 알리니 필추니가 말하였다.

"그대는 어찌 묶지 않는가?"

대답하여 말하였다.

"나는 이전부터 그 법을 알지 못합니다."

곧 필추니에게 물어 말하였다.

"성자는 아십니까?"

알려 말하였다.

"소녀여. 나는 지금 나이가 많은데 옛날의 젊었을 때에 무슨 일에 밝지 않았겠는가?"

"성자여. 만약 이와 같다면 내가 애민한 까닭으로 원하건대 꽃다발을 묶어 주십시오."

알려 말하였다.

"소녀여. 만약 능히 나에게 여러 종류의 음식을 준다면 곧 그대에게 묶어주겠소."

대답하여 말하였다.

"내가 드리겠습니다."

필추니는 곧 발우를 한쪽에 놓고 다리를 펴고 앉아서 정성껏 꽃다발을 묶었다. 여인이 보고 그 교묘함을 감탄하고 마음으로 매우 기뻐하면서 발우에 많은 음식을 주었다. 필추니는 다른 집에도 가서 다시 꽃다발을 묶어주고 많은 음식을 얻어 곧 본사로 돌아갔다. 이때 꽃다발 묶는 사람이 그 여인에게 와서 알려 말하였다.

"꽃을 주시오. 내가 지금 묶겠소."

알려 말하였다.

"그대는 어찌 늦게 왔습니까? 꽃다발은 이미 묶어서 동산으로 가지고 갔습니다."

물어 말하였다.

"누가 묶었습니까?"

대답하여 말하였다.

"성자 토라난타입니다."

그가 곧 비난하고 싫어하였다.

"사문인 여인이 비법의 일을 지었구나. 어찌 나의 생업을 빼앗는가?"

필추니가 필추에게 알렸고 필추가 세존께 아뢰니 세존께서 말씀하셨다.

"사문녀의 법이 아니므로 비난과 미움은 이치적으로 합당하다. 이러한 까닭으로 필추니들은 마땅히 꽃다발을 묶지 말라. 짓는 자는 월법죄를 얻느니라."

세존께서는 계율을 제정하시어 필추니가 꽃다발 묶는 것을 허락하지 않으셨으나 이때는 세존의 정계대회(頂髻大會)와 오·육년회에 속하였다. 이때 승광왕과 승만부인·행우부인·급고장자·비사거·녹자모·선수·고구·대명(大明) 등의 근사남(近士男)과 근사녀(近士女)들이 각자 수승하고 상묘한 것을 구하여 다투어 향과 꽃을 받들었고, 나아가 여러 지방의 승가와 필추니들이 모두 와서 모였으므로 화채(花彩)9)는 많이 구족되었으나 꽃다발을 묶는 사람은 적었다. 이때 여러 신도들이 꽃다발을 묶는 자를 구하였으나 대부분이 찾지 못하여 마침내 여러 필추니들에게 알렸다.

"우리들이 지금 대사께 공양하고자 하는 것입니다. 능히 서로를 도와서 꽃다발을 많이 묶어 주겠습니까?"

여러 필추니들이 대답하여 말하였다.

"당신들은 어찌 모릅니까? 대사께서 가르침이 있으셨고 필추니들이 꽃다발을 묶는 것을 허락하지 않으셨습니다. 우리들이 지금 어떻게 서로를 돕는 복이 있겠습니까?"

필추니가 필추에게 알렸고 필추가 세존께 아뢰니 세존께서 말씀하셨다.

"삼보를 위한 일이라면 필추니도 꽃다발을 묶을 수 있느니라."

여러 필추니들이 대문 앞에서, 혹은 회랑 아래에서 길게 두 다리를 뻗고 꽃다발을 묶었으므로 재가인들이 보고 조롱하면서 알려 말하였다.

"성자여. 모두가 꽃다발 묶는 여인으로 출가하였습니까?"

여러 필추니들이 부끄러워서 묵연히 머물렀다. 필추가 세존께 아뢰니 세존께서 말씀하셨다.

"여러 재가인들이 비난하고 싫어하는 이치는 당연하다. 모든 필추니는 대문 앞과 회랑 아래와 처마 앞에서 꽃다발을 묶지 말라. 짓는 자는 월법죄를 얻느니라. 꽃다발을 묶는 것을 이해하는 자는 마땅히 은밀한 곳에서 하여 재가인의 비방을 당하지 말라."

제8문 제5자섭송 ①

제8문 제5자섭송으로 말하겠노라.

마땅히 구리그릇을 저축하지 않는 것과

---

9) 조화·채색·색천 등으로 꾸민 것이다.

변한 술을 평소처럼 회복시키지 않는 것과
재가인에게 방을 임대하지 않는 것과
광혹(狂惑)에 의사인 무녀(師巫女)가 되지 않는 것이 있다.

연기의 처소는 앞에서와 같다.
어느 때 토라난타 필추니가 구리그릇 가게에 가서 알려 말하였다.
"현수여. 능히 큰 구리발우를 나에게 지어줄 수 있겠습니까?"
대답하여 말하였다.
"성자여. 이것이 나의 본업인데 어찌 능히 못하겠습니까?"
물어 말하였다.
"얼마나 크게 짓겠습니까?"
알려 말하였다.
"매우 크게 지어 주세요."
물어 말하였다.
"성자여. 큰 발우를 어디에 사용하십니까?"
필추니가 말하였다.
"빈한한 물건아. 그대가 값을 받지 않고 나에게 지어주겠는가? 그대에게 좋은 값을 주겠으니 마땅히 크게 지으시오."
장인이 생각하며 말하였다.
'그녀의 뜻에 따라서 크게 짓더라도 나에게 무슨 손해이겠는가?'
큰 발우를 보고서 알려 말하였다.
"나를 위하여 다시 작은 것을 지어 이 발우 안에 넣어주시오."
다시 거듭하여 지었고 이와 같이 점차로 작게 하였고, 나아가 7개를 겹쳐서 모두 발우에 넣었다. 토라난타는 구적녀를 시켜서 모두 깨끗이 닦았고 오색실로서 발랑을 만들어 차례로 넣어가지고 청하여 부르는 곳이 있으면 곧 젊은 필추니를 시켜서 정대(頂戴)하여 가지고 갔다. 이르면 열어서 펼쳐놓고 곁에 편안히 앉아 있으니 재가인이 보고 물었다.
"성자여. 오늘 구리그릇 가게를 열었습니까?"

대답하여 말하였다.

"어리석은 사람이여. 그대가 어찌 능히 내가 필요한 그릇을 알겠는가? 큰 것은 밥을 담고, 다음 것은 국을 받으며, 다음 것은 맛있는 음식을 받고, 나머지는 여러 가지(雜味)를 담는 것이오."

대답하여 말하였다.

"만약 그렇다면 다시 거듭하여 많이 필요하겠습니다. 다른 물건이 오면 놓을 곳이 없겠습니다."

그녀는 곧 묵연하였다. 필추니가 필추에게 알렸고 필추가 세존께 아뢰니 세존께서는 이렇게 생각을 지으셨다.

'필추니가 구리발우를 저축하여 이와 같은 허물이 있는 것이다.'

"지금부터는 모든 필추니는 스스로 구리발우를 저축하지 말라. 만약 저축하는 자는 월법죄를 얻느니라. 오직 구리수저와 소금 담는 쟁반과 물을 마시는 구리대접은 제외하느니라."

연기의 처소는 앞에서와 같다.

어느 때 장자의 아내가 있어 한 딸을 낳았는데 오른쪽 눈이 통정(通睛)[10]이었으므로 장차 악상(惡相)이 될 것이라 하여 아내로 삼는 자가 없었다. 다른 장자가 있었는데 아내를 얻으면 오래지 않아 곧바로 목숨을 마쳤고 이와 같이 일곱에 이르렀다. 그때 사람들은 살부장자(殺婦長者)라고 이름하였다. 다시 다른 여인을 아내로 구하고자 물으면 그들이 곧 알려 말하였다.

"내가 지금 어찌 이 딸을 죽이려고 하겠는가?"

다시 과부를 찾으면 그녀들이 말하였다.

"내가 어찌 스스로 몸을 죽이려고 하겠습니까?"

이미 아내가 없었으므로 스스로 집안일을 돌보았다. 이때 지식이 있어 와서 안부를 묻고 말하였다.

"무슨 까닭으로 스스로 가사를 경영하는가? 어찌 능히 아내를 구하지

---

10) 눈동자가 주시하는 점으로부터 한쪽으로 기울어지는 증상을 말한다.

않는가?"

대답하여 말하였다.

"나는 박복하여 아내를 얻으면 오래지 않아서 결국 죽었는데 이와 같이 다시 취하였고 나아가 일곱에 이르렀으나 모두 죽었네. 사람들은 나를 살부라고 이름지어 부르고 있네."

알려 말하였다.

"어찌 다시 구하지 않는가?"

곧바로 앞에서와 같이 그 일을 갖추어 말하였다.

"만약 그렇다면 통정의 여아라도 어찌 구하여 취하지 않는가?"

알려 말하였다.

"그녀도 역시 주지 않을 것이네."

대답하여 말하였다.

"내가 그 집을 아는데 딸을 양육한 때가 오래되었으니 반드시 마땅히 시집보낼 것이네."

곧바로 나아가서 구하니 그를 보고 물어 말하였다.

"무엇이 필요하여 왔소?"

대답하여 말하였다.

"따님에게 청혼하러 왔습니다."

"어느 딸인가?"

"눈이 통정인 딸입니다."

그녀의 아버지가 말하였다.

"뜻대로 하겠으니 마땅히 어느 날에 와서 함께 혼례를 치르세."

집의 술이 뜨거워서 상하였고 근처에서 좋은 술을 구하였고 여러 술집들이 있었으므로 곧 모두에게 준비시켰다. 이때 토라난타가 통정이 집에 들어가서 그녀에게 걸식하니 집안사람이 알려 말하였다.

"우리는 술을 준비하면서 황망하여 음식을 줄 인연이 없습니다."

필추니가 그 까닭을 물으니 그녀가 우리 집안의 술이 상하였다는 말을 갖추어 알렸다. 필추니가 말하였다.

"무슨 까닭으로 좋은 술로 변화시키지 않는가?"
대답하여 말하였다.
"성자여. 나는 일찍이 알지 못합니다. 당신에게 방법이 있다면 바라건대 마땅히 베풀어 주세요."
필추니가 말하였다.
"소녀여. 나는 지금 나이가 많은데 옛날의 젊었을 때에 무슨 일인들 알지 못하겠는가?"
대답하여 말하였다.
"성자여. 우리가 애민한 까닭으로 동정하여 술을 좋게 변화시켜 주세요."
필추니가 말하였다.
"소녀여. 품삯으로 능히 나에게 좋은 음식을 준다면 그 값으로 그대의 술을 좋게 하겠네."
대답하여 말하였다.
"많이 드리겠습니다."
필추니가 말하였다.
"술독을 내어오시오. 내가 상태를 보겠소."
곧바로 들고 나왔다. 이때 토라난타가 무슨 인연으로 술이 상하였는가를 위아래로 독을 관찰하여 뜨거운 까닭인 것을 알았고 곧 창문을 열고 젖은 모래를 가져다가 독의 아래에 놓고 다시 청태(靑苔)[11]를 취하여 독을 둘러서 감싸고 부채질을 하여 열기를 쫓으니 서늘해진 인연으로 술이 곧 좋게 변하였다. 친척들이 모두 와서 모였다. 이때 여러 술집에서 함께 모두가 준비하였으나 오지 않는 것이 괴이하여 사람을 시켜서 가서 물었다.
"어찌 술을 가져가지 않소?"
알려 말하였다.

---

11) 녹조류로서 갈파래과이고 갈파래 또는 김이라고 부른다.

"우리 술이 좋게 변하였으니 수고롭게 별도로 취하지 않소."
물어 말하였다.
"누가 그대에게 가르쳐서 이미 상한 술을 도리어 좋게 하였소?"
알려 말하였다.
"성자 토라난타가 우리에게 은혜가 있어 능히 이러한 일을 하였소."
그들이 곧 비난하고 싫어하였다.
"사문인 석녀가 비법의 일을 짓는구나. 어찌 우리들의 생업을 빼앗는가?"
필추가 세존께 아뢰니 세존께서 말씀하셨다.
"이것은 사문 석녀의 법이 아니므로 비난하고 싫어하는 이치는 당연하다. 이러한 까닭으로 필추니들은 마땅히 다른 사람에게 이미 상한 술을 변화시키는 것을 가르치지 말라. 짓는 자는 월법죄를 얻느니라."

연기의 처소는 앞에서와 같다.
어느 때 장자가 베풀어 주는 것을 즐거워하였는데 몸에 갑자기 질병이 생겨서 점차 더욱 악화되어 갔다. 스스로의 목숨이 오래되지 않아서 장차 죽을 것을 알고서 소유한 재물을 모두 사문·바라문·고독한 걸인·선우·친족 등에게 베풀어 주면서 오직 사는 집만 아직 다른 사람에게 베풀지 않았다. 이때 토라난타 필추니가 듣고 그의 집에 이르러 알려 말하였다.
"장자여. 일반적으로 여인은 이양이 적고 엷습니다. 희사(喜捨)하는 차례에 다소라도 나누어 베풀어 주십시오."
대답하여 말하였다.
"성자여. 오는 것이 늦었습니다. 내 재물은 모두 주었고 오직 이 집만이 있습니다."
필추니가 말하였다.
"장자여. 나는 본래 희망의 얼굴로 왔는데 지금 빈손으로 보낸다면 원래의 뜻에 맞지 않습니다."
알려 말하였다.

"성자여. 오직 이 집이 있으나 당신이 뜻으로 가지고자 한다면 내가 죽고서 아끼지 않겠습니다."

필추니가 말하였다.

"만약 그와 같다면 내가 곧 받겠습니다. 원하건대 병이 나으십시오."

뒤의 때에 장자는 마침내 곧 목숨을 마쳤다 여러 친척들이 와서 청·황·적·백의 증채인 상여(靈輿)로서 시림으로 보내었다. 이때 토라난타 필추니가 장자의 죽음을 듣고 빠르게 그의 집에 이르러 그 집을 막고 한쪽에 서있었다. 이때 그 친족들이 화장을 마치고 함께 모두가 돌아왔고 집을 막은 것을 보고 물어 말하였다.

"누가 막았는가?"

필추니가 말하였다.

"그 보시를 받은 자가 스스로 와서 봉폐(封閉)한 것이오."

알려 말하였다.

"성자여. 보시를 받은 사람이 누구입니까?"

필추니가 말하였다.

"나에게 보시하였습니다."

"성자여. 만약 그와 같다면 잠시 우리에게 임대하시오. 뒤에 값을 드리겠소."

필추니가 말하였다.

"거짓입니까? 진실입니까?"

대답하여 말하였다.

"진실로 드리겠소."

필추니가 곧 문을 열어 들어가게 하였다. 이때 장자와 바라문이 그 집에 들렀다가 이와 같은 일을 듣고 모두가 함께 비난하고 싫어하였다.

"사문인 석녀가 비법의 일을 짓는구나. 어찌 남의 집을 가지고 임대를 하는가?"

필추니가 필추에게 알렸고 필추가 세존께 아뢰니 세존께서 말씀하셨다.

"사문녀의 법이 아니므로 비난하고 싫어하는 이치는 당연하다. 지금부터 여러 필추니들은 마땅히 다른 사람에게 집을 임대하지 말라. 임대하는 자는 월법죄를 얻느니라."

연기의 처소는 앞에서와 같다.
한 장자가 보시하기를 좋아하였다. 그는 목숨을 마치는 것을 알고서 모두 주었고 오직 점포 하나만 남았다. 필추니가 듣고 와서 구걸하였던 일은 모두 앞에서와 같다. 나아가 장자는 죽었고 필추니가 봉폐하였고 여러 사람들이 비난하고 부끄러워하였다. 필추가 세존께 아뢰니 세존께서 말씀하셨다.
"만약 점포를 임대하는 자는 월법죄를 얻느니라." [번거로운 것이 두려운 까닭으로 생략한다.]

연기의 처소는 앞에서와 같다.
토라난타 필추니가 성에 들어가서 걸식하면서 의사인 무녀가 요령을 흔들고 집들을 돌면서 길흉을 담설하여 많은 이익과 재물을 얻어서 몸의 자량으로 만족하는 것을 보고 곧바로 생각하면서 말하였다.
"이것은 좋은 방편이다. 나도 역시 그것을 해야겠다."
요령을 구하여 다음 날에 성에 들어가서 곧 여러 집을 다니면서 요령을 흔들어 소리를 내었고 다른 남녀들을 위하는 세목(洗沐)[12]을 하고 엉터리로 길흉을 말하고 망령되게 닥쳐올 징조를 말하였다. 어떤 병이 있는 자가 하늘의 인연으로 나았고 마침내 왕성 안에 모두가 함께 들어 알게 되었다. 청하는 기도가 있으면 알리지 않았고 막히더라도 스스로가 무당들에게 모두가 묻지 않았다. 이때 오래된 의사인 무녀가 여러 사람들이 있는 곳에 나아가서 물어 말하였다.
"일이 있으면 나에게 현상을 점을 치시오."
여러 사람들이 대답하여 말하였다.

---

12) 머리를 감고 몸을 씻어 깨끗이 하는 것이다.

"다시 그대는 수고하지 마시오. 우리에게는 성사(聖師)가 있어 여러 일을 잘 알고 현상을 점을 치고 병을 고치므로 모두가 마음에서 칭찬하오."

그녀가 물었다.

"누구인가?"

대답하여 말하였다.

"성자 토라난타이오."

그녀가 듣고 비난하고 싫어하였다.

"비법의 석녀가 망령되게 무속의 점을 쳐서 우리들의 생업을 빼앗는구나."

필추가 세존께 아뢰니 세존께서는 이렇게 생각을 지으셨다.

'필추니가 의사인 무당을 지으면 이와 같은 허물이 있는 것이다. 망령된 궤변(詭說)으로 재가인의 비난과 싫어함을 부르는 것이다.'

여러 필추에게 알리셨다.

"나는 지금 필추니가 의사인 무녀를 짓는 것을 허락하지 않노라. 만약 짓는 자는 월법죄를 얻느니라."

근본설일체유부비나야잡사 제34권

삼장법사 의정 한역
석보운 번역

제8문 제6자섭송 ①

제8문 제6자섭송으로 말하겠노라.

여인과 함께 목욕하지 않는 것과
물을 거슬러서 씻지 않는 것과
발우의 아래에 마땅히 받침을 놓는 것과
유리잔을 저축하지 않는 것이 있다.

연기의 처소는 앞에서와 같다.

한 여인이 있어 강물에서 목욕을 마치고 땅 위에 올라와서 머리를 빗고 있었다. 이때 토라난타 필추니가 마침 조두를 가지고 그곳으로 가서 목욕하면서 여인이 머리를 빗는 것을 보고 마음에 질투와 성냄이 생겨나서 이와 같이 생각하였다.

'어리석은 여자가 나보다 수승하다고 자랑하는 까닭으로 머리를 빗는구나. 나는 이전부터 원래 머리가 없었다고 말하는 것인가? 마땅히 호되게 다스려서 그 뒤를 징계하리라. 설령 다시 나를 보아도 감히 자랑하지 못하게 해야겠다.'

드디어 곧 조용히 암마라(菴摩羅) 가루를 가져다가 그녀의 머리 위에 뿌리고 손으로 문질렀으므로 여인이 물어 말하였다.

"성자여. 나에게 무슨 과실이 있기에 방금 깨끗이 감은 머리에 암마라 가루를 문지릅니까?"

필추니가 말하였다.

"그대는 토라난타가 이전부터 머리카락이 없다고 이렇게 알고 말하였을 것이다. 머리가 깨끗하지 않으니 와서 다시 씻어라."

여인이 곧 비난하고 싫어하였다. 필추가 세존께 아뢰니 세존께서 말씀하셨다.

"필추니가 비법을 하였으니 비난하고 싫어하는 이치는 합당하다. 지금부터 모든 필추니는 마땅히 잡스러운 가루 등을 다른 사람의 깨끗한 머리카락에 뿌리지 말라. 만약 짓는 자는 월법죄를 얻느니라."

연기의 처소는 앞에서와 같다.

어느 때 토라난타 필추니가 여러 필추니들과 강물에서 목욕하였다. 이때 토라난타가 물살이 빠른 곳에서 거스르고 서서 그 촉감을 받고 즐겼으므로 여러 필추니들이 물어 말하였다.

"성자여. 무슨 일을 짓습니까?"

대답하여 말하였다.

"소매여. 나는 촉락(觸樂)을 받는 것이오."

여러 필추니들이 알려 말하였다.

"성자여. 이것은 청정한 법이 아닙니다. 물살이 빠른 곳에 서서 촉락을 받는 것은 마땅히 하지 않아야 합니다."

대답하여 말하였다.

"이곳은 아주 깨끗한데 무엇이 이치를 무너트렸는가? 만약 부정한 것이라면 누구라도 이곳을 금제하였을 것이오."

필추니가 필추에게 알렸고 필추가 세존께 아뢰니 세존께서 말씀하셨다.

"모든 필추니가 이것을 비난하고 싫어하는 것은 이치에 합당하다. 지금부터 모든 필추니는 마땅히 물살이 빠른 곳에서 물을 거스르고 서서 그 촉락을 받지 말라. 만약 즐거움을 받는 자는 솔토라저야죄를 얻느니라."

연기의 처소는 앞에서와 같다.
여러 필추니들이 여러 곳에 발우를 놓아두었으므로 철에서 녹이 생겨났고, 혹은 인연하여 부딪쳤으며 던져서 많이 손괴되었다. 필추니가 필추에게 알렸고 필추가 세존께 아뢰니 세존께서 말씀하셨다.
"필추니들은 여러 곳에 발우를 놓아두지 말라. 마땅히 얇은 주석으로 발우를 감싸서 사용하라."
세존께서는 "주석으로 발우를 감싸라."고 마땅히 말씀하셨다. 여러 필추니들이 주석으로 온통 발우의 안을 감쌌으므로 재가인들이 보고 물었다.
"성자여. 이것이 무슨 물건입니까?"
알려 말하였다.
"인자여. 세존께서 주석으로 발우를 감싸라고 제정하셨습니다."
알려 말하였다.
"성자여. 어찌 세존께서 발우를 온통 감싸라고 하셨겠습니까? 당신들이 지금 거짓말을 하는데 이것은 사문인 석녀가 지을 일이 아닙니다."
필추니가 듣고 부끄러워서 묵연하였고 대답하지 못하였다. 필추가 세존께 아뢰니 세존께서 말씀하셨다.
"재가인들의 비난하고 싫어함은 이치에 합당하다. 이러한 까닭으로 모든 필추니는 마땅히 주석으로 발우 안을 온통 감싸지 말고 작은 받침을 만들어 아래를 받치도록 하라."
필추니들이 여러 종류의 기이한 모습으로 지으니 세존께서 말씀하셨다.
"합당하지 않느니라. 받침에는 두 종류가 있느니라. 첫째는 보리수(善提樹)와 다근수(多根樹)의 잎과 같은 것이고 둘째는 손바닥과 같은 것이니라."

연기의 처소는 앞에서와 같다.
어느 때 토라난타 필추니가 유리잔을 얻었다. 이때 어느 여인이 손님이 왔으므로 곧 필추니의 처소에 나아가서 알려 말하였다.

"성자여. 바라건대 유리잔을 빌려주십시오."

필추니가 곧 물어 말하였다.

"그대는 무엇에 사용하고자 하는가?"

대답하여 말하였다.

"성자여. 사위가 왔는데 마실 잔이 없습니다."

필추니가 주었고 가지고 갔다. 그 여인은 조심성이 없어서 손에서 놓쳤고 곧 깨어졌으므로 알려 말하였다.

"성자여. 내가 값으로 배상하겠습니다."

필추니가 말하였다.

"소매여. 값이 필요 없으니 나에게 옛날의 잔을 돌려주세요."

대답하여 말하였다.

"성자여. 다른 잔을 사서 돌려주겠습니다."

필추니가 말하였다.

"나는 옛날의 잔이 필요해요."

이와 같이 다투었고 필추가 세존께 아뢰니 세존께서는 이렇게 생각을 지으셨다.

'필추니가 유리잔을 저축한 까닭으로 이러한 과실이 있는 것이다.'

여러 필추들에게 알리셨다.

"모든 필추니는 마땅히 유리잔을 저축하지 말라. 만약 저축하는 자는 월법죄를 얻느니라."

제8문 제7자섭송 ①

제8문 제7자섭송으로 말하겠노라.

부인을 까닭으로 석장을 제정한 것과
일어나 춤을 추는 때에 죄를 부르는 것과

젖은 밥을 청식(請食)을 받는 것과
설법을 도반에 알리는 것이 있다.

연기의 처소 앞에서와 같다.
한 장자가 있었고 크게 부유하여 재산이 많았는데 아내가 아들을 낳았으므로 마음에서 크게 기뻐하여 여러 권속들에게 명하여서 함께 즐겼다. 아내와 남편이 다른 방에서 잠이 들었고 날이 밝았어도 일어나지 않았다. 이때 어느 걸식하는 필추가 그의 집에 문이 많은 것을 보고 마침내 들어갔으나 혼란스러워서 그 나가는 곳을 몰랐고 드디어 깊이 들어가서 장자의 방 앞에 이르렀다. 장자가 곧 놀라서 깨었는데 필추가 드디어 아내의 방 옆을 지나갔으므로 장자가 보고 말하였다.
"이 놈이 내 아내와 함께 비법을 행하였구나."
곧 필추를 때려서 머리가 깨져 피가 흘렀고 발우도 부서졌다. 아내가 깨어나서 알려 말하였다.
"필추에게 허물이 없으니 놓아주고 내보내세요."
이때 그 필추가 이러한 모습과 위의를 가지고 서다림에 이르니 필추가 물어 말하였다.
"무슨 까닭으로 이와 같은가?"
곧바로 갖추어 말하였다. 필추가 인연으로써 세존께 아뢰니 세존께서 말씀하셨다.
"필추가 걸식하면서 갑자기 문이 많은 집에 들어가지 말고 마땅히 떡이나 보릿가루로 문 앞에 표시한 뒤에 들어갈지니라."
필추가 들어갈 때에 묵연히 들어갔는데 그 부녀들이 몸을 드러내고 있는 것을 보고 달아났으므로 재가인이 싫어하고 부끄러워하였다. 세존께서 말씀하셨다.
"다른 사람의 집에 들어가고자 할 때에는 소리를 내어서 알게 하라."
그가 곧 "아(呵)! 아(呵)!" 하고 소리를 짓고 시끄럽게 들어가니 집안사람이 알려 말하였다.

"당신은 어찌 어린아이처럼 '아! 아!' 하고 소리를 지르면서 우리집에 들어오십니까?"

대답하여 말하였다.

"세존께서 소리를 짓고 들어가라고 하셨으므로 '아! 아!'라고 한 것입니다."

대답하여 말하였다.

"다시 방편으로 지을 소리가 없어서 오직 이러한 '아! 아!'로 일깨우는 것입니까?"

필추가 묵연하였다. 필추가 세존께 아뢰니 세존께서 말씀하셨다.

"필추는 마땅히 '아! 아!'의 소리를 짓고 다른 사람의 집에 들어가지 말라."

세존께서 제정하시어 허락하지 않으셨으므로 마침내 주먹으로 문을 때려서 소리를 짓고 들어갔다. 집안사람이 괴이하여 물었다.

"무슨 까닭으로 우리집의 문을 부수시오?"

묵연하고 대답하지 못하였다. 세존께서 말씀하셨다.

"마땅히 문을 때리지 말고 마땅히 석장(錫杖)을 만들라."

필추가 이해하지 못하였으므로 세존께서 말씀하셨다.

"석장의 머리에 잔의 입과 같은 둥근 고리를 매달고 그 고리에 다시 작은 고리를 매달아서 흔들어 소리를 짓고 알릴지니라."

개가 곧 나와서 짖으니 석장을 사용하여 때렸다. 세존께서 말씀하셨다.

"마땅히 석장으로 개를 때리지 말고 마땅히 들어서 무섭게 하라."

이때 사나운 개가 있어서 무섭게 하는 때에 성냄이 극심하였으므로 세존께서 말씀하셨다.

"음식을 한 덩이 취하여 땅에 던져서 먹게 하라."

신심이 없는 집에 이르러 석장을 오래 흔드는 때에 마침내 피로와 권태가 생겨났고 그 집사람도 결국 나와서 묻는 일이 없었다. 세존께서 말씀하셨다.

"마땅히 많은 시간을 흔들지 말고 두·세 번을 흔들어서 사람이 묻지 않는다면 곧 반드시 지나갈지니라."

연기의 처소는 앞에서와 같다.
어느 때 장자가 있어 세존과 승가를 집안으로 청하여 음식을 베풀었다. 필추승가는 모두 떠나갔고 나아가 공양하였으나 세존께서는 사중에 머무시면서 사람을 시켜서 음식을 가져오게 하셨다. 다섯 가지의 인연이 있으시면 세존께서는 음식을 가져오게 하셨다. 무엇이 다섯 가지인가? 첫째는 한적하시고자 하시는 것이고, 둘째는 여러 천인을 위하여 설법하시는 것이며, 셋째는 병자를 보살피시는 것이고, 넷째는 와구를 관찰하시는 것이며, 다섯째는 여러 성문을 위하여 그 학처를 제정하시는 것이다. 지금은 이 인연에서는 계율을 제정하시려는 까닭으로 사중에 머무르셨다.
이때 그 장자는 임시로 나뭇잎으로 집을 짓고 대중에게 앉게 하였다. 이때 차가운 비가 내렸으므로 장자는 죽을 행익하였고 다음은 마른 떡(餠)을 주었으며 다음은 뜨거운 수제비와 함께 나복(蘿蔔)[1]을 주었다. 그때 필추들은 죽을 마시는 자는 "호호(呼呼)"의 소리를 지었고 마른 떡을 씹는 자들은 "백백(百百)"의 소리를 지었으며 뜨거운 수제비를 먹는 자들은 "쩝쩝(巤巤)"의 소리를 지었고 옥상에서 빗소리는 "삭삭(索索)"의 소리를 지었으며 병속의 물을 마시는데 "쿨쿨(骨骨)"의 소리를 지었으므로 이것 등의 여러 소리들이 달랐으나 음향이 조화되었다.
그때 필추가 있어 이전에 가무에 능하였는데 그 소리를 듣고 옛날의 관현(管絃)의 음운을 기억하여 인내를 억제하지 못하였다. 곧 자리에서 일어났고 마침내 그 음곡을 쫓아서 손으로 춤을 추면서 대중에게 알려 말하였다.
"대덕들이여 이것은 호호의 소리이고 이것은 백백의 소리이며 이것은 쩝쩝의 소리이고 이것은 삭삭의 소리이며 이것은 쿨쿨의 소리입니다."
손가락을 튕기어 서로를 조화하니 박자가 맞지 않는 것이 없었다.

---

1) 채소의 하나로 무우를 가리킨다.

대중 가운데에서 마음으로 머무르지 않는 자는 곧바로 미소를 지었고, 그곳에 뜻을 수용한 자는 모두 놀랐으며, 음식을 행익하던 사람들은 크게 웃지 않는 사람이 없었고, 혹은 비난과 부끄러움이 생겨났으며, 시주는 매우 괴이하게 생각하였다. 청식(請食) 필추는 마음에서 크게 부끄러워하면서 음식을 가지고 사찰에 이르러 한쪽에 놓고 세존의 발에 예경하였다. 세존의 법은 언제나 음식을 가져온 사람에게 환희로운 말로 물으시는 것이다.

"대중이 좋은 음식을 배부르게 얻었는가?"

아뢰어 말하였다.

"대덕이시여. 좋은 음식은 비록 만족하였으나 시주가 괴이하게 생각하였습니다."

물어 말씀하셨다.

"무슨 까닭인가?"

인연으로써 갖추어 아뢰었다. 세존께서는 음식을 드시고 밖으로 나오시어 발을 씻으시고 방으로 들어가셨으며 연좌하시어 머무르셨다. 포시(晡時)에 이르러 비로소 정에서 일어나시어 필추들 가운데에 나아가서 자리에 앉으셨다. 곧 춤을 추었던 필추에게 알려 말씀하셨다.

"그대는 무슨 마음으로 시주의 집에서 춤을 추었는가?"

대답하여 말하였다.

"대덕이시여. 그들을 비난하는 뜻과 도거(掉擧)의 마음이 있어서 춤을 추었습니다."

세존께서 여러 필추에게 알리셨다.

"만약 필추가 도거로 춤을 춘다면 월법죄를 얻느니라. 만약 그들을 비난하는 마음으로 지었다면 범함이 없느니라. 그대들 모든 필추들이여. 이러한 것 등은 모두 소리를 짓고 먹은 까닭으로 이러한 과실에 이른 것이다. 이러한 까닭으로 필추는 소리를 지으며 먹지 말라. 짓는 자는 월법죄를 얻느니라."

세존께서는 이미 금제하셨다. 이때 신심이 있는 재가인이 여러 마른 떡과 나복과 감자(甘蔗)를 가져다가 필추들에게 보시하였으나 모두가 감히 받지 못하였으므로 물어 말하였다.

"성자여. 세존께서 출세하시지 않았던 때에는 우리들 여러 사람들이 모두가 외도를 복을 닦는 처소로 삼았으나, 지금 세존께서 출세하시어 우리들이 당신들을 큰 복전으로 삼았는데, 가지고 온 공양을 어찌 받지 않습니까? 어찌 우리들에게 선량한 자량을 버리고 후세에 나아가게 하십니까?

또한 세존께서는 '때에 맞추어 보시하면서 다만 이러한 새로운 곡식과 여러 과일이 처음으로 익었을 때에 먼저 계율을 갖추고 덕을 갖춘 분에게 받들어 보시하고 뒤에 스스로가 먹는다면 무량한 복을 얻는다.'고 마땅히 말씀하셨습니다. 원하건대 자비로서 우리들을 위하여 받아주십시오."

필추가 세존께 아뢰니 세존께서 말씀하셨다.

"이러한 여러 시물을 마땅히 받을지니라. 소유한 마른 떡은 국과 함께 섞어서 먹고 나복과 감자는 작은 조각으로 잘라서 소리없이 먹을지니라."

연기의 처소는 앞에서와 같다.

어느 때 장자가 있어 세존과 승가께 청하여 집으로 오시어 음식을 받도록 하였다. 이때 모든 필추들이 일시에 떠나가지 않고 각자 짝을 지어서 갔다. 이미 그 집에 이르러 다시 나머지를 기다렸으나 사람들이 아직도 모이지 않았으므로 장자에게 알려 말하였다.

"마땅히 음식을 주십시오. 우리들은 먼저 먹겠습니다."

배부르게 먹고 떠나갔다. 다시 다른 사람이 와서 다시 음식을 차리게 하였고 이와 같이 전전하여 시주가 피로하여 알려 말하였다.

"성자여. 기다려서 일시에 앉으십시오. 내가 모두에게 음식을 차리겠습니다."

이미 우뇌가 생겨났다. 필추가 세존께 아뢰니 세존께서 말씀하셨다.

"다른 사람의 청을 받았을 때는 마땅히 혼란스럽게 떠나지 말고 앞에 갔던 자는 문에서 서로를 기다려서 일시에 비로소 들어갈지니라. 만약 혼란스럽게 떠난다면 월법죄를 얻느니라."

세존께서 "혼란스럽게 떠나지 말라."고 마땅히 말씀하셨다. 병든 필추가 있었는데 시자가 먹고서 음식을 가지고 떠났으므로 음식을 기다리면서 허기졌다. 필추가 세존께 아뢰니 세존께서 말씀하셨다.

"다섯 가지의 인연이 있다면 일찍 음식을 청하여 방에 와서 먹을 수 있느니라. 무엇이 다섯 가지인가? 첫째는 객이 새롭게 온 것이고, 둘째는 곧 장차 떠나려고 하는 것이며, 셋째는 몸에 병고를 앓는 것이고, 넷째는 병을 간호하는 사람이며, 다섯째는 지사(知事)를 충당하는 몸이니라."

연기의 처소는 앞에서와 같다.
어느 때 장자가 있었는데 크게 부유하여 재산이 많았다. 마음에 신심과 공경을 품고 있었으므로 세존과 승가께 청하여 집으로 오시어 공양하도록 하였다. 세존께서는 다섯 가지의 인연이 있어 떠나시지 않으셨고 사람을 시켜서 음식을 가져오게 하셨으며, [자세한 설명은 앞에서와 같다.] 지금은 계율을 제정하시기 위함이셨다. 필추들은 음식을 먹고서 곧바로 사찰로 돌아갔으나 시주의 본래의 마음은 법을 듣는 것을 구하려는 것이었다. 한 필추도 그를 위하여 법을 설법하지 않았으므로 마침내 싫어함과 부끄러움이 생겨났다. 필추가 세존께 아뢰니 세존께서 말씀하셨다.

"비난하고 싫어함은 이치에 합당하다. 그러므로 여러 필추들은 마땅히 음식을 먹고서 곧 모두가 사찰에 돌아오지 말라. 만약 곧 돌아오는 자는 월법죄를 얻나니 마땅히 법을 설법할지니라."

세존께서 설법하라고 명하셨으나 필추들은 누가 마땅히 설법해야 하는가를 알지 못하였다. 세존께서 말씀하셨다.

"마땅히 상좌에게 그 설법을 하도록 하라. 만약 그가 능하지 못한다면 제2좌가 할 것이고, 이 자도 역시 못한다면 제3좌가 할 것이며, 그도 만약 감당하지 못한다면 마땅히 차례에 따라서 설하거나, 혹은 능한 자에게 미리 설법을 청하여 따르더라도 마땅하느니라."

연기의 처소는 앞에서와 같다.

한 장자가 이전부터 신심이 있어서 때때로 서다림의 가운데에 가서 정법을 들었다. 마침내 한 때에 세존과 승가께 청하여 집으로 오시어 음식을 받도록 하였고 필추들은 모두 갔으나 세존께서는 다섯 가지의 인연이 있어 떠나시지 않으셨으며, [자세한 설명은 앞에서와 같다.] 이것은 계율을 제정하시기 위함이셨다. 세존께서는 직접 가시지 않았고 사람을 시켜서 음식을 가져오게 하셨다.

세존께서는 "만약 그 공양을 마쳤다면 시주가 즐거워하는 법을 마땅히 설법하라."고 마땅히 말씀하셨다. 대중이 한 사람을 뽑아서 설법하게 머무르게 하였고 대중은 함께 떠나갔다. 이때 그 시주와 아울러 여러 권속들이 모두 와서 한 곳에 모였으므로 큰 위엄이 있었다. 함께 법요를 듣고자 청하여 말하였다.

"성자여. 우리들을 위하여 설법하십시오."

필추가 그들의 위력을 보았던 까닭으로 두려움이 생겨나서 능히 설법하지 못하였다. 장자가 생각하며 말하였다.

'나의 권속이 많아서 필추가 마음에 두려움이 생겨나서 선양(宣揚)하지 못하는구나. 내가 마땅히 설해야겠다.'

알려 말하였다.

"성자여. 이와 같이 세존께서 설하셨습니다."

보시는 크게 부유함을 부르고
계를 지니면 천상에 태어나며
오로지 닦아서 번뇌를 끊을 것이니라.
이것이 법입니다. 마땅히 가십시오.

이때 그 필추가 이 말을 듣고 결국 말로써 대답하지 못하고 다시 길로 돌아갔다. 이미 사중에 이르니 여러 필추들이 물었다.

"구수여. 그곳에 머물러서 설법하였는가?"

대답하여 말하였다.

"여러 구수들께서 나를 홀로 남겨두었고 다시 도반이 없었으며 시주와 친족이 모두 와서 모였고 큰 위엄이 있었으므로 나는 두려움이 생겨나서 설법하지 못하였습니다. 시주가 내가 마음에서 두려움을 품은 것을 보고 반대로 곧 나를 위하여 묘법을 선양하였습니다."

필추가 세존께 아뢰니 세존께서 말씀하셨다.

"이 필추가 말한 것은 이치적으로 마땅하다. 이러한 까닭으로 마땅히 혼자서 설법하지 않게 하라. 지금부터는 네 명의 필추를 뽑아서 설법하는 사람의 도반이 되게 할지니라."

연기는 왕사성에서 있었다.

세존께서는 "설법하는 필추는 마땅히 네 명의 도반과 함께 해야 한다."고 마땅히 제정하셨다. 이때 청하여 부르는 곳이 있었고 설법하는 필추와 네 도반을 함께 뽑았다. 이때 도반인 필추가 인연이 생겼거나, 혹은 대소변을 전전하여 나가면서 모두 알리지 않았으므로 때에 이르러 일이 어긋났다. 인연으로 세존께 아뢰니 세존께서 말씀하셨다.

"설법하는 필추와 도반인 필추는 다른 곳으로 향하는 때에 마땅히 알리고 떠나가라. 만약 알리지 않는 자는 월법죄를 얻느니라."

제8문 제8자섭송 ①

제8문 제8자섭송으로 말하겠노라.

설사약과 이빨에 독이 있는 것과
혀를 긁는 대나무칼을 마땅히 씻는 것과
그가 죄업이 끝난 까닭으로
아라한을 증득한 것이 있다.

연기는 실라벌성에서 있었다.

한 바라문이 있어 아내를 얻고 오래지 않아서 마침내 한 아들을 낳았는데 나이가 장대하여 선법의 가운데에서 출가하였다. 뒤의 다른 때에 갑자기 몸에 병이 들었으므로 의사의 처소에 가서 알려 말하였다.

"현수여. 나의 몸에 병이 있으니 바라건대 치료하여 주십시오."
알려 말하였다.
"성자여. 당신은 지금 이와 같은 설사약을 복용하면 나을 것입니다."
필추가 곧 복용하고 겨우 한 번을 설사하였고 냉수로 세정(洗淨)하였으나 곧 낫지 않았다.
의사가 와서 물어 말하였다.
"성자여. 설사약이 잘 듣습니까?"
알려 말하였다.
"현수여. 약이 효력이 없습니다. 오직 한 번을 설사하였습니다."
의사가 말하였다.
"성자여. 냉수로 세정하였습니까?"
알려 말하였다.
"그렇습니다."
의사가 말하였다.
"성자여. 냉수로 세정하였으니 어떻게 완전히 설사하겠습니까? 당신은 지금 다시 설사약을 복용하고 세정하지 마십시오. 설사가 멈추면 비로소 씻으십시오."
알려 말하였다.
"현수여. 세존께서 허락하지 않으셨습니다."
의사가 말하였다.
"성자여. 복용법이 마땅히 그러하므로 어겨서는 아니됩니다."
필추가 세존께 아뢰니 세존께서 말씀하셨다.
"만약 이와 같다면 내가 지금 허락하겠노라. 설사가 멈추지 않았다면 마땅히 깨끗이 닦을지니라."

필추가 무슨 물건으로 닦는가를 알지 못하였으므로 세존께서 말씀하셨다.

"마땅히 흙덩이나, 혹은 나뭇잎이거나, 혹은 찢어진 옷감과 낡은 종이를 사용하여 그곳을 깨끗이 닦고 설사가 멈추는 것을 기다려서 따뜻한 물로 깨끗이 씻을지니라."

연기의 처소는 앞에서와 같다.

한 숲속에 독사가 살았는데 여러 양을 기르는 사람들이 숲에 불을 놓아서 숲을 태웠으므로 사방에서 타들어왔다. 뱀이 곧 놀라서 배로 구르면서 다녔고 불을 피하여 나와서 겨우 목숨을 부지하여 한 나무의 밑에서 몸을 똬리를 틀고 있었다. 이때 구수 사리자가 인간세상을 유행하는 인연으로 나무 아래에 이르러 이 독사가 불에 데어서 몸의 모습이 찢어지고 문드러져서 여러 고통받고 있는 것을 보았다. 곧 숙세의 인연에 선근이 있는가를 관찰하였다. 존자는 관찰하여 선근이 있음을 보아서 알았고 또한 다시 거듭하여 누구에게 귀속되었는가를 관찰하여 자신이 그것과 숙세의 인연이 있는 것을 보았다. 곧 물을 뿌리고 삼구법(三句法)을 설하면서 알려 말하였다.

"현수여. 마땅히 알라. 제행은 무상이고 제법은 무아이며, 열반은 적정이니라. 마땅히 나에게 은근하고 깨끗한 마음을 일으켜서 방생의 몸을 버리고 마땅히 선취(善趣)에 태어나라."

이때 존자는 이와 같이 말을 마치고 곧 떠나갔다. 이때 솔개가 와서 물고 가서 먹어버렸다. 이 독사는 존자에게 선한 마음을 일으킨 까닭으로 목숨을 마친 뒤에 실라벌성의 선해육사문(善解六事門)[첫째는 스스로가 대회를 베푸는 것을 아는 것이고, 둘째는 다른 사람에게 대회를 베풀게 가르치는 것이며, 셋째는 독송을 잘 아는 것이고, 넷째는 사시법(捨施法)을 아는 것이며, 다섯째는 물건을 받는 법을 아는 것이고, 여섯째는 정촉(淨觸)을 아는 것이다.]의 집에 태어났다.

이때 구수 사리자가 독사가 죽은 것을 알았고 곧 어느 곳에 태어나는가를 관찰하여 이 성중의 선해육사 바라문의 집에 태어난 것을 보았다. 조복시키기 위한 까닭으로 자주 그 바라문의 집에 갔으며 그 부부에게 삼귀의와 오계를 주었다. 뒤의 다른 때에 홀로 그의 집에 이르니 바라문이 보고 알려 말하였다.

"성자여. 시자가 없으십니까?"

존자가 대답하여 말하였다.

"나의 시자는 모초(茅草)에서 생겨나는 것이 아니고 당신의 처소에서 얻어야 합니다."

바라문이 말하였다.

"나에게는 작은 아들이 없으므로 시자를 감당할 수 없습니다. 나의 아내가 회임하였으니 만약 그녀가 아들을 낳는다면 시자로 받들겠습니다."

알려 말하였다.

"원하건대 그렇다면 병이 없으십시오. 나는 그를 받아들이겠습니다."

곧 버리고 떠나갔다. 그 아내가 달이 차서 곧 한 아들을 낳았는데 모유를 먹을 때에 손톱과 이빨에 젖꼭지가 상하여 곧 종기로 커졌고 일찍이 동자들과 같이 놀 때에 혹은 성냄과 분노를 인연하여 손톱이나 이빨로 만약 손괴시킨 곳이 있으면 모두 종기가 되어서 오래 지나서야 회복되었다.

이때 사리자는 그 동자가 출가의 때에 이른 것을 알고서 그의 집으로 가서 부모를 위하여 설법하였는데 그가 보고 나왔으므로 존자가 생각하였다.

'이 아이는 곧 나의 시자가 아닌가?'

아버지가 아이에게 알려 말하였다.

"네가 태어나기도 전에 내가 너를 성자의 시자로 받드는 것을 허락하였느니라. 지금 따라갈 것이고 미련을 두지 말라."

이 아이는 곧 그 최후생의 사람이었으므로 한참 서서 존자의 얼굴을 보고서 뒤를 따라서 갔다. 존자가 사찰에 이르러 곧 출가시키고 아울러 근원을 주었으며 가르침에 의지하여 배우게 하였다. 뒤에 치목을 씹고 혀를 긁고서 씻지 않고 버렸는데 파리가 와서 그 위에 붙었다가 마침내 곧 죽었고, 다음에 수궁(守宮)2)이 와서 그 파리를 먹은 인연으로 이것도 죽었으며, 다음으로 어느 누런 수리부엉이가 와서 도마뱀을 먹고 오히려 같이 죽었고, 다음으로 개가 와서 이 수리부엉이를 먹고 역시 다시 죽었으며, 그 남은 것을 여러 개미들이 와서 물어뜯었는데 모두가 죽었다.

이때 한 필추가 있어 곁에 서서 이러한 일 등을 보았으며 다음 날의 아침에 이르렀다. 이때 여러 필추들이 그곳에 와서 치목을 씹다가 개와 많은 개미들 한 곳에서 죽은 것을 보고 그 까닭이 괴이하여 모두가 서로 말하였다.

"개와 개미가 무슨 인연으로 한 곳에서 죽었는가?"

혹은 말하였다.

"알 수가 없습니다."

혹은 말하였다.

"누가 이러한 과실을 지었는가를 모두가 조사해야 합니다."

이때 그 필추가 여러 사람에게 알려 말하였다.

"어제 바라문의 아들이고 존자 사리자의 제자를 내가 보았는데 그가 이렇게 치목을 씹고 혀를 긁은 대나무칼을 씻지 않고 버리는 것을 보았습니다. 반드시 마땅하게 이것으로 그것들이 죽은 것입니다."

필추가 인연으로써 세존께 아뢰니 세존께서 말씀하셨다.

"그대들 필추들은 마땅히 알지니라. 사람 가운데에는 역시 뱀과 다르지 않는 독을 지닐 수 있으므로 지금부터는 치목을 씹을 때와 혀를 긁는 것을 마쳤다면 마땅히 물로 씻어서 버릴지니라. 씻지 않고 버린다면 월법죄를 얻느니라."

세존께서는 "치목을 씹었다면 씻고서 비로소 그것을 버려라."고 마땅히 말씀하셨다. 여러 필추들이 물이 부족하여 어떻게 하는가를 알지 못하였으

---

2) 도마뱀붙이 또는 표범장지뱀을 가리킨다.

므로 세존께서 말씀하셨다.

"재와 흙 위에 문지르고 닦아서 버려라."

뒤의 다른 때에 그 독이 있는 필추가 스스로 옷을 염색하여 말리려고 돌아다녔다. 이때 구수 오파난타가 와서 염색하는 것을 보고 알려 말하였다.

"구수여. 내가 즐겁게 돕고자 하오."

알려 말하였다.

"좋습니다. 대덕의 뜻을 따르겠습니다."

이때 오파난타의 성품은 악행을 품고 있었다. 곧 새로운 옷을 취하여 그늘에 말렸고 오래된 옷은 햇볕에 말렸으며 또한 반대로 마른 옷은 햇볕에 말렸고 젖은 것은 그늘에 말렸으므로 그가 말하였다.

"대덕이여. 이와 같이 하지 마십시오."

이때 오파난타는 이전과 같이 지었다. 이와 같이 두세 번을 막았으나 기꺼이 멈추지 않았고 그 필추는 드디어 진노가 생겨나서 붙잡고자 하였다. 오파난타는 곧바로 달아났고 그가 뒤를 쫓아왔다. 이때 사리자가 오면서 서로를 쫓는 것을 보고 알려 말하였다.

"구수여. 무슨 일을 짓고자 하는가?"

그는 진심이 치성한 까닭으로 계속 쫓으며 멈추지 않았다. 오파난타가 이미 붙잡혔고 다급하여 마침내 나뭇가지를 취하여 멀리서 휘둘렀으나 오히려 멈추지 않았다. 이때 사리자가 곧 부드러운 말로 안위하여 쫓아가지 않게 하였다. 오파난타가 곧 멀리 달아났고 그는 진심이 치성하여 곧 그 나무를 깨물었는데 이빨로 그 나무를 깨물었을 때에 그 나뭇잎이 모두 떨어졌다. 필추가 세존께 아뢰니 세존께서 말씀하셨다.

"이와 같은 사람은 마땅히 서로가 괴롭혀 진에가 생겨나지 않게 하라."

세존께서는 "마땅히 서로를 괴롭혀서 진에가 생겨나지 않게 하라."고 마땅히 말씀하셨다. 뒤의 다른 때에 오파난타가 다음으로 지사의 소임이었으므로 그 독이 있는 필추의 처소에 이르러 알려 말하였다.

"구수여. 이와 같은 일을 지으시오."

그는 오파난타가 와서 알리는 것을 보고 큰 진에가 생겨났다. 필추가 세존께 아뢰니 세존께서 말씀하셨다.

"이러한 독을 품은 사람이나 혹은 이전에 악심이 있다면 마땅히 스스로가 가서 그에게 소임을 시키지 말고, 곁의 사람을 시켜서 해야 지을 일을 알려서 그가 듣고 마땅히 짓게 하고 빠트리지 않도록 할지니라."

그 독이 있는 필추는 게으름을 잊고 부지런히 닦아서 오취의 윤회를 꺾고 여러 번뇌를 끊었으며 아라한과를 증득하였고, [자세한 설명은 다른 곳과 같다.] 나아가 인간과 천상에서 공경하지 않음이 없었다. 여러 필추들이 구수 사리자에게 알려 말하였다.

"존자의 제자는 극심한 진에와 독을 품었는데 이러한 사람이 오히려 능히 아라한과를 증득하였으니 매우 희유합니다."

이때 존자 사리자가 여러 필추들을 위하여 이전의 인연을 자세히 설명하였다. 이때 여러 필추들이 모두 의심이 있어서 세존께 청하여 아뢰었다.

"대덕이시여. 그 필추는 이전에 무슨 업을 지었기에 독사의 몸을 버리고 인취에 태어났습니까?"

세존께서 말씀하셨다.

"그대들 필추들이여. 그는 스스로가 지은 업이 성숙한 때에 도리어 반드시 스스로가 받은 것이니라."

[자세한 설명은 다른 곳과 같다.] 나아가 게송으로 말씀하셨다.

가령 백겁이 지나더라도
지은 업은 없어지지 않으며
인연이 모여 만나는 때에
과보가 돌아와서 스스로 받는다네.

"그대들 필추들이여. 마땅히 일심으로 들을지니라. 지나간 과거의 이 현겁 가운데에서 사람의 수명이 2만세일 때에 가섭파여래·응·정등각이 십호를 구족하시고 세간에 출현하시어 바라니사의 신선이 떨어진 곳인 시록원(施鹿園)의 가운데에 머무셨느니라. 이 독필추가 그 불법의 가운데에 출가하여 항상 자관(慈觀)을 닦았으므로 여러 필추들이 보고 함께 모두가 불러 말하였다.

'자관! 자관!'

알려 말하였다.

'당신들은 다시 나를 자관, 자관이라고 부르지 마시오.'

이와 같이 두세 번을 말하여도 도리어 멈추지 않았으므로 여러 필추들에게 마침내 성냄과 한이 생겨나서 입에서 악한 말이 나왔느니라.

'나는 자관이고 그대들은 사람 중에서 독사이다.'

세존께서 말씀하셨다.

"그대들 필추들의 뜻은 어떠한가? 가섭파여래의 정법 가운데에 출가하여 자관을 닦던 자가 어찌 다른 사람이겠는가? 이 필추였느니라. 그가 지나간 옛날에 불·세존의 성문 제자들에게 성내고 한스러운 마음을 일으키고 악한 구업을 지었던 까닭으로 500생 가운데에서 항상 독사가 되었고 남은 업력으로 이렇게 인간 가운데에서 악한 독보(毒報)를 받은 것이니라. 그가 지나간 옛날에 독송의 업을 지었고 여러 계품을 닦아서 온·계·처·연기처·비처에서 선교를 얻었던 까닭이니라. 그 선근을 까닭으로 나의 법의 가운데에 출가하여 여러 번뇌를 끊고 아라한을 증득한 것이니라.

그대들 필추들이여. 이러한 인연을 까닭으로 나는 항상 '흑업은 흑보를 얻고 잡업은 잡보를 얻으며 백업은 백보를 얻는다.'고 널리 설하였느니라. 그대들은 마땅히 부지런히 백업을 닦고 흑업과 잡업을 떠날지니라."

이때 여러 필추들은 세존께서 설하시는 것을 듣고는 마음에서 크게 환희하면서 세존의 발에 정례하고 받들었으며 하직하고 떠나갔다.

제8문 제9자섭송 ①

제8문 제9자섭송으로 말하겠노라.

삼의(三衣)는 일에 따라서 입을 것과
난야법(蘭若法)을 마땅히 아는 것과
욕실 문을 지키는 것과 묘화(妙華)에 대한 것과
비처(非處)에 마땅히 머물지 않는 것이 있다.

연기의 처소는 앞에서와 같다.
어느 때 여러 필추들이 사찰 안에서 승가지를 입고 물을 뿌리고 쓸었고 단을 만들고 쇠똥을 땅에 발랐으며 측간에 들어가서 대·소변을 보았고 옷을 물들였고 옷을 빨았는데 이 승가지와 같이 7조나 5조도 역시 모두 이와 같이 여러 사업을 지었다. 여러 필추들을 보고 한 사람이 알려 말하였다.
"이러한 여러 옷들을 차별을 짓지 않고 처소를 따라서 착용한다는 것은 이치에 마땅하지 않습니다. 세존께서는 '승가지는 그 옷이 대의이니라.'고 마땅히 말씀하셨는데 어찌 차별을 짓지 않고 사용하는 것이 합당하겠습니까?"
함께 말하였다.
"구수여. 이러한 말을 잘하였습니다."
함께 세존께 아뢰니 세존께서 말씀하셨다.
"그대들 필추들이여. 이와 같이 모두가 서로에게 멈추자고 충고한 것은 이치적으로 합당하다. 승가지는 옷 가운데서 왕이니라. 이러한 까닭으로 마땅히 곳에 따라서 착용하고 여러 사업을 짓지 말라."
세존께서는 "승가지를 마땅히 처소에 따라서 착용하지 말라."고 마땅히 말씀하셨다. 필추들이 어느 곳에서 마땅히 입어야 하는가를 알지 못하였으므로 세존께서 말씀하셨다.
"마을에 들어갈 때·걸식을 행할 때·음식을 먹을 때·대중에 들어가서 공양을 할 때·제저에 예경을 할 때·세존의 법을 들을 때·밤낮으로 법을 들을 때·두 스승과 같은 범행자에게 예배할 때와 같은 등의 곳에서는 대의를 입을 것이고, 올다라승가(嗢多羅僧伽)는 마땅히 청정한 곳과 음식

등의 일에 착용할 것이며, 안달바사(安怛婆娑)는 마음대로 어느 곳에서나 뜻에 따라서 착용하여도 모두 범한 것이 없느니라."

연기의 처소는 앞에서와 같다.
세존께서는 "만약 해가 나오고 여러 새들이 모두 울며 농부가 경작한다면, [자세한 설명은 앞에서와 같다.] 나아가 마땅히 시끄러운 곳을 떠나 홀로 한가롭게 기거하면서 마땅히 마음을 가다듬고 부지런히 정려를 닦아야 한다."고 마땅히 말씀하셨다.
이때 필추가 있어 들은 것도 적고 아는 것도 얕았는데 공한처(空閑處)로 가서 초암(草菴)을 짓고 오직 걸식을 제외하고는 밤낮으로 부지런히 근사(勤思)하였으므로 방목하는 사람들이 모두가 알게 되었다. 그때 도둑의 무리가 다른 사람에게 해를 당하여 모두가 상처를 많이 당하였고 기갈에 핍박받아서 무리들이 함께 의논하였으나 어디로 가는가를 알지 못하였다. 한 사람이 알려 말하였다.
"그 난야 가운데에는 석가자가 있소. 일반적으로 여러 사문의 성품은 많이 저축하고 아울러 자비한 마음이 있으니 마음에서 두려울 것이 없소. 당신들은 거기로 가시오. 마땅히 모두가 간다면 반드시 얻을 것이 있을 것이오."
도둑들이 함께 말하였다.
"이 말이 옳소. 모두 함께 갑시다."
모두 희망찬 얼굴을 들고 같이 난야 가운데로 가서 이르니 필추가 보고 곧 잘 왔다고 말하였다. 그때 여러 도둑들이 마음에 두려움이 생겨나지 않았으므로 잠시 있으면서 알려 말하였다.
"성자여. 우리는 추워서 불이 필요합니다."
필추가 알려 말하였다.
"나는 난야 가운데 기거하여 불을 구할 수가 없습니다."
또한 말하였다.
"목이 마르고 피곤하여 물이 필요합니다."

필추가 알렸다.

"없습니다."

도둑이 다시 알려 말하였다.

"성자여. 약간의 미숫가루가 필요합니다. 상처 위에 뿌리게 이용하도록 바라건대 도와주시오."

필추가 알렸다.

"없습니다."

도둑이 다시 알려 말하였다.

"성자여. 나는 상처를 묶으려는 까닭으로 물건이 필요합니다."

필추가 알렸다.

"없습니다."

다음으로 상처 위에 바르는 소유(蘇油)를 찾았으나 필추가 알렸다.

"없습니다."

다시 알려 말하였다.

"목이 마르고 피곤하여 음식이 필요합니다."

필추가 알렸다.

"없습니다."

도둑이 다시 물어 말하였다.

"성자여. 지금은 어느 날짜에 속하고 어느 달입니까?"

필추가 대답하여 말하였다.

"나는 난야에 기거하여 이러한 일을 익히지 않았습니다."

도둑의 가운데에는 한 사람이 이전에 승가의 법을 알았으므로 마침내 진에가 생겨나서 알려 말하였다.

"성자여. 이전의 일은 이미 지나갔으니 내가 다시 서로에게 묻겠소. 당신은 아라한·불환·일래·예류과를 얻었습니까?"

필추가 대답하여 말하였다.

"나는 난야에 기거합니다."

도둑이 말하였다.

"잠시 이 일은 접어두고 다시 묻겠소. 성자는 비상비비상처(非想非非想處)·무소유처(無所有處)·식처(識處)·공처(空處)·사정려정(四靜慮定)을 얻었습니까?"

필추가 알렸다.

"나는 난야에 기거합니다."

도둑이 말하였다.

"성자여. 당신은 이러한 경·율·논의 삼장을 지녔습니까?"

필추는 역시 이전과 같이 대답하였고 도둑이 말하였다.

"성자여. 당신의 이름은 무엇입니까?"

역시 이전과 같이 대답하였다.

도둑이 말하였다.

"이곳은 어느 지방입니까?"

필추는 역시 이전과 같이 대답하였다. 이때 도둑의 무리가 묻는 일을 필추는 모두 "나는 난야에 기거합니다."라고 대답하였다. 도둑이 크게 성이 나서 여러 사람에게 알렸다.

"우리들이 비록 도둑이지만 이 필추는 오히려 큰 도둑놈이다. 왜 그러한가? 자신의 이름도 오히려 모르는 놈이 거짓으로 용모와 위의를 나타내어 인간세상을 속이고 미혹한다."

이때 모든 도둑이 필추에게 각자 성냄과 한을 품고서 곧 함께 심하게 신체를 때렸으므로 모두가 깨졌고 옷·발우·석장은 모두 부서지고 찢어졌다. 겨우 목숨만 남겨두고 도둑들은 밤중에 버리고 떠나갔다. 이때 이 필추는 이미 곤욕(困辱)을 만나고 날이 밝아서 서다림으로 나아가니 여러 필추들이 보고 물어 말하였다.

"구수여. 무슨 까닭으로 모습과 얼굴이 이와 같이 곤욕을 당하였는가?"

곧 앞의 일을 갖추어 알렸다. 이때 여러 필추들이 인연으로써 세존께 아뢰니 세존께서 말씀하셨다.

"그대들 필추들이여. 내가 난야의 필추를 위하여 그 행법을 제정하겠노라. 만약 난야에 머무는 사람은 반드시 물과 불을 저축하고 아울러 소유와 미숫가루와 낡은 옷감도 저축할 것이며, 음식도 조금은 남겨놓을 것이고, 성신(星辰)도 알 것이며, 시절과 방위와 소재(所在)도 알아야 하고, 경·율·논도 잘 익힐 것이며, 나아가 자신의 법명도 알아야 하느니라. 만약 난야의 필추가 이 금제에 의지하지 않는 자는 월법죄를 얻느니라."

연기의 처소는 앞에서와 같다.
어느 때 사명외도(邪命外道)가 갑자기 몸에 병을 얻었으므로 의사에게 가서 치료를 청하여 구하니 대답하여 말하였다.
"마땅히 욕실을 짓고 몸을 목욕한다면 병이 나을 것입니다."
대답하여 말하였다.
"현수여. 내가 어느 곳에서 욕실을 얻겠소? 때를 따라서 걸식으로 목숨을 유지하고 있소."
알려 말하였다.
"성자여. 사문 석자들은 매월 보름마다 욕실에서 목욕합니다. 당신은 그곳에 가서 몸을 씻으십시오."
필추가 목욕을 하는 때에 그가 곧 안으로 들어왔으나 몸에 붉은 옷을 입었으므로 모두가 필추라고 말하고 막지 않았다. 그가 빨리 씻고 나왔고 앉아서 몸을 말렸다. 이때 구적이 있어 그곳에 이르렀고 불러 말하였다.
"노인이여. 함께 씻으십시다."
그는 머리를 흔들면서 거듭 씻으려고 하지 않았다. 구적이 곧바로 그의 팔뚝을 잡아당겨 끌고 가니 그가 이렇게 말을 지었다.
"사문 석자는 모두가 정결하지 않은데 그 부정한 손으로 깨끗이 씻은 몸을 만지는가?"
대답하여 말하였다.
"나는 사문인데 그대는 무슨 물건인가?"
대답하여 말하였다.
"나는 외도이다."
곧 여러 사람에게 알려 말하였다.

"누가 외도를 데리고 욕실의 가운데에 들어왔습니까?"

인연으로써 세존께 아뢰니 세존께서 말씀하셨다.

"만약 목욕할 때에는 문호(門戶)를 지킬 것이고 필추가 들어가는 것을 본다면 마땅히 그 이름을 물을지니라."

그들이 서로 아는 자도 역시 이름을 물었으므로 세존께서 말씀하셨다.

"마땅히 그렇게 하지 말라."

이때 세존께서 교살라국(憍薩羅國)에 머무르셨다.

인간세상을 유행하시면서 한 취락에 이르렀는데 욕리(欲犁)라고 이름하였다. 그곳에 원림이 있어서 세존께서는 이곳에 머무르셨다. 다른 마을에 바라문이 있었는데 묘화(妙華)라고 이름하였고 봉읍이 아주 많아서 수용함에 부족함이 없었으며 승광대왕이 항상 공양하였다. 묘화가 직접 가르친 제자가 있었는데 수생(樹生)이라고 이름하였으며 들은 것이 많고 총명하며 변론이 어렵더라도 막힘이 없었으며 500명과 함께 묘화의 처소에서 바라문의 여러 경전을 배우고 암송하였다. 이때 묘화는 사문 교답마에 대한 얘기를 들었다.

"석가족의 아들로서 속업(俗業)을 버렸고, 수염과 머리를 깎고서 가사를 입고 바른 신심으로 출가하였으며, 이미 무상정등보리를 얻었고, 대명(大名)이 원근의 여러 나라에 알려지지 않은 곳이 없으며, 십호가 원명(圓明)하여 인간과 천인이 모두 공경하고, 스승을 쫓아서 받은 것이 아니고 스스로 자연스럽게 증오하였으며, 아생을 이미 마쳤고, 범행이 이미 섰으므로 후유를 받지 않으며, 여실한 지혜로 묘법을 연설하므로 이를테면, 처음과 중간과 끝도 좋고 문장의 뜻이 교묘하고 순일하며 원만하고 청정한 범행이다. 교살라국에서 인간세상을 유행하다가 지금 왔고 이 욕리 취락의 숲속에 머무르고 있다."

나는 이전에 일찍이 오히려 옛 글을 읽었다.

"만약 사람이 삼십이상을 성취하여 몸을 장엄하였다면 이 사람은 오직 두 종류의 사업이 있다. 만약 재가에 있다면 마땅히 전륜왕으로 사천하의

왕이 되어 법으로써 세상을 교화하며 칠보가 구족되니 이를테면, 윤보(輪寶)·상보(象寶)·마보(馬寶)·주보(珠寶)·여보(女寶)·주장신보(主藏臣寶)·주병신보(主兵臣寶)이며 1천의 아들을 구족하는데 용모와 위의가 단정하고 큰 위덕이 있으며 용건하고 무쌍하여 가는 곳마다 다른 사람들이 맞아들여서 스스로가 굴복하므로 주위 둘레의 사해에 진실로 교화되지 않는 곳이 없고 역시 원적(怨敵)과 칼과 몽둥이의 우뇌가 없으며 다만 정법으로써 여원(黎元)3)을 가르치고 함께 십선을 행하면서 안락하게 머무른다. 만약 출가한다면 앞에 설명한 것과 같은 큰 보리를 증득한다."

이때 묘화가 이 일을 듣고 제자인 수생에게 알려 말하였다.

"그대는 지금 아는가? 내가 들으니 사문 교답마는 석가족의 아들로서 석가종족을 버리고 수염과 머리카락을 깎고 몸에 가사를 입고 출가하였으며, [자세한 설명은 앞에서와 같다.] 나아가 명칭(名稱)이 널리 들리는데 인간세상을 유행하다가 지금 교살라국에 이르러 욕리 취락의 큰 숲속에 기거하고 있다고 하네. 내가 일찍이 옛글을 읽었는데 만약 사람이 32상을 성취하여 몸을 장엄하였다면 이 사람은 오직 두 종류의 사업이 있다네. 만약 집에 있다면 마땅히 전륜왕이 되고 만약 출가한다면 마땅히 성불하여 명칭이 널리 들린다고 하네. [자세한 설명은 앞에서와 같다.] 그대가 지금 그곳으로 가서 그 상호에 대한 소문이 진실인가? 거짓인가를 직접 관찰하게."

수생이 알려 말하였다.

"큰 스승의 가르침과 같이 하겠습니다."

곧 취락의 여러 기숙 바라문들과 총명하고 박식한 자들과 함께 세존의 처소로 나아갔다. 세존의 앞에 이르렀고 한쪽에 서서 여러 바라문은 여러 종류의 언사(言詞)로 세존께 위문하고 곧 앞에 앉았다. 세존께서는 곧 미묘한 법을 설하시어 보여주셨고 가르치셨으며 이익되고 기쁘게

---

3) 검수(黔首)의 다른 말로서 검려(黔黎)·여민(黎民)·여서(黎庶)·여수(黎首)라고도 말한다. 검(黔)과 여(黎)는 색을 뜻하는데 옛날 중국에서는 일반 서민은 보통 관(冠)을 쓰지 않고 검은 맨머리를 드러내고 다닌 데서 기인한 말이다.

하시어 그들이 흔열(欣悅)⁴⁾하게 하셨다. 그 마납파는 세존께서 설법하실 때에 가죽신을 신고 세존 앞을 거닐면서 때에 와서 잠시 들었고 말로 어지럽게 묻고 말을 마치고서 떠나갔다. 세존의 앞에서 극히 높은 거만을 품고서 외경하는 마음이 없이 거역하는 마음을 지었고 스스로가 수승하다고 말하였다. 이때 세존께서 알려 말씀하셨다.

"그대가 지금 이와 같은 일을 짓고 함께 명론(明論)을 이해하는 것이 어찌 합당하겠는가? 대바라문이 거만하게 말하라고 하였는가?"

물어 말하였다.

"교답마여. 나에게 무슨 과실이 있는가?"

세존께서 말씀하셨다.

"내가 학식 높은 대인들과 함께 말로 논의할 때에 그대는 가죽신을 신고서 다니면서 머무르지 않았고 차례를 알지 못하고 공손(恭順)한 마음이 없으며 말로 어지럽게 질문하여 거역하였느니라."

그가 말하였다.

"교답마여. 우리의 바라문법은 다른 사람과 언설하면서도 서있고 앉으며 누우면서 모두가 함께 말로 담론하므로 과실이 성립되지 않소. 모든 대머리 사문은 번뇌에 얽혀서 아들과 딸도 낳지 않는 것이오. 나는 말하면서 다음으로 함께 담론을 지었는데 이것에 무슨 과실이 있는가?"

세존께서 말씀하셨다.

"그대는 할 것이 있어서 나의 처소에 왔다. 그대는 높은 사람에게 아직 가르침을 받지 못하였다."

그가 이 말을 듣고는 곧 진에가 생겨나서 참지 못하고 세존의 처소에서 함께 힐난하고자 하였으므로 곧 세존께 알려 말하였다.

"그대 교답마여. 모든 서가종족들은 야생의 코끼리와 같아서 바라문에게 공경하고 공양하며 존중함이 생겨나지 않는다."

세존께서 말씀하셨다.

---

4) 기뻐하고 즐거워하는 것을 말한다.

"수생이여. 모든 석가족에게 무슨 과실이 있다고 그대는 이러한 말을 짓는가?"

알려 말하였다.

"교답마여. 내가 지나간 때에 친교사의 인연과 나의 일로 겁비라성(劫比羅城)에 나아갔는데 모든 석가의 남녀들이 높은 누각 위에서 내가 성에 들어가서 길을 가는 것을 모두가 멀리서 보고 손가락질을 하면서 모두가 서로에게 말하였다.

'이 자가 수생 마납파이고 묘화 바라문의 제자이다.' 오직 멀리서 보고 알았으나 손가락질을 하면서 다시 공경하거나 공양하는 마음이 없었다."

세존께서 말씀하셨다.

"마납파여. 백설조(百舌鳥)가 여러 소리를 지어 둥지에 있으면서 뜻에 따라서 떠드는 것과 같이 여러 석가족이 자기의 집안에서 뜻에 따라서 말하는 것인데 이것이 역시 무슨 허물이겠는가?"

알려 말하였다.

"교답마여. 세간에는 오직 네 종족의 대성(大姓)이 있으니 이를테면, 바라문·찰리(刹利)·벽사(薜舍)·술달라(戍達羅)이다. 이들의 모든 사람들이 존중하고 공양하며 공경하는데 오직 석가종족은 이러한 일이 없다."

이때 세존께서는 이렇게 생각을 지으셨다.

'이 마납파가 석가족을 가지고 야생의 코끼리와 같다고 헐뜯은 것은 과실이 매우 심하다. 내가 지금 마땅히 그를 위하여 과거 종족의 근원에 대한 인연을 말하여 교만한 마음을 쉬게 해야겠구나.'

이렇게 생각을 지으시고 마납파의 과거의 세상을 보셨다. 석가족 노비의 소생이었고 곧 석가자는 그의 조주(曹主)5)이었으므로 마납파에게 알려 말씀하셨다.

"그대의 지금 성(姓)은 무엇인가?"

알려 말하였다.

---

5) 세금을 받는 자라는 뜻으로 곧 노비의 주인을 가리킨다.

"교답마여. 나의 성은 전도(箭道)이다."

세존께서 말씀하셨다.

"마납파여. 내가 지금 그대의 옛날 조상을 보았는데 석가족 노비의 소생이었느니라. 지금 모든 석가족의 자손은 그대들의 주인이다."

이때 남은 여러 기숙의 바라문들이 함께 세존께 아뢰어 말하였다.

"그대 교답마여. 수생이 노비의 소생이라고 말하지 마시오. 왜 그러한가? 이 수생이 들은 것이 많고 총명하며 변론이 어렵더라도 막힘이 없소. 교답마와 함께 정법에 의지하여 말을 주고받으면서 논의하는 것이오."

세존께서 바라문들에게 알리셨다.

"만약 수생이 들은 것이 많고 큰 지혜가 있어서 능히 격론한다면 그대들은 묵연하고 그에게 말로 논쟁하게 하시오. 만약 능히 못한다면 그가 묵연하고 그대들이 대답하시오."

바라문들이 말하였다.

"수생은 지혜가 많으니 능히 교답마와 격론하여도 어렵지 않소. 우리들은 잠시 묵연합시다."

이때 세존께서 수생에게 명하여 말씀하셨다.

"아주 옛날에 왕이 감자(甘蔗)라고 이름하였느니라. 아들 넷을 낳았는데 첫째는 거구(炬口)라고 이름하였고, 둘째는 노이(驢耳)라고 이름하였으며, 셋째는 상견(象肩)이라고 이름하였고, 넷째는 족천(足刋)이라고 이름하였는데, 네 아들은 과실이 있어서 모두 쫓겨났느니라. 이때 네 동자는 각자 누이를 데리고 서로를 따라서 다른 지방으로 나아갔고 설산 기슭의 한 강가에 이르렀는데 이곳은 겁비(劫比) 신선의 옛날 주처였다. 서로가 멀지 않은 곳에 각자 초가집을 짓고서 스스로가 머물렀고 마침내 친누이는 버리고 다른 어머니의 누이를 취하여 이내로 삼아서 각지 아들과 딸을 낳았다. 이때 감자왕은 여러 아들을 기억하고 그리워하면서 대신들에게 알려 말하였다.

"나의 아들들은 어디에 있는가?"

아뢰어 말하였다.

"대왕이시여. 옛날에 일이 있어서 왕께서 쫓아냈습니다."

그 일을 갖추어 말하고 나아가 각자 아들과 딸을 낳은 것을 아뢰었다. 왕이 대신에게 알려 말하였다.

"나의 아들들이 능히 이와 같은 일을 지었는가?"

대답하여 말하였다.

"그들이 능히 지었습니다."

왕이 곧 일어나서 오른손을 길게 펼치면서 감탄하여 말하였다.

"나의 아들들이 능히 이러한 일을 하였구나."

대신이 말로 자세히 설명한 까닭으로 인연이 되어 이 종족의 이름이 석가로 된 것이다. [석가는 '능하다.'는 뜻이다.]

"마납파여. 그대는 일찍이 이와 같은 석가씨족의 일을 들었는가?"

대답하여 말하였다.

"나도 들었다."

"마납파여. 감자 왕가에게 좋은 노비가 있었는데 지방(知方)이라고 이름하였느니라. 용모가 단정하였고 한 선인(仙人)에게 주어져서 그의 아내가 되었고 마침내 한 아들을 낳았느니라. 겨우 태어났으나 곧 말하였느니라. '잠시 몸을 문지르지 마십시오. 내가 목욕하여 부정을 제거하겠습니다.' 지나간 옛날 때의 모든 사람들이 그를 귀신이라고 부르면서 전도(箭道)라고 이름하였느니라. 그대는 역시 일찍이 이 종족도 들었는가?"

이때 마납파가 듣고 곧 묵연하였고 세존께서 이와 같이 두세 번을 물으셨으나 그는 묵연히 대답하지 않았다. 이때 금강수신(金剛手神)이 그의 머리 위에서 금강저를 잡고서 큰 화광류(火光流)을 일으키니 염휘(焰輝)가 빛났다. 알려 말하였다.

"마납파여. 세존께서 세 번이나 물으시는데 그대는 교만한 마음을 짓고 대답하지 않는구나. 내가 곧 방망이로서 네놈의 머리를 부수어 일곱 조각으로 만들겠다."

세존의 위력을 까닭으로 마납파에게 금강수를 보이게 하니 곧 크게 놀라고 마음이 두려워서 털이 곤두섰으므로 세존께 아뢰어 말하였다.

"교답마여. 나는 일찍이 이러한 종족이 있는 것을 들었습니다."
이때 그 기숙 바라문들이 이와 같이 말하였다.
"진실로 교답마의 말과 같구나. 우리들은 지금 이 수생의 원초(源初)의 종족이 진실로 노비의 아기였다는 것을 모두 믿겠소."
이때 마납파는 노비의 자식이라고 말하는 것을 보고 마음에서 근심이 생겨나서 얼굴을 붉히고 머리를 숙이고서 입으로 능히 말하지 못하였다. 이때 세존께서 이러한 일을 보시고 다시 이렇게 생각을 지으셨다.
'내가 지금 마땅히 수생을 안위하여 우뇌를 벗어나게 해야겠구나.'
곧 다시 여러 종류의 인연과 여러 종류의 비유를 말씀하시어 그가 교만한 마음을 멈추고 우뇌를 버리고 없애게 하셨으며 곧 그에게 알려 말씀하셨다.
"마납파여. 이 일은 접어두고 그대가 본래 왔던 뜻을 지금 구하도록 하라."
이때 수생이 곧 세존의 몸에서 삼십이상을 관찰하니 오직 32상이 보였고 2상은 보이지 않았는데, 이를테면, 음상(陰相)과 설상(舌相)이었다. 가타로 설하여 말하였다.

　　옛날에 들으니 대모니(大牟尼)는
　　32상을 갖추셨다고 하셨는데
　　내가 지금 세존의 몸을 관찰하니
　　한 쌍은 두루 편만하게 없다네.

　　인중존(人中尊)을 보지 못하였으나
　　혹은 숨온 곳에 있어 히용되시는가?
　　넓고 길며 묘하신 설상도
　　입안에 있으니 사람들은 모르나이다.

　　오직 원하건대 그 상을 나타내시어

내 마음 속의 의심을 없애주시고
정각의 대명(大名)을 들었어도
세상 사람들은 뵙기 어렵습니다.

근본설일체유부비나야잡사 제35권

삼장법사 의정 한역
석보운 번역

제8문 제9자섭송 ②

제8문 제9자섭송의 나머지이다.(妙華婆羅門事)

이때 세존께서는 이와 같이 생각을 지으셨다.
'이 수생 마납파가 내 몸에서 삼십이상을 보고자 하는데 이미 32상은 보았으나 음상과 설상의 두 가지를 아직 능히 보지 못하여 의심하는구나. 내가 지금 방편으로 음장상(陰藏相)을 나타내어 그에게 보게 해야겠다.'
곧 설상을 펼치시니 길이가 머리카락에 이르고 넓이는 얼굴을 모두 덮었다. 그가 보고서 이와 같이 생각을 지었다.
'사문 교답마는 모든 상을 구족하였구나. 두 종류의 업이 있으니 세속에 있었다면 전륜왕이 되었을 것이나 출가하여 정각을 이루었고 이름이 두루 들리지 않는 곳이 없구나.'
이때 마납파는 큰 환희가 생겨나서 세존께 하직하고 떠나갔다. 그때 묘화 바라문은 한 동산 가운데에서 여러 기숙들과 대화하면서 앉아서 수생을 기다렸다. 이때 수생이 멀리서 묘화를 보고 곧바로 나아가서 그와 나머지의 존숙들의 발에 공경스럽게 예배하고 한 쪽에 앉았다. 묘화가 알려 말하였다.
"마납파여. 그 교답마의 선한 이름이 시방에 두루 가득한데 모든 상호를 갖추었다는 그 일이 사실인가?"

대답하여 말하였다.

"큰 스승이시여. 사람들이 칭양(稱揚)하는 그 일은 모두 사실입니다."

"그대는 그와 토론(言論)을 하였는가?"

대답하여 말하였다.

"함께 말하였습니다."

"그대가 그의 처소에서 소유한 토론을 모두 차례로 나에게 자세히 말하여 보게."

마납파가 세존의 처소에서 소유하였던 말을 갖추어 묘화에게 알렸다. 그가 듣고는 큰 진에를 일으켜서 곧바로 발을 들어서 그의 머리를 밟고 분노하여 말하였다.

"사자가 능히 그 일을 크게 잘하였구나. 역시 나의 몸도 악도에 빠트렸구나. 그대가 그와 함께 토론할 때에 소유한 과실(差失)로 그가 곧 나도 역시 허물의 가운데로 이끌어 넣었다. 다만 날이 저물어 곧 가서 공경스럽게 문신할 수 없으니 날이 밝기를 기다려서 내가 마땅히 스스로 가겠다."

곧 그 밤중에 여러 종류의 상묘한 음식을 준비하였고 아침에 이르자 수레에 싣고서 나아갔다. 세존의 처소에 이르러 환희하면서 함께 말로써 문신하고 한쪽에 앉아서 세존께 아뢰어 말하였다.

"세존이시여. 내가 교답마를 위하여 청정한 음식을 준비하여 싣고 왔습니다. 원하건대 자비로 애민(哀憐)하게 생각하시어 받아주십시오."

이때 아난타는 세존의 뒤에서 부채를 잡고 시원하게 부치고 있었다. 세존께서는 아난타에게 알려 말씀하셨다.

"그대는 지금 알리도록 하게. '이 취락에 있는 모든 필추는 모두 모여서 평소의 식당 안에 있도록 하게.'"

이때 아난타가 가서 알렸고 모두 식당에 모였으므로 곧 다시 돌아가서 세존께 아뢰었다.

"모든 사람이 모였습니다. 원하옵건대 세존께서는 때가 되었음을 아십시오."

세존께서는 그곳에 가셨고 자리에 나아가서 앉으셨다. 이때 묘화는 세존과 승가 대중이 모두 앉은 것을 보고 곧 자신의 손을 가지고 묘한 음식을 세존과 승가께 공양하였다. 대중들은 먹는 것을 마쳤고 치목을 씹었으며 손을 씻고 발우를 거두었다. 곧 작은 자리를 취하여 세존의 앞에 앉아서 법요를 설하는 것을 들었다. 이때 세존께서는 묘화 바라문이 베푼 음식을 받으시고 기쁘게 칭찬하시고서 가타로 설하여 말씀하셨다.

　제사에는 불이 최고이고
　첫 송은 논의 가운데에서 최고이며
　사람 가운데에서는 왕이 최고이며
　물 가운데에서는 바다가 최고이니라.

　별 가운데에서는 달이 최고이고
　빛 가운데에서는 해가 최고이며
　시방세계의 가운데에서와
　성인 가운데에서는 세존이 최고이니라.

　보시하는 자는 반드시
　그 의로운 이익을 얻으며
　만약 즐거움을 위하는 까닭으로 보시한다면
　뒤에 반드시 안락함을 얻는다네.

　이때 대중 가운에 한 막가라(莫訶羅) 필추가 있었는데 세존께서 이 가타를 설하실 때에 비록 배부르게 먹었으나 오히려 마른 떡을 씹으면서 큰 소리를 지었다. 바라문이 보고 세존께 아뢰어 말하였다.
　"교답마시여. 성문 제자들은 가르침에 의지하여 행합니까?"
　세존께서 알리셨다.
　"의지하는 자도 있고 의지하지 않는 자도 있소."

"교답마시여. 내가 지금 여기서 보니 법을 즐기는 자도 있고 음식을 탐하는 자도 있습니다. 교답마시여. 나의 제자가 수생이라고 이름하는 자가 있습니다. 세존의 처소에 이르러서 함께 토론하였습니까?"

대답하여 말하였다.

"그가 와서 함께 약간의 토론을 하였소."

"교답마시여. 그와 함께 문답한 담론을 원하건대 마땅히 나에게 그 일을 자세히 설명하여 주십시오."

세존께서는 곧 차례로 말씀하셨다. 이때 바라문이 세존께 아뢰어 말하였다.

"교답마시여. 그 수생이라는 자는 무식하고 들은 것이 적으며 마음에 높은 교만함을 품고 있고 외경심이 생겨나지 않아서 버릇없이 존안을 마주하였습니다. 오직 원하건대 자비로서 그의 허물을 용서하십시오."

세존께서 바라문에게 알리셨다.

"나는 벌써 용서하였소."

바라문이 또 세존께 아뢰었다.

"교답마시여. 내가 수레를 탈 때나, 혹은 말고삐를 당기거나, 혹은 채찍을 들고 큰 소리로 외치더라도 마땅히 그때에 발원하는 표시임을 아십시오. '나 바라문 묘화는 세존의 발에 정례하고 아울러 병이 적으시고 번뇌가 적으시며 기거가 가볍고 편리하시며 안은하십니까?'"

또한 세존께 아뢰어 말하였다.

"교답마시여. 만약 다시 내가 길을 걸어 다니면서 혹은 가죽신을 벗거나, 혹은 때로 길을 피하거나, 혹은 팔뚝을 뻗치는 것을 보시더라도 마땅히 이때에도 역시 앞에서와 같이 내가 공경스럽게 문신하는 표시로 아십시오."

또한 아뢰어 말하였다.

"교답마시여. 만약 혹은 내가 여러 사람 가운데에 스스로가 있으면서 사람들과 함께 담설하면서 만약 앉은 자리를 옮기거나, 혹은 윗옷을 벗거나, 혹은 모자를 벗는 것을 보더라도 마땅히 이때에도 역시 앞에서와 같이 내가 공경스럽게 문신하는 표시로 아십시오. 왜 그러한가? 교답마시여. 우리 바라문법은 오직 명칭을 구하는 것이고 소유한 의식과 수용하는 자구도 모두 명칭을 따라서 얻어지는 것입니다. 그러므로 나는 이곳에서 여러 사람을 잘 보호하고 있습니다."

이때 세존께서는 이와 같이 생각을 지으셨다.

'이 바라문은 매우 크고 높게 오만하구나. 내가 지금 마땅히 그 오만한 마음을 멈추게 그를 위하여 설법해야겠다.'

이때 세존께서는 곧 선양하여 보여주셨고 가르치셨으며 이익되고 기쁘게 하셨다. 불·세존께서는 "평소 때에 설법의 일은 보시를 설하시면서 혹은 지계를 설하셨으며 오욕은 재미가 적고 여러 허물과 악이 많아서 번뇌에 염오되고 생사의 고해에 빠지게 하는 것이니 마땅히 청정한 열반을 구하고 벗어나라."고 마땅히 말씀하시는 것이다. 이와 같은 등의 법을 널리 자세히 설하셨다. 세존께서는 그 바라문이 매우 즐거워하고 기쁨을 따라서 청정심을 일으키며 수승한 일을 능히 수지하여 얻을 법기(法器)가 되어 감당할 수 있음을 아시고 다시 고·집·멸·도의 사성제법을 널리 설하셨으니, 비유한다면 깨끗한 옷이 염색을 잘 받아들이는 것과 같았다. 이때 그 바라문이 곧 그 자리 위에서 견제의 이치를 증득하였고 다시 의혹이 없어 예류과를 얻었다. 곧 자리에서 일어나 오른쪽 어깨를 드러내고 세존의 발 앞에 예경하면서 이와 같이 말하였다.

"내가 지금 벗어나서 불·법·승에 귀의하고 오학처를 받겠습니다. 원하건대 내가 오파색가로서 청정한 생각을 갖추었음을 아시고 증명하십시오."

세존의 발에 예경하고 받들어 하직하고 떠나갔다. 세존께서는 이와 같이 생각을 지으셨다.

'그 바라문이 잘 비웃었다. 노필추가 시송(施頌)을 설할 때에도 먹는 것을 멈추지 않은 까닭이다. 이러한 까닭으로 마땅히 이러한 때에는 음식을 씹지 않아야 하는 것이다.'

여러 필추들에게 알려 말씀하셨다.

"그 바라문이 잘 비웃었느니라. 막가라 필추가 시송을 설할 때에도 음식을 씹는 것을 멈추지 않은 까닭으로 이러한 비난과 추루함에 이른 것이다. 만약 필추가 시송을 설할 때에 먹는 것을 멈추지 않는다면 월법죄를 얻느니라."

세존께서는 제정하시어 "시송을 설할 때에는 마땅히 먹지 말라."고 마땅히 말씀하셨다. 그들은 감히 먹지 못하였고 마침내 행익하는 끝에서는 먹지 않은 때에도 허물이 있었다. 세존께서 말씀하셨다.

"만약 필추가 시송을 설할 때에 설하는 소리를 듣지 못하였거나 그 뜻을 이해하지 못한 자는 마땅히 먹어도 범한 것이 없고, 설령 소리는 들었더라도 뜻을 이해하지 못한 자는 먹어도 역시 범한 것이 없느니라. 소리를 듣고 뜻을 이해하면서 먹는 자는 월법죄를 얻느니라."

세존께서는 제정하시어 "소리를 듣고 뜻을 이해하면서 먹는 자는 월법죄를 얻는다."고 마땅히 말씀하셨다. 한 주처에서 대중이 많이 앉아 있었고 마침내 끝에 행익하면서 한쪽으로 와서 위에 이르도록 하였으나 그가 시송을 듣고 아울러 모두 먹지 않았으므로 낮의 때가 드디어 지나갔다. 세존께서 말씀하셨다.

"이렇게 만약 소리를 들었고 뜻을 이해하는 자는 또한 마땅히 먹어서는 아니될 것이나 두세 게송을 설하여 마치는 것을 기다렸다가 뒤에 먹는 것은 허물이 없느니라."

세존께서는 바라니사의 신선이 떨어진 곳인 시록림에 머무르셨다.
이때 세존께서는 소식시에 옷을 입고 발우를 지니고 성에 들어가서 걸식하셨다. 다른 필추가 있어 역시 걸식을 행하다가 한 동산에 이르러 멈추어 서서 여러 남녀들을 보고 악한 심사(尋思)[1]를 일으켜서 삿된 욕념을 지었다. 세존께서는 필추를 보시고 삿된 생각을 지어서 선하지 않은 것과 상응하는 것을 아셨다. 마침내 그곳에 가까이 가시어 필추에게

---

1) 마음을 가라앉혀 깊이 사색하는 것을 말한다.

알려 말씀하셨다.

"필추여. 그대는 스스로의 몸의 아래로 고통의 종자를 심었고 더러운 똥을 흘려 내보내는데 파리와 구더기도 먹지 않으므로 이것은 옳은 것이 아니니라."

그가 듣고 이와 같이 생각을 지었다.

'세존께서 지금 나의 삿된 생각을 아시는구나.'

곧 크게 놀라고 두려워서 몸의 털이 모두 곤두서서 곧 동산에서 나아갔다. 세존께서는 이렇게 생각을 지으셨다.

'필추가 비처(非處)에서 멈추어 있는 때에 이와 같은 허물이 있는 것이다.'

곧 걸식을 마치시고 본래의 처소로 돌아오시어 음식을 드시고 옷과 발우를 거두셨으며 발을 씻으시고 방안에 들어가시어 연좌하셨다. 하루의 포시에 정에서 일어나시어 승가 대중의 가운데에 나아가 자리에 앉으시어 여러 필추들에게 알려 말씀하셨다.

"내가 성에 들어가서 걸식하면서 한 필추를 보았는데 역시 걸식하면서 한 동산 가운데에 이르러 악한 심사를 일으켜서 삿된 욕념을 지었느니라. 나는 그 사람이 이러한 악한 생각을 지었으므로 곧 그의 곁으로 가서 그에게 알려 말하였느니라. '필추여. 그대는 스스로의 몸의 아래로 고통의 종자를 심었고 더러운 똥을 흘려 내보내는데 파리와 구더기도 먹지 않으니 이것은 옳은 것이 아니니라.' 그가 듣고 이와 같이 생각을 지었느니라. '세존께서 지금 나의 삿된 생각을 아시는구나.' 곧 크게 놀라고 두려워서 몸의 털이 모두 곤두서서 마침내 동산에서 나아갔느니라. 이러한 까닭으로 필추는 마땅히 비처에서 멈추어 서있지 말라. 만약 멈추어 서있는 자는 월법죄를 얻느니라."

한 필추가 있어 세존의 말씀을 듣고 곧 자리에서 일어나서 두 발에 정례하고 아뢰어 말하였다.

"세존이신 대덕이시여. 거룩하신 가르침의 가운데에서 어떠한 것을 고통의 악한 종자라고 이름합니까? 무엇이 더러운 똥이 흘러나오고 파리와 구더기가 모두 먹는다고 말합니까?"

세존께서 말씀하셨다.

"필추여. 고통의 종자라는 것은 세 가지의 죄악인 선하지 않은 삿된 사량법이니라. 무엇을 세 가지라고 말하는가? 악한 욕심의 심사와 진에의 심사와 살해의 심사이니라. 더러운 똥이 흘러나온다는 것은 '더러운 똥'은 오욕인 색·성·향·미·촉을 말하는 것이고, '흘러나온다.'는 것은 욕심에 얽힌 마음을 말하며 그 육근으로써 육경을 추구하는데 유동(流動)하며 머물지 않는 것을 말하는 것이다. 파리와 구더기라는 것은 모든 세간의 여섯 촉처에서 제지하는 마음이 없어 탐욕과 성냄 등을 일으키고 근심·슬픔·고뇌로 죄악의 업을 짓는 것이니라."

이때 세존께서 다시 게송으로 설하여 말씀하셨다.

눈·귀 등을 거두지 않아서
욕심에 이끌리게 되면
고통의 종자를 몸에 심는 것이니
더러운 냄새가 항상 흘러나오네.

만약 취락에 있거나
혹은 한적한 곳에 있더라도
항상 낮과 밤중에
정법을 생각하지 않는다네.

죄악의 생각을 의지하는 까닭으로
마침내 망령의 심사를 일으켜서
즐거이 머무는 인연을 멀리 떠나므로
마땅히 고통의 업보를 받는다네.

만약 사람이 적정을 닦고

수승한 지혜에 부지런히 행하면
항상 안은한 잠을 얻고
파리와 구더기의 괴롭힘이 없으리라.

착한 벗을 가까이 하는 것은
수승하신 분들께서 말씀하신 것이니
만약 능히 이렇게 배운다면
다시는 마땅히 삶의 고통을 받지 않으리라.

세존께서는 "필추는 마땅히 비처에 멈추어 서있지 말라."고 마땅히 말씀하셨다. 무엇이 비처인가를 알지 못하였으므로 세존께서 말씀하셨다. "비처에는 다섯이 있으니 노래를 부르는 집·음녀의 집·술을 파는 집·왕의 집·전다라(旃茶羅)의 집이니라. 이 다섯 곳은 갈 곳이 아니니라."

제8문 제10자섭송 ①

제8문 제10자섭송으로 말하겠노라.

독사를 까닭으로 와구를 관찰하는 것과
하나의 옷으로 예배를 하지 않는 것과
처음으로 사중에 이르렀을 때에는
노년(老年)에게 마땅히 네 번을 예배하는 것이 있다.

연기는 실라벌성에서 있었다
 이때 필추가 있어 유행하고자 소유한 와구를 친우의 처소에 귀속시켜 간수(看守)하게 하였다. 이때 그 필추는 곧 와구의 물건을 옛 처소에 놓아두고 수용하지 않았다. 이때 어느 독사가 와서 머물 곳을 구하였고 드디어 그 요의 아래에 똬리를 틀고 있었다. 어느 객필추가 와서 투숙하여 머물면서 잠시 쉰 뒤 불탑에 예경하였다. 다른 필추들도 날이 저물어 방으로 돌아갔고 이전부터 머물던 필추가 알려 말하였다.

"구수여. 이곳에 물과 흙과 등유(燈油)가 있습니다. 먼저 와구를 펴고 오면서 피곤할 것이니 발을 씻고 편안히 쉬십시오."

선세의 업력을 까닭으로 와구를 살펴보지 않고 드디어 곧 누워서 잠잤는데 그 독사를 짓눌렀고 독사는 요에서 나와서 곧 필추를 깨물었다. 필추는 고통을 받으며 독사 위를 굴렀고 잠깐 사이에 두 목숨이 함께 끊어졌다. 날이 밝아서 주인이 와서 불렀으나 그의 몸은 이미 죽었으므로 다시 대답이 없었다. 주인이 생각하면서 말하였다.

"오면서 매우 피로하여 아직 편안히 자는구나. 충분히 자고난 뒤에는 스스로가 마땅히 깨어나서 일어날 것이다."

공양의 때에 이르러 다시 와서 문을 두드리고 불러 말하였다.

"일어나십시오. 공양 때가 되었습니다."

대답이 없어 마땅히 곧 잠갔던 문을 열고 방에 들어가서 그가 죽은 것을 보았다. 다음은 요를 뒤집어서 다시 뱀이 죽어 있는 것을 보았다. 대중이 모두 와서 보았고 그 독사에게 물렸음을 알고 인연으로써 세존께 아뢰니 세존께서는 이렇게 생각을 지으셨다.

'와구를 살피지 않은 인연으로 함께 죽음에 이르렀구나.'

여러 필추들에게 알려 말씀하셨다.

"다른 사람의 귀속을 받은 자는 마땅히 그 와구를 지사인에게 맡겨라. 혹은 때를 따라서 스스로 널어서 말릴 것이고, 시렁 위에 묶어 두어서 떨어지지 않게 하라. 만약 잠자려고 할 때에는 마땅하게 반드시 관찰하라."

그가 밤에 등불로 비추어 보았으므로 세존께서 말씀하셨다.

"마땅히 이와 같이 하지 말라. 낮에 미리 아뢰고서 관찰하라."

이때 여러 필추들이 새 것과 묵은 것을 묻지 않고 모두 뒤집어서 살폈으므로 세존께서 말씀하셨다.

"묵은 것을 마땅히 살피고 새로운 것은 뒤집지 말라. 속옷과 담요가 있으면 때때로 털어라. 그렇게 하지 않는다면 월법죄를 얻느니라."

연기는 실라벌성에서 있었다.

어느 두 필추가 같은 방에 머물렀다. 이때 한 필추가 한 소년 제자를 제도하였는데 제자가 잠이 많아서 오래 잠을 자고서 비로소 깨었으므로 스승이 매번 꾸짖었다. 뒤에 날이 밝아 오는데 갑자기 놀라서 일어났고 다만 승각기를 입고 스승의 처소에 나아갔다. 그 스승도 곧 일어나서 하의인 군의를 입으려고 하였다. 제자가 가까운 앞에 가서 발에 예배하고 일어났는데 새로 깎은 머리였으므로 스승의 군의가 걸려서 머리 위에 얹혀있었다. 제자가 입은 옷도 곧 떨어졌으므로 스승과 제자 두 사람 모두 알몸이 되었다. 그 필추가 보고 알려 말하였다.

"구수여. 나는 지금 그대들이 모두 남근(男根)을 구족한 장부라는 것을 잘 알았소."

이때 그 두 사람이 각자 부끄러움을 품고 묵연히 떠나갔다. 그 스승은 마침내 곧 제자를 꾸짖었다. 다른 필추가 물었다.

"그대는 무슨 과실이 있어 항상 스승의 꾸중을 받는가?"

대답하여 말하였다.

"이전에는 성낼 인연이 있었으나 지금 때에는 과실이 없습니다. 스승이 헛되게 의리를 끊는 것이므로 나는 지금 나가겠습니다."

다시 물었다.

"무슨 일인가?"

곧 갖추어 알려서 알게 하였다. 알려 말하였다.

"구수여. 그대에게 진실로 허물이 있네. 꾸중하는 것이 합당하네."

듣고 곧 묵연하였다. 이때 여러 필추들이 인연으로써 세존께 아뢰니 세존께서는 생각하셨다.

'그 스승의 꾸짖음은 수순법이 성립된 것이다.'

여러 필추들에게 알리셨다.

"지금부터는 하나의 옷을 입고 다른 사람에게 예배하지 말고 역시 하나의 옷으로 예배를 받지도 말라. 어기는 자는 월법죄를 얻느니라."

연기는 왕사성에서 있었다.
세존께서는 "다른 필추에게 서로의 몸을 모두 이해하려고 노력하지 말라."고 마땅히 말씀하셨다. 이때 많은 필추들이 다른 지방을 따라서 왔고 제저에 예경하였으나 한 사람도 매우 피로한 것을 이해하지 않았으므로 오히려 쫓겨난 것과 같았다. 장소를 따라서 머물렀는데 혹은 처마 앞에 있었고, 혹은 행랑채에 있었으며, 혹은 나무 아래에 있었다. 이때 신심이 있는 바라문이나 거사 등이 보고 물어 말하였다.

"성자여. 무슨 인연으로 쫓겨나서 곳을 따라서 머물고 있습니까?"
알려 말하였다.
"현수여. 우리는 쫓겨난 것이 아닙니다. 객으로 새롭게 왔습니다."
바라문이 말하였다.
"만약 그와 같다면 어찌 방에 들어가 있지 않습니까?"
"나는 옛날부터 아는 사람이 없는데 누가 다시 서로를 받아들이겠습니까? 성인의 자취를 예경하기 위하여 잠깐 이곳에 이른 것입니다. 장소를 따라서 머물고 오래지 않아서 마땅히 돌아갈 것입니다."

여러 사람들이 말을 듣고 모두 비난과 싫어함이 생겨났다.
"우리들이 일찍이 사문 석자들은 성품에 평등을 품었다고 들었는데 어느 곳에서 평등한 행동이 있어 얻겠는가? 같은 범행의 객이 처음으로 온 것을 보고도 머물게 허용하지 않는구나."

이때 여러 필추들이 인연으로써 세존께 아뢰니 세존께서 여러 필추들에게 알리셨다.
"지금부터는 일반적으로 이렇게 객승이 사찰에 온다면 먼저 마땅히 노숙 네 사람에게 예배하고 마땅히 앞에 서있을 것이고, 주인은 마땅히 좋은 마음으로 법에 의거하여 편안히 있게 할지니라."

뒤의 다른 때에 객필추가 인간세상을 유행하면서 날이 저물려고 하는 때에 왕사성에 이르렀다. 먼저 세존께서 연로한 자에게 예배하라고 하신 것을 알았으므로 곧 여러 필추에게 물어 말하였다.

"존자 아야교진여는 지금 어디에 계십니까?"

대답하여 말하였다.

"죽림원 안에 계십니다."

그는 곧바로 나아가서 문을 두드리며 불렀다. 이때 존자 교진여가 물어 말하였다.

"누구시오."

대답하여 말하였다.

"나는 객승입니다."

존자가 불러들여서 그를 쉬게 하였다.

객승이 물어 말하였다.

"존자 대가섭은 지금 어디에 계십니까?"

대답하여 말하였다.

"구수여. 그분은 필발라굴(畢鉢羅窟)에 계시오."

이에 객승이 말과 같이 그에게 찾아가서 앞에서와 같이 통하여 문안하니 존자가 불러들여서 안위하고 머물러 쉬게 하였다. 곧 "존자 준타는 지금 어디에 있습니까?"라고 물었고, 그는 "취봉산(鷲峰山)에 있소."라고 대답하여 말하였다. 객승은 곧 갔고 이르러 문안하니 존자가 들어오게 하였고 이전과 같이 쉬게 하였다. 객승이 물어 말하였다.

"존자 십력가섭(十力迦葉)은 지금 어디에 계십니까?"

대답하여 말하였다.

"지금 세이가굴(細爾迦窟)에 계시오."

객승이 곧 떠나가서 존자를 보고 앞에서와 같이 묻고 대답하였으며 그에게 쉬게 하였다. 객승이 대답하여 말하였다.

"지금 이미 날이 밝았으므로 마땅히 걸식해야 합니다. 다시 머무를 수가 없습니다."

이와 같이 말을 지었다. 세존께서는 "객승이 이르렀던 처소에서 먼저 기숙에게 예배하도록 시키는 것은 이것은 방편이고 객을 별로써 다스려 안은하지 않게 하였던 것이다."고 마땅히 말씀하셨다. 이때 여러 필추들이 인연으로써 세존께 아뢰니 세존께서 말씀하셨다.

"내가 먼저 어찌 객필추에게 대지의 존숙에게 예배하라고 하였던가? 오직 마땅한 처소의 노숙인 네 사람에게 예배하고 아뢰라고 한 것이니라."

안의 섭송 ①

안의 섭송으로 말하겠노라.

세존께서는 고승(高勝)을 위하여
제자의 행을 자세히 말씀하셨고
행우(行雨)가 대사께 물었으므로
7법과 6법을 설하셨다네.

연기는 실라벌성에서 있었다.
어느 때 구수 고승이 포후시에 정에서 일어나서 세존의 처소로 나아가서 세존의 두 발에 예경하고 한쪽에 물러나 앉아서 세존께 청하여 말하였다.
"제자가 스승을 섬기면서 소유할 행법을 오직 원하건대 설하여 주십시오."
세존님께서 고승에게 알리셨다.
"내가 지금 필추가 소유할 제자와 문인이 함께 섬기는 법을 말하겠으니 그대는 마땅히 자세히 들을지니라. 일반적으로 제자가 되면 스승의 처소에서 항상 공경심을 품고 두려워하는 마음을 가져야 하며 명예를 위하지도 않고 이양을 구하지도 않으며 마땅히 일찍 일어나서 두 스승께 묻도록 하라.
'사대가 안은하시고 기거는 가벼우십니까?'
소변 그릇을 치우고 그 몸을 안마할 것이며 그 스승이 만약 '내가 지금 병이 있다.'고 말한다면 마땅히 아픈 곳을 묻고 곧 의사에게 가서 병의 까닭을 갖추어 말하고 치료의 처방을 청하여 구하라. 의사의 가르침과 같이 곧 치료할 것이고, 만약 스승에게 스스로의 약물이 있다면 마땅히 화합하여 사용하고, 만약 그것이 없다면 가까운 친척에게 묻고 친척이 만약 많다면 마땅히 스승에게 어느 친척의 처소인가를 물어서 구할 것이며, 스승의 가르침을 얻고 말씀과 같이 떠나가라. 만약 친족이 없다면 마땅히 다른 집으로 향하여 가르침과 같이 구하거나, 혹은 병원(病坊)이나 약국(施藥)에 나아가라. 이곳에도 만약 없다면 마땅히 자업(自業)의 인연으로 음식 가운데에서 장식(將息)[2]하라.

만약 병이 있다면 치목을 드리고 그 스승이 치목을 씹는 곳을 마땅히 먼저 깨끗이 청소하고 만다라를 지으며 오래된 의자와 물을 채운 병과 그릇과 조두와 토설과 깨끗한 치목과 혀의 대나무칼을 안치하고 양치를 마쳤다면 사용한 물건을 치울지니라. 만약 스승이 눈병이 있다면 마땅히 의사에게 묻고 안약을 지어서 그것을 바르게 하라. 다음은 옷을 드리면서 남은 못은 접어서 넣어두고 어지럽지 않게 하라. 스승이 탑에 예경할 때에는 마땅히 방에 들어가서 그 바닥을 쓸고 만약 먼지와 흙이 있으면 쇠똥이나 혹은 푸른 잎으로 문질러 닦아라. 다음은 마땅히 스스로 존의(尊儀)에 예배하고 스승에게 예배하며, 혹은 문안하고 일을 아뢰며 날마다 삼시(三時)에 예배하고, 마땅히 자기의 힘을 따라서 같은 범행자에게도 역시 예경하라.

다음은 마땅히 부지런히 좌선하고 독송할 것이며, 매번 보름마다 반드시 평상과 자리를 살피고 말릴 것이고, 만약 공양할 때가 되면 마땅히 두 발우를 씻을 것이며, 만약 걸식하는 필추라면 스스로가 무거운 발우를 지니고 가벼운 발우를 스승에게 드리고, 만약 추울 때라면 무거운 승가지를 스승에게 드려 입게 하고 스스로는 가벼운 것을 지니며, 만약 더울 때면 가벼운 것을 스승에게 드리고 무거운 것을 스스로가 지녀라. 만약 바람을 거슬러 간다면 청하여 스승은 앞에 있게 하고 스스로는 뒤에 있고, 바람을 따라서 간다면 자신이 앞에 있고 스승은 뒤에 있게 할 것이며, 만약 물을 건너게 된다면 부축하여 모시고 건너라. 걸식할 때에는 스승에게

---

[2] 병 치료에 유리하도록 양생(養生)을 하는 것을 가리킨다.

마땅히 동행하는 것과 마땅히 별도로 가는 것을 묻고 만약 동행하자고 말한다면 곧 따라서 갈 것이니라.

만약 마른 보릿가루·콩밥·산장수(酸漿水) 등을 얻었다면 자기의 발우에 넣고, 쌀밥·유락·석밀·떡·사탕 등을 얻었다면 스승의 발우에 넣어라. 걸식을 마치고 본래의 처소에 돌아온다면 두 개의 작은 단을 짓고 여러 나뭇잎을 깔고 두 자리를 만들고 앉아서 음식을 먹어라. 만약 별도로 다니면서 걸식하여 음식을 얻었다면 스승에게 가지고 드리도록 하라.

'지금 이 음식을 얻었습니다. 필요한 것을 마땅히 취하십시오.'

스승이 곧 마땅히 알고 헤아려서 받게 하라. 만약 사찰에 머무는 제자라면 마땅히 먼저 그릇을 씻고 주방에 가서 지사인에게 묻도록 하라.

'지금 승가를 위하여 무슨 음식을 지었습니까?'

그 지사인이 공손하게 알린다면 스승에게 돌아가서 알려라.

'오늘은 승가가 이와 같은 음식을 지었습니다. 청하여 받겠습니까?'

가르침에 의지하여 가지고 오면 스승은 마땅히 알고 헤아리며 때를 보아서 받아라. 만약 그 두 스승이 씻고 양치하는 곳은 마땅히 깨끗이 청소하고 만다라를 짓고 평상과 물그릇과 아울러 흙과 치목을 놓아두어 여법하게 닦고 씻도록 하라. 만약 발을 씻는다면 마땅히 스승을 위하여 씻겨드리면서 혹은 다만 물을 사용하고, 혹은 기름을 바르며 가루로 문지르고 다시 물로 씻겨주고 마땅히 가죽신을 드릴지니라. 그 식사를 물을 것이고 또한 이곳에서 선업을 수습할 것인가? 다시 다른 한적(閑靜)한 주처로 향할 것인가를 물어서 만약 낮의 주처로 가겠다고 말한다면 마땅히 좌물(坐物)을 가지고 그 주처를 청정하게 청소하며 때때로 쇠똥으로 문지르고 닦아라.

만약 독송을 학습한다면 마땅히 경을 드리고 만약 선사(禪思)를 학습한다면 그 작의를 가르치게 하며 만약 돌아올 때에는 마땅히 평상과 자리를 살펴야 하느니라. 스스로가 발을 씻고 존상(尊像)과 같은 범행자에게도 힘에 따라 예배하고 스승과 함께 자리를 놓고 앞에서와 같이 발을 씻게 하는데 만약 추울 때에는 마땅히 지키는 마음으로 물을 따뜻하게 할 것이고 만약 더울 때라면 마땅히 부채를 가지고 서늘하게 하며 스승도 역시 때를 알아서 그가 지었던 업이 헛되지 않게 하라. 만약 옷과 발우 등을 경영하여 지을 때에 소유한 사업의 모두를 스승의 물건으로 앞에 내세우고 다음은 자기의 물건으로 경영하라."
　세존께서 다시 고승에게 말씀하셨다.
　"그대는 지금 마땅히 알라. 모든 필추들이 소유한 제자와 문인은 두 스승을 모시면서 부모와 같이 생각해야 하며 스승은 제자를 마땅히 자식과 같이 생각해야 하느니라. 만약 병환이 있다면 함께 서로가 돌보고 간호하여 나을 때까지와 죽을 때까지 계속할지니라. 내가 지금 간략하게 그 일을 말하였으니 마땅히 이와 같이 지을지니라. 만약 그 일을 따라서 의지하지 않는 자는 모두 월법죄를 얻느니라. 만약 이와 같이 제자가 스승에게 공경하고 수순하는 마음으로 제공하고 모신다면 능히 선법이 상속하여 끊어지지 않을 것이니, 비유하면 연꽃이 연못 가운데에서 밤낮으로 자라는 것과 같으니라. 이러한 까닭으로 그대들은 마땅히 이와 같이 배울지니라."
　이때 구수 고승과 모든 필추들이 세존의 말씀을 듣고 환희하면서 받들어 행하였다.

　연기는 왕사성에서 있었다.
　취봉산에 머무르실 때에 마갈타국의 미생원왕이 불률씨국(沸粟氏國)과 함께 서로 위역(違逆)하고 있었다. 미생원왕이 대중 가운데에서 모든 사람들에게 알려 말하였다.
　"안온하고 풍족하며 즐거움이 우리와 서로 어긋나므로 내가 군사를 일으키고 가서 토벌하여 모두를 파산시키고자 하오."
　왕이 대신인 행우(行雨) 바라문에게 말하였다.
　"경은 세존의 처소에 가서 세존의 발에 정례하고 나를 위하여 문신하며 '기거는 가벼우시고 병이 적으시며 번뇌는 적으시고 기력은 편안하십니까?' 다음은 다시 아뢰시오.
　'대덕이시여. 미생원왕이 모든 대중 앞에서 이와 같이 말하였습니다.

＜저 나라는 안온하고 풍족하며 즐거움이 우리와 서로 어긋나므로 내가 군사를 일으키고 가서 토벌하여 모두를 파산시키고자 합니다.＞'

세존께서 허락하시지 않으신다면 마땅히 세존께서 수기하시는 모든 것을 마땅히 받아서 돌아와 내게 보고하시오. 왜 그러한가? 여래·응·정변지의 말씀은 허망함이 없소."

이때 행우가 왕의 교칙을 받들어 흰마차를 타고 금장(金杖)을 집지하고 금병(金擴)을 걸고서 왕사성을 나와 세존의 처소로 나아가서 세존의 처소에 이르러 수레에서 내렸고 발로 걸어서 취봉산에 올라 세존의 처소에 이르러 기쁜 얼굴로 공경스럽게 문신하고 한쪽에 앉아서 아뢰어 말하였다.

"세존이시여. 마갈타의 주인인 미생원왕이 세존의 발 아래에 정례하고 공경하여 문신합니다. 기거는 가벼우시고 병이 적으시며 번뇌는 적으시고 기력은 편안하십니까?"

이렇게 말을 지으니 세존께서 바라문에게 알리셨다.

"왕과 그대가 병이 없고 안락하기를 바라오."

바라문이 곧 왕의 말로써 차례로 그 일을 자세하게 세존께 아뢰었다.

"미심(未審)3)입니다. 세존이시여. 어떠한 가르침을 내리시겠습니까?"

세존께서 말씀하셨다.

"내가 불률씨국에 많이 있지는 않았소. 일찍이 3개월의 좌하시(坐夏時)에 그곳에서 머물렀는데 내가 그때 대중을 위하여 마땅히 일곱 종류의 불퇴전법을 말하였소. 바라문이여. 그 나라의 여러 사람들이 일곱 종류의 불퇴전법을 호지할 때에는 나라 안의 백성을 날마다 증장되고 선법은 손실되지 않을 것이오."

바라문이 말하였다.

"저는 대덕께서 말씀하신 요체의 묘한 뜻을 이해하지 못합니다. 원하건대 자비로 널리 나에게 설명하시어 열어서 이해하게 하십시오."

이때 구수 아난타는 세존의 뒤에서 부채를 잡고 시원하게 부쳐드리고

---

3) 일이 확실하지 아니하여 늘 마음을 놓을 수 없는 상태를 가리킨다.

있었는데 세존께서 아난타에게 알리셨다.

"그대는 불률씨국의 백성들이 자주 많이 모여서 법의(法義)를 평론하는 것을 들었는가?"

"대덕이시여. 저는 그 나라 사람들은 많이 모여서 법의를 평론하는 것을 들었습니다."

세존께서 바라문에게 알리셨다.

"만약 그 나라의 가운데에서 사람들이 많이 모여서 법의를 평론한다면 마땅히 그 나라가 날마다 증장되고 선법은 손실되지 않는 것을 알아야 하오." [첫 번째를 마침.]

"아난타여. 그대는 불률씨국의 사람들이 모두 화합하여 같이 일어나고 같이 앉으며 국사를 평론하는 것을 들었는가?"

대답하여 말하였다.

"저는 들었습니다." [자세한 설명은 앞에서와 같다.]

세존께서 바라문에게 알리셨으며 역시 [앞에서와 같이 갖추어 설명하셨다.] "나아가 선법은 손실되지 않는 것을 알아야 하오." [두 번째를 마침.]

"아난타여. 그대는 그 나라 사람들이 마땅히 구할 일이 아니면 구하지 않고 마땅히 해야 할 일이면 끊임없이 하며 나라의 교령을 항상 즐거이 받들어 행한다는 것을 들어서 알고 있는가?"

대답하여 말하였다.

"저는 들었습니다." [자세한 설명은 앞에서와 같다.]

세존께서 바라문에게 알리셨으며 역시 [앞에서와 같이 갖추어 설명하셨다.] "나아가 선법은 손실되지 않는 것을 알아야 하오." [세 번째를 마침.]

"아난타여. 그대는 그 나라의 부인이나 동녀의 부류들이 혹은 어머니가 보호하고 아버지가 보호하며 형제·자매·시부모·친족들이 서로를 옹호하여 허물이 있으면 훈계하고 벌하여 다른 사람의 처첩과 나아가 꽃을 주고 그 아내로 삼는 것을 허락하였더라도 함께 창졸(倉卒)⁴⁾간에 비법의

---

4) 미처 어찌할 사이 없이 급작스러운 상태를 말한다.

일을 행하지 않는 것을 들어서 알고 있는가?"

"저는 들었습니다." [자세한 설명은 앞에서와 같다.]

세존께서 바라문에게 알리셨으며 역시 [앞에서와 같이 갖추어 설명하셨다.] "나아가 선법은 손실되지 않는 것을 알아야 하오." [네 번째를 마침.]

"아난타여. 그대는 그 나라의 사람들이 부모와 스승의 처소에서 공경하고 공양하며 말씀과 가르침에 수순하고 마음에서 어기고 괴로워하는 마음이 없다는 것을 들어서 알고 있는가?"

"저는 들었습니다." [자세한 설명은 앞에서와 같다.]

세존께서 바라문에게 알리셨으며 역시 [앞에서와 같이 갖추어 설명하셨다.] "나아가 선법은 손실되지 않는 것을 알아야 하오." [다섯 번째를 마침.]

"아난타여. 그대는 그 나라의 사람들이 제저의 처소에서 항상 수행하고 공양하며 소유한 오랜 공경의 법식에 어그러트리고 없애지 않는다는 것을 들어서 알고 있는가?"

"저는 들었습니다." [자세한 설명은 앞에서와 같다.]

세존께서 바라문에게 알리셨으며 역시 [앞에서와 같이 갖추어 설명하셨다.] "나아가 선법은 손실되지 않는 것을 알아야 하오." [여섯 번째를 마침.]

"아난타여. 그대는 그 나라의 사람들이 아라한에게 공경으로 은근하고 소중하게 항상 정념이 생겨나고 아직 오지 않은 자는 모두 이곳으로 오기를 발원하며 이미 왔던 자는 안은하게 머물게 하고 의복·음식·와구·의약품의 필요한 자구들을 모두 부족하지 않게 제공한다는 것을 들어서 알고 있는가?"

[자세한 설명은 앞에서와 같다.] "나아가 선법은 손실되지 않는 것을 알아야 하오." [일곱 번째를 마침.]

세존께서 바라문에게 알리셨다.

"다만 그 나라에서 소유한 사람들에게 이 일곱 종류의 불퇴전법을 수행하게 할 때에는 마땅히 그 나라는 항상 증장되고 손실이 없으며 선법이 융성한다는 것을 알아야 하오."

바라문이 말하였다.

"대덕이시여. 그 나라 사람들이 7법 가운데에서 그 한 가지를 행하여도 미생원왕이 벌할 수 없을 것입니다. 하물며 7법을 구족하고 받들어 행하는 것이겠습니까?"

바라문이 말하였다.

"대덕이신 교답마시여. 저는 많은 인연이 있습니다. 또한 하직하고 떠나가고자 하나이다."

세존께서 말씀하셨다.

"뜻을 따르시오."

이때 바라문은 세존의 말씀을 듣고 환희하면서 받들어 행하였다. 이때 바라문은 세존께 하직하고 떠나간 뒤에 세존께서는 아난타에게 알리셨다.

"그대는 취봉산의 처소에 있는 필추들을 모두 공시당(供侍堂)으로 모이도록 널리 알리도록 하게."

이때 아난타가 곧바로 널리 알려서 모든 필추들을 공시당에 모이게 하였고 세존의 처소에 돌아와 한쪽에 서서 아뢰어 말하였다.

"세존이시여. 필추들이 모두 모였습니다. 세존께서는 원하옵건대 때가 되었음을 아십시오."

세존께서는 당에 이르시어 자리에 나아가서 앉으셨으며 필추들에게 알리셨다.

"내가 지금 그대들을 위하여 일곱 종류의 어그러지고 손실되지 않는 법을 말하겠으니 그대들은 자세히 듣고 지극히 잘 생각하라. 무엇이 일곱 종류인가? 그대들 필추들이 자주 많이 집회하여 법의를 평론할 것이니라. 필추들이여. 복덕이 증장하고 선법이 손상되지 않는 것을 마땅히 알라. [첫 번째를 마침.] 그대들 필추들이 만약 화합하여 함께 모이고 함께 일어나며 함께 앉고 함께 법사(法事)를 짓는다면 복덕이 증장하고 선법이 손상되지 않는 것을 마땅히 알라. [두 번째를 마침.] 그대들 필추들이 마땅히 구하지 않을 것을 고달프게 구하지 말고 마땅히 얻어야 할 것을 끊어지지 않게 하며 소유한 바른 가르침을 항상 즐거이 받들어 행할지니라. 이와 같다면 복덕이 증장하고 선법이 손상되지 않는 것을 마땅히 알라. [세 번째를 마침.]

그대들 필추들이 소유한 애착은 탐욕과 함께 생겨나지만 환희는 발원처럼 오지 않고 여러 유(有)에 상속하며 이러한 까닭으로 윤전(輪轉)하나니 이것을 만약 제거한다면, 이와 같이 마땅히 안락하게 머무는 것을 얻어서 모든 필추에게 복덕이 증장하고 선법이 손상되지 않는 것을 마땅히 알라. [네 번째를 마침.] 그대들 필추들이 만약 어느 필추가 출가한 지 오래되어 청정한 범행을 닦으면서 20하안거를 채웠다면 기덕(宿德)이고 대사께서 찬탄하는 것이고, 같은 범행자들의 지식이 되어 대중이 모두 공경하며, 은근하고 소중하게 공양하고 말하고 설하는 가르침을 즐거이 함께 듣는 것이니, 이와 같다면 복덕이 증장하고 선법이 손상되지 않는 것을 마땅히 알라. [다섯 번째를 마침.]

그대들 필추들이 만약 어느 필추가 아란야에 기거하면서 낮은 와구를 수용하여 환희하고 만족한 마음이 생겨나고 이와 같다면 복덕이 증장하고 선법이 손상되지 않는 것을 마땅히 알라. [여섯 번째를 마침.] 그대들 필추들이 만약 어느 필추가 같은 법행자에게 은근하고 소중한 용심(用心)으로 항상 정념에 있으며 오지 않았던 같은 범행자를 이곳에 이르게 하고 이미 왔다면 안락하게 머물게 하며 마음에서 싫어하지 않고 새로운 의복·음식·와구·외약품·필요한 자구 등을 모두 제공하여 부족함이 없게 한다면, [자세한 설명은 앞에서와 같다.] 나아가 선법은 손실되지 않느니라. [일곱 번째를 마침.]

그대들 필추들이여. 능히 이와 같이 일곱 종류의 법을 행할 때에 필추가 소유한 선법은 항상 증장되고 어그러지고 손상됨이 없이 안락하게 머물 것이니라.

그대들 필추들이여. 다시 일곱 종류의 어그러지고 손실되지 않는 법이 있으니 그대들은 마땅히 들을지니라. 무엇이 일곱 종류인가? 만약 필추가 대사의 처소에서 공경·공양·존중·찬탄한다면, 이와 같이 짓는 때에 안락하게 머무름을 얻나니 모든 필추들에게 증장하고 선법이 손상됨이 없게 되리라. [첫 번째를 마침.] 이와 같이 마땅히 알라. 법에서, 계율에서, 교수사(敎授事)에서, 불방일사(不放逸事)에서, 와구사(臥具事)에서, 수정사(修定事)에서 은근하고 소중한 마음을 일으켜서 공경과 공양을 하며, 이와 같이 짓는 때에 안락하게 머무름을 얻나니 모든 필추들에게 증장하고 선법이 손상됨이 없게 되리라. [일곱 번째를 마침.]

그대들 필추들이여. 다시 일곱 종류의 어그러지고 손실되지 않는 법이 있으니 그대들은 마땅히 들을지니라. 무엇이 일곱 종류인가? 만약 모든 필추들이 업을 짓는 것을 사랑하지 않고, 언담(言談)하는 것을 사랑하지 않으며, 수면에 집착하지 않고, 모여서 악한 벗과 가까이하는 것을 사랑하지 않으며, 명예와 이익을 탐하지 않고, 다른 사람에게 참문(參問)하면서 항상 정(定)을 닦으며, 증상증(增上證)에 만족하지 않고 퇴굴심(退屈心)이 없게 하며 나아가 진실제(眞實諦)를 증득하고 오면서 잠시도 휴식하지 않는 것이니, 이와 같이 짓는 때에 안락하게 머무름을 얻나니 모든 필추들에게 증장하고 선법이 손상됨이 없게 되리라. [일곱 번째를 마침.]

그대들 필추들이여. 다시 일곱 종류의 어그러지고 손실되지 않는 법이 있으니 그대들은 마땅히 들을지니라. 무엇이 일곱 종류인가? 만약 어느 필추가 청정한 신심이 있고, 참(慚)이 있으며, 괴(愧)가 있고, 대정근(大精勤)을 갖추었고, 염(念)·정(定)·혜(慧)가 있는 것이니, 이와 같이 짓는 때에 안락하게 머무름을 얻나니 모든 필추들에게 증장하고 선법이 손상됨이 없게 되리라. [일곱 번째를 마침.]

그대들 필추들이여. 다시 일곱 종류의 어그러지고 손실되지 않는 법이 있으니 그대들은 마땅히 들을지니라. 무엇이 일곱 종류인가? 만약 법을 알고, 의를 알며, 때를 알고, 양(量)을 알며, 자신을 알고, 문도를 알며, 다른 사람의 행을 아는 것이니, 이와 같이 짓는 때에 안락하게 머무름을 얻나니 모든 필추들에게 증장하고 선법이 손상됨이 없게 되리라. [일곱 번째를 마침.]

그대들 필추들이여. 다시 일곱 종류의 법이 있나니 무엇이 일곱 종류인가? 만약 필추가 염각분(念覺分)의 관을 닦을 때에 공한처에 의지하고, 탐욕을 멈추고 벗어나는 것에 의지하며, 적멸에 의지하고, 재난을 멀리 벗어나며, 이와 같이 법의 근(勤)·희(喜)·안(安)·정(定)·사(捨)의 관을 닦을 때에도 공한처에 의지하고, 탐욕을 멈추고 벗어나는 것에 의지하며, 적멸에 의지하고, 재난을 멀리 벗어나는 것이니 이와 같이 짓는 때에 안락하게 머무름을 얻나니 모든 필추들에게 증장하고 선법이 손상됨이 없게 되리라.

그대들 필추들이여. 이렇게 말하는 7법을 퇴전함이 없이 항상 수습하라. 그대들이 일심으로 은근히 수호하면 모든 필추들에게 증장하고 선법이 손상됨이 없게 되리라.

그대들 필추들이여. 다시 6법이 있어 다른 사람을 환희하게 하는데 그대들은 마땅히 자세히 들을지니라. 내가 마땅히 설하겠노라. 무엇이 여섯 종류인가? 첫째는 내가 지금 신업으로 자비를 행하는 것이니 이를테면, 대사의 처소와 여러 성현들과 같은 범행자들의 처소에서 자선심(慈善心)을 일으켜서 몸으로서 예경하고, 물을 뿌려서 쓸고 문질러 닦으며 만다라를 지으며, 여러 꽃과 향을 펼쳐서 공양하고, 혹은 다시 그를 위하여 손발을 안마하며, 만약 병의 괴로움을 보는 때를 따라서 공급하는 것이니, 이와 같이 짓는 때에 다른 사람에게 환희하게 하고, 사랑과 존경으로 서로가 친근하고 화합하며 섭수하여 여러 어긋남과 다툼이 없게 하고 한 마음과 같은 일로 물과 우유가 화합하듯이 하라.

둘째는 내가 지금 어업(語業)으로 자비를 행하는 것이니 이를테면, 대사의 처소와 여러 성현들과 같은 범행자들의 처소에서 자선심을 일으켜서 말로써 그 진실한 덕을 드러내고, 찬탄하여 다른 듣지 못한 자들에게 그것을 널리 알릴 것이고, 경전을 독송하면서 밤낮으로 쉬지 않는 것이니, 이와 같이 짓는 때에 다른 사람에게 환희하게 하고, 사랑과 존경으로 서로가 친근하고 화합하며 섭수하여 여러 어긋남과 다툼이 없게 하고 한 마음과 같은 일로 물과 우유가 화합하듯이 하라.

셋째는 내가 지금 의업으로 자비를 행하는 것이니 이를테면, 대사의 처소와 여러 성현들과 같은 범행자들의 처소에서 자선심을 일으켜서 시기하지 않고, 해치지 않으며, 인색하지 않고, 질투하는 생각을 일으키지 않으며, 몸과 말의 업이 소유한 자비의 행하는 사유의 생각을 항상 마음에 묶어두고 끊어짐이 없도록 하여 설령 위태롭고 어려움이 있더라도 역시 잠시도 멈추지 않아야 할 것인데 하물며 다시 평소에 기거하면서 정념을 무너트리겠는가? 여러 함식(含識)5)에도 자비와 애민한 마음을 일으켜서 그 목숨을 끊지 말고 고초를 주지 말 것이며 멀리 번뇌를 벗어나게 한다면 해탈처에 이를 것이니, 이와 같이 짓는 때에 다른 사람에게 환희하게 하고, 사랑과 존경으로 서로가 친근하고 화합하며 섭수하여 여러 어긋남과 다툼이 없게 하고 한 마음과 같은 일로 물과 우유가 화합하듯이 하라.

넷째는 여러 여법하게 얻어 소유한 이양과 나아가 발우 가운데의 적게 얻은 음식까지도 모두 환희하게 다른 사람과 함께 수용하고 가려진 곳에서 먹지 않으므로 같은 범행자에게 마음에서 너와 내가 없는 것이니, 이와 같이 짓는 때에 다른 사람에게 환희하게 하고, 사랑과 존경으로 서로가 친근하고 화합하며 섭수하여 여러 어긋남과 다툼이 없게 하고 한 마음과 같은 일로 물과 우유가 화합하듯이 하라.

다섯째는 받은 계율을 깨트리지 않고, 손상하지 않으며, 잡스럽지 않고, 때가 묻지 않으며, 더럽히지 않아서 처음부터 끝까지 청정하게 지킨다면 지혜가 있는 사람들의 칭찬받는 것이고, 같은 범행자를 업신여기지 않으며 함께 청정한 계율을 지니고서 법식(法食)을 함께 하는 것이니, 이와 같이 짓는 때에 다른 사람에게 환희하게 하고, [자세한 설명은 앞에서와 같다.] 나아가 물과 우유가 화합하듯이 하라.

여섯째는 능히 정견이 생겨나고 의혹함이 없다면 이것이 성스러움을 벗어나고, 능히 파괴될 수 없고 빠르게 고통의 끝을 마치며, 같은 범행자와 함께 이렇게 견해를 같이 하는 것이니, 이와 같이 짓는 때에 다른 사람에게

---

5) 산스크리트어의 사트바(sattva), 잔투(jantu), 자가트(jagat), 바후자나(bahujana) 등을 번역어로 인식되고 있는데 대부분이 사트바를 번역하고 있다. 사트바는 초기에는 중생으로 한역되었으며, 당대의 현장 이후의 모든 신역에서는 유정(有情)이라고 번역되고 있다.

환희하게 하고, [자세한 설명은 앞에서와 같다.] 나아가 물과 우유가 화합하듯이 하라.

그대들 필추들이여. 이렇게 말하는 여섯 종류의 환희법을 마땅히 항상 수습하고 은근히 수호하고 모든 필추들에게 증장하고 선법이 손상됨이 없게 하라." 이때 모든 무리들이 세존의 말씀을 듣고 모두가 환희하면서 믿고 받들어 행하였다.

근본설일체유부비나야잡사 제36권

삼장법사 의정 한역
석보운 번역

제8문 제10자섭송 ②

제8문 제10자섭송의 나머지이다.

안의 섭송 ①

안의 섭송으로 말하겠노라.

대중이 모여서 대사를 존경한 것과
법을 듣고 바른 신심이 생겨난 것과
스스로 나이가 노쇠하였다고 말씀하신 것과.
행우의 인연을 말씀하신 것이 있다.

이때 세존께서 구수 아난타에게 알려 말씀하셨다.
"나는 지금 파타리읍(波吒離邑)으로 가고자 하노라."
아난타가 말하였다.
"알겠습니다. 세존이시여."
곧 여러 필추들은 세존을 따라서 마갈타국을 출발하여 점차로 유행하여 파타리읍에 이르러 제저의 곁에 머물렀다. 이때 그 읍의 사람들이 세존께서 이르셨다는 것을 듣고 모두가 제저가 있는 곳으로 와서 세존의 처소에 나아가서 두 발에 정례하고 물러나서 한쪽에 앉았다. 이때 세존께서는 여러 바라문과 장자와 거사들에게 알려 말씀하셨다.

"그대들은 마땅히 알라. 방일하는 일에는 다섯의 과실이 있나니 무엇이 다섯 종류인가? 첫째는 만약 바라문 등이 방일할 때에는 이러한 인연으로써 소유한 재보와 수용한 물건을 모두 산실하게 되고, 둘째는 만약 방일한 사람이라면 이러한 인연으로써 일반적으로 대중이 모이는 곳에 나아가면 마음에 부끄러움이 생겨나고 또한 두려움을 품게 되며, 셋째는 만약 방일한 사람이라면 이러한 인연으로써 악한 이름이 사방에 널리 퍼지는 것이고, 넷째는 만약 방일한 사람이라면 이러한 인연으로써 임종할 때에 마음에서 회한이 생겨나는 것이며, 다섯째는 만약 방일한 사람이라면 이러한 인연으로써 목숨을 마친 뒤에 지옥·아귀·방생에 떨어지나니, 이것이 다섯 종류의 방일의 허물이니라.

다시 다음으로 만약 바라문 등이 방일하지 않게 행할 때에는 다섯의 수승한 이익이 있나니 무엇이 다섯 종류인가? 첫째는 소유한 재보와 수용한 물건을 모두 산실하게 되지 않는 것이고, 둘째는 일반적으로 대중이 모이는 곳에 나아가면서 마음에 부끄러움이 없고 역시 두려움이 없는 것이며, 셋째는 선한 이름이 사방에 널리 퍼지는 것이고, 넷째는 만약 방일한 사람이라면 이러한 인연으로써 임종할 때에 마음에 회한이 생겨나지 않는 것이며, 다섯째는 목숨을 마친 뒤에 천상에 태어나서 길게 안락을 받는 것이니, 이것을 다섯 종류의 방일하지 않는 일을 행하는 이익이라고 말하는 것이니라."

이때 세존께서는 파타리읍의 여러 바라문 등을 위하여 법요를 연설하여 보여주시고 가르치셨으며 이익되고 즐겁게 하시고서 묵연히 머무르셨다. 여러 바라문 등이 곧 자리에서 일어나서 오른쪽 어깨를 드러내고 오른쪽 무릎을 땅에 붙이고 합장하고 세존을 향하여 아뢰었다.

"세존이시여. 원하건대 세존께서는 자비로 애처롭게 우리들의 낮에 비어있는 한가하고 고요한 방사를 받아주십시오."

모든 사람들이 떠난 뒤에 세존께서는 곧 그 고요한 주처로 나아가셨다. 그곳에 이르시어 곧 방의 밖에서 발을 씻으시고 방에 들어가서 연좌하셨다. 이때 마갈타국의 행우대신이 곧 파타리읍의 네 주변을 측량하고 널리 경계를 쌓아서 성황(城隍)을 만들고 장차 불률씨국을 토벌하고자 하였다. 이때 이 읍의 가운데에는 큰 세력이 있는 천신이 각자 주처를 구하였다. 이때 세존께서는 연좌한 곳에서 곧 인천보다 뛰어난 천안으로써 그 천신들이 각자 주처를 구하는 것을 관찰하셨고 포시에 연좌에서 일어나시어 청량한 곳으로 나아가셨으며 앉으시고서 아난타에게 알려 말씀하셨다.

"그대는 어찌 성읍을 측량한다는 말을 듣지 못하였는가?"

아뢰어 말하였다.

"저는 들었습니다. 행우대신이 성읍을 스스로가 견고히 두고서 장차 북쪽 성을 정벌하고자 합니다."

세존께서 말씀하셨다.

"아난타여. 옳다. 행우대신은 큰 지혜가 있어서 성읍을 두고자 하고 곧 삼십삼천의 형상과 서로 비슷하게 하려는 것이다. 내가 주처에서 천안으로 여러 대천신들이 각자 주처를 구하는 것을 보았느니라. 아난타여. 다만 이곳은 세력이 있는 여러 천신이 머물고자 하는 곳이고 이 성안은 복덕이 있는 대인들이 역시 이 가운데에 주처를 구하느니라. 다만 이곳은 여러 천신이 머물고자 하는 곳이고 그 처소의 가운데에 사람들과 다른 여러 부류들이 역시 이곳에 머무느니라. 아난타여. 이 성읍에는 수승한 사람이 머물러 있고 수승한 사람들이 말로 의논하며 수승한 상인이 와서 함께 교역하면서 왕래하면서 걸림이 없으므로 곧 이곳을 파타리성이라고 말하느니라. 그러나 삼재(三災)의 재앙이 있으면 성이 마땅히 손괴되는데 이를테면, 수재와 화재의 내부의 반역이니라."

이때 행우대신이 세존께서 마갈타국에서 점차 유행하시면서 파타리읍에 이르러 제저의 처소에 머무르며 여러 사람들이 공경한다는 것을 듣고 세존의 처소로 갔다. 세존의 처소에 이르러 공경스럽게 수습을 마치고 함께 서로를 위문하고서 물러나서 한쪽에 앉았다. 세존께서는 법을 설하시어 보여주시고 가르치셨으며 이익되고 즐겁게 하시고서 묵연히 머무르셨다. 이때 대신이 곧 자리에서 일어나서 오른쪽 어깨를 드러내고 오른쪽 무릎을 땅에 붙이고 합장하고 공경스럽게 아뢰어 말하였다.

"교답마시여. 오직 원하옵건대 내일 필추 승가와 저의 집으로 오시어 작은 공양을 받아주십시오."

이때 세존께서 묵연히 받아들이셨다. 이때 대신은 세존께서 받아들이신 것을 알고는 자리에서 일어나 떠나갔다. 이때 행우대신은 집으로 돌아가서 여러 집안사람들에게 알려서 곧 그 밤에 여러 종류의 상묘한 음식을 준비하였다. 날이 밝았으므로 좌석을 펼쳐놓고 깨끗한 물그릇을 놓아두고 조두와 치목을 두루 준비하고서 곧 사람을 시켜서 보냈으며 때에 이르렀음을 아뢰게 하였다.

"음식이 준비되었습니다. 원하옵건대 세존께서는 때가 되었음을 아십시오."

세존께서는 곧 소식시에 옷과 발우를 집지하고 여러 승가를 데리고 대신의 집으로 나아가서 음식이 베풀어진 곳으로 나아가 자리에 앉으셨다. 행우대신은 곧 세존과 대중이 차례로 앉으신 것을 보고는 스스로의 손으로 여러 종류의 상묘한 음식을 가지고 받들어 공양하였으며 세존과 승가가 모두 배부르고 만족하게 하였다. 치목을 씹고 양치를 마치고 발우를 걷었다. 행우대신이 금병으로 물을 따르면서 세존의 앞에 서서 이렇게 말로 발원하였다.

"내가 이렇게 보시한 공양이 소유한 수승한 선등류(善等流)의 업으로 마땅히 즐거운 과보를 얻고, 이러한 복력으로써 이 성안의 구주천신(舊住天神)에게 장야의 가운데에서 수승한 이익과 즐거움을 받는 것을 발원하며, 그의 이름으로 찬탄하면서 축원하며 발원합니다."

이때 세존께서는 그 대신이 베풀었던 공양에 수희(隨喜)하였던 까닭으로 게송으로 설하여 말씀하셨다.

만약 사람이 능히 청정한 신심이 있어

공경하며 대중께 공양하고
항상 대사의 진실한 말을 의지하면
곧 모든 세존들의 칭찬을 받는다네.

만약 총명하고 지혜있는 사람이라면
이 승묘한 처소를 골라서 기거하고
지계하는 정행자(淨行者)에게 공양하며
다시 마땅히 가타로서 말하여 발원한다네.

만약 공경스럽고 보시가 합당한 자라면
마땅히 은근한 마음으로 공양을 닦는다면
이것을 까닭으로 천인들이 은혜와 자비를 일으켜서
오히려 부모가 갓난아이를 사랑하는 것과 같으리라.

이미 여러 천신들의 수호함을 받는다면
항상 편안하고 수승한 즐거움을 받으며
생생(生生)에 항상 선인을 만나고
구경에는 마땅히 무위처(無爲處)에 이르리라.

이때 세존께서는 그 대신을 위하여 보여주셨고 가르치셨으며 이익되고 기쁘게 하셨으며 묘법을 설하시고서 자리에서 일어나 떠나갔다. 이때 그 대신은 세존의 법이 결국 버리는 것으로 돌아가는 것임을 명료하게 알고서 곧 의복을 정돈하고 세존의 뒤를 따르면서 이와 같이 생각을 지었다
 '세존이신 교답마께서 성으로 나가시는 곳에 내가 마땅히 그곳에 큰 문루를 세우고 강가강을 건너시도록 나루터를 지어야겠다.'
 이때 세존께서는 그의 생각을 아시고는 성 가운데의 도로에서 서쪽 곽문(郭門)으로 나아가서 북쪽으로 향하여 강을 건너고자 하셨다. 이때

그 하천에는 여러 사람들이 건너고자 하였는데 혹은 풀·나무·표주박·부낭(浮囊) 등을 가지고 의지하면서 물을 건너며 왕래하면서 끊이지 않았는데 그 숫자가 억천이었다. 세존께서는 보시고 이와 같이 생각을 지으셨다.

'내가 지금 마땅히 그 중류의 물 위를 편안히 걸어서 가거나 신통력으로써 이 언덕에서 들어가서 저 언덕으로 나와야겠다.'

곧 수승한 정에 들어가시어 그 염하는 것을 따라서 모든 필추들과 함께 이곳에서 들어가서 저곳으로 나왔는데 한 필추가 곧 이때 가타로 설하여 말하였다.

여러 사람들이 건너고자 하였고
왕래하는 숫자가 한둘이 아니며
부낭과 풀과 나무에 의지하여
강가강을 건너고자 한다네.

세존께서는 신통력으로서
아울러 승가 대중에게 미치시어
이곳에서 저 언덕에 이르렀어도
다시 피로가 일어나지 않는다네.

평평한 하천에 물이 흘러넘치는데
샘물을 파서 다시 무엇을 하리오?
마음의 뿌리에서 번뇌가 없어지면
어찌 다시 다른 것을 구하겠는가?

이때 행우대신이 세존께서 성을 나가신 곳에 문루를 짓고 교답마문(喬答摩門)이라고 이름하였고, 하천의 계단과 길은 교답마로(喬答摩路)라고 이름하였다. 이때 세존께서는 이미 북쪽 언덕에 이르시어 아난타에게 알려 말씀하셨다.

"나는 지금 소사촌(小會村)의 북쪽 승섭파림(升攝波林)으로 가고자 하네."

세존께서는 그곳에 이르시어 연좌하셨으며 여러 필추들에게 알려 말씀하셨다.

"이것이 시라이고, 이것이 삼마지이며, 이것이 반야이니, 지계의 힘을 까닭으로 정을 능히 안은하게 하고 오래 머물러 퇴전하지 않게 하며 정을 닦는 까닭으로 지혜가 생겨나며 지혜의 힘을 까닭으로 염(染)·진(瞋)·치(痴)의 마음에서 해탈을 얻느니라. 이와 같이 여러 필추들이 마음에서 잘 해탈하고 바르게 해탈을 요달하여 얻으면 아생을 이미 마쳤고 범행이 이미 섰으며 후유를 받지 않고 지을 것을 이미 끝냈으며 여실히 알았느니라."

세존께서 다시 아난타에게 알려 말씀하셨다.

"나는 지금 판위(販葦) 취락의 바깥 숲의 가운데로 가고자 하네."

아뢰어 말하였다.

"세존이시여. 이와 같이 마땅히 떠나겠습니다."

이미 그곳에 이르렀다. 이때 그 취락의 사람들은 전염병을 만나서 어느 한 청정한 오파색가는 이것을 인연하여 목숨을 마쳤고 다시 선현(善賢)과 명칭(名稱) 등의 여러 근사남도 역시 모두 목숨을 마쳤다. 이때 여러 필추들이 소식의 때에 옷과 발우를 집지하고 취락에 들어가서 차례로 걸식하면서 이 취락 가운데에서 여러 사람들이 병을 만나서 죽는다는 것을 들었다. 음식을 얻어서 각자 본래의 처소로 돌아와서 음식을 먹고 옷과 발우를 거두고 발을 씻고 함께 세존의 처소에 나아가서 세존의 발에 예경하고 한쪽에 앉아서 아뢰어 말하였다.

"세존이시여. 저희들이 마을에 들어가서 걸식할 때에 많은 오파색가가 모두 목숨을 마쳤다고 들었으나 그들이 마땅히 어느 곳에 태어났는가를 알 수가 없습니다."

세존께서 말씀하셨다.

"필추들이여. 이 마을에서 250명의 여러 오파색가가 오하분결(五下分

結)¹⁾을 끊었고 이들은 목숨을 마치고 화생신(化生身)을 얻고 그 열반에서 다시 퇴전하지 않고 불환과를 증득하여 다시 오지 않을 것이다. 그대들 필추들이여. 다시 300여명의 오파색가는 이곳에서 목숨을 마치고 엷은 염·진·치를 끊고 일래과를 얻고 잠시 인간세상에 왔다가 마땅히 고제를 마칠 것이다.

그대들 필추들이여. 이 마을에서 500명이 함께 목숨을 마쳤으나 이들은 삼결(三結)²⁾을 끊고 예류과를 얻어서 다시 퇴전하지 않을 것이고 일곱생을 인간과 천상에 오가면서 마땅히 마칠 것이다. 그대들 필추들이여. 어찌 번거롭게 물어서 이렇게 번거롭게 하는가? 살아있는 자는 반드시 죽는 것이고 이것은 일상적인 일이니 부처님이 세상에 출세하시거나 출세하시지 않더라도 생사의 법을 여래가 모두 아시고 여러 유정을 위하여 분별하여 연설하셨으며 십이연생(十二緣生)의 법문을 열어 보이셨느니라.

이를테면, 이것이 있는 까닭으로 저것이 있고 이것이 생겨난 까닭으로 저것이 생겨나는 것이니, 곧 이 무명(無明)은 행(行)을 인연하고 행은 식(識)을 인연하며 식은 명색(名色)을 인연하고 명색은 육처(六處)를 인연하며 육처는 촉(觸)을 인연하고 촉은 수(受)를 인연하며 수는 애(愛)를 인연하고 애는 취(取)를 인연하며 취는 유(有)를 인연하고 유는 생(生)을 인연하며 생은 노사(老死)·우비고뇌(憂悲苦惱)를 인연하느니라.

이것이 없는 까닭으로 저것이 없고 이것이 멸하는 까닭으로 저것이 멸하는 것이니 이를테면, 무명이 멸하면 즉 행이 멸하고 행이 멸하면 식이 멸하며 식이 멸하면 명색이 멸하고 명색이 멸하면 육처가 멸하며 육처가 멸하면 촉이 멸하고 촉이 멸하면 수가 멸하며 수가 멸하면 애가 멸하고 애가 멸하면 취가 멸하며 취가 멸하면 유가 멸하고 유가 멸하면

---

1) 다섯 가지 번뇌로서 유정을 욕계에 결박하여 해탈하지 못하게 하는 요소로서 유신견결(有身見結)·계금취견결(戒禁取見結)·의결(疑結)·욕탐결(欲貪結)·진에결(瞋恚結)을 가리킨다.
2) 견도(見道)에서 끊는 세 가지 번뇌로서 유신견결(有身見結)·계금취결(戒禁取結)·의결(疑結)을 가리킨다.

생이 멸하고 생이 멸하면 노사·우비고뇌도 멸하는 것이니라. 이와 같이 광대한 고온(苦蘊)이 모두 없어지느니라.

내가 지금 그대들을 위하여 법경경(法鏡經)을 설하겠으니 마땅히 자세히 듣고 그것을 잘 사념하라. 무엇이 법경인가? 불·법·승과 성스럽고 청정한 계율을 말하는 것이니 그대들은 이것에 깊은 존중과 공경을 일으키고 공경·공양·예배·찬탄하며 바른 믿음과 바른 생각이 항상 끊어지지 않는 이것을 법경이라고 이름하느니라. 이와 같이 마땅히 지닐지니라."

이때 모든 필추들이 세존의 말씀을 듣고 가르침에 의지하여 받들어 행하였다. 세존께서는 구수 아난타에게 알려 말씀하셨다.

"나는 지금 광엄성(廣嚴城)으로 가고자 하니 그대는 여러 대중에게 알리도록 하게."

이때 아난타가 말하였다.

"알겠습니다. 세존이시여."

세존과 승가 대중은 점차로 성에 이르시어 암몰라숲에 머무셨다. 이때 이 성안에 어느 한 여인이 있었는데 [옛날에 내녀(柰女)3)라고 말하였으나 아니다.] 얼굴과 용모가 단정하여 대중에 알려졌으며 암몰라(菴沒羅)라고 이름하였고 이 숲의 주인이었다. 세존께서 이르시어 자기의 숲 가운데에 머물고 계시다는 것을 듣고 묘한 옷을 입고 영락으로 스스로를 장식하고 여러 여인 권속들에게 명하여 함께 서로 따르게 하였고 보배 수레를 타고 세존의 처소로 나아가서 숲에 이르러 곧 수레에서 내려서 걸어서 나아갔다. 이때 세존께서 무량 백천의 필추들 가운데에서 설법하시고 계셨다. 이때 세존께서는 멀리서 여인을 보시고 여러 필추들에게 알리셨다.

"저 여러 여인들이 이곳으로 오고자 하느니라. 그대들은 마땅히 생각을 붙잡아 사유하고 다른 생각을 일으키지 않을 것이며 내 말을 들으라. 그대들 필추들이여. 무엇이 생각을 붙잡아 사유하는 것이라고 말하는가?

---

3) 사과밭에서 태어나서 '사과 아가씨'라는 뜻으로 '내녀(柰女)'라 불리었다는 것을 가리킨다.

만약 필추가 죄악의 생각과 선하지 않은 마음이 일어날 때에 곧 없애버리고 마땅히 바른 믿음을 일으켜서 부지런히 전진하고 마음을 섭수하여 머무르며 바른 생각이 흩어지지 않게 하고 선법이 생겨나고 악한 생각을 멈추고 쉬게 하면 바른 지혜의 훈습이 원만하고 증장되며 넓어져서 바른 정근이 상속하여 다른 생각을 하지 않을 것이니 필추들이여. 이와 같이 생각을 붙잡아 사유할지니라.

그대들은 다시 듣고 다른 생각을 일으키지 말라. 필추들이여. 마땅히 알라. 왕래하고 나아가는 것을 마땅히 잘 관찰하여 굴신(屈伸)4)하고 부앙(俯仰)5)하며 승가지를 입고 옷과 발우를 집지하며 행주좌와(行住坐臥)에 말이 묵연하고 수면(睡眠)과 혼침(惛沈)6)의 때에 대치법(對治法)을 하며 바른 생각에 머물지니라. 무엇이 필추가 바른 생각으로 머무는 것인가? 그대들은 지금 마땅히 알라. 내신(內身)을 관하여 책려하여 정근을 일으키고 마땅히 잘 조복하며 모든 세간이 이러한 근심과 괴로움인 것을 알지니라.

다음으로 외신·내외신·내수·외수·내외수(內外受)·내심·외심·내외심(內外心)·내법·외법·내외법(內外法)을 말하면서 이 모든 법에 생각을 붙잡아 관찰하고 마음을 섭수하여 머무르며 책려하여 정근을 일으켜 용맹을 쉬지 않고 마땅히 잘 조복하며 모든 세간이 이러한 근심과 괴로움인 것을 알지니라. 필추가 이와 같이 생각을 붙잡아 사유하라. 이러한 까닭으로 그대들은 생각을 바르게 하고 머물러라. 그 여인들이 이곳으로 오려는 까닭으로 내가 은근히 가르치는 것이니라."

이때 여인들이 세존의 처소에 와서 두 발에 정례하고 한쪽에 물러나서 앉았다. 이때 세존께서는 묘법을 설하시어 보여주시고 가르치셨으며 이익되고 즐겁게 하시고서 묵연히 머무르셨다. 이때 암몰라녀가 자리에서

---

4) 부분적 운동의 운동 양식의 하나로 신체 각 부위를 굽히거나 펴는 운동을 가리킨다.
5) 아래를 굽어봄과 위를 쳐다보는 것을 가리킨다.
6) 혼미하고 침울한 마음 상태를 가리킨다.

일어나서 합장하고 공경스럽게 세존께 아뢰어 말하였다.

"세존이시여. 오직 바라옵건대 애민하게 생각하시어 여러 승가와 함께 내일 집으로 오시어 저의 작은 공양을 받아주십시오."

세존께서는 묵연하셨다. 세존께서 허락하신 것을 알고서 두 발에 정례하고 하직하고서 떠나갔다. 이때 광엄성의 여러 율고비자(粟姑毘子)들이 불·세존께서 인간세상을 유행하다가 암몰라 숲에 머무르신다는 것을 듣고 각자 여러 종류의 사마보거(駟馬寶車)를 장엄하였고 푸른 말에 푸른 수레·푸른 말에 푸른 재갈과 푸른 채찍을 들고 푸른 모자를 썼으며, 푸른 덮개를 덮고 푸른 띠를 두르고 푸른 칼을 차고 푸른 불자(拂子)를 들고 푸른 옷을 입었으며 영락과 바르는 향도 모두 푸른색이었고 아울러 모든 종자(從者)들도 모두 푸른옷을 입혔다.

다시 어느 율고비는 모든 종자들을 데리고 별도로 한 무리가 되어 수레·말·옷·영락을 모두 노란색으로 하였고 다시 한 부류가 있어 모두 붉은색으로 하였으며 다시 한 부류가 있어 모두 흰색으로 하였다. 이와 같이 각자 별도로 무리가 되어 앞뒤로 무리를 거느리고 소라를 불고 북소리를 물리면서 광엄성을 나와 모두 여래를 친견하고 정례하면서 공경하고자 하였다. 세존께서는 그들이 오고자 하는 것을 아시고서 여러 필추들에게 알리셨다.

"그대들이 아직 삼십삼천의 방원을 유관(遊觀)하는 것을 보지 못하였다면 지금 이 광엄성의 여러 율고비자들을 보아라. 그 위덕과 장식의 교묘함을 까닭으로 33천의 방원에 나와서 유관하는 것과 다르지 않구나."

여러 율고비자들이 이미 숲에 이르러 곧바로 수레에서 내려 도보로 세존의 처소에 나아가서 두 발에 정례하고 물러나 한쪽에 앉아서 묘법을 듣고자 하였다. 세존께서는 설하시어 보여주시고 가르치셨으며 이익되고 즐겁고 각자에게 기쁘게 하셨다. 이때 회상의 가운데에 한 바라문이 있었는데 황발마납파(黃髮摩納婆)라고 이름하였다. 자리에서 일어나서 옷을 정리하고서 합장하고 세존께 아뢰어 말하였다.

"세존이시여. 지금 저희들이 즐겁게 수희하면서 찬탄하겠습니다."

세존께서 마납파에게 말씀하셨다.
"그대의 뜻을 따라서 말하시오."
이미 세존의 허락을 받았으므로 곧 게송으로 설하여 말하였다.

대왕은 몸에 보배의 장갑(裝甲)을 지니셨으니
지금 나라의 주인은 좋은 이익을 얻었고
이곳에 세존께서 현재에 태어나셨으니
이름의 높고 빠름과 아득함은 수미산과 같다네.

연못 가운데의 백련화와 같아서
밤에도 피어나서 향기를 뿜어내고
햇빛 허공계를 밝게 비춤과 같아서
광명이 세간에 두루 가득하다네.

마땅히 여래의 지혜력을 관찰한다면
어둠을 밝히는 큰 밝은 횃불이고
항상 인간과 천상의 지혜의 눈을 지으시니
여러 와서 보는 자는 모두가 조복한다네.

이때 여러 율고비들이 이러한 말을 듣고서 같은 소리로 찬탄하여 말하였다.
"대마납파가 이렇게 말을 잘 하였습니다."
이때 회상의 500의 율고비자가 각자 윗옷을 벗어서 황발에게 주었다. 세존께서는 다시 대중을 위하여 설법하시어 보여주시고 가르치셨으며 이익되고 즐겁게 하시고서 묵연히 머무르셨다. 이때 율고비자들이 각기 자리에서 일어나서 옷을 정리하고서 합장하고 세존께 아뢰어 말하였다.
"세존이시여. 오직 바라옵건대 애민하게 생각하시어 여러 필추와 함께 내일 성안으로 오시어 저희들의 작은 공양을 받아주십시오."

세존께서 말씀하셨다.

"나는 필추들과 이미 암몰라 여인에게 내일의 공양에 가는 것을 허락하였소."

아뢰어 말하였다.

"대덕이시여. 저희에게 실책이 있으나 그 여인은 저희보다 못합니다. 그녀는 지혜가 있어서 먼저 세존을 청하였으나 저희들은 능히 때에 직접 친견하고 공경스럽게 예경하지 못하였습니다. 저희는 뒤의 다른 때에 마땅히 공양하겠습니다."

세존께서 말씀하셨다.

"매우 좋소."

세존께서 칭찬하시는 것을 듣고 마음에 환희를 품고 세존의 발에 정례하고서 하직하고 떠나갔다. 이때 마납파가 그 모든 사람들이 세존께 하직하고 떠나간 뒤에 조금 머물고서 곧 자리에서 일어나서 옷을 정리하고서 합장하고 세존께 아뢰어 말하였다.

"대덕이시여. 그 500의 사람이 제가 세존을 찬탄하는 것을 듣고 같은 소리로 기뻐하였으며 묘한 말을 하였던 까닭으로 각자 하나의 옷을 저에게 가지고 와서 베풀었습니다. 제가 이 옷을 가지고 세존께 받들고자 하옵니다. 원하건대 자비로서 애민하게 생각하시어 받아주십시오."

세존께서 받으시고 알려 말씀하셨다.

"마납파여. 만약 여래·응·정등각이 세간에 출현하면 다섯 가지의 희유한 일이 역시 세간에 나타나느니라. 무엇이 다섯 가지인가? 세간에 만약 대사이신 여래·응·정등각·명행원만·선서·세간해·무상사·조어장부·천인사·불세존께서 출현하면 일반적으로 설법한 것이 처음과 중간과 끝이 좋고 문장의 뜻이 교묘하고 순일히며 원만히고 청정히며 선백(鮮白)한 범행의 상이니라. 마땅히 알라. 이것이 여래·응·정등각이 세간에 출현한 제1의 희유함이니라. 다시 다음으로 만약 이와 같은 묘법을 들으면 능히 잘 작의하여 일심으로 진리를 살피며 여러 근을 섭수하여 거두어 사념하고 관찰하라. 마땅히 알라. 이것이 여래·응·정등각이 세간에 출현한 제2의 희유함이니라.

　다시 다음으로 그 법을 듣는 자는 마음에서 희열이 생겨나고 크게 선한 이익을 얻어서 세속 일에서 싫어하고 벗어나는 마음을 생겨날 것이다. 이것이 여래·응·정등각이 세간에 출현한 제3의 희유함이니라. 다시 다음으로 만약 전전하여 법을 듣는 자는 역시 점차로 가르침에 의지하여 받들어 지녀라. 이것이 여래·응·정등각이 세간에 출현한 제4의 희유함이니라. 다시 다음으로 그 법을 듣는 자는 생각을 붙잡아 사유하고 곧 능히 깊고 묘한 지혜를 통달할 것이다. 이것이 여래·응·정등각이 세간에 출현한 제5의 희유함이니라. 다시 마납파여. 은혜를 알고 은혜를 갚는 것을 큰 선사(善士)라고 이름하나니 작은 은혜도 오히려 잊지 않아야 하는데 하물며 많은 은혜이겠는가! 이러한 까닭으로 그대는 지금 마땅히 부지런히 수학할지니라."

　마납파가 세존의 말씀을 듣고 환희하며 믿고 받아들였으며 세존의 발에 정례하고서 하직하고 떠나갔다. 이때 암몰라녀는 곧 그 밤에 여러 종류의 상묘한 음식을 준비하고 날이 밝자 자리를 펴고 상을 펼쳐놓고 깨끗한 물그릇과 치목 및 토설을 놓아두고서 사자를 보내어 세존께 아뢰었다.

　"음식이 준비되었습니다. 원하옵건대 세존께서는 때가 되었음을 아십시오."

　이때 세존께서는 옷을 입고 발우를 지니고 필추 대중들과 함께 그 집에 나아가서 세존과 대중들이 차례로 앉으셨다. 이때 암몰라녀는 세존과 대중들이 모두 편안히 앉은 것을 보고 자기 손으로 여러 상묘한 음식을 봉행하였고 모두 배부르게 먹게 하였다. 음식을 먹고서 다음으로 조두와 치목을 받았고 양치를 마치고서 발우를 거두었다. 마침내 낮은 자리를 취하여 세존의 앞에 앉아서 마음을 섭수하여 법을 들었다. 이때 세존께서는 곧 그 여인을 위하여 가타를 설하고 베풀어서 말씀하셨다.

　만약 사람이 인색함이 없이 능히 보시하고

보는 자를 사랑하며 존경하고 함께 친근하며
대중 가운데에 들어가도 두려움이 없다면
큰 이익을 얻고 명예(名聞)도 갖춘다네.

이러한 까닭으로 지혜로운 사람은 항상 은혜롭게 보시하여
능히 장야에 복이 증장되게 하고
점차 번뇌를 없애고 간탐(慳貪)을 깨트려서
삼십삼천의 환락을 받는다네.

여러 선업을 닦고 경영한 공덕으로
목숨 마친 뒤에는 천상에 태어나며
여러 여인들과 방원에서 희롱하다가
불제자가 되어 항상 안락하리라.

이때 세존께서는 다시 암몰라녀를 위하여 근기에 따라서 설법하시어 보여주셨고 가르치셨으며 이익되고 기쁘게 하시고서 자리에서 일어나 떠나가서 주처로 돌아오셨으며 아난타에게 알려 말씀하셨다.

"나는 지금 죽림(竹林)으로 가고자 하니 그대는 여러 대중에게 알리도록 하게."

이때 아난타는 세존의 가르침과 같이 곧 대중과 함께 세존을 따라서 죽림에 이르러 북쪽의 승섭파림에 머물렀다. 이때는 흉년이어서 걸식을 구하는 것이 어려웠으므로 세존께서 여러 필추들에게 알리셨다.

"지금은 굶주린 때이니 그대들은 마땅히 뜻이 같은 자를 구하여 벽사리(薜舍離)의 여러 지방의 취락을 띠리서 곧 안기허도록 하리. 니는 이난다와 함께 이 주처에 있겠노라. 만약 이와 같지 않는다면 걸식을 구하여도 얻는 것이 어려울 것이니라."

이때 여러 필추들은 세존의 가르침을 듣고는 각자 좋은 벗을 서로 의지하여 처소를 따라서 안거하였고 오직 아난타가 홀로 남아서 세존을

시봉하면서 나무 아래에서 안거를 지었다. 세존께서는 여름에 몸에 병고를 앓아서 여러 고통을 받으셨고 장차 목숨을 마칠 것을 아시고서 이렇게 생각을 지으셨다.

'나의 몸에 병이 있으니 오래지 않아서 천화(遷謝)할 것이다. 그러나 여러 필추들이 다른 곳에 흩어져 있으므로 내가 지금 마땅히 모든 대중과 떨어져서 반열반(般涅槃)을 할 수는 없다. 마땅히 무상삼매(無相三昧)로서 관찰하여 스스로 몸의 고통을 멈추고 쉬게 하리라.'

곧 수승한 정에 들어가서 받았던 여러 괴로움을 생각과 같이 모두 제거하고 안은하게 머무르셨다. 이때 구수 아난타가 하루의 포시에 정에서 일어나서 세존의 처소로 나아가서 세존의 발에 정례하고 한쪽에 서서 합장하고 아뢰어 말하였다.

"대덕이신 세존이시여. 제가 앞에서는 몸과 마음이 미혹되고 어두워서 좋고 나쁨을 분별하지 못하였고 법을 들었어도 능히 외울 수 없었습니다. 세존께서 여러 병으로 고통을 받는 것을 보았던 까닭으로 장차 적멸하실 것이 두려웠습니다. 지금 세존께서 아직 반열반하시지 않는다는 것을 듣고 조금 정신을 차릴 수 있었습니다. 또한 말씀하셨습니다. '만약 모든 필추들이 모두 모이지 않는다면 나는 열반하지 않겠다.' 이것으로써 생각을 하옵건대 다시 희유한 법을 설하실 것을 알겠습니다."

세존께서 아난타에게 말씀하셨다.

"그대는 내가 여러 필추들을 가르치고 인도하려는 까닭으로 열반하지 않는다고 말하고 이러한 뜻을 지으나 이러한 것은 없느니라. 왜 그러한가? 어찌 내가 지금 다시 여러 필추들에게 희유한 법을 보이고자 하겠는가? 아난타여. 내가 마땅히 설할 것은 이미 설하여 마쳤고 내외의 모든 법을 모두 명료하게 이해하게 하였으니 이를테면, 사념주·사정근·사신족·오근·오력·칠각분·팔성도이니라.

아난타여. 모든 불·여래는 항상 이 법으로써 분명히 말씀하시고 감추어 덮어두는 비밀스런 인색한 마음이 없으시니라. 그러하다. 아난타여. 나의 몸에 병이 있고 장차 열반하고자 하나 곧 이렇게 생각을 지었느니라.

'내가 지금 병으로 괴로우니 반드시 목숨을 마칠 것이나 여러 필추들이 다른 곳에 흩어져 있다. 나는 마땅히 이러한 대중과 떨어져서 반열반을 할 수는 없으니 마땅히 스스로 뜻을 사용하여 무상삼매로서 관찰하여 스스로 몸의 고통을 멈추고 쉬게 하리라.' 곧바로 정에 들어서 모든 고통을 없애고 안은하게 머물고 있는 것이다.

아난타여. 나는 지금 노쇠하여 몸의 힘이 약해졌고 나이도 팔십이 되었으며 오직 두 가지의 일에 의지하여 머무를 수 있으나 낡은 수레가 역시 두 가지의 일에 의지하는 것과 같으니라. 이러한 뜻을 까닭으로 그대는 지금 근심하고 고뇌하지 말라. 다만 모든 세간의 유위법은 인연을 쫓아서 생기는 것이고 없어지지 않고 항상 머물 수 있는 것은 있을 수도 없느니라. 나는 이전부터 그대를 위하여 항상 이 일을 설하였느니라.

일체 세간의 낙욕·광화(光化)·애념·가의(可意)는 모두 흩어지고 무너지는 것이고 은애도 이별하여 머무름이 없느니라. 이러한 까닭으로 마땅히 알라. 내가 있을 때와 내가 멸도한 뒤에도 그대들은 스스로를 주저(洲渚)[7]로 하고 스스로에 귀의하며, 법을 주저로 하고 법에 귀의할 것이며, 별도의 주저가 없으니 다른 곳에 귀의하지 말라. 왜 그러한가? 내가 있을 때와 내가 멸도한 뒤에도 만약 법에 의지하고 즐거이 계율을 지키는 자는 나의 성문 제자로서 가장 제일이 되리라.

무엇을 필추가 스스로 주저로 하고 스스로에 귀의하여 별도의 주저가 없고 별도의 귀의가 없다고 말하는가? 아난타여. 만약 모든 필추들이 능히 내신에 신상(身相)을 잘 알고 생각을 붙잡아 관찰하고 마음을 섭수하여 머물게 하며 용맹을 일으켜서 탐·진과 여러 우뇌를 항복받을 것이고, 이와 같이 외신·내신·내외신·내수·외수·내외수·내심·외심·내외심·내법·외법·내외법의 이와 같은 곳에도 생각을 붙잡아 관찰하고 마음을 섭수하여 머물게 하며 용맹을 일으켜서 탐·진과 여러 우뇌를 항복받을 것이니라. 필추가 만약 이와 같은 관찰한다면 곧 이것을 곧 스스로를

―――――――――
7) 파도가 밀려서 닿는 곳을 가리킨다.

주저로 하고 스스로에 귀의하는 것이며 법에 수순하여 머무는 것이라고 이름하느니라.

안의 섭송 ②

안의 섭송으로 말하겠노라.

행우와 죽림의 안과
파타읍(波吒邑)을 수리한 것과
강을 건너서 작은 마을에 간 것과
점차로 열반에 향한 것 등이 있다.

이때 세존께서는 구수 아난타에게 알려 말씀하셨다.
"나는 지금 광엄성으로 가고자 하네."
이때 아난타는 세존의 가르침을 듣고 곧 세존을 따라서 광엄성에 이르러서 중각당(重閣堂)에 머물렀다. 소식시에 옷을 입고 발우를 지니고 성에 들어가서 걸식하셨다. 이때 아난타도 세존의 뒤를 따라서 떠나갔다. 차례로 걸식을 마치시고 본래의 처소로 돌아와서 음식을 드시고 옷과 발우를 거두시고 양치를 마치셨으며 발을 씻으시고 세존께서는 곧 취궁제저(取弓制底)의 나무 아래로 나아가서 앉으셨으며 아난타에게 알려 말씀하셨다.
"이 광엄성은 물산이 화려하고 방림(芳林)과 과수가 여러 곳에 번성하며 탑묘와 맑은 연못이 매우 애락하여서 섬부주의 안에서는 이곳이 가장 희기하구나. 아난타여. 만약 능히 사신족을 수습하고 많이 수습하였다면 1겁이나 만약 1겁이 지나도록 머물고자 하더라도 모두가 자재하느니라. 아난타여. 여래는 이미 사신족에서 많은 수습을 하였으므로 1겁이나 만약 1겁이 지나도록 머물고자 하더라도 모두가 자재하느니라."
이때 아난타가 묵연히 말이 없었다. 이와 같이 세존께서는 세 번이나 앞의 일을 되풀이하셨고 나아가 모두가 자재하다고 말씀하셨으나 아난타는 역시 모두 말이 없었다. 세존께서 이렇게 생각을 지으셨다.

'지금 아난타가 악마에게 미혹되어 몸과 마음이 흐리고 어지럽구나. 내가 이미 두세 번을 분명히 알리고 보여주었으나 결국 열어서 청하는 말이 없으니 이것은 분명히 악마에게 미혹된 까닭임을 알 수 있구나.'

곧바로 알려 말씀하셨다.

"그대는 한 나무 아래에 의지하고 연좌하여 머물러라. 마땅히 잡난(雜亂)한 그대와 함께 기거하지 않겠노라."

이때 아난타는 세존의 가르침을 듣고 곧 가서 밤낮으로 연좌의 처소인 한 나무 아래에서 머물렀다. 이때 악마인 파비(波卑)가 세존의 처소로 와서 세존의 발에 정례하고 한쪽에 서서 합장하고 공경스럽게 아뢰어 말하였다.

"세존이시여. 열반하실 때가 이르렀습니다. 원하건대 선서시여. 열반에 드십시오."

세존께서 악마에게 알려 말씀하셨다.

"그대는 지금 무슨 까닭으로 열반할 때에 이르렀다고 말하면서 나에게 열반을 청하는가?"

악마가 말하였다.

"대덕이시여. 지나간 한 때에 세존께서 니련하(尼連河) 옆의 보리수 아래에서 성불하시고 오래되지 않았을 때에 제가 나아가서 아뢰어 말하였습니다.

'세존이시여. 마땅히 열반하실 때에 이르렀음을 아십시오. 오직 원하건대 선서시여. 열반에 드십시오.'

세존께서는 저에게 알려 말씀하셨습니다.

'만약 나의 성중인 성문제지가 지혜가 통달하고 총명하며 변론이 명료하고 정법의 말로써 사론(邪論)을 절복하며 성교(聖敎)를 현양하고 능히 유통하지 못하거나, 또한 여러 필추·필추니·오파색가·오파사가 등이 역시 능히 굳게 계품을 닦아 얻지 못하고 나의 범행을 널리 유포하여 많은 인간과 여러 천인 대중들에게 이익을 주지 못한다면, 내가 지금 대열반에

들을 수 없느니라.'

　대덕이신 세존이시여. 지금은 성문 대중들이 큰 지혜가 있어 구족되었고 통달하였으며 변재가 걸림이 없고 정법의 말로써 사론을 절복하였으며 성교를 현양하였고 능히 유통시켰으며, 또한 여러 필추·필추니·오파색가·오파사가 등이 역시 능히 범행을 널리 유포하여 많은 인간과 여러 천인 대중들에게 이익되게 하여서 여러 일이 원만합니다. 이러한 까닭으로 내가 지금 세존께 아뢰어 말하였습니다. '마땅히 열반하실 때에 이르렀으니, 오직 원하건대 선서시여. 열반에 드십시오.'"
　세존께서 악마에게 알려 말씀하셨다.
　"그대는 잠시 기다려라. 여래는 오래지 않아서 곧 3개월 뒤에 무여의대열반계(無餘依大涅槃界)에 들어가겠노라."
　이때 악마는 생각을 지었다.
　'사문 교답마의 말에 두 말이 없으시므로 반드시 반열반을 할 것이다.'
　마음에 환희가 생겨나서 홀연히 숨어버렸다. 세존께서는 이렇게 생각을 지으셨다.
　'내가 지금 마땅히 여시정(如是定)에 들어가서 그 정의 힘을 따라서 명행(命行)을 늦추는 그 수행(壽行)을 버려야겠구나.'
　이렇게 생각을 지으시고 곧바로 정에 들어가서 명행을 남겨두는 수행은 버리셨다. 이때 대지가 모두 진동하여 사방이 치연(熾然)하고 성광(聖光)이 떨어졌으며 허공 가운데에서 하늘북이 저절로 울렸다. 세존께서는 정에서 나오시어 가타를 설하여 말씀하셨다.

　　여러 유(有) 등과 부등(不等)을
　　모니는 모두 이미 제거하였고
　　안으로 정을 증득한 까닭으로
　　새가 알껍질을 깨트린 것과 같다네.

　구수 아난타가 하루의 포시에 연좌에서 일어나 곧 세존의 처소로 나아가서 두 발에 정례하고 한쪽에 서서 아뢰어 말하였다.
"세존이시여. 무슨 인연을 까닭으로 대지가 진동하였습니까?"
세존께서 아난타에게 알리셨다.
"아난타여. 여덟 가지의 인연이 있으면 대지가 진동하느니라. 무엇이 여덟 가지인가? 지금 이 대지는 물을 의지하여 머물고 있고 물은 바람을 의지하고 있으며 바람은 허공을 의지하고 있느니라. 아난타여. 어느 때에 허공의 가운데에 크고 맹렬한 바람이 일어나면 물에 파동이 있고 물이 만약 요동하면 땅이 곧 진동하느니라. 아난타여. 이것이 대지가 진동하는 첫 번째의 인연이니라.
다시 다음으로 아난타여. 필추가 대위덕이 있고 대공용(大功用)을 갖추면 신통력으로써 이 대지를 작은 먼지로 생각하고 끝이 없는 물이라고 생각하면서 대지를 모두 진동하게 할 수 있고, 필추니와 여러 천인의 대중들도 대위덕이 있고 만약 이렇게 생각을 짓는다면 역시 대지를 모두 진동하게 할 수 있느니라. 아난타여. 이것이 대지가 진동하는 두 번째의 인연이니라.
다시 다음으로 아난타여. 만약 대보살이 도사다천에서 모태에 하강(下降)할 때에 대지가 진동하고 여러 세계의 가운데에 광명이 밝게 빛나는데, 하늘의 광명보다도 두 배나 수승하여서 세간에서 소유한 매우 깊고 어두운 곳에서는 가령 일월이 대위광(大威光)을 갖추었어도 능히 비추지 못하나, 보살이 어머니의 뱃속에 현생할 때에는 광명이 혁혁하고 모두 널리 비추므로 여러 유정들의 부류가 태어난 이래로 스스로의 손을 보려고 하여도 오히려 보지 못하였으나 광조(光照)를 인연하여 서로 분명하게 보게 되고 다른 유정들이 역시 이곳에 태어난 것도 알게 되느니라. 아난타여. 이것이 대지가 진동하는 세 번째의 인연이니라.
다시 다음으로 아난타여. 만약 대보살이 처음으로 탄생하는 때에 대지가 진동하며, [자세한 설명은 앞에서와 같다.] 이것이 대지가 진동하는 네 번째의 인연이니라. 다시 다음으로 아난타여. 만약 보살이 정등각을 이루는 때이라면 대지가 진동하며, [자세한 설명은 앞에서와 같다.] 이것이 대지가 진동하는 다섯 번째의 인연이니라. 다시 다음으로 아난타여. 만약 여래가 삼전법륜(三轉法輪)할 때에 대지가 진동하며, [자세한 설명은 앞에서와 같다.] 이것이 대지가 진동하는 여섯 번째의 인연이니라.

다시 다음으로 아난타여. 여래가 명행을 남겨두고 수행을 버리는 때에 대지가 진동하고 네 면에 혁혁한 광명이 치연히 흐르며 허공의 가운데에서 하늘북이 스스로 울리나니 이것이 대지가 진동하는 일곱 번째의 인연이니라. 다시 다음으로 아난타여. 여래가 오래지 않아서 3개월 뒤에 무여의대열반계로 들어가는데 이때에는 대지가 진동하고 사유(四維)와 상하가 낭연(朗然)하고 밝게 비추고 허공 가운데에서 여러 천인이 부르짖는 소리가 오히려 북을 치는 것과 같을 것이니, 아난타여. 이것이 대지가 진동하는 여덟 번째의 인연이니라."

이때 구수 아난타가 세존께 아뢰어 말하였다.

"세존이시여. 제가 여래께서 말씀하신 일을 관찰하오니 이 대지의 모든 진동의 인연은 명행을 늦추는 수행을 버리시는 것입니다."

세존께서 아난타에게 알리셨다.

"이와 같다. 이와 같다. 내가 명행을 늦추는 수행을 버린 것이니라."

아난타가 말하였다.

"대덕이시여. 저는 직접 세존께서 이와 같이 말씀하시는 것을 들었습니다. '만약 능히 사신족을 수습하고 많이 수습하였다면 1겁이나 만약 1겁이 지나도록 머물고자 하더라도 모든 자재를 얻느니라.' 대덕이신 세존께서는 사신족을 이미 수습하셨고 많이 수습하셨습니다. 오직 원하옵건대 세존이시여. 세상에 1겁을 머무십시오. 오직 원하옵건대 선서시여. 1겁이 지나도록 머무십시오."

세존께서 알리셨다.

"이것은 그대의 허물이고 이렇게 옳지 않은 이치로 지어진 것이다. 내가 이미 두·세 번을 분명히 그대에게 알렸느니라. 그대가 스스로 능히 그 뜻을 알지 못하였고 악마 파비에게 그대의 마음이 미혹되어 어지러웠던 것이네. 아난타여. 그대의 뜻은 어떠한가, 모든 불·여래의 말씀에 두 말이 있겠는가?"

아뢰어 말하였다.

"아닙니다."

세존께서 말씀하였다.

"옳도다. 옳도다. 아난타여. 여래이신 대사에게 두 말이 있다면 이것은 옳지 않느니라. 내가 이미 악마에게 허락하였으니 그대는 청하지 말라. 아난타여. 그대는 지금 취궁탑의 주변으로 가서 그 근처에 있는 필추들을 모두 평소의 식당으로 모이도록 하게."

이때 아난타가 곧 가서 두루 알렸고 대중이 이미 모였으므로 세존의 처소에 나아가서 세존의 발에 정례하고 합장하고 아뢰어 말하였다.

"대덕이신 세존이시여. 모든 필추들이 함께 와서 식당에 모였습니다. 원하옵건대 세존께서는 때가 되었음을 아십시오."

세존께서는 자리에서 일어나서 그 식당 안에 이르셨으며 자리에 나아가서 앉으시고서 여러 필추들에게 알리셨다.

"그대들은 제행무상이고 이것은 변역(變易)하는 법이며 믿을 수 없다는 것을 관찰하고 깊이 싫어하고 버리고서 해탈을 구하라. 그대들은 마땅히 알라. 승묘한 법이 있으니 능히 현세에도 이익되고 즐겁게 머무르며 미래의 세상 가운데에서도 역시 이익되고 즐거운 것이다. 그대들 필추들이여. 마땅히 이 법을 수지하고 독송하며 그 뜻을 잘 이해하고 삼가하며 받들어 행하고 능히 범행이 오래 머물러 없어지지 않게 하라. 이와 같은 법이 곧 크게 넓어진다면 유정을 이익되게 하고 일체를 애민하게 하며 인간과 천상을 안락하게 하느니라. 무엇을 수승한 법으로 능히 현세에도 이익되고 즐거우며 후세에도 이익되고 즐겁다고 말하는 것인가? 만약 모든 필추들이 수지하고 독송하며 그 뜻을 잘 이해하고 삼가하며 받들어 행하고 능히 범행이 오래 머물러 없어지지 않게 한다면 이와 같은 법은 곧 크고 넓어져서 유정을 이익되게 하고 일체를 애민하게 하며 인간과 천상을 안락하게 하는 것이니 이를테면, 사념처·사정근·사신족·오근·오력·칠각분·팔성도이니라. 마땅히 알라. 이 법은 현세에도 이익되고 즐거우며 후세에도 이익되고 즐거운 것이니 마땅히 독송하고 수지하며 잊지 말지니라."

세존께서 아난타에게 알리셨다.

"나는 지금 중환촌(重患村)으로 가고자 하네."

이때 아난타는 세존의 가르침을 듣고 곧 세존을 따라서 광엄성의 서북 원림(園林)의 경계에 이르러서 큰코끼리왕과 같이 온몸으로 광엄성을 오른쪽으로 바라보셨다. [몸으로 가시어 이곳에서 직접 공경스럽게 예배하신 것은 상(像)으로 끝까지 성스러운 가르침을 유통시키고자 발원하신 것이다.]

이때 아난타가 아뢰어 말하였다.

"세존이시여. 여래께서 오른쪽으로 돌면서 두루 성곽을 바라보신 것에는 인연이 없지 않을 것입니다. 원하건대 말씀하여 주십시오."

세존께서 아난타에게 알리셨다.

"아난타여. 내가 지금 오른쪽으로 돌면서 바라본 것은 그대의 말과 같이 인연이 없지 않느니라. 아난타여. 이것은 여래·응·정등각이 최후로 광엄성을 바라보는 것이니라. 나는 지금 역사생처(力士生處)인 사라쌍수(娑羅雙樹)로 가서 반열반에 들어가고 다시 오지 않을 까닭이므로 이 성읍을 돌아보는 것이니라."

이때 어느 필추가 세존의 말씀을 듣고는 기타를 설하여 말하였다.

최후로 광엄성을 돌아보시고
정각께선 다시 이곳에 오시지 않으시고
지금 그 쌍림의 처소에 나아가고자 하시며
장사가 태어난 곳에서 무여열반을 증득하신다네.

세존께서 이미 중환촌에 이르러 승섭파림에 머무시면서 여러 필추들에게 알리셨다.

"그대들은 마땅히 알라. 이 계·정·혜는 계를 익히는 까닭으로 정이 곧 오래 머무는 것이고, 정을 잘 익히는 까닭으로 청정한 지혜가 생겨나며, 지혜가 있는 까닭으로 탐욕·성냄·어리석음에서 해탈을 얻는 것이다. 이와 같은 마음의 해탈처에서 성스러운 제자들은 진실로 나의 생을 이미 마쳤고 범행이 이미 섰으며 지을 일이 이미 끝나서 후유를 받지 않음을 명료하게 알 것이다.”

이와 같이 차례로 10여 개의 마을을 지나면서 모두 중생들을 위하여 근기를 따라서 법을 설하셨으며 수용성(受用城)에 이르러 북림(北林)에 머무르셨다. 이때 대지가 모두 진동하면서 사유와 상하가 화염이 밝게 빛나서 일월에 빛이 없었고 유성이 떨어졌으며 허공계에서는 하늘북이 스스로가 울렸다. 이때 아난타가 하루의 포시에 연좌에서 일어나서 세존의 처소에 이르러 두 발에 정례하고 한쪽에 서서 합장하고 아뢰어 말하였다.

“대덕이신 세존이시여. 무슨 인연을 까닭으로 대지가 진동하였습니까?”

세존께서 아난타에게 알리셨다.

“세 가지의 인연을 까닭으로 대지가 진동하느니라. 무엇이 세 가지인가? 이 대지는 물을 의지하여 머물고 있고 물은 바람을 의지하고 있으며 바람은 허공을 의지하고 있는데 공중에서 바람이 물을 때리면 곧 물결이 생기고 물이 만약 물결치면 대지가 진동하느니라. 이것이 대지가 진동하는 첫 번째의 인연이니라. 다시 다음으로 아난타여. 필추가 대위덕이 있고 대공용을 갖추면 신통력으로써 이 대지를 작은 먼지로 생각하고 끝이 없는 물이라고 생각하면서 대지를 모두 진동하게 할 수 있고, 필추니와 여러 천인의 대중들도 대위덕이 있다면 대지를 모두 진동하게 할 수 있느니라. 아난타여. 이것이 대지가 진동하는 두 번째의 인연이니라. [자세한 설명은 앞에서와 같다.]

다시 다음으로 아난타여. 만약 여래가 오래지 않아서 반열반에 들어간다면 곧 대지가 진동하나니, [자세한 설명은 앞에서와 같다.] 아난타여. 이것이 대지가 진동하는 세 번째의 인연이니라.”

이때 아난타가 세존께 아뢰어 말하였다.

"세존이시여. 희유하신 대덕께서는 나아가 능히 이와 같은 부사의한 일을 성취하셨습니다. 여래·응·정등각께서 오래지 않아서 대열반에 들어가고자 하시는 이러한 까닭으로 대지가 진동하고 앞에서 자세히 말씀하신 것과 같은 희유한 모습을 나타내셨습니다."

세존께서 말씀하셨다.

"옳도다. 옳도다. 그대의 말과 같다. 여래·응·정등각은 진실로 능히 이와 같은 희유한 법을 성취하였느니라. 아난타여. 나는 옛날에 일찍이 무량한 백천의 찰제리중(刹帝利衆)에게 그들이 나를 보도록 하였고, 그때에 그들의 형상의 장단(長短)과 분제(分齊)8)를 따라서 내가 곧 그들과 함께 형상도 같게 하였으며, 얼굴빛과 음성도 역시 모두 서로 같게 하였고, 그들이 말하는 뜻을 나도 역시 같게 말하면서 그들이 모르는 것을 내가 말하여 주었으며, 수승하고 높은 법으로써 보여주었고 가르쳐 주었으며 이익되게 하였고 기쁘게 하였으며 깨닫게 하고서 내가 곧 숨어버리면 그들은 역시 내가 어디에 있는가를 알지 못하고서 이와 같이 말하였느니라.

'그 분은 어디로 가셨는가? 천인인가? 사람인가? 우리들의 경계는 아니구나.' 아난타여. 나는 능히 이와 같은 무량하고 희유한 법을 성취하여 찰제리중과 같이 사문중·바라문중·장자중·거사중의 가운데서도 모두 이와 같이 하였으며 욕계·색계 나아가 색구경천에까지 나는 모두에 가서 그 형량(形量)과 장단과 분제를 따라서, [자세한 설명은 앞에서와 같다.] 나아가 아난타여. 나는 능히 이와 같은 무량하고 희유한 법을 성취하였느니라."

---

8) 범위와 정도 또는 한계와 경계를 뜻한다.

근본설일체유부비나야잡사 제37권

삼장법사 의정 한역
석보운 번역

제8문 제10자섭송 ③

제8문 제10자섭송의 나머지이다.
(사흑법과 사백법과 네 종류의 사문과 다음은 광엄성에서 열반처로 향함을 밝힌 것이다.)

이때 세존께서는 아난타에게 알려 말씀하셨다.
"이와 같이 마땅히 알라. 가르침에는 진실과 거짓이 있으니 오늘부터는 마땅히 경전의 가르침을 의지하고 사람에게 의지하지 말라. 무엇을 경전을 의지하고 사람을 의지하지 않는 것이라고 말하는가? 만약 필추가 와서 이와 같이 말하였다. '구수여. 나는 여래로부터 직접 이 말을 들었고 기억하여 지닌 것이니 이러한 경전과 이러한 율교(律教)는 진실로 세존의 말씀입니다.' 이 필추는 그가 말하는 것을 들었을 때에 마땅히 찬성도 하지 않고 역시 비방도 하지 말고 마땅히 그 말을 듣고 문구를 잘 지니고서 마땅히 주처에 돌아가서 경전과 율교를 검열(檢閱)하여 만약 그의 말이 경율과 서로 어긋난다면 그에게 알려 말하라. '구수여. 그대가 말한 것은 세존의 말씀이 아닙니다. 이것은 그대가 악을 취한 것이고 경율에 의지한 것이 아니므로 마땅히 버리십시오.'
다시 다음으로 아난타여. 만약 필추가 와서 이와 같이 말하였다. '구수여.

나는 어느 주처에서 보니 대중에 기숙들이 많이 있었고 율장에 매우 밝았는데 내가 그곳에서 직접 이 말을 들었고 기억하여 지닌 것이니 이러한 경전과 이러한 경율은 진실로 세존의 말씀입니다.' 이 필추는 그가 말하는 것을 들었을 때에 마땅히 찬성도 하지 않고 역시 비방도 하지 말고 마땅히 그 말을 듣고 문구를 잘 지니고서 마땅히 주처에 돌아가서 경물과 율교를 검열하여 만약 그의 말이 경율과 서로 어긋난다면 그에게 알려 말하라. '구수여. 그대가 말한 것은 세존의 말씀이 아닙니다. 이것은 그대가 악을 취한 것이고 경율에 의지한 것이 아니므로 마땅히 버리십시오.'

다시 다음으로 아난타여. 만약 필추가 와서 이와 같이 말하였다. '구수여. 나는 어느 주처에서 보니 필추 대중들이 많이 있었고 모두 경을 지녔고 율을 지녔으며 모경(母經)을 지녔는데 내가 그곳에서 직접 이 말을 들었고 기억하여 지닌 것이니 이러한 경율은 진실로 세존의 말씀입니다.' 이 필추는 그가 말하는 것을 들었을 때에 마땅히 찬성도 하지 않고 역시 비방도 하지 말고 마땅히 그 말을 듣고 문구를 잘 지니고서 마땅히 주처에 돌아가서 경율을 검열하여 만약 그의 말이 경율과 서로 어긋난다면 그에게 알려 말하라. '구수여. 그대가 말한 것은 세존의 말씀이 아닙니다. 이것은 그대가 악을 취한 것이고 경율에 의지한 것이 아니므로 마땅히 버리십시오.'

다시 다음으로 아난타여. 만약 필추가 와서 이와 같이 말하였다. '구수여. 나는 어느 주처에서 한 필추를 보았는데 존숙이었고 지혜가 있었다. 내가 그의 처소에서 직접 이 말을 들었고 기억하여 지닌 것이니 이러한 경율은 진실로 세존의 말씀입니다.' 이 필추는 그가 말하는 것을 들었을 때에 마땅히 찬성도 하지 않고 역시 비방도 하지 말고 마땅히 그 말을 듣고 문구를 잘 지니고서 마땅히 주처에 돌아가서 경율을 검열하여 만약 그의 말이 경율과 서로 어긋난다면 그에게 알려 말하라. '구수여. 그대가 말한 것은 세존의 말씀이 아닙니다. 이것은 그대가 악을 취한 것이고 경율에 의지한 것이 아니므로 마땅히 버리십시오.'

다시 다음으로 아난타여. 만약 필추가 와서 이와 같이 말하였다. '구수여. 나는 여래로부터 직접 이 말을 들었고 기억하여 지닌 것이니 이것을 경전이라고 말하고 이것을 율교(律敎)라고 말합니다.' 이 필추는 그가 말하는 것을 들었을 때에 마땅히 찬성도 하지 않고 역시 비방도 하지 말고 마땅히 그 말을 듣고 문구를 잘 지니고서 마땅히 주처에 돌아가서 경전과 율교를 검열하여 만약 그의 말이 경율과 서로 어긋나지 않는다면 그에게 알려 말하라. '구수여. 그대가 말한 것은 진실로 세존의 말씀입니다. 이것은 그대가 선을 취한 것이고 경율의 가르침에 의지한 것이니 마땅히 수지하십시오.'

다시 다음으로 아난타여. 만약 필추가 와서 이와 같이 말하였다. '구수여. 나는 어느 주처에서 보니 대중에 기숙들이 많이 있었고 율장에 매우 밝았는데 내가 그곳에서 직접 이 말을 들었고 기억하여 지닌 것이니 이러한 경전과 이러한 경율은 진실로 세존의 말씀입니다.' 이 필추는 그가 말하는 것을 들었을 때에 마땅히 찬성도 하지 않고 역시 비방도 하지 말고 마땅히 그 말을 듣고 문구를 잘 지니고서 마땅히 주처에 돌아가서 경율과 율교를 검열하여 만약 그의 말이 경율과 서로 어긋나지 않는다면 그에게 알려 말하라. '구수여. 그대가 말한 것은 진실로 세존의 말씀입니다. 이것은 그대가 선을 취한 것이고 경율의 가르침에 의지한 것이니 마땅히 수지하십시오.'

다시 다음으로 아난타여. 만약 필추가 와서 이와 같이 말하였다. '구수여. 나는 어느 주처에서 보니 필추 대중들이 많이 있었고 모두 경을 지녔고 율을 지녔으며 모경을 지녔는데 내가 그곳에서 직접 이 말을 들었고 기억하여 지닌 것이니 이러한 경율은 진실로 세존의 말씀입니다.' 이 필추는 그가 말하는 것을 들었을 때에 마땅히 찬성도 하지 않고 역시 비방도 하지 말고 마땅히 그 말을 듣고 문구를 잘 지니고서 마땅히 주처에 돌아가서 경율을 검열하여 만약 그의 말이 경율과 서로 어긋나지 않는다면 그에게 알려 말하라. '구수여. 그대가 말한 것은 진실로 세존의 말씀입니다. 이것은 그대가 선을 취한 것이고 경율의 가르침에 의지한 것이니 마땅히

수지하십시오.'

다시 다음으로 아난타여. 만약 필추가 와서 이와 같이 말하였다. '구수여. 나는 어느 주처에서 한 필추를 보았는데 존숙이었고 지혜가 있었습니다. 내가 그의 처소에서 직접 이 말을 들었고 기억하여 지닌 것이니 이러한 경율은 진실로 세존의 말씀입니다.' 이 필추는 그가 말하는 것을 들었을 때에 마땅히 찬성도 하지 않고 역시 비방도 하지 말고 마땅히 그 말을 듣고 문구를 잘 지니고서 마땅히 주처에 돌아가서 경율을 검열하여 만약 그의 말이 경율과 서로 어긋나지 않는다면 그에게 알려 말하라. '구수여. 그대가 말한 것은 진실로 세존의 말씀입니다. 이것은 그대가 선을 취한 것이고 경율의 가르침에 의지한 것이니 마땅히 수지하십시오.'

다시 다음으로 아난타여. 처음의 네 종류는 대흑설(大黑說)이라고 이름하나니 그대들 필추는 마땅히 잘 생각하고 지극히 관찰하여 이것이 악이고 이것이 경도 아니며 이것이 율도 아니고 이것이 세존의 가르침도 아닌 것을 깊이 알고 마땅히 반드시 버릴 것이며, 뒤에 네 종류는 대백설(大白說)이라고 이름하나니 그대들 필추는 마땅히 잘 생각하고 지극히 관찰하여 이것이 선이고 이것이 진실로 경이며 이것이 진실로 율이고 이것이 진실로 세존의 가르침인 것을 깊이 알고 마땅히 잘 수지할 것이니라.

아난타여. 이것이 필추가 경전의 가르침에 의지하고 사람에게 의지하지 않는 것이니 마땅히 이와 같이 배울지니라. 만약 이와 다르다면 내가 말한 것이 아니니라."

이때 세존께서는 아난타에게 알려 말씀하셨다.

"나는 지금 파파(波波) 취락으로 가고자 하네." ['파파' 이것은 죄악을 말한다.]

대답하여 말하였다.

"알겠습니다."

세존께서는 이때 구시나성(俱尸那城)의 장사가 태어난 곳으로 가시고자 하였으므로 점차로 파파읍에 이르시어 절녹가(折鹿迦) 숲에 의지하여 머무르셨다. 여러 사람들이 듣고 모여서 의논하였고 같이 파파읍에서 나와 세존의 처소로 나아가서 발에 예경하고 한쪽에 앉았다. 세존께서는 설법하시어 보여주셨고 가르치셨으며 이익되고 기쁘게 하셨다. 이때 대중의 가운데에서 대장장이의 아들이 있어 준타(准陀)라고 이름하였는데 역시 앉아서 법을 들었다. 이때 모든 대중들이 법을 듣고서 세존께 하직하고 떠났는데 준타가 곧바로 자리에서 일어나 의복을 정리하고서 합장하고 세존을 향하여 아뢰어 말하였다.

"세존이시여. 오직 원하옵건대 여래께서는 여러 성중들과 함께 내일 집으로 오시의 저의 작은 공양을 받아주십시오."

세존께서는 묵연히 받아들이셨다. 세존께서 허락하신 것을 알고 큰 환희가 생겨나서 하직하고 떠나가서 곧 여러 종류의 상묘하고 향기가 있으며 맛있는 음식을 준비하고 좌석을 펼쳐놓고 청정한 물과 토설과 치목을 놓고서 사람을 보내어 세존께 아뢰었다.

"음식이 준비되었습니다. 원하옵건대 세존께서는 때가 되었음을 아십시오."

세존께서는 곧 하루의 초분 때에 옷을 입고 발우를 지니고 여러 대중과 함께 그곳으로 나아가셨고, 세존과 승가 대중은 자리에 나아가서 앉으셨다. 자리에 앉은 것을 보고 준타가 스스로 자기 손으로 직접 여러 세존과 성중들에게 공양을 받들었다. 이때 한 죄악의 필추가 있어 마침내 구리 그릇을 훔쳐서 겨드랑이 아래에 감추었으므로 세존께서는 신력을 까닭으로 다른 사람은 보이지 않게 하셨고 오직 세존과 준타가 이 비법을 보도록 하셨다. 준타는 세존과 승가가 모두 배부르고 만족한 것을 알고서 곧 깨끗한 물과 두설(豆屑)로 씻고 치목을 씹고 발우를 거두고서 양치를 마쳤다. 이때 준타가 곧 작은 자리를 가져다가 세존의 앞에 앉아서 곧 가타로서 세존께 청하여 말하였다.

모니께서는 일체지이신 것을 나는 들었고
이미 피안을 초월하여 의혹이 없으시며
최승의 도사(導師)이시고 조어사이시니

삼가 세상에 몇 사문이 있다고 말하겠습니까?

세존께서도 역시 가타로서 준타에게 대답하여 말씀하셨다.

네 사문이 있고 제5는 없나니
내가 지금 그대를 위하여 차례로 설하리니
마땅히 승도(勝道)와 시도(示道)와
정도활명(淨道活命)과 오도(汚道)인 것을 알라.

준타가 다시 청하여 아뢰었다.

세존이시여. 설하십시오. 무엇이 승도이고.
무엇을 시도라고 이름하는 것이며
무엇을 정도활명이라고 이름하는 것이고
아울러 오도라는 것도 원하건대 선양하십시오.

세존께서 대답하여 말씀하셨다.

능히 의심의 화살을 제거하고 여러 미혹을 끊고
오직 원적을 바라면서 다른 곳이 아니라면
이것을 인간과 천상의 도사라고 말하고
모든 세존께서 이것을 승도라고 설하셨다네.

선해(善解)는 제1의 최승의 뜻이고
방편은 미묘법을 명료하게 나타내는 것이며
모니께서는 능히 여러 의심의 그물을 깨트리나니
이것을 제2의 시도의 스승이라고 이름한다네.

만약 법구를 잘 선설하고
법에 의지하여 적은 욕심으로 생활하며
죄가 없는 법에서 능히 잘 닦는다면
이것을 제3의 정도활(正道活)이라고 이름한다네.

몸에는 사문의 해탈의(解脫衣)를 입었으나
항상 가문을 더럽히며 부끄러움이 없고
허광(虛誑)으로 항상 진실하지 않는 말을 하나니
이것을 제4의 오도인(汚道人)이라고 이름한다네.

대성문의 진실한 법중(法衆)에서
여러 재가인들은 마땅히 잘 살필 것이고
나의 제자가 아니더라도 모두 그렇게 할 것이며
이러한 까닭으로 마땅히 반드시 깊은 믿음을 일으켜라.

어찌 무죄가 죄와 함께 기거하겠고
청정한데 부정함과 함께 같은 처소에 머물겠는가?
그가 어리석은 사람인 까닭으로 악행을 하나니
착한 선비에게도 모두 의심이 생겨나게 한다네.

색(色)의 상(相)으로 앞 사람을 믿지 말고
잠깐사이에 같이 모여 곧 맡기고 부탁하더라도
추하고 험한 사람은 많으며 형모(形貌)를 속이고
광혹(誑惑)함은 항상 세간에서 행해지느니라.

작은 금으로서 귀고리를 장식한 것과 같이
몸은 곧 구리여서 가치가 없으나
안은 거짓이고 겉은 실제로 진실한 모습과 같아서

많은 문도를 섭수하고 선인을 어지럽힌다네.

이때 세존께서는 대장장이의 아들이 공양을 베푼 것을 보고 수희의 복의 게송을 위하여 가타를 설하여 말씀하셨다.

만약 보시한다면 복이 증장되고
원수는 모두가 멈춘다네.
선을 까닭으로 능히 악이 제거되고
미혹을 마쳐서 열반을 증득하리라.

세존께서는 설법하시어 보여주셨고 가르치셨으며 이익되고 기쁘게 하셨으며, 이익을 지으시고 자리에서 일어나서 떠나가셨다.

안의 섭송 ①

안의 섭송으로 말하겠노라

세존께서는 광엄성 서쪽으로 나가시어
성곽을 멀리서 돌아보시고
10취락을 지나서 유행하시면서
최후로 파파(波波)에 이르셨다네.

이때 세존께서 아난타에게 알리셨다.
"나는 지금 구시나성으로 가고자 하네."
이때 아난타가 세존께서 알리신 것을 듣고 곧 세존의 뒤를 따라서 점차로 파파읍으로 향하였으며 금하(金河)에 이르지 못하고 이 중간의 도로 곁에서 잠시 머물면서 아난타에게 알리셨다.
"나는 지금 등이 아프구나. 그대는 나의 올다라승가를 네 겹으로 접어서 깔도록 하게. 내가 잠시 누워서 스스로 쉬고자 하네."

이때 아난타가 세존의 가르침을 듣고 곧 빠르게 옷을 접었고 아뢰어 말하였다.

"이미 지었습니다. 원하옵건대 세존께서는 때가 되었음을 아십시오."

이때 세존께서는 스스로 승가지를 접어서 머리를 베고 오른쪽 옆구리로 누워서 두 발을 서로 포개고 광명상을 지으시면서 정념에 안주하면서 마땅히 빠르게 일어날 것을 생각하셨다. 이와 같이 생각을 지으시고 다시 아난타에게 알려 말씀하셨다.

"그대는 빠르게 각구다(脚俱多)의 강물에 가서 발우에 물을 가득히 취하여 오게. 내가 마시고 아울러 몸도 씻고자 하네."

이때 아난타가 듣고 발우를 지니고 그 강가로 나아갔다. 이때 500의 수레가 방금 새롭게 강물을 건넜으므로 물이 모두 혼탁하였다. 곧 발우에 가득 채워서 세존의 처소에 이르러 아뢰어 말하였다.

"대덕이시여. 500의 수레가 방금 강물을 건넜으므로 물이 모두 흐려졌습니다. 오직 세존께서는 손발을 씻을 수 있으나 마실 수는 없습니다. 금하가 멀지 않으므로 맑은 물을 구할 수 있습니다."

세존께서는 곧 물을 받아서 발을 씻고 얼굴을 닦으셨다. 몸이 조금 안은하셨으므로 곧 일어나서 가부좌로 앉으시니 정념이 현전하여 단엄한 몸으로 머무르셨다. 이때 어느 한 장사(壯士)인 대신이 있었고 원만(圓滿)이라고 이름하였는데 이곳으로 지나가면서 불·세존께서 나무 아래에 앉으신 것을 보았는데 얼굴과 위의가 단정하여 대중들이 보면 즐거웠고 몸과 마음이 적정하고 매우 선하고 조화롭고 온유하여 묘금(妙金)의 광명이 혁혁한 것과 같았다. 보고 나아가서 세존의 두 발에 예경하고 한 쪽에 앉았다. 세존께서 그에게 물어 말씀하셨다.

"그대는 지금 사문의 청정한 법을 애락하는가? 바라문의 법을 애락하는가?"

대신이 대답하여 말하였다.

"대덕이시여. 나는 가라마정법(迦羅摩淨法)을 애락합니다."

세존께서 대신에게 알리셨다.

"그대는 다시 무슨 인연으로 그 정법(淨法)을 애락하는가?"

대답하여 말하였다.

"대덕이시여. 그 가라마가 일찍이 길을 따라서 가면서 한 나무의 아래에 머물렀습니다. 그때 어느 500의 수레가 이곳을 지나갔고 조금의 시간이 지나고 다른 어느 사람이 와서 그에게 물어 말하였습니다.

'500의 수레가 이곳을 지나가는 것을 보았는가?'

대답하여 말하였습니다. '보지 못하였습니다.'

또한 물었습니다. '소리를 들었는가?'

대답하여 말하였습니다. '듣지 못하였습니다.'

또한 물었습니다. '그대가 어찌 졸은 것이 아니겠는가?'

대답하여 말하였습니다. '졸지 않았습니다.'

'만약 졸지 않았다면 500의 수레가 지나가는 것을 어찌 보지도 듣지도 못하였는가?'

대답하여 말하였습니다.

'나는 잠을 자지 않는 마음으로 항상 깨어있으나 보지도 듣지도 못한 것은 정력(定力)의 까닭입니다.'

그가 이 말을 듣고 이렇게 생각을 지었습니다.

'희유한 상인(上人)이구나. 마음을 맑히고 적려(寂慮)하여 나아가 능히 이와 같구나.'

또한 수레가 지나가면 울리는 소리와 먼지가 시끄럽고 알려서 그의 몸과 옷을 더럽히는데 듣지도 보지도 못하였습니다. 그러므로 내가 그에게 맑은 신심을 일으켰고 그 법을 애락합니다."

세존께서 대신에게 알리셨다.

"그대는 뜻은 어떠한가? 500의 수레가 일으키는 소리와 이 허공 가운데의 뇌진벽력 중에서 어느 것이 크겠는가?"

아뢰어 말하였다.

"대덕이시여. 다만 500의 수레가 아니고 가령 백천만의 수레가 큰 소리를 짓더라도 어찌 능히 뇌진(雷震)의 소리처럼 크겠습니까?"

"대신이여. 마땅히 아시오. 내가 이전의 때에 이 취락의 중각(重閣) 안에 머물면서 소식시에 옷과 발우를 집지하고 마을에 들어가 걸식하였고 음식을 먹고서 옷과 발우를 거두고 발을 씻고 중각 안에서 연좌하여 앉아 머물렀는데 홀연히 뇌진이 치면서 큰 벽력(霹靂)이 떨어졌소. 이때 네 마리의 소와 두 농부와 아울러 장자 두 형제가 이 큰소리를 듣고서 이것을 인연으로 두려워서 함께 일시에 목숨을 잃었소. 성안의 백성들이 높은 소리로 크게 부르짖었으나 나는 그때에 연좌에서 일어나 중각에서 밖으로 나와 경행하였소. 이때 한 사람이 있어 성에서 나와 나에게 와서 나의 발에 정례하고 나를 따라서 경행하였으므로 내가 곧 알려 말하였소.

'무슨 까닭으로 성 안에서 함께 큰소리로 시끄럽게 하는가?'

그가 나에게 알려 말하였소.

'성안을 향하여 하늘에서 홀연히 갑자기 뇌진이 왔고 벽력이 떨어져서 소 네 마리와 농부 두 사람과 장자 두 형제가 이것을 인연으로 두려워서 함께 일시에 목숨을 잃은 인연으로 이 성안이 함께 시끄러운 것입니다.'

그가 나에게 물어 말하였소.

'대덕께서는 어찌 이렇게 큰 뇌진 소리를 듣지 못하셨습니까?'

내가 알렸소. '듣지 못하였소.'

그가 다시 알려 말하였소. '세존께서는 졸으셨습니까?'

알려 말하였소. '나는 졸은 것이 아니오. 내가 비록 안으로는 깨어있으나 밖으로는 듣지 않소.'

그는 이렇게 생각을 지었소.

'희유하시다. 여래·응·정등각께서는 적정에 머무시면서 큰 뇌진의 외침도 듣지 않으셨다.'

곧 나의 처소에서 청정한 신심을 일으켰소."

원만이 듣고는 아뢰어 말하였다.

"대덕이시여. 어찌 세존께 존경과 신심이 생겨나지 않겠습니까? 저는 지금 세존께 깊고 청정한 신심을 일으키겠습니다."

이때 원만이 사자에게 알려 말하였다.

"그대는 나의 상묘하고 새로운 가는 실의 황금색의 첩(疊)을 가져오게. 세존께 받들고자 하네."

사자가 가지고 왔으므로 원만이 세존께 아뢰어 말하였다.

"세존이시여. 이것은 상묘하고 새로운 가는 실의 황금색의 첩입니다. 오직 원하옵건대 애민하게 생각하시고 저를 위하여 받아주십시오."

세존께서 그에게 수승한 이익을 얻게 하시고자 곧바로 받으셨다. 원만이 다시 말하였다.

"대덕이신 세존이시여. 제가 마땅히 다시 세존과 승가를 공양하고자 하오니 원하건대 허락하여 주십시오."

세존께서 말씀하셨다.

"그것은 좋은 일이오."

세존께서 받아들이신 것을 보고 환희하고 용약하면서 발에 정례하고 하직하고서 떠나갔다. 세존께서 구수 아난타에게 알리셨다.

"이 황금색 첩의 실을 칼로써 끊게. 내가 지금 입고자 하네."

이때 아난타가 세존의 말씀을 듣고 곧바로 칼로써 실을 끊고서 가지고 세존께 받드니 세존께서는 곧 입으셨다. 불신(佛身)의 위광으로 옷의 금색이 다시 광채가 없었다. 이때 아난타가 아뢰어 말하였다.

"대덕이신 세존이시여. 제가 세존의 뒤를 따른 것이 20여년이나 세존께서 이와 같이 얼굴의 위광이 혁혁한 것을 일찍이 보지 못하였습니다. 무슨 인연을 까닭으로 이러한 평소가 아닌 광명을 나타내시고 찾아서 입으셨습니까?"

세존께서 아난타에게 알리셨다.

"두 가지의 인연이 있다면 그 광명의 상을 나타내면서 평소의 날과 다른 것이네. 무엇이 두 가지인가? 첫째는 보살이 곧 이 밤에 아뇩다라삼막삼보리를 증득하는 것이고, 둘째는 여래가 곧 이 밤에 무여의열반계에 들어가는 것이네. 이 두 때에 이러한 수승한 상을 나타내는 것이네. 또한 아난타여. 나는 금하로 가겠네."

아난타가 세존의 가르침을 듣고 곧 세존의 뒤를 따라서 그 강가에 이르렀다. 세존께서는 곧 옷을 벗어 언덕 위에 놓고 오직 목욕옷(洗衣)을 입으시고 물에 들어가서 목욕하시고서 나왔고 몸을 닦으시면서 아난타에게 알려 말씀하셨다.

"준타는 반드시 마땅하게 후회하는 마음이 생겨날 것이네. 그대는 안위하여 알려 말하게. '준타여. 그대는 지금 많은 선리(善利)를 얻었네. 능히 최후의 공양을 한 것이네. 대사께서는 이렇게 보시한 공양을 받으셨고 무여의열반에 들어가는 것은 매우 만나기 어려운 일이네.'

마땅히 알게. 준타에게 두 종류의 인연이 있어 마음에서 후회가 생겨날 것이네. 마땅히 이와 같은 말을 지어서 열어서 이해시키게. '준타여. 나는 세존께 직접 이러한 말씀을 들었네. <두 종류의 보시가 있으면 받는 과보는 비교할 수 없네. 보살의 때에 그 음식을 받고 곧 무상정등보리를 증득하는 것과 여래께서 최후의 음식을 받으시고 무여의열반에 들어가시는 것이네.>' 아난타여. 이 두 종류의 보시는 얻는 과보를 비교할 수 없느니라.

아난타여. 마땅히 알라. 준타는 장수업(長壽業)이고 다력업(多力業)이니 아름다운 용모로 천상에 태어나서 재물과 음식이 귀하고 수승하며 권속 등의 업이 모두 증장될 것이네."

이때 구수 아난타가 아뢰어 말하였다.

"세존이시여. 천타(闡陀) 필추는 성품이 사나움과 악함을 품고 있고 성냄이 많으며 급하므로 여러 필추들에게 항상 불순하고 추악한 말을 합니다. 세존께서 멸도하신 뒤에 어떻게 함께 머물겠습니까?"

세존께서 아난타에게 알리셨다.

"아난타여. 내가 멸도한 뒤에 천타의 아성 필추는 묵연히 물리쳐서 다스리게. 그를 다스릴 때에 만약 뉘우치고 공경심을 일으킨다면 대중이 고친 것으로 알고 함께 환희하면서 평소와 같이 함께 말하도록 하게."

세존께서 다시 아난타에게 알리셨다.

"나는 지금 구시나성으로 가고자 하네."

아난타가 말하였다.

"세존의 가르침과 같이 하겠습니다."

곧 세존의 뒤를 따라서 장사가 태어난 땅으로 갔고 이미 금하를 건너 성과 멀지 않은 도로의 옆에 머물면서 아난타에게 알려 말씀하셨다.

"나는 지금 등이 아프구나. 그대는 나의 올다라승가를 네 겹으로 접어서 깔도록 하게. 내가 잠시 누워서 스스로 쉬고자 하네."

이때 아난타가 세존의 가르침을 듣고 곧 빠르게 옷을 접었고 아뢰어 말하였다.

"이미 지었습니다. 원하옵건대 세존께서는 때가 되었음을 아십시오."

이때 세존께서는 스스로 승가지를 접어서 머리를 베고 오른쪽 옆구리로 누웠으며, [자세한 설명은 앞에서와 같다.]

다시 아난타에게 알리셨다.

"그대는 마땅히 각분(覺分)의 법을 말하여 보라."

이때 아난타가 아뢰어 말하였다.

"대덕이신 세존이시여. 이 각분은 스스로가 증득하셨고 스스로 깨달으신 것을 직접 저에게 말씀하셨습니다. 한정(閑靜)에 의지하고. 이욕에 의지하며 적멸에 의지하여 여러 연무(緣務)[1]를 끊고 부지런히 염(念)·택법(擇法)·정진(精進)·희(喜)·안(安)·정(定)·사(捨)를 닦으라고 하셨습니다. 이것이 각분법이고 대덕이신 세존께서 스스로 증득하셨고 스스로 깨달으신 것을 마땅히 말씀하셨습니다."

"아난타여. 그대가 말한 이와 같은 칠각분법(七覺分法)을 한정 등에 의지하여 만약 많이 수습하고 부지런히 정진한다면 마땅히 무상정등보리를 증득할 것이네."

이 말씀을 설하시고 세존께서는 곧 일어나서 앉으셨으며 정념으로 사유하면서 단엄한 몸으로 머무르셨다. 이때 어느 필추가 게송을 설하여 말하였다.

---

1) 세속에서 해야 할 의무나 또는 세속에서의 장애를 가리킨다.

세존께서는 스스로가 권유하시어
미묘법을 널리 알리게 하셨으니
모든 병자들을 위하여
마땅히 보리분을 설하셨다네.

대사의 몸에 병이 있으셨으나
아울러 병든 필추들을 위하여
각분의 법문을 널리 연설하시어
열고서 깨닫게 하시었다네.

옳도다. 아난타여.
백법(白法)이 모두 원만하고
총명하며 큰 지혜가 있어서
모니의 법을 교묘하게 말하였다네.

정념(正念)과 택법과
정근(精勤)과 희각분(喜覺分)과
경안(輕安) 정(定)과 사(捨)에서
능히 잘 분별하여 말하였다네.

무상의 조어사께서
각분법을 즐거이 들으셨고
비록 몸에 병의 고통이 있으셨으나
사양하지 않고 오히려 일어나서 들으셨다네.

세존께서는 법의 주존(主尊)이시니
능히 열어서 인도하는 분이시나
법을 위하여 오히려 은중(殷重)하시니

하물며 나머지의 사람에게는 어떠하겠습니까?

다시 여러 현성(賢聖)이 있고
십력의 교법(敎法)에서
가령 병의 고통을 만나더라도
일어나서 듣는 노고를 사양하지 않으리라.

이러한 분들은 경을 잘 지니고
나아가 율과 논에도 밝아도
오히려 정법을 즐기어 듣는데
나머지 사람들은 어찌 아니 듣는가?

세존의 이염(離染)의 가르침을
듣고서 말씀과 같이 행하고
생각을 붙잡고 법을 정근하면
마땅히 희분(喜分)을 얻으리라.

마음에 희(喜)가 있는 까닭으로
이 몸이 경안(輕安)하고
편안한 까닭으로 낙(樂)이 생겨나고
낙을 따라서 정(定)이 생겨나리라.

묘한 정과 사가 있는 까닭으로
제행이 무상임을 요달하고
능히 삼유의 생을 벗어나서
염착하는 마음을 일으키지 않으리라.

능히 여러 유의 고통을 벗어나서

인간과 천상을 즐거워하지 않고
무상의 열반을 증득하여
짚이 없어져 불이 꺼지듯이 하리라.

이와 같은 큰 이익은
모두 법을 듣는 것에서 생겨나나니
이러한 까닭으로 임종에도 권유하시어
자세하게 묘법을 듣게 하셨네.

이때 세존께서는 구수 아난타에게 알리셨다.
"지금 구시나성으로 나아가세."
대답하여 말하였다.
"그렇게 하겠습니다."
곧 세존의 뒤를 따라서 장사가 태어난 곳에 이르러 사라림(娑羅林)에 머무셨으며 장차 열반하고자 아난타에게 알려 말씀하셨다.
"그대는 이제 나를 위하여 쌍수(雙樹) 사이에 평상을 펼쳐서 안치하게. 내가 마땅히 북쪽으로 머리를 두고 누워서 오늘 밤에 반드시 열반에 들어가겠네."
이때 아난타가 세존의 가르침과 같이 짓고서 세존께 나아가서 세존의 발에 정례하고 한쪽에 서서 합장하고 아뢰어 말하였다.
"세존의 가르침과 같이 안치하였습니다."
이때 여래께서 곧 평상으로 나아가시어 오른쪽으로 누우셨고 두 발을 서로 포개셨으며 광명상(光明想)을 짓고 뜻을 정념에 붙잡아 관찰하면서 열반상(涅槃想)을 지으시고 머무셨다. 이때 아난타가 세존의 등 뒤에서 있으면서 평상을 의지하고 서서 슬프게 울면서 큰 소리로 이와 같이 말하였다.
"괴롭구나. 슬프구나. 어찌하여 여래께서는 빠르게 열반하시는가? 어찌 선서께서는 빠르게 열반하시는가? 어찌 세간의 눈은 빠르게 없어지는가? 매번 이전의 때에는 여러 지방의 필추들이 와서 세존의 처소에 나아가면 세존께서 설법하시어 처음도 좋고 중간도 좋으며 끝도 좋고 문장과 뜻이 교묘하며 순일하고 하나같이 원만하고 청정하며 선백(鮮白)한 범행의 상이었다. 나를 인연하여 깊고 깊은 묘법을 들을 수 있었는데 그들도 오늘에 세존께서 열반하실 것을 듣는다면 다시 거듭 오지 않을 것이고 마침내 이와 같은 수승한 묘법이 세상에서 은몰(隱沒)하겠구나."

세존께서 여러 필추들에게 알리셨다.

"아난타는 지금 어디에 있는가?"

아뢰어 말하였다.

"세존이시여. 지금 세존의 뒤에서 평상을 의지하고 비통(悲慟)하여 이와 같이 말을 짓고 있습니다. [자세한 설명은 앞에서와 같다.] 나아가 수승한 묘법이 세상에서 은몰하겠구나."

세존께서 곧 아난타에게 알려 말씀하셨다.

"그대는 근심하고 슬피 울면서 괴로워하지 말라. 왜 그러한가? 그대는 여래를 시봉하고 몸으로 자업(慈業)을 지어서 큰 이락(利樂)을 얻었으니 오직 한 몸으로 무변의 복을 얻은 것이다. 입으로 자업을 지었고 나아가 뜻으로 자업을 지었으니 역시 이와 같은 무변의 복을 얻은 것이다. 아난타여. 과거의 여래도 모두 이와 같이 함께 시봉하는 사람이 있었고 그대와 같이 용심으로 나를 시봉하듯이 공양하였으며 미래의 제불들도 역시 시봉받고 공양받는 것이 그대와 다름이 없느니라.

아난타여. 세상의 모습은 모두 이와 같이 오래 머물지 않고 반드시 마멸로 돌아가며 무상에 머무는 것이니라. 이러한 뜻을 까닭으로 그대는 지금 세간의 인연을 따라서 생겨난 법이 무너지지 않고 항상 있는 머문다고 보지 않는다면 마땅히 근심하고 슬프게 울면서 크게 괴로워하지 말라. 내가 일찍이 그대를 위하여서 널리 법요를 설하였느니라. 여러 사랑하고 찬탄하는 일의 뜻일지라도 아울러 무상으로 돌아가고 모두가 이별하느니라."

이때 세존께서는 대자비를 훈습하였고 아난타에게 희열이 생겨나게 하시려는 까닭으로 여러 필추들에게 알리셨다.

"전륜성왕은 네 종류의 희유한 일을 성취하느니라. 무엇이 네 종류인가? 이를테면, 어느 찰제리 대중들이 왕의 처소에 나아가서 왕을 보고 깊은 희열(慶悅)이 생겨나는 것이고, 다시 묘법을 듣고 두 배나 환희하는 것이며, 이와 같이 어느 바라문 대중·여러 장자 대중·여러 사문 대중들이 왕의 처소에 나아가서, [앞의 설명과 같다.] 나아가 두 배나 환희하는 것이다.

그대들은 마땅히 알라. 전륜왕의 네 종류의 희유한 일과 같이 이 아난타도 역시 네 종류의 회유한 일이 있으니라. 무엇 등이 네 종류인가? 이를테면, 어느 사방의 대필추들이 그의 처소에 와서 마음에서 흔경(欣慶)2)이 생겨나고, 다시 묘법을 듣고 더욱 증장되어 환희할 것이며, 이와 같이 필추니 대중이 오파색가·오파사가들이 아난타의 처소에 이르러 역시 다시 이와 같이 두 배나 환희할 것이다.

그대들 필추들이여. 이 아난타에게는 다시 네 종류의 회유한 일이 있으니라. 무엇이 네 종류인가? 만약 아난타가 필추대중에게 설법을 때에 따라 능히 열어서 이해시키고 의심과 막힘이 없다면 여러 필추들이 함께 이렇게 생각을 지을 것이다. '옳다. 옳다. 이 아난타가 묘법을 널리 설하므로 다행스럽게도 묵연하지도 않고 고달프고 피로하게 말하지도 않는다.'

그러므로 모든 듣는 대중은 마음에 싫어함이 없으리라. 이때 아난타가 설법을 마치고 묵연히 머무를 것이고, 혹은 필추니·근사남·근사녀를 위하여 설법하면서도 역시 이와 같으리라."

이때 아난타가 이러한 말씀을 듣고는 마음에 곧 희열하여 곧 세존께 아뢰어 말하였다.

"세존이시여. 이 땅의 가운데에는 여섯의 큰 성이 있습니다. 이를테면, 실라벌성(室羅伐城)·사계다성(娑雞多城)·점파성(占波城)·바라니사성(婆羅尼斯城)·광엄성(廣嚴城)·왕사성(王舍城)입니다. 무슨 까닭으로 세존께서는

---

2) 기쁨으로 경축하는 것이다.

이와 같은 수승한 모습의 복된 땅을 버리시고 이러한 황야인 자갈땅의 변두리인 비루한 곳에서 반열반하십니까?"

세존께서 아난타에게 알리셨다.

"아난타여. 구시나성은 변두리이고 비루하며 즐겁지 않은 곳이라고 이러한 말을 짓지 말라. 왜 그러한가? 아난타여. 이 구시나성은 지나간 먼 옛날에 성왕(聖王)의 도성(都城)이 있었고 구사벌저(拘奢伐底)라고 이름하였는데 안온하고 풍족하며 즐거워서 백성들이 치성하였느니라.

세로는 12유선나이었고 가로는 7유선나이었으며 성은 7겹의 담장으로 주위를 둘러쌓았는데 이것 등은 모두 사보(四寶)로 이루어졌으니 이를테면, 금·은·유리·수정(水精)이었고, 성문도 역시 사보로 합성되었으며, 문마다 모두 화표주(華表柱)가 있었는데 역시 보배로 이루어졌고 높이는 7인(人)의 길이였고, 성 밖에 도랑의 깊이는 3인의 절반이었으며, 그 도랑 주변의 반체(畔砌)는 보배의 벽돌이었고, 7원(七院)의 가운데에 각각 다라수(多羅樹)가 줄지어 서 있는데 모두 사보로 되었으므로 금다라수에 은으로서 가지·나뭇잎·꽃·과일이었거나, 은다라수에 금으로 장식되었거나, 유리수(琉璃樹)에 수정으로 장식되었거나, 수정수에 유리로 장식되었느니라. 이것 등의 여러 나무들이 바람이 불어 움직일 때에 미묘한 소리를 내어서 여러 사람들의 마음을 기쁘게 하였다.

이러한 나무 사이에는 모두 욕지(浴地)가 있었는데 계단과 섬돌과 도로가 역시 사보로 되었고 네 변두리의 난간도 역시 사보로 이루어졌으며 연못 속에는 사랑스러운 많은 꽃들이 있었으니 올발라(嗢鉢羅)·발두마(鉢頭摩)·구물두(俱物頭)·분다리가(分陀利迦)·극연화(極軟華)·극향화(極香華)·상생화(常生華) 등으로 이와 같은 여러 꽃을 지키는 사람이 없었으므로 마음대로 수용하였으며 다시 연못의 언덕에 점박가화(占博迦華)[3]·마리가화(摩利迦華)[4]·미의화(美意華)의 이와 같은 꽃도 때를 따라서 피어났다.

---

3) 산스크리트어 campaka의 음사로서 인도 북부에서 자라는 교목이다. 잎은 윤택하고, 짙은 노란색의 꽃이 피는데 그 향기가 진하다.

4) 산스크리트어 mallikā의 음사로서 재스민의 일종인 덩굴식물로, 꽃에서 향료를

아난타여. 수풀과 나무 사이에는 많은 여러 미녀들이 묘한 영락을 걸치고 뜻을 따라서 노닐면서 필요한 음식을 모두 능히 제공하였고 또한 이 성중에서 오욕락을 탐착하는 자가 있다면 이곳에서 유관하면서 모두가 마침내 그 뜻을 이루었으며, 또한 다시 항상 여러 종류의 북·음악·사죽(絲竹)5)·가무가 있었고 묘한 음성을 말하여 모두에게 여러 복업을 닦고 재계(齋戒) 등을 지니도록 권유하고 찬탄하였다.

또한 아난타여. 이 성중에 왕이 있었고 대선견(大善見)이라고 이름하였는데 칠보를 구족하였고 네 가지의 희유함을 갖추었느니라. 칠보라는 것은 이를테면, 윤보·상보·마보·주보·여보·주장보·주병보이고, 네 가지의 회유함이라는 것은 이를테면, 왕의 수명이 장원(長遠)한 것이고, 처음으로 왕자가 되는 것이며, 다음으로 태자가 되는 것이고, 다음으로 왕위에 오르며, 뒤에 범행을 닦는 것이다.

이와 같은 네 지위를 각각 8만 4천세를 지내었으니 이것이 제1의 희유함이라고 이름하느니라. 또한 그 왕이 위의와 용모가 단정하여 세간에 비교할 수가 없었으니 이것이 제2의 희유이고, 또한 다시 병이 적고 고뇌가 적으며 음식이 제어되고 때에 알맞게 안온하였으니 이것이 제3의 희유이며, 또한 여러 백성들이 충효하고 왕을 섬기면서 모두가 아버지라는 생각이 생겨나고 왕도 역시 오히려 아들과 같이 사랑하였으므로 왕이 외출할 때에 수레를 타고 떠나가면서 마부에게 칙명하여 말하였다. '그대는 지금 마땅히 천천히 수레를 몰아서 백성들이 나를 보게 하라.' 왕은 백성들에게 항상 애민하는 생각이 생겨났으니 이것이 제4의 회유함이니라.

다시 다음으로 아난타여. 이때 어느 나라의 사람들이 여러 금·은·마니(末尼)등의 보배를 가지고 왕의 처소에 나아가서 알려 말하였다.

'대왕이시여. 신이 이러한 보배를 삼가 대왕께 바치오니 원하건대 애민

채취한다.
5) 현악기와 관악기의 총칭. 실로 만든 현악기 및 대나무로 만든 관악기를 뜻하는 사죽은 관현합주의 음악을 가리킨다.

하게 받아주십시오.'

이때 왕이 알려 말하였다.

'경 등은 마땅히 아시오. 이와 같은 여러 보배는 나에게는 스스로가 풍족하니 진실로 필요하지 않소.'

여러 사람들이 두세 번을 거듭 청하였으나 왕이 결국 받아들이지 않았다. 이때 그들은 생각하여 말하였다.

'내가 이 물건을 가지고 받들어 진상하기를 바랐으나 왕이 받지 않으시니 장차 어떻게 해야 하는가? 마땅히 왕의 앞에 놓아두고 각자 본래의 처소로 돌아갑시다.'

이렇게 생각을 짓고서 보배를 놓아두고 떠나갔다. 왕은 이렇게 생각을 지었다.

'지금 이 진귀한 보배는 법에 의거하여 얻은 것이고 억지로 구한 것이 아니다. 내가 지금 마땅히 법당을 수리하고 짓는데 사용해야겠다.'

이때 8만4천의 여러 성의 소왕(小王)이 대왕이 장차 법당을 건립한다는 것을 듣고 함께 왕의 처소에 나아가서 아뢰어 말하였다.

'오직 원하건대 성왕(聖王)이시여. 번민하고 염려하지 마십시오. 신 등이 대왕을 위하여 영조(營造)하는 것을 바라고 있습니다.'

이때 대왕이 여러 신하들에게 알려 말하였다.

'나에게 진귀한 재물이 만족스러우니 경들은 걱정하지 마시오.'

여러 왕들이 이와 같이 두세 번을 거듭 청하였으나 왕이 허락하지 않았다. 이때 여러 소왕은 와서 왕의 발을 받들었고 혹은 옷깃을 잡으면서 합장하고 거듭 아뢰었다.

'원하건대 대왕께서는 편안히 계십시오. 신 등이 짓겠습니다.'

왕이 은근함을 보고 묵연히 허락하였다. 여러 왕들은 알고서 각자 본래의 처소로 돌아가서 금·은 등의 보배를 가져왔고 또한 다시 사람들이 보배로 이루어진 기둥을 하나씩 가지고 왕의 처소에 나아가서 아뢰어 말하였다.

'성왕이시여. 여러 필요한 것은 모두 준비가 되었나이다. 어느 곳에

그 양의 크기로 공덕을 일으켜야 하는가를 알지 못하겠습니다.'

왕이 말하였다.

'이 성 동쪽으로 형세가 수승한 땅을 간택하여 가로와 세로를 1유선나로 하고 그곳에 지으시오.'

여러 왕들이 듣고 곧 그 곳으로 나아가서 법당을 건립하면서 그 양과 크기로 지었느니라. 아난타여. 그 법당에 필요한 서까래·대들보·장여·첨자와 복도(閣道)·난간·헌랑(軒廊)6)등의 둘러쌓았던 이와 같은 여러 일이 모두 금·은·유리·수정 등의 보배로 이루어졌고 그 평상·펼쳐진 자리·담요·요(褥)·언침(偃枕)7)·궤안(几案)8)·상자(箱篋)·의복류를 모두 여러 보배로 장엄(將校)하였다.

아난타여. 법당의 계단 아래에는 하나하나의 기둥 사이에 각종의 나무를 심었는데 그 나무의 몸통에는 각자 사보의 가지·나뭇잎·꽃·과일이 서로 보배로 장엄되었으며, [앞에서의 설명과 같다.] 작은 바람이 불면 움직여서 화아(和雅)한 소리를 내는 것이 마치 하늘의 음악을 연주하는 것과 같았고, 법당 안에는 모두 금모래로서 땅에 펼쳤으며, 전단향수를 항상 뿌렸고, 금밧줄(金繩)로 길에 경계하였으며, 보배 그물(寶網)을 사방에 매달았고, 여러 보배 방울(寶鈴)을 늘어뜨려 세상에서 없는 엄숙한 장식이었다.

이때 8만4천의 여러 왕들이 같이 법당을 건립하고 장엄의 일도 마치고 법당의 곁에 많은 욕지(浴池)를 조성하였으니 모두 사방이 40리이고 계단과 섬돌이 모두 사보로 엄숙히 장식되었고 그 연못 가운데에는 네 종류의 꽃이 있었으며 연못 밖에는 다시 여러 육지에서 피는 꽃이 있었으니, 아울러 앞에 설명한 것과 같다.

또한 법당 앞의 여러 곳에 사보의 다라수가 줄지어 서있었는데 가지·잎·꽃·과일이 모두 서로가 엄숙히 장식되었고 꾸며졌고 바람에 움직일 때에 소리를 내는 것도 앞에 설명한 것과 같다. 머물던 땅에는 모두 금모래가

---

6) 궁전의 회랑 중에 본채의 좌우에 붙은 부분을 말한다.
7) 편안한 베개를 가리킨다.
8) 긴 탁자를 가리킨다.

펼쳐놓았고 향수를 뿌렸으며 보배 방울의 화합하는 소리를 머물던 곳에 모두 매달았다. 이때 여러 왕들이 장엄을 마치고 모두 대왕에게 아뢰었다.

'성왕이시여. 마땅히 아십시오. 법당을 건립하고 여러 숲과 샘을 갖추었고 아름답게 장엄하였으니 원하건대 직접 오시어 보십시오.'

왕이 듣고 생각하였다.

'이 수승한 법당을 내가 지금 마땅히 먼저 스스로 수용하지 않고 마땅히 일체의 사문과 바라문 등의 덕을 행하는 자를 청하여서 이 법당의 가운데서 소유한 모든 것을 준비하여 여법하게 공양해야겠다.'

곧 생각한 것을 따라서 대시회(大施會)를 베풀어 모두에게 공급하였다. 다시 이렇게 생각을 지었다.

'내가 지금 마땅히 이 법당에서 방일하게 집착하여 즐길 수 없다.'

마침내 한 사람의 시위(執侍)를 데리고 스스로가 법당에 들어가서 깨끗하게 범행을 닦았고 드디어 금각(金閣)의 은좌(銀座) 위에서 가부좌하고 정념으로 사유하여 욕계의 여러 불선법을 멀리 벗어나서 심사(尋伺)9)를 제거하고 초선(初禪)에 들어갔다. 다음으로 금각에서 일어나서 은각(銀閣)으로 올라 금좌(金座)에 앉았고 나아가 유리·수정으로 모두가 아름답게 서로를 장식하고 있었다. 그 왕은 위에서 모두 능히 차례로 깊은 선을 증득하여 여러 장애(障累)를 제거하였다. 이때 8만4천의 궁인인 채녀들이 보녀(寶女)의 처소에 나아가서 알려 말하였다.

'대가(大家)여. 우리들 여러 사람들이 왕의 은혜를 생각하고 있으나 오래 시위(侍衛)하지 못하여 마음에서 깊이 갈앙(渴仰)합니다. 원하건대 배알(拜謁)하는 희망하니 허락하여 주십시오.'

이때 대부인이 주병신(主兵臣)에게 알려 말하였다.

'그대는 지금 마땅히 아십시오. 우리들 후궁은 오랫동안 왕을 보지 못하여 마음에서 깊이 연모하고 있습니다. 장차 일을 조정에 알리고 마땅한 때에 수레를 장엄하세요.'

---

9) 심(尋)은 개괄적으로 사유하는 마음 작용이고 사(伺)는 세밀하게 고찰하는 마음 작용이다.

그 신하가 알려 말하였다.

"만약 이와 같다면 대가의 청에 복명하도록 모든 시종늘에게 칙명하여 소유한 장엄을 모두 황색으로 하십시오."

다시 거듭 알려 말하였다.

"나는 지금 또한 8만 4천의 소왕 등에게 명(誡)하여서 군사를 모으도록 하겠습니다."

여러 왕들이 칙명에 의지하여 처음은 상가(象駕)로 모두 8만이었고 장정상왕(長淨象王)이 상수이었고, 다음은 마가(馬駕)로 장엄하여 등운마왕(騰雲馬王)이 상수이었으며, 다음은 차가(車駕)로 장엄하여 희명로거(喜鳴輅車)가 상수이었는데 이와 같은 두 부류도 8만이었다. 모두가 보배로 장엄하여 수승하고 미묘하여 제일이었다. 국대부인은 희명로거에 탔고 거느린 채녀들도 역시 다시 이와 같이 그 여러 경영하여 따르는 모든 코끼리와 말을 탔으므로 위용이 엄숙하였고 깃발과 북이 햇볕에 빛났다. 하늘을 놀라게 하였고 땅을 울리면서 같이 법당으로 갔으므로 그때 왕이 물어 말하였다.

'무슨 인연을 까닭으로 수레와 말이 번잡하고 크게 시끄러운가?'

알현하는 자들이 대답하여 말하였다.

'국대부인과 소왕들과 아울러 여러 채녀들이 모두 노란 옷을 입었고 꽃다발과 당번과 일산도 모두 황색으로 장식하였는데 그 숫자가 매우 많아서 모두 말할 수가 없습니다. 모두 이곳에 이르러 곧 배알하고자 합니다.'

왕이 말하였다.

'그대는 이 법당 밖에 상과 자리를 펼쳐놓게. 내가 가서 살펴보겠네.'

시자기 명을 받들어 금(金) 자리를 펼쳐놓고 왕에게 아뢰어 말하였다.

'펼쳐놓았습니다.'

이때 왕이 대(臺)에서 안상(安詳)하게 내려왔고 다음은 계단의 중간에서 황색의 위의(儀駐)가 엄숙한 것을 바라보고 마침내 이렇게 생각을 지었다.

'이러한 위의는 매우 애락하구나. 엄숙하게 장식하여 선명하고 특이하

니, 어찌 그것이 성대하지 않겠는가!'

왕이 자리에 앉으니 국대부인이 앞에 이르러 공경스럽게 절하고 한쪽에 서서 알려 말하였다.

'대왕이시여. 이 8만4천의 보녀를 미려하게 엄숙하게 장식하여 공경스럽게 대왕께 받들겠으니 원하는 때에 애민하게 받아들이시고 버리지 마십시오.'

이때 소국왕 8만4천의 대중들도 각자 병보를 상수로 삼고 아뢰어 말하였다.

'대왕이시여. 지금 이 상(象)·마(馬)·거승(車乘)과 8만4천의 성읍과 구사발저성(拘奢跋底城)을 상수로 삼고, 다시 모두 수승하고 미묘하게 엄숙하게 장식된 8만4천의 누각을 오직 원하건대 대왕께서는 애민하게 받아주시고 거듭하여 보호하여 주십시오.'

왕이 말하였다.

'자매여. 마땅히 아시오. 나는 이전에 그대들과 매우 친밀하였는데 누가 오늘에 어느 원수가 같아서 나에게 여러 비법을 권유하는가?'

이때 부인 등이 그 대왕이 자매라고 부르는 것을 듣고 울면서 말하였다.

'지금 왕의 뜻을 보니 우리들을 버린 것과 같네.'

곧 옷으로 눈물을 닦으면서 거듭 아뢰어 말하였다.

"무슨 까닭으로 대왕께서 이전에는 우리들을 매우 친밀하게 생각하셨는데 지금은 원수와 같습니까?"

이때 왕이 알려 말하였다.

'그대들은 마땅히 아시오. 사람의 목숨은 짧고 촉박한 것이고 태어난 자는 모두 죽는 것이오. 나와 모든 사람이 같이 죽어서 없어질 것이고, 설령 채녀가 무량한 백천이더라도 원수가 거짓으로 친근한 것과 같아서 직접 반드시 능히 자신을 해칠 것이오. 비록 애욕을 물들어도 결국 무너지고 마땅히 이별할 것이며, 신하(臣佐)·수레·말·누각의 엄숙하게 장엄된 것을 관찰하여 이와 같은 묘한 물건이 무량하고 무변하여 하나하나가 모두 8만4천이 있더라도 결국은 무상으로 돌아가고 오래 머물지 못하는 것이오. 이러한 까닭으로 지혜로운 자는 빠르게 마땅히 멀리 벗어나서 부지런히 범행을 닦아야 하고, 염착을 일으키지 않아야 하오.'

이때 부인 등이 왕의 이러한 말을 들었어도 받아들이지 않을 것과 소원도 칭찬하지 않을 것을 알았다. 이때 왕은 여법하게 경계를 권유하였고 다시 금각으로 돌아가서 은좌의 위에서 가부좌를 맺고 모든 유정들에게 대자의(大慈意)를 일으켰고 시방에 두루 편만하고 무한한 양으로 펼쳐서 널리 훈수시키면서 단심(端心)으로 머물렀다.

자정(慈定)에서 일어나서 다음은 비심(悲心)·대희(大喜)·대사(大捨)를 일으켰고 여러 유정들에게도 역시 다시 이와 같게 하여서 시방의 그 누각과 자리는 아름다운 여러 보배가 주위에 두루 펼쳐졌다. 이때 왕은 하나하나의 사범주(四梵住)를 수습하여 여러 욕심을 모두 끊었고 수명을 마치는 때에 죽음이 핍박하여 마음에 근심과 걱정이 생겨났으나 목숨을 마친 뒤에 범천에 태어났느니라."

세존께서 아난타에게 알리셨다.

"구시나성에 이르는 금하 언덕의 사라쌍수에서 장사가 태어난 땅인 계관제저(繫冠制底)인 이 주위의 12유선나는 여래가 옛날에 전륜왕이 되었고, 이곳의 중간에서 여섯 번을 목숨을 버렸으며, 지금 다시 이곳에서 반열반하는 것이니 이것이 제7이니라. 또한 다시 여래·응·정등각은 시방 세계에서 다시 제8의 목숨을 버릴 곳이 없느니라. 왜 그러한가? 나는 생을 이미 모두 마쳤고 모든 혹업(惑業)을 끊었으므로 다시는 다른 곳에서 후유를 받지 않는 까닭이니라."

이때 구수 오파마나(鄔波摩那)가 세존의 앞에 서 있으니 세존께서 오파마나에게 알려 말씀하셨다.

"그대는 지금 마땅히 나를 마주하고 머물지 말라."

이때 이 필추가 곧 세존 앞에서 떠났다. 이때 아난타가 세존께 아뢰어 말하였다.

"제가 세존을 시봉한 것이 20여년이나 일찍이 거친 말씀으로 오파마나 필추와 같이 가책하시는 것을 듣지 못하였습니다."

세존께서 아난타에게 알리셨다.

"아난타여. 지금 무량한 백겁동안 장수하는 여러 천인이 함께 서로 싫어하면서 이와 같이 말을 짓고 있구나. '세간에는 오직 여래이신 대사께서 지극히 출현하시는 것이 어렵고, 때에 나아가 한 번을 나타나신 것이 오담발화(烏曇跋華)와 같으며, 오늘 밤중에 분명히 무여묘열반계에 들어가시는데 위덕이 있는 필추가 마땅히 세존의 앞에 서있어서 우리들이 세존의 가까이에서 공양하고 공경할 수가 없구나.'"

아난타가 아뢰어 말하였다.

"여러 왔던 천인 대중의 숫자는 몇입니까?"

세존께서 말씀하셨다.

"남쪽의 금하로부터 구시나성 쌍림의 처소에 이르렀고 다시 계관제저까지 와서 이르렀는데 이 둘레가 12유선나이며 모두가 대위덕의 천인들이 어깨를 밀치고 머물러서 중간에 막대를 세울 땅도 없느니라."

이때 여러 필추들이 모두 의심이 생겨나서 세존께 청하여 말하였다.

"구수 오파마나는 이전에 무슨 업을 지어 대위먹이 있습니까?"

세존께서 여러 필추들에게 알리셨다.

"오파마나는 이전에 스스로가 지은 업을 지금 도리어 스스로가 받는 것이니라." [자세한 설명은 다른 곳에서와 같으며 나아가 게송으로 설하셨다.]

"그대들 필추들이여. 나아가 지나간 옛날의 이 현겁 가운데에서 사람의 수명 2만세일 때에 세존께서 세상에 출현하셨으니 명호는 가섭파(迦攝波)이셨고 십호를 구족하셨으며 바라니사 시록림 가운데의 선신이 떨어진 곳에 머무르셨다. 그때 오파마나는 출가한 몸이었느니라. 그때 여러 필추들이 옷을 입고 발우를 지니고 성에 들어가서 걸식하였고 이 사람이 사찰을 지키는 차례의 당번이었다. 이때 사나운 바람이 있어서 불었고 갑자기 폭우가 쏟아져서 이미 매우 추워졌으므로 그는 이렇게 생각을 지었다.

'여러 범행자들이 이러한 추위의 고통을 만나서 의복이 모두 젖어서

돌아오려고 할 것이니 내가 지금 마땅히 엄숙히 준비하여 기다려야겠다.'

이렇게 생각을 짓고서 욕실에 들어가서 불을 피워서 따뜻하게 하였고 평상과 자리를 펼쳐놓았고 그 회랑의 아래에는 밧줄을 묶어 시렁을 만들고서 사찰의 문 앞에서 여러 필추들을 기다렸다. 그들이 돌아오니 욕실로 들어가도록 하였고 젖은 옷을 취하여 깨끗이 세탁하여 시렁 위에 널었으며 별도의 깨끗한 옷을 가져다가 필추들에게 주어 입게 하였다. 이미 피로가 풀렸고 몸과 마음이 따뜻하여서 추위의 고통이 모두 없어졌으므로 환희하면서 즐거워하였다. 그 사찰을 지키던 필추가 장궤(長跪) 합장하고 대중 앞에서 발원하면서 말하였다.

"내가 지금 같은 범행자들을 위하여 고통을 없애주고 즐거움을 얻게 하여서 생겨난 선근으로 가섭파여래·응·정등각께서 마납파에게 수기하신 것과 같이 마땅히 내세의 사람의 수명이 백세일 때에 등정각을 성취하신 명호가 석가모니이신 그 세존의 가운데에 원하옵건대 제가 출가하여 여러 번뇌를 끊고 아라한과보를 증득하고 불을 피운 공덕으로 마땅히 원하건대 몸에 위광이 있어 천인들이 능히 가까이 오지 못하게 하십시오."

그대들은 마땅히 알라. 그의 원력을 까닭으로 나의 법의 가운데에서 출가하여 여러 번뇌를 끊고 아라한과를 증득하였고 대위덕이 있어서 이러한 여러 천인들이 능히 가까이 오지 못하는 것이니라."

이때 구수 아난타가 세존께 아뢰어 말하였다.

"대덕이신 세존께서 반열반하신 뒤에는 저희들이 마땅히 어떻게 여래의 법신에 공경하고 공양하여야 합니까?"

세존께서 아난타에게 알리셨다.

"그대는 마땅히 또한 그만두어라. 그대가 묻는 일은 신심이 있는 바라문과 장자 등이 스스로 시설(施設)할 것이니라."

다시 세존께 아뢰어 말하였다.

"여러 장자 등이 소유한 시설의 그 일은 무엇입니까?"

세존께서 말씀하셨다.

"하나하나를 모두 전륜왕의 장법(葬法)과 같이 하라."

또한 물었다.

"전륜왕의 법은 그 일이 무엇입니까?"

세존께서 말씀하셨다.

"그대는 지금 마땅히 알라. 전륜성왕이 목숨을 마친 뒤에는 500근의 상묘한 면과 솜으로서 사용하여 몸을 두르고, 상하를 각각 500의 묘한 옷으로 장식할 것이며, 철관(鐵棺) 속에 향유(香油)를 가득 채우고 왕을 들어서 안에 안치한 뒤에 관을 덮어라. 여러 향목(香木)으로 그 관을 태우고 다음은 향유(香乳)를 뿌려서 불을 끌 것이고, 비로소 왕의 뼈를 거두어 금병에 안치(安置)할 것이며, 네거리에 대탑을 건립하고 당번과 일산과 여러 묘한 향과 꽃으로 공경하고 공양하며 존중하고 찬탄하며 큰 재회(齋會)를 베푸는 것이니라. 아난타여. 전륜성왕에게 공경하고 공양하는 것과 같이 내가 멸도한 뒤에는 인간과 하늘을 공양하면서 마땅히 이것보다 두 배나 크게 하라."

이때 세존께서 아난타에게 알리셨다.

"그대는 지금 마땅히 구시나성에 가서 널리 내 말을 500의 장사에게 알리게. '여러분은 마땅히 아십시오. 여래이신 대사께서 반드시 분명하게 오늘 밤의 시간에 무여의묘열반계에 들어가십니다. 마땅히 짓고자 하는 자는 마땅히 빠르게 공양하여 어찌 이 경계 안에서 대사께서 열반하시는 것을 우리들이 알지 못하여 공양하지 못하였다는 후회를 부르지 마십시오.'"

이때 구수 아난타는 세존의 가르침을 듣고는 승가지를 지니고 한 시자를 데리고 곧바로 구시나성의 중집당(衆集堂)으로 갔는데 500의 장사들이 모두 이곳에 이르러 함께 다른 일을 의논하고 있었다. 이때 아난타가 세존의 명하신 말씀을 여러 장사들에게 전하면서 알려 말하였다.

"그대들은 이미 모였으니 함께 마땅히 잘 들으십시오. '여래이신 대사께서 오늘 밤중에 반드시 무여의묘열반계에 들어가십니다. 마땅히 짓고자 하는 자는 모두 그것을 지어서 후회를 부르지 마십시오.' 이와 같이 말씀을 지으셨습니다. '여래이신 대사께서 우리 경계 안에서 반열반에 들어가셨는데 우리들은 능히 작은 공양도 하지 못하였구나.'"

이때 여러 장사들은 이 말을 듣고 각자 함께 처자·권속·친구·노비의 부류를 모두가 서로를 부르고 이끌면서 사라림으로 나아가서 세존의 발에 정례하고 물러나서 한쪽에 앉았다. 이때 세존께서는 묘법을 설하시어 보여주시고 가르치셨으며 이익되고 즐겁게 하셨다. 이때 여러 장사들이 자리에서 일어나서 의복을 정리하고 오른쪽 어깨를 드러내고 합장하고 우러러보면서 세존께 아뢰어 말하였다.

"대덕이신 세존이시여. 저희들 누구는 모두가 구시나성의 존중받는 귀족의 장사들입니다. 원하건대 이 목숨을 마치도록 불타께 귀의하고 달마께 귀의하며 승가께 귀의하며 아울러 학처를 받겠습니다."

이때 아난타가 이와 같이 생각을 지었다.

"그 여러 장사들이 세존의 처소에서 한 명·한 명이 별도로 근사학(近事學)을 받는다면 이때 이미 시간이 오래 걸리고 원적에 방해가 될 것이다. 내가 지금 마땅히 그들이 한꺼번에 그 학처를 주도록 청해야겠다."

이렇게 생각을 짓고서 자리에서 일어나서 의복을 정리하고 합장하고 세존께 아뢰어 말하였다.

"대덕이신 세존이시여. 여러 장사 등과 아울러 여러 권속들의 부류의 대중은 많습니다. 각자 이와 같이 별도의 이름이 있는데 삼보께 귀의하고 오학처를 받고자 하옵니다. 만약 각자 별도로 받는다면 시간이 늦어지는 것이 두렵습니다. 원하건대 대비로써 일시에 첩명(牒名)으로 삼귀의와 계를 받게 하십시오."

이때 아난타가 세존의 앞에서 마주하고서 일시에 첩명을 주었고 삼귀의와 계를 받게 하였다. 이때 여러 장사들이 세존의 설법을 들었고 다시 계를 받았으며 대환희가 생겨나서 세존의 발에 정례하고 하직하고 떠나갔다. 이때 세존께서는 보살이었을 때에 도사다천에 머무시면서 다섯 종류의 일로써 세간을 관찰하셨고, 육욕천자(六欲天子)가 어머니의 뱃속을 세 번을 깨끗하게 하였으며, 흰 코끼리를 타고 와서 모태에 들어가는 모습을 나타내셨다. 이때 천제석이 선애(善愛) 건달바왕(健闥婆王)에게 알렸다.

"그대는 마땅히 알게. 보살이 도사다궁에서 그 다섯의 일로 세간을 관찰하고, 육욕천자는 세 번을 어머니의 뱃속을 깨끗이 하였으며, 흰 코끼리로 모태에 강신(降神)하는 모습을 나타셨으니 우리들은 마땅히 가서 함께 호위하세."

이때 건달바왕이 알려 말하였다.

"대천(大天)이여. 가십시오. 나는 잠시 이곳에서 여러 음악을 연주하겠습니다."

이때 보살이 모태에서 탄생하신 때에 천제석이 다시 선애 음악왕에게 알려 말하였다.

"그대는 마땅히 알게. 보살이 모태에서 탄생하시니 우리들이 마땅히 가서 시종이 되도록 하세."

앞에서와 같이 대답하였다. 여러 동자들과 함께 유희할 때에 그 천제석이 다시 음악왕에게 알려 말하였다.

"그대는 마땅히 알게. 보살이 여러 동자들과 함께 유회하니 가서 시종이 되도록 하세."

앞에서와 같이 대답하였다. 보살이 노·병·사를 관찰하고 마음에서 우뇌가 생겨나서 임야에 의탁하여 여러 고행을 닦은 뒤에 두 목우녀(牧牛女)의 십육전(十六轉)의 유미(乳糜)를 드시고 기력을 널리 통하여 여러 음식을 드셨고 목욕하셨으며 몸에 소유(蘇油)를 바르셨다. 이때 제석이 다시 음악신에게 시위하도록 명하였으나 대답은 역시 앞에서와 같았다.

세존께서 그 36억의 천마군(天魔軍)의 대중을 항복받으시고 무상의 지혜를 성취하시어 범왕이 와서 청하여 바라니사에 나아가 삼전십이행의 법륜을 굴리시고 여러 학처를 제정하셨다. 일반적으로 어느 인연이 있어서 마땅히 제도할 자라면 모두 제도하여 마치셨고 구시나성으로 나아가서 최후로 누우셨다. 이때 천제식이 다시 음악신에게 명하였으나, [자세한 설명은 앞에서와 같다.] 나아가서 법을 들으라고 권유하니 대답하여 말하였다.

"나는 잠시 음악을 연주하겠습니다."

이때 천제석이 다시 음악신에게 알려 말하였다.
"그대는 마땅히 알게. 대각(大覺)이신 세존께서 최후로 누우셨으니 반드시 반열반하실 것이네. 공양을 올리도록 하게."
대답은 역시 앞에서와 같았다. 이때 세존께서 이와 같이 생각을 지으셨다.
'선현 외도는 능히 나의 처소에 와서 조복을 받을 것이나 음악신인 선애는 스스로 오는 법이 없구나.'
또한 다시 생각하며 말씀하셨다.
"일반적으로 성문이 제도할 수 있는 자는 여래도 역시 제도할 수 있다. 마땅히 부처가 제도할 수 있는 자는 다른 사람이 제도할 수 없으니 수승하고 높으며 선교한 방편을 기다려야 하는 까닭이다. 내가 지금 마땅히 그 선애를 제도하리라."
이렇게 생각을 지으시고 곧바로 정에 들어가셨다. 그 정의 힘을 까닭으로 최후로 누우신 곳에서 한 몸을 화작(化作)하셨고, 또한 다시 화작한 천현(千絃)의 유리공후(琉璃箜篌)를 가지고 누운 곳에서 사라져서 스스로 공후를 가지고 삼십삼천으로 나아가서 선애 건달바의 왕궁의 문에 이르러서 머물렀다. 그때 선애는 스스로를 믿고 교만하여 공후를 타는데 자기보다 뛰어난 자가 없다면서 스스로의 궁중에서 음악을 짓고 환희하였고 마음에서 애착이 생겨났다. 이때 세존께서 문지기에게 알렸다.
"그대는 가서 선애왕에게 알려 말하게 '어느 건달바가 문 앞에 와서 서로를 보고자 합니다.'"
이때 문지기가 곧 들어가서 갖추어 알리니 그 왕이 매우 거만하게 알려 말하였다.
"나를 제외하고 다시 건달바가 있겠는가?"
대답하여 말하였다.
"다시 있습니다. 지금 문 밖에 있습니다."
선애가 듣고 마음에서 참지 못하고 곧 자신이 문으로 나가서 알려 말하였다.

"장부여. 그대가 건달바인가?"

세존께서 말씀하셨다.

"나는 지금 진실로 건달바왕이네."

"만약 그렇다면 와서 음악을 연주하여 보자."

"대선이여. 매우 좋네. 내가 능히 함께 하겠네."

세존께서 곧 그를 마주하고 함께 공후를 연주하였다. 세존께서는 한 줄을 끊었고 그도 역시 한 줄을 끊었으나 두 소리는 모두 부족함이 없었다. 세존께서 두 줄을 끊으니 그도 역시 두 줄을 끊었으나 역시 음운은 한 종류로 비슷하였다. 세존께서 또한 세 줄을 끊었고 넷을 끊으니 그도 역시 이와 같이 하였으며 나아가 각자 한 줄이 남았으나 음성은 다르지 않았다. 세존께서 곧 모두를 끊으니 그도 역시 끊었다. 세존께서는 공중에서 손을 펴서 튕기니 그 맑은 소리가 평소보다 두 배나 수승하였다. 그는 곧 능히 못하였고 마음에 희유함이 생겨나서 오만을 항복하였고 그의 음악이 나보다 뛰어나고 수승함을 알았다.

세존께서는 보시고서 곧바로 그 건달바의 몸을 숨기고 본래의 형상을 회복하셨다. 이때 그 음악신이 불·세존을 보니 몸은 진금색(眞金色)이셨고 삼십이상과 팔십종호로 두루 장엄되셨고, 혁혁한 광명이 일천의 해보다도 밝았으며, 보산왕(寶山王)과 같아서 보는 자가 싫은 것을 잊었다. 보고서 흔열과 깊은 존경과 신심이 생겨나서 세존의 발아래에 예경하고 앉아서 법요를 들었다. 이때 세존께서는 그의 근성을 관찰하시어 근기를 따라서 사성제법을 설하여 개오를 얻게 하셨고, 그는 곧 능히 지혜의 금강저로써 20종류의 신견의 삿된 산을 부수고 예류과를 증득하였다. 이미 견제를 보고 깊이 스스로가 기뻐하면서 세존께 아뢰어 말하였다.

"대덕이신 세존이시여. 내가 지금 얻은 것은 부모에 의한 것도 아니고, 왕과 천인에 의한 것이 아니며, 나의 권속과 여러 지식에 의한 것도 아니고, 다른 사문이나 바라문 등이 능히 이러한 수승한 일을 성취시킨 것이 아닙니다. 오직 홀로 세존에서 자비하신 생각과 애민함으로 나에게 지금 혈해의 바다를 마르게 하셨고, 골산을 초월하게 하셨으며, 악취의 문을 닫으셨고, 열반의 길을 여셨으며, 인간과 천상의 도(道)에 안치하셨습니다. 저는 지금 불·법·승보에 귀의하고 오파색가가 되어서 오늘부터 이 목숨을 마치도록 살생하지 않고 나아가 술을 마시지 않겠으며 삼귀의와 오학처를 받겠습니다."

이때 세존께서는 다시 설법하여 설하시어 보여주시고 가르치셨으며 이익되고 즐겁게 하셨으며, 곧바로 정에 들어가서 천궁에서 사라져서 쌍림의 최후에 누우셨던 처소로 돌아와서 이르셨다.

근본설일체유부비나야잡사 제38권

삼장법사 의정 한역
석보운 번역

제8문 제10자섭송 ④

제8문 제10자섭송의 열반을 설하신 나머지이다.

이때 구시나성에 출가한 외도가 있었는데 선현(善賢)이라고 이름하였고, [범어로 소발타라(蘇跋陀羅)라고 말한다.] 나이는 120살이었으며 형용이 노쇠하였다. 구시나성에서 소유한 장사들이 선현의 처소에서 모두 공경이 생겨나서 존중하고 공양하는 것을 아라한과 같게 하였다. 이곳에서 멀지 않은 곳에 큰 꽃이 피는 연못이 있었는데 만타지이(曼陀枳爾)라고 이름하였고, 이 연못의 언덕 위에 오담발수(烏曇跋樹)[1]가 있어 선현 범지(梵志)가 항상 이곳에서 놀았다.

지나간 옛날에 보살이 도사천에서 흰 코끼리의 모습을 지어 모태에 들어갈 때에 그 오담수에 꽃이 처음으로 새롭게 피어났고, 탄생할 때에 점차로 광채와 색깔이 있었으며, 동자가 되었을 때에 그 꽃이 피어나고자 하였고, 노·병·사를 싫어하여 멀리 산림에 의탁하였을 때에 꽃이 점차

---

1) 산스크리트어 udumbara의 음사로 영서(靈瑞)·서응(瑞應)이라 번역된다. 인도 북부와 데칸 고원에서 자라는 활엽수로 잎은 긴 타원형이고, 열매는 여러 개가 맺힌다. 작은 꽃이 항아리 모양의 꽃받침에 싸여 보이지 않는 까닭으로 여러 억측이 생겨났고 3,000년 만에 한 번 꽃이 핀다고 말해진다.

커져서 갈까마귀의 부리와 같았으며, 고행을 닦을 때에 시드는 모습이 나타났고, 고행을 버리고 기식(氣息)이 소통되고 여러 음식을 드셨으며, [자세한 설명은 앞에서와 같다.] 나아가 등정각을 성취하니 그 끝이 피어났고, 범왕이 와서 청하고 바라니사에서 법륜을 굴릴 때에는 그 나무와 꽃이 빛나고 색깔이 번성하며 묘한 향기가 여러 곳으로 두루 퍼졌으며, 세존께서 대자비로 세계에서 인연이 있는 중생들을 널리 제도하시고서 구시나성으로 나아가시어 최후로 누우시니 이 꽃과 나무의 형색이 마르고 시들어서 보는 자가 놀라고 감탄하였다. 이때 선현이 이러한 변이(變異)를 보고 이렇게 생각을 지었다.

'구시나성에 반드시 흉화(凶禍)가 있겠구나.'

이때 호국천신(護國天神)이 큰 소리를 일으켜 여러 사람들에게 알려 말하였다.

"오늘 여래께서 밤중의 때에 반드시 무여의열반계에 들어가실 것이오."

선현 범지가 그 말을 듣고 이와 같이 생각을 지었다.

'슬프구나. 괴롭구나. 그 대사문 교답마가 반드시 오늘 밤에 반열반에 들어가는구나. 그러나 나는 매번 스스로가 얻었던 법에 의혹을 품고 있어 항상 스스로가 사유하였다. <내가 어느 때에 무슨 방편을 인연하여 그 사람을 만나보고 깨닫지 못한 것을 자세히 물을 것인가?> 애석하구나. 법안이 오래지 않아서 곧 멸하겠구나. 지금 마땅히 빠르게 가서 물어야겠다. 만약 대비로서 애민함을 내리시어 결정하여 주신다면 여러 유예되었던 것이 영원히 열리고 이해될 것이다.'

이와 같이 생각을 짓고서 구시나성의 쌍림의 처소로 나아갔다. 이때 아난타가 세존께서 날이 장차 저무는 것을 보셨으므로 사찰의 문 밖에서 몸과 마음으로 근심하면서 노지를 경행하고 있었다. 선현이 보고 가까이 가서 알려 말하였다.

"그대 아난타여. 내가 들으니 사문 교답마는 일체지를 갖추었고 모든 중생들을 평등하게 제도(濟拔)하신다고 하오. 그러나 나는 매번 스스로가 얻었던 법에 유예를 품고 있었고 이것을 항상 듣지 못한 것을 듣고자 희망하고 발원하였으나 결국 얻지 못하였소. 마침내 이제 하늘이 우리들에게 여래께서 오늘 밤에 분명히 열반에 드신다고 널리 알리는 소리를 들었소. 대덕이여. 나를 위하여 여쭈어 주시오. 내가 직접 뵙고 마음의 의심을 풀도록 허락하시오."

아난타가 말하였다.

"선현이여. 그대는 지금 마땅히 이와 같은 말을 지은 까닭으로 세존을 괴롭히는 것입니다. 그리고 우리 대사께서는 등이 아파서 능히 안은하지 않습니다."

선현이 이와 같이 두세 번을 청하였으나 결국 아뢰지 않았다. 또한 알려 말하였다.

"아난타여. 나는 옛날에 일찍이 들었소. 옛 신선인 범지가 기년(耆年)이었고 덕과 궤범(軌範)이 있었는데 사람들에게 말하였소. '모든 부처님이 세상에 출현하시는 것은 오담화와 같아서 억백만 겁의 때에 나아가 한 번을 나타나는 것이다.' 여래께서 오늘에 분명히 열반에 드실 것이니 내가 품은 미혹을 원하건대 자세히 여쭙게 하시오. 오직 대덕께서 나를 위하여 자세히 아뢰어 주기를 바라오. 내가 세존을 뵙는다면 진실로 행복하겠소."

아난타가 알려 말하였다.

"선현이여. 우리 대사께서는 몸이 편찮으셔서 매우 안은하지 않습니다. 그러므로 서로를 괴롭히지 마십시오."

선현이 이와 같이 두세 번을 청하였으나 존자가 그 뜻을 받아들이지 않았고 아난타와 선현이 사찰의 문 밖에서 말로 논쟁하였다. 이때 세존의 청정하신 귀는 인천을 초월하셨으므로 하나하나를 들으셨고 아난타에게 알려 말씀하셨다.

"그대는 지금 그 선현을 막지 말게. 마음대로 와서 나를 보고 그 청을 따라서 묻게 하게. 왜 그러한가? 이 선현은 곧 내가 최후로 외도를 위하여 설법하여 바른 신심을 생겨나게 할 것이고 직접 잘 왔다고 명하여 나의 제자로 삼을 것이네."

이때 선현은 불·세존께서 자비로 허락하신 것을 듣고 마음에서 환희가 생겨나서 변약(抃躍)2)을 억누르지 못하였고 세존의 처소에 나아가서 함께 여러 종류의 예를 드리고 가서 다시 언담하였으며 곧 한쪽에 물러나서 아뢰어 말하였다.

"교답마여. 내가 자세히 묻고자 합니다. 원하건대 들으시고 나에게 해설하여 주실 것을 청합니다."

세존께서 범지에게 알리셨다.

"그대의 뜻을 따라서 물으시오."

그가 곧 물어 말하였다.

"교답마시여. 내가 일찍이 여러 외도들을 두루 살펴보니 각자 별도로 종지를 세웠으니 이를테면, 포자나가섭파자·말색갈리구리자·산서이비자지자·아시다계사감발라자·각구타가다연나자·니게란타신약저자입니다. 이들의 여러 스승이 각자 다른 종지를 설명하고 있는데 누가 옳은가를 알지 못하겠습니다."

이때 세존께서 곧 선현을 명하셨고 가탈로 설하여 말씀하셨다.

나는 29살에
출가하여 선법을 구하였고
또한 50년을
오로지 계·정·혜를 행하였네.

일심으로 산란함이 없이
오직 바른 진리를 구하였나니
이러한 진실한 법을 제외하고는
별도의 사문의 법이 없다네.

---

2) 기뻐서 손뼉을 치며 덩실덩실 춤을 추는 행동을 뜻한다.

이때 세존께서 이 게송을 설하시고서 다시 선현에게 알려 말씀하셨다.

"이것은 모든 세존께서 선설하신 8성도지(聖道支)이고 매우 희유하여 만나기 어려운 것이오. 이것을 제외하고서 밖으로 1·2·3·4의 사문의 도과를 구하더라도 결국 얻지 못할 것이오. 이러한 까닭으로 능히 선설하는 법과 율의 8성도지에서 사문과를 구해야 반드시 분명하고 마땅하게 얻는 것이오.

다시 다음으로 선현이여. 8성도지를 떠나서 모든 외도인 바라문 등이 각자의 견해를 집착하여 혹은 삼세에 인과도 없고 닦는 복과 선을 모두 헛되고 이익이 없다고 말하오. 이러한 까닭으로 나는 사문과 바라문들의 가운데에 큰 사자후로 이와 같이 말을 짓는 것이오. '일반적으로 수행이 있으면 모두 과보를 얻는 것이오.'"

이 법을 말씀하실 때에 선현 범지는 멀리 번민을 벗어나서 청정한 법안을 얻었고 여러 진리에 진실로 무너지지 않는 신심을 얻어 애욕의 강을 초월하였으며 여러 의혹의 그물을 끊었고 자연스럽게 여러 미묘한 법을 통달하였다. 곧 자리에서 일어나서 옷을 정리하고 합장하고서 아난타를 향하여 이와 같이 말을 지었다.

"대사께서는 존중받으시니 자세히 청하는 것은 어려운 일입니다. 내가 보니 대덕은 크고 선한 이익을 얻었습니다. 다행스럽게 모든 스승의 가운데에서 최상으로 관정하실 무상의 법왕을 만났고 스승님의 힘을 까닭으로 나도 역시 좋게 증득하였습니다. 나는 지금 거듭 선설하는 법과 율의 가운데에 출가하여 근원을 받고 필추성을 이루어 사문의 행을 닦겠습니다."

이때 구수 아난타가 세존께 아뢰어 말하였다.

"세존이시여. 지금 이 선현이 법을 듣고 깨닫고 이해하여 마음에서 출가를 즐기며, [자세한 설명은 앞에서와 같다.] 나아가 필추성을 이루고자 합니다. 원하건대 세존께서는 애민하게 생각하시어 구제하여 주십시오."

이때 세존께서는 곧 선현에게 알리셨다.

"잘 왔느니라. 필추여. 범행을 닦아라. 세존의 말씀 끝에 평소와 같은 위의와 같아졌고 출가하여 근원을 받고 필추성을 이루어 일심으로 부지런하고 용맹스러웠으며 방일하지 않으면서 이와 같이 생각을 지었다.

'선남자가 무슨 까닭으로 수염과 머리카락을 깎고 법복을 입고 바른 신심으로 출가하여 무상도에서 범행을 닦는가? 현재의 법의 가운데에서 스스로가 깨달음을 얻어 아생을 마치고 범행이 섰으며 지을 일을 끝내서 후유를 받지 않아야 한다.'

이때 선현은 철저하게 이르고자 하는 마음이 일어났고, 곧바로 빠르게 아라한과를 증득하였고 심해탈을 얻었으며, 다시 이와 같이 생각을 지었다.

'내가 지금 세존께서 반열반하시는 것을 보면서 인내할 수 없으니 마땅히 먼저 떠나야겠다.'

이와 같이 생각을 짓고서 세존의 처소에 나아가서 두 발에 정례하고 물러나서 한쪽에 앉았다. 세존께 아뢰어 말하였다.

"대덕이신 세존이시여. 원하건대 제가 먼저 열반에 들겠습니다."

세존께서 알리셨다.

"선현이여. 그대는 지금 열반에 들어가고자 하는가?"

대답하여 말하였다.

"그렇습니다."

이와 같이 두세 번을 거듭하여 물으시고 세존께서 말씀하셨다.

"일체의 제행은 모두가 무상하느니라. 그대가 지을 일을 스스로가 때를 아는데 내가 다시 무슨 말을 하겠는가?"

선현이 장차 입멸하고자 하면서 이렇게 생각을 지었다.

'내가 지금 마땅히 다섯 종류의 가지(加持)로 곧 멸도하여서 여러 와서 보는 자들이 모두 내 몸을 본나닌 수염과 머리카락을 깎고 승가지를 입어서 그들이 외도의 의식을 볼 수 없게 해야겠다. 또한 모든 외도들이 와서 나를 들어 올리려는 때에 나의 몸이 들려지지 않고 같은 범행자들이 비로소 능히 들어서 가도록 해야겠다. 또한 욕지(浴池)에 넣어서 나의 몸을 씻을 때에 모든 외도들이 씻을 수 없게 하고 같은 범행자들이 비로소 능히 내 몸을 씻도록 해야겠다. 또한 모든 외도가 물에 들어갈 때에는 마땅히 물고기와 자라들이 요란하여 불안하게 하고 같은 범행자는 곧 번민하고 해롭지 않도록 해야겠다. 또 모든 외도들은 나의 몸에 불을 붙이지 못하도록 남겨두게 하고 같은 범행자가 비로소 불을 붙이도록 해야겠다.'

이렇게 다섯 종류의 가지의 생각을 짓고서 곧 열반에 들어갔다. 이때 여러 외도들은 선현 범지가 이미 열반에 들어갔음을 듣고서 여러 음악·당기·일산을 가지고 구시나성으로 나아가면서 네거리의 도로에서 여러 사람들에게 알려 말하였다.

"그대들은 마땅히 아십시오. 그 대사문 교답마는 항상 이러한 말을 지었습니다. '오직 나의 법 가운데에 8지성도와 4사문과가 있고 외도의 가운데에는 없으며, [자세한 설명은 앞에서와 같다.] 나아가 사자후를 하였습니다.' 그러나 우리들 법의 가운데에서 같은 범행자였던 대사 선현이 역시 열반을 얻었으니 그와 무엇이 다르겠습니까?"

여러 필추들이 말하였다.

"그대들이 만약 그대들과 같은 사문(徒侶)이라고 말한다면 마음대로 스스로 가지고 떠나가라."

모든 외도들의 많은 사람들이 함께 들었으나 결국 움직이지 못하였는데 하물며 능히 가지고 떠났겠는가? 필추들이 알려 말하였다.

"그대들은 능히 못하더라도 우리들은 스스로 들 수 있느니라."

대답하여 말하였다.

"좋다. 들어보라."

여러 필추들이 곧 함께 들고 떠나가니 외도들이 묵연하였다. 또한 모든 외도들이 욕지에 이르니 여러 필추들이 말하였다.

"지금 그대들이 같은 범행자를 위하여 그의 몸을 씻겨 주어라."

그들이 물에 들어가는 때에 그곳에 들어가지도 못하였고 또한 물고기와 자라들이 요란스러웠으나 필추들은 그렇지 않았다. 필추들이 알려 말하였다.

"이 사람이 만약 그대들과 같은 범행자라면 마땅히 스스로가 불을 붙여라."

모든 외도들이 불을 붙이고자 하였으나 결국 불이 붙지 않았고, 필추들이 불을 붙이니 드디어 곧 치성하게 타올랐다. 이때 모든 사람들이 함께 외도들을 비웃으니 그들은 각자 머리를 숙이고 떠나갔다. 이때 구시나성의 여러 장사들이 이러한 희기함을 보고 세존의 처소에서 두 배나 경앙(敬仰)이 생겨났고 청정한 신심을 일으켜 각자 연모를 품고 이와 같이 말하였다.

"대비하신 세존께서 최후로 누우셨고 현신하신 몸에 병이 있으시어 지절(支節)이 불안하셨으나 오히려 능히 그 선현을 위하여 설법하시어 빠르게 아라한과를 얻게 하셨고 다시 구시나성의 여러 장사들에게 모두 좋은 이익을 얻게 하셨구나."

이때 여러 필추들이 함께 모두가 의심이 있어서 세존께 청하여 아뢰었다.

"여래께서는 현신하신 몸에 병이 있으시어 지절이 불안하셨으나 오히려 능히 그 선현 범지에게 생사의 바다를 벗어나게 하셨고 아라한과를 증득하여 궁극적으로 열반하여 여러 고통의 경계를 끝나게 하셨습니다."

세존께서 필추들에게 알리셨다.

"그대들은 마땅히 알라. 이것이 희유한 것이 아니니라. 내가 지금 근본적인 삼독을 끊었고, 생·노·병·사·우수(愁憂)·고뇌에서 해탈하였으며, 일체지를 갖추어 모든 경계에서 대자재를 얻었으므로 그 선현을 생사의 바다에서 벗어나게 하였고 최후변(最後邊)을 얻어 열반계에 머물게 하는 것은 어려움이 없느니라. 내가 지나간 옛날에 생사의 가운데에 있으면서 탐·진·치를 갖추었고, 생·노·병·사·우비·고뇌를 끊지 못하였으며, 지혜가 없었고 능히 좋은 사량이 없어 방생 안에 있으면서도 오히려 능히 그 선현 범지 및 바라문과 구시나성이 여러 장사들을 위하여 스스로가 몸과 목숨을 버렸느니라. 내가 그대들을 위하여 말하겠으니 마땅히 자세히 들으라.

나아가 지나간 옛날의 때에 큰 산의 연못에 한 사슴의 왕이 있었고 일천의 사슴에 둘러싸여 숲에 의지하여 살았는데 큰 지혜가 있어서 미리 기회의 마땅함을 알았다. 기거하는 곳에 사냥꾼이 와서 보았고 가서 왕에게 알렸다. 이때 왕이 군사로서 주위를 널리 포위하였으니 사슴 왕이 생각을 지었다.

'내가 만약 능히 사슴들을 구제하지 않는다면 반드시 사냥꾼에게 죽임을 당할 것이다.'

이때 사슴 왕이 사방을 둘러보면서 이렇게 생각을 지었다.

'내가 지금 무슨 방편을 지어야 능히 모든 사슴들에게 이러한 고액을 벗어나게 할 수 있을까?'

마침내 깊은 산을 보니 아래에 시냇물이 빠르게 계곡으로 흘러나가고 있었으나 여러 사슴들은 여위고 약하여 능히 건너갈 수 없었다. 사슴 왕이 시냇물에 들어가서 가로로 흐름을 막고 서서 큰소리를 지어 여러 사슴에게 널리 알렸다.

"그대들은 빠르게 이 언덕으로 와서 내 등을 밟고 저 언덕으로 뛴다면 반드시 살 것이나 만약 그렇지 않는다면 죽음을 만날 것이다."

이 사슴 무리는 차례로 모두 큰 사슴의 등을 밟고 모두가 빠르게 시내를 건너서 위급한 어려움을 벗어났다. 여러 사슴들의 발굽에 밟힌 까닭으로 사슴왕은 등가죽이 찢어져서 피와 살이 모두 없어지고 오직 등뼈가 남아서 비록 고통이 극심하였으나 마음에 퇴전함이 없어서 모든 사슴의 무리를 안은하게 건네게 하였다. 도리어 연민을 품고 누가 아직 건너지 못하였는가를 돌아보니 사슴의 무리 가운데에서 한 마리의 새끼가 능히 건너지 못하였다. 이때 사슴 왕이 비록 극심한 고통을 받았으나 오히려 애민한 생각을 품고 자신을 돌보지 않고서 물에서 나와 마침내 새끼 사슴을 등위에 얹고서 저 언덕으로 건네어 주었다. 사슴 왕이 두루 관찰하여 모두가 건넌 것을 알고 기력이 장차 고갈되어 목숨을 마치는 때에 이르러 서원하였다.

"내가 사슴 무리를 구하였고 이 새끼 사슴을 죽음에서 구제하면서 신명을 아끼지 않았사오니 원하건대 내가 마땅히 내세에 무상정등각을 성취하는 때에 그들을 생사의 그물망에서 벗어나 최후변의 미묘한 열반처에 놓아두게 하십시오."

세존께서 여러 필추들에게 알리셨다.

"그대들의 뜻은 어떠한가? 다르게 생각하지 말라. 지나간 때의 사슴 왕이 곧 나의 몸이었고, 그 사슴의 무리는 구시나성의 장사들이며, 그 새끼 사슴은 선현이었느니라. 또한 여러 필추들이여. 내가 지혜가 없었고 방생의 가운데에 있는 것과 같아서 숨을 헐떡이면서 여러 불안한 고통을 받아서 가죽과 살과 지절이 분해되는 때에도 선현을 구제하여 두려움이 없게 하였으니 그대들은 잘 들을지니라.

지나간 옛날의 바라니사의 때에 국왕이 있어 구범수(口梵授)라고 이름하였고 법으로 세상을 교화하였으며, [자세한 것은 경전의 설명과 같다.] 왕에게는 지혜로운 말이 있어서 미리 앞의 일을 알았으므로 이웃 나라들이 공경하고 두려워하면서 모두 조공을 왔느니라. 이미 말이 죽었으므로 그때 여러 소왕들이 사신을 보내어 말려 말하였다.

"그대 범수왕이여. 지금은 수세(輸稅)를 나누어 우리들에게 주시오. 만약 그와 같지 않는다면 성에서 나갈 수 없소. 마땅히 위반한다면 우리들이 같이 갈 것이고 그대의 나라는 파멸할 것이오."

왕이 그 사신에게 알려 말하였다.

"나는 세금도 보내지 않고 성에서 나가지도 않겠노라."

마침내 나라 안을 방문하여 지혜로운 말을 찾아 구하게 하였다. 뒤에 다른 곳에서 드디어 곧 획득하였다. 이때는 초봄이어서 꽃과 나무가 피어나서 번성하였고 여러 새들의 울음이 조화되어 매우 사랑스럽고 즐거웠다. 왕이 지혜로운 말을 타고 여러 채녀들을 거느리고 방원에 나아가서 즐기면서 즐거움을 받고 있었다. 이때 여러 소왕들은 범수왕이 여러 신하들과 궁전의 채녀들과 함께 밖에 있으면서 마음에 두려움이 없이 유희하면서 아직 성에 들어가지 않았다는 것을 듣고 서로 모계(謀計)하여 각자 사병을 정비하여 성문 앞에 이르니 대신이 왕에게 아뢰었다.

"여러 소왕들이 조정의 명령에 공경하지 않고 감히 반란(逆亂)을 일으켰고 와서 성문을 두드리고 있습니다. 원하건대 경비하십시오."

왕이 듣고 칙명하였다.

"지혜로운 말을 찾고 빠르게 사병을 정비하시오. 내가 스스로 토벌(土擊)하겠소."

이때 왕이 말을 타고 군사를 정비하고서 대중에게 맹세하였다.

"저들과 함께 전투하겠노라."

왕은 위력을 믿고 홀로 선봉에 있다가 마침내 적군의 삭(槊)에 말이 찔렸으므로 창자와 위가 모두 밖으로 나왔고 여러 초독(楚毒)을 받았으며 여러 고난이 극심하여 생명의 기회가 없었으나, 말은 도리어 이렇게 생각하였다.

'왕이 곤액(困厄)을 만났으니 내가 만약 구하지 않으면 이것은 마땅하지 않다. 마땅히 고초를 참고 왕이 액난을 벗어나도록 성문의 두려움이 없는 곳에 이르리라.'

말이 이렇게 생각을 짓고서 주위를 둘러보아도 성으로 들어갈 길이 없었다. 그러나 이 성 밖에는 묘범(妙梵)이라고 이름하는 큰 욕지가 있어 왕의 궁궐에 가까웠고 그 연못에는 네 가지의 연꽃이 있었는데 청·황·적·백이 모두가 가득하였다. 이때 지혜로운 말은 신변을 돌보지 않고 왕을 태우고 뛰어올라 연못 가운데의 연잎을 밟고 어렵게 건너서 곧 궁중으로 들어갔다. 이때 왕이 비로소 내렸고 말은 곧 목숨이 끊어졌다. 그때 여러 소왕들이 다투어 동산으로 들어가서 여러 곳을 찾았으나 결국 찾지 못하였고 군사를 돌려서 약탈하고 본래의 거처로 돌아갔다. 이때 범수왕은 위급하였던 액난을 벗어나서 목숨을 보존하였고 바라니사의 모든 대신들과 여러 사람들에게 말하였다.

"만약 능히 찰제리 관정 대왕의 목숨을 구한 자가 있다면 어떻게 은혜를 보상해야 하는 것이오?"

여러 신하들이 왕에게 아뢰었다.

"나라를 반을 나누어 줍니다."

왕이 말하였다.

"이 지혜로운 말이 내 목숨을 완전하게 하였고 말은 지금 죽었으니 어떻게 갚아야 하는 것이오?"

여러 신하들이 대답하여 말하였다.

"마땅히 그 지혜로운 말을 위하여 성의 네 문에 비시(非時)의 백련화회(白蓮華會)를 짓고 널리 혜시(惠施)를 행하여 성대히 복업을 닦음으로써 혼의 길에 자량으로 삼으십시오."

왕이 말하였다.

"매우 좋소. 마땅한 때에 빠르게 지으시오."

왕이 곧 태자·중궁의 채녀·신하·백성들에게 거리와 골목을 장엄하고 향과 꽃을 늘어놓고 번개(幡蓋)와 명등(明燈)을 있는 곳마다 매달고 베풀어 어디서나 가득하여 마치 환희원과 같아서 매우 애락하였다. 왕이 북을 치면서 원근에 널리 알렸다.

"내가 내일 지혜로운 말을 위하여서 성의 네 문에서 비시의 백련화회를 열고자 하니 마땅히 알려서 알도록 하고 법회 장소에 모여 나의 공양을 받도록 하시오."

때에 이르러 운집하였고 필요한 것을 따라서 제공하였고 널리 뜻을 칭찬하였느니라.

그대들 필추들의 뜻은 어떠한가? 그때의 지혜로운 말이 곧 나의 몸이었느니라. 내가 그 왕을 위하여 여러 고초를 받았고 몸뚱이가 분해되었으나 신명을 돌보지 않고 오히려 능히 구제하여 위급한 액난을 벗어나게 하였느니라."

그때 여러 필추들이 다시 의심이 있어서 세존께 청하여 아뢰었다.

"대덕이시여. 구수 선현이 이전에 무슨 업을 지었기에 지금 대사의 최후의 제자가 되었습니까?"

세존께서 여러 필추들에게 알리셨다.

"그대들은 마땅히 알지니라. 스스로 지은 업을 지금 되돌려 스스로가 받은 것이니라." [자세한 설명은 다른 곳과 같다.] 나아가 게송으로 말씀하였다.

"그대들 필추들이여. 지나간 옛날의 이 현겁 가운데에서 인간의 수명이 2만 세일 때에 세존께서 세상에 출현하셨으니 가섭파불이라고 이름하셨고 십호를 구족하셨으며 바라니사의 신선이 떨어진 곳인 시록림에 머무셨느니라.

이때 그 세존께는 외손자가 있어 무우(無憂)라고 이름하였고, 해탈을 구하는 까닭으로 출가하였으나, 해탈과는 자연히 얻어지는 것이라고 말하면서 팔정도를 부지런히 닦지 않았으므로 많은 때가 지났어도 결국 증득한 과가 없이 인간세상을 곳에 따라 유행하면서 하안거를 지었다.

이때 그 여래께서는 인연이 있는 유정을 모두 제도하였고 지을 일을 마쳤으므로 짚이 없어져서 불이 꺼지는 것처럼 그 밤중에 장차 열반에 들어가시고자 하였다. 이때 무우 필추는 무우수(無憂樹) 아래에 있었는데 이 수신(樹神)이 가섭파여래께서 마땅히 반열반하신다는 것을 듣고 슬프게 울었고 비처럼 눈물이 무우의 몸에 떨어지니 필추가 쳐다보면서 그 수신에게 물어 말하였다.

'무슨 까닭이 있어 이와 같이 슬프게 우시오?'

수신이 대답하여 말하였다.

'오늘 밤중에 가섭파불께서 열반에 들어가십니다.'

이때 필추가 이런 말을 듣고 화살이 심장에 들어온 것과 같이 마음이 통절하여 슬퍼하면서 크게 울부짖으며 크게 울었다. 수신이 물어 말하였다.

'무슨 까닭으로 슬프게 웁니까?'

대답하여 말하였다.

'가섭파여래·응·정등각은 나의 외할아버지인데 내가 비록 의지하였으나 부지런히 닦지 않았소. 떠나더라도 이곳에서 이미 멀어서 예경하고자 하여도 나는 범부이고 빨리 갈 수 없어서 이러한 까닭으로 슬프게 우는 것이오.'

수신이 알려 말하였다.

'그러나 나에게는 힘이 있어 당신을 빨리 도착시킬 수 있지 않겠소?'

'세존을 뵙는다면 무슨 유익함을 얻는 것이 있겠습니까?'

필추가 대답하여 말하였다.

'나는 아주 용맹하므로 만약 세존을 뵙는다면 반드시 능히 의지하고 행하여서 이익되는 과보를 얻을 것이오.'

이때 수신이 신통력으로 이 필추를 데려다가 빠르게 세존의 처소에 이르게 하였다. 이미 세존을 뵙고 청정심이 생겨나서 광대원(廣大願)을 일으켰다. 이때 그 여래께서는 그의 근성을 따라서 묘법을 설하셨고 아라한과를 증득하였으며 세존께서 반열반에 드시는 것을 보면서 인내할 수 없었던 까닭으로 먼저 멸도를 취하였다. 이때 그 수신이 세존과 필추가 열반한 것을 보고는 마음에 연모를 품고서 이와 같이 생각을 지었다.

'지금 이 구수가 수승한 이익을 얻은 것은 모두가 나를 까닭으로 얻었다. 이러한 공덕으로서 원하건대 내가 내세에 가섭파불께서 마납파에게 수기 하신 것처럼 사람의 수명이 100세일 때에 정각을 성취하시고 석가모니라 고 명호하시며 그 세존께서 열반하시는 때에 나는 성문으로 무학과를 얻고 먼저 열반하게 하십시오.'"

세존께서 여러 필추들에게 알리셨다.

"그대들 필추들의 뜻은 어떠한가? 그때의 수신이었던 자가 곧 지금의 선현이니라. 이러한 까닭으로 뜻에서는 고의적으로 일체시에 악한 벗을 멀리하고 선지식을 가까이 할 것이며 마땅히 이와 같이 배울지니라."

이때 아난타가 세존께 아뢰어 말하였다.

"세존이시여. 제가 고요한 곳에서 이와 같이 생각을 지었습니다. 선지식 이라는 것은 반범행(半梵行)이나니, 여러 수행자가 착한 벗의 힘을 까닭으로 비로소 능히 이루는 것이고, 착한 벗을 얻는 까닭으로 나쁜 벗을 멀리 떠나는 것이며, 이러한 뜻의 까닭으로서 곧 착한 벗을 아는 것은 반범행이 되는 것입니다."

세존께서 말씀하셨다.

"아난타여. 선지식이 반범행이라는 이러한 말을 짓지 말라. 왜 그러한 가? 선지식은 완전한 범행이고, 이것을 까닭으로 곧 능히 악지식을 떠나며 모든 악을 짓지 않고, 항상 여러 선을 닦아서 순일하고 청백하며 원만한 범행의 상을 구족하는 것이니라. 이러한 인연을 까닭으로 만약 좋은 도반(道伴)을 얻고 그와 함께 머문다면 나아가 열반의 일을 이루느니라. 그러므로 완전한 범행이라고 이름하느니라.

왜 그러한가? 아난타여. 내가 선지식을 까닭으로 모든 유정들에게 생·노·병·사·우비·고뇌에서 모두 해탈을 얻게 하였으므로 만약 착한 벗을 떠났다면 이와 같은 일은 없었을 것이다. 아난타여. 내가 말한 것을 마땅히 부지런히 닦고 배울지니라."

이때 세존께서 여러 필추들에게 알려 말씀하셨다.

"이러한 뜻을 까닭으로 지금부터는 마땅히 곧 외도를 제도하여 출가시키고 아울러 근원을 주지 않을 것이나, 석가종족과 불을 섬기는 유계외도(留髻外道)는 제외하라. 만약 외도의 옷을 입고 와서 출가와 근원을 구하는 자에게는 장애가 없는 법을 묻고 이 사람에게 마땅히 줄지니라. 왜 그러한가? 이 사람은 나의 친척과 기연이 있는 까닭이고, 그 불을 섬기는 사람은 말에 업용(業用)이 있고 인(因)이 있으며 연(緣)이 있고 책려(策勵)와 과(果)가 있는 까닭이다. 이들은 수고롭게 함께 머무르지 않더라도 곧 출가시키고 아울러 근원도 줄지니라. 만약 이러한 다른 외도의 부류에서 와서 출가와 근원을 구하는 자에게는 그 친교사가 마땅히 의복을 주고 승가의 일상적인 음식을 먹도록 하고 4개월을 함께 머물지니라. 만약 그 사람의 성품과 행동을 관찰하여서 고르고 부드러워서 제도할 자이라면 마땅히 출가시키고 아울러 근원을 줄 것이니라. 일을 이와 같이 마땅히 알지니라.

다시 다음으로 그대들 필추들이여. 만약 범이 능히 현재와 미래 세상에 오랜 이락(利樂)이 생겨난다면 그대들은 마땅히 수지하고 독송하며 다른 사람을 위하여 연설하며 그만두고 잊지 않을 것이니, 범행을 세상에 오래 머물게 하여서 인간과 천상을 안락하게 하고 모든 중생을 요익하게 하려는 까닭이니라. 이러한 법은 무엇인가? 이를테면, 제경(契經)·응송(應頌)·기별(記別)·풍송(諷頌)·자설(自說)·인연(因緣)·본사(本事)·본생(本生)·방광(方廣)·희유(希有)·비유(譬喩)·논의(論議)이니, 이 12분교를 만약 능히 수지하고 독송하고 말씀과 같이 행한다면 능히 현재와 미래에 오랜 애락이 생겨날 것이고, 나아가 군생(群生)을 자비롭고 애민하게 생각하여 불법이 오래 머무를 것이다.

그대들 필추들이여. 내가 열반한 뒤에 이와 같이 생각을 지을 것이다. '우리에게 오늘 대사께서는 없으시다.' 그대들은 마땅히 이와 같은 견해를 일으키지 말라. 내가 그대들에게 매번 보름마다 바라저목차(波羅底木叉)를 설하게 하였으니 마땅히 알라. 이것이 곧 그대들의 대사이고 이것이 그대들의 의지처이니 내가 세상에 머무는 것과 다름이 없느니라. 또한 오늘부터 젊고 하좌인 필추는 늙고 상좌인 필추에게 마땅히 그 씨족과 성명(姓字)을 부르지 말고 마땅히 대덕이라고 부르거나 혹은 구수라고 부를 것이며 늙거나 대필추는 마땅히 젊은 자를 마땅히 구수라고 부를지니라. 그리고 대필추는 젊은 자에게 마땅히 애린(哀隣)하는 마음이 있어 덮고 보호한다면 자비로운 생각이 생겨날 것이고, 혹은 옷·발우·발랑(鉢絡)·허리띠(腰絛) 등을 함께 서로 공급하여 부족한 일이 없도록 할 것이며, 혹은 다시 교수하고 독송하며 선사하여 나날이 이익이 있게 하라. 이와 같이 능히 하여야 나의 법이 증장되지만 만약 그렇지 않는다면 법이 빠르게 없어지리라.

또한 그대들 필추들이여. 이 지방에서 소유한 네 처소에 만약 청정한 신심이 있는 남자와 여인이 있다면, 나아가 목숨을 마치도록 항상 마땅히 생각을 붙잡아 공경심을 일으켜라. 어떠한 네 처소를 말하는가? 첫째는 세존께서 탄생한 처소를 말하고, 둘째는 정각을 이룬 처소이며, 셋째는 법륜을 굴린 처소이고, 넷째는 대열반에 들어간 처소이니라. 만약 능히 이 네 처소에서 혹은 스스로가 직접 예경하거나, 혹은 멀리서 치경(致敬)[3] 하고, 경건하고 정성스럽게 기념(企念)하며, 청정한 신심이 생겨나서 항상 마음을 붙잡아두는 자는 목숨을 마친 뒤에 반드시 천상에 태어나리라."

[이곳을 인도에서 직접 보았는데 여래께서 일대(一代)인 50여년을 기거하셨던 그 처소이다. 그 여덟 처소가 있으니 첫째는 본래 태어나신 곳이고, 둘째는 성도하신 곳이며, 셋째는 법륜을 굴리신 곳이고, 넷째는 취봉산의

---

3) 경의(敬意)를 표하는 것을 말한다.

처소이며, 다섯째는 광엄성의 처소이고, 여섯째는 천상에서 내려오신 처소이며, 일곱째는 기수급고독원의 처소이고, 여덟째는 쌍림의 열반의 처소이다. 넷의 이곳은 정해진 처소이나 다른 모두는 정해진 처소가 아니다. 총섭송에서 말하였다. 생(生)·성(成)·법(法)·취(鷲)·광(廣)·하(下)·기(祇)·림(林)을 경건하고 정성스럽게 일심으로 생각하면 복이 천금(千金)보다 수승하리라.]

다시 다음으로 세존께서 여러 필추들에게 알리셨다.

"그대들은 지금 의심이 있다면 모두 마땅히 물으라. 만약 불·법·승보와 고·집·멸·도의 사성제에 의혹이 있다면 내가 마땅히 대답하겠노라."

이때 구수 아난타가 세존께 아뢰어 말하였다.

"세존이시여. 제가 지금 이해한 것과 같이 세존께서 여러 필추들에게 명하시어 의혹이 있다면 마땅히 물으라고 말씀하셨으나 이 대중 가운데에는 결국 한 사람도 불·법·승보와 고·집·멸·도의 사성제에 의혹을 품고 있어서 다시 반드시 물을 자가 없습니다."

세존께서 말씀하셨다.

"옳도다. 옳도다. 아난타여. 그대가 능히 여실히 통달하여 이와 같이 말을 짓는구나. 이 대중 안을 내가 지혜로 관찰하니 사제와 삼보의 가운데에서 진실로 의혹이 없구나. 이것이 여래가 최후로 짓는 일이니라."

이때 여래께서는 대비와 애민을 까닭으로 마침내 상의를 벗으시고 그 신상(身相)을 나타내셨으며 여러 필추들에게 알리셨다.

"그대들은 지금 불신(佛身)을 관찰하라. 그대들은 지금 불신을 관찰하라. 왜 그러한가? 여래·응·정등각을 만나기 어려운 것은 오담발라화와 같으니라."

이때 여러 필추들은 함께 모두가 묵연하였다. 세존께서 말씀하셨다.

"법이 모두 이와 같으니라. 제행은 무상이니라. 이것이 나의 최후의 가르침이니라."

이렇게 말씀을 지으시고 마음을 편안히 하셨으며 정념으로 초정려(初靜慮)에 들어가셨다가, 이곳에서 일어나시어 순차로 제2정려에 들어가셨고,

나아가 비상비비상처(非想非非想處)와 멸수상정(滅受想定)에 들어가시어 적연(寂然)히 연묵(宴默)하셨다. 이때 아난타가 존자 아니로타(阿尼慮陀)에게 물었다.

"지금 우리 대사께서 열반에 드셨습니까? 아니 드셨습니까?"

대답하여 말하였다.

"세존께서는 아직 열반에 들지 않으셨고 다만 멸수상정에 머무시는 것이오."

아난타가 말하였다.

"내가 일찍이 세존으로부터 직접 이러한 말씀을 들었습니다. '만약 불·세존께서 변제정(邊際定)에 들어가시어 적연히 움직이지 않으신다면 곧 이 무간(無間)의 세간의 눈이 닫히고 반드시 열반에 드신다.'고 하였습니다."

이때 세존께서는 멸수상정에서 나오셨고 거슬러서 차례로 비상비비상처에 들어가셨고 비상비비상처에서 나오시어 무소유처(無所有處)에 들어가셨으며 다음은 식무변처(識無邊處)에 들어가셨고 다음은 공무변처(空無邊處)에 들어가셨으며 다음은 제4정려에 들어가셨고 제3·제2정려를 들어가셨으며 초정려에 들어가셨고 초선에서 나와서 도리어 제2·제3·제4정려에 들어가시어 적연히 움직이지 않고 곧 무여묘열반계에 들어가셨다.

이때 세존께서 비로소 열반하신 뒤에 대지가 진동하였고 유성이 낮처럼 나타나서 여러 지방이 치연(熾然)하였으며 허공 가운데에서는 여러 천인들이 북을 울렸다. 그때 구수 대가섭파는 왕사성 갈란탁가지의 죽림원에 있으면서 대지가 진동하는 것을 보고 곧 생각을 거두어 무슨 일인가를 관찰하였다. 곧 여래께서 대원적(大圓寂)에 드신 것을 보고 스스로가 생각하였다.

'나는 지금 이미 대사께서 없으니 오직 법에 의지하여 머물러야겠구나. 모든 것이 법이 그러하니 알아도 다시 어찌하겠는가!'

다시 이렇게 생각을 지었다.

'여기 승신(勝身)의 아들인 미생원왕이 신근(信根)을 처음으로 일으켰는데 그가 만약 세존께서 열반에 드신 것을 듣는다면 반드시 뜨거운 피를 토하고 죽을 것이다. 내가 지금 마땅히 미리 방편을 베풀어야겠다.'

이렇게 생각을 짓고서 곧 성안의 행우대신에게 말하였다.

"당신은 지금 아십니까? 세존께서 이미 열반하셨습니다. 왕께서 신근을 처음으로 일으켰는데 그가 만약 세존께서 열반에 드신 것을 듣는다면 반드시 뜨거운 피를 토하고 죽을 것입니다. 내가 지금 마땅히 미리 방편을 베풀 것을 곧 차례에 의지하여 자세히 말하겠습니다. 당신은 지금·빠르게 한 동산으로 나아가서 묘한 전당(堂殿)에 세존의 근본적인 인연을 여법하게 그리십시오.

보살이 옛날에 도사천궁에 계셨던 것·장차 하생하고자 하시어 그 오사(五事)를 관찰한 것·욕계의 천자가 어머니의 몸을 세 번을 청정하게 한 것·코끼리의 모습으로 어머니의 뱃속에 의탁한 것·탄생한 뒤에 성을 넘어서 출가한 것·6년의 고행과 금강좌에 앉았고 보리수 아래에서 정각을 이룬 것, 다음으로 바라니사국에 이르러 다섯 필추를 위하여 삼전십이행의 사제법륜를 굴린 것, 다음으로 실라벌성에서 인천(人天)의 대중을 위하여 대신통을 나타낸 것, 다음으로 삼십삼천에 가서 어머니인 마야를 위하여 널리 법요를 선설하고 보계삼도(寶階三道)로 섬부주에 내려오시자 승갈사성에서 인천의 대중 갈앙한 것과 여러 지방과 나라의 처소에서 중생을 교화하여 이익이 이미 두루하였으므로 장차 원적에 나아가고자 마침내 구시나성의 사라쌍수에 이르러 북쪽으로 머리를 두시고 누어서 대열반에 들어가신 여래께서 일대에 소유하신 교화의 흔적을 그림으로 그리십시오.

다음은 여덟 개의 함(函)을 지어 사람이 들어갈 수 있는 양으로 하고서 먼저 일곱 개의 함에는 생소(生蘇)를 가득히 채우고 제8의 함에는 우두전단향수를 넣어서 그 법당의 옆에 놓아두십시오. 만약 인연하여 왕의 수레가 외출한다면 왕에게 아뢰어 말하십시오.

"잠시 이 신가(神駕)를 돌리어 방원으로 나아가서 그림을 살펴보십시오."

이때 왕이 보고 행우대신에게 이것은 무슨 일을 나타낸 것이냐고 물어 말한다면 그대는 곧 차례로 왕을 위하여 하나의 그림들을 도사천에서 시작하여 모태에 강신(降身)하셨고 결국 쌍림에 이르러 북쪽으로 머리를 두시고 누운 것까지 자세히 설명하십시오. 왕이 이 말을 듣고 곧바로 민절하여 땅에 구른다면 빠르게 제1함에 옮기고 이와 같이 다시 제일·제이·제삼·제사 나아가 제7함에 옮겼다가 뒤에 향수 속에 넣어두면 왕이 곧 소생할 것입니다."

이때 존자가 차례로 가르치고서 구시나성으로 갔다. 행우대신은 존자가 가르친 일을 차례로 지었다. 이때 왕이 외출하는 인연이 있어 대신이 아뢰어 말하였다.

"원하건대 왕께서는 잠시 이 신가를 돌리시어 동산 안을 유관하십시오."

왕이 동산에 이르러 그 전당의 가운데를 보니 새롭고 다른 그림이 있었는데 처음의 탄생부터 나아가 쌍림에 의지하여 누우신 것이었다. 왕이 신하에게 물었다.

"어찌 세존께서 열반에 들어가셨소?"

이때 행우는 묵연히 대답이 없었다. 왕이 이것을 보고는 세존께서 열반에 들어가신 것을 알고 곧바로 울면서 기절하였고 땅에 굴렀다. 신하가 곧 생소를 넣은 함의 가운데로 옮겼고 이와 같이 제7함에 이르러 비로소 향수에 던져 넣으니 이곳에서 뒤에 왕이 점차 소생하였다.

이때 여래께서 열반에 드실 때에 사라쌍수에서 이름난 꽃이 떨어져서 금구(金軀)를 덮었다. 이때 어느 필추가 이 일을 보고 게송을 설하여 말하였다.

세존께서 열반하실 때에
최승의 사라수가
가지를 숙여 그늘을 드리우고
다시 이름난 꽃을 뿌리는구나.

이때 천제석이 역시 게송을 설하여 말하였다.

제행은 무상하니
이것이 생멸하는 법이며
생과 멸이 없어지면
적멸하여 즐거우리라.

이때 범천왕이 역시 게송을 설하여 말하였다.

일체의 세간에서
태어남은 모두 죽음으로 돌아가니
무상(無常)의 힘이 가장 크며
제행은 모두가 없어지는구나.

대사께서는 세간의 눈이시고
십력에 동등한 자가 없으며
교화의 인연이 이미 두루하셨으나
적멸하게 쌍림에 계시는구나.

이때 존자 아니로타가 역시 게송을 설하여 말하였다.

세존께서는 나타나고 들어가며 쉬는 것이 없으시고
그 마음이 역시 담연(湛然)하셨으나
세간의 눈을 지금 닫으셨으니
적연하고 안은하며 부동(不動)이시네.

세존께서는 십력을 갖추셨으나
교화를 마치고 무여에 들어가셨으니
보고 들은 여러 유정들은
놀라고 두려워서 모발이 곤두섰다네.

그대들은 마음으로 침몰(沈沒)하지 말고
역시 우뇌도 품지 말 것이니라.
세존께서는 진실한 목차(木叉)⁴⁾를 증득하셨으니
비유하면 등불이 소멸한 것과 같다네.

이때 여러 필추들이 불·세존께서 열반하신 것을 보고는 각자 슬픈 감정을 품었고 혹은 기절(迷悶)하여 땅에 굴렀고 마음에 근심이 생겨나서 가슴을 치면서 크게 울부짖었으며 혹은 법의 진리를 생각하면서 이와 같이 말을 지었다.

"우리들은 지금 때에 마땅히 스스로가 인욕해야 합니다. 세존께서는 항상 일체의 빛나고 화려하며 사랑스럽고 즐거운 일이고 비록 이것이 존중받더라도 결국 무상함으로 돌아가고 모두가 이별하는 것이라고 말씀하셨습니다."

이때 아니로타가 아난타에게 알려 말하였다.

"구수여. 마땅히 대중에 권유하여 잠시 각자 절제하고 억눌러서 의식이 어긋나지 않도록 슬프게 울부짖지 않게 하시오. 왜 그러한가? 이곳에는 현재 백천겁을 사는 장수하는 여러 천인들이 머물고 있는데 모두 싫어하고 부끄러워하면서 이와 같이 말을 지었소. '어찌하여 필추가 불·세존의 선설하는 법과 율에 출가하고서도 능히 모든 무상한 일을 잘 관찰하지 못하고 나아가 근심과 괴로움이 생겨나는가?'"

아난타가 알려 말하였다.

"이곳에 여러 천인 대중들의 숫자가 얼마입니까?"

대답하여 말하였다.

"이 구시나성에서 나아가 금하와 사라쌍수에서 장사 계관제저에 이르도록 이 사방의 주변이 12유선나에 대위덕의 천인이 모두 충만하여 지팡이를 세울 빈틈도 없소. 이 여러 천인들이 세존께서 열반하신 것을 보고

---

4) 바라제목차를 줄여서 부르는 말이다.

각자 슬픈 감정을 품고 가슴을 치며 괴로워하면서 땅에 민절하기도 하였으나 역시 앞에서와 같이 또한 재지(裁止)하고 나아가 결국 무상으로 돌아가고 모든 것은 이별한다는 것을 모두가 서로에게 깨우치고 이해시키고 있소."

이때 존자 아니로타가 아난타와 모든 대중을 위하여서 널리 법을 설하였고 나아가 날이 밝았다. 이때 필추 등은 묵연히 듣고 받아들였다. 아니로타가 다시 아난타에게 알려 말하였다.

"그대는 지금 마땅히 구시나성으로 가서 모든 장사들에게 알리시오. '지나간 밤중에 여래이신 대사께서 이미 무여묘열반계에 들어가셨으니 당신들은 지금 때에 마땅히 지을 것을 마땅히 빠르게 준비하여 후회하지 말도록 하십시오.' 다시 거듭 알려 말하시오. '여래이신 대사께서 그대들의 성에서 반열반에 드셨는데 당신들은 어찌하여 공양을 올려서 세존의 자비로운 은혜에 보답하지 않습니까?'"

이때 아난타는 이 말을 듣고 곧 천의(天衣)를 가지고 한 필추를 시자로 삼아서 데리고 장사들이 모이는 당(堂)으로 가니 장사 500명이 먼저 당에 모여 있었다. 존자가 알려 말하였다.

"당신들 장사와 여러 대중들이여. 여래이신 대사께서 이미 무여묘열반계에 들어가셨으니 당신들은 지금 때에 마땅히 지을 것을 마땅히 빠르게 준비하여 후회하지 말도록 하십시오."

또한 거듭 알려 말하였다.

"여래이신 대사께서 그대들의 성에서 반열반에 드셨는데 당신들은 어찌하여 공양을 올려서 세존의 자비로운 은혜에 보답하지 않습니까?"

이때 여러 장사들이 이렇게 알리는 것을 말을 듣고 혹은 민절하여 땅에 굴렀고 가슴을 치면서 크게 울부짖었으며 몸이 전율하여 능히 스스로를 지탱하지 못하였고 혹은 큰소리로 이와 같이 말을 지었다.

"우리들은 세존의 처소에서 일찍이 이러한 말을 들었다. '세간은 무상하고 모든 것은 이별한다.'"

이때 모든 장사들이 함께 서로에게 말하였다.

"마땅히 각자 여러 종류의 꽃다발·도향(塗香)[5]·말향(末香)[6]·소향(燒香)[7]과 여러 묘한 물건·음성(音聲)·고악(鼓樂)을 가지고 빠르게 쌍림으로 가서 공양을 드립시다."

아울러 대신과 보상(輔相)도 각자 권속인 남녀와 대소(大小)인 친우 및 지식과 함께 구시나성을 나와 쌍림으로 나아갔다. 이미 그곳에 이르렀고 세존께서 누워계신 처소인 사자상(獅子床) 앞에서 애도의 정을 마치고서 각자 지니고 소유하였던 상묘한 여러 향·이름난 꽃·무수한 당번·증채·음식·진귀한 보배를 올렸고 여러 음악으로 널리 공양하였으며 아난타에게 아뢰어 말하였다.

"무상의 법왕께서 이미 원적으로 돌아가셨는데 지금 장례를 어떻게 해야 하는가를 알지 못합니다."

존자가 알려 말하였다.

"그렇습니다. 내가 먼저 이미 세존의 가르침의 칙명을 받들었습니다. 소유한 장례법은 전륜왕과 같습니다."

물어 말하였다.

"그 법은 어떻습니까?"

대답하여 말하였다.

"백첩과 솜을 사용하여 안을 감싸고 다음으로 일천의 길은 백첩으로 두루 몸을 묶고서 금관의 가운데에 안치하고, 향유를 가득 채우고 금뚜껑을 덮고서 전단향목과 해안향(海岸香) 등의 여러 향을 쌓고서 불로 다비한 뒤에 우유를 뿌려서 불을 끌 것이고, 남은 사리가 있다면 금병에 넣어서 네거리의 대로(大道)에 솔도파를 건립하고, 둘레에는 비단 깃발과 일산을 매달 것이며, 도향·말향·소향과 여러 기악을 연주하여 공경스럽게 공양하고 대시회를 베푸는 것이니, 이것이 전륜왕의 분장법(焚葬法)입니다. 여래

---

[5] 몸에 바르는 향을 가리킨다.
[6] 붓순나무의 껍질과 잎으로 만든 가루향으로 도량이나 탑 등에 뿌리는 데 사용한다.
[7] 태워서 사용하는 향을 가리킨다.

이신 대사께서는 이것보다 두 배나 수승해야 합니다."

이때 모든 장사들이 이 말을 듣고 존자에게 알려 말하였다.

"우리들이 그 말을 따르겠습니다. 그러나 하루·이틀·사흘에 능히 이 일을 준비할 수 없으나 만약 7일까지 머물러서 이른다면 앞에서와 같이 비로소 성취할 수 있습니다."

대답하여 말하였다.

"알겠습니다."

이때 여러 사람들이 곧바로 앞에서와 같이 전륜왕의 장례법에 의지하여 하나하나를 구비하여 부족함이 없도록 하였다. 구시나성의 주위 12유선나에서 나아가 계관제저에 이르기까지 무량한 귀의하고 심신있는 중생들이 함께 와서 운집하였는데 각자 향과 꽃과 여러 기악 등의 공양을 갖추었다. 장사의 권속들은 모두 성에서 나와서 쌍수의 사이에 나아가서 사자상 앞에 소유한 것을 진설(陳設)하고 진심으로 공양하였다. 이때 장사 가운데에서 어느 한 노숙이 여러 사람들에게 알려 말하였다.

"현재의 대중들이여. 여인은 당번을 지니고 남자는 상여를 메시오. 우리들은 여러 종류의 꽃·증채·도향·말향·소향 및 여러 음악으로 따르겠소."

구시나성의 서문으로 들어가서 동문으로 나왔고 금사하(金沙河)를 건너서 장사 계관제저의 승묘한 곳에 안치하고 불로 다비하겠습니다."

이때 모든 사람들이 이 말을 듣고 각각 앞을 다투어 금관을 들고자 하였고 비록 함께 힘을 다하였으나 결국 능히 움직이지 못하였다. 이때 구수 아난타가 존자 아니로타에게 알려 말하였다.

"구시나성의 모든 장사들이 비록 근력을 다하여도 결국 능히 여래의 금관을 움직이지 못하니 내가 지금 무슨 까닭인가를 알지 못하겠습니다."

존자가 알려 말하였다.

"이것은 여러 천인들이 이와 같이 뜻을 지었소. '장사와 여러 사람들이 여인은 당번을 가지고 남자는 존여(尊輿)를 받들면서 위의가 정숙하게 여래를 따르면 우리 등 여러 천인들은 함께 꽃과 비단을 가지고 여러 묘한 향을 사르면서 하늘의 기악을 연주하고 널리 공양을 베풀면서 서문으로 들어가서 동문으로 나와 금사하를 건너 계관제저에 이르도록 해야겠다.' 이러한 인연으로 위의가 준비되지 않아서 능히 이동되지 않는 것이오."

이때 구수 아난타가 존자에게 알려 말하였다.

"만약 이와 같다면 천인들의 뜻을 따르겠습니다."

이때 모든 장사들이 곧 천인들의 발원을 따라서 앞에서와 같이 설비하고 비로소 와서 상여를 들으니 곧바로 가볍게 들렸고 받들어 모시고 갔다. 이때 하늘에서 올발라화·구물두화·발두마화·분타리화·침수말향(沈水末香)·전단말향(栴檀末香)·다갈라다마라말향(多揭羅多摩羅末香) 및 만다라화(曼陀羅華) 등이 비처럼 내렸고, 여러 하늘의 기악 백천만 종류가 허공 가운데에서 일시에 함께 연주되었으며, 여러 하늘의 꽃과 일산이 구름처럼 펼쳐졌고 아울러 천의가 억의 숫자로 가득하였다. 이때 구시나성의 모든 장사들이 각자 서로 말하였다.

"하늘들이 공양을 마쳤으니 우리들이 마땅히 해야 합니다."

이때 모든 장사와 나머지의 일체의 귀천의 남녀들이 준비한 향과 꽃으로 엄숙한 위의로 공양하니 백천만 종류였고 수승하여 헤아릴 수 없었다. 공경스럽게 공양하면서 금관을 따라서 성안을 지나서 금사하를 건너 계관제저에 이르니 흩어진 꽃이 쌓여 무릎에 이르렀다. 이때 어느 한 외도인 범지가 세존께서 멸도하신 것을 듣고 사라림에 나아가서 몇 송이의 꽃을 가지고 파파취락으로 돌아오면서 그 도로의 중간에서 대가섭파가 500의 제자와 함께 정숙한 위의로 쌍림의 대사의 발에 예경하기 위하여 나아가는 것과 마주쳤다. 만난 외도를 보고 물어 말하였다.

"그대는 어디서 오는 것이고, 어디로 가는 것입니까?"

외도가 대답하여 말하였다.

'나는 구시나에서 왔고 파파취락으로 가는 길입니다."

가섭파가 알았으나 일부러 물었다.

"그대가 그곳에서 왔다면 우리들의 대사이신 석가모니여래께서 사대가 안은하신가를 아십니까?"

외도가 대답하여 말하였다.

"나는 그곳에서 왔고 직접 대덕인 교답마를 뵈었는데 이미 열반에 드시었고 지금 7일이 지났습니다. 멸도하시고 왔던 인간과 천인들이 소유한 향과 꽃과 여러 종류의 위의를 갖추어 유신사리(遺身舍利)에 공양을 올렸는데 내가 그들이 모인 곳에서 이 꽃을 얻어 가지고 왔습니다."

대가섭파가 거느린 500인 가운데에 한 막하라(莫訶羅)[8] 필추가 있었고 성품이 우치하여 좋고 나쁜 것을 분별하지 못하였는데 외도의 말을 듣고 마침내 추한 말을 뱉었다.

"통쾌하구나. 즐겁구나. 우리들은 지금부터는 모든 계율에 구속과 제약에서 벗어나게 되었구나. 이것은 마땅히 지으라고 말하였고, 저것은 마땅히 짓지 말라고 말하였다. 이러한 일이 모두 그쳤으니 지금부터는 능히 지키고 지키지 않는 것은 모두 나의 까닭이고, 행하는 것도 행하면서 필요하지 않는다면 버릴 것이다."

이때 그 노수(老叟)가 이러한 말할 때에 공중에서 여러 천인들이 그 비법을 듣고 곧 신력으로서 소리를 엄폐(掩蔽)하여 사람들이 듣지 못하게 하였고 오직 가섭파가 이러한 말을 알게 하였다. 이때 존자가 그를 가르치고 충고하려는 까닭으로 곧 길가에서 잠시 쉬면서 대중들과 함께 앉았고 알려 말하였다.

"여러 구수여. 세간의 제행은 모두 무상한 것이고, 몸은 단단하지 않은 감옥으로 믿기 어려운 것이며, 오래지 않아서 함께 흩어져 없어지나니 마땅히 염리(厭離)를 일으키고 애착이 생겨나지 말아야 하오. 또한 이 일은 그만두고 우리들은 빠르게 가서 세존의 전신(全身)을 보아야 하니 각자 자기가 아울러 전진하시오."

이때 모든 장사와 사부대중들이 먼저 백첩과 솜으로 여래를 감싸고 다음으로 일천의 긴 백첩으로 몸을 두루 감아서 향유를 넣은 관에 안치하고 금뚜껑을 덮었으며 각자 향목(香木)을 지니고서 여법하게 불을 붙였으나

---

8) 산스크리트어 mahallaka의 음사로서 노(老)·구(舊)·무지(無知)라고 번역된다. 늙은이나 어리석은 자를 일컫는 말이다.

불이 능히 붙지 않았다. 이때 아니로타가 아난타에게 알려 말하였다.
"비록 불을 붙이고자 하여도 마침내 불이 붙는 법이 없을 것이오."
물었다.
"그것이 무슨 까닭입니까"
대답하여 말하였다.
"이것은 여러 천인이 불이 붙지 않게 하는 것이오."
다시 물었다.
"무슨 인연입니까?"
대답하여 말하였다.
"대가섭파가 500의 도중(徒衆)과 함께 길을 따라서 오고 있으며 세존의 금색 전신을 직접 보고 다비하는 것을 관찰하고자 하오. 그를 위하여 기다리는 까닭으로 천인들이 타지 않게 하는 것이오."
이때 아난타가 곧 이러한 일을 널리 대중에게 알려서 알게 하였다. 잠시 후에 존자 도중이 모두 이르렀으므로 구시나성의 여러 사람들이 멀리서 존자의 대중들이 오는 것을 보고 각자 향과 꽃과 여러 종류의 음악을 가지고 존자에게 나아가서 발에 예경하였다. 이때 무량한 백천의 대중이 존자를 따라서 세존의 처소로 나아갔다. 향목을 치우고 큰 금관을 열고 일천 백첩과 솜을 아울러 열어 풀었으며 존용(尊容)을 우러러보면서 발에 예경하였다. 여기에는 이때에 오직 네 분의 대기숙인 성문이 계셨으니 이를테면, 구수 아야교진여·구수 난타·구수 십력가섭파·구수 마하가섭파 등이었다. 그러나 마하가섭파는 큰 복덕이 있어서 많은 이양을 얻었으므로 옷과 발우와 약이 곧 매사에 남음이 있었다. 존자가 생각을 지었다.
'내가 지금 스스로 준비하여 세존께 공양해야겠다.'
곧 백첩과 일천의 길은 백첩과 솜을 준비하여 먼저 솜으로서 감싸고 뒤에 백첩을 사용하여 묶고서 금관 가운데에 안치하고 곧 향유를 가득 채웠으며 금뚜껑을 덮고 여러 향목들을 쌓고 물러나서 한쪽에 서있으니 세존의 남은 위력과 천인들의 힘을 까닭으로 소유한 향목에서 자연스럽게 불이 일어났다. 이때 아난타가 오른쪽으로 불을 돌면서 가타를 설하여 말하였다.

여래의 묘체가 원적으로 돌아가니
자연히 불이 일어나서 남은 몸을 태우고
오직 안팎의 완전한 한 쌍만 남겨두고서
소유했던 일천의 옷은 불을 따라서 변해가네.

이때 구시나성의 모든 장사 등이 우유를 부어서 불을 끄고자 하였으나 아직 우유를 뿌리기 전에 그 불더미 속에서 홀연히 네 개의 나무가 생겨났다. 첫째는 금빛의 유수(乳樹)이었고, 둘째는 적색의 유수이었으며, 셋째는 보리수(菩提樹)이었고, 넷째는 오담발수(烏曇跋樹)이었는데 이 나무에서 스스로가 우유가 흘러나와서 불을 모두 꺼지게 하였다.

이때 구시나성의 모든 귀천인들이 함께 사리를 거두어서 금병(金甁)에 가득 채워서 칠보수레(七寶輿) 위에 안치하였다. 여러 종류의 향·꽃·전단향·침수향·도향·말향·소향·증채·일산·당번·음성·기악 등으로 널리 공양을 베풀었고 모시고 성안으로 들어가서 묘한 전당에 안치하고 다시 앞에서와 같이 성대한 공양을 베풀었다.

이때 파파취락의 모든 장사들이 불·세존께서 구시나성에서 반열반에 들어가셨고 이미 7일이 지났으며 무량한 인간과 천인들이 널리 공양한다는 것을 듣고 그 취락에서 사병인 상병·마병·거병·보병을 모두 집합시켰고, 각자 스스로가 엄숙히 여러 종류의 무장을 갖추었으며, 함께 구시나성으로 나아가서 사리를 나누고자 하였다. 이미 성에 이르러 여러 사람에게 알려 말하였다.

"무상한 법왕이시고 중생들의 자비하신 아버지이시오. 우리들 모든 사람들이 이렇게 장야에 공양하였고 공경하였으며 직접 가르침과 인도를 받았고 정법을 수지하였는데 지금 이미 멸도하셨소. 남겨진 사리는 우리들이 모셔다가 파파마을에 가서 솔도파를 건립하고 안치하여 봉안하고 공양하겠소."

성안의 여러 사람들이 이렇게 알리는 것을 듣고 함께 이렇게 말을 지었다.

"세존이신 도사(導師)께서는 우리들의 자비하신 아버지이시고 직접 가르침과 인도를 받았으며 이미 우리들의 땅에서 반열반하셨으니 전신의 사리를 마땅히 영겁토록 이곳에 모시고서 공양할 것이고 결국 바깥 읍의 여러 사람들에게는 나누어주지 않을 것이오."

이때 파파의 사람들이 사신을 보내어 대단하여 말하였다.

"만약 나누어 주겠다면 좋으나 만약 주지 않겠다면 우리들이 마땅히 강제적인 힘으로 탈취하겠소."

성의 사람들이 듣고 그 대중들에게 알려 말하였다.

"쓸모없는 일로 전투하여도 결국 얻지 못할 것이오."

그때 차락가읍(遮洛迦邑)·부로가읍(部魯迦邑)·아라마읍(阿羅摩邑)·폐솔노읍(吠率奴邑)·겁비라성(劫比羅城)의 여러 석가자제와 벽사리(薜舍離)의 율고비자(栗姑毘子)들이 모두 와서 모였다. 이때 마갈타국의 미생원왕이 불·세존께서 이미 구시나성에서 반열반에 들어가셨고 일체의 인간과 천인이 널리 공양한다는 이러한 일을 듣고 큰 근심과 고통이 생겨나서 마침내 행우 대신에게 알려 말하였다.

"경은 지금 아시오? 내가 들으니 세존께서 이미 열반에 드셨는데 구시나성에서 크게 공양을 베푸는데 사리를 위하여 다투었고 여러 곳에서 경쟁적으로 와서 서로가 침탈하고자 한다고 하오. 나도 지금 역시 가서 사리(身骨)를 청하여 취하겠소."

대신이 말하였다.

"그렇게 하십시오. 마땅히 군사를 정비하여 곧 구시나성으로 가십시오."

이때 미생원왕이 마침내 큰 코끼리를 타고 세존의 처소에 가고자 하였고 비로소 코끼리 위에 올랐으나 세존의 깊은 은혜를 생각하였고 마음이 곧 민절하여 코끼리 위에서 땅으로 떨어졌다가 잠시 뒤에 깨어났다. 다시 말을 타고 떠났으나 세존의 은혜를 생각하면서 억제하지 못한 까닭으로 도리어 땅으로 떨어져서 오랜 뒤에 숨을 깨어나서 행우대신에게 알려 말하였다.

"내가 지금 세존의 처소에 직접 갈 수가 없소. 경 등이 사병을 거느리고 구시나성으로 가서 장사들에게 문신하고 나의 말의 가르침을 전하시오. '병이 적고 번뇌가 적으며 기거가 가볍고 안락합니까? 세존께서는 세상에 머무시면서 우리들을 접인(接引)하셨고, 장야에 은근하셨던 우리들의 대사이시오. 지금 당신들의 취락에서 반열반하셨으니 남기신 사리를 바라건대 일부를 나누어주시오. 왕사성에 솔도파를 짓고서 공경하고 존중하면서 향·꽃화·기악 등의 여러 종류로 공양하는 것을 바라고 있소.'"

행우가 아뢰어 말하였다.

"왕의 교칙과 같이 하겠습니다."

곧 사병을 엄숙히 하여 구시나성으로 나아갔으며 장사들에게 알려 말하였다.

"당신들은 함께 들으시오. 마갈타국의 미생원왕이 당신들에게 문신하였소. [앞에서와 같이 갖추어 말하였다.] '세존이신 대사께서는 우리들에게 항상 요익하게 하셨고 안락을 얻게 하셨으니 존중받고 공경받아야 합니다. 지금 당신들의 마을에서 반열반에 들어가셨으니 남기신 사리를 바라건대 나누어 주시오. 왕사성에 솔도파를 건립하고 널리 공양을 베풀겠소.'"

여러 장사들이 말하였다.

"세존께서 진실로 일체의 군생을 요익하고 안락하게 하셨으니 존중받고 공경받아야 합니다. 그러나 지금 우리 취락에 머무시면서 반열반에 들어가셨으니 남기신 사리를 왕이 나누고자 하나 이것은 진실로 어려운 일이오."

이때 행우가 여러 장사들에게 알려 말하였다.

"만약 그것을 당신들이 능히 주겠다면 좋으나 그렇지 않다면 내가 병력을 동원해서 강제로 빼앗아서 떠나겠소."

대답하여 말하였다.

"마음대로 하시오."

이때 여러 사람들이 모였는데 모두가 성 모퉁이에서 술렁거리고 있었다. 성안에서 소유한 장사인 남녀가 모두 활을 잘 쏘았는데, 곧바로 모든 상병·마병·거병·보병의 사명을 엄숙히 정비하고서 7읍의 병사들과 함께 교전하고자 하였다.

근본설일체유부비나야잡사 제39권

삼장법사 의정 한역
석보운 번역

제8문 제10자섭송 ⑤

제8문 제10자섭송 열반의 나머지이다. 다음으로 오백결집사를 밝히겠노라.

이때 바라문이 있었으니 돌로나(突路拏)라고 이름하였다. 대중의 가운데에 있었는데 이 모든 사람들이 사리를 경쟁하며 모두가 서로에게 전쟁으로 정벌하려는 것을 보고 불교를 위해(危害)하여 손상시키는 것을 두려워하면서 스스로가 긴 깃발을 잡고서 대중에게 휘두르면서 구시나의 여러 장사들에게 알려 말하였다.

"당신 등은 잠시 멈추십시오. 지금 그대들을 위하여 그 손해와 이익을 말하겠습니다. 내가 일찍이 들으니 이 대사문 교답마는 일체의 유정을 가없고 애민하게 생각하는 까닭으로 무수한 겁을 처연히 정진하였고 원한과 해치는 일을 인내하면서 오래 시간을 고행하면서 인욕하는 행을 찬탄하였습니다. 이러한 인연을 까닭으로 무상의 깨달음을 성취하였고 마음으로 평등을 행하여 오히려 허공과 같았으며 모든 유정을 널리 모두 제도하셨습니다. 중생들의 복이 끝났으므로 버리고서 열반하신 것입니다. 교화를 마치고 난 뒤 겨우 7일이 지났는데 곧 군사를 일으켜서 싸우는 것은 진실로 서로를 위반하는 것입니다. 오직 원하건대 여러분들은 투쟁하지 마십시오. 내가 평등하게 나누어서 반드시 환희하게 하겠습니다. 불신사리를 나누어 팔분(八分)으로 하겠으니 각자 가져다가 공양하여 군생들을 요익하게 하십시오. 담았던 사리병을 바라건대 나에게 준다면 가지고 본국으로 돌아가서 솔도파를 건립하겠습니다."

이때 구시나성의 장사들이 듣고 알려 말하였다.

"그렇게 하겠습니다. 대사이신 세존께서는 장야에 인욕행을 닦으셨고 살해하지 않으셨으며, [자세한 설명은 앞에서와 같다.] 당신이 지금 가르침에 수순하여 우리를 위하여 평등하게 분배하는 이것은 좋은 일입니다."

그 바라문은 이미 허락을 받았으므로 곧 사리를 나누어 팔분을 만들었으며, 제1분은 구시나성의 장사들에게 주어 널리 공양하게 하였고, 제2분은 파파읍의 장사들에게 주었으며, 제3분은 차라박읍에 주었고, 제4분은 아라마처에게 주었으며, 제5분은 폐솔노읍에게 주었고, 제6분은 겁비라성의 여러 석가자에게 주었으며, 제7분은 벽사리성 율고비자에게 주었고, 제7분은 마갈타국의 행우대신에게 주었으므로 이들의 모든 사람이 이미 나눈 것을 얻고서 각자 본래의 처소로 돌아가서 솔도파를 일으키고 공경하고 존중하였으며 기악과 향과 꽃으로 성대하게 공양하였다.

이때 돌로나 바라문은 사리를 담았던 병을 가지고 본래의 취락에서 탑을 세우고 공양하였다. 마납파가 있어 필발라(畢缽羅)라고 이름하였는데 역시 그때 대중 가운데에 있으면서 여러 사람에게 알려 말하였다.

"석가여래의 은혜는 두루하지 않는 곳이 없습니다. 당신들의 마을에서 반열반하셨으나 세존의 사리는 나에게 분배되지 않으니 그 불타고 남은 숯을 원하건대 나에게 준다면 필발라처에 탑을 세우고 공양하겠습니다."

이때 섬부주에 세존의 사리탑이 나아가 여덟이 있었고, 제9는 병탑(甁塔)이었으며, 제10에는 탄탑(炭塔)이 세워졌는데 여래의 사리는 모두 1석(碩)[1] 6두(斗)[2]이었던 것을 팔분한 것의 그 칠분이 섬부주에 있었고 그 제4분인

---

1) 한나라 때부터 부피의 단위로 전용되었다. 조선시대에는 소곡(小斛)을 15두, 대곡(大斛)을 20두로 정하였는데, 세종 28년에 규정된 소곡으로는 약 91.7L에 해당하고 대곡으로는 약 122.3L에 해당한다.

아라마처에 있었던 것은 용궁(龍宮)에서 공양되었다. 또한 세존의 치아(齒牙) 사리가 넷이 있는데 첫째는 천제석의 처소에 있고, 둘째는 건타라국에 있으며, 셋째는 갈능가국에 있고, 넷째는 아라마읍의 바다 용왕궁에 있는데 각자기 탑을 세워서 공양하였다.

이때 파타리읍(波宅離邑)의 무우왕(無憂王)이 곧 일곱 탑을 열고서 그 사리를 취하여 섬부주에 널리 영탑(靈塔) 8만4천을 일으켜서 두루 공양하게 하였고, 탑의 위덕을 까닭으로 세간이 장엄되어 천인·용·약차·여러 사람과 신 등이 모두 공경하고 존중하면서 공양하였으며 능히 정법의 광명을 나타내고 없어지지 않게 하였으므로 소원하여 구하는 것이 마침내 뜻대로 안 되는 것이 없었다. [마친다. 아래는 왕사성의 오백결집사(五百結集事)의 첫 부분이다.]

오백결집사 ①

당시 석가여래께서는 석가 종족에서 태어나셨고, 마갈타국에서 등정각을 이루셨으며, 바라니사에서 묘한 법륜을 굴리셨고, 구시나성의 장사들이 태어난 곳에서 멸도를 취하셨다. 존자 사리자는 대필추 8만인과 함께 열반에 들어갔고 존자 대목련은 7만의 필추와 함께 역시 열반에 들어갔으며 세존께서는 1만8천의 필추와 역시 반열반하셨다. 이때 다겁의 장수한 천인들이 세존께서 열반하시는 것을 보고 마음에 슬픈 감정을 품었고 또한 모든 성중들이 모두 멸도하신 것을 보고서 마침내 기의(譏議)[3]가 생겨났다.

"세존께서 설하신 소달라·비나야·마질리지(摩蜜里池)의 정진(正眞)한 법장을 모두 결집하지 않았으니 어찌 바른 교법이 잿더미가 되지 않겠는가?"

이때 대가섭파가 그 천인들의 뜻을 알고 여러 필추들에게 알렸다.

---

2) 1석의 1/10에 해당한다.
3) 헐뜯어 평가하는 것이다.

"그대들은 마땅히 아시오, 구수 사리자와 대목련이 각자 많은 대필추 대중과 함께 세존께서 대열반에 들어가시는 것을 보지 못하고서 모두 이전에 원적으로 돌아갔고 지금 세존께서 다시 1만8천의 필추와 같이 반열반하셨습니다. 그러나 무량하게 장수한 여러 천인들도 모두 애석해하고 있고, 다시 '어찌 삼장의 성스러운 가르침을 결집하지 않는가? 어찌 여래의 깊고 깊은 묘한 법을 잿더미가 되게 하는가?'라고 기의하고 있습니다. 함께 모두에게 알려 알도록 하고서 함께 결집하겠습니다. 이것은 대사(大事)입니다."

대중들이 모두 말하였다.

"옳습니다. 우리들이 따라서 짓겠습니다."

이때 가섭파가 승가에게 알려 말하였다.

"이 대중 가운데에서 누가 가장 젊습니까?"

알려 말하였다.

"구수 원만(圓滿)입니다."

이때 대가섭파가 알려 말하였다.

"원만이여. 그대는 건치를 울려서 승가가 모두 모이도록 하시오."

원만이 듣고는 곧 고요한 곳에서 제4선에 들어갔고 그 정의 힘을 따라서 생각을 붙잡아 사념하여 관찰하고서 정에서 일어나서 곧 건치를 울리니 마땅히 499의 대아라한이 여러 지방에서 운집하였고 이 자리에 나아가서 앉았다. 존자 대가섭파가 아뢰어 말하였다.

"여러 구수여. 필추승가는 모두 와서 모였습니까? 누가 모이지 않았는가를 자세히 잘 관찰하십시오."

이때 모든 필추들이 두루 살펴보고 대가섭파에게 알려 말하였다.

"여러 지방의 필추들이 모두 와서 모였으나 오직 구수 우주(牛主)가 아직 오지 않았습니다."

이때 우주 필추는 시리사궁(尸利沙宮)의 한적한 곳에 머물고 있었다. 대가섭파가 원만하게 알려 말하였다.

"그대는 지금 구수 우주가 기거하는 곳으로 나아가서 이와 같이 말을 지어 우주에게 알려 말하시오. '필추승가는 대가섭파를 상수로 삼아 존자에게 알립니다. 병이 없으십니까? 승가에 일이 있으니 마땅히 빠르게 오십시오.'"

원만이 듣고 이미 깊은 정에 들어갔고 그 정의 힘으로서 구시나성에서 사라져서 시리사궁에 나타나서 존자의 앞에 나아가서 발에 정례하고 존자에게 알려 말하였다.

"필추승가는 대가섭파를 상수로 삼아 발원하여 말합니다. 병이 없으십니까? 승가에 일이 있으니 마땅히 빠르게 오십시오."

존자는 비록 여러 욕심을 벗어났으나 의외로 애련(愛戀)의 습기가 있어서 원만에게 알려 말하였다.

"잘 오셨소. 구수여. 어찌 대사이신 석가모니여래께서 교화의 인연이 있어서 다른 세계로 향하신 것이 아니겠는가? 어찌 여러 승가들이 쟁사를 하는 것이 아니겠는가? 어찌 이렇게 여래께서 무상한 법륜을 굴리시는 것을 여러 외도 등이 비방하는 것이 생겨난 것이 아니겠는가? 또는 아니면 외도들이 모여 도당을 맺어 우리 여래의 성문제자들을 괴롭히는 것이 아니겠는가? 어찌 여래의 여러 제자 등이 번뇌가 증가되고 치성하여 서로를 업신여기는 것이 아니겠는가? 어찌 사문이나 바라문이 세존의 가르침을 어기고 배반하는 것이 아닌가? 아니면 여러 어리석은 자들이 승단을 깨트리는 것인가? 어찌 악견이 있는 사람이 법과 비슷한 상(像)과 소유한 문구를 가지고 여래의 진정한 법을 미혹하고 어지럽히는 것이 아니겠는가?

어찌 대중의 많은 같은 범행자들이 독송과 선사의 수승한 업을 버리고 그만두고서 세속의 무익한 말을 즐거이 하는 것이 아니겠는가? 또는 다시 마음에 의혹을 품고 있으면서 오히려 두 길에서 망설이고 비법을 법이라고 말하며 법을 비법이라고 말하고 계율이 아닌 것을 계율이라고 말하며 계율을 계율이 아니라고 말하는 것이 아니겠는가? 어찌 여러 필추가 인색과 탐욕의 번민하는 곳에서 요란하고 여섯 종류의 화경법(和敬法)을 버리고 배반하여 오는 객필추가 있는 것을 보거나 같은 범행자를 보아도 서로 애념하지 않는 것이 아니겠는가? 어찌 악성의 필추가 있어서 여러 신심 있는 장자와 바라문 등에게 세존의 정법을 배반하고 외도로 돌아가게 하는 것이 아니겠는가? 어찌 필추가 사명(邪命)을 익히고 행하며, 밭을 갈거나 판매하며, 아첨과 왜곡으로 왕을 섬기고, 화복을 점치며, 목숨을 마치도록 부정한 재물을 저축하는 것이 아니겠는가? 어찌 필추가 두다정행(杜多正行)에 있어서 하품의 와구를 받는 것에 싫어함과 천박함이 생겨난 것이 아니겠는가? 어찌 진실로 사문이 아니면서 스스로가 사문이라고 말하고 같은 범행자의 처소에서 서로를 괴롭히는 것이 아니겠는가?

그러나 그대 원만이여. 멀리서 이곳에 이르렀다면 마땅히 대덕이신 세존께서 안은하시고 무사하신 것을 말해야 하고 나아가 대가섭파가 상수가 되었으므로, 어찌 대비하신 세존께서 여러 함식을 버리시고 영원히 무여의대열반계에 들어가신 것이 아니겠는가? 어찌 세간이 선장(船師)을 잃고 놀람과 두려움이 생겨난 것이 아니겠는가? 어찌 십력이시고 무외이셨으나 무상귀(無常鬼)의 처소에 삼켜진 것이 아니겠는가? 어찌 능히 일체의 유정을 깨우쳐 열어주셨고 요익하게 하셨으나 잠들어서 깨어나지 않으시는 것이 아니겠는가? 어찌 세존의 햇빛의 광명이 침몰한 것이 아니겠는가? 어찌 여래의 만월(滿月)이 아소라의 원망에 장애되고 은폐되어 광명이 숨겨진 것이 아니겠는가? 어찌 삼천세계에 최고로 존중받으시는 대사의 승여의수(勝如意樹)가 보리분화(菩提分華)로서 장엄되고 사성문과(四聲聞果)가 향기롭고 아름다워서 사랑스럽더니 무상광상(無常狂象)에게 꺾어진 것이 아니겠는가? 어찌 여래의 지혜의 등불이 무명풍(無明風)이 불어에 꺼진 것이 아니겠는가?"

이때 구수 원만이 이 말을 듣고 가타로 설하여 말하였다.

성문들이 이미 모였고
지혜가 모두 날카로우며
법을 오래 머물게 하려는 까닭으로
오직 존자를 기다리고 있다네.

세존 법의 배는 이미 침몰하였고
지혜의 산도 역시 무너졌으며
대사의 수승한 성중들도
널리 진실한 원적에 들어가고자 한다네.

오직 원하건대 그대는 빠르게 가시어
함께 세존의 가르침을 결집해야 하나니
이것은 대사이고 가볍지 않으므로
나를 보내었고 와서 서로에게 명하는 것입니다.

이때 구수 우주가 원만이 알려 말하는 것을 듣고 잠시 멈추라고 명하여 말하고 게송으로 알려 말하였다.

무상의 밝은 등불이 만약 세상에 계시다면
내가 그곳에 가서 존안(尊容)에 예경을 원하지만
지금 이미 인연을 마쳐 열반에 들어가셨는데
어느 지혜 있는 사람이 능히 그곳에 가겠는가?

그대는 지금 나의 삼의와 발우를 가지고
그 대중에게 마땅히 제공하여 줄 것이며
나는 지금 입적하여 다시 태어나지 않겠으니
오직 원하건대 성자들은 자비로 함께 용서(忍恕)하십시오.

이렇게 말하고서 곧 자리에서 일어나 허공으로 올라가서 18변화를 나타내고 여러 종류의 빛을 발하고서 불꽃으로 변화되어 몸을 불살라서 멸도를 취하니 곧 몸 안에서 네 길의 물이 흘렀는데 제1의 물이 가타를 설하여 말하였다.

우리들 중생들이 복덕이 끝나서
지금 때에 홀연히 버림과 어긋남을 만났고
세간에 지혜의 해가 이미 빛을 숨겼으니
일체의 미혹한 군생들을 구할 자가 없구나.

제2의 물이 가타를 설하여 말하였다.

일체의 행은 찰나에 없어지는데
태어나서 죽음에까지 모두 고통으로 돌아가며
다만 이것이 범부들의 허망한 계책이나니
짓는 자도 받는 자도 모두 없는 것이라네.

제3의 물이 가타를 설하여 말하였다.

지혜있는 자는 마음에서 항상 방일하지 않나니
모든 선법을 빨리 닦아 이룰지니라.
얼의 화사함도 목숨도 모두 없어지나니
항상 무상함에 삼키고 먹힐 것이다.

제4의 물이 가타를 설하여 말하였다.

내가 지금 세존의 제자들께 머리를 숙이나니
마땅히 지을 것을 이미 이루었으니
작은 소가 우왕(牛王) 따라서 떠나는 것과 같이
대사를 공경하고 따르면서 원적에 들어갑니다.

이때 구수 원만이 우주의 유신(遺身)인 사리에 공양하고서 그의 옷과
발우를 가지고 깊은 정에 들어가서 실리사궁에서 사라져서 구시나성

쌍림에 나타나서 대가섭파와 500필추의 처소에 나아가서 따라서 마땅하게 예경하였다. 그 가져온 옷과 발우를 상좌 앞에 놓고 가타를 설하여 말하였다.

    그는 성주(聖主)께서 원적으로 돌아가신 것을 듣고
    소유한 복업으로 역시 따라서 갔으며
    이것은 옷과 발우이온데 내가 가져왔으니
    오직 원하건대 승가께서는 용서하십시오.

이때 존자 가섭파가 필추들에게 알려 말하였다.
"같은 범행자들은 모두 잘 들으십시오."
가타를 설하여 말하였다.

    그는 성스러운 가르침을 따라서 몸으로 입멸하였고
    나머지의 은공들도 많이 열반하였으니
    현재 있는 분들께서 화합하고 같은 마음으로
    인간과 천인을 위하여 마땅히 결집해야 합니다.

이때 가섭파가 다시 대중들에게 뜻과 생각이 견고하여 열반에 들지 않도록 가타를 설하여 말하였다.

    당신들은 그 우주와 같이
    실리사궁에서 입적하듯이 하지 마십시오.
    마땅히 갑자기 반열반하지 말고
    마땅히 중생에게 이익되는 일을 지으십시오.

이때 구수 대가섭파가 500필추들과 함께 제령을 세워서 말하였다. "여러분은 마땅히 내 말을 듣고 아십시오. 세존의 해가 이미 침몰하였고 법이 따라서 없어지는 것이 두려우므로 지금 같이 법장을 결집하고자 하더라도, 그 모든 사람들이 대사의 처음의 상을 당하여 마음에서 각자 슬퍼하고 괴로워하고 있습니다. 만약 이곳에서 결집한다면 사방승가의 대중들이 와서 서로 소리치고 요란하여 마음이 불안하여 일이 성립되기 어려울 것입니다. 그러나 불·세존께서 마갈타국의 보리수 아래에서 등정각을 이루셨고 법신은 돌아가셨으니 우리들이 마땅히 지금 그곳으로 나아가서 결집합시다."

어느 필추가 말하였다.

"대단히 좋습니다."

어느 필추가 말하였다.

"우리들이 보리수 아래로 나아갑시다."

이때 대가섭파가 여러 사람에게 알려 말하였다.

"마갈타국의 승신의 아들인 미생원왕이 처음으로 신심을 일으켰고 능히 네 가지의 생활에 자구를 대중에게 부족함이 없이 공급할 것이니 우리들이 마땅히 그곳에 나아가서 결집합시다."

이때 대중이 함께 모두 "좋다."고 말하였다. 다시 누가 말하였다.

"우리들 여러 사람들은 모두 아라한과를 증득하였는데 오직 아난타가 홀로 학지(學地)에 있습니다. 또한 이 구수는 세존께서 계셨던 날에 직접 모셨으므로 모든 불법장(佛法藏)을 널리 능히 수지하였으나, 과가 아직 원만히 갖추지 못하였으니 이것에 어떻게 해야 합니까?"

가섭파가 말하였다.

"만약 이와 같다면 간택법(簡擇法)을 지어야 합니다. 다른 학인들의 마음에서 인욕하지 못함이 생겨나는 것이 두려우므로 방편을 하여 마땅히 경희(慶喜)[4]를 뽑아서 행수인(行水人)으로 짓는다면 다른 사람들은 스스로가 떠날 것입니다."

대중이 말하였다.

---

4) 아난타(阿難陀)를 한역하여 부르는 말이다.

"좋습니다."

이때 구수 대가섭파가 대중들 앞에서 마주하고서 아난타에게 알려 말하였다.

"그대는 대중을 위하여 물을 드리는 사람으로 지을 수 있겠는가?"

아난타가 대답하여 말하였다.

"할 수 있습니다."

이때 가섭파가 곧 백이갈마로 그를 뽑고자 하였다.

"대덕 승가께서는 들으십시오. 이 구수 아난타 필추는 직접 세존을 모셨고 소유한 법장을 널리 능히 수지하였습니다. 만약 승가께서 허락하실 때에 이르셨다면 승가께서는 마땅히 허락하십시오. 승가시여. 지금 필추 아난타를 뽑아서 승가 대중에게 물을 드리는 사람으로 짓겠습니다. 이와 같이 아룁니다.

대덕 승가께서는 들으십시오. 이 구수 아난타 필추는 직접 세존을 모셨고 소유한 법장을 널리 능히 수지하였습니다. 만약 승가께서 허락하실 때에 이르셨다면 승가께서는 마땅히 허락하십시오. 승가시여. 지금 필추 아난타를 뽑아서 승가 대중에게 물을 드리는 사람으로 짓겠습니다. 만약 승가께서 지금 필추 아난타를 뽑아서 승가 대중에게 물을 드리는 사람으로 짓는 것을 허락하신다면 묵연히 계시고, 만약 허락하지 않으신다면 말씀하십시오.

승가시여. 지금 필추 아난타를 뽑아서 승가 대중에게 물을 드리는 사람으로 짓는 것을 마쳤습니다. 승가께서 이미 인정하시고 허락하신 것은 묵연히 계셨기 때문입니다. 나는 지금부터 이와 같이 지니겠습니다."

이때 대가섭파가 아난타에게 알려 말하였다.

"그대는 대중과 함께 인간세상을 유행하면서 그 마갈타국으로 나아가시오. 나는 곧게 뻗은 길로 떠나겠네."

이때 아난타는 대중과 함께 왕사성으로 나아갔는데 가섭파가 앞에 이르렀다. 미생원왕은 세존께 신심이 깊었으므로 만약 큰 코끼리를 탔더라도 멀리서 세존을 보는 때에 스스로 땅에 떨어졌으나 세존의 위력을 까닭으로 몸에는 손실이 없었다. 왕이 큰 코끼리를 타고서 멀리서 가섭파를 보고 여래를 생각하면서 곧바로 스스로 떨어졌다. 이때 존자가 신력으로 붙잡아서 다치지 않게 하였고 알려 말하였다.

"대왕이시여. 마땅히 아십시오. 여래이신 대사께서는 마음이 항상 정에 있으셨으나 성문제자는 곧 이와 같지 못하여 만약 생각을 거두어 관찰하지 않으면 앞의 일을 알지 못하고 관찰하기도 하고 관찰하지 않기도 합니다. 이러한 까닭으로 내가 지금 대왕과 함께 원칙을 세우겠습니다. 만약 여래의 성문 제자들을 보더라도 대왕께서 코끼리나 말을 타고 있다면 마땅히 갑자기 뛰어내리지 말고 몸을 마땅히 보중(保愛)하십시오."

왕이 말하였다.

"존자의 가르침과 같이 하겠습니다. 성자여. 만약 세존께서 세상에 머무신 것을 내가 마땅히 알았다면 내가 직접 공양하였을 것입니다. 지금은 이미 열반하셨으니 어디에 공경해야 합니까? 당신은 곧 나의 존경스런 세존입니다. 왜 그러한가? 여래의 교법을 모두 위임(委寄)받았기 때문입니다."

이렇게 말하고서 대신들에게 알려 말하였다.

"존자 대가섭파께 사사공양을 부족함이 없게 하시오."

존자가 말하였다.

"대왕께서는 마땅히 아십시오. 세존께서는 이 나라에서 대보리법신을 성취하셨으므로 지금 대왕의 처소에서 법의 당기를 건립하고 삼장을 결집하고자 필추 대중이 도로에 있으면서 함께 오고 있습니다."

왕이 말하였다.

"좋습니다. 내가 성중들께서 다만 필요한 것이 있다면 모두 공급하겠습니다."

이때 모든 성중이 오래지 않아서 왕사대성에 이르렀다. 왕이 이른 것을 듣고 곧 여러 신하들과 원근의 일체 귀천을 막론하고 백성들에게 칙명하여 성곽을 엄숙히 장엄하고 거리와 골목을 물을 뿌리고 청소하였다. 묘한 꽃·향·보배 당번·일산 및 여러 기악의 백천만 종류를 가지고 왕과 후비·태자·내궁의 채녀·국내의 백성들이 모두 성으로 나와서 성중을 맞이하였다.

이미 성에 들어온 대중이 좌정(坐定)하였고 왕이 곧 상좌 앞에 이르러 공경스럽게 합장하고 장궤하고서 대덕인 가섭파에게 아뢰었다.

"오늘에 성중이 모두 와서 이곳에 이르렀고 여러 중생을 위하여 큰 요익을 지으시니 일체의 필요한 것을 내가 마땅히 공급하겠습니다. 나는 지금 어느 처소가 결집하는 모임의 자리를 펼치고 베푼다면 감당할 수 있는가를 알지 못합니다."

이때 존자가 알려 말하였다.

"만약 이 성의 죽림원 가운데에서 결집을 짓는다면 여러 처소의 승가들이 와서 함께 서로 소리치고 요란하여 방해하는 것이 두렵고 만약 취봉산으로 향한다면 역시 불안하고 적정하지 않습니다. 그러나 필발라의 바위 아래는 결집을 감당할 수 있으나 와구가 없습니다."

왕이 듣고 깊은 환희가 생겨나서 가섭파에게 알려 말하였다.

"만약 그곳에서 결집을 하신다면 모든 필요한 와구의 부류를 내가 마땅히 공급하겠습니다."

이때 가섭파가 대중에게 알려 말하였다.

"지금 이 대왕께서 모든 성중을 위하여 필발라의 바위 아래 결집하는 곳에 모든 필요한 것을 모두 공급하여 부족함이 없도록 하겠다고 하였습니다. 당신들 대중들은 마땅히 그곳으로 가십시오."

왕이 가섭파에게 알려 말하였다.

"대각이신 세존께서 열반에 들어가실 때에 나에게 알리지 않으셨습니다. 오직 원하건대 존자께서는 오래 세간에 머무시고 설령 장차 원적하시고자 한다면 다행스럽게 미리 말씀하여 주십시오."

이때 가섭파는 묵연히 허락하였다. 이때 존자가 다시 이렇게 생각을 지었다.

'전하(前夏)의 가운데에는 방사와 와구를 수영(修營)하고 후하(後夏)에 이르는 때에 마땅히 결집을 해야겠다.'

존자가 곧바로 아난타의 마음을 관찰하고 구수 아니로타에게 알려 말하였다.

"그대는 지금 이 세존께서 칭찬하신 대중 가운데에서 누가 학인으로서 염·진·치(染瞋癡)가 있고 애(愛)와 취(取)를 구족하였으며 지을 것을 마치지 못하였는가를 관찰하여 보시오."

이때 아니로타가 제4정에 들어가서 대중을 관찰하니 오직 구수 아난타가 혼자 학지에 기거하여 번뇌에 함께 얽혀있고 지을 것을 마치지 못하고 있었다. 관찰하고서 그는 가섭파에게 알려 말하였다.

"존자여. 마땅히 아십시오. 이 대성문들은 모두 청정하여 모든 부패가 없고 오직 곧음과 진실함이 있고 큰 복덕을 갖추었으며 지을 것을 이미 마쳐서 인간과 천상의 최상인 공양을 감당할 수 있습니다. 오직 아난타가 학지에 기거하여 번뇌에 함께 얽혀있고 지을 것을 마치지 못하고 있습니다."

이때 가섭파가 곧바로 아난타에게 위로하고 비유하여 조복하는 것이 옳은가? 반드시 꾸짖어서 조복할 것인가를 관찰하였다. 그는 도리어 이러한 꾸짖는 말로써 비로소 조복할 수 있음을 보고서 곧 대중 가운데에서 아난타를 불렀다.

"그대는 마땅히 밖으로 나가라. 지금 이 수승한 대중은 마땅히 그대와 같은 사람과 함께 결집할 수 없다."

그때 아난타가 이러한 말을 듣고 화살이 심장을 쏘는 것과 같아서 온 몸을 전구(戰懼)⁵⁾하면서 아뢰어 말하였다.

"대덕 가섭파여. 잠시 이러한 일을 멈추고 원하건대 용서하십시오. 나는 파계(破戒)·파견(破見)·파위의(破威儀)·파정명(破正命)도 아니하였고 승가 가운데에서 역시 어긋남과 범함이 없거늘 어찌하여 지금 홀연히 쫓아내고 버리는 것입니까?"

존자가 알려 말하였다.

---

5) 몹시 무섭거나 두려워 몸이 벌벌 떨리는 현상을 말한다.

"그대는 직접 세존을 모셨는데 어찌 계·견·위의·정명을 깨트렸겠는가 라고 말하지만 어찌 희유를 성취하였겠는가? 어찌 승가에 어긋남과 범함이 없겠는가? 일어나서 산가지를 잡으라. 내가 그 허물을 드러내어 그대가 스스로 알게 하겠다."

이때 아난타가 곧 자리에서 일어났고 마땅히 일어날 때에 삼천대천세간이 세 종류로 진동하였으니 이를테면, 소진(小震)·중진·대진이었고, 소요(小擾)·중요·대요이었으며, 소동(小動)·중동·대동이었다. 이때 허공 가운데에 있는 여러 천인들이 눈을 크게 뜨고 소리를 내면서 이와 같이 말을 지었다.

"오호(嗚呼)라. 대가섭파는 능히 이와 같은 진어(眞言)와 실어(實語)를 얻었구나. 이 아난타가 가까이서 세존을 이별하였으나 곧 이와 같이 쓰라리고 간결한 말을 지어 함께 서로를 꾸짖는구나!"

이때 가섭파가 아난타에게 알려 말하였다.

"그대는 말하였다. '나는 승가에 어긋남과 범함이 없다.'고 말하였으나 어찌 그대가 승가에 허물과 범함이 없단 말인가? 그대는 세존께서 여인은 성품에 교만과 아첨을 품었으므로 출가를 구하여도 허락하지 않으신 것을 알았다. 세존께서는 '아난타여. 그대는 여인을 위하여 출가와 근원의 일을 청하지 말라. 왜 그러한가? 만약 여인에게 나의 법의 가운데에서 출가하게 한다면 법이 오래 머물지 않느니라. 좋은 벼의 논에서 서리와 우박의 피해를 입으면 결국 곡식의 결실이 없는 것과 같으니라. 아난타여. 만약 여인에게 출가하게 한다면 법이 마땅히 손감되어서 오래 머물지 못하느니라.'고 마땅히 말씀하셨는데 그대가 세존께 제도를 청하였으니 어찌 과실이 아니겠는가?"

아난타가 말하였다.

"대덕이여. 잠시 멈추고 마땅히 용서하십시오. 내가 여인의 제도를 청한 것은 다른 생각이 없었습니다. 그러나 대세주는 세존의 이모이고 마야부인께서 세존을 낳고 7일만에 곧바로 목숨을 마치셨으므로 대세주가 직접 자신의 젖으로 길렀으므로 이미 깊은 은혜가 있는데 어찌 갚지 않을 수 있겠습니까? 또한 다시 내가 들으니 과거의 모든 세존께서도 모두 사중이 있었다고 합니다. 세존께서도 그들과 같이 하는 것을 바라셨는데 첫째는 그들의 두터운 은혜에 보답하는 것이고, 둘째는 씨족에게 흐르는 생각을 위한 것을 이렇게 세존께 여러 여인들을 제도하시도록 청한 것이니 원하건대 이 허물을 용서하십시오."

가섭파가 알려 말하였다.

"아난타여. 이것은 보은이 아니고 곧 이것이 정법신(正法身)을 없애고 파괴하는 것이다. 그러므로 세존의 밭에 큰 서리와 우박을 내리게 한 것이므로 정법이 세상에 머무름이 천년을 가득할 것이었으나 그대를 까닭으로 조금밖에 존재하지 않는다. 또한 씨족을 생각하면서 흐른다고 말하는 이것도 역시 옳지 않다. 출가한 사람은 영원히 친애를 버려야 하는 것이다. 또한 나는 '과거 모든 세존께서도 사중이 있었고 세존께서도 그들과 함께 있는 것을 바랬었다.'고 말하나, 지나간 옛날 때의 사람들은 모두 욕심이 적고 염·진·치와 여러 번뇌가 모두 적고 엷었으므로 그들의 출가가 합당하였으나 지금은 그렇지 않아서 세존께서 허락하지 않으셨다. 그대가 보고 고통스럽게 구하여 세존께서 허락하셨으니 이것은 그대의 제1의 과실이다. 산가지 하나를 놓아라.

다시 허물이 있다. 아난타여. 또한 사람이 있어 사신족에 많은 수습을 하여 세상에 머물고자 한다면 1겁이나 혹은 1겁이 넘을 수가 있는데 그대는 세존의 처소에 있으면서 중생을 위하여 세존께서 세상에 1겁을 머무시도록 청하지 않았다."

알려 말하였다.

"존자여. 나는 다른 생각이 없었습니다. 마땅히 그때에 마군의 장폐(障蔽)를 당하였습니다."

대답하여 말하였다.

"이렇게 큰 허물이 어찌 용납할 수 있겠는가? 세존을 가까이하였으므로 티끌의 습관은 모두 마쳤어야 하였으나 마라파비(魔羅波卑)⁶)에게 장폐를 당하였으니 이것은 제2의 과실이다. 산가지 하나를 놓아라.

그대에게 다시 허물이 있다. 세존께서 머무시던 날에 비유를 설하셨는데 그대는 세존을 마주하고 앞에서 별도의 말을 하였으니 이것이 제3의 과실이다. 산가지 하나를 놓아라. 그대에게 다시 허물이 있다. 세존께서 일찍이 황금색의 세탁한 군의를 그대에게 완탁(浣濯)7)하게 하였는데 그대는 발로 옷을 밟아서 비틀었으니 어찌 허물이 아니겠는가?"

아난타가 말하였다.

"다시 다른 사람이 없었으므로 발로서 밟은 것이고 교만한 뜻은 아니었습니다."

존자가 말하였다.

"만약 사람이 없었다면 어찌 위로 던지지 않았는가? 허공의 여러 천인들이 스스로가 마땅히 그대를 도왔을 것이다. 이것이 제4의 과실이다. 다시 하나의 산가지를 놓아라.

그대에게는 다시 허물이 있다. 세존께서는 쌍수에서 열반하고자 하시면서 목이 말라서 물이 필요하셨는데 그대는 탁한 물을 세존께 받들었으니 어찌 허물이 아니겠는가?"

아난타가 말하였다.

"내가 물을 취할 때 바로 각구타강에 500의 수레가 방금 강을 건너서 맑은 물을 얻을 수 없었으므로 이것은 나의 허물이 아닙니다."

알려 말하였다.

"이것은 그대의 허물이다. 마땅히 그때에 어찌 발우를 허공을 향하여 받들지 않는가? 여러 천인들이 스스로가 팔공덕수(八功德水)를 그대의 발우의 가운데에 담아 주었을 것이다. 이것이 제5의 과실이다. 다시 하나의 산가지를 놓아라.

그대에게 다시 허물이 있다. 세존께서는 '내가 필추들에게 보름마다 별해탈경(別解脫經)에 있는 소수소계(小隨小戒)는 나의 이 가운데에서 놓아

---

6) 산스크리트어 Māra pāpīyas의 음사로 마라파순(魔羅波旬) 또는 마라 파비야(魔羅波卑夜)라고 한역된다. 욕계의 여섯 번째인 타화자재천의 왕이다.
7) 씻어 헹구어내는 것을 가리킨다.

버리도록 하고자 하나니, 필추승가를 안락하게 머물도록 하려는 까닭이니라.'고 마땅히 말씀하셨다. 그대는 묻지 않았고 이 가운데에서 무엇이 소수소계라고 이름하는가를 알지 못하며, 지금 물을 곳이 없으니 이것을 어떻게 하고자 하는가?

지금 또한 "4바라시가법·13승가벌시사법·2부정법·30니살기바일저가법·90바일저가법·4바라저제사니법·중다학법의 이것을 제외하고 그 밖의 것을 소수소계이다."라고 이름한다. 혹은 말하기를 "4타승(他勝)8)과 나아가 4대설법(對說法)9)까지의 나머지를 소수소계이다."라고 이름하고, 혹은 말하기를 "4타승에서 90타죄(墮罪)10)까지의 나머지를 소수소계이다."라고 이름하며, 혹은 말하기를 "처음부터 30니살기바일저가까지의 나머지를 소수소계이다."고 이름하고, 혹은 말하기를 "처음부터 2부정까지의 나머지를 소수소계이다."고 이름하며, 혹은 말하기를 "오직 4타승뿐이고 나머지는 소수소계이다."라고 이름한다. 이때 여러 필추들이 모두 알지 못하니 무엇이 소수소계인가?

이러는 중간에 외도들이 들으면 마침내 그들이 곧 이와 같이 말을 할 것이다.

"사문 교답마는 큰 한제(限齊)가 있어서 몸이 존재하던 날에는 성문제자의 교법을 완전히 행하더니 도리어 그가 목숨을 마치고 화장을 한 뒤로는 교법도 따라서 없어졌다. 소유하였던 금계도 좋은 것은 남겨두고 좋지 않은 것은 버리고서 받들어 행하지 않는 것이 많다."

그대는 어찌 미래의 중생을 위하여 세존께 청하여 묻지 않았는가? 이것을 추회(追悔)의 죄를 얻는 것이 합당하다."

아난타가 대답하여 말하였다.

"대덕이여. 나는 다른 마음이 없었습니다. 청하여 묻지 않은 것은 다만 그때에 여래를 떠나보내면서 큰 우뇌가 생겼던 것입니다."

---

8) 타불여(墮不如)·타승(他勝)·무여(無餘)라고 번역되며 바라시가를 말한다.
9) 바일저제사니죄를 다르게 부르는 말이다.
10) 바일제죄를 다르게 부르는 말이다.

알려 말하였다.

"이것도 역시 허물이다. 그대가 직접 세존을 모셨는데 어찌 제행이 무상한 것을 알지 못하고 우뇌가 생겨나서 이러한 큰 허물을 이루었는가? 이것이 제6의 과실이다. 다시 하나의 산가지를 놓아라.

그대에게 다시 허물이 있다. 재가인 대중의 가운데에서 여러 여인들을 마주하고 앞에서 세존의 음장상(陰藏相)을 나타낸 것이다."

대답하여 말하였다.

"대덕이여. 나는 다른 마음이 없었습니다. 여러 여인들이 욕염이 치성하여 뜨거운 고뇌에 얽히었으므로 만약 세존의 음장상을 보면 욕염이 곧 멈추었을 것입니다."

존자가 알려 말하였다.

"그대에게 타심통의 혜안이 없는데 어찌 여인이 세존의 음장을 보고 욕염이 곧 멈추는 것을 알겠는가? 이것이 제7의 과실이다. 다시 하나의 산가지를 놓아라.

그대에게 다시 허물이 있다. 문득 스스로가 세존의 황금색 몸을 열어서 여러 여인들에게 보인 것이다. 그녀들이 세존의 몸을 보고 곧바로 눈물을 떨어뜨려서 존의(尊儀)를 더럽혔다. 이것도 그대의 과실이다."

아난타가 말하였다.

"나도 부끄러움이 없는 것이 아닙니다. 그러나 이렇게 생각을 지었습니다. '모든 중생이 있어 만약 세존의 묘색신을 본다면 모두 이렇게 말할 것이다. <원하건대 나의 몸의 형상도 마땅히 세존과 같게 되어주십시오.>'"

가섭파가 말하였다.

"그대에게 타심통의 혜안이 없는데 어찌 중생들이 이와 같이 원을 일으키는 것을 알겠는가? 이것이 곧 제8의 과실이다. 다시 하나의 산가지를 놓아라.

또한 다시 그대는 염욕을 벗어나지 못하였고 이러한 몸으로 염욕을 벗어난 대중의 가운데에 머무는 이것의 일은 옳지 않다. 그대는 마땅히 일어나서 떠나가라. 수승한 성중들은 마땅히 그대와 함께 결집하지 않겠다."

이때 구수 아난타는 존자 대가섭파의 그 여덟 일을 악하게 지은 것을 힐난을 받고 네 면을 관찰하면서 마음에 비탄을 품고서 이와 같이 말을 지었다.

"오호라. 괴롭구나. 어찌하여 내가 지금 하나같이 이곳에 이르렀는가! 새롭게 여래를 떠나보내고 의지할 곳도 없고 믿을 곳도 없으며 큰 광명을 잃었으니 어느 곳에 호소해야 하는가?"

존자 가섭파가 그의 죄를 힐난할 때에 공중에서 여러 천인들이 감탄하는 소리를 지었고 서로에게 알려 말하였다.

"대선이여. 마땅히 아십시오. 천인의 대중은 증성하였고 아소라는 감소하였습니다. 세존의 정법은 반드시 마땅하게 오래 머물 것입니다. 이 대성문의 도가 세존께 가깝습니다. 그 여덟 가지의 일로 그 존자를 힐난하니 이 대성문의 덕은 세존의 다음입니다. 이러한 까닭으로 나는 불법이 사라지지 않을 것을 알 수 있습니다."

이때 아난타가 다시 존자에게 아뢰어 말하였다.

"대덕이여. 잠시 멈추시고 원하건대 환희를 베푸십시오. 내가 여법하게 설한 죄를 감히 다시 하지 않겠습니다. 그러나 세존께서 열반이 다가온 때에 이와 같이 말씀을 지으셨습니다. '아난타여. 내가 멸도한 뒤에 그대는 우뇌하고 슬퍼하지 말며 통곡하지 말라. 내가 지금 그대를 대가섭파에게 부촉하겠노라.' 어찌 다시 존자는 나의 작은 허물을 보고 용서하지 않으십니까? 원하건대 대사의 가르침을 받들어서 환희를 베푸십시오."

가섭파가 말하였다.

"그대는 슬퍼하지 말라. 선법을 까닭으로 그대는 증장될 것이고 손감되지 않을 것이다. 우리들은 반드시 여래께서 소유하신 성스러운 가르침을 결집해야 하므로 그대는 지금 이 성중들을 떠나가라. 마땅히 그대와는 함께 결집하지 않겠노라."

이때 구수 아니로타가 존자 가섭파에게 아뢰어 말하였다.

"아난타가 없다면 우리들이 어떻게 결집할 수 있습니까?"
대답하여 말하였다.
"이 아난타는 비록 많은 덕을 갖추었으나 오히려 염·진·치를 벗어나지 못하였고 배울 것이 있으며 할 일이 있으므로 그와 함께 결집할 수 없소."
이때 가섭파가 다시 아난타에게 알려 말하였다.
"곧 마땅히 빠르게 나가서 지을 것은 마땅히 스스로 근책하여 아라한과를 얻는다면 대중이 그대와 함께 결집하겠다."
이때 아난타는 대사를 이별하고 마음에 비련을 품고 있다가 다시 힐난과 빈척(擯拓)을 당하여 우뇌가 두 배로 늘어났다. 이곳을 떠나가서 증승(增勝) 취락으로 나아가서 하안거를 지었고 마을에 있는 동자로서 시자를 삼았다. 그때 구수 아난타는 이 시간 동안 매우 부지런하고 용맹하게 힘써 항상 사부대중을 위하여 묘법을 설하였다. 이때 동자가 이렇게 생각을 지었다.
'나의 오파타야가 이러한 학지에서 이욕을 얻은 것인가? 이러한 무학으로 이욕을 얻은 것인가? 내가 지금 마땅히 상응정(相應定)에 들어가서 그 마음을 관찰해야겠다.'
곧바로 정에 들어가서 존자의 마음을 보았는데 이것은 유학의 이욕이었다. 보고 곧 정에서 나왔고 존자의 처소에 나아가서 한쪽에 서있으면서 가타를 설하여 말하였다.

나무 아래의 깊고 한적한 곳을 의지하여
일심으로 마땅히 열반궁을 생각하고
스승께서 지금 근신하고 힘써 부지런히 닦는다면
오래지 않아서 반드시 원적로(圓寂路)에 돌아가리라.

이때 존자가 그 동자가 설하는 요의(要義)를 보고 곧 낮에 혹은 앉거나, 혹은 경행하면서 여러 장법(障法)에서 그 마음을 연마하였고, 초야에는 혹은 경행하거나, 혹은 앉아서 역시 다시 견고한 마음으로 장법을 깨끗이 제거하였으며, 곧 중야에는 발을 씻고 방에 들어가서 오른쪽 옆구리로 누워서 두 발을 서로 포개고 광명상(光明想)을 짓고 정념의 생각을 일으켰다. 이와 같이 작의하여 머리가 베개에 닿기도 전에 여러 번뇌를 모두 끊고 마음의 해탈을 얻어 아라한과를 증득하고 해탈락을 받고 곧 왕사성으로 나아가서 대중의 처소에 이르렀다. 대중이 과를 얻은 것을 알고 함께 모두가 대장부라고 찬탄하였다. 이때 대가섭파가 500의 아라한과 함께 필발라 바위의 처소에 이르러 집회하고서 대중에게 알려 말하였다.

"그대들은 마땅히 아십시오. 마땅히 내세에 여러 필추들이 있어도 근기가 둔하고 산란하여 만약 게송으로 거둔 것이 없다면 경·율·논에서 능히 독송하고 수지할 수 없습니다. 이러한 까닭으로 우리들이 마땅히 식전에는 먼저 거두어 간략히 가타의 일에 상응하는 것을 결집하고 식후에는 경·율·논을 결집합시다."

이때 여러 필추들이 이 말을 듣고는 존자에게 아뢰어 말하였다.
"지금 먼저 가타를 결집합시다."
이미 식후에 이르렀으므로 아뢰어 말하였다.
"먼저 무엇을 결집합니까?"
존자가 알려 말하였다.
"마땅히 먼저 경을 결집해야 합니다."
이때 500의 아라한이 각자 공동으로 대가섭파를 사자좌에 오르도록 청하였다. 존자가 자리에 올라 아난타에게 알려 말하였다.
"구수여. 여래께서 설하신 경을 모두 능히 간택하여 결집할 수 있겠는가?"
대답하여 말하였다.
"할 수 있습니다."
존자가 곧바로 갈마를 지었다.
"대덕 승가께서는 들으십시오. 이 구수 아난타가 능히 여래께서 설하신 경법을 간택하여 결집하고자 합니다. 만약 승가께서 허락하실 때에 이르셨다면 승가께서는 마땅히 허락하십시오. 승가시여. 지금 구수 아난타를 뽑아서 여래께서 설하신 경법을 간택하여 결집하고자 합니다. 이와 같이 아룁니다."

다음으로 갈마를 지었다.

"대덕 승가께서는 들으십시오. 이 구수 아난타가 능히 여래께서 설하신 경법을 간택하여 결집하고자 합니다. 승가시여. 지금 구수 아난타를 뽑아서 여래께서 설하신 경법을 간택하여 결집하고자 합니다. 만약 승가께서 지금 구수 아난타를 뽑아서 여래께서 설하신 경법을 간택하여 결집하는 사람으로 삼는 것을 허락하신다면 묵연히 계시고, 만약 허락하지 않으신다면 말씀하십시오. 승가시여. 지금 구수 아난타를 뽑아서 여래께서 설하신 경법을 간택하여 결집하는 사람으로 삼는 것을 마쳤습니다. 승가께서 이미 인정하시고 허락하신 것은 묵연히 계셨기 때문입니다. 나는 지금부터 이와 같이 지니겠습니다."

이때 구수 아난타가 법을 설하고자 하였고 500의 아라한이 각각 모두가 승가지의 옷으로서 그 자리 위에 펼쳤다. 이때 아난타가 사방을 돌아보고 모든 유정에게 자비와 애민한 생각을 일으켰고, 정법의 가운데에서 지극한 존중이 생겨났으며, 범행자에게 경앙심(敬仰心)을 일으켜서 높은 자리를 오른쪽으로 돌면서 머리를 숙여서 존경을 표시하였고, 상좌 앞에서 법에 의지하여 경례하였으며, 무상상(無常想)을 짓고, 손으로 자리를 만지고 몸을 올바르게 하여 단정히 앉았으며, 다음으로 모든 성중을 자세히 관찰하니 오히려 심심(甚深)하고 담연(湛然)한 대해와 같았다. 곧 이렇게 생각을 지었다.

'내가 세존의 처소에서 직접 들은 이 경전이 전설도 있고 혹은 용궁의 말도 있으며, 혹은 천상의 말도 있으나 모두 수지하였고 잊지 않았으니 내가 지금 마땅히 설해야겠다.'

이때 여러 천인의 대중들이 서로에게 말하였다.

"당신들은 마땅히 아십시오. 성자 아난타가 장차 여래께서 설하신 경법을 선창(宣暢)하고자 하니 마땅히 일심으로 들으십시오."

이때 어느 천자가 가타를 설하여 말하였다.

만약 능히 묘법을 세운다면
삼천세계가 요익하고
성자의 법은 두려움이 없으니
오히려 사자후와 같다네.

당신들은 마땅히 지극한 정성으로
미묘한 법을 설하는 것을 듣고
안락하고자 한다면
이러한 진실한 뜻을 알아야 한다네.

이때 존자 가섭파가 게송으로 아난타에게 알려 말하였다.

구수여. 지금 마땅히 세존의 말씀을 전하다면
일체의 법 가운데에서도 최상이 되는
일반적으로 이러한 대사께서 설하신 법은
모두 능히 중생에게 이익을 주신다네.

이때 아난타가 대사의 명호를 말하는 것을 듣고 마음에 연모가 생겨나서 마침내 곧 머리를 돌려서 열반하신 곳을 바라보고 경건하게 합장하고 널리 두루하는 음성으로 이와 같이 말을 지었다.
"이와 같이 나는 들었다. 어느 때 박가범께서는 바라니사의 신선이 떨어진 곳인 시록림 가운데에 머무르셨다. 이때 세존께서는 다섯 필추에게 알려 말씀하셨다.
'이것은 고성제이니 듣는 법을 이치와 같이 작의하면 능히 안지명각(眼智明覺)이 생겨나리라.' [이 가운데에서 자세한 설명은 앞에서의 삼전법륜경에서와 같다.]"
이때 구수 아야교진여가 대가섭파에게 말하였다.
"이 미묘한 법을 직접 세존께 들었습니다. 세존께서는 자비로 우리들을 위하여 선설하셨습니다. 이 경의 힘을 까닭으로 능히 우리들에게 무변의 피와 눈물의 큰 바다를 마르게 하였고 골산을 초월하게 하였으며 악취의 무간의 문을 닫고 막았고 천궁과 해탈의 길을 잘 열었습니다. 이 미묘하고 심심한 경을 설하실 때에 우리는 듣고서 일체의 법에 여러 진구(塵垢)를 벗어났고 법안의 청정함을 얻었으며 8만의 여러 천인들이 모두 이익을 얻었습니다."

이렇게 말을 할 때에 허공 가운데에 있던 여러 천인들과 욕심을 벗어나지 못한 여러 필추들이 심장에 일천의 화살을 쏜 것과 같이 마음에 고통이 생겨나서 슬퍼하고 울부짖으면서 함께 이렇게 말을 지었다. "괴롭구나! 괴롭구나!" 그리고 게송을 설하여 말하였다.

　　재앙이로다. 이 세간이여!
　　무상이란 간별(簡別)이 없어
　　이 보배의 창고를 무너트리고
　　공덕의 바다를 마르게 하였구나.

　　내가 직접 세존의 처소에서
　　이 해탈의 법문을 들었는데
　　지금은 다른 처소에서
　　여래의 말씀을 전하는구나.

또한 여러 대중이 경을 설하는 때에 듣고 함께 이렇게 말을 지었다. "고통이구나! 재앙이구나! 무상의 힘은 크고 간별도 없으며 능히 이와 같은 세간의 안목도 무너뜨리는구나!"

이때 교진여가 곧 본래의 자리에서 일어나서 꿇어앉아 머물렀다. 이때 모든 아라한들도 이 일을 보고 함께 존경심을 일으켜서 모두 본래의 자리에서 일어나서 꿇어앉았고 이와 같이 말을 지었다.

"고통이구나! 재앙이구나! 무상의 힘은 크구나! 어찌하여 우리들이 세존의 처소에서 직접 스스로가 법을 들었는데 지금은 전하여 듣게 되었는가?" 그리고 게송을 설하여 말하였다.

천인·인간·용·신 등의 존사(尊師)는 가셨는데
우리들은 무슨 인연으로 원적에 돌아가지 않았는가?
일체지가 없으시니 세간은 공허하니
누가 다시 장차 이곳에 살아가도 수승하겠는가?

이때 모든 아라한이 함께 제4정려에 들어가서 원력으로써 세간을 관찰하고 각자 정에서 일어나서 구수 아난타에게 알려 말하였다.
"그대는 법을 위하여 온 것인가?"
대답하여 말하였다.
"대덕이여. 나는 법을 위하여 왔습니다. 당신들도 역시 법을 위하여 오셨습니다."
대답하여 말하였다.
"그러하오."
이때 마하가섭파가 이렇게 생각을 지었다.
'우리들이 이미 세존께서 최초로 설하신 경전을 결집하였고, 같은 범행처에서 위배됨과 어긋남이 없고 또한 비난과 싫어함이 없다. 이러한 까닭으로 마땅히 알아야 한다. 이 경은 세존의 진실한 가르침인 것을 마땅히 알아야 한다.'
다시 아난타에게 알렸다.
"세존께서 다시 어느 곳에서 제2의 경을 설하셨는가?"
이때 아난타가 맑고 맑은 음성으로 대답하여 말하였다.
"세존께서 역시 바라니사에서 설하셨습니다."
"누구를 위하여 설하셨는가?"
"다섯 필추를 위하여 설하셨습니다."
"설하신 것은 무엇인가?"

대답하여 말하였다.

"이와 같이 말씀하셨습니다. '그대들 필추들은 사성제가 있음을 마땅히 알라. 무엇이 사성제인가? 이를테면, 고·집·멸·도의 성제인 것이다. 무엇이 고성제인가? 이를테면, 생고·병고·노고·사고·애별리고·원증회고·구부득고이고, 만약 간략하게 말한다면 오취온고(五趣蘊苦)이며, 이것을 고성제라고 이름하느니라.

무엇을 고집성제(苦集聖諦)라고 말하는가? 이를테면, 희애(喜愛)를 함께 행하면 따르는 곳마다 염욕이 생겨나므로 이것이 집이라고 이름하느니라. 무엇을 고멸성제(苦滅聖諦)라고 말하는가? 이를테면, 이 희애를 함께 행하면 따르는 곳마다 염욕이 생겨나고 다시 후유를 받는데 이와 같은 것 등을 모두 없애고 버리며 토해내고 염애를 함께 마치면 미묘한 열반을 증득하므로 이것을 고멸이라고 이름하느니라. 무엇이 취멸도성제(趣滅道聖諦)인가? 이를테면, 팔정도이니 정견·정사·정어·정업·정명·정근·정념·정정이나니 이것을 취멸도성제라고 이름하느니라.'

이 법을 설하셨을 때에 구수 아야교진여가 여러 번뇌심에서 해탈을 얻었고 나머지의 네 필추들도 여러 진구를 벗어나서 법안의 청정함을 얻었습니다."

이때 구수 아야교진여가 대가섭파에게 알려 말하였다.

"이와 같은 법 등을 내가 세존의 처소에서 직접 스스로 들었고 내가 법을 듣고서 여러 번뇌심에서 해탈을 얻었습니다. 나머지의 네 필추들도 여러 진구를 벗어나서 법안의 청정함을 얻었습니다."

"우리들이 이미 세존께서 제2의 설하신 경교(經敎)를 결집하였고, 같은 범행처에서 위배됨과 어긋남이 없고 또한 비난과 싫어함이 없다. 이러한 까닭으로 마땅히 알아야 한다. 이 경은 세존의 진실한 가르침인 것을 마땅히 알아야 한다."

다시 아난타에게 알렸다.

"세존께서 다시 어느 곳에서 제3의 경을 설하셨는가?"

이때 아난타가 맑고 맑은 음성으로 대답하여 말하였다.

"세존께서 역시 바라니사에서 설하셨습니다."
"누구를 위하여 설하셨는가?"
"다섯 필추를 위하여 설하셨습니다."
"설하신 것은 무엇인가?"
대답하여 말하였다.
이와 같이 말씀을 지으셨습니다.
나는 이와 같이 들었다. 어느 때 세존께서는 바라니사 시록림 가운데에 머무시면서 다섯 필추에게 알려 말씀하셨다.
"그대들 필추들이여. 마땅히 알라. 색(色)은 이것이 내(我)가 아니다. 만약 이것이 나라면 색이 마땅히 병을 앓지 않고 나아가 고뇌를 받지 않을 것이다. 나는 이와 같은 색이고자 하고 나는 이와 같은 색이고자 않더라도 이미 이와 같이 마음의 욕망을 따르지 않느니라. 이러한 까닭으로 마땅히 알라. 색은 이것이 내가 아니고 수·상·행·식도 역시 이와 같으니라." [자세한 설명은 앞에서와 같다.]
세존께서 다섯 필추에게 말씀하셨습니다.
"그대들의 생각은 어떠한가? 색은 항상한 것인가? 무상한 것인가?"
아뢰어 말하였다.
"대덕이시여. 색은 무상합니다."
세존께서 말씀하셨다.
"색이 이미 무상하다면 곧 그것은 고이고 혹은 고고(苦苦)이며 행고(行苦)이고 괴고(壞苦)인 것이다. 그러므로 나의 성문인 다문제자가 유아에 집착하겠는가? 색은 곧 나이고 나에는 여러 색이 있으며 색은 나에 속하였는데 내가 색 가운데에 있겠는가?"
"아닙니다. 세존이시여."
"이와 같이 그대들은 마땅히 알라. 수·상·행·식과 상(常)과 무상도 또한 이와 같으니라. 일반적으로 색을 소유한 것은 과거이거나 미래이거나 현재이거나 안이거나 밖이거나 거칠거나 미세하거나 수승하거나 열등하거나 멀거나 가깝더라도 모두가 무아이니라. 그대들 필추는 마땅히 바른 지혜로써 잘 관찰하고 이와 같이 소유한 수·상·행·식과 과거와 미래와 현재의 모두를 마땅히 앞에서와 같이 바른 지혜로 관찰할지니라.

만약 나의 성문제자의 대중들이 이 오취온을 관찰하여 무아와 아소(我所)가 없음으로써 알고 이와 같이 관찰한다면 곧 세간이 능취(能取)도 없고 소취(所取)도 없음을 알 것이고, 역시 전변(轉變)도 아닌 것을 알 것이다. 다만 스스로 깨달은 까닭으로 열반을 증득한다면 아생(我生)이 이미 마쳤고 범행이 이미 섰으며 지을 것을 이미 지었으므로 후유를 받지 않으리라. 이 법을 말씀하실 때에 다섯 필추들이 여러 번뇌심에서 해탈을 얻었습니다."

이때 모든 아라한이 함께 이렇게 생각을 지었다.

"우리들이 이미 세존께서 제3의 설하신 소달라(蘇呾羅)를 결집하였고, 같은 범행처에서 위배됨과 어긋남이 없고 또한 비난과 싫어함이 없다. 이러한 까닭으로 마땅히 알아야 한다. 이 소달라는 세존의 진실한 가르침인 것을 마땅히 알아야 합니다."

다시 이렇게 말을 지었다.

"나머지의 경법부터는 세존께서 혹은 왕궁에서, 취락에서, 성읍에서 설하신 것이었으며 이것을 아난타가 지금 모두 연설하겠습니다."

모든 아라한이 함께 결집하였는데 다만 이 오온과 상응하는 것은 곧 온품(蘊品)으로서 건립하였고, 6처 18계와 상응하는 것은 곧 처계품(處界品)으로서 건립하였으며, 만약 연기(緣起)와 성제(聖諦)와 함께 상응하는 것은 연기(緣起)라는 이름으로 건립하였고, 만약 성문의 소설(所說)인 것은 성문품(聲聞品)이라는 곳에서 건립하였으며, 만약 불소설(佛所說)인 것은 불품(佛品)이라는 곳에서 건립하였고, 만약 염처(念處)·정근(正勤)·신족(神足)·근(根)·력(力)·각(覺)·도분(道分)과 상응하는 것은 성도품(聖道品)이라는 곳에서 건립하였으며, 만약 경이 가타와 상응하는 것은 이것을 곧 상응아급마(相應阿笈摩)라고 이름하였고, [구역에서는 잡(雜)이라는 것을 취한다는 뜻이다.] 경이 길어서 길게 설한 것은 이것을 곧 장아급마(長阿笈摩)라고 이름하였으며, 만약 경이 중간이어서 중간으로 말한 것은 이것을 곧 중아급마(中阿笈摩)라고 이름하였고, 만약 경을 1구사(句事)나 2구사 나아가 10구사를 설한 것은 이것을 곧 증일아급마(增一阿笈摩)라고 이름하였다.
이때 대가섭파가 아난타에게 알려 말하였다.
"오직 이러한 아급마경이 있는 것인가?"
"다시 다른 것이 없습니다."
이렇게 말을 짓고서 곧 높은 자리에서 내려왔다. 이때 구수 대가섭파가 대중에게 알려 말하였다.
"그대들은 마땅히 아십시오. 세존께서 설하신 소달라는 이미 함께 결집되었습니다. 그 비나야는 다음에 마땅히 결집하겠습니다."
이 말을 듣고 함께 말하였다.
"옳습니다."
이때 대중의 가운데에서 오직 구수 오파리가 비나야의 연기를 매우 잘 이해하고 있었다. 가섭파가 곧 높은 자리에 올라가서 대중에게 알려 말하였다.
"그대들은 마땅히 아십시오. 구수 오파리가 비나야에 모두 명료합니다. 세존께서 수기하여 말씀하셨습니다. '지율을 가운데에서 최고 제일이니라.' 이러한 까닭으로 우리는 비나야를 결집하면서 청합시다."
대중이 말하였다.
"좋습니다."
이때 가섭파가 오파리에게 알려 말하였다.
"구수여. 그대가 능히 여래께서 설하실 모든 비나야를 간택하여 결집하겠는가?"
대답하여 말하였다.
"능히 하겠습니다."
존자가 곧바로 갈마를 지었다.
"대덕 승가께서는 들으십시오. 이 구수 오파리가 능히 여래께서 설하신 비나야를 간택하여 결집하고자 합니다. 만약 승가께서 허락하실 때에 이르셨다면 승가께서는 마땅히 허락하십시오. 승가시여. 지금 구수 오파리를 뽑아서 여래께서 설하신 비나야를 간택하여 결집하고자 합니다. 이와 같이 아룁니다."

다음으로 갈마를 지었다. 갈마는 아뢴 것에 의거하여 성립되었다.

이때 구수 가섭파가 갈마를 짓고서 자리에서 내려왔고 오파리가 곧 사자좌에 올라갔다.

근본설일체유부비나야잡사 제40권

삼장법사 의정 한역
석보운 번역

제8문 제10자섭송 ⑥

제8문 제10자섭송으로 오백결집사의 나머지이다. 칠백결집사이다.

이때 가섭파가 오파리에게 말하였다.
"세존께서 어느 곳에서 제1의 학처(學處)를 제정하셨는가?"
오파리가 맑고 맑은 음성으로 대답하여 말하였다.
"바라니사에서 제정하셨습니다."
"이것은 누구를 위하여 말씀하셨는가?"
"다섯 필추들입니다."
"그 일은 무엇인가?"
"이를테면, 군의를 가지런히 정리하여 입으면서 너무 올리지도 않을 것이고 너무 내리지도 않을 것이며 마땅히 배울지니라. 이 말씀을 마치셨고 여러 아라한은 함께 변제정(邊際定)에 들어가서 원력을 까닭으로 세간을 관찰하고 돌아와 정에서 일어났습니다."
이때 마하가섭파가 이와 같이 생각을 지었다.
'우리들이 이미 세존께서 최초로 설하신 학처를 결집하였고, 같은 범행처에서 위배됨과 어긋남이 없고 또한 비난과 싫어함이 없다. 이러한 까닭으로 이 비나야는 세존께서 설하신 것임을 마땅히 알아야 한다.'

다시 오파리에게 알렸다.
"세존께서 어느 곳에서 제2의 학처를 말씀하셨는가?"
오파리가 맑고 맑은 음성으로 대답하여 말하였다.
"바라니사에서 제정하셨습니다."
"이것은 누구를 위하여 말씀하셨는가?"
"다섯 필추들입니다."
"그 일은 무엇인가?"
"이를테면, 삼의를 가지런히 정리하여 입으면서, 마땅히 배울지니라. 이 말씀을 마치셨고, 여러 아라한은 함께 변제정에 들어가서 원력을 까닭으로 세간을 관찰하고 돌아와 정에서 일어났습니다."

이때 마하가섭파가 이와 같이 생각을 지었다.
'우리들이 이미 세존께서 최초로 설하신 학처를 결집하였고, [자세한 설명은 앞에서와 같다.]'

다시 오파리에게 알렸다.
"세존께서 어느 곳에서 제3의 학처를 말씀하셨는가?"
오파리가 맑고 맑은 음성으로 대답하여 말하였다.
"갈란탁가촌(羯蘭鐸迦村)에서 제정하셨습니다."
"이것은 누구를 위하여 말씀하셨는가?"
"갈란탁가의 아들인 소진나(蘇陣那) 필추입니다."
"그 일은 무엇인가?"
"이를테면, 만약 필추가 금계(禁戒)를 받고서 다른 필추나 나아가 축생에게 음욕을 행하는 자는 바라시가죄를 얻고 역시 같이 머물지 못한다. 이렇게 말씀을 마치셨고, 여러 아라한은 함께 변제정에 들어가서 원력을 까닭으로 세간을 관찰하고 돌아와 정에서 일어났습니다."

이때 마하가섭파가 이와 같이 생각을 지었다.
'우리들이 이미 결집하였고, [자세한 설명은 앞에서와 같다.] 나머지의 학처부터는 세존께서 혹은 왕궁에서, 취락에서, 모든 필추들을 위하여 널리 학처를 제정하신 것이다.'

이때 오파리가 다 모두 갖추어 말하였다. 모든 아라한이 결집하였고 이것을 바라시가법이라고 이름하였고, 승가벌시사법이라고 이름하였으며, 2부정법이라고 이름하였고, 30사타법, 90바일저가법, 4바라저제사니법, 중다학법, 7멸쟁법이니, 이것은 초제(初制)이고, 이것은 수제(隨制)이며, 이것은 정제(定制)이고 이것은 수청(隨聽)이다.

이와 같이 출가하고, 이와 같이 근원을 받으며, 이와 같이 단백·백이·백사갈마를 짓고, 이와 같이 마땅히 제도하며, 이와 같이 마땅히 제도하지 않고, 이와 같이 포쇄타를 지으며, 이와 같이 안거를 짓고, 이와 같이 수의를 지으며 나아가 모든 일과 나아가 잡사(雜事)를 짓는다. 이것이 니타나목득가(尼陀那目得迦) 등이었다.

이미 비나야의 결집을 마치고는 구수 오파리가 높은 자리에서 내려왔다. 이때 가섭파가 이와 같이 생각을 지었다.

'후세의 사람들은 지혜가 적고 근기가 둔하여서 문장에 의지하여 이해하면 깊은 뜻을 요달하지 못할 것이므로 내가 지금 마땅히 마질리가(摩窒里迦)를 설하여서 경·율의 뜻이 손실되지 않게 해야겠다.'

이렇게 생각을 짓고서 곧 백이갈마를 짓고 대중에게 아뢰어 알게 하였는데 대중들이 이미 허락하였다. 곧 높은 자리에 올라가서 필추들에게 알려 말하였다.

"마질리가를 내가 지금 스스로가 설하여 명료한 뜻을 밝게 드러나게 하겠으니 이를테면, 사념처·사정근·사신족·오근·오력·칠보리분·팔성도분·사무외·사무애해(四無礙解)·사사문과(四沙門果)·사법구(四法句)·무쟁(無諍)·원지(願智) 및 변제정(邊際定)·정공(定空)·무상(無相)·무원(無願) 등의 여러 닦는 선정과 정입현관(正入現觀)과 세속지(世俗智)·점마타(苫摩他)·비밧사나(毘缽舍那)·법집(法集)·법온(法蘊)인데, 이와 같은 것을 모두 마질리가라고 합니다."

이 말을 설하여 마치니 모든 아라한이 함께 변제정에 들어가서 차례로 관찰하고서 돌아와 정에서 일어났다. [자세한 설명은 앞에서와 같다.]

"이러한 까닭으로 마땅히 이 소달라와 이 비나야와 이 아비달마는 이것이 세존의 진실한 가르침이고 결집되었음을 아십시오."

이때 땅 위의 약차가 함께 큰 소리를 일으켜서 이와 같이 말을 지었다.

"당신들은 마땅히 아십시오. 성자 대가섭파가 상수가 되어서 500의 아라한과 함께 여래의 삼장인 성스러운 가르침을 결집하였으니 이 인연을 까닭으로 천인의 대중들은 증성하였고 아소라는 감소하였습니다."

허공에 기거하는 약차가 이러한 말을 듣고 역시 큰 소리를 일으키니 사천왕 대중과 삼십삼천·야마천(夜摩天)·도사다천(睹史多天)·낙변화천(樂變化天)·타화자재천(他化自在天)·범중천(梵衆天)·범보천(梵輔天)·대범천(大梵天)·소광천(少光天)·무량광천(無量光天)·극광천(極光天)·정천(淨天)·소정천(少淨天)·무량정천(無量淨天)·변정천(遍淨天)·무운천(無雲天)·복생천(福生天)·광과천(廣果天)·무번천(無煩天)·무열천(無熱天)·선현천(善現天)·선견천(善見天) 등에 사무치고 순식간에 그 소리가 색구경천(色究竟天)에까지 올라갔다. 이 여러 천인 등이 함께 소리를 일으켜 말하였다.

"여러 천인의 대중들은 증성하였고 아소라는 감소하였다."

이때 500의 아라한이 이미 결집을 마쳤으니 이것을 500결집이라고 이름하는 것이다.

이때 대가섭파가 게송을 설하여 말하였다.

당신 등이 법왕의 가르침을 결집한 것은
모두가 여러 군생들을 애민하게 생각한 것이며
소유한 언설의 양이 무변하여서
지금 모두 빠짐없이 찬집(纂集)되었고
세간이 우치하여 능히 명료하지 않아도
밝은 등불이 되어서 눈의 어둠을 제거하리라.

이때 구수 대가섭파가 다시 이렇게 생각을 지었다.

'삼장의 성스러운 가르침을 우리들이 이미 결집하였다. 지금 정의 힘으로써 관찰하니 세존께서 설하신 교법이 세상에 오래 머물 것이다. 마땅히 지어야 할 것을 여래의 말씀에 의지하여 모두 이미 지어 마쳤구나. 여래이신 법왕께서 우리에게 보여주신 바른 길을 가르침과 같이 받들어 행하였으니 나는 이미 세존의 자비로운 은혜에 조금이나마 보답하였다. 누가 능히 여래의 은덕을 모두 갚을 수 있겠는가? 세존이신 대사께서 남기신 가르침이 중생들에게 이익되도록 아울러 모두 찬집하였고, 오랫동안 대사를 이별하여 다시 의지하고 믿을 곳이 없으며, 오온의 냄새나는 몸이 짐을 졌고 피로하며 지쳤으니 열반의 때에 이른 것이다. 마땅히 오래 머무를 수 없다.'

이렇게 생각을 짓고서 게송을 설하여 말하였다.

내가 이미 모니의 가르침을 결집하였고
정법을 증장되게 하였으며
오래 머물러 세간에 이익되게 하였고
중생이 요익되고 여러 의혹을 떠나게 하였네.

수치가 없는 자를 이미 절복하였고
참괴(慚愧)가 있는 자는 모두 섭수하였으며
이익되는 일을 이미 두루 지었으므로
지금 나는 마땅히 원적으로 나아가리라.

이때 대가섭파가 아난타에게 알려 말하였다.

"그대는 지금 아는가? 세존께서는 말로 가르침을 내게 부촉(付囑)하시고 반열반하셨소. 나도 지금 다시 반열반에 들어가고자 하오. 교법을 다시 그대에게 부촉하나니 마땅히 잘 호지하시오."

또한 다시 알려 말하였다.

"내가 멸도한 뒤에 왕사성에 어느 상주의 아내가 아들 하나를 낳을 것이오. 그 아들이 태어날 때에 사나가의(奢拘迦衣)로 몸을 감싸고 태어날 것이고, 인연으로 곧 사나가라고 이름할 것이오. [곧 이것은 삼베(麻)의 부류이다. 이 지방에서는 이전에는 없었다. 높은 사람들이 함께 천을 짜서 베로 만들었다. 구역에서는 상나화수(商那和修)라고 말하였으나 오류이다.] 뒤에 인연하여 바다에 들어가서 여러 진귀한 화물을 구하여 안은하게 돌아와서 세존의 가르침의 가운데에 마침내 불타 5년 대회를 베풀고 마땅히 출가할 것이니 소유한 세존의 가르침을 다시 그에게 부촉하시오."

이렇게 말을 지었다. 이때 대가섭파는 다시 이렇게 생각을 지었다.

'세존께서는 대비로써 여러 고행을 닦으셨다. 이것은 진실로 좋은 벗이다. 무량한 공덕으로 함께 장엄된 유신사리(遺身舍利)가 있는 곳을 따라서 내가 지금 모두 마땅히 공경하고 공양하고서 열반에 들어가리라.'

이렇게 생각을 짓고서 신통력으로써 네 곳의 대제저에 갔으니 이를테면, 탄생하신 처소와 성불하신 처소와 전법륜의 처소와 열반의 처소와 아울러 나머지의 사리탑의 처소로 가서 지성으로 공양하였고, 곧 용궁에 들어가서 세존의 치아에 공양하였으며, 공중으로 올라 곧 삼십삼천으로 가서 세존의 치아에 예경하였다. 이때 천제석과 여러 천인 등이 가섭파를 보고 공경스럽게 예배하고 물어 말하였다.

"무슨 까닭으로 이곳까지 오셨습니까?"

존자가 알려 말하였다.

"내가 최후로 세존의 사리아탑(舍利牙塔)에 공양하고자 하는 것입니다."

이때 여러 천인들이 최후라는 말을 듣고 마음에 우뇌가 생겨나서 묵연히 머물렀다. 이때 제석이 곧 세존의 치아를 가져다가 가섭파에게 주었고 존자는 치아를 받아서 손바닥 위에 놓고 눈도 깜짝이지 않고 바라보다가 곧 정수리 위에 올려놓았다. 다시 만다라화와 여러 연꽃과 우두향 가루를 세존의 치아 위에 펴서 공양하였고 천제석과 여러 천인 등을 위하여 간략히 법을 설하고는 수미정(須彌頂)에서 사라져서 왕사성에 나타났다. 이때 대가섭파는 다시 이렇게 생각을 지었다.

'내가 이전에 열반하고자 할 때에는 미생원왕에게 알리기로 약속하였다.'

이렇게 생각을 짓고서 곧 왕궁으로 나아가서 수문인에게 알려 말하였다.

"나를 위하여 왕에게 알리시오. 가섭파가 지금 문 앞에서 대왕을 보고자 한다고 말해주시오."

이때 수문인이 듣고는 곧 궁중으로 들어가서 왕 앞에 이르니 마침 왕이 잠자고 있었다. 곧 되돌아 나왔고 가섭파에게 알려 말하였다.

"성자여. 대왕께서 현재 주무십니다."

존자가 말하였다.

"그대는 마땅히 다시 가서 나를 위하여 대왕을 깨워주시오."

수문인이 말하였다.

"왕께서는 성품이 포악하시어 침범하기 어렵습니다. 나는 지금 감히 할 수가 없습니다. 왕께서 노하시어 나를 형벌로 죽일까 두렵습니다."

가섭파가 알려 말하였다.

"만약 이와 같다면 대왕께서 깨어나는 것을 기다려서 나를 위하여 알려서 알게 하시오. '대가섭파가 열반하고자 하여 왕과 함께 이별하고자 왕문에 왔었습니다.'"

이렇게 말을 짓고서 곧 계족산(鷄足山) 가운데로 나아가서 세 봉우리의 안에서 풀을 펴고 앉아서 이와 같이 생각을 지었다.

'내가 지금 마땅히 세존께서 주신 분소납의(糞掃納衣)를 사용하여 몸을 덮고 이 몸으로 나아가 자씨(慈氏)가 하생(下生)하시면 그 박가범께서 나의 이 몸을 여러 제자와 여러 대중들에게 보여줌으로써 염리가 생겨나게 해야겠다. 곧바로 정에 들면 세 봉우리가 몸을 덮어 오히려 밀실과 같아서 파괴되지 않고 머물 것이다.'

다시 이렇게 생각을 지었다.

'만약 미생원왕이 이곳에 이르면 산이 곧 열리게 해야겠다. 만약 왕이 내 몸을 보지 못하면 곧 뜨거운 피를 토하고 죽을 것이다.'

이렇게 생각하고 정에 들어서 그 목숨(壽行)을 버렸다. 이때 대지가 여섯 종류로 진동하였고 흐르는 별이 아래로 떨어졌으며 여러 지방이 밝게 빛났고 허공 가운데에서 여러 천인들이 북을 쳤다. 이때 대가섭파가 몸을 솟구쳐서 공중에서 모든 신통한 변화를 나타내니 혹은 청수(淸水)가

흘렸고 혹은 화광을 나타내었으며 널리 짙은 구름이 일어나서 큰 비를 내리기도 하였다. 이러한 일을 짓고서 석실의 가운데에 들어가서 오른쪽 옆구리로 누워서 두 발을 겹쳐서 포개고 무여의묘열반계에 들어갔다. 이때 제석과 범천이 천인들과 말하면서 함께 이렇게 생각을 지었다.

'무슨 인연을 까닭으로 대지가 진동하는 것인가?'

곧 함께 관찰하여 나아가 가섭파가 열반에 들어가는 것을 보았다. 곧 무량한 백천만억의 천인의 대중들과 함께 각자 올발라화·구물두화·분다리화와 우두·전단·침수향의 가루를 가지고 존자의 몸이 있는 곳으로 나아가서 여러 종류의 천화(天華)와 묘한 향가루를 그의 몸 위에 흩어서 공양하였다. 이미 공양을 마치자 세 산이 곧 합쳐져서 위가 모두 세밀하게 덮여졌다. 이때 그 여러 천인들이 이미 존자를 이별하였으므로 큰 슬픔과 괴로움이 생겨나서 이와 같이 말을 지었다.

"세존께서 반열반하시어 근심이 아직 멈추지 않았는데 어떻게 지금 다시 슬픔에 귀속되는가? 필발라 바위에 옛날부터 머물던 여러 천인들도 공허한 이름이고 소유한 수승한 법도 역시 다시 따라서 간 것인가? 마갈타국에는 다시 광채가 없고 빈궁한 중생에게 복전은 단절되었으며 소유한 선법도 역시 모두 쇄망(鎖亡)하였구나. 제2의 세존께서 반열반에 들어간 것과 같아서 갑자기 지금의 때에 법산(法山)이 무너졌고 법선(法船)이 갑자기 침몰하였으며 법수(法樹)가 무너져 꺾였고 법해(法海)가 말랐으니 마군의 대중들이 환희할 것이다. 소유한 정법으로 중생을 교화하고 이익을 주던 일이 모두 마땅히 은몰(隱沒)되었구나."

이때 그 여러 천인들이 이와 같이 슬프게 탄식하는 말을 짓고서 존자의 발에 예경하고 홀연히 나타나지 않았다.

이때 미생원왕이 잠을 자는 중간에서 궁전의 대들보가 부러지는 이와 같은 꿈이 지어지는 것을 보고 홀연히 놀라서 깨어났다. 그 수문인이 왕이 깨어난 것을 보고 곧 가섭파가 부탁한 말을 왕에게 아뢰어 알게 하였다. 왕이 이 말을 듣고 민절하여 땅에 쓰러졌다. 이때 여러 보좌들이 맑은 냉수를 얼굴에 뿌렸고 나아가 깨어났으며 죽림원으로 나아가서 아난타를 보고 오체투지하고 슬프게 크게 울면서 이와 같이 말하였다.
"나의 존자 대가섭파께서 반열반에 들어갔습니다."

이때 아난타가 곧 왕과 함께 갔고 계족산으로 [옛날에는 계족에 존자가 있었던 까닭으로 중기와 후기의 사람들이 존족(尊足)이라고 불렀다고 말한다. 또한 봉우리에 세존의 자취가 있고 그러므로 계족이 존족이고 법음으로는 상람(相濫)이다.] 나아가서 존자의 처소를 보았다. 이미 산에 이르니 여러 대약차들이 곧 세 산을 열었다. 왕이 이미 보았고 다시 여러 천인들이 만다라화와 여러 연꽃과 전단·침수 등 여러 종류의 화향으로 공양한 곳을 보았다. 이때 왕이 곧 손을 들고 슬프게 울부짖으며 민절하여 땅에 쓰러졌는데 오히려 큰 나무가 그 뿌리를 잘려 끊긴 것과 같았다. 한참 뒤에 비로소 일어나서는 곧 짚을 집었다. 이때 아난타가 이 일을 보고 알려 말하였다.

"대왕이시여. 어찌 짚을 집으십니까?"

대답하여 말하였다.

"존자를 다비하고자 합니다."

알려 말하였다.

"그런 말씀을 짓지 마십시오. 이 존자의 몸은 정으로서 수지되었고 나아가 자씨보살이 당래에 하생하면 99구지(俱胝)의 성문과 함께 따라서 올 것이고, 이곳에 나아가서 존자의 유신(遺身)을 취하여 모든 성문들에게 보이면서 말할 것입니다.

"이 가섭파는 석가모니불의 상수제자로서 욕심이 적고 지족의 가운데에서 두다행이 최고로 제1이었고 석가모니의 처소에서 설하신 교법을 능히 결집하여 법안을 세웠느니라."

이때 모든 성문들이 마땅히 이렇게 생각을 지을 것입니다.

'과거 세상의 가운데에서 사람의 몸은 작고 불신(佛身)은 광대하였구나.'

이때 그 세존께서는 곧 가섭파의 승가지의를 지니고서 성문 대중들에게 보이실 것입니다.

"이것은 석가모니·응·정등각께서 입으시던 승가지 옷이니라."

이때 99구지의 성문들이 이 말씀을 듣고서 곧 아라한과를 증득하고 모두 부지런히 욕심이 적은 지족의 두다행을 할 것입니다. 이러한 까닭으로 존자의 이 유신은 정력으로 수지되는 것이니 다비할 것이 아니고 그 위에 솔도파를 조성하십시오."

이때 왕이 나간 뒤에 세 산이 도리어 합쳐져서 그 몸을 덮었으므로 그 위에 탑을 세웠고 왕이 아난타의 발에 예경하고 알려 말하였다.

"존자여. 나는 세존께서 반열반에 들어가시는 것을 보지 못하였고 역시 다시 존자 가섭파의 멸도를 보지 못하였습니다. 만약 성자가 열반하신다면 내가 마땅히 보는 것을 원합니다."

존자가 곧 허락하였다.

이때 사나가는 대해의 가운데에서 안은하게 와서 이르렀고 물건들을 안치하고 죽림원으로 갔다. 이때 아난타가 향대(香臺)[1]의 문 앞에 있으면서 경행하고 있었는데 그가 보고 발에 예경하고 알려 말하였다.

"제가 대해에서 안은하게 와서 이른 것은 삼보의 힘입니다. 제가 지금 5년 법회를 베풀어 세존과 승가께 공양하고자 합니다. 세존께서는 지금 어느 지방의 처소에 계십니까?"

대답하여 말하였다.

"사나가여. 불·세존께서는 이미 열반하셨소."

이때 사나가가 듣고 민절하여 땅에 쓰러졌고 물을 뿌리니 깨어나서 또한 물었다.

"존자 사리자·대목건련 및 대가섭파는 모두 어느 처소에 계십니까?"

대답하여 말하였다.

"모두 이미 열반하셨소."

듣고 극도로 슬퍼하면서 곧바로 5년회를 널리 베풀었다. 존자가 말하였다.

"그대는 불법 안의 사섭행(四攝行) 가운데에서 이미 재섭(財攝)을 지었으

---

[1] 불전(佛殿)을 다르게 부르는 말이다.

니 지금은 다시 마땅히 법섭(法攝)의 일을 지어야 하오."
 대답하여 말하였다.
 "대덕이시여. 지금 무슨 일을 지어야 합니까?"
존자가 말하였다.
 "사나가여. 그대는 세존의 가르침의 가운데에 출가하여 수행하시오."
 대답하여 말하였다.
 "이와 같이 마땅히 짓겠습니다."
 존자가 곧 출가시키고 아울러 근원을 주었다. 갈마를 이미 마치니 마침내 서원을 일으켰다.
 "오늘부터 나아가 목숨을 마치도록 항상 사나가의(奢搦迦衣)를 입겠습니다."
 이 필추는 총명하여 들으면 지녔고 한번 명하면 곧 수지하였다. 그 아난타는 직접 세존의 처소에서 8만의 법온(法蘊)을 수지하였는데 사나가가 모두 수지하게 하였고 삼명을 구족하였으며 삼장을 통달(洞閑)하였다. 이때 아난타가 여러 필추들과 함께 죽림원에 있었는데 어느 한 필추가 게송을 설하여 말하였다.

 만약 사람이 백세를 살더라도
 물에 백학(白鶴)을 보지 못한다면
 하루를 살더라도
 물의 백학을 보는 것보다 못하다네.

 이때 아난타가 듣고 그 필추에게 알려 말하였다.
 "그대가 외우는 것은 대사께서 지으신 말씀이 아니고, 불·세존께서는 이와 같이 말씀을 지으셨네."

 만약 사람이 백세를 살더라도
 생멸을 요달하지 못한다면

하루를 살더라도
생멸을 요달하는 것보다도 못하다네.

그대는 지금 마땅히 알라. 세간에는 두 사람이 있어 항상 성스러운 가르침을 비방하느니라.

믿지 않고 성품이 성냄이 많으며
비록 믿더라도 전도되게 이해하고
경의 뜻을 망령되게 집착하는 것이니
코끼리가 깊은 수렁에 빠진 것과 같다네.

그는 마땅히 스스로를 손실하나니
그는 지혜가 없는 까닭이고
삿되게 이해하면 들어도 이익이 없고
독약과 같음을 마땅히 알라.

이러한 까닭으로 여러 지혜로운 자는
듣고서 능히 바르게 행하나니
번뇌와 의혹이 점차 없어지고
마땅히 얽매임을 벗어나는 과보를 얻는다네.

그는 가르침을 듣고 곧 그 스승에게 알렸고 스승이 말하였다.

아난타는 늙고 어두워져서
능히 기억하고 지닐 힘이 없어서
하였던 말도 많이 잊어버리니
반드시 의지하고 믿지 말라.

"그대는 다만 옛 것을 의지하여 이와 같이 외우고 수지하게."
 이때 존자 아난타가 다시 와서 듣고 살피면서 오류에 의지하여 설하는 것을 보고 알려 말하였다.
 "젊은이. 내가 이미 그대에게 이미 알렸네. 세존께서는 이러한 말씀을 짓지 않으셨네."
 이때 그 필추가 모든 스승의 말로써 존자께 알려서 알게 하였다. 존자가 듣고 이와 같이 생각을 지었다.
 '지금 이 필추는 내가 직접 교수하였으나 이미 말을 수용하지 않는구나. 알아도 어떻게 하겠는가? 가령 존자 사리자·대목건련·마하가섭파의 일이라도 역시 이와 같으리라. 그 모든 대덕들이 모두 이미 열반하였으니 여래의 자선근력(慈善根力)으로 능히 법안을 세상에 천년을 머물게 할 수 있을까?'
 나아가 아프게 탄식하며 말하였다.

존숙들은 이미 지나갔고
새로운 자들은 행이 바르지 않으니
적정히 생각하니 나의 한 몸이
오히려 껍질 가운데의 새와 같구나.

과거의 친우는 모두 흩어졌고
지식도 역시 따라서 없어졌으며
여러 지식의 가운데에서
지난 선정의 가운데서 생각밖에 없구나.

소유한 세간의 등불이
밝게 비추어 여러 어둠을 없애면
능히 어리석음의 의혹을 부수는데
이것 등도 역시 모두 없어졌네.

교화를 받을 자는 무변한데
능히 제도할 자는 오직 혼자여서
들판에 외로운 제저와 같고
쇠잔한 숲의 오직 한 나무와 같네.

이때 구수 아난타가 사나가 필추에게 알려 말하였다.

"존자 대가섭파께서 세존의 가르침을 나에게 부촉하고 이미 반열반하였네. 나는 지금 다시 그대에게 부촉하고 멸도를 취하겠으니 그대는 잘 수호하고 마땅히 말도라국(末度羅國)에 모론다산(牟論茶山)이 있으니 주처를 짓게. 이 나라의 가운데에 있는 장자의 아들이 마땅히 사주(寺主)가 된다고 세존께서 이미 수기하셨네. 또한 이 나라에 향을 파는 사람이 있어 급다(笈多)라고 이름하는데 마땅히 한 아들이 있어 오파급다(鄔波笈多)라고 이름할 것이네. 그대가 제도하여 출가시키게. 세존께서 그를 무상호불(無相好佛)이라고 이름하셨고 내가 열반한 백년 뒤에 큰 불사를 지을 것이라고 수기하셨네."

사나가가 이 말을 듣고 아뢰어 말하였다.

"오파타야의 가르치심과 같이 하겠습니다."

존자가 알려 말하였다.

"그대는 잘 있게. 내가 반열반하는 것을 아울러 왕에게 알려서 알게 하게."

이때 아난타가 다시 이렇게 생각을 지었다.

'내가 만약 이곳에서 반열반하면 미생원왕이 광엄성과 함께 오랫동안 서로 어긋나고 배반하였으니 내 몸의 사리를 반드시 나누어주지 않을 것이다. 만약 광엄성의 가운데에서 열반한다면 미생원왕이 역시 나누어 받지 못할 것이다. 내가 지금 마땅히 강가강으로 가서 강의 가운데에서 열반을 취해야겠다.'

이렇게 생각을 짓고서 곧바로 가고자 하였다. 이때 미생원왕은 잠을 인연하여 꿈에서 자기의 일산의 깃대가 꺾어지는 것을 보았다. 왕이 꿈을 꾸고 홀연히 놀라서 깨어났는데 그 수문인이 왕이 깨어난 것을 보고 곧 아난타가 부촉한 말을 갖추어 왕에게 아뢰어 알게 하였다. 왕이 듣고는 민절하여 땅에 쓰러졌고 물을 뿌리자 비로소 깨어나서 이와 같이 말을 지었다.

"존자 아난타는 그 어느 처소에서 반열반하십니까?"

사나가가 게송으로 알렸다.

지금 이 존자는 세존의 삶을 따랐고
세존을 따라서 법장을 수호하였으며
생사를 끊고 열반을 구하여 증득하였고
이러한 까닭으로 이미 광엄성으로 향하였습니다.

이때 미생원왕이 이 말을 듣고는 엄숙히 사병을 거느리고 강가강의 주변으로 갔다. 이때 광엄성에 옛날부터 머무르는 천인들이 허공 가운데에서 모든 사람들에게 알려 말하였다.

존자 경희(慶喜)는 세간의 등불이고
무량한 군생들을 애민하게 생각하였으며.
마음에 비감(悲感)을 품고 장차 원적하고자
지금 와서 광엄성에 이르렀다네.

이때 광엄성의 율고비자도 사병을 정비하여 강의 주변으로 가서 이르렀다. 이때 미생원왕은 존자의 두 발에 예경하고서 합장하고 아뢰어 말하였다.

세존의 눈은 푸른 연꽃과 같으셨고
인연이 끝나서 이렇게 진멸(盡滅)을 증명하셨는데
당신도 지금 다시 원적을 구하고자 하시니

오직 원하건대 이곳에 몸을 남겨주십시오.

이때 광엄성이 소유한 사람들도 역시 다시 멀리 예경하면서 몸을 남겨달라고 청하였다. 존자가 보고 이와 같이 생각을 지었고 가타를 설하여 말하였다.

내가 지금 미생원과 율고비자를 위하고자 한다면
마음에서 한(恨)이 생겨날 것이고
만약 광엄성에 사리를 남겨진다면
왕사성의 사람들에게 다시 상처가 있을 것이오.

마땅히 반신(半身)은 왕사성에 남겨주고
반신은 광엄성에 남겨주겠으니
두 곳이 화해하여 서로 다투지 말고
각자 뜻에 따라서 공양하기 바라겠소.

이때 존자가 장차 열반하고자 하였고 이 대지가 여섯 종류로 진동하였다. 이때 한 선인이 있었는데 문도 500을 데리고 허공을 타고 와서 존자의 처소에 이르러 합장하고 아뢰어 말하였다.
"나는 지금 선설하는 법과 율의 가운데에서 출가하여 근원을 받고 필추성을 이루는 것을 원합니다."
이때 존자가 이와 같이 생각을 지었다.
'어찌 나의 제자가 지금 이곳에 와서 이르렀는가? 곧 신통력으로써 곧 이 물의 가운데에 절묘하게 사람의 다니는 길을 지으리라.'
비로소 생각을 일으켰는데 500의 제자가 일시에 함께 이르렀다. 존자가 곧 물의 가운데에 변화로 섬을 만들고 사방으로 절묘하게 사람의 자리를 지었다. 500의 사람을 출가시키고 원구를 주면서 바로 백(白) 갈마를 짓는 때에 500인이 불환과를 얻었고 제3갈마 때에 여러 번뇌를 끊고 아라한과를 증득하였다. 그 대선이 출가하여 원구를 받으면서 해가 한낮(中時)에 있었고 다시 수중(水中)에 있었던 까닭으로 이때 사람들이 일중(日中) 혹은 수중(水中)이라고 이름하였다.

[본래는 말전지나(末田地那)라고 말하였다. 말전은 중(中)이고 지나는 일(日)이다. 인연으로써 이름이 되었고 일중이라고 불렸다. 혹은 말전택가(末田鐸迦)라고 말하였다. 말전은 중(中)이고 택가는 수(水)이다. 물의 가운데에서 출가하였던 까닭으로 곧 이름이 되었고 수중이라고 불렸다. 구역에서는 말전지나는 다만 그 이름이 나오나 모두 까닭이 자세하지 않는 까닭으로 출처를 자세히 주석하였다.]

이때 존자께서 지을 것을 이미 마치셨다. 아난타의 발에 예경하고 이와 같이 말을 지었다.

"세존께서는 최후로 그 선현을 제도하셨으나 먼저 열반하였습니다. 나도 역시 이와 같이 먼저 열반에 들어가겠습니다. 나도 오파타야께서 열반하시는 일을 보지 않고자 합니다."

존자가 알려 말하였다.

"그대여. 세존께서는 가르침을 가섭파에게 부촉하시고 뒤에 열반하셨고 대가섭파는 다시 나에게 부탁하셨네. 나는 지금 그대에게 부촉하나니 소유한 교법을 마땅히 잘 호지하게. 세존께서 수기하며 말씀하셨네. '가습미라국(迦濕彌羅國)은 평상과 와구와 필요한 것들을 얻는 것이 쉬워 정(定)과 상응함이 최고로 제일이니라.' 세존께서 다시 그대에게 수기하셨네. '내가 열반한 뒤에 100세가 되는 때에 한 필추가 있어서 말전지나(末田地那)라고 이름할 것이고 나의 교법을 이 나라에 유행하게 할 것이다.' 이러한 까닭으로 그대는 지금 마땅히 그곳에서 성스러운 교화를 선양하게."

대답하여 말하였다.

"이와 같이 마땅히 짓겠습니다."

존자 경희가 곧 신통한 변화를 나타내어 물이 불을 없애는 것처럼 반열반하였다. 마침내 그 몸의 반분은 미생원에게 주었고 반분은 광엄성의 대중에게 주었다. 게송으로 말하겠다.

예리한 지혜의 금강으로서
자신을 이해하고 부수어서
반은 왕사성의 주인에게 주었고
반은 광엄성의 사람들에게 주었다네.

이때 광엄성은 반신을 얻고서 솔도파를 조성하여 공양하였고 미생원왕도 파타리(波吒離)에서 솔도파를 조성하여 공양하였다. 이때 존자 일중이 이와 같이 생각을 지었다.

'나의 친교사께서 이와 같은 말씀으로 부촉하셨다. <가습미라국에서 세존의 가르침을 유통하라.> 세존께서도 역시 수기하셨다. <가습미라국에서 독룡을 조복할 것이니 그것은 홀롱(忽弄)이라고 이름하느니라. 나의 가르침을 유통하여 행하라.> 내가 지금 마땅히 대사의 뜻을 채워드려야겠다.'

곧 그 나라로 가서 가부좌로 앉았다. 이 나라는 용이 수호하는 곳이었으나 스스로가 요란한 용이 아니어서 조복받기 어려웠다. 곧 정에 들어가서 이 나라의 땅을 여섯 종류로 진동시키니 용이 땅이 움직이는 것을 보고 곧 우레와 번개를 치면서 큰 비를 퍼부어서 존자에게 두렵게 하였다. 이때 존자는 곧 자정(慈定)에 들었으므로 용의 위력이 비록 성하였으나 필추의 옷자락도 역시 움직이지 못하였다. 용이 곧 존자 위에 우박을 퍼부었으나 천화(天花)로 변화되어 빈분(繽紛)히 요란스럽게 떨어졌다. 용은 더욱 분노하여 다시 칼·도끼·여러 잡스러운 무기·몽둥이를 내렸으나 모두 구물두화로 변화되어 그 몸의 위에서 흩어졌다. 공중에서 게송으로 말하였다.

공중에서 내리는 우뢰와 우박은
묘한 연꽃으로 변화되어 지어졌고
가령 칼과 몽둥이가 오더라도
모두 이것이 여러 영락들이라네.

용이 큰 위력으로 분노를 나타내어
산봉우리가 모두 내려앉아도
존자는 설산의 왕이고
청정하게 빛나고 잠깐의 움직임도 없다네.

자정의 힘을 까닭으로 불·칼·독약도 모두 능히 해치지 못하였으므로 용이 일을 보고 큰 회유가 생겨나서 존자의 처소에 나아가서 이와 같이 말을 지었다.
"성자여. 지금 무엇이 필요하십니까?"
대답하여 말하였다.
"그대는 나에게 머무를 곳을 허용하시오."
용이 말하였다.
"이 일은 어려운 일입니다."
존자가 말하였다.
"세존께서는 나를 이 처소에 기거하고 머물게 하셨고 또한 말씀하셨소. '가습미라국은 방사와 와구와 필요한 것들을 얻는 것이 쉬워서 정(定)과 상응함이 최고로 제일이니라.'"
물어 말하였다.
"이것을 세존께서 수기하셨습니까?"
대답하여 말하였다.
"진실로 그렇소."
용이 말하였다.
"얼마의 땅이 필요하십니까?"
대답하여 말하였다.
"가부좌할 곳이면 되오."
용이 말하였다.
"이것이라면 곧 베풀어 드리겠습니다."
존자가 가부좌로 아홉 산골짜기를 누르니 용이 말하였다.

"존자의 문도가 얼마입니까?"

존자가 정에 들어서 관찰하여 알았다.

"500의 아라한이 이곳에 와서 머무를 것이오."

용이 말하였다.

"뜻을 따르겠습니다. 만약 한 사람이라도 부족하면 내가 마땅히 땅을 빼앗겠습니다."

존자가 말하였다.

"그렇게 하시오. 일반적으로 그곳에 만약 받는 자가 있으면 시주가 있는 법이오. 내가 지금 이곳에서 여러 사람들과 함께 와서 기거하겠소."

용이 말하였다.

"뜻대로 하십시오."

이때 사방에서 사람이 이르렀고 존자가 곧 직접 거느렸고 성읍과 취락의 경계를 봉하였다. 이미 편안히 있게 하였으므로 여러 사람들이 함께 와서 존자께 아뢰어 말하였다.

"우리 등의 거주하는 사람들이 잠시 안온하게 살고 있으나 살아가면서 목숨을 구제하는 그 일을 어떻게 하여야 합니까?"

존자가 곧바로 신통력으로써 모든 사람들을 데리고 향취산(香醉山)으로 가서 모든 사람들에게 알려 말하였다.

"모두 울금향(鬱金香)의 뿌리를 뽑으시오."

이때 향취산의 가운데에는 여러 큰 용들이 있었는데 향을 뽑는 것을 보았던 때에 모두가 분노하여 우뢰와 우박을 내리려고 하였다. 존자가 마침내 조복받고 그 일을 갖추어 알리니 용이 아뢰어 말하였다.

"존자여. 여래의 교법이 마땅히 얼마의 시간을 머물겠습니까?"

존자가 대답하여 말하였다.

"세상에 천년을 머물 것이오."

용이 말하였다.

"함께 맹세하겠습니다. 나아가 여래의 교법이 세상에 있는 동안은 마땅히 뜻에 따라서 사용하십시오."

존자가 말하였다.

"좋소."

곧 모든 사람들과 함께 향의 뿌리를 각자 가지고 가습미라로 돌아와서 종류별로 심었고 증광(增廣)시켰으며 나아가 세존의 가르침이 없어지지 않는 이래로 손실(虧失)이 없도록 하였다. 이때 존자는 이미 사방의 모든 사람들을 잘 기거하게 하였고, 곧 여러 종류의 신통한 일을 나타내어 모든 시주와 같은 범행자들의 모두가 환희를 얻게 하셨으며, 오히려 불이 꺼지는 것과 같이 무여열반에 들어갔다. 이때 그 여러 사람들이 각자 우둔·전단의 향목으로 유해(遺骸)를 다비하고 곧 그곳에 솔도파를 조성하였다.

이때 존자 사나가는 오파급다를 [이것은 소호(小護)를 말한다.] 제도하여 출가시켰고 마침내 세존의 가르침을 널리 유포하게 하였으며, 오파급다에게 알려 말하였다.

"그대는 지금 마땅히 알게. 여래이신 대사께서는 그 교법을 대가섭파에게 부촉하시고 곧 열반에 드셨네. 이때 대가섭파는 역시 교법으로서 나의 오파타야께 부촉하고 열반에 들어가셨고, 오파타야께서는 법으로서 나에게 부촉하시고 역시 열반에 드셨는데, 나도 지금 그대에게 부촉하고 마땅히 반열반하겠네. 그대는 지금 성스러운 가르침을 마땅히 잘 호지하여 어그러지고 없어지지 않게 하게. 세존께서 제정하신 것을 모두 마땅히 받들어 행하게."

이때, 사나가는 이렇게 가르침을 짓고서 여러 시주와 같은 범행자들에게 방편으로 설법하여 환희하게 하였다. 곧 여러 종류의 신통한 변화의 일을 나타내어 위에서는 화염이 올라가고 밑에서는 맑은 물이 흐르게 하였으며 무여의묘열반계에 들어갔다.

이때 오파급다가 법으로서 부촉하여 구수 지저가(地底迦)에게 [이것은 유괴(有媿)를 말한다.] 전하였는데, 이 존자가 정법을 널리 유통시키고 가르쳤으며, 다시 구수 흑색(黑色)에게 [범어로는 흘리슬나(訖里瑟拏)라고 말한다.] 부촉하였고, 다음으로 다시 구수 선견(善見)에게 [범어로는 소질리사나(蘇跌里舍那)라고 말한다.] 전하였다.

　이와 같은 여러 대용상(大龍象)들께서 모두 천화(遷化)하셨고, 대사께서 원적하셨으며, 세존의 해가 이미 침몰하여 세상에서는 믿고 의지할 곳이 없었다. 이와 같이 점차로 112년 뒤에 이르렀다.

　이때 광엄성의 여러 필추 등이 열 종류의 청정하지 않은 일을 지어 세존께서 제정하신 교법을 어기고 거역하였고, 소달라를 수순하지 않았으며, 비나야를 의지하지 않고, 바른 이치를 무너뜨리고 어겼는데 여러 필추 등이 장차 청정하다고 하였고 모두가 함께 존중하고 행하였는데 경과 율의 가운데에서는 그러한 일을 볼 수 없었다.

　무엇을 열 가지라고 말하는가? 첫째는 그때에 여러 필추들이 비법불화갈마(非法不和羯磨)와 비법화갈마(非法和羯磨)와 법불화갈마(法不和羯磨)를 지었는데, 이것을 여러 대중들이 듣고 이것을 설할 때에 고성(高聲)으로 함께 허락하면서 이것을 곧 고성공허정법(高聲共許淨法)이라고 이름하였다. 이것은 나아가 세존의 교법을 무너뜨리고 바른 이치를 초월하였으며 소달라를 수순하지 않았고 비나야를 의지하지 않는 것이었다. 그때 광엄성의 여러 필추 등이 청정하지 않은 것을 지으면서 오히려 청정하다고 하였다. 이러한 비법을 보고도 어떻게 버려두고 묻지 않겠으며 찬탄(稱揚)하고 널리 말하면서 모두가 함께 존중하며 행하겠는가?

　둘째는 그때에 여러 필추들이 비법불화갈마와 비법화갈마와 법불화갈마를 지었고 여러 사람들이 보는 때에 모두 따라서 기뻐하면서 이것은 곧 수희정법(隨喜淨法)이라고 이름하였다. 이것은 나아가 세존의 교법을 무너뜨리고 바른 이치를 초월하였으며 소달라를 수순하지 않았고 비나야를 의지하지 않는 것이었다. 그때 여러 필추 등이 오히려 청정하다고 말하면서 찬탄하고 모두가 함께 존중하며 행하였다.

　셋째는 여러 필추들이 스스로의 손으로 땅을 파거나 혹은 사람을 시켜서 파면서 이것을 곧 구사정법(舊事淨法)이라고 이름하였다. [자세한 설명은 앞에서와 같다]. 나아가 모두가 함께 존중하며 행하였다.

　넷째는 여러 필추들이 대내무통에 소금을 담아서 스스로의 손으로 잡고서 접촉하고 수지하였으며 수용하였고 약을 먹을 때에 혼합하여 뜻에 따라서 먹으면서 이것을 곧 염사정법(鹽事淨接)이라고 이름하였으며, 나아가 모두가 함께 존중하며 행하였다.

다섯째는 여러 필추들이 1역이나 반역(半驛)도 못가서 곧 별중식(別衆食)을 하면서 이것을 곧 도행정법(道行淨法)이라고 이름하였고, 나아가 모두가 함께 존중하며 행하였다.

여섯째는 여러 필추들이 여식법(餘食法)을 짓지 않고 두 손가락으로 먹으면서 이것을 곧 2지정법(二指淨法)이라고 이름하였고, 나아가 모두가 함께 존중하며 행하였다.

일곱째는 여러 필추들이 물을 술에 섞어 흔들어서 마시면서 이것을 곧 치병정법(治病淨法)이라고 이름하였고, 나아가 모두가 함께 존중하며 행하였다.

여덟째는 여러 필추들이 마땅히 유락(乳酪) 한 되를 물에 섞어서 저어가지고 비시(非時)에 마시면서 이것을 곧 낙장정법(酪漿淨法)이라고 이름하였고, 나아가 모두가 함께 존중하며 행하였다.

아홉째는 여러 필추들이 새로운 좌구(坐具)를 지었고, 옛날의 것으로서 불일장수(佛一張手)의 중첩되고 스스로가 수용한 것이 아니었으나 이것을 곧 좌구정법(坐具淨法)이라고 이름하였고, 나아가 모두가 함께 존중하며 행하였다.

열째는 여러 필추들이 몸에 좋은 발우를 지니고 향과 꽃을 바르고 닦았으며 곧 구적을 시켜서 지니고 문을 다니면서 여러 사람들에게 널리 알리며 이와 같이 말을 지었다.

"널리 광엄성에 현재 있는 인물과 사방의 멀리서 오신 상객들의 부류들이 만약 보시하면서 금이나 은이나 패치의 부류를 발우의 가운데에 넣는지는 큰 이익을 얻어 부유하고 즐거움이 무궁할 것입니다."

이미 많은 이익을 얻었고 소유한 금과 보배를 모두가 함께 나누면서 이것을 곧 금보정법(金寶淨法)이라고 이름하였다. 이것은 나아가 세존의 교법을 무너뜨리고 바른 이치를 초월하였으며 소달라를 수순하지 않았고 비나야를 의지하지 않는 것이었다. 그때 여러 필추 등이 오히려 청정하다고 말하면서 찬탄하고 모두가 함께 존중하며 행하였다.

이때 구수 아난타가 광엄성에 머물렀고 제자가 있었는데 낙욕(樂欲)이라고 [범어로는 살파가마(薩婆迦摩)라고 말한다.] 이름하였다. 이 존자는 아라한으로서 8해탈에 머물렀고 욕심이 적어 지족하면서 인연을 성찰하며 머물렀다. 이 존자에게 제자가 있었고 파삽파(婆颯婆) 취락에 머물렀는데 명칭(名稱)이라고 [범어로는 야사(耶舍)라고 말한다.] 이름하였고, 역시 아라한으로서 8해탈에 머물고 있었으며, 500의 제자와 함께 인간세상을 유행하면서 광엄성에 이르렀다. 이때 여러 필추들이 이익되는 물건을 나누고자 하였고 수사인이 와서 존자 명칭에게 알려 말하였다.

"승가가 얻은 이익을 지금 함께 나누고자 하니 와서 받아 취하십시오."
알려 말하였다.

"구수여. 이러한 이익되는 물건을 어디에서 얻었고 누가 베푼 것인가?"
그는 곧 앞에서와 같이 얻은 물건의 처소와 그 일을 갖추어 알렸다. 존자가 듣고 이와 같이 생각을 지었다.

'오직 이 일에 악한 여드름이 생겨난 것인가? 다시 다른 일도 있는가? 곧 정에 들어가서 관찰해야겠다.'

나아가 보니 계율에 오만하고 느슨하며 여러 악행을 짓고 함께 열 종류의 비법의 일을 지었다. 보고서 법을 오래 머물게 하려는 까닭으로 곧바로 존자 낙욕의 처소에 나아가서 두 발에 예경하고 알려 말하였다.

"존자여. 필추가 이와 같이 고성으로 공허법(共許法)을 짓는 것이 합당합니까?" [진실로 이것은 비법이다. 짓는 것을 보는 때에 대중이 큰 소리로 함께 법을 허락하는 것이다.]

존자가 물어 말하였다.
"무엇을 공허법이라고 말하는 것입니까?"
대답하여 말하였다.

"이 광엄성의 여러 필추들이 비법불화갈마와 비법화갈마와 법불화갈마를 지었고 대중이 고성으로 함께 이 일을 허락하였습니다. 이것을 곧 고성공허정법이라고 이름하는데 이 일이 합당합니까?"

존자가 말하였다.

"마땅히 이와 같이 하지 않아야 합니다."

물어 말하였다.

"여래께서 어느 곳에서 제정하시어 허락하지 않으셨습니까?"

대답하여 말하였다.

"첨파성(瞻波城)입니다."

다시 물었다.

"누구에게 하셨습니까?"

대답하여 말하였다.

"육중에게 하였습니다."

물었다.

"무슨 죄를 얻습니까?"

대답하여 말하였다.

"악작죄를 얻습니다."

"존자여. 이것이 첫 번째의 일입니다. 이것은 나아가 세존의 가르침을 무너트리고 바른 이치를 초월하였으며 소달라를 수순하지 않고 비나야를 의지하지 않으며 여러 필추들이 청정하지 않은 것을 지으면서 오히려 청정하다고 말하면서 찬탄하고 널리 말하면서 모두가 함께 존중하며 행하고 있습니다. 존자여. 마땅히 이와 같은 악한 일은 버려둘 수 없습니다."

그는 이러한 말을 듣고 묵연히 머물렀으며 대답하여 말하였다.

"이러한 일은 이미 알고 있습니다."

또한 물었다.

"존자여. 이와 같은 수희법을 짓는 것이 합당합니까?"

존자가 물어 말하였다.

"무엇을 수회법이라고 말합니까?"

"이곳의 여러 필추들이 비법불화갈마를 짓고, 또한 비법화갈마를 지으며, 또한 법불화갈마를 짓는데 대중이 따라서 기뻐하는 것입니다. 이것을 곧 수희정법이라고 이름하는데 이 일이 합당합니까?"

존자가 말하였다.

"마땅히 이와 같이 하지 않아야 합니다."

물어 말하였다.

"여래께서 어느 곳에서 제정하시어 허락하지 않으셨습니까?"

대답하여 말하였다.

"첨파성입니다."

다시 물었다.

"누구에게 하셨습니까?"

대답하여 말하였다.

"육중에게 하였습니다."

물었다.

"무슨 죄를 얻습니까?"

대답하여 말하였다.

"악작죄를 얻습니다."

"존자여. 이것이 두 번째의 일입니다. 이것은 나아가 세존의 가르침을 무너트리고, [자세한 설명은 앞에서와 같다.] 나아가 존자여. 마땅히 이와 같은 악한 일은 버려둘 수 없습니다."

묵연히 머물렀으며 대답하여 말하였다.

"이러한 일은 이미 알고 있습니다."

또한 물었다.

"존자여. 이와 같은 구사정법을 짓는 것이 합당합니까?"

존자가 물어 말하였다.

"무엇을 구사정법이라고 말합니까?"

대답하여 말하였다.

"이곳의 여러 필추들이 스스로의 손으로 땅을 파거나 혹은 다시 사람을 시켜서 파면서 대중이 오히려 구사정법이라고 합니다. 이 일이 합당합니까?”
존자가 말하였다.
“마땅히 이와 같이 하지 않아야 합니다.”
물어 말하였다.
“여래께서 어느 곳에서 제정하시어 허락하지 않으셨습니까?”
대답하여 말하였다.
“실라벌성입니다.”
다시 물었다.
“누구에게 하셨습니까?”
대답하여 말하였다.
“육중에게 하였습니다.”
물었다.
“무슨 죄를 얻습니까?”
대답하여 말하였다.
“타죄를 얻습니다.”
“존자여. 이것이 세 번째의 일입니다. 이것은 나아가 세존의 가르침을 무너트리고, [자세한 설명은 앞에서와 같다.] 나아가 존자여. 마땅히 이와 같은 악한 일은 버려둘 수 없습니다.”
묵연히 머물렀으며 대답하여 말하였다.
“이러한 일은 이미 알고 있습니다.”
또한 물었다.
“존자여. 이와 같은 염사정법을 짓는 것이 합당합니까?”
존자가 물어 말하였다.
“무엇을 염사정법이라고 말합니까?”
대답하여 말하였다.
“이곳의 여러 필추들이 대내부봉에 소금을 담아서 수지하고 수용하면서 약을 먹을 때에 혼합하여 뜻에 따라서 먹으면서 오히려 염사정법이라고 합니다. 이 일이 합당합니까?”

존자가 말하였다.
"마땅히 이와 같이 하지 않아야 합니다."
물어 말하였다.
"여래께서 어느 곳에서 제정하시어 허락하지 않으셨습니까?"
대답하여 말하였다.
"왕사성입니다."
다시 물었다.
"누구에게 하셨습니까?"
대답하여 말하였다.
"구수 사리불에게 하였습니다."
물었다.
"무슨 죄를 얻습니까?"
대답하여 말하였다.
"바일저가죄를 얻습니다."
"존자여. 이것이 네 번째의 일입니다. 이것은 나아가 세존의 가르침을 무너트리고, [자세한 설명은 앞에서와 같다.] 나아가 존자여. 마땅히 이와 같은 악한 일은 버려둘 수 없습니다."
묵연히 머물렀으며 대답하여 말하였다.
"이러한 일은 이미 알고 있습니다."
또한 물었다.
"존자여. 이와 같은 도행정법을 짓는 것이 합당합니까?"
존자가 물어 말하였다.
"무엇을 도행정법이라고 말합니까?"
대답하여 말하였다.
"이곳의 여러 필추들이 혹은 1역이나 반역을 다니면서 곧 별중식을 하면서 오히려 도행정법이라고 합니다. 이 일이 합당합니까?"
존자가 말하였다.
"마땅히 이와 같이 하지 않아야 합니다."

물어 말하였다.

"여래께서 어느 곳에서 제정하시어 허락하지 않으셨습니까?"

대답하여 말하였다.

"왕사성입니다."

다시 물었다.

"누구에게 하셨습니까?"

대답하여 말하였다.

"천수에게 하였습니다."

물었다.

"무슨 죄를 얻습니까?"

대답하여 말하였다.

"바일저가죄를 얻습니다."

"존자여. 이것이 다섯 번째의 일입니다. 이것은 나아가 세존의 가르침을 무너트리고, [자세한 설명은 앞에서와 같다.] 나아가 존자여. 마땅히 이와 같은 악한 일은 버려둘 수 없습니다."

묵연히 머물렀으며 대답하여 말하였다.

"이러한 일은 이미 알고 있습니다."

또한 물었다.

"존자여. 이와 같은 이지정법을 짓는 것이 합당합니까?"

존자가 물어 말하였다.

"무엇을 이지정법이라고 말합니까?"

대답하여 말하였다.

"이곳의 여러 필추들이 여식법을 짓지 않고 두 손가락으로 먹으면서 오히려 이지정법이라고 합니다. 이 일이 합당합니까?"

존자가 말하였다.

"마땅히 이와 같이 하지 않아야 합니다."

물어 말하였다.

"여래께서 어느 곳에서 제정하시어 허락하지 않으셨습니까?"

대답하여 말하였다.

"실라벌성입니다."

다시 물었다.

"누구에게 하셨습니까?"

대답하여 말하였다.

"선래에게 하였습니다."

물었다.

"무슨 죄를 얻습니까?"

대답하여 말하였다.

"바일저가죄를 얻습니다."

"존자여. 이것이 여섯 번째의 일입니다. 이것은 나아가 세존의 가르침을 무너트리고, [자세한 설명은 앞에서와 같다.] 나아가 존자여. 마땅히 이와 같은 악한 일은 버려둘 수 없습니다."

묵연히 머물렀으며 대답하여 말하였다.

"이러한 일은 이미 알고 있습니다."

또한 물었다.

"존자여. 이와 같은 치병정법을 짓는 것이 합당합니까?"

존자가 물어 말하였다.

"무엇을 치병정법이라고 말합니까?"

"이곳의 여러 필추들이 물을 술에 섞어 흔들어 마시면서 오히려 치병정법이라고 합니다. 이 일이 합당합니까?"

존자가 말하였다.

"마땅히 이와 같이 하지 않아야 합니다."

물어 말하였다.

"여래께서 어느 곳에서 제정하시어 허락하지 않으셨습니까?"

대답하여 말하였다.

"실라벌성입니다."

다시 물었다.

"누구에게 하셨습니까?"
대답하여 말하였다.
"선래에게 하였습니다."
물었다.
"무슨 죄를 얻습니까?"
대답하여 말하였다.
"바일저가죄를 얻습니다."
"존자여. 이것이 일곱 번째의 일입니다. 이것은 나아가 세존의 가르침을 무너트리고, [자세한 설명은 앞에서와 같다.] 나아가 존자여. 마땅히 이와 같은 악한 일은 버려둘 수 없습니다."
묵연히 머물렀으며 대답하여 말하였다.
"이러한 일은 이미 알고 있습니다."
또한 물었다.
"존자여. 이와 같은 낙장정법을 짓는 것이 합당합니까?"
존자가 물어 말하였다.
"무엇을 낙장정법이라고 말합니까?"
"이곳의 여러 필추들이 마땅히 유락 한 되를 물에 섞어서 저어가지고 비시에 마시면서 오히려 낙장정법이라고 합니다. 이 일이 합당합니까?"
존자가 말하였다.
"마땅히 이와 같이 하지 않아야 합니다."
물어 말하였다.
"여래께서 어느 곳에서 제정하시어 허락하지 않으셨습니까?"
대답하여 말하였다.
"실라벌성입니다."
다시 물었다.
"누구에게 하셨습니까?"
대답하여 말하였다.
"17중필추에게 하였습니다."

물었다.

"무슨 죄를 얻습니까?"

대답하여 말하였다.

"바일저가죄를 얻습니다."

"존자여. 이것이 여덟 번째의 일입니다. 이것은 나아가 세존의 가르침을 무너트리고, [자세한 설명은 앞에서와 같다.] 나아가 존자여. 마땅히 이와 같은 악한 일은 버려둘 수 없습니다."

묵연히 머물렀으며 대답하여 말하였다.

"이러한 일은 이미 알고 있습니다."

또한 물었다.

"존자여. 이와 같은 좌구정법을 짓는 것이 합당합니까?"

존자가 물어 말하였다.

"무엇을 좌구정법이라고 말합니까?"

"이곳의 여러 필추들이 새로운 좌구를 지었고, 옛날의 것으로서 불일장수의 중첩되고 스스로가 수용한 것이 아니었으나 오히려 좌구정법이라고 합니다. 이 일이 합당합니까?"

존자가 말하였다.

"마땅히 이와 같이 하지 않아야 합니다."

물어 말하였다.

"여래께서 어느 곳에서 제정하시어 허락하지 않으셨습니까?"

대답하여 말하였다.

"실라벌성입니다."

다시 물었다.

"누구에게 하셨습니까?"

대답하여 말하였다.

"육중필추에게 하였습니다."

물었다.

"무슨 죄를 얻습니까?"

대답하여 말하였다.

"바일저가죄를 얻습니다."

"존자여. 이것이 아홉 번째의 일입니다. 이것은 나아가 세존의 가르침을 무너트리고, [자세한 설명은 앞에서와 같다.] 나아가 존자여. 마땅히 이와 같은 악한 일은 버려둘 수 없습니다."

묵연히 머물렀으며 대답하여 말하였다.

"이러한 일은 이미 알고 있습니다."

또한 물었다.

"존자여. 이와 같은 금보정법을 짓는 것이 합당합니까?"

존자가 물어 말하였다.

"무엇을 금보정법이라고 말합니까?"

"이곳의 여러 필추들이 묘한 발우를 장식하여 지니고서 문을 다니면서 여러 금과 보배와 패치 부류를 구걸하여 대중이 함께 나누면서 오히려 금보정법이라고 합니다. 이 일이 합당합니까?"

존자가 말하였다.

"마땅히 이와 같이 하지 않아야 합니다."

물어 말하였다.

"여래께서 어느 곳에서 제정하시어 허락하지 않으셨습니까?"

대답하여 말하였다.

"비나야입니다."

다시 물었다.

"누구에게 하셨습니까?"

대답하여 말하였다.

"육중필추와 다른 필추에게 하였습니다."

물었다.

"무슨 죄를 얻습니까?"

대답하여 말하였다.

"사타죄를 얻습니다."

"존자여. 이것이 열 번째의 일입니다. 또한 『상응아급마』「불어품처(佛語品處)」와 『보정경(寶頂經)』 가운데에서도 말씀하셨고, 또한 『장아급마』「계온품처(戒蘊品處)」에서도 말씀하셨으며, 또한 『중아급마』「상응품처(相應品處)」와 『갈치나경(羯恥那經)』의 가운데에서도 말씀하셨고, 또한 『증일아급마』「제4·제5품처」에서도 말씀하셨습니다. 이것은 나아가 세존의 가르침을 위배하는 것입니다."

존자가 대답하였다.

"만약 이와 같다면 그대는 다른 곳에서 스스로가 선한 대중을 구하십시오. 내가 마땅히 그대와 함께 법을 위한 반려가 되겠습니다."

이때 구수 명칭이 존자 낙욕에게서 이러한 말을 듣고 곧 제4변제정려(第四邊際靜慮)에 들어갔고 곧 취락을 향하여 안주하였다. 그곳에는 필추가 있었고 사타(奢侘)라고 이름하였는데 [이것을 첨곡(諂曲)이라고 말한다.] 이 존자는 아난타의 제자로서 아라한과를 얻었고 8해탈에 머물고 있었다. 이때 명칭이 사타의 처소에게 나아가서 발에 정례하고 아뢰어 말하였다.

"존자여. 이와 같은 공허정법을 짓는 것은 합당합니까?"

존자가 물어 말하였다.

"무엇을 공허정법이라고 말하는 것입니까?"

대답하여 말하였다.

"이곳의 여러 필추들이 비법불화갈마와 비법화갈마와 법불화갈마를 지으면서 정법을 허락하였습니다. 이 일이 합당합니까?"

존자가 말하였다.

"마땅히 이와 같이 하지 않아야 합니다."

물어 말하였다.

"여래께서 어느 곳에서 제정하시어 허락하지 않으셨습니까?"

대답하여 말하였다.

"첨파성입니다."

다시 물었다.

"누구에게 하셨습니까?"

대답하여 말하였다.
"육중필추입니다."
물었다.
"무슨 죄를 얻습니까?"
대답하여 말하였다.
"악작죄입니다."
"존자여. 이것이 첫 번째의 일입니다. 나아가 세존의 가르침을 위배하는 것입니다." [자세한 설명은 앞에서와 같다.]
나아가 10사를 말하였다. 존자가 대답하여 말하였다.
"만약 이와 같다면 그대는 다른 곳에서 스스로가 선한 대중을 구하십시오. 내가 마땅히 그대와 함께 법을 위한 반려가 되겠습니다."
그가 곧 하직하고 떠나갔다. 곧 승갈세성(僧羯世城)으로 갔는데 그곳에는 바차(婆瑳)존자가 있었다. 이 존자도 아난타의 제자로서 아라한과를 얻었고 8해탈에 머물고 있었다. 이때 명칭이 사타의 처소에 나아가서 발에 정례하고 아뢰어 말하였다.
"존자여. 이와 같은 공허정법을 짓는 것은 합당합니까?"
존자가 물어 말하였다.
"무엇을 공허정법이라고 말하는 것입니까?"
[앞에서와 같이 묻고 대답하였다.] 나아가 10사를 말하였다. 하직하고서 곧 파타리자성(波吒離子城)으로 갔다. 그곳에는 구수가 있어 곡안(曲安)이라고 이름하였다. 이때 곡안은 멸진정(滅盡定)에 머물고 있었다. 명칭이 다시 구수 선의(善意)의 처소에 가서 10사를 자세히 말하였고 나아가 하직하고서 유전성(流轉城)으로 나아갔다. 그곳에는 구수 난승(難勝)이 있었는데 역시 앞에서와 같이 10사를 자세히 말하였고 나아가 정례하여 하직하고서 떠나가서 대혜성(大惠城)으로 나아갔다. 그곳에는 구수 선견(善見)이 있었는데 역시 앞에서와 같이 10사를 자세히 말하였고 나아가 정례하여 하직하고서 떠나갔다.
다음은 구생성(俱生城)으로 나아갔는데 그곳에는 구수 묘성(妙星)이

있었는데 역시 자세히 앞과 같이 10사를 자세히 말하였다. 이때 구수 묘성이 그 말을 듣고는 이렇게 생각을 지었다.

'이 구수가 먼저 나의 처소에 온 것인가? 마땅히 다른 처소에 이르러서도 말을 하였는가?'

나아가 다른 곳에도 이미 갔음을 알고서 묘성이 생각하면서 말하였다.

"지금 이 구수가 멀리 걸어서 왔으니 반드시 마땅하게 피곤할 것이다."

알려 말하였다.

"그대는 이곳에 있으면서 잠시 쉬도록 하십시오. 내가 가서 대중을 구하겠습니다."

이때 명칭은 곧 머물렀고 묘성은 떠났다. 이때 광엄성의 여러 필추들이 모두 명칭 제자의 처소에 나아가서 물어 말하였다.

"그대의 오파타야는 지금 어느 처소에 계시는가?"

대답하여 말하였다.

"선한 대중을 구하러 가셨습니다."

다시 물어 말하였다.

"무슨 까닭으로 대중을 모으는가?"

대답하여 말하였다.

"그대들을 쫓아내기 위한 것입니다."

알려 말하였다.

"우리들에게 무엇이 어긋나고 범하였기에 쫓아내고자 하는가?"

명칭의 제자가 그 일을 자세히 말하니 그 여러 필추들이 말하였다.

"그대의 오파타야가 짓는 것이 선하지 않다. 세존께서 이미 열반하셨는데 그 남겨진 법 가운데에서 무슨 까닭으로 서로를 괴롭히는가? 우리들은 인연을 따라서 또한 삶을 계획하는 것이다."

그 대중 가운데에서 여러 필추들이 함께 서로가 의논하여 말하였다.

"이러한 말이 진실로 틀린 것이 아니다. 그대들 구수들은 성문행을 수순하지 않고 어기고 거역하는 일을 하였다. 우리들은 이전에 세존의 정법이 1천년을 머문다고 들었고 때가 지금 지나지 않았는데 가르침이 은몰(隱沒)되게 한 것이다. 그가 지금 선한 대중을 구하고 정법을 호지하기 위하여 쫓아내고자 하는 것은 아주 잘하는 것이다. 이렇게 옳은 까닭으로 모든 악인들에게 계를 업신여기지 않게 할 것이고 나쁜 종기가 생겨나지 않게 할 것이며 여러 필추들에게 함께 모두를 두렵게 할 것이다."

능히 대답하지 못하고 묵연히 한쪽에 있다가 서로가 의논하여 말하였다.

"구수 명칭이 쫓아내는 일을 위하여 이미 가서 대중을 구하고 있는데 무슨 까닭으로 묵연히 머물겠는가?"

그들이 말하였다

"우리들이 무엇을 해야 하는가?"

대답하여 말하였다.

"그가 이미 대중을 구하니 우리들도 역시 구합시다."

"어떻게 능히 쫓아낼 수 있겠는가?"

혹은 말하였다.

"만약 이와 같다면 마땅히 다툼이 일어날 것이니 함께 도망하여 숨읍시다."

혹은 말하였다.

"어느 곳으로 가고자 하는가? 이르는 곳마다 도리어 이러한 허물이 있을 것이니 용서를 구하고 환희를 애원합시다."

혹은 말하였다.

"그는 분명히 우리들에게 환희하지 않을 것이니 마땅히 잠시 이곳에 머물면서 명칭이 소유한 제자와 문인들에게 우리들이 옷·발우·병·발랑·구리 그릇·허리띠 등을 먼저 도와주어서 그들로 마음으로 즐겁게 하고 비로소 환희를 애원합시다."

함께 말하였다.

"이것은 좋은 방편입니다."

혹은 승가지의를 주었고, 혹은 7조의를 주었으며, 혹은 5조의를 주었고, 혹은 군의와 승각기를 주었으며, 혹은 친신의(襯身衣)를 주었고, 혹은 발우를 주었으며, 혹은 수라를 주었고 이와 같이 공급하여 점차로 서로가 용서되어서 중간의 위치에 머물렀다. 이때 구수 명칭이 이미 선한 대중을 구하여 광엄성에 이르니 제자와 문인이 발에 정례하고 아뢰어 말하였다.
"오파타야여. 대중들을 구하셨습니까?"
알려 말하였다.
"여러 제자들이여. 오래지 않아서 선한 대중들이 스스로가 와서 서로를 도울 것이네."
여러 제자들이 말하였다.
"오파타야시여. 이 일은 이미 지나갔으니 원하건대 마음을 돌리십시오. 대사께서 이미 입멸하셨고 가르침도 따라서 갔으니 인연에 맡기고서 살아가는데 어찌 다른 사람을 괴롭히십니까?"
명칭이 듣고 이와 같이 생각을 지었다.
'나의 여러 제자들이 일찍이 이와 같이 말하는 것을 듣지 못하였는데 그 형세를 보니 분명히 다른 사람들이 구하는 것을 받았구나.'
알려 말하였다.
"여러 구수들이여. 내가 그대들에게 일찍이 이와 같이 말하는 것을 듣지 못하였네. 그대들은 다른 사람들이 구하는 마음을 받은 것이 아닌가?"
이때 모든 제자들이 모두 묵연하였다.
이때 명칭이 사자를 시켜서 선한 대중들에게 알려 말하였다.
"악한 무리들이 점차 늘어나므로 마땅히 빠르게 오십시오. 불법의 대사(大事)는 늦출 수 없습니다."
가타로 설하여 말하였다.

마땅히 빠를 것은 다시 늦고
마땅히 늦을 것은 반대로 빠르니
이것은 바른 이치에 무너트리므로
이것은 어리석은 것이라네.

악한 이름을 얻음을 찬탄하고

선한 벗은 멀리 떠나며
쇠손(衰損)을 짓는 것은
달이 점차 기우는 것과 같다네.

마땅히 느릴 것은 느리게 하고
마땅히 빠를 것은 빠르게 하면
이것은 이치에 알맞는 것이니
지혜로운 자가 아는 것이라네.

선한은 이름을 얻음을 찬탄하고
선한 벗과 친근할 것이며
증장(增長)을 짓는 것은
달이 점차 밝아지는 것과 같다네.

곧 건치를 울렸고 곧 699의 아라한이 모두 와서 모였다. 이들은 모두가 구수 아난타의 제자였다. 이때 존자 곡안은 멸진정에 들어가 있었으므로 건치 소리를 듣지 못하였다. 이때 여러 필추들이 모두 모였으므로 구수 명칭은 이와 같이 생각을 지었다.

'내가 만약 이름을 부르면서 대중에 아뢴다면 반드시 큰 분쟁이 있을 것이니 마땅히 평범하게 널리 알려야겠다.'

곧 상좌의 처소에 나아가서 무릎을 꿇고 합장하고 머물렀다. 이때 곡안존자가 멸진정에서 일어났다. 이때 어느 천인이 성자 곡안에게 알렸다.

"어찌 편안히 계십니까? 여러 동학(同學) 699의 아라한이 모두 광엄성으로 와서 모였습니다. 결집하여 법이 오래 머물게 하고자 하오니 마땅히 빠르게 가십시오."

신통력으로서 파타리에서 사라져서 광엄성에 나타나서 곧 그 문을 두드리니 여러 필추들이 물어 말하였다.

"누구십니까?"
곡안존자가 가타로 알려 말하였다.

파타리자성에 머무르는
지율(持律) 사문인 다문자(多聞者)이고
이곳에 와서 문 앞에 서 있는데 사람들
가운데에서 여러 근(根)이 적정합니다.

문 안의 필추가 말하였다.
"다른 사람도 역시 여러 근이 적정하니 명자(名字)를 말하십시오."
곡안이 대답하여 말하였다.

파타리자성에 머무르는
지율 사문인 다문자이고
이곳에 와서 문 앞에 서 있는데 사람들
가운데에서 여러 의혹을 끊었습니다.

필추가 알려 말하였다.
"다른 사람도 역시 여러 의혹을 끊었습니다."
존자가 다시 대답하였다.

파타리자성에 머무르는
지율 사문인 다문자이고
이곳에 와서 문 앞에 서 있는데 사람들
가운데에서 이름이 곡안입니다.

필추가 말하였다.
"잘 오셨습니다. 잘 오셨습니다. 어서 들어오십시오."

이미 사원으로 들어오니 모든 필추들이 일어나서 서로를 맞이하였고 문신하고 정례하였으며 좌차에 의지하여 앉았다. 이때 구수 명칭이 여러 존자가 앉은 것을 보고 곧 10사를 자세하게 말하였다. 아뢰어 말하였다.

"여러 구수여. 이와 같은 공허정법을 짓는 것은 합당합니까?"

물어 말하였다.

"무엇을 공허정법이라고 말하는 것입니까?"

대답하여 말하였다.

"어느 필추들이 비법불화갈마를 짓고, 또한 비법화갈마를 지었으며, 또한 법불화갈마를 지으면서 공허정법이라고 이름하였습니다. 이 일이 합당합니까?"

존자들이 말하였다.

"마땅히 이와 같이 하지 않아야 합니다."

물어 말하였다.

"여래께서 어느 곳에서 제정하시어 허락하지 않으셨습니까?"

대답하여 말하였다.

"첨파성입니다."

다시 물었다.

"누구에게 하셨습니까?"

대답하여 말하였다.

"육중필추에게 하셨습니다."

물었다.

"무슨 죄를 얻습니까?"

대답하여 말하였다.

"악작죄를 얻습니다."

"존자들이어. 이것이 첫 번째의 일입니다. 나아가 세존의 가르침을 위배하는 것입니다." [자세한 설명은 앞에서와 같다.]

나아가 10사를 말하였고, 곧 함께 결집하였다.

말로써 아뢰고서 곧 건치를 울리니 광엄성에 머물던 필추들이 모두 와서 모였고 차례로 앉았다. 이때 존자 명칭이 다시 대중을 위하여 10사를 자세히 말하였고 옳고 그름을 논리적으로 설명하였는데 모두가 함께 허락하였다.

  이때 700의 아라한이 함께 결집하였던 까닭으로 700결집이라고 말하는 것이다.

  앞의 안의 것을 섭수하여 게송으로 말하겠노라.

고성(高聲)과 수희(隨喜)와
굴지(掘地)와 술(酒)과 성염(盛鹽)과
반역(半驛)과 이지(二指)와 병(病)과
낙장(酪漿)과 자구(坐具)와 보배(寶)가 있다.

광엄(廣嚴)과 안주(安住)와 큰 취락(聚落)과
천하처(天下處)를 따르는 것과 승갈사(僧羯奢)와
파타리자(波吒離子)와 유전성(流轉城)과
대혜(大惠)와 구생(俱生)의 일곱 처소가 있다.

존자 낙욕(樂欲)과 명칭(名稱)과
존자 사타(奪他)와 파사파(婆颯婆)와
선외(善意)와 곡안(雌資)과 난승(難勝)과
선견(善見)과 모생(妙星)의 아홉 사람이 있다.

옮긴이 | 釋 普雲(宋法燁)

대한불교조계종 제2교구 본사 용주사에서 출가
중앙승가대학교 문학박사
현재 대한불교조계종 제2교구 본사 용주사 성보박물관장, 대한불교조계종 교수아사리(계율),
　　중앙승가대학교 불교학부 겸임교수

논저 |
논문으로 「『安樂集』에 나타난 계율에 관한 고찰」 등 다수. 번역서로『근본설일체유부비나야』50권,
『근본설일체유부필추니비나야』20권,『근본설일체유부백일갈마』외 19권,『안락집』(상·하) 등이
있다.

근본설일체유부비나야잡사(하) 根本說一切有部毘奈耶雜事(下)
三藏法師 義淨 漢譯 | 釋 普雲 國譯

2017년 12월 30일 초판 1쇄 발행

펴낸이 · 오일주
펴낸곳 · 도서출판 혜안
등록번호 · 제22-471호
등록일자 · 1993년 7월 30일

주　소 · ㉾ 04052 서울시 마포구 와우산로 35길3(서교동) 102호
전　화 · 3141-3711~2 / 팩시밀리 · 3141-3710
E-Mail · hyeanpub@hanmail.net

ISBN 978-89-8494-608-8 93220

값 40,000 원